Paul Herrmann
Mainframe System z Computing

Weitere empfehlenswerte Titel

Elektronik für Informatiker.
Von den Grundlagen bis zur Mikrocontroller-Applikation
Manfred Rost, Sandro Wefel, 2021
ISBN 978-3-11-060882-3, e-ISBN (PDF) 978-3-11-060906-6

Rechnerarchitektur.
Einführung in den Aufbau moderner Computer
Roland Hellmann, 2021
ISBN 978-3-11-074169-8, e-ISBN (PDF) 978-3-11-074179-7

Eingebettete Systeme.
Entwurf, Synthese und Edge AI
Oliver Bringmann, Walter Lange, Martin Bogdan, 2022
ISBN 978-3-11-070205-7, e-ISBN (PDF) 978-3-11-070206-4

Diskrete Mathematik.
Grundlage der Informatik
Walter Hower, 2021
ISBN 978-3-11-069554-0, e-ISBN (PDF) 978-3-11-069555-7

Analog Computing
Bernd Ulmann, 2022
ISBN 978-3-11-078761-0, e-ISBN (PDF) 978-3-11-078774-0

Paul Herrmann

Mainframe System z Computing

Hardware, Software und Anwendungen

2. Auflage

**DE GRUYTER
OLDENBOURG**

Autor
Dr. rer. nat. Paul Herrmann
Universität Leipzig
Institut für Mathematik und Informatik
Augustusplatz 10
04109 Leipzig
Deutschland
paul@informatik.uni-leipzig.de

Der Verlag hat für die Wiedergabe aller in diesem Buch enthaltenen Informationen mit den Autoren große Mühe darauf verwandt, diese Angaben genau entsprechend dem Wissensstand bei Fertigstellung des Werkes abzudrucken. Trotz sorgfältiger Manuskriptherstellung und Korrektur des Satzes können Fehler nicht ganz ausgeschlossen werden. Autoren und Verlag übernehmen infolgedessen keine Verantwortung und keine daraus folgende oder sonstige Haftung, die auf irgendeine Art aus der Benutzung der in dem Werk enthaltenen Informationen oder Teilen davon entsteht.
Die Wiedergabe der Gebrauchsnamen, Handelsnamen, Warenbezeichnungen und dergleichen in diesem Buch berechtigt nicht zu der Annahme, dass solche Namen ohne weiteres von jedermann benutzt werden dürfen. Vielmehr handelt es sich häufig um gesetzlich geschützte, eingetragene Warenzeichen, auch wenn sie nicht eigens als solche gekennzeichnet sind.

ISBN 978-3-11-101522-4
e-ISBN (PDF) 978-3-11-101552-1
e-ISBN (EPUB) 978-3-11-101596-5

Library of Congress Control Number: 2023932789

Bibliografische Information der Deutschen Nationalbibliothek
Die Deutsche Nationalbibliothek verzeichnet diese Publikation in der Deutschen Nationalbibliographie; detaillierte bibliografische Daten sind im Internet über http://dnb.dnb.de abrufbar.

© 2023 Walter de Gruyter GmbH, Berlin/Boston
Einbandabbildung: imaginima/E+/Getty Images
Satz: Integra Software Services Pvt. Ltd.
Druck und Bindung: LSC Communications, United States

www.degruyter.com

Vorwort

> Es ist nicht genug zu wissen,
> man muss auch anwenden;
> es ist nicht genug zu wollen,
> man muss auch tun.
>
> J.W. von Goethe:
> Wilhelm Meisters Wanderjahre

In der Informatik sind einige Fachleute der Meinung, dass das Mainframe Computing seine bedeutende Zeit überschritten hat. In den letzten 10 Jahren ist die Mainframe-Ausbildung weiter eingeschränkt worden, d. h. Vorlesungen für interessierte Studenten an deutschen Universitäten und Fachhochschulen existieren teilweise nur noch online im e-Learning. Das betrifft auch die dazu gehörigen praktischen Übungen.

Diese Entwicklung widerspricht insgesamt dem Bedarf von Grossrechner-Fachpersonal in mittleren und grossen Unternehmen. In diesem Bereich ist das Problem dadurch gewachsen, dass Mitarbeiter in den Ruhestand gewechselt sind und nicht mehr zur Verfügung stehen.

In dem Buch „Einführung in z/OS und OS/390" wurde bereits zu diesem Thema Stellung bezogen. Der Ist-Zustand von Mainframe-Fachpersonal auf dem IT-Arbeitsmarkt ist weiter geschrumpft. Die Universität Leipzig zusammen mit dem Institut für Informatik der Universität Tübingen hat in der Vergangenheit versucht, diesen Prozess aufzuhalten. Es wurden Vorlesungen in Leipzig, Tübingen, Frankfurt (Frankfurt School of Finance & Management) zum Thema „Mainframe Server" gehalten in der Hoffnung, Studenten und Interessenten in das Mainframe Computing einzuführen. Die Universität Leipzig verfügt seit Juni 2020 über einen IBM zEC12 Server, auf dem im e-learning-Lehrbetrieb die interessierten Studenten praktische Erfahrungen erhalten können.

Das vorliegende Lehrbuch „Mainframe System z Computing" enthält wesentliche Änderungen gegenüber der 1. Auflage des Buches. Dazu zählen vordergründig Kapitel zur Hardware aktueller IBM System z-Server (z12, z15, z16). Es gibt insbesondere praktische Erkenntnisse und Erfahrungen zu den Themen DB2, IMS, CICS, WebSphere MQ, SMF und z/OS Connect EE sowie IBM Cloud. Das betrifft z. T. Nutzer mit normalen und auch solche mit Administrator- Rechten.

Im Anhang befindet sich ein umfangreiches Verzeichnis der im z/OS-Bereich verwendeten Abkürzungen. Zusätzlich wird Interessenten ein Dienst angeboten, mit dem ohne zusätzlichem administrativen Aufwand einfache Übungsaufgaben auf dem zEC12-Server bearbeitet werden können.

Danksagung

Mein Dank gilt vorrangig dem gesamten Management des IBM-Entwicklungslabors in Böblingen, den Herren E. Fichter, G. Fehrenbach und D. Wittkopp. Ihnen ist es zu verdanken, dass der z12-Server schnell und zuverlässig der Universität Leipzig zur Verfügung gestellt und professionell im August 2020 in Betrieb genommen werden konnte. Herrn J.Rauch, Herrn S. Wind und Herrn M. Henkel danken wir für ihr Engagement bei der Installation des z12-Rechners in Leipzig und die Unterstützung besonders in der Anfangsphase des Serverbetriebs. Viele weitere Mitarbeiter der Firma IBM haben unbürokratisch geholfen, besonders Herr S. Krause G. Pillen, Herr N. Janzen, Herr C. Noll und Herr R. Trauner sowie Frau A. Heftberger und N. Reimer.

Herr W. Greis hat wesentlichen Anteil an der Umsetzung der z12 von iSYSTEMS zur Informatik der Universität Leipzig. Herr Greis ist Vorsitzender der European Mainframe Academy (EMA) und hat großes Interesse an der Nutzung eines Mainframes für Studenten und Interessenten weltweit. Dafür unser besonderer Dank.

Herrn M. Störchle gilt in diesem Zusammenhang besonderer Dank für seine jederzeit hilfreiche Unterstützung bei theoretischen Problemen zur System z Hard- und Software.

Herr Prof. W. Rosenstiel ist unser Partner an der Universität Tübingen; er war in vielfacher Hinsicht beteiligt. Ich möchte seine Unterstützung besonders hervorheben.

Herrn E. Breitenfeldt in Dortmund möchte ich für seine Hilfe bei der Implementierung von RACF und der Lösung anderer Probleme besonders danken. Er stand uns jederzeit mit Rat und Tat zur Verfügung.

Mein besonderer Dank gilt Karin Wenzel. Sie hat mir die nötige Motivation und Hilfe beim Verfassen tieferer Erkenntnisse.gegeben.

Der Firma DN-Computing in Erstein (France, http://www.dn-computing.com) danke ich für die Bereitstellung der Freeware-Version des Terminal-Emulators *Quick3270*.

Dem Leiter des Leipziger Universitäts-Rechenzentrums, Herrn Dieter Lehmann, sage ich Dank für die großzügige Bereitstellung eines geeigneten Rechnerraumes für die zEC12-Maschine im Neubau der Universität Leipzig am Augustusplatz.

Ganz besonderer Dank gilt dem Verlag Walter De Gruyter Oldenbourg, insbesondere Frau A. Sperlich und Frau Skambraks, für die gute und fruchtbare Zusammenarbeit.

Herr Sebastian Höhme hat sehr wichtige und jederzeit hilfreiche Unterstützung geleistet und das gesamte Skript der 1. und auch der 2. Auflage dieses Lehrbuches kompetent und zuverlässig verwaltet. Die erfolgreichen Ergebnisse seiner Bachelor-Arbeit [SH] sind in das Buch integriert worden. Für seine Bemühungen gilt ihm Dank und Anerkennung.

Leipzig, Februar 2023
Paul Herrmann

Inhaltsverzeichnis

Vorwort — V

Danksagung — VII

1 Einführung — 1
1.1 Motivation — 1
1.2 z-System — 2
1.3 Technologische Führungsposition — 4

2 z-Hardware Architektur — 7
2.1 Einführung — 7
2.2 z/Architektur — 7
2.3 System z-Technologie — 7
2.3.1 Hardware-Technologie — 7
2.3.2 z196 (zEnterprise) — 8
2.3.2.1 zEC12 — 8
2.3.2.2 A-Frame — 9
2.3.2.3 Z-Frame — 10
2.3.2.4 Book-Konzept — 10
2.3.2.5 Multiple Chip Module (MCM) — 12
2.3.2.6 Processor Unit (PU) und Storage Control Chip (SC) — 13
2.3.2.7 PU-Chip — 14
2.3.2.8 Processor Unit (Core) — 15
2.3.2.9 PU-Nutzung — 16
2.3.2.10 Storage Control (SC) Chip — 17
2.3.2.11 Cache Level-Struktur — 18
2.3.2.12 Memory — 19
2.3.2.13 z15 — 21
2.3.2.14 Frames — 23
2.3.2.15 CPC-Drawer — 23
2.3.2.16 Die Struktur der Verbindung von CPC-Drawern — 27
2.3.2.17 Der Oszillator — 28
2.3.2.18 Die Kontrolle des Systems (system control) — 30
2.3.2.19 Die Leistungsversorgung des CPC-Drawers — 31
2.3.2.20 Einzelne Chip Module (Single Chip Modules „SCM") — 31
2.3.2.21 Prozessor Unit — 32
2.3.3 Prozessor Unit (Core) — 33
2.3.3.1 PU-Charakterisierung (Anpassung an eigene, spezifische, Nutzung) — 35
2.3.3.2 System Controller Chip — 36

2.3.3.3	Cache Level Struktur —— **37**	
2.3.3.4	z16 —— **37**	
2.3.3.5	I/O Kanal-Struktur —— **46**	
2.4	Überblick über die Betriebssysteme auf System z —— **48**	
2.4.1	z/OS —— **50**	
2.4.1.1	Übersicht —— **50**	
2.4.1.2	TSO-Subsystem (Time Sharing Option) —— **53**	
2.4.1.3	Stapelverarbeitung —— **57**	
2.4.1.4	Job Entry Subsystem (JES) —— **59**	
2.4.1.5	z/OS Communications Server —— **61**	
2.4.1.6	Übersicht —— **62**	
2.4.1.7	Ablauf einer Überprüfung —— **63**	
2.4.1.8	Unternehmensweite Sicherheit —— **66**	
2.4.1.8.1	Unix System Services (USS) —— **67**	
2.4.2	z/VM —— **73**	
2.4.2.1	Conversational Monitor System —— **74**	
2.4.2.2	Virtuelle Maschinen —— **78**	
2.4.2.3	Bausteine von z/VM —— **84**	
2.4.2.4	z/VM Control Program —— **85**	
3	**Arbeit des Nutzers am IBM Mainframe —— 99**	
3.1	Nutzer Login —— **99**	
3.2	Verbindungsaufbau zum Mainframe —— **99**	
3.3	Verbindung zur LPAR des Mainframe mittels IBM Personal Communications (IBM PC) —— **100**	
3.4	Verbindungsaufbau mit Quick3270 (unter Windows) —— **101**	
3.5	Verbindungsaufbau mit x3270 (unter Linux) —— **103**	
3.5.1	Interactiv System Productivity Facility (ISPF) —— **105**	
3.6	Einloggen auf dem z/OS-Rechner —— **105**	
3.6.1	Benutzung der ISPF-Hilfe —— **108**	
3.6.2	Benutzung der Tasten F1 bis F12 —— **111**	
3.6.2.1	Taste ISFP- Beschreibung der Funktionsweise des ISPF-Kommandos —— **112**	
3.6.3	Erstellen eines Datasets (Allocate) —— **116**	
3.6.4	Member in einem partitionierten Dataset anlegen und editieren —— **120**	
3.7	Arbeiten mit dem Data Set List Utitility —— **122**	
3.7.1	Eine Liste von Datasets anzeigen —— **123**	
3.7.2	Die existierenden Member eines Datasets anzeigen —— **125**	
3.7.3	Member zur Ansicht oder zur Modifikation öffnen —— **125**	
3.7.4	Member kopieren, verschieben und löschen —— **126**	

3.7.4.1	Kopieren —— 126	
3.7.4.2	VERSCHIEBEN —— 129	
3.7.4.3	Löschen —— 130	
3.7.5	Die Eigenschaften von Datasets anzeigen —— 131	
3.7.6	Löschen und Komprimieren von Datasets —— 133	
3.7.6.1	Löschen —— 133	
3.7.6.2	Komprimieren —— 134	
3.8	Job Control Language (JCL) —— 136	
3.8.1	Subsysteme zSystem —— 154	

4 Datenbanksysteme unter z/OS —— 157

4.1	Einteilung der IBM Datenbanksysteme —— 157	
4.2	Das relationale Datenbanksystem DB2 —— 159	
4.2.1	Structured Query Language —— 162	
4.2.2	SPUFI und QMF —— 166	
4.2.3	Beispiel: DB2 relationale Datenbank generieren und ausgelesen —— 168	
4.2.3.1	Anlegen benötigter Datasets —— 169	
4.2.3.2	Einloggen ins z/OS DB2 —— 171	
4.2.3.3	Einstellen des SubSystem IDentifiers (SSIDs) —— 171	
4.2.3.4	Überblick über die vier vorzunehmenden Definitionen —— 174	
4.2.3.5	Definition des Speicherplatzes für Datenbanken —— 175	
4.2.3.6	Löschen von alten Objekten, um neue anlegen zu können —— 178	
4.2.3.7	Anlegen einer Datenbank —— 181	
4.2.3.8	Defininition von Tablespace für DB2-Tabellen —— 182	
4.2.3.9	Erstellen der Tabelle —— 184	
4.2.3.10	Datensätze in die Tabelle einfügen —— 185	
4.2.3.11	Ansehen sämtlicher Datensätze der Tabelle —— 186	
4.3	Das hierarchische Datenbanksystem IMS —— 189	
4.3.1	Ein Überblick über den Aufbau von IMS —— 190	
4.3.1.1	Datenbankverwaltungssystem IMS/DB —— 190	
4.3.1.2	Transaktionsmanager IMS/TM —— 193	
4.3.1.3	IMS Messages —— 194	
4.3.1.4	IMS Transaktionsprogramme —— 195	
4.3.2	Speicherung und Verwendung von Daten —— 196	
4.3.3	Einrichten einer IMS-Datenbank, Zugriff und Transaktion —— 201	
4.3.4	DBD-Statement —— 203	
4.3.5	DATASET-Statement —— 205	
4.3.6	SEGM-Statement —— 205	
4.3.7	FIELD-Statement —— 206	
4.3.8	PCB-Statement —— 209	

4.3.9	SENSEG-Statement —— **210**
4.3.10	SENFLD-Statement —— **211**
4.3.11	PSBGEN-Statement —— **211**

5	**Hinweise zur Fehlersuche** —— **229**
5.1	Nutzung des SDSF —— **229**
5.2	Wiederholung von Teilen des Beispiels —— **232**
5.2.1	Erklärung nötiger Änderungen bzw. anderer Vorgehensweisen —— **232**
5.2.2	Wiederholte Ausführung des JCL-Skripts DEFCLUST: —— **233**
5.2.3	Wiederholte Ausführung des JCL-Skripts RECENTRY —— **234**
5.3	Die IMS Open Database —— **235**
5.4	Vorbereitungen unter z/OS —— **237**
5.5	Vorbereitungen unter dem lokalen Betriebssystem —— **247**
5.6	Entwicklung des Personalkostenprogramms —— **252**
5.7	Anhang 1: Lösungen für die Aufgaben im Tutorial —— **266**
5.7.1	Programmerweiterung um die Errechnung der Personalkosten —— **266**

6	**Transaktionsverarbeitung** —— **269**
6.1	Zwei-Tier- und Drei-Tier-Konfiguration —— **269**
6.2	Transaktionen —— **272**
6.2.1	Definition —— **272**
6.2.2	ACID-Eigenschaften —— **273**
6.3	Stored Procedures —— **275**
6.3.1	Arbeitsweise —— **275**
6.3.2	Implementierung von Stored Procedures —— **278**
6.4	Beispiel IMS Transaktion —— **280**
6.4.1	Vorbereitungen unter z/OS —— **280**
6.4.2	Vorbereitungen unter dem lokalen Betriebssystem —— **282**
6.4.3	Entwicklung der Transaktionsanwendung —— **284**
6.4.4	Upload und Einrichtung der Transaktionsanwendung —— **295**
6.4.5	Entwicklung des Clients —— **300**
6.4.6	Aufruf der Transaktion durch Ausführung des Clients —— **308**
6.4.7	Anhang 1: Lösungen für die Aufgaben im Tutorial —— **311**
6.4.7.1	Erstellung des PSBs PRAKxxxT und Durchführung der Generierung —— **311**
6.4.8	Anhang 2: Fehlersuche auf Client-Seite und auf dem Mainframe —— **313**
6.5	Transaktionsmonitor —— **320**
6.5.1	TP-Monitor versus Stored Procedure —— **320**
6.5.2	Aufbau eines TP-Monitors —— **321**
6.5.3	TP-Monitor-Funktionen —— **324**

6.5.3.1	Backward Recovery —— **324**	
6.5.3.2	Flat Transaction —— **325**	
6.5.3.3	Logical Unit of Work —— **326**	
6.5.3.4	Two-Phase Commit-Protokoll —— **329**	
7	**Customer Information Control System (CICS) —— 331**	
7.1	Übersicht über IBM Transaktionsmonitore —— **331**	
7.1.1	CICS-Transaktions-Monitor —— **331**	
7.1.2	Transaction Processing Facility —— **332**	
7.2	CICS-Programmierung —— **332**	
7.3	CICS-Struktur —— **334**	
7.3.1	Übersicht —— **334**	
7.3.2	Aufbau einer CICS-Transaktion —— **336**	
7.3.3	Interne Struktur des CICS-Subsystems —— **339**	
7.3.4	CICS Interprocess Communication (IPC) —— **341**	
7.3.4.1	Transaction Routing —— **342**	
7.3.4.2	Function Shipping —— **342**	
7.3.4.3	Distributed Program Link —— **342**	
7.4	BMS und das 3270-Übertragungsprotokoll —— **344**	
7.4.1	Problemstellung —— **344**	
7.4.2	Das 3270-Protokoll —— **345**	
7.4.3	Basic Mapping Support —— **348**	
7.4.3.1	DFHMDF —— **351**	
7.4.3.2	DFHMDI —— **352**	
7.4.3.3	DFHMSD —— **353**	
7.5	Präsentations-Logik —— **354**	
7.5.1	Business- und Präsentations-Logik —— **354**	
7.6	CICS Internal Transactions —— **354**	
7.6.1	CICS Ressource Definition —— **356**	
7.6.1.1	CICS System Definition File —— **357**	
7.6.2	CEDA —— **357**	
7.6.2.1	Erzeugen von Groups und Lists —— **357**	
7.6.2.2	Management von Resource-Definitionen —— **358**	
7.6.2.3	Installation von Resource-Definitionen —— **360**	
7.6.2.4	CEDA DEFINE Panel —— **361**	
7.6.2.5	Attribute und Werte —— **363**	
7.6.2.6	Messages —— **363**	
7.6.2.7	CEDA DISPLAY GROUP(*) Panel —— **363**	
7.6.2.8	CEDA VIEW Panel —— **364**	
7.6.2.9	CEDA ALTER Panel —— **366**	
7.6.2.10	Weitere CEDA Kommandos —— **366**	
7.6.2.11	Entfernen der Ressource-Definitionen vom CSD File —— **366**	

7.6.2.12	Verwendung von generischen Namen unter CEDA	**366**
7.6.2.13	Benutzung des EIB für CICS-Anwendungsprogrammierer	**367**
7.6.2.14	Klassifizierung der CICS-Befehle	**368**
7.7	CICS Interoperabilität	**368**
7.7.1	Zugriffsmöglichkeiten auf CICS	**370**
7.7.2	CICS Transaction Gateway	**371**
7.8	Übungsbeispiels CICS	**373**
7.8.1	Vorschau	**373**
7.8.1.1	"CEDA INSTALL GROUP(PRAKT20)"	**375**
7.8.2	Anwendungsbeispiel einschließlich der Aufgaben	**375**
7.8.2.1	Anhang	**398**
8	**WebSphere MQ**	**407**
8.1	Einführung	**407**
8.2	Messaging und Queueing	**408**
8.2.1	Messages	**410**
8.2.2	Message-Segmentierung und -Gruppierung	**410**
8.2.3	Distribution List	**411**
8.2.4	Message-Typen	**411**
8.2.5	Persistente und nicht-persistente Messages	**411**
8.2.6	Message Descriptor	**412**
8.3	Queue-Manager	**413**
8.3.1	Queue-Manager-Cluster	**415**
8.3.2	Queue-Manager-Objekte	**418**
8.3.2.1	Queues	**418**
8.3.2.2	Channels	**418**
8.3.2.3	Prozess-Definitionen	**419**
8.4	Message-Queues	**419**
8.4.1	Queue-Arten	**419**
8.4.1.1	Lokale Queue	**420**
8.4.1.2	Cluster-Queue	**420**
8.4.1.3	Remote-Queue	**420**
8.4.1.4	Transmission-Queue	**420**
8.4.1.5	Dynamic Queue	**421**
8.4.1.6	Alias-Queue	**421**
8.4.1.7	Generieren eines Queue-Managers	**421**
8.4.2	Events	**422**
8.5	Manipulation von Queue-Manager-Objekten	**423**
8.6	Klienten und Server	**424**
8.7	WebSphere MQ-Architektur	**426**
8.8	Kommunikation zwischen Queue-Managern	**427**
8.8.1	Definition der Verbindung zwischen zwei Systemen	**428**

8.8.2	Manueller Kommunikations-Start —— **429**
8.8.3	Automatischer Kommunikations-Start —— **430**
8.9	Triggern von Applikationen —— **432**
8.10	Kommunikation zwischen Klient und Server —— **434**
8.10.1	Arbeit einer Client/Server-Verbindung —— **435**
8.10.2	Senden eines Client-Requests —— **436**
8.10.3	Empfang des Requests durch den Server —— **437**
8.10.4	Sender einer Server-Antwort —— **437**
8.10.5	Empfang der Antwort durch den Klienten —— **438**
8.11	Das Message Queuing Interface (MQI) —— **438**
8.12	WebSphere Code-Fragment —— **440**
8.13	WebSphere MQ WWW-Interface-Nutzung —— **442**
8.13.1	WebSphere MQ Internet Gateway —— **442**
8.14	Übungsbeispiel Message Queues —— **442**
8.14.1	Message —— **443**
8.14.2	Queue Manager —— **444**
8.14.2.1	Queue —— **444**
8.14.3	Anwender-Programme —— **445**
8.15	z/OS Connect EE —— **457**
8.16	Sicherheitsansprüche an API's —— **467**
8.16.1	Security Tokens —— **468**
8.16.1.1	z/OS Connect Security —— **469**
8.16.2	Authentifizierung —— **472**
8.16.3	Security Betrachtung und Überblick —— **478**
8.16.4	TLS Verschlüsselung mit z/OS Connect EE —— **480**
8.16.5	z/OS Connect Hochverfügbarkeit —— **482**
8.17	Übung z/OS Connect EE —— **483**
8.17.1	Erstellung einer API mit z/OS Connect —— **487**
9	**Cloud-Computing —— 495**
9.1	Erklärung —— **495**
9.2	Die Servicemodelle des Cloud Computing —— **496**
9.2.1	Mögliche Services einer Public Cloud —— **496**
9.2.1.1	Infrastructure-as-a-Service (IaaS): Individuelle Gestaltung virtueller Computer-Cluster —— **497**
9.2.1.2	Platform-as-a-Service (PaaS) —— **497**
9.2.1.3	Software-as-a-Service (SaaS) —— **497**
10	**Bare Metal-Server —— 499**
10.1	Was ist ein Bare-Metal-Server? —— **499**
10.2	Merkmale von Bare-Metal-Servern —— **500**
10.2.1	Vor und Nachteile des Bare-Metal-Servers —— **501**

10.3	Cloud-Markt Entwicklungs-Tendenz —— **502**	
10.3.1	Hybride und Multi-Cloud im Kommen —— **503**	
10.3.2	Edge Computing nimmt Fahrt auf —— **504**	
10.3.3	Roboter im Anmarsch —— **504**	
10.3.4	Blockchain sichert Transaktionen —— **505**	
10.3.5	Künstliche Intelligenz —— **505**	
10.4	IBM MQ on Cloud —— **508**	
10.4.1	Nutzeranwendung 1 —— **510**	
10.4.2	Nutzeranwendung 2 —— **516**	
11	**Abschließende Bemerkungen —— 523**	

Literatur —— 525

Acronyme —— 527

Stichwortindex —— 535

1 Einführung

1.1 Motivation

Client/Server Server bestimmen momentan maßgeblich unser Internet-Computing. Dabei spielt die Cloud eine übergeordnete Rolle. Server sind in unterschiedlichen Größenordnungen verfügbar. Kleine Server werden häufig auf der Basis von Intels x86-Architektur und eines Windows-Betriebssystems realisiert. Auf den meisten größeren Servern werden Unix-Betriebssysteme eingesetzt. Dabei findet auf der Hardware-Seite neben der x86-Architektur vor allem die IBM Power-Architektur Anwendung. In den Rechenzentren großer Unternehmen, vor allem bei Banken und Versicherungen, dominieren meist *Mainframes*, basierend auf IBM z/Architekturen.

IBM ist mit großem Abstand Marktführer im Mainframe-Bereich. Schätzungsweise 85–90% des Marktes werden von IBM beherrscht [1]. Ansonsten spielen vor allem Unisys mit den ClearPath Mainframes, Fujitsu mit der BS2000/OSD-Serie, HP mit den Integrity NonStop Servern und Bull mit der Novascale-Serie eine Rolle. Historisch bedingt sind unter anderem auch noch Systeme weiterer Firmen wie Hitachi im Einsatz. Im Gegensatz zu IBM setzen Unisys, Fujitsu, HP und Bull vor allem aus Kostengründen in ihren Mainframes Intel Xeon und Itanium Prozessoren ein.

IBM bezeichnet seine Hardware als System z. Die Vorgänger dieser Rechner waren die so genannten S/390-Systeme [68]. Derzeitige System z-Implementierungen werden als zEnterprise Edition (EE) bezeichnet. Als Betriebssystem wird meist z/OS Version 2.1/2.2 eingesetzt. System z und z/OS weisen gegenüber S/390-Rechnern und OS/390 eine 64 Bit-Unterstützung auf. Die Weiterentwicklung auf eine 64 Bit-Architektur ist in einigen Bereichen wie zum Beispiel in der Speicherverwaltung und bei Datenbank-Anwendungen ein sehr wichtiger Aspekt.

Zur Vereinheitlichung werden ausschließlich die aktuellen Bezeichnungen System z für die Hardware und z/OS für das Betriebssystem verwendet [74]. In vielen Fällen ist das Erläuterte jedoch ebenso für die ältere S/390-Architektur und OS/390 gültig. z/VSE (*Virtual Storage Extended*) ist ein weiteres Betriebssystem für IBM-Mainframe-Computer. Die Entwicklung findet hauptsächlich in Deutschland bei der IBM Deutschland Research & Development GmbH statt. Es ist nicht so weit verbreitet wie z/OS, es ist aber schlanker und schneller als z/OS und wird meist auf kleineren Systemen verwendet. z/VSE ist der Nachfolger von VSE/ESA, VSE/SP, DOS/VSE, DOS/VS und DOS/360. Die Wurzeln von z/VSE liegen also in den 1960er Jahren und dem System/360 [29]. Die neuste Version von z/VSE Release 6.2 ist seit 1. Dezember auf dem Markt verfügbar. Die Schnittstelle für Batch-Prozesse ist JCL (Job Control Language). Ebenso gibt es eine Schnittstelle für z/VSE-Konsole-Operatoren. CICS ist eines der am weitesten verbreiteten Transaktions-Monitore und ist sehr verbreitet bei z/VSE-Kunden. CICS unterstützt heute auch neueste Innovationen wie z. B. Web-Services. Mit z/VSE V6.1 wurde eine neue CICS Version eingeführt. DB2 ist auch für z/VSE verfügbar.

z/VSE unterstützt ebenso wie z/OS traditionelle 3270-Terminals als Benutzerschnittstelle. Die meisten Kunden haben aber inzwischen damit begonnen, Zugriffe mittels Webbrowser zu ihren Anwendungen zu realisieren. Die TCP/IP-Implementierung ist aus historischen Gründen ein separat zu bezahlendes Produkt und wird in zwei verschiedenen Versionen von zwei Softwareherstellern angeboten. Die meisten Kunden verwenden heute TCP/IP.

1.2 z-System

Großrechnern hängt noch immer das Image veralteter Technologie an. Es wird dabei die Renaissance ignoriert, die in den vergangenen Jahren stattgefunden hat. Zahlreiche Neuentwicklungen der Firma IBM haben dazu geführt, dass besonders Rechner der z/Architektur [44] eine technologische Spitzenposition einnehmen. Dies gilt sowohl für die Hardware als auch für das z/OS-Betriebssystem und seine Subsysteme. System z-Rechner spielen nach wie vor eine wichtige Rolle als Internet-Server.

Von den weltweit größten 2000 Unternehmen setzen weit über 90 % einen System z-Rechner als ihren zentralen Server ein. Der Rest verteilt sich auf Unix-Cluster der Firmen HP, IBM und Sun, Fujitsu BS2000/OSD-Rechner sowie einige Spezialanbieter. Genauso wie im Privatbereich der PC dominiert, kann man davon ausgehen, dass ab einer gewissen Unternehmensgröße der zentrale Server als z/OS-Rechner implementiert wird.

Etwa 2/3 aller weltweit relevanten wirtschaftlichen Daten werden im *EBCDIC-Format* auf Rechnern der z/Architektur gespeichert. 60 % aller vom Web aufrufbaren, wirtschaftlich relevanten Daten befinden sich auf Mainframes [2]. Es dominieren Datenbanken wie DB2, IMS, Adabas, Oracle und VSAM.

Führende Beratungsfirmen wie Gartner, Metagroup und IDC bescheinigen den System z-Rechnern eine Spitzenposition in Bezug auf Zuverlässigkeit, Verfügbarkeit, Skalierbarkeit.

Ein-/Ausgabe-Datenraten- und Rechenleistung in kommerziellen Anwendungen sind in diesem Buch sinnvoll. Als Beispiel ist eine Analyse der Gartner Group wiedergegeben (siehe Abbildung 1.1). Die Bewertung für die einzelnen Eigenschaften erfolgte über eine Punkteskala von 1–15, wobei 1 das schlechteste und 15 das beste Ergebnis darstellt.

Kommerzielle Anwendungen auf Großrechnern sind durch ihre Zuverlässigkeit gekennzeichnet. Nicht selten besteht der Code bis zu 90 % aus (erprobten) Recovery-Routinen.

Es wird geschätzt, dass etwa 10 Millionen Mannjahre in die Entwicklung von unternehmenskritischen z/OS-Anwendungen investiert wurden. Das bedeutet eine Investition von etwa einer Billion US-Dollar in z/OS-Anwendungssoftware. Die so entstandenen Anwendungen laufen zuverlässig und problemlos. Es existieren weder die Motivation noch die finanziellen Mittel und das erforderliche Personal, um diese Anwendungen auf

	IBM S/390 OS/390	SUN Exxxx Solaris	HP 9000 HPUX	Compaq Alpha True64	Compaq Proliant NT4.0
System Performance	15	15	15	12	6
Clustering Performance	5	2	2	3	1
Single System Availability	15	9	9	9	3
Multiple Systems Availability	15	9	12	12	3
Workload Management	15	6	9	6	3
Partitioning	10	6	2	2	2
Systems Management	10	6	8	6	6
Totals	85	53	57	50	24

Abbildung 1.1: OLTP/DB Evaluation Model, Technology Comparision (Gartner Group6).

eine „moderne" Sprachumgebung umzustellen. Im Zusammenhang mit der Jahr-2000-Umstellung bestand die Gelegenheit, die „Altlasten" durch „moderne" Hard- und Softwarestrukturen zu ersetzen. Hiervon wurde jedoch nur selten Gebrauch gemacht [3, 4].

Die Wartung und ständige Anpassung an sich ändernde Unternehmensbelange stellen einen erheblichen Kostenfaktor für die Unternehmen dar. Dabei stellt sich heraus, dass Wartungskosten für COBOL-Programme deutlich niedriger liegen als für C++-Programme. Die Jahr-2000-Umstellungs-Kosten pro Function Point betrugen im Durchschnitt für alle Sprachen 45 $; für Cobol-Programme lagen sie 28 $ [4] Es werden deshalb auch sehr viele neue Anwendungen in COBOL geschrieben. Daneben hat Java eine wachsende Bedeutung im Großrechnerbereich erlangt.

Die existierende Menge an COBOL-Programmen besteht aus etwa 180 Milliarden Code-Zeilen mit einer jährlichen Zuwachsrate von 5 Milliarden Code-Zeilen [3]. Nach [5] sind derzeitig 200 Milliarden Zeilen CICS-Code in Benutzung.

Ab einer gewissen Anzahl angeschlossener Bildschirmarbeitsplätze sind für einen z/OS-Cluster die Kosten pro Benutzer deutlich geringer als bei einem Unix-Cluster. Mit wachsender Größe der Installation wächst dieser Kostenvorteil zugunsten von z/OS. Die Kosten setzen sich nicht nur aus denen für Hard- und Software zusammen. Besonders die Kosten für die Administration und die Wartung sind günstiger [6].

Bei einer Anfrage an den DV-Verantwortlichen einer deutschen Großbank, wann er seine z/OS-Anwendungen durch eine „moderne" Technologie zu ersetzen gedenke, antwortete dieser, er glaube nicht, dass dies in den nächsten 50 Jahren geschehen werde.

1.3 Technologische Führungsposition

Die z/Architektur ist historisch-technologisch in Jahrzehnten gewachsen und hat Wurzeln, die bis in das Jahr 1964 zurückreichen. Während dieser Zeit wurde eine sehr gute Rückwärtskompatibilität bewahrt. Diese Wurzeln führten zu der weit verbreiteten Meinung, dass die System z Hard- und Software-Technologie veraltet sei und über kurz oder lang aussterben würde.

Die führende Marktposition der System z-Rechner im kommerziellen Großrechnerbereich ist vor allem auf Hardware- und Software-Technologie-Eigenschaften zurückzuführen, über die andere Rechner (noch) nicht verfügen. Auch in der Vergangenheit war System z gegenüber den Mitbewerbern technologisch immer um einiges voraus [46]. Beispiele für führende technologische Eigenschaften sind:
- Die sehr tragfähige z/Architektur, die heutigen Anforderungen gerecht wird und auf der dennoch auch Jahrzehnte alte Software noch problemlos läuft
- Fortschrittliche Hardware-Technologien, vor allem in der Ein-/Ausgabe-Architektur
- Das Parallel Sysplex-Konzept und die Skalierung mit Hilfe der Coupling Facility
- Weitreichende Partitionierungs- und Virtualisierungsmöglichkeiten
- Ein Goal-orientierter Workload-Manager
- Sehr leistungsfähige Business-Software wie der CICS-Transaktionsmonitor, der WebSphere Web Application Server und die Message Queueing Software WebSphere MQ

IBM ist seinerseits der umsatzstärkste Serverhersteller der Welt. Das US-amerikanische Unternehmen, das einst für seine PCs bekannt war, hat sich zu einem Zulieferer einiger der gefragtesten Mainframes der Welt entwickelt. Seine Premium-Serverprodukte werden häufig für Banken, Sicherheitssysteme, Casinos und andere Zweige in der Wirtschaft und Technik verwendet, die eine hohe Datenverarbeitungskapazität und Zuverlässigkeit erfordern. Bei Servern für Rechenzentren lag IBM 2019 mit einem weltweiten Anteil von 8,3% nach Angaben des Research-Anbieters IDC auf Platz drei hinter Dell und HP.

Obwohl IBM bei Chips nicht direkt mit Intel konkurriert, hat sich IBM durch sein eigenes Design von der Masse abgehoben. Konkurrenten wie Dell, HP, Lenovo Group und Inspur verwenden Chips von Intel oder Advanced Micro Devices (AMD). Danny Kuo, Analyst bei International Data Corporation (IDC) vertritt die Meinung, dass IBM allgemein als der Rolls-Royces des Mainframe-Serversegments betrachtet wird. Das spiegelt sich auch in den Kosten wider. IBM-Mainframes können zwischen 300.000 und 1 Million bzw. 2 Millionen US-Dollar pro Set abrufen, während typische HP- und Dell-Optionen, die auf Intel-Chips basieren, rund 7.000 US-Dollar kosten.

IBM hat inzwischen Interesse daran angemeldet, dass TSMC (Taiwan Semiconductor Manufacturing Company)-Chips für die nächste Server-Generation (z16) produziert, und folgt einem ähnlichen Schritt von AMD, das einen Anteil von 2% am Servermarkt hält. AMD gab am 6. 11.2017 bekannt, dass es die 7-nm-Technologie des taiwanesischen Unternehmens für seinen neuesten Serverprozessor übernehmen wird. Auch das scheint ein Versuch zu sein, Intel einige Geschäfte abzunehmen.

In den folgenden Kapiteln werden die technologischen Merkmale der IBM z/Architektur und deren Implementierungen im Hinblick auf moderne Anwendungsbereiche behandelt und die oben erwähnten technologischen Eigenschaften näher betrachtet.

2 z-Hardware Architektur

2.1 Einführung

Die Entwicklung der System z-Familie beginnt mit dem IBM z900 Server. Ohne auf die Historie einzugehen [s. „Einführung in z/OS und OS/390"], werden die z-Hardware-Architekturen der zEC12, z15, z16 etwas detaillierter beschrieben.

Die Firma DEC ihre VAX-Architektur durch die Alpha-Architektur ab. In dem Vorwort des Alpha-Architektur-Handbuches wurde explizit darauf hingewiesen, dass man die gleichen Entwurfsprinzipien angewendet hatte, die von Amdahl, Blaauw und Brooks 1964 entwickelt wurden [7].

Die z/Architektur wird durch eine (sehr umfangreiche) Test-Suite definiert. Rechner, welche diese Test-Suite fehlerfrei abarbeiten, gelten als z-kompatibel. Alle Hersteller von z-kompatiblen Rechnern garantieren, dass ihre Maschinen in diesem Sinne kompatibel sind. Eine verbale Beschreibung der Architektureigenschaften ist in dem Dokument „Principles of Operation" [8] enthalten. Dieses umfangreiche (1023 Seiten-) Dokument gilt als die Bibel der z/Architektur; es ist seit 1964 in immer wieder verbesserten Auflagen erschienen, in denen Erweiterungen der z/Architektur berücksichtigt wurden. Um die Präzision der Begriffe nicht zu gefährden, existiert trotz der Bedeutung der Dokumentation keine offizielle Übersetzung in andere Sprachen.

2.2 z/Architektur

Bezüglich der Basis-Eigenschaften der z-Architektur, insbesondere zu 32-Bit- und 64-Bit-Modus sowie zum Laden eines Registers, Speicherschutz sowie Ein/Ausgabe wird der interessierte Leser auf das Buch [9] verwiesen.

2.3 System z-Technologie

2.3.1 Hardware-Technologie

Nach der Implementierung der IBM z10-Hardware im Jahr 2008 wurden die Server z114 und z196 entwickelt. Die Hardware hatte einige spezifische Veränderungen gegenüber der z10; die Unterschiede waren aber nicht gravierend. Die z114 stellt eine etwas eingeschränkte Hardware-Version zur z196 dar.

2.3.2 z196 (zEnterprise)

Der z196-Server liefert eine Möglichkeit für das Upgrade zum zEC12. Die Hardware des z196 ist in der 1. Auflage des Buches „Mainframe System z Computing" beschrieben. Der zEC12 ist von besonderem Interesse: Er ist seit über zwei Jahren in der Informatik der Universität Leipzig im Betrieb und ist für alle Informatik-Studenten und Interessenten unter einigen Bedingungen zur Nutzung zugänglich.

2.3.2.1 zEC12

Mit dem zEC12 stellt die Firma IBM einen weiteren Server zur Auswahl, der nach der bisherigen erfolgreichen Entwicklungs-Strategie der Informatik in Leipzig zur Verfügung gestellt wurde. Letzterer kann aus unterschiedlichen vorangehenden Server-Entwicklungen hervorgehen. Als Ausgangs-Projekte stehen der z10 und der z196 mit bestimmten Funktions-Modellen zur Verfügung.

Die möglichen zEC12 Upgrades zeigt die Abbildung 2.1.

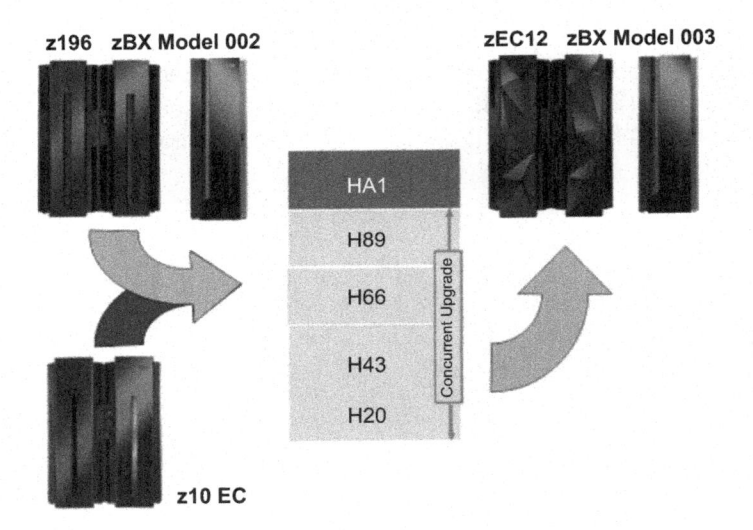

Abbildung 2.1: zEC12 Upgrades.

Der z12-Server hat zwei EIA-Frames, die beiden Frames sind miteinander verbunden und haben Plätze für einen Processor-Cage und eine Kombination der Peripheral Component Interconnect Express (PCIe), I/O-Funktionen sowie I/O-Rahmen.

Alle Books, die in den Books und Kühlkomponenten der Distributed Converter-Menge (DCAs) enthalten sind, werden im Processor-Cage des Frame A untergebracht (siehe Abbildung 2.2). Im Frontteil des Frame A sind 4 Books installiert, im Z-Frame liegt die Luftkühlung des zEC12.

2.3 System z-Technologie — 9

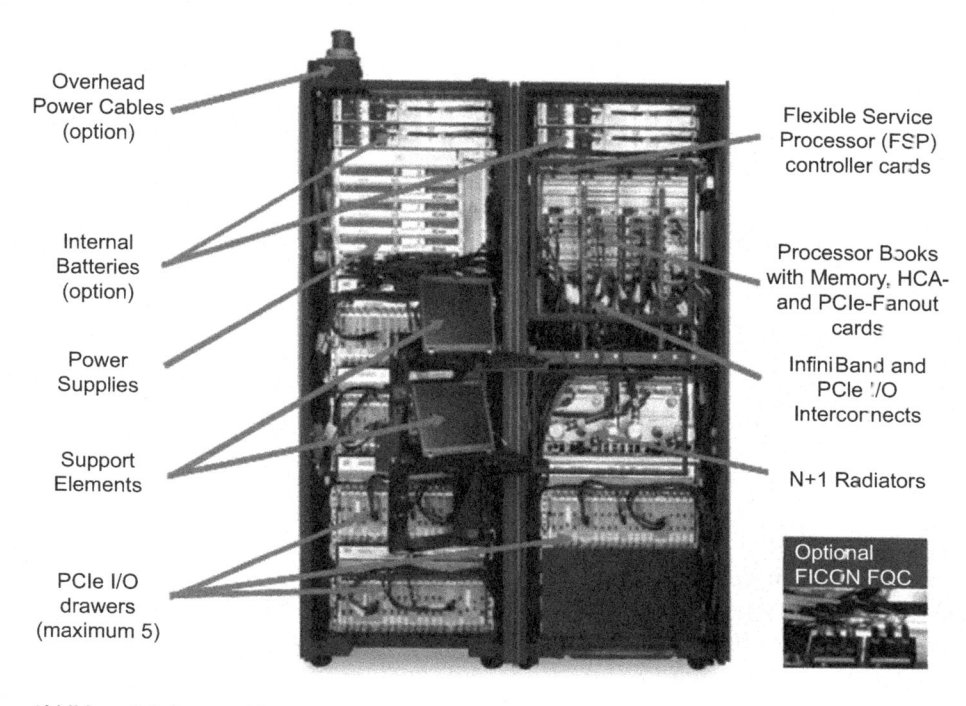

Abbildung 2.2: Frontansicht z12 mit CPC-Books, I/O-Funktionen, I/O-Cage, Luftkühlung.

2.3.2.2 A-Frame

Das A-Frame enthält folgende Haupt-Komponenten:
- 2 Interne Batterie-Funktionen (IBFs) für ständige Stromversorgung
- 2 voll-redundante Radiator-Einheiten zur Kühlung der MCMs
- Anstatt der Luftkühlung können auch Wasser-Kühlungs-Einheiten (WCUs) verwendet werden
- Processor Cage, diese enthält bis zu 4 Books, die mit dem internen Wasserkühlungs-System verbunden sind
- Abhängig von der Konfiguration können folgende I/O-Installationen benutzt werden. Eine Kombination von maximal 2 Drawers können im I/O-Cage untergebracht werden:
    - Bis zu 2 PCIe I/O-Drawers für die PCIe I/O-Funktion
    - Ein I/O-Drawer, der bis zu acht I/O-Funktionen installiert
    - Ein I/O-Cage, dieser kann 28 I/O Karten-Steckplätze realisieren
- Air Moving Devices (AMDs), redundante Kühlung der Fanouts, Speicher und DCAs

2.3.2.3 Z-Frame
Die Haupt-Komponenten des Z-Frame von oben nach unten ergeben sich wie folgt:
2 optionale IBFs
Stromversorgungs-Einheit: Die Zahl der BPAs hängt von der Konfiguration des zEC12 ab
Support Element (SE) tray enthält 2 SEs
4 Drawers können eine Kombination von maximal 2 I/O-Drawers und bis zu 4 PCIe I/O-Drawer installieren
- Der PCIe I/O Drawer wird für alle neuen Installationen verwendet, die über MES von der z196 oder z12BC Modell H13 zum zEC12 Modell H20 (Luft-gekühlt) erfolgen
- Der I/O-Drawer selbst kann nur mit MES vom z10, z196, zBC12 Modell H13 zum zEC12 Modell H20 vorgenommen werden
- Das I/O-Cage wird im Z-Frame nicht unterstützt

2.3.2.4 Book-Konzept
Der Central Prozessor Complex (CPC) benutzt das Packungs-Design für seine Prozessoren, dazu gehören die Books. Ein Book enthält ein Multi Chip Modul (MCM), Hauptspeicher und Verbindungen zu I/O-Drawers und ein I/O-Cage sowie weitere CPCs. Die Books befinden sich im Processor Cage des A-Frame. Der zEC12 installiert 1–4 Books. In der Abbildung 2.3 ist ein Book mit seinen Komponenten dargestellt.

Nachfolgende Komponenten enthält jedes Book:
- Ein MCM mit 6 Kern- Mikroprozessor-Chips, diese verfügen über 27 oder 30 Prozessor-Einheiten (PUs) und Storage Control Chips mit 384 MByte im Level 4 Cache
- Die Memory dual inline Memory-Module (DIMMs) sind in 30 Einschüben untergebracht und stellen 60 GByte-960 GByte physikalischen Speicherplatz zur Verfügung
- Eine Kombination von maximal 8 Host Channel Adapter (HCA) oder PCIe Fanout-Karten
- 3 DCAs liefern die Stromversorgung für die Books. Die DCAs können parallel benutzt werden
- 2 flexible Service-Processor (FSP9)-Karten kontrollieren das System

Die logische Book-Struktur ist in Abbildung 2.4 dargestellt, sie zeigt auch die Verbindungen der Komponenten einschließlich PUs im MCM.

Der Speicher ist über 3 Memory Control Einheiten (MCUs)mit dem MCM verbunden. GX0-GX7 sind die I/O Bus-Interfaces zu den HCAs. Diese haben ganze Speicher-Puffer, ein Maximum von 10 Gbits pro Bus-Richtung können übertragen werden mit Unterstützung von InfiniBand sowie PCIe. Die Prozessor Support Interfaces werden für die Kommunikation mit den FSP-Karten zur System-Steuerung verwendet. Die Fabric Book Connectivity (FBC) stellt die Punkt-zu-Punkt Verbindung zwischen den Books her.

2.3 System z-Technologie — 11

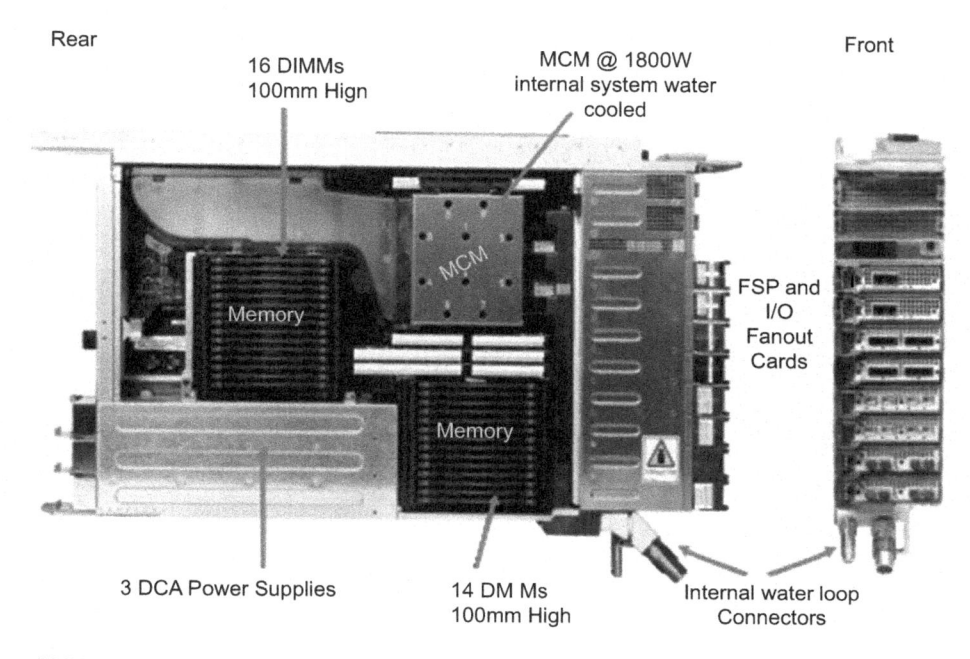

Abbildung 2.3: Book-Struktur mit Komponenten.

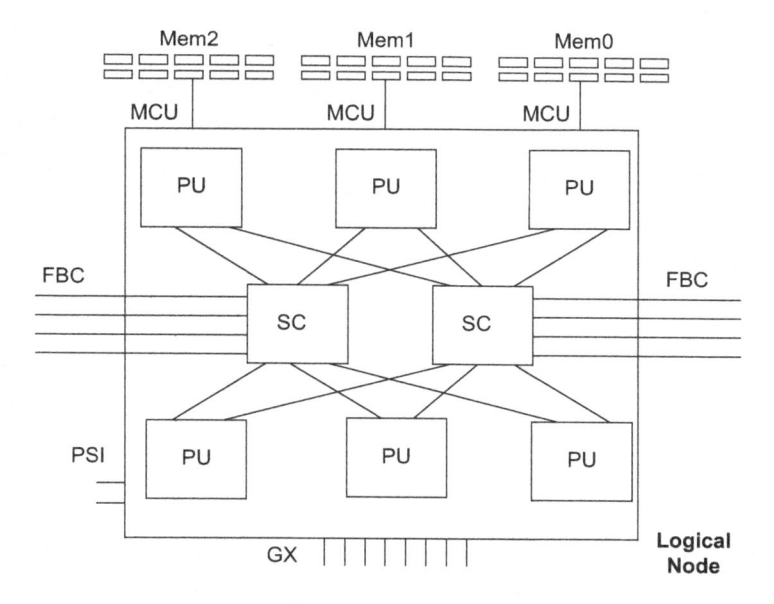

Abbildung 2.4: Logische Book-Struktur.

Die Abbildung 2.5 zeigt die Punkt-zu-Punkt Topologie der Book-Kommunikation. Jedes Book kommuniziert direkt mit allen anderen Books im CPC.

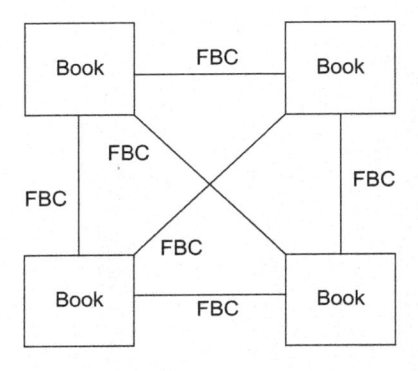

Abbildung 2.5: Kommunikation zwischen den Books.

Ein Processor Cage kann bis zu vier Books enthalten. In der Tabelle 2.1 wird die Zahl der Book-Installationen und der Plätze im Prozeesor Cage dargestellt.

Tabelle 2.1: Zahl der Book-Installationen und der Position im Processor Cage.

Book	Book0	Book1	Book2	Book3
Installation order	Fourth	First	Third	Second
Position in cage (LG)	01	06	10	15

2.3.2.5 Multiple Chip Module (MCM)

Das MCM [60] besteht aus Glas-Keramik-Substrat mit 103 Schichten und einer Größe von 96 * 96 mm. Es enthält 8 Chips, die untereinander verbunden sind (siehe Abbildung 2.6). Davon sind 6 als PU-Chip und 2 als Storage Control (SC)-Chip installiert. Die Anzahl der Prozessoren im MCM liegt bei mehr als 23 Milliarden.

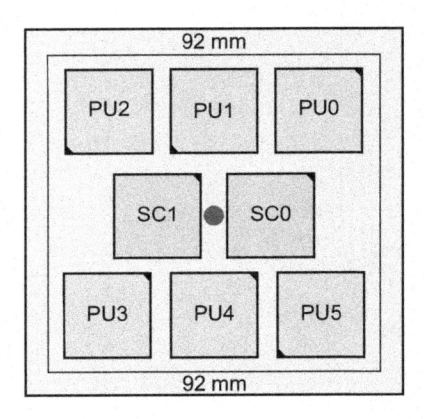

Abbildung 2.6: zEC12 Multi-Chip-Module.

Das MCM ist ein Teil des Books, das sich im mittleren Bereich des System-Boards befindet und die Verbindungen der Books untereinander realisiert.

Diese Konfiguration erlaubt ein Multi-Book-System und implementiert damit ein Symmetrisches Multiprozessor System.

2.3.2.6 Processor Unit (PU) und Storage Control Chip (SC)

Die PU- und SC-Chips im MCM verwenden die CMOS 13S-Chip-Technologie. Letztere integriert eine State-of-the-Art Mikroprozessor-Technologie und basiert auf der Kupfer-Interconnetions sowie auf der Silicon-On-Insulator (SOI)-Techologie. Die Verbindungslinien haben eine Breite von 32 nm. Im MCM sind 4 elektrisch löschbare ROM (SEEPROM) vorhanden, die wieder beschrieben werden können:
- Daten werden gespeichert ohne Stromversogung
- Nutzung derselben Technologie
- Verwendung für die Bewertung von Produktdaten im MCM und für Energie-Information

Zwei der Chips sind aktiv, die anderen beiden dienen der Redundanz.

Die MCM-Struktur mit der PU- und der SC-Verteilung zeigt Abbildung 2.7

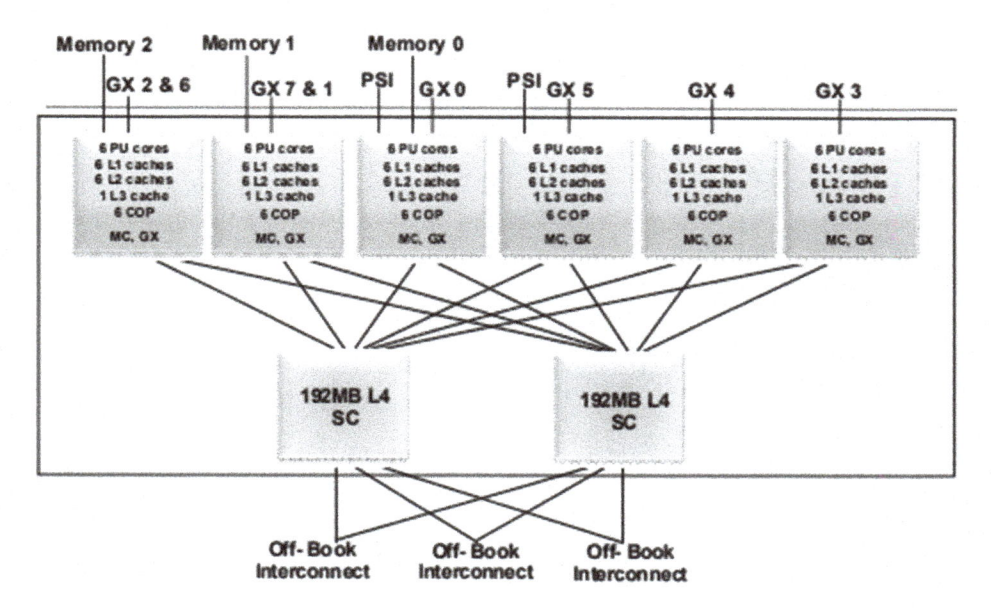

Abbildung 2.7: PU MCM-Struktur.

2.3.2.7 PU-Chip

Der zEC12 PU-Chip ist eine Weiterentwicklung des z196-Core-Designs. Er benutzt die CMOS 13S-Technologie, Out-of-Order Befehls-Verarbeitung, Higher Clock Frequenz und neu-entwickelte sowie größere Caches. Die Rechner-intensiven Workloads erreichen eine bessere Leistung durch Verbesserungen der benutzten Compiler und größere Caches.

Jeder PU-Chip verfügt über maximal 6 aktive Kerne, die mit einer Frequenz von 5,5 GHz arbeiten, das bedeutet, dass die Zykluszeit kürzer ist als 0,18 ns. Es existieren 6 PU-Chips in jedem MCM. Die PU-Chips haben 3 verschiedene Versionen: 4, 5 und 6 aktive Kerne. Für die Modelle H20, H43, H66 und H89 werden im MCM in jedem Book 27 aktive Kerne pro MCM installiert. Diese Konfiguration bedeutet, dass die Modelle H20 27 Kerne, H43 54, H66 81 und H89 108 aktive Cores integrieren. Das Modell HA1 besitzt 30 aktive Kerne pro MCM, das heißt, dass es 120 Cores im Modell HA1existieren.

Eine schematische Darstellung der PU-Chips zeigt die Abbildung 2.8

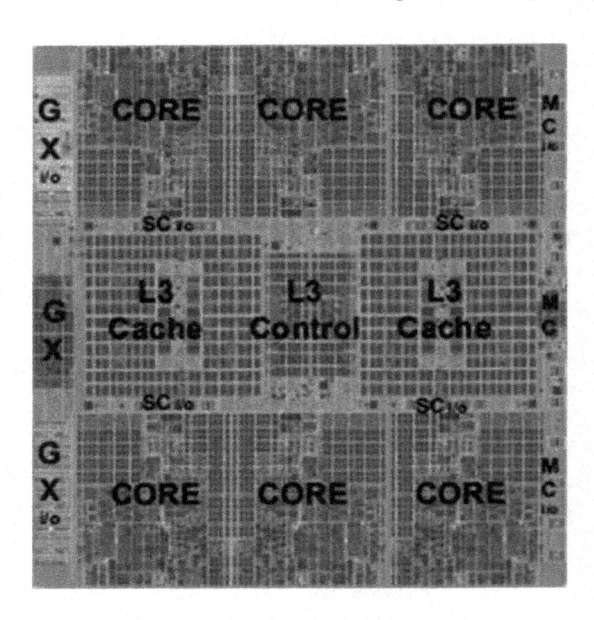

Abbildung 2.8: PU Chip-Diagramm.

Jeder PU-Chip verfügt über 2,75 Milliarden Transistoren. Alle 6 Kerne besitzt einen eigenen L1-Cache mit 64 KByte für Befehle und 96 KByte für Daten. Jeder Kern hat einen privaten L2-Cache mit 1 MByte Befehls- sowie 1 MByte Daten-Cache.

Alle 6 Kerne haben auch einen L3-Cache mit 48 MByte. Diese 48 MByte können von allen Kernen im PU-Chip benutzt werden. Er hat 192 * 512 KByte eDRAM-Makros, duale Adress- und duale Speicher-Pipe-Unterstützung, einen integrierten On-Chip Kohärenz-Manager, Cache und Cross-Bar Switch. Das L3-Directory filtert eine bestimmte

Menge des lokalen L4-Cache. Beide L3 und L4 können bis zu 160 Gbit/s Bandbreite zu jedem Kern parallel schreiben. Der L3-Cache verbindet die 6 Kerne, GX I/O-Busse und mehrere Memory-Controller (MCs) mit den Storage Control (SC)-Chips.

Ein Coprocessor (CoP) ist verantwortlich für die Daten-Kompression und die Verschlüsselungs-Funktionen in jedem Kern. Die Kompressions-Einheit ist mit dem CP integriert und unterstützt die Verschlüsselungs-Funktion (CPACF), die von der Kombination (oder Sharing) der Puffer und Interfaces profitieren. Hilfe liefert auch die High-Performance-Hardware für die Ver- und Entschlüsselung.

2.3.2.8 Processor Unit (Core)

Jede Processor-Einheit (Kern) implementiert einen Superskalar-, Out-of-Order-Processor und besitzt 6 Ausführungs-Einheiten:
- 2 Festpunkt (integer)
- 2 Load/Store
- 1 Binary Floating Point
- 1 Decimal Floating Point

Bis zu 3 Befehle pro Zyklus können dekodiert und bis zu 7 Befehle/Operationen pro Clock-Zyklus (< 0,18 ns) initialisiert werden. Die Befehls-Ausführung kann außerhalb der Programm-Reihenfolge erfolgen; das gleiche gilt für die Hauptspeicher-Adress-Generierung und den Hauptspeicher-Zugriff. Jeder Kern verfügt über eine spezielle Schaltung für die Anzeige der Ausführung und den Hauptspeicher-Zugriff zur Software. Nicht alle Befehle laufen direkt über die Hardware; das betrifft unterschiedliche komplexe Befehle. Einige laufen im Millicode, andere in mehreren Operationen, die dann von der Hardware übernommen werden.

Folgende Funktions-Bereiche sind in jedem Kern enthalten:
- Befehls-Sequenz-Einheit (ISU): Diese Einheit ermöglicht die Out-of-Order (OOO)-Pipeline. Sie enthält alle Register-Namen, OOO-Befehls-Abhängigkeiten und behandelt den Befehls-Ressourcen-Überblick
- Befehls-Fetching-Einheit (Vorhersage): Diese Einheit enthält den Befehls-Cache, die Branch Prediction Logik, die Befehls-Hol-Steuerung und die Puffer. Ihre relative Größe ist das Resultat des entwickelten Branch Prediction Designs
- Befehls-Decodier-Einheit (IDU): Diese Einheit wird versorgt von den IFU-Puffer und ist verantwortlich für das Parsing und Decodieren aller z/Architecture Operation Codes
- Load-Store-Einheit (LSU): Die LSU enthält den Daten-Cache. Sie übernimmt sämtliche Typen von Operanden-Zugriffen mit allen Längen, Modes und Formaten, die in der z/Architecture definiert sind
- Translation-Einheit (XU): Die XU hat einen großen Translation Lookaside Buffer (TLB) sowie die dynamische Übersetzung der logischen zu den physikalischen Adressen

- Festpunkt-Einheit (FXU): Diese behandelt die Festpunkt-Arithmetik
- Binary Floating Point-Einheit (BFU): Die BFU ist für alle Binary und Hexadecimal Floating Point und Festpunkt- Multiplikations-Operationen zuständig
- Decimal Floating Point-Einheit (DFU): Die DFU behandelt sowohl Floating Point und Decimal Festpunkt-Operationen als auch Festpunkt-Divisions-Operationen
- Recovery-Einheit (RU): Diese hat immer eine Kopie der gesamten System-Zustände mit allen Registern einschließlich Hardware-Fehler-Signalen und verwaltet die Hardware Recovery-Vorgänge
- Der integrierte CO-Processor (COP): Der CO-Prozessor ist verantwortlich für die Daten-Kompression und die Verschlüsselungs-Funktionen in allen Kernen

Das Kern-Layout ist in der Abbildung 2.9 dargestellt.

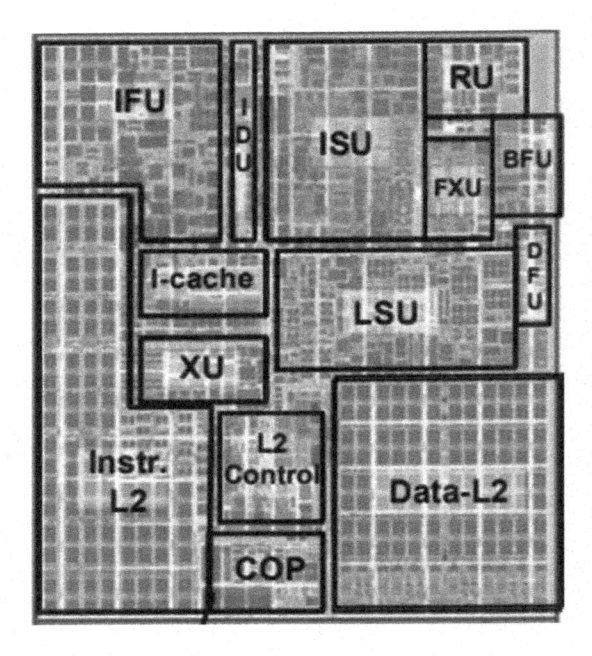

Abbildung 2.9: Core-Layout.

2.3.2.9 PU-Nutzung

Jeder MCM besitzt PUs für die Benutzung durch den Client. Bestimmte PUs können generell für die Unterstützung des Operations-Systems eingesetzt werden, wie beispielsweise für das z/OS, z/VM und Linux. Sie können auch speziell für das Workload arbeiten wie Java, XML-Service, IPCec und DB2-Workloads oder als Coupling Facility Control Code.

Die maximale Anzahl der PUs hängt vom zEC12-Modell ab. Einige PUs werden vom System als Standard System Assist Processors (SAPs) verwendet und laufen als I/O-Prozessor. Standardmäßig gibt es 2 spare PUs pro System; sie sind für fehlerhafte PUs vorgesehen. Die restlichen PUs können vom Client eingesetzt werden. Eine zEC12 Modell-Darstellung integriert eine PU-Zahl, die für die Client-Nutzung in Frage kommt (siehe Tabelle 2.2).

Tabelle 2.2: Zahl der PUs für unterschiedliche zEC12-Modelle.

Model	Books	Installed PUs	Standard SAPs	Minimum spare PUs	Maximum characterized PUs	Integrated firmware processor (IFP)
H20	1	27 (1×27)	4	2	20	1
H43	2	54 (2×27)	8	2	43	1
H66	3	81 (3×27)	12	2	66	1
H89	4	108 (4×27)	16	2	89	1
HA1	4	120 (4×30)	16	2	101	1

2.3.2.10 Storage Control (SC) Chip

Im SC-Chip sind auch CMOS 13S mit 32nm SOI-Techologie mit 15 Schichten im Substrat installiert. Das Chip hat Abmessungen von 28,4 * 23,9 mm, besitzt 3,3 Milliarden Transistoren und 2,1 Milliarden eDRAM-Zellen. Jeder MCM verfügt über 2 SC-Chips. Der L4-Cache in jedem SC-Chip hat 192 MByte Speicher, das sind gesamt 384 MByte L4-Cache anteilig pro Book.

Die schematische Darstellung des SC-Chips zeigt die Abbildung 2.10

Den größten Anteil an der Fläche besetzt der L4-Controller und der L4-Cache (192 MByte). Letzterer besteht aus 4 Anteilen von 48 MByte mit 256 * 1,5 MByte eDRAM. Der L4-Cache ist logisch in 16 -Adress-Bänke angelegt mit 24 Wege-Set. Der Controller des L4 befindet sich in einer einzelnen Pipeline mit mehreren Controllern, um 125 simultane Cache-Transaktionen pro Chip zu behandeln.

Die L3-Caches des PU-Chips kommunizieren mit dem L4-Cache durch einen zusätzlichen SC-Chip mit unidirektionalen Richtungen. Der L3-Cache ist in 2 logische Teile getrennt. Jeder Teil hat 24 MByte Speicher und besteht aus 2 Bänken mit 12 MByte. Der L3 ist ein 12 Way Set, jede Bank verfügt über 4k Sets und die Cache Line - Größe beträgt 256 Bytes.

Das Bus/Clock-Verhältnis (2:1) zwischen dem L4-Cache und dem PU wird durch den Storage Controller des SC-Chip gesteuert.

Der SC-Chip wirkt auch als L4 Cache Cross-Point Switch für L4-zu-L4 Übertragung zu 3 anderen Books mit 3 bidirektionalen Datenleitungen. Der integrierte SMP Fabric Transport und System Coherence Manager benutzt das L4-Directory, um den Filter-Verkehr der anderen Books zu regeln. Dieser Prozess benutzt ein erweitertes Sychronous Fabric Protocol für die bessere Latenz der Cache-Verwaltung. Es existieren 2 Clock-Domänen, wobei die Clock-Funktion zwischen den beiden SC-Chips aufgeteilt ist.

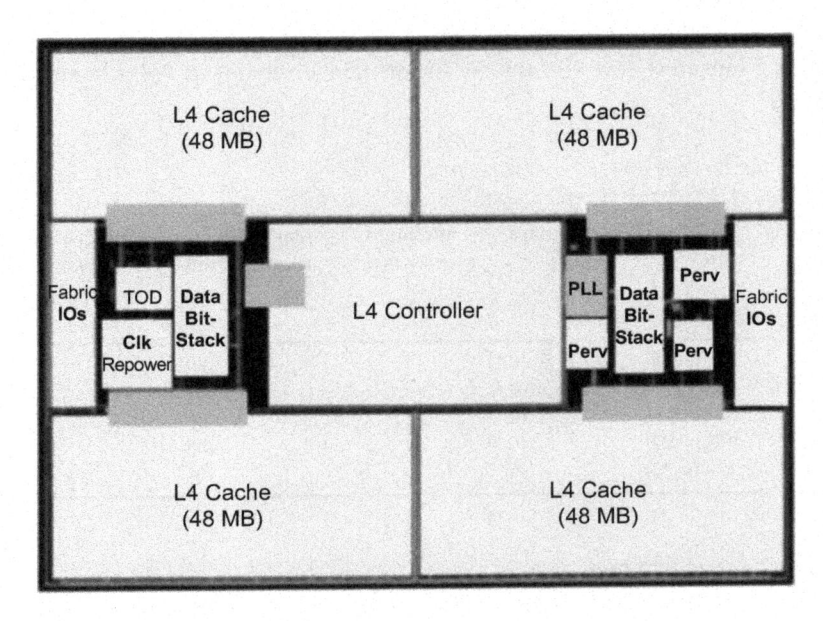

Abbildung 2.10: SC Chip-Diagramm.

2.3.2.11 Cache Level-Struktur

Der zEC12 implementiert eine 4 Cache Level-Struktur (siehe Abbildung 2.11).

Jeder Kern besitzt seinen eigenen 160 KByte L1- Cache. Dieser ist in 96 KByte Daten Cache (D-Cache) und 64 KByte Befehls-Cache (I-Cache) aufgeteilt. Der L1-Cache ist entwickelt worden als ein Store-Through-Cache. Das bedeutet, dass ältere Daten weiter für das nächste Speicher-Level gesichert werden.

Das nächste Level ist das private Cache-Level L2 in jedem Kern. Dieser Cache hat eine Größe von 2 MByte und ist aufgeteilt in 1 MByte Daten-Cache und 1 MByte Befehls-Cache. Der L2-Cache ist auch als Store-Through-Cache ausgebildet.

Der L3-Cache ist auch auf dem PU-Chip untergebracht. Er ist von 6 Kernen zu erreichen und hat 48 MByte Speicher. Er ist als Store-In-Cache integriert.

Die Cache-Level L2 und L3 sind im PU-Chip implementiert, um die Latenz zwischen dem Prozessor und dem großen Shared Cache L4 zu minimieren. Der L4 befindet sich in 2 SC-Chips. Jeder SC-Chip hat einen Speicher von 192 MByte, das sind 384 MByte L4-Cache zusammen. Letzterer kann von allen PUs im MCM benutzt werden. Der L4-Cache ist ein Store-In-Design.

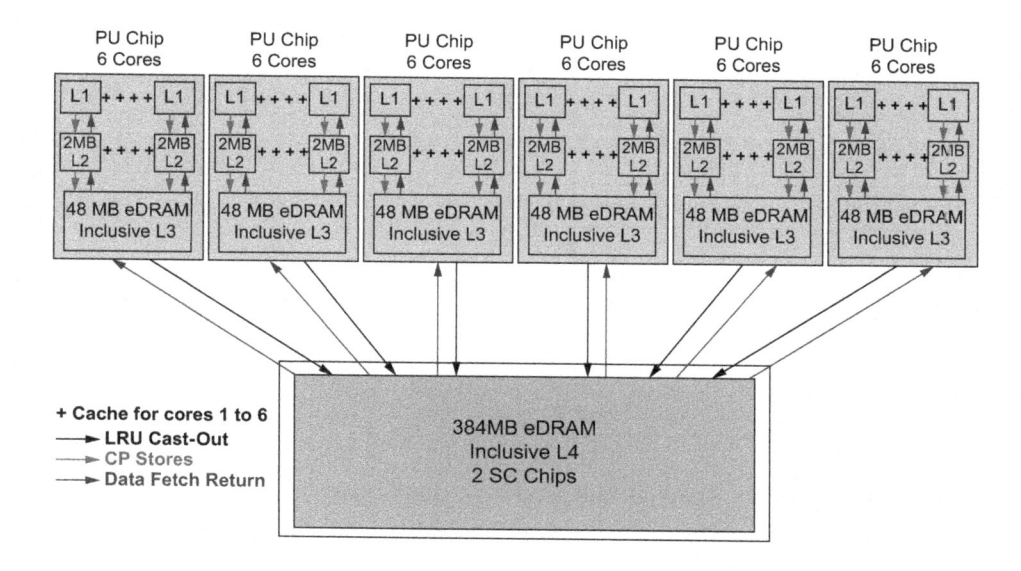

Abbildung 2.11: Cache Level-Struktur.

2.3.2.12 Memory

Der maximal physikalische Hauptspeicher ist von der Größe her relativ zur Anzahl der Books im System integriert. Jedes Book enthält bis zu 960 GByte physikalischen Speicher. Insgesamt können 3.840 Gbyte (3,75 TByte) Hauptspeicher pro System installiert werden. Ein zEC12 besitzt immer mehr Hauptspeicher als angegeben wird. Ein Teil des physikalisch installierten Hauptspeichers wird für das redundante Feld des unabhängigen Speicher-Designs (RAIM) benutzt. Diese Konfiguration erlaubt es, bis zu 768 GByte an verfügbaren Hauptspeicher pro Book und maximal 3.072 Gbyte (2 TByte) pro System zur Verfügung zu stellen. Die Tabelle 2.3 zeigt die minimale und maximale Hauptspeicher-Größe für jedes zEC12-Modell.

Tabelle 2.3: z12 Hauptspeicher-Größen.

Model	Number of books	Customer memory (GB)
H20	1	32–704
H43	2	32–1392
H66	3	32–2272
H89	4	32–3040
HA1	4	32–3040

In Tabelle 2.4 sind die Hauptspeicher-Stufen mit dem zugehörigen Hauptspeicher dargestellt.

Tabelle 2.4: Hauptspeicher-Stufen für den zEC12.

Granularity (GB)	Customer memory (GB)
32	32–256
64	320–512
96	608–896
112	1008
128	1136–1520
240	1760
256	2016–3040

Das RAIM (Redundant Array of Independent Memory subsystem) -Design erfordert einen Memory-Kanal, dieser heißt RAS (siehe Abbildung 2.12).

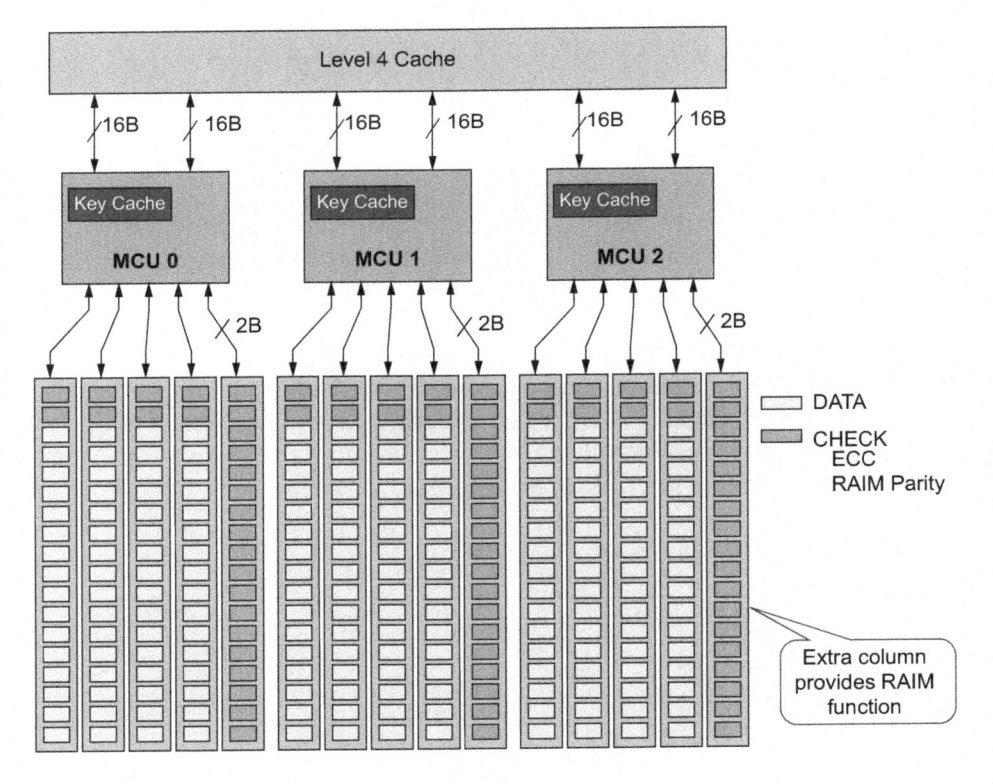

Abbildung 2.12: RAIM DIMMs.

Die Daten-Parität der vier Daten-DIMMs wird in den installierten DIMMs für den 5. Speicher-Kanal gesichert. Ein Fehler in einer Speicher-Komponente kann angezeigt und dynamisch korrigiert werden. Dieses Design übernimmt das RAS des Memory Subsystem für ein anderes Level, in dem ein Fehler-tolerantes Design notwendig ist.

Der IBM-Server zEC12 Modell 607 wurde Anfang August 2020 am Institut für Informatik der Universität Leipzig installiert und in Betrieb genommen. Der Austausch vom z114- zum z12-Server wurde ermöglicht durch den Verzicht des zEC12 von der Firma iSYSTEMS, die den Server ursprünglich von IBM erhalten hatte.

Die Vorder- und Rückansicht der beiden Frames A und Z des z12 zeigt die Abbildung 2.13

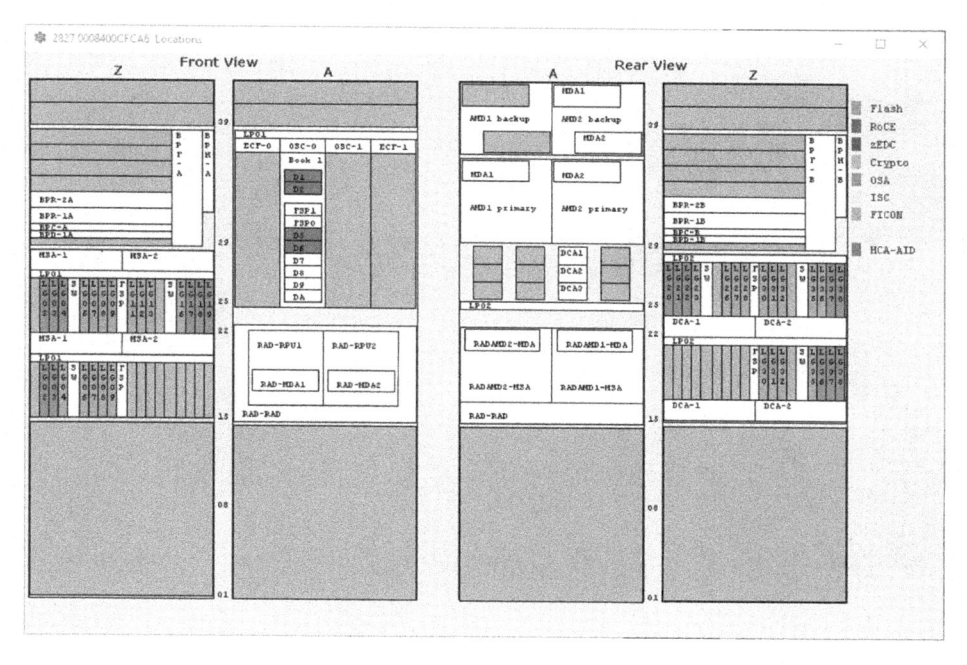

Abbildung 2.13: zEC12 Modell 607.

Die Server-Daten der zEC12 an der Informatik der Universität Leipzig sind in Abbildung 2.14 beschrieben.

2.3.2.13 z15

Die z15-Architektur implementiert eine komfortable und sichere Infrastruktur und wurde im Jahr 2020 von IBM in Betrieb genommen. Sie verfügt über Hochverfügbarkeit, ausreichende Skalierbarkeit und extreme Sicherheit für jeden Nutzer.

Aus der Abbildung 2.15 geht hervor, dass ein Upgrade von der z14 zur z15 nur mit entsprechenden Levels der z14 möglich ist. Als Beispiel für ein Upgrade soll das z15 T01-

SW Model 607

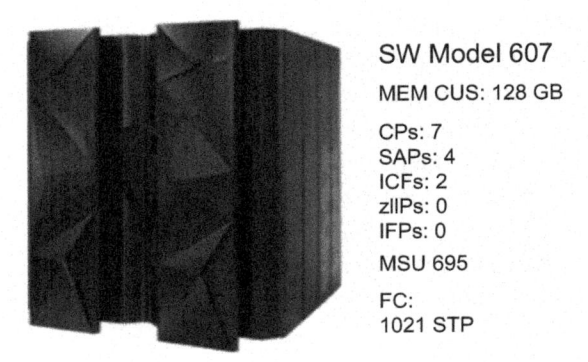

MEM CUS: 128 GB

CPs: 7
SAPs: 4
ICFs: 2
zIIPs: 0
IFPs: 0

MSU 695

FC:
1021 STP

Abbildung 2.14: zEC12 der Universität Leipzig.

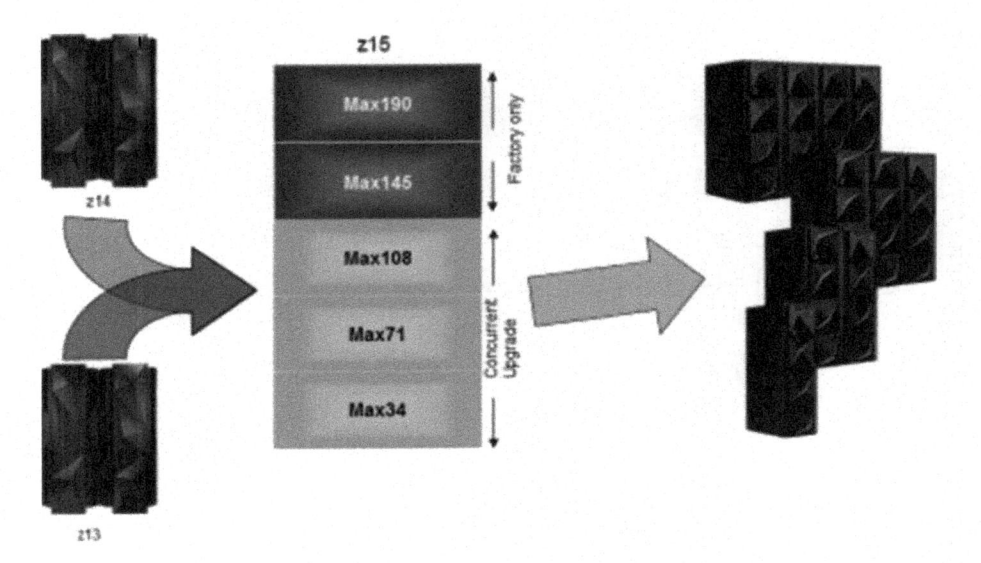

Abbildung 2.15: z15 T01 Upgrades.

Modell betrachtet werden(Driver level 36). Die gleiche Bedingung gilt von einem Upgrade von der z13 zur z15 (level 27).

Das z15 T01-System ist enthalten in einem 19-Zoll Rahmen und kann in einem, zwei, drei oder vier Frames konfiguriert werden. Die Anzahl der Frames hängt von den räumlichen Erfordernissen, der Prozessor- Anzahl und der Ein/Ausgabe-Kanäle ab. Ein Update von z14 M0x zur z15 ist nur bei einem Level von 36 möglich, dieses Upgrade ist nicht zu empfehlen. Bei dem Upgrade vom z13 (M/T 2964) zum z15 T01 gilt Ähnliches, das Driver Level muss 27 sein, das Upgrade vom z13 zum z15 T01 sollte auch nicht erfolgen.

Diese angegebenen Prozesse werden nicht unterstützt:
- Downgrades innerhalb der z15-Modelle
- Upgrade vom z13s oder z14 ZR1 zu z15 T01-Systemen

2.3.2.14 Frames

Das z15 T01-System-Modell ist in einer neuen Form entwickelt worden, das Konfigurations-Flexibiltät für Kunden-Anforderungen bietet. Die z15 T01 -Architektur befindet sich in einem 19-Zoll-Rahmen und kann mit einem, zwei, drei oder vier Frames konfiguriert werden. Das hängt von den Prozessor- und I/O-Erfordernissen ab.

Für den z15 T01 existieren zwei verschiedene Stromversorgungs-Möglichkeiten: Bulk Power Assembly (BPA) und Intelligent Power Distribution Units (iPDU oder PDU). Die Frames sind mechanisch verbunden und arbeiten mit folgenden Komponenten:
- Maximal 3 CPC-Drawer im Frame A
- Bis zu 2 CPC-Drawer im Frame B (CPC-Drawer im Frame B sind bereits installiert)
- Bis zu 12 PCIe I/O führen die I/O-Funktionen und speziell unterstützende Funktionen aus
- Alle CPC-Drawer und PCIe I/O-Drawer besitzen redundante Stromversorgungen
- Für BPA-Systeme gilt: Die Bulk Power Assemblies im Frame A und B können mit Internal Battery-Teilen versorgt werden
- Für PDU-Systeme gilt: Stromversorgungs-Einheiten im Frame A, B und C (sind konfigurationsabhängig)
- Die CPC-Drawer-Kühlung erfolgt entweder mit Luft oder Wasser im Frame A und B
- Zwei Ethernet-Switches im Frame A und im Frame B (konfigurationsabhängig) bilden die CPC-Verbindung zum Ethernet
- Zwei Support Element-Einheiten befinden sich im Frame A. Diese verfügen über eine neue Service-Konsole (Frame A), die vorn oder hinten mit dem System verbunden werden kann

2.3.2.15 CPC-Drawer

Drei CPC-Drawer im Frame A und maximal zwei im Frame B sind im z15 T01 installiert. Jeder CPC-Drawer verfügt über SCMs (PU und SC), Hauptspeicher und I/O-Verbindungen. Die z15 T01-Server beinhalten die Superskalar-Mikroprozessor-Architektur seines Vorgängers aber realisiert unterschiedliche Verbesserungen im Vergleich zum z14. Jeder CPC-Drawer besitzt 4 PU (Processor Units) SCMs, die in zwei logischen CP-Cluster untergebracht sind, und einen SC (Storage Control) SCM. Im z15 T01 sind zwei Drawer-Einheiten verfügbar, die abhängen von der Anzahl der aktiven PU-Kerne.Das Modell z15 T01 Max 190 hat 43 aktive PU-Kerne/CPC-Drawer. Alle anderen z15-Modelle verfügen über 41 aktive Kerene. Das PU SCM hat 12 Kerne pro Design mit 9, 10 oder 11 aktiven Kernen. Letztere sind in CPs, IFLs, ICFs, ZIIPs, SAPs und IFPs untergebracht. Das SCM erhöht signifikant die Skalierbarkeit und bedeutet eine zusätzliche Gelegenheit der Server-Konsolidierung. Alle CPC-Drawer sind voll durch die High-Speed Communication

Links mi dem L4-Cache (im SC SCM) verbunden. Diese Konfiguration erlaubt es dem z15-Server über die PR/SM, das Memory- und Cache-kohärente SMP-System zu steuern.

Die PU-Konfiguration enthält 2 Spare PUs und eine variable Anzahl von SAPs pro System. Die SAP-Anzahl erhöht sich mit den CPC-Drawers, die auf dem Server installiert sind. Zum Beispiel sind 4 Standard-SAPs in einem installierten CPC möglich und bis zu 22 SAPs für 5 CPC-Drawer. Eine PU wird als IFP verwendet und ist nicht für die Client-Nutzung verfügbar. Die restlichen PUs können als CPs, IFL-Prozessoren, zIIPs, ICF Prozessoren und zusätzliche SAPs eingesetzt werden. Für den z15-Server arbeiten die SAPs im Simultaneous Multi-Threading (sind Standard und können nicht deaktiviert werden).

Die PU SCMs der z15 T01 werden durch eine Kühlplatte, die mit einem internen Wasser-Kreislauf verbunden, gekühlt. Bei einem Luft-gekühlten System tauschen Radiator-Einheiten (RUs) die Wärme über einem internen Wasserkreislauf mit der Luft aus. Der RU ist ein redundantes Gebläse. Der SC SCM wird Luft-gekühlt.

Der z15 T01-Server ist auch mit Wasser-Kühlung einsetzbar für verbesserte System- und Daten-Energie-Effizienz. Die Wasserkühlung ist nur für Bulk Power Assembly (BPA)- basierte Systeme möglich. Die Wasser-Kühlungs-Einheiten (WCUs) sind ausgesprochen redundant eingesetzt.

Der Server des z15 Modells T01 (Maschinentyp 8561) setzt das Design des z14 Modells fort, indem er Prozessoren in Drawer unterbringt. Ein Drawer des Typs z15 T01 CPC umfasst folgende Merkmale:
- Fünf Single Chip Module (SCMs)
- Bis hin zu 20 Memory DIMMs
- Symmetrische Konnektivität des Multiprozessors (SMP)
- Konnektoren, um PCIe + Gen3 Fanout-Cards mit PCIe + I/O-Drawer zu unterstützen oder das Koppeln des Fanouts um Links mit anderen CPCs zu verbinden

Die z15 T01 kann mit 1–5 CPC-Drawer (drei im A Frame und zwei im B Frame) konfiguriert werden. Ein CPC-Drawer und dessen Einzelteile zeigt die Abbildung 2.16

Die 5u CPC-Drawer vom z15 Modell T01 beinhaltet immer vier Prozessor-Einheiten (Processor Unit PU), einen System-Controller (SC) SCM und bis hin zu 20 Memory DIMMs.

Abhängig davon, welches Feature eine entscheidende Rolle spielt, beinhaltet das z15 T01 Modell folgende CPC-Komponenten:
- Die Nummer der CPC-Drawer, welche installiert werden, wird von dem folgenden Feature Code bestimmt:
    - FC 0655: Ein CPC-Drawer, Max 34, bis hin zu 34 charakterisierbare PUs
    - FC 0656: Zwei CPC-Drawer, Max 71, bis hin zu 71 charakterisierbare PUs
    - FC 0657: Drei CPC-Drawer, Max 108, bis hin zu 108 charakterisierbare PUs
    - FC 0658: Vier CPC-Drawer, Max 145, bis hin zu 145 charakterisierbare PUs
    - FC 0659: Fünf CPC-Drawer, Max 190, bis hin zu 190 charakterisierbare PUs

Abbildung 2.16: Komponenten der CPC-Drawer.

- Die folgenden SCMs werden benutzt:
    - PU SCM nutzt 14nm SOI-Technologie, 17 Metall-Schichten, 9.2 Milliarden Transistoren, ein Kern, welcher mit einer Frequenz von 5.2 GHz läuft: (mit 12 Core Designs pro PU CRM).
    - SC SCM nutzt 17 Metall-Schichten, 12.2 Milliarden Transistoren, 960 MB geteilten eDRAM L4 Cache.
- Memory-Plugging:
    - Vier Memory-Kontroller pro Drawer (einer pro PU SCM)
    - Jeder Memory-Kontroller unterstützt fünf DIMM Slots
    - Ein Drawer wird mit drei oder vier Memory-Kontrollern bestückt (bis hin zu 20 DIMMs)
    - Verschiedene Memory-Kontroller können unterschiedlich große DIMMs haben
- Bis hin zu 12 PCIe + Gen3 Fanout Slots, welche folgendes beinhalten können:
    - 2-Port PCIe + Gen3 I/O Fanout für PCIe + I/O Drawer (geordnet und genutzt in Paaren)
    - ICA SR und ICA SR1.1 PCIe Fanout (zwei Ports pro Funktion)
- Management-Elemente: Zwei flexible Service-Prozessoren (FSP) und Oszillatorkarten (OSC) für die Systemkontrolle und um eine Systemuhr bereitzustellen (n + 1 Redundanz).
- Die Infrastruktur der Energiezufuhr einer CPC-Drawer besteht aus folgenden Teilen:
    - Drei oder vier Power Supply Units (PSUs), welche den CPC-Drawer mit Energie versorgen. Bei Verlust einer Power Supply Unit ist trotzdem die gesamte Versorgung des Drawers gewährleistet (n + 1 Redundanz). Die Power Supply Units können gleichzeitig entfernt und ausgetauscht werden (eine nach der anderen)

- 7x 12V Distribution Point-Of-Load (POL), welche sich an Slots anschließen lassen und die Speicherbanken teilen
- 7x Voltage Regulator Modules, welche außerhalb der Memory-DIMMs angeschlossen werden
- Zwei Power Control Karten, um die fünf CPC-Ventilatoren auf der Vorderseite des Drawers zu kontrollieren
- Vier SMP-Konnektoren, welche die Kommunikation zwischen den CPC-Drawern bereitstellen (NUMA).

Die Darstellung der Vorderseite eines CPC-Drawer, welche die kühlenden Ventilatoren, FSP/OSC und Bulk-Distributionskarten (BDC) beinhaltet, zeigt die Abbildung 2.17.

Abbildung 2.17: Frontansicht eines CPC-Drawers.

Die Abbildung der Rückseite eines voll bestückten CPC-Drawers zeigt die Abbildung 2.18. Die Doppelports I/O Fanouts und ICA SR Adapter sind für die beste Performance und

Abbildung 2.18: Rückansicht eines CPC-Drawers.

Verfügbarkeit an spezifischen Slots. Redundante Energieversorgungskomponenten und vier SMP Ports sind ebenfalls abgebildet.

Die logische Struktur des CPC-Drawers, die Verbindungen der Komponenten (inklusive der PU SCMs) und die Speicher-Kontroll-SCMs sind in der Abbildung 2.19 dargestellt.

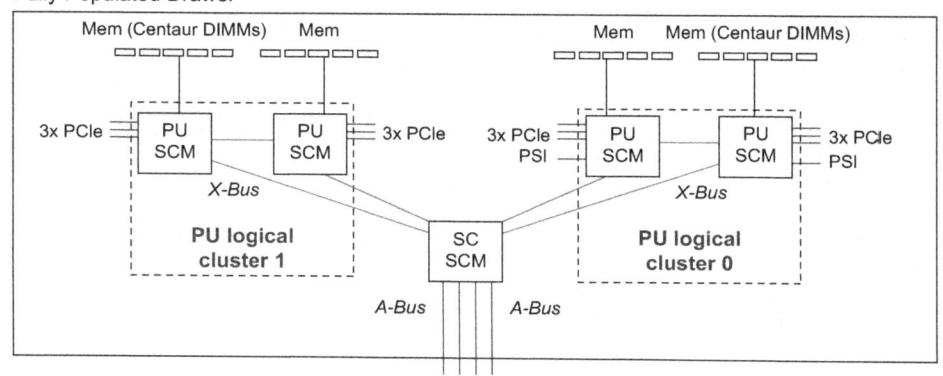

Abbildung 2.19: Logische Struktur eines CPC-Drawers.

Der Speicher ist an den SCMs über die Memory Control Units (MCUs) angeschlossen. Bis hin zu vier MCUs sind in einem CPC-Drawer verfügbar (eine pro PU SCM). Diese stellen das Interface zum DIMM Controller zur Verfügung. Ein Memory-Kontroller nutzt fünf DIMM Slots.

Die Busse sind in folgenden Konfigurationen unterteilt:
- Die PCIe I/O Busse sorgen für die Konnektivität für PCIe Fanouts und unterstützen bis hin zu 16 GBps Datenverkehr pro Anschluss
- Der X-Bus sorgt für Verbindungen zwischen SC und PU-Chips untereinander in derselben logischen Reihenfolge
- Der A-Bus sorgt für Verbindungen zwischen SC Chips (L4 Cache) in verschiedenen Drawern mit Hilfe der SMP-Kabel
- Prozessor Support Interfaces (PSIs) werden zum Kommunizieren mit FSP-Cards genutzt für die Systemkontrolle

2.3.2.16 Die Struktur der Verbindung von CPC-Drawern

Die Struktur der Punkt zu Punkt SMP-Verbindung zeigt die Abbildung 2.20. Jeder CPC-Drawer kommuniziert direkt mit allen anderen CPC-Drawern SC SCM (L4 Cache) durch Nutzung von Punkt-zu-Punkt Links (point-to-point links)

Die Reihenfolge der Installation der CPC-Drawer zeigt die Tabelle 2.5

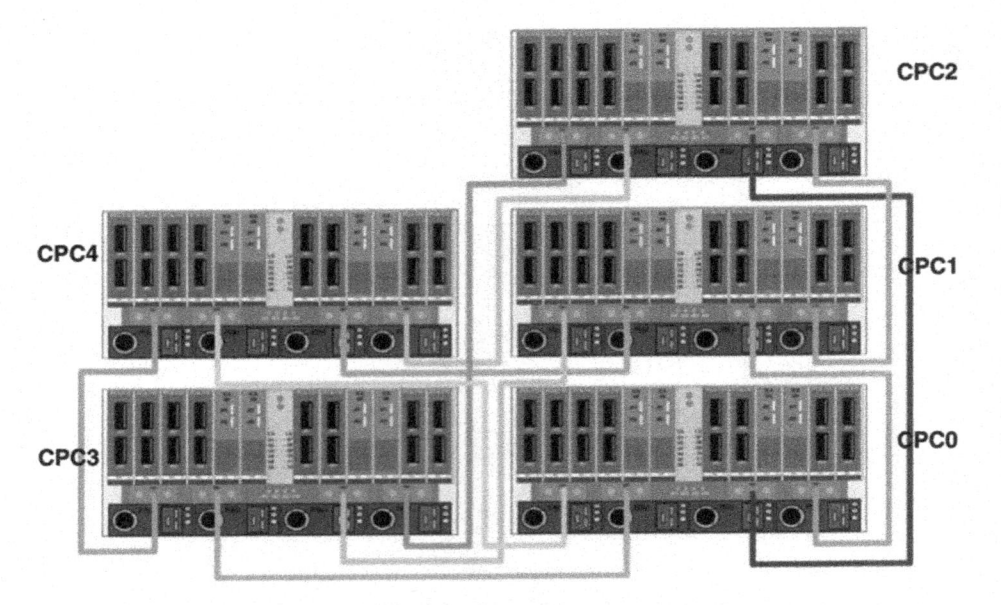

Abbildung 2.20: CPC-Drawer mit maximaler Verbindungsauslastung (Rückansicht).

Tabelle 2.5: Reihenfolge der Installation der CPC-Drawer.

CPC drawer[a]	CPC0	CPC1	CPC2	CPC3	CPC4
Installation order	First	Second	Third	Fourth	Fifth
Position in Frame A	A10B	A15B	A20B	B10B	B15B

a. CPC3 and CPC4 are factory installed only (no field MES available)

Die Installation der CPC-Drawer im A-Frame findet gleichzeitig statt. Die Addition eines CPC1 oder CPC2 Drawers ist in der Praxis ohne Unterbrechungen (ME5 Upgrade) möglich, wenn die Reserve-Features (FC 2271 oder FC 2272) in der initialen Systemreihenfolge inbegriffen sind. Die Reparatur von mehreren Drawern zur gleichen Zeit setzt ein Minimum von zwei Drawern voraus.

2.3.2.17 Der Oszillator

Das Design der Oszillator-Karte und das Signal-Distributions-Schema (signal distribution scheme) ist neu bei dem z15 T01 Modell. Die RAS-Strategie für redundantes Taktsignal und das dynamische Umschalten bleiben jedoch unverändert. Eine primäre OSC-Karte und eine Backup-Karte werden genutzt. Sollte die primäre OSC-Karte ausfallen, wird der Fehler von der zweiten Karte erkannt und die Aufgabe direkt übernommen, so dass das Taktsignal weiter zur CPC gegeben wird.

2.3.2.17.1 Manage System Time

Die z14, HMC 2.14.1 beinhaltet eine gravierende Verbesserung für den Nutzer durch Zeitkontrollmöglichkeiten mit Hilfe des neues Manage System Time.

Die z15 (2.15.0) entfernt das Support-Element „Sysplex/System Timer" zur Vereinfachung. Das HMC-Level 2.15.0 (Driver 41) wird dabei benötigt, um die Systemzeit für die z15 zu regulieren.

2.3.2.17.2 Network Time Protocol

Die SEs stellen das Simple Network Time Protocol (SNTP) als Client-Funktion zur Verfügung. Wenn das Server Time Protocol (STP) genutzt wird, kann die Zeit eines STP-only Coordinated Timing Network (CTN) mit der Zeit, die von einem Network Time Protocol (NTP) Server bereitgestellt wird, synchronisiert werden. Diese Konfiguration erlaubt time-of-day (TOD)-Synchronisation in einer heterogenen Plattformumgebung, auch durch die LPARs, welche auf der CPC laufen.

2.3.2.17.3 Precision Time Protocol

Neu ist außerdem, dass das Precision Time Protocol (PTP, IEEE 1588) auch als eine externe Zeitquelle für das IBM Z Server Time Protocol für ein IBM Z Coordinated Timing Network (CTN) genutzt werden kann. Die initiale Implementierung für die PTP-Konnektivität wird durch die Nutzung des IBM Z Support Element (SE) zur Verfügung gestellt.

Die Genauigkeit eines STP-only CTN wird verbessert, indem NTP oder PTP-Server mit dem PPS Output Signal als External Time Source (ETS) genutzt werden. Die Endgeräte mit einem PPS-Output sind bei verschiedenen Verkäufern verfügbar, welche Network Timing Lösungen anbieten.

Die folgenden Punkte sind zu berücksichtigen:
- Eine neue Karte, welche FSP und OSC kombiniert, wurde in der z15 implementiert. Die internen physischen Karten (FSP und OSC) sind getrennt aber verbunden als einzelne FRU. Grund dafür ist das Design der Verpackung.
- Zwei lokale, redundante Oszillatorkarten sind pro CPC-Drawer verfügbar, jede mit einem PPS-Port.
- Aktuelles Design setzt Pulse Per Second Nutzung voraus, so dass maximale Zeitgenauigkeit für NTP und PTP erreicht werden kann.
- Ein verbesserter Präzisions-Oszillator (20 PPM vs. 50 PPM bei dem vorherigen System) wird genutzt.
- Folgende PPS-Plugging Regeln gelten (siehe Abbildung 2.21)
    - Ein einzelner CPC-Drawer-Stecker rechts und links mit OSC PPS koaxiale Konnektoren
    - Multi-Drawer-Stecker schließt CPC0 Links, OSC PPS und CPC1 Links, mit Hilfe OSC PPS koaxialen Konnektoren

– Die Kabel werden von hinten nach vorn durch ein Loch innerhalb des Frames und unter einer CPC-Blende geleitet. Es wird ein rechtwinkliger Bayonet Neill-Concelman (BNC) Konnektor genutzt, welcher pulse per second Input für Synchronisation mit einer externen Zeitquelle mit PPS-Output zur Verfügung stellt.
– Die verbundenen PPS-Ports müssen in den „Manage System Time" Menüs auf der HMC zugewiesen werden.

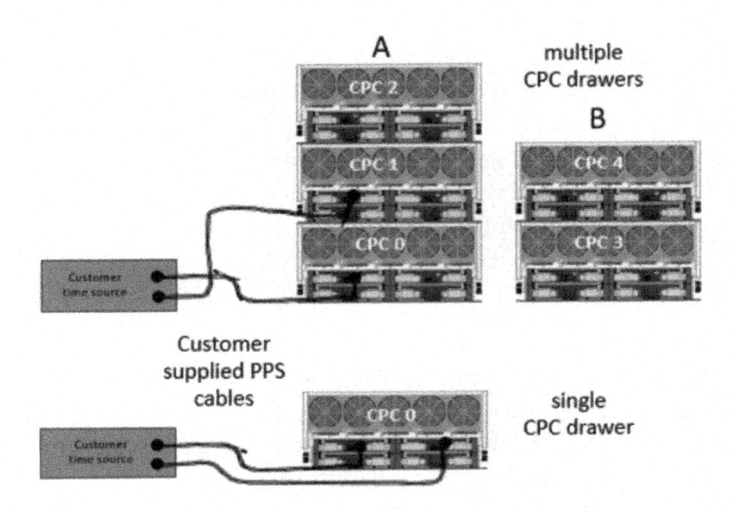

Abbildung 2.21: Empfohlene PPS-Verkabelung.

2.3.2.18 Die Kontrolle des Systems (system control)

Die Verschiedenen Systemelemente werden über FSPs kontrolliert. Ein FSP basiert auf IBM PowerPCr Mikroprozessor-Technologie.

Mit der z15 wird die FSP-Karte eines CPC-Drawer mit der Oszillator-Karte in einer Field Replaceable Unit (FRU) kombiniert. Zwei kombinierte FSP/OSC-Karten werden pro CPC-Drawer genutzt.

Auch der PCIe + I/O Drawer hat eine neue FSP. Jede FSP-Karte hat einen Ethernet Port, welcher sich über die internen Netzwerk Switches (SW1, SW2, SW3 und SW4 – wenn konfiguriert) mit den internen Ethernet LANs verbindet. Die FSPs kommunizieren mit SEs und stellen ein SubSystem Interface (SSI) bereit, um die Komponenten zu steuern.

Eine Übersicht der Systemkontrollelemente ist in der Abbildung 2.22 dargestellt.

Eine typische FSP-Aufgabe ist es, die Energiezufuhr zu kontrollieren. Ein SE schickt einen Befehl zum FSP, um die Energiezufuhr zu starten. Die FSP überprüft verschiedene Komponenten der Energieversorgung, überwacht den Erfolg der zu durchlaufenden Schritte und die resultierenden Spannungen. Abschließend wird der Status an die SE übermittelt.

Die meisten SEs sind duplexed (n + 1), und jedes Element hat mindestens ein FSP. Zwei interne Ethernet LANs und zwei SEs für Redundanz und die Crossover-Fähigkeit zwischen den LANs, so dass beide SEs auf beiden LANs operieren können.

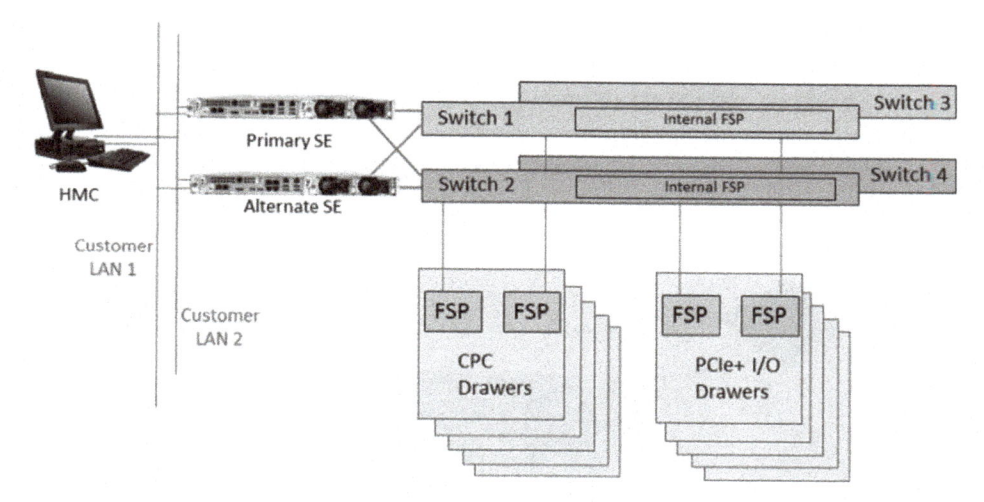

Abbildung 2.22: Konzeptioneller Überblick über die Systemkontrollelemente.

Die Hardware Management Konsolen (HMCs) und SEs sind direkt mit einem oder zwei Ethernet LANs verbunden. Eine oder mehrere HMCs können genutzt werden.

2.3.2.19 Die Leistungsversorgung des CPC-Drawers

Die Leistungsversorgung des CPC-Drawers besitzt ein neues Design. Es nutzt die Kombinationen der PSUs, POL6s, VRMs und der Bulk-Distribution Karten:
- PSUs: Liefert AC zu 12V DC bulk/standby Power und sind auf der Rückseite des CPCs installiert.
  Die Anzahl der installierten PSUs hängt von den folgenden Konfigurationen ab:
    - Drei PSUs für die Konfigurationen, welche BPA-Versorgung nutzen
    - Vier PSUs für die Konfigurationen, welche PDU-Versorgung nutzen
- POLs: Sieben Ladepunkten der N + 2 redundante Karten sind direkt neben den Memory DIMMs installiert
- VRMs: Sieben Spannungs-Regulationsmodule (N + 2 Redundanz)
- Bulk Distributionskarte (BDC): Redundante Prozessorleistung und Kontrollkarten, welche mit dem CPC Trail Board verbunden sind. Die Kontrollfunktion wird von 12V-Standby gespeist, welche vom PSU zur Verfügung gestellt wird. Die BDC-Karte beinhaltet auch die Druck-, Temperatur- und Luftfeuchtigkeitssensoren.

2.3.2.20 Einzelne Chip Module (Single Chip Modules „SCM")

Das SCM ist ein Metalsubstrat-Modul, welcher aus mehreren Schichten besteht. Dieses beinhaltet einen PU-Chip oder einen SC Chip. Die Größe der beiden Chips beträgt

696 mm² (25,3 mm x 27,5 mm). Jeder CPC-Drawer hat vier PU SCMs (mit je 9,2 Milliarden Transistoren) und eine SC SCM (mit 12,2 Milliarden Transistoren).

Die zwei Typen der SCMs (PU und SC) zeigt die Abbildung 2.23. Für beide SCMs befindet sich die thermale Kappe über dem Chip. Jeder PU SCM ist wassergekühlt. Der SC SCM wird wiederum mit Luft gekühlt durch CPC-Drawer-Ventilatoren.

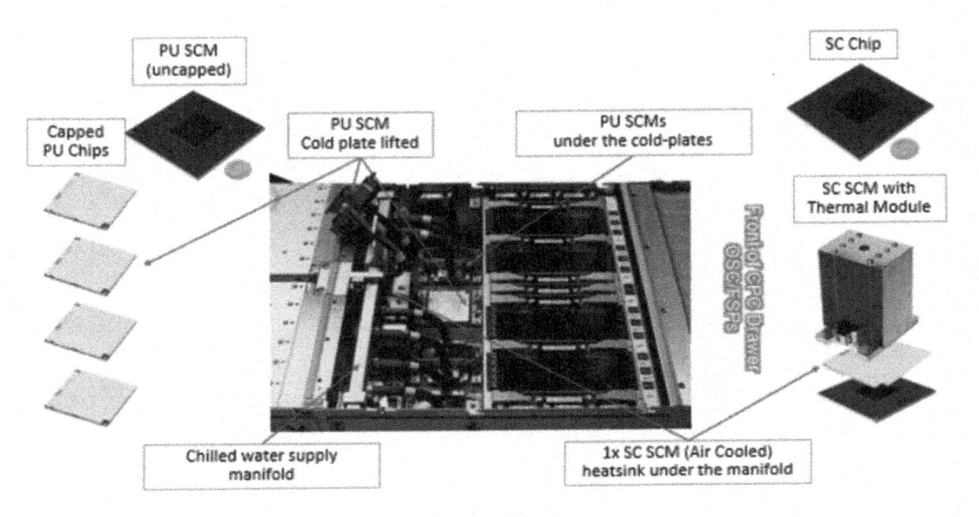

Abbildung 2.23: Single Chip Module (PU SCM und SC SCM).

PU und SC Chips nutzen den CMOS 14nm Prozess, siebzehn Metallschichten und die state-of-the-art Silicon-On-Insulator (SOI) Technologie.

Die SCMs sind an eine Buchse (Socket) angeschlossen, welche ein Teil der CPC-Drawer-Verpackung darstellt. Die Konnektivität der CPC Drawer kann durch SMP-Konnektoren und Kabel erreicht werden. Die vier inter-Drawer Verbindungen sind in jedem CPC-Drawer vorhanden. Diese Konfiguration erlaubt einem Multi-Drawer-System wie ein SMP-System zu funktionieren.

2.3.2.21 Prozessor Unit

Eine schematische Darstellung eines PU-Chips wird in Grafik 2.24 gezeigt.

Der z15 PU-Chip (installiert als ein PU SCM) ist eine Weiterentwicklung vom Design des z14 Chips. Er beinhaltet folgende Funktionen und Verbesserungen:
- CMOS 14 nm SOI-Technologie
- Zwölf Core Designs (anstatt nur zehn bei z14 Modell) mit einer erhöhten on-chip Cache Größe
- Drei PCIe Gen4 Interfaces (GX-Bus wurde weggelassen)
- DDR4 Memory Controller
- Zwei X-Busse unterstützen die Cluster-Konnektivität (PU SCM-to-PU SCM und PU SCM-to-SC SCM Konnektivität mithilfe des X Buses)

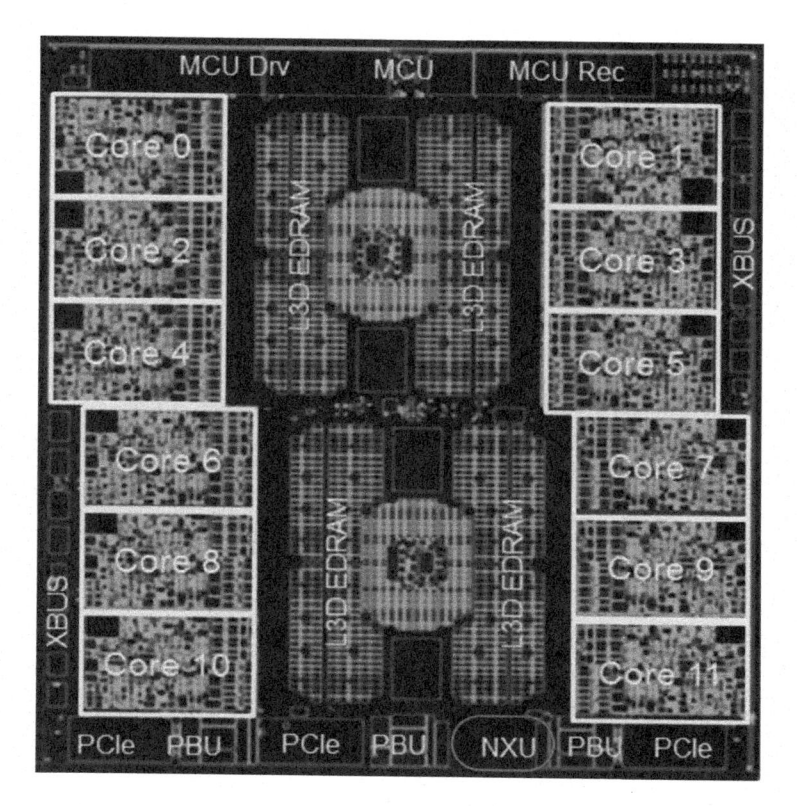

Abbildung 2.24: PU SCM Grundriss.

- Neues EDRAM Macro Design mit zweimal so großer Dichte. Im Vergleich zur z14 PU:
  - L3 wurde von 128 MB zu 256 MB pro Chip erhöht
  - L2-I wurde von 2 MB zu 4 MB je Kern erhöht
  - L2-L3 Protokoll wurde abgeändert, um die Latenzzeit zu reduzieren
- On-Chip Compression Accelerator (Nest Acceleration Unit – NXU)
- Weitere Optimierung der Nest-Core Ausführung

2.3.3 Prozessor Unit (Core)

Jede Prozessoreinheit bzw. jeder Kern ist ein superskalarer und out-of-order Prozessor, der 10 gleichzeitige Ausgaben an Ausführungseinheiten in einem einzigen CPU-Zyklus unterstützt. Abbildung 2.25 zeigt den Aufbau, der die folgenden Einheiten enthält:

2 z-Hardware Architektur

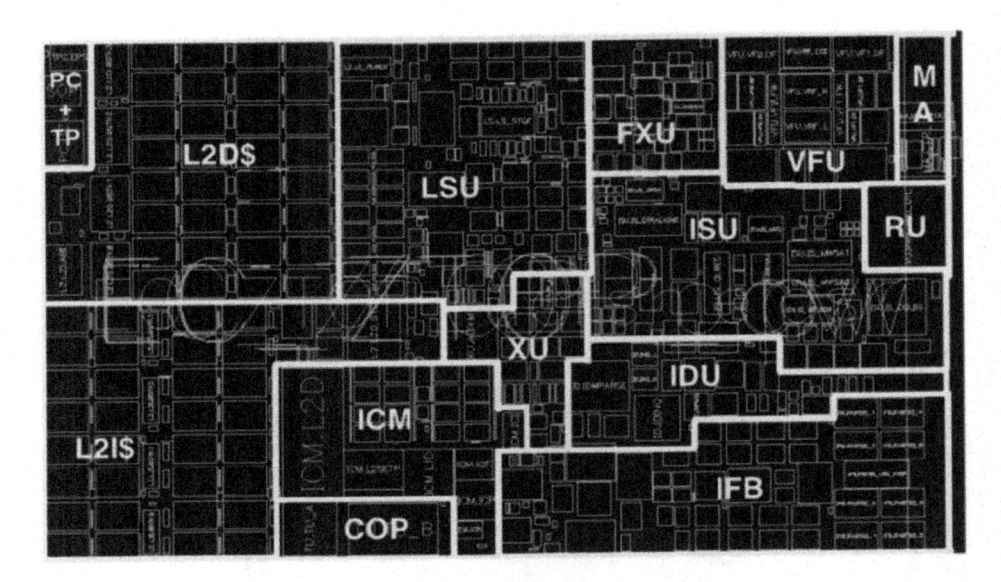

Abbildung 2.25: Kern-Aufbau.

- Fixed-point Unit (FXU): Die FXU händelt fixed-point Arithmetik.
- Load-Store Unit: Die LSU enthält den Daten-Cache. Sie ist verantwortlich für die Verarbeitung aller Arten von Operanden-Zugriffen, aller Längen, Modi und Formate, wie sie in der z/Architektur definiert.
- Instruction Fetch and Branch (IFB) und Instruction Cache and Merge (ICM). Diese beiden Untereinheiten (IFB und ICM) enthalten den Befehls-Cache, die Branch-Vorhersage-Logik, Steuerungen für das Abrufen von Befehlen und Puffer. Ihre relative Größe ist das Ergebnis der aufwendigen Branch-Vorhersage
- Instruction Decode Unit (IDU): Die IDU wird von den IFU-Puffern gespeist und ist zuständig für Parsing und Dekodierung aller z/Architektur-Operationscodes
- Translation Unit (XU): Die XU verfügt über einen großen Translation-Lookaside-Buffer (TLB) und die Dynamic Address Translation (DAT) Funktion, die die dynamische Übersetzung von logischen in physikalische Adressen verwaltet.
- Instruction Sequence Unit (ISU): Diese Einheit aktiviert die Out-of-Order-Pipeline (OoO). Sie verfolgt Registernamen, die Out-of-Order-Befehlsabhängigkeit und die Handhabung der Befehlsressourcen-Abfertigung.
- Instruction Fetching Unit (IFU) (prediction): Diese Einheiten enthalten den Befehls-Cache,
- Verzweigungsvorhersage-Logik, Befehlsabrufsteuerungen und Puffer. Ihre relative Größe ist das Ergebnis des ausgeklügelten Entwurfs der Branch-Vorhersage.
- Recovery Unit (RU): Die RU bewahrt eine Kopie des gesamten Systemzustands auf, einschließlich aller Register, sammelt Hardware-Fehlersignale und verwaltet die Hardware-Wiederherstellungsmaßnahmen

- Dedicated Co-Processor (CoP): Der spezielle Coprozessor ist für die Datenkomprimierung und Verschlüsselungsfunktionen für jeden Kern zuständig.
- Core Pervasive Unit (PC): für Instrumentierung und Fehlersammlung.
- Modulo Arithmetic (MA) Unit: Unterstützung für Elliptische Kurven Kryptographie
  - Vector und Floating Points Units (VFU):
    - BFU: Binary Floating Point Unit
    - DFU: Decimal Floating Point Unit
    - DFx: Decimal Fixed-Point Unit
    - FPd: Floating Point Divide Unit
    - VXx: Vector Fixed-Point Unit
    - VXs: Vector String Unit
    - VXp: Vector Permute Unit
    - VXm: Vector Multiply Unit
- L2I/L2D – Level 2 instruction/data cache

2.3.3.1 PU-Charakterisierung (Anpassung an eigene, spezifische, Nutzung)

Die PUs sind für den Kundeneinsatz charakterisiert. Die charakterisierten PUs können im Allgemeinen verwendet werden, um unterstützte Betriebssysteme wie z/OS, z/VM und Linux auf Z auszuführen. Sie können auch spezifische Workloads, wie Java, XML-Services, IPSec und einige DB2-Workloads, oder Clustering-Funktionen, wie den Coupling Facility Control Code (CFCC) ausführen.

Die maximale Anzahl der charakterisierbaren Bedienelemente hängt vom Funktionscode des z15 CPC-Drawers ab. Einige PUs sind für die Systemnutzung charakterisiert, andere für die Client-Workload-Nutzung.

Standardmäßig ist eine Ersatz-PU verfügbar, die die Funktion einer ausgefallenen PU übernehmen kann. Die maximale Anzahl von PUs, die für die Client-Nutzung charakterisiert werden können, werden in Tabelle 2.6 aufgeführt.

Tabelle 2.6: PU-Charakterisierung.

Feature	CPs	IFLs	Unassigned IFLs	zIIPs	ICFs	IFPs	Std SAPs	Add'l SAPs	Spare PUs
Max34	0–34	0–34	0–33	0–22	0–34	1	4	0–8	2
Max71	0–71	0–71	0–70	0–46	0–71	1	8	0–8	2
Max108	0–108	0–108	0–107	0–70	0–108	1	12	0–8	2
Max145	0–145	0–145	0–144	0–96	0–145	1	16	0–8	2
Max190	0–190	0–190	0–189	0–126	0–190	1	22	0–8	2

Die Regel für das Verhältnis von CP zu zIIP lautet, dass für jeden gekauften CP bis zu zwei zIIPs gekauft werden können. Java- und XML-Workloads können auf zIIPs ausgeführt werden.

Eine LPAR-Definition kann jedoch über das Verhältnis von 1:2 hinausgehen. Zum Beispiel können maximal vier physische zIIPs auf einem System mit zwei physischen CPs installiert werden.

Die Umwandlung einer PU von einem Typ in einen anderen Typ ist möglich durch den Dynamic Processor Unit Reassignment Prozess. Diese Konvertierungen erfolgen gleichzeitig mit dem Betriebssystem.

Hinweis: Das Hinzufügen von ICFs, IFLs, zIIPs und SAP zur z15 ändert nicht die System Kapazitätseinstellung oder das Verhältnis der Millionen Serviceeinheiten (MSU).

2.3.3.2 System Controller Chip

Der System Controller Chip (SC) benutzt die CMOS 14nm SOI Technologie, mit siebzehn Metallschichten. Er ist 25,3 x 27,5 mm groß und besitzt 12,2 Milliarden Transistoren. Jeder CPC-Drawer des Systems hat einen SC Chip.

Eine schematische Abbildung des SC Chips ist in der Abbildung 2.26 dargestellt. Die Abbildung beinhaltet folgende Punkte:
- Ein Anschlusssystem (SC-SC off drawer): Kleine Änderungen, um die Verbesserung und die neue Systemtopologie abzubilden
- 960 MB geteiltes eDRAM L4 Cache
- L4 Directory ist mit eDRAM erstellt
- Neues L4 Cache Management: Kapazitätenratio von L3 zu L4 Cache steigt

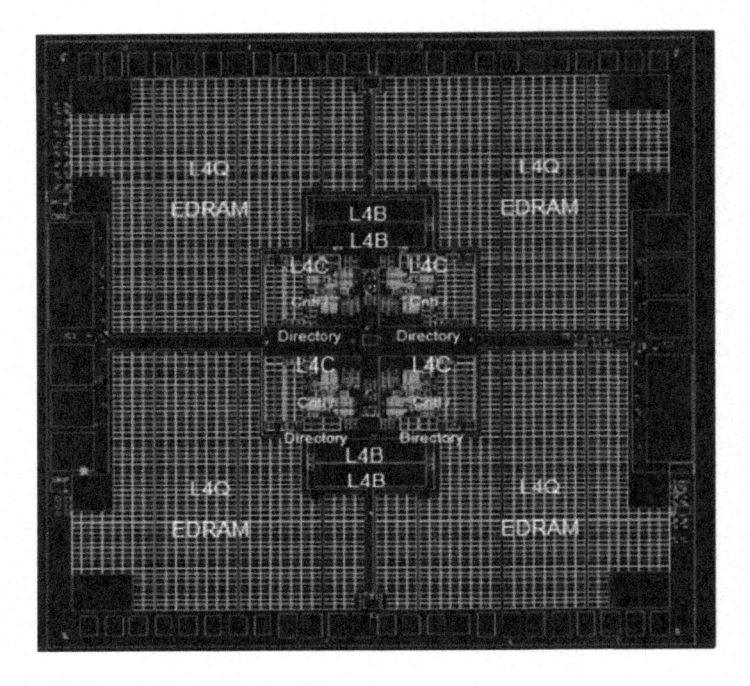

Abbildung 2.26: SC Chip Grundriss.

2.3.3.3 Cache Level Struktur

Der Cache Struktur-Vergleich zwischen CPC-Drawer bei z14 M0x und z15 T01 zeigt die Abbildung 2.27.

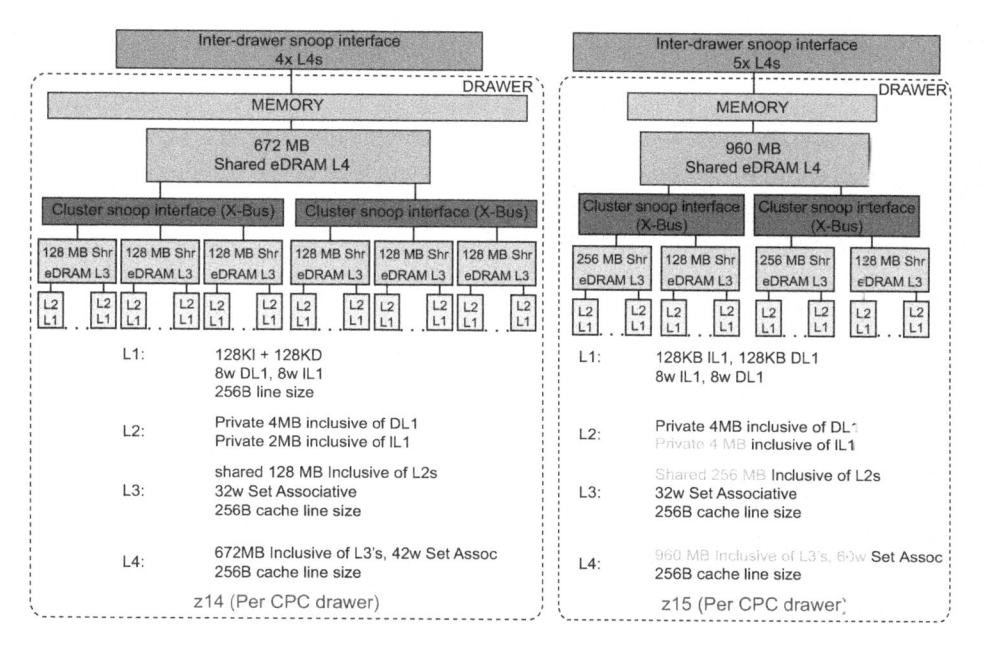

z14 (Per CPC drawer)

- L1: 128KI + 128KD
  8w DL1, 8w IL1
  256B line size
- L2: Private 4MB inclusive of DL1
  Private 2MB inclusive of IL1
- L3: shared 128 MB Inclusive of L2s
  32w Set Associative
  256B cache line size
- L4: 672MB Inclusive of L3's, 42w Set Assoc
  256B cache line size

z15 (Per CPC drawer)

- L1: 128KB IL1, 128KB DL1
  8w IL1, 8w DL1
- L2: Private 4MB inclusive of DL1
  Private 4 MB inclusive of IL1
- L3: Shared 256 MB Inclusive of L2s
  32w Set Associative
  256B cache line size
- L4: 960 MB Inclusive of L3's, 6.0w Set Assoc
  256B cache line size

Abbildung 2.27: Vergleich der Cache-Struktur zwischen z14 und z15.

2.3.3.4 z16

Die z16-Architektur besitzt momentan ein Modell: z16 A10. Die maximale Zahl der verfügbaren Prozessoren sind in fünf Funktionsnamen representiert: Max 39, Max 82, Max 125, Max 168 und Max 200 (s. Tabelle 2.7). Der Central Prozessor Complex (CPC) der IBM z16 A10 benutzt ausschließlich den IBM Telum-Prozessor.

Tabelle 2.7: IBM z16 A10 Prozessor-Konfigurationen.

Feature name	Number of CPC drawers	Feature code	Characterizable processor units	Standard SAPs	Spares
Max39	1	0667	0–39	5	2
Max82	2	0668	0–82	10	2
Max125	3	0669	0–125	15	2
Max168	4	0670	0–168	20	2
Max200	4	0671	0–200	24	2

Jeder Prozessor Chip enthält 8 Kerne. Zwei Prozessor Chips sind in einem Dual Chip-Modul (DCM) integriert. Jedes DCM kann 9–11 oder 10–15 aktive Prozessor-Einheiten (PUs)umfassen. Spare PUs, System Assistent Prozessoren (SAPs) und zwei Integrated Firmware Prozessoren (IFPs) sind in der z16-Architektur implementiert.

Ein Hardware Upgrade ist erforderlich, wenn ein oder mehrere CPC Drawers zu der benutzten Kapazität hinzugefügt werden sollen. Mehr CPC Drawers können der Architektur z16 A10 von Max 39, Max 82 und Max 125 addiert werden. Für Max 168 und Max 200 sind keine Upgrades notwendig. Für den z16 A10 Server sind für die Central Prozessoren (CPs), IFLs, ICFs, zIIPs und SAPs Upgrades verfügbar. Für die Upgrades müssen aber mehr PUs physisch installiert sein, sie müssen aber nicht vorher aktiviert sein.

Die Upgrades zur z16A10 zeigt Abbildung 2.28.

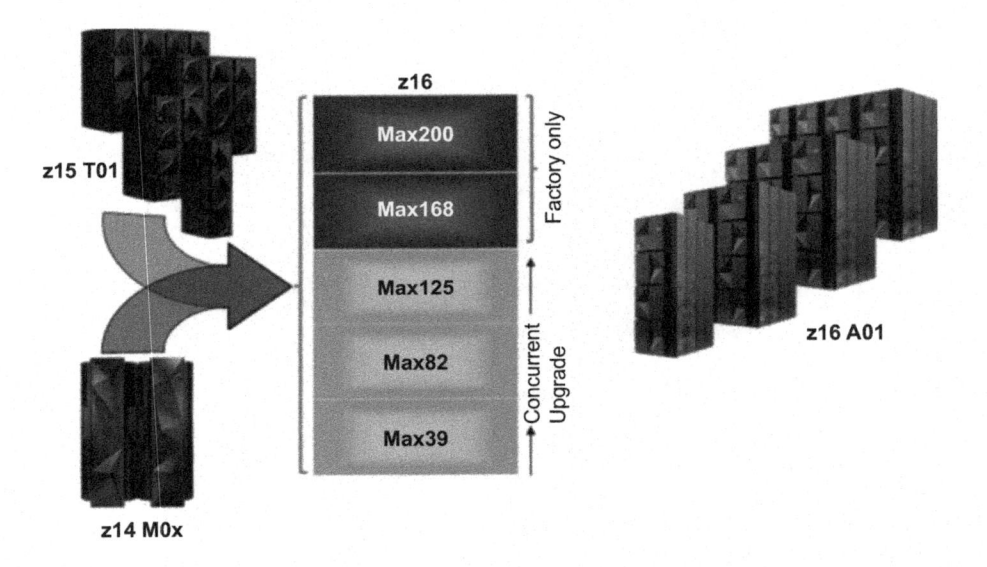

Abbildung 2.28: IBM z16 A10 Upgrades.

Die Anzahl der Frames, der CPC Drawers sowie die der I/O Drawers der Systeme z16-z14 ist in Tabelle 2.8 dokumentiert.

Die IBM z16 A10 Architektur benutzt generell 19-Zoll Frames sowie Industriestandardisierte Stromversorgung. Dieser Server kann in 1, 2, 3 und 4 Frame-Systemen konfiguriert werden. Jedes Frame beansprucht bis zu zwei Standard 24 Zoll Basisraum.

Die Zahl der Peripheral Component Interconnect Express (PCIe) I/O Drawers basiert auf der Anzahl der I/O-Funktionen, der Versorgungs-Optionen (PDU oder BPA) und der installierten CPC Drawer. Für das PDU-System können bis zu 12 PCI I/O Drawers installiert werden, letztere sind parallel installierbar. Der z16 A10 Server unterstützt alle Optionen für Glasfaser- und Kupfer-Kabel, die für Ein/Ausgabe und Stromversorgung

Tabelle 2.8: z16 A10 Konfigurations-Möglichkeiten im Vergleich zu den Systemen z15, z14.

System	Number of frames	Number of CPC drawers	Number of I/O drawers	I/O and power connections	Power options[a]	Cooling options
IBM z16	1–4	1–4	0–12[b]	Rear only	PDU or BPA	Radiator (air) only
IBM z15	1–4	1–4	1–5	0–12[c]	Rear only	PDU or BPA	Radiator (air) or water-cooling unit (WCU)
IBM z14	2	1–4	0–5	Front and rear	BPA	Radiator (air) or (WCU)

verwendet werden. Dadurch besteht größere Planungs-Flexibilität für das installierte System und verringert die Verwendung von zusätzlichen Kabeln im Sytem.

Die Abbildung 2.29 zeigt die Vorderansicht einer voll-konfigurierten IBM z16 A10 mit Luftkühlung, 4 CPC Drawer und 12 PCIe I/O Drawer.

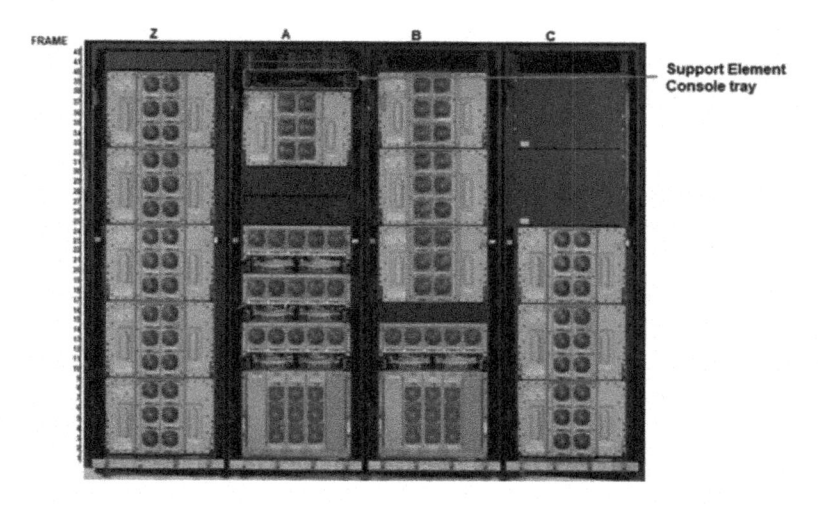

Abbildung 2.29: Vorderansicht des IBM Server z16 A10 (voll konfiguriert) mit Luftkühlung.

In der Abbildung 2.30 ist eine voll konfigurierte PDU-basierte z16 A10 mit 16 Drawer (I/O und CPC kombiniert) und 2 Lustkühlungs-Einheiten dargestellt.

Der IBM Konfigurator muss die Anzahl der erforderlichen Frames berechnen und sie auf den CPC und PCI I/O Drawers platzieren. Für die Bestimmung der Frame-Anzahl der z16 A10 sind folgende Faktoren wichtig:
– Zahl der CPC Drawer
– Funktionsplan für mehr CPC Drawer
– Anzahl der I/O-Funktionen (bestimmt die PCI I/O Drawer-Zahl)
– PDU- oder BPA-Versorgung

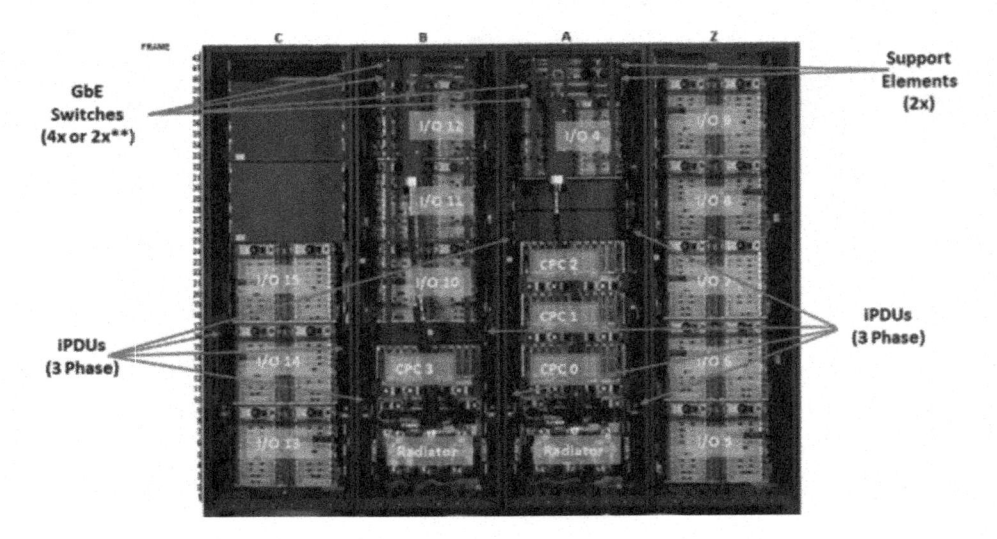

Abbildung 2.30: Voll konfigurierte z16 A10.

Die betrachtete z16 A10 kann bis zu 4 CPC-Drawer enthalten (3 im A-Frame, 1 im B-Frame). Jeder CPC-Drawer verfügt über folgende Elemente:
- DCMs:
  Vier DCMs implementieren jeweils 8 Central Processor (CP) Chips und 64 physikalische Kerne/Drawer (jeder Wasser-gekühlt)
- Hauptspeicher:
  Minimal 512 GByte, maximal 40 TByte pro System. Ausgeschlossen sind 256 GByte für Hardware System Area (HSA), verfügbar für den Nutzer.
- Bis zu 48 Dual Inline Speicher-Module (DIMMs). Das bedeutet, es sind 32, 64, 128, 256 oder 512 GByte in einem CPC-Drawer.
- Fanouts:
  Jeder CPC-Drawer unterstützt bis zu 12 PCI Fanout Adapter, die mit den PCI I/O Drawers und Integrated Coupling Adapter Short Reach (ICA SR) Kopplungs-Links verbunden sind:
  2 Port Peripheral Component Interconnect Express (PCIe) 16 GBps I/O Fanout, jeder Port unterstützt eine Domäne in den 16 Slot PCIe I/O Drawers.
- ICA SR1.1 und ICASR PCIe Fanouts mit Coupling Links (2 Links, jeder mit 8 GByteps)
- Drei der vier Power Supply Units (PSUs) sind abhängig von der Konfiguration (PDU oder BPA). Diese liefern die Stromversorgung der CPC Drawer und sind von der Rückseite zugänglich. Ein PSU weniger behindert nicht die die Stromversorgung der gesamten Drawer. Die PSUs können parallel versorgt werden.
- 2 Dual-Funktions Base Managements Cards (BMCs)/Oscillator Cards (OSCs) liefern redundante Interfaces für das interne Management-Netzwerk und die Clock-Synchronisation für die IBM Z-Plattform.

2.3 System z-Technologie — 41

- 2 Dual-Funktions Processor Power Cards (PPCs) steuern die Spannungs-Überwachung, PSU und Fan Control. Die PPCs sind redundant und können parallel betrieben werden.
- 5 Fans sind an der Vorderseite der Drawer installiert, um die Luftkühlung der Ressourcen zu sichern, die in dem Drawer installiert sind (ausgenommen die PU SCMs, die intern Wasser-gekühlt werden)

Die CPC -Drawer Communikation-Topologie zeigt die Abbildung 2.31. Alle CPC-Drawer sind mit den High-Speed Communication Links (A-Bus) über die PU-Chips verbunden. Die Symmetric Multiprocessor (SMP-9) Kabel werden benutzt, um alle CPC Drawer miteinander zu verbinden. Der X-Bus stellt die Verbindung zwischen den DCMs mit dem Drawer her, während der M-Bus die beiden PU-Chips von jedem DCM verbindet.

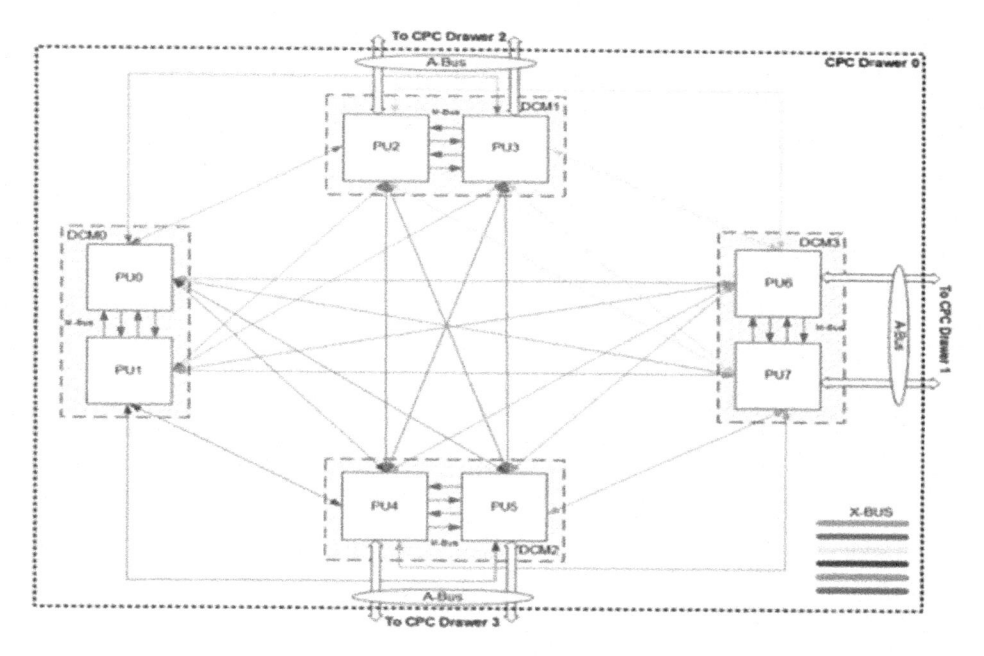

Abbildung 2.31: IBM z16 A10 CPC Kommunikations-Topologie.

Das verwendete Design für die Verbindung einer PU und der Storage Control erlaubt dem System die Arbeit und die Steuerung durch die IBM Processor Recource/System Manager (PR/SM)-Funktion als ein Memory-kohärentes SMP-System.

Der CPC-Drawer implementiert immer 4 DCMs. Jeder DCM enthält 2 PU-Chips. Jedes PU-Chip verfügt über 8 Kerne mit 128 KByte Befehls- und Daten-Cache sowie 32 MByte eigenen L2-Cache.

Die PU ist ein genereller Teil des IBM z-Architektur-Prozessor. Jede PU installiert einen Superscalar-Prozessor mit folgenden Eigenschaften:

- Bis zu 6 Befehle können in einem Zyklus decodiert werden.
- Bis zu 10 Befehle werden im Zyklus ausgeführt.
- Befehle können Out of Order behandelt werden. Die PU verwendet eine Hoch-Frequenz Pipeline mit geringer Latenz, sie liefert eine robuste Performenz in einem großen Workload-Bereich.
- Die Memory-Zugriffe erfolgen nicht in derselben Befehls-Ordnung (Out of Order Operand Operand Fetching).
- Die meisten Befehle laufen durch die Pipeline mit unterschiedlichen Schrittzahlen für verschiedene Befehlstypen. Verschiedene Befehle können zu irgendeinen Moment laufen und sind Gegenstand der Maximalzahl für das Decodieren und Verarbeiten in einem Zyklus.

Der On-Chip Cache für die PU (Kern) erfolgt nach folgendem Design:
- Jeder PU-Kern besitzt eine L1-Cache (privat), dieser wird in einen 128 KByte Befehls-Cache und 128 KByte Daten-Cache aufgeteilt.
- Jeder PU-Kern hat einen semi-privaten L2-Cache. Letzterer ist implementiert als 32 MByte nahe dem Kern.
- L1 und L2 sind physikalische Caches und werden implementiert im SRAM.
- Generell enthält jeder PU-Kern einen 256 MByte shared-virtual L3-Cache. Dieser L3-Cache ist ein logischer Teil, der alle 8 semi-private L2s (8 * 32 MByte = 256 MByte) den anderen Kernen zuteilt.
- Jeder CPC-Drawer umfasst einen 2 GByte shared-virtual L4-Cache, der aus den remote virtual L3-Caches der DCMs im CPC-Drawer besteht.

Die On-Chip Cache-Implementierung optimiert die System-Performance für Hoch-Frequenz Prozessoren und hat folgende Merkmale:
- Höhere Cache-Leistung
- Neues Translation/TLB2-Design
- Pipeline-Optimierung
- Branch Prediction-Verbesserung
- Bessere Beschleunigung in den Architekturen
- Unterstützung der Ausführungssicherheit

Die IBM Cache-Struktur zeigt die Abbildung 2.32

Hardware-Fehler werden durch die eingebettete Anzeige im System-Design sichtbar gemacht. Dieser ist mit dem Versuch, den Befehl zu wiederholen kombinbiert und sichert die Zuverlässigkeit und Verfügbarkeit, die für jede IBM z-Integrität erforderlich ist.

Die On-Ship Verschlüsselungs-Hardware gilt für jeden PU-Kern einschließlich erweiterter Schlüssel und Hash-Funktionen für die Advanced Encryption Standard (AES) und Secure Hash Algorithm (SHA). Die Kryptographic-Hardware ist mit einem beliebigen Prozessor-Type verfügbar, z. B. CP, zIIP, IFL.

2.3 System z-Technologie — 43

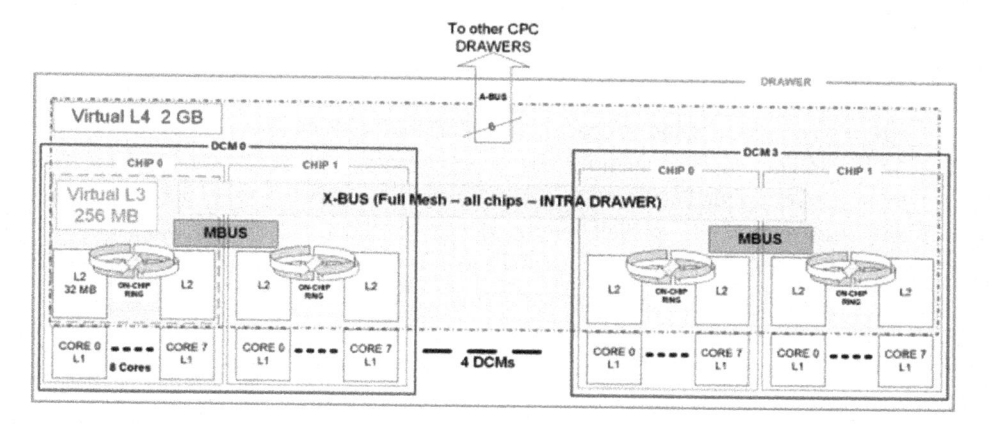

Abbildung 2.32: IBM z16 Cache-Struktur.

Die On-Chip-Funktionen beinhalten wichtige Merkmale:
- Der IBM integrierte Accelerator für zEnterprise Data Compression ersetzt die zEnterprise Data Compression (zEDC) Express PCIe Funktion; diese war auf den vorangegangenen IBM Plattformen gesetzt.
- Der Sort-Accelerator nutzt den Sort-Berfehl (SORTL) und benutzt DFSORT sowie die IBM DB2 Utilities der z/OS Suite, um die CPU-Nutzung zu reduzieren und die Zeit für die Sortierung zu minimieren.
- Der integrierte Accelerator für die Künstliche Intelligenz (AIU) ist auf jedem PU-Chip implementiert und ist verteilt über alle Kerne. Er liefert eine Matrix für die Multiplikation und außerdem spezielle Methoden für komplexe Funktionen. Die AUI stellt einen Neural Network Processing Assistenten (NNPA) zur Verfügung, dieser arbeitet direkt mit den Tensor-Daten im Nutzerraum.

Die Software-Unterstützung der IBM z16 PUs ist voll kompatibel mit der Software der z/Architektur und erweitert die Befehlssatz-Architektur (ISA) und erweitert damit Funktionen und Leistung. Für die z16 gelten zusätzlich neue Befehle für die AIU.

Die PU-Charakerisierung der z16 A10 ist in einzelnen Schritten eingeteilt. Die internen System-Funktionen basieren auf der vorgenommenen Konfiguration. Letztere bezeichnet jede PU in einem der unterschiedlichen Typen während der System-Initialisierung. Sie heißt auch Power-On Reset (POR). Es ist möglich, die PU-Charakterisierung ohne ein POR vorzunehmen. Dabei wird ein Prozess verwendet: Dynamic Processor Unit Reassignment. Eine PU, die nicht charakterisiert ist, kann nicht benutzt werden. Jede PU kann mit einer der folgenden Charakterisierungen bestimmt werden:
- CP: Diese Standard-Prozessoren werden für generelle Workloads verwendet.
- IFL: Diese Prozessoren werden speziell für Linux-Anwendungsprogramme benutzt.

- Nicht zugeordnete Integrated Facilities for Linux (UIFL): Sie erlauben es, eine IFL-Funktion zu erhalten. Sie werden markiert als deaktiviert in der Installation und vermeiden Software-Änderungen bis IFL online gestellt ist für die Nutzung.
- zIIP: Es ist ein Off Load Processor für Workloads, er ist eingeschränkt für DB2-Anwendungen. Er wird auch für die System Recovery Boost Funktion eingesetzt.
- Integrated Coupling Facility (ICF), diese Prozessoren dienen speziell der Kopplung.
- SAP: Prozessoren, die speziell benutzt werden für I/O-Operationen.
- IFP: Der IFP ist Standard und ist nicht durch den Kunden definierbar, wird benutzt für das Infrastruktur-Management

Ein CP muss eingesetzt werden, bevor ein zIIP geplant wird. Es können bis zu 2 zIIPs für jede CP (zugeordnet oder nicht zugeordnet) im System integriert werden. Bei einer logischen Partition (LPAR) kann es über das 1:2 -Verhältnis hinaus gehen. Als Beispiel: Bei einem System mit 2 physikalischen CPs können maximal 4 physikalische zIIPs installiert werden. Eine LPAR-Definition für ein System ist in der Lage, bis zu 2 logische CPs und 4 logische zIIPs zu enthalten. Eine weitere mögliche Konfiguration besteht in einer logischen CP und drei logischen zIIPs. Die Konvertierung einer PU von einem Typ zu einem anderen ist mit Hilfe des Dynamic Processor Unit Reassignment Prozesses möglich. Dieser Prozess läuft parallel zur System-Operation. Die Addition von ICFs, IFLs, zIIPs und SAPs einer z16 verändert nicht die System-Kapazität dieser Maschine.

Der maximale physikalische Hauptspeicher ist direkt von der Anzahl der CPC-Drawer im System abhängig. Ein IBM-System enthält immer mehr Hauptspeicher als vereinbart, weil ein Teil des installierten Hauptspeichers zur Implementierung des redundant unabhängigen Speicher-Designs (RAIM) verwendet wird. Der IBM z16 mit bis zu 10 TByte Hauptspeicher pro CPC-Drawer kann somit 40 TByte mit 4 Drawer enthalten.

Das z/OS beansprucht mindestens 8 GByte (2 GByte unter z/VM). z/OS V2R5 kann bis 16 TByte Hauptspeicher in einer LPAR unterstützen. Die minimale und maximale Hauptspeichergröße der z16 Funktionsteile Max 39, Max 82, ..., Max 200 zeigt die Tabelle 2.9.

Tabelle 2.9: IBM z16 Hauptspeicher-Größen.

Feature name	CPC drawers	Memory
Max39 (Feature Code 0667)	1	512 GB–10 TB
Max82 (Feature Code 0668)	2	512 GB–20 TB
Max125 (Feature Code 0669)	3	512 GB–30 TB
Max168 (Feature Code 0670)	4	512 GB–40 TB
Max200 (Feature Code 0671)	4	512 GB–40 TB

Der Hardware System Area (HSA) der z16-Architektur hat eine feste Hauptspeicher-Größe (256 GByte), die von der möglichen Größe separat verwaltet wird. Die maximale Größe des gelieferten Hauptspeichers kann von der theoretischen infolge der Abhängigkeit von der Speicher-Schrittgröße abweichen. Die Hauptspeicher-Granularität der z16-Plattform beträgt 64, 128, 256, 512, 1024 und 2048 GByte.

Physikalisch wird der Hauptspeicher wie folgt angeboten:
- Ein CPC-Drawer enthält immer als Minimum 1024 GByte und maximal 10 TByte Hauptspeicher. Davon werden bis vom 10 TByte vom Operationsystem benötigt.
- Ein CPC-Drawer kann mehr Hauptspeicher installieren als festgesetzt, der Zusatz wird durch den Licensed Internal Code (LIC) vorgenommen.
- Die Hauptspeicher-Upgrades erfolgen durch die Nutzung der installierten aber nichtbenutzten Speicher-Kapazität. Das ist machbar nur bis zur Grenze des Hauptspeichers. Wenn nicht mehr unbenutzter Hauptspeicher aller installierten Karten zur Verfügung steht, müssen diese ausgetauscht werden zu höherer Speicherkapazität. Es werden dann CPC-Drawer mit mehr Hauptspeicher eingesetzt.

Wenn eine LPAR aktiviert wird, ordnet das PR/SM die PUs und den Hauptspeicher in den einzelnen CPC-Drawer der LPAR zu. Wenn diese Zuordnung aber nicht möglich ist, nutzt PR/SM die Speicher-Ressorcen anderer CPC-Drawer. Wenn z. B. die zugeordneten PUs mehr als einen CPC-Drawer enthalten, das PR/SM allokiert Hauptspeicher aus allen installierten CPC-Drawer. Unabhängig davon, welcher CPC-Drawer den Hauptspeicher besitzt, kann die LPAR darauf zugreifen, wenn er zugeordnet ist. Der IBM z16 ist ein SMP-System, damit können die PUs auf den gesamten Hauptspeicher zugreifen. Ein Memory Upgrade kann parallel erfolgen und efodert keine Änderung der physikalischen Memory-Karten. Eine Änderung der Memory-Karte kann sich fehlerhaft auswirken, wenn diese nicht durch das Enhanced Drawer Availability (EDA) durchgeführt wird. In einem Multi-CPC-Drawer-System kann ein einzelner CPC-Drawer parallel entfernt und ein neuer mittels EDA ersetzt werden.

Für Modell-Upgrades, in denen ein CPC-Drawer hinzugefügt wird, erfolgt die minimale Hauptspeicher-Vergrößerung von 512 GByte des Server-Systems. Während des Upgrades werden der CPC-Drawer und der Hauptspeicher durch den neuen Drawer parallel ausgetauscht.

Die Redundant Array of Independent Memory (RAIM)-Technologie ermöglicht es, das Memory Subsystem als gesamtes Fehler-tolerantes Design auszuweisen. Das RAIM-Design erkennt und repariert automatisch Fehler des Dynamic Random Access Memory (DRAM), Sockets, Memory Channels und DIMMs.

Im IBM z16 ist das RAIM-Design integriert; es wird erweitert von einer Memory Controller Unit (MCU) pro Prozessor-Chip, mit 8 Memory Channels und einem DIMM pro Channel. Mit dem MCU kann der Speicher als RAIM implementiert werden. Diese Technologie ist verlässlich, verfügbar und Service-freundlich (RAS) im Bereich der Fehlerkorrektur. Bit, Übertragung, DRAM, DIMM, Socket und sämtliche Memory Channel-Fehler einschließlich aller Fehler-Typen werden erkannt und korrigiert.

Der Hardware System Area (HSA) hat eine feste Größe und ist ein reservierter Speicherbereich, der vom Kunden-verfügbaren Speicher getrennt ist. Der HSA wird für verschiedene interne Funktionen benutzt, hauptsächlich von den Channel Subsystem-

Funktionen. Die feste Größe von 256 GByte des z16 ist ausreichend, um verschiedene LPAR-Definitionen und Änderungen zu integrieren, die viele äußere Ausfallsituationen im System eliminieren.

Der große HSA-Bereich erlaubt die dynamische I/O-Fähigkeit der z16-Architektur, auf Fehler zu reagieren. Er befähigt auch eine dynamische Addition und das Löschen folgender Funktionen:
- LPAR zu einer neuen oder existierenden CSS
- CSS (es können bis zu 6 in einer z16 A10 definiert werden)
- Subchannel Set (bis zu 4 können in der z16 A10 definiert werden)
- Geräte in jedem Subchannel Set sind bis zu einem Maximum erlaubt
- Logische Prozessoren
- Cryptografische Adapter

2.3.3.5 I/O Kanal-Struktur

Die z16-Architektur unterstützt die PCIe-basierte Infrastruktur der PCIe I/O Drawers. Letztere besteht aus den Dual Port PCIe Fanouts der CPC-Drawers und unterstützen die Verbindung zum PCIe I/O Drawer mit einer Übertragung von 16 GByte/s. Die I/O-Funktionstypen der z16 bestimmen die mögliche Anzahl der PCIe I/O-Drawers. In der Abbildung 2.33 zeigt einen Überblick auf die I/O-System-Struktur der IBM z16 A10.

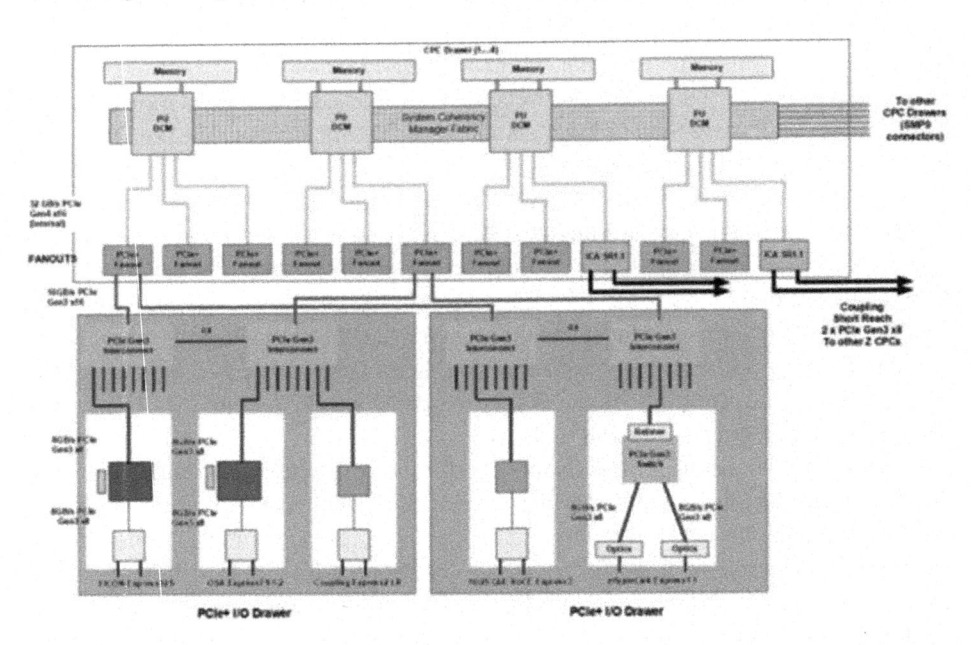

Abbildung 2.33: z16 A10 I/O-System-Struktur.

2.3 System z-Technologie — 47

Der z16 A10 CPC-Drawer verfügt über 12 Fanouts (LG01- LG12). Diese Fanouts, die in unterschiedlichen Stellen platziert sind, können in folgenden Funktionstypen erscheinen:
- Dual-Port PCIe-Fanouts der PCIe I/O-Drawer-Verbindung
- ICA SR Fanouts der Kopplung
- Ausfüll-Platz mit der Luftkühlung

Für die Kopllung-Link-Verbindung (Parallel Sysplex and Server Time Protocol (STP)) unterstützt der z16-Server folgende Link-Verbindungen:
- ICA SR1.1 und ICA SR (in einem CPC-Drawer installiert)
- Coupling Express2 Long Reach (CE LR) (in einem PCIe I/O-Drawer installiert)

Für Systeme mit mehreren CPC-Drawers werden die Stellen der PCIe-Fanouts konfiguriert und über alle Drawers verteilt, um eine optimale Verfügbarkeit zu erzielen. Diese Konfiguration hilft dabei, alternative Zugriffswege zu den kritischen I/O-Geräten wie Speicher und Netzwerke abzusichern (siehe Abbildung 2.34).

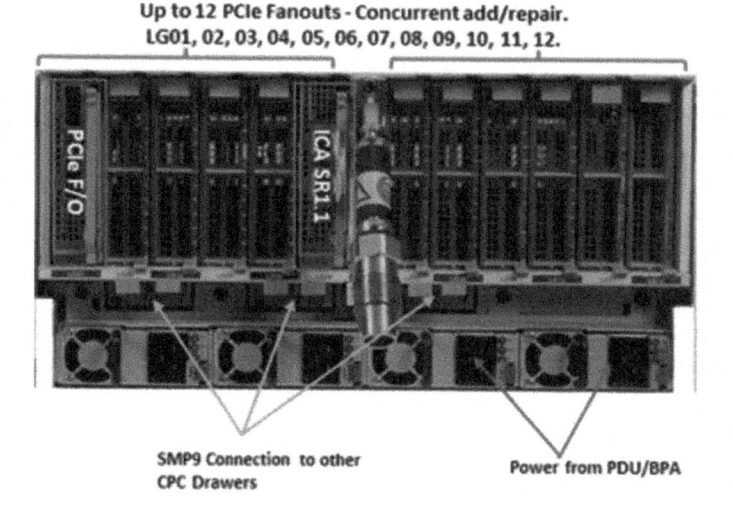

Abbildung 2.34: z16 A10 CPC-Drawer-Ansicht.

Der PCIe I/O-Drawer (siehe Abbildung 2.35) ist ein 19 Zoll Single Side-Drawer. Dieser beinhaltet 8 Units. Die I/O-Funktionen sind horizontal angeordnet, die Luftkühlung strömt von vorn nach hinten. Der Drawer enthält 16 Adapter-Steckplätze und 2 Plätze für PCIe Switch-Karten.

Die zwei Domänen für jeden Drawer enthalten bis zu 8 I/O-Funktionen, die folgende Funktionstypen unterstützen:
- FICON Express32S, FICON Express16SA, FICON Express16S
- OSA-Express7S 1.2, OSA-Express7S, OSA-Express6S

– Crypto-Express8S, Crypto-Express7S, Crypto-Express6S
– RDMA durch Converged Ethernet (RoCE) Express3, RoCE Express2.1, RoCE Express2
– zHyperLink Express 1.1 und zHyperLink Express
– Coupling Express2 LR

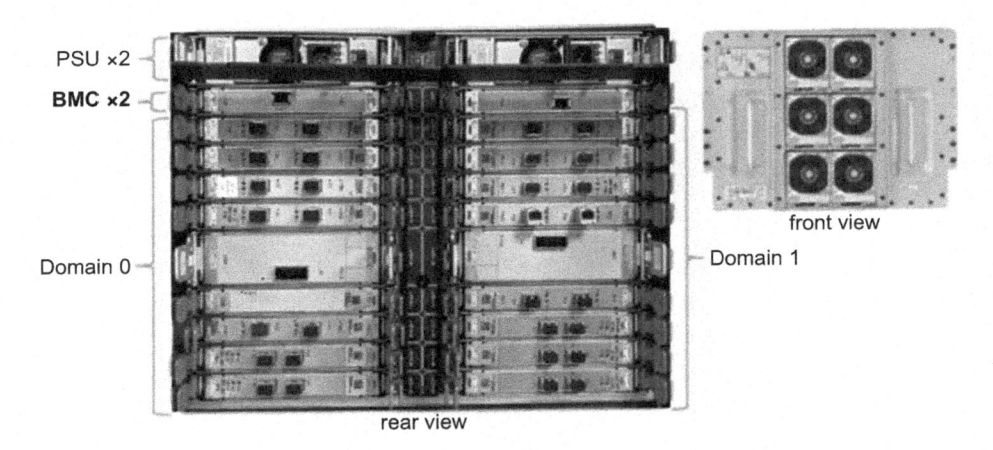

Abbildung 2.35: PCIe I/O-Drawer, Hinter- und Vorder-Ansicht.

2.4 Überblick über die Betriebssysteme auf System z

Ein Betriebssystem stellt dem Benutzer eines Rechners eine Schnittstelle (Architektur) zur Verfügung, die leichter benutzbar ist als die direkten Zugriffe zur Hardware. Weiterhin besteht die Aufgabe des Betriebssystems darin, die Betriebsmittel (Ressourcen) wie Hauptspeicher- und Plattenspeicherplatz, Zugriff zu den E/A-Geräten und CPU-Zeit für eine bestimmte Anzahl von Benutzern und Prozessen zu verwalten. Damit das Betriebssystem diese Aufgabe erfüllen kann, wird es von spezifischen Hardware-Einrichtungen unterstützt.

Für die Rechner der z/Architektur existieren unterschiedliche Betriebssysteme, die in Abhängigkeit von der Größe der Installation implementiert werden. Dazu zählen die IBM Betriebssysteme z/OS (und der Vorgänger OS/390), z/VSE, z/VM und z/TPF. Das z/VSE-Betriebssystem läuft historisch bedingt auf mittelgroßen System z-Installationen. Insgesamt beläuft sich die Zahl der aktiven z/VSE-Lizenzen weltweit auf ca. 12.000.

Auf den meisten System z-Großinstallationen ist das z/OS-Betriebssystem installiert. Derzeitig laufen ca. 13.500 Rechner unter diesem Betriebssystem und seinem Vorgänger OS/390. z/OS verfügt über eine Reihe fortschrittlicher, technologischer Einrichtungen, welche die Führungsrolle im Großrechnerbereich rechtfertigen.

Eine Sonderstellung unter den System z-Betriebssystemen nimmt das *System z Transaction Processing Facility* (z/TPF) -Betriebssystem ein. Es wurde ursprünglich als

Platzreservierungssystem für die Fluggesellschaft American Airlines entwickelt und wird heute noch neben Reservierungen für Fluggesellschaften, Hotels, Reisebüros, Mietwagenfirmen und Eisenbahngesellschaften vorrangig für die Steuerung von Geldausgabe-Automaten eingesetzt. TPF unterscheidet nicht zwischen Kernel- und User-Status; sämtliche Anwendungen laufen aus Performance-Gründen im Kernel-Status ab. Es existieren weltweit etwa 300 (sehr große) Installationen. Ein Beispiel ist das AMADEUS-Flugplatzreservierungssystem der Deutschen Lufthansa.

Weitere System z-Betriebssysteme wurden von den Firmen Amdahl (UTS 4, based on System V, Release 4) und Hitachi (OSF/1-M, Open System Foundation Unix) entwickelt. Bei allen System z-Betriebssystemen handelt es sich um Server-Betriebssysteme, die für den Multi User-Betrieb optimiert sind.

Für die z/Architektur existiert außerdem ein aus Benutzersicht „reines" Linux-Betriebssystem. Letzteres unterstützt die System z-Prozessor-Architektur und umgebungsspezifische Ein-/Ausgabe-Geräte. Linux und z/OS können bei entsprechender Hauptspeicher-Größe (mindestens 512 MByte) parallel auf dem gleichen Rechner benutzt werden.

Das Betriebssystem z/VM (Virtuell Machines) setzt sich aus einem Kernel *(Control Program, CP)* und darauf aufsetzenden, System z kompatiblen Gast-Betriebssystemen zusammen (siehe Abbildung 2.36). Letztere können von den Betriebssystemen *Conversational Monitor System (CMS)*, z/OS und Linux implementiert werden (Performance-Verlust: < 5 %). Auch z/VSE wird häufig unter z/VM als Gast-Betriebssystem eingesetzt. Das CP stellt jedem Gast-Betriebssystem einen eigenen virtuellen Adressraum zur Verfügung und läuft im Überwacher-Status (Kernel Mode), während die Gast-Betriebssysteme einschließlich ihrer Kernel-Funktionen nur im Problem-Status (User Mode) arbeiten. Der Hardware-Speicherschutz-Mechanismus der z/Architektur (siehe Kapitel 2.2) schützt in diesem Fall Gast-Betriebssystem-Funktionen vor Benutzerprogrammen. Privilegierte Ma-

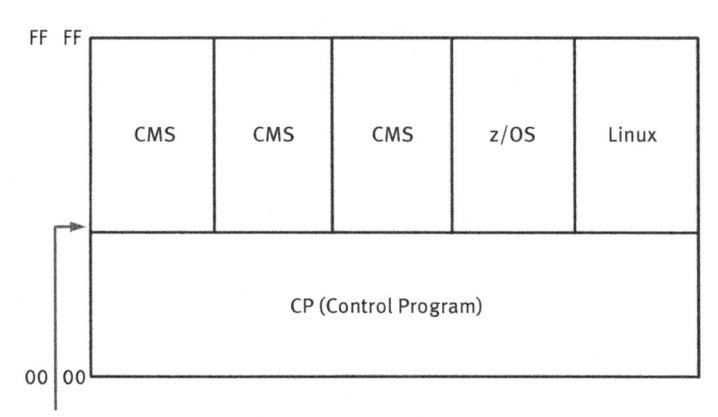

Abbildung 2.36: z/VM-Betriebssystem.

schinenbefehle, wie etwa Ein-/Ausgabe-Opertationen, werden vom CP abgefangen und interpretativ abgearbeitet.

Das CMS-Betriebssystem ist ein besonders für die Software-Entwicklung ausgelegtes Einzelplatz-(Single Process-)Betriebssystem, ähnlich wie MS DOS. Eine frühe Version von CMS war auf der nackten System z-Hardware lauffähig. Für jeden CMS-Benutzer wird jeweils eine eigene CMS-Instanz (eine Kopie des CMS-Betriebssystems) angelegt, die in einem eigenen virtuellen Adressraum läuft. Ähnlich kann mit Linux verfahren werden (siehe Kapitel 4.5). Plattenspeicherplatz wird statisch allen Gast-Betriebssystemen in Form virtueller *Minidisks* zugeordnet. Dagegen erfolgt die Verwaltung des Hauptspeicherplatzes dynamisch. Das CP gestattet es, wahlweise von einem Gast-Betriebssystem in ein anderes umzuschalten. Dieser Umschaltprozess erfolgt im Mikrosekunden-Bereich.

Für den PC existieren Software-Produkte mit vergleichbaren Eigenschaften, d. h. es kann beispielsweise von Windows auf Linux oder umgekehrt gewechselt werden, ohne den PC herunter- und anschließend wieder hochzufahren. Funktionsumfang und Leistungsverhalten sind allerdings wesentlich geringer als bei z/VM.

2.4.1 z/OS

2.4.1.1 Übersicht

Das Betriebssystem z/OS wurde Anfang 1966 von Fred Brooks unter dem Namen OS/360 als reines Stapelverarbeitungssystem eingeführt. Später erfolgten Namenswechsel nach MFT und MVT. Die Namensänderung im Jahre 1996 von MVS nach OS/390 beinhaltete ein Bündeln von mehr als 70 Komponenten, mit resultierender Vereinfachung der Installation und der Wartung. Die letzte Namensänderung OS/390 nach z/OS im Jahre 2000 ging einher mit der Erweiterung auf eine 64-Bit-Adressierung mit virtuellen 64-Bit-Adressräumen.

z/OS unterscheidet sich in seiner Basis-Struktur (Abbildung 2.37) nicht von einem anderen Betriebssystem. Das herkömmliche 3-Schichtenmodell einer modernen Rechnerarchitektur besteht aus Hardware, Betriebssystem und Benutzer-Prozessen. Zwischen dem eigentlichen Betriebssystem z/OS und den Benutzer-Prozessen werden ähnlich wie zum Beispiel bei modernen Windows-Versionen verschiedene Subsysteme eingeschoben. Die drei wichtigsten (siehe Abbildung 2.38) sind das *Job Entry-Subsystem* (JES) für den Hintergrund-Betrieb (Stapelverarbeitung), die *Time Sharing Option* (TSO) für den Vordergrund-Betrieb (interaktiv) und die *Unix System Services* (USS), welche ein Posix-kompatibles Unix-Subsystem darstellen. Hinzu kommen eine ganze Reihe weiterer Subsysteme. Ein Subsystem ist Teil des Betriebssystems; es läuft nicht im Kernel-Modus und verfügt über einen eigenen virtuellen Adressraum.

Die z/OS-Kernel-Funktionen unterscheiden sich nicht grundsätzlich von den entsprechenden Windows-Funktionen. Auf beiden Kernels setzen Subsysteme auf. Die Windows-Subsysteme sind in Abbildung 2.39 dargestellt.

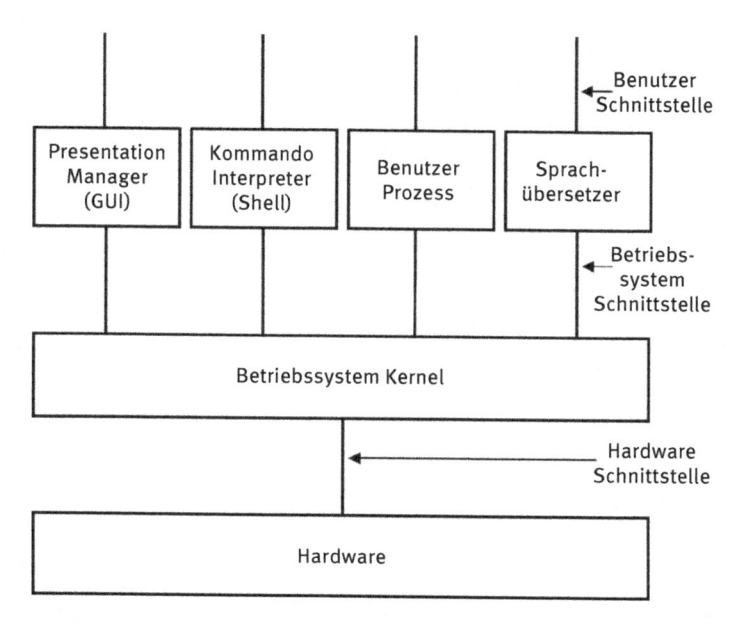

Abbildung 2.37: Schichtenmodell der Rechnerarchitektur.

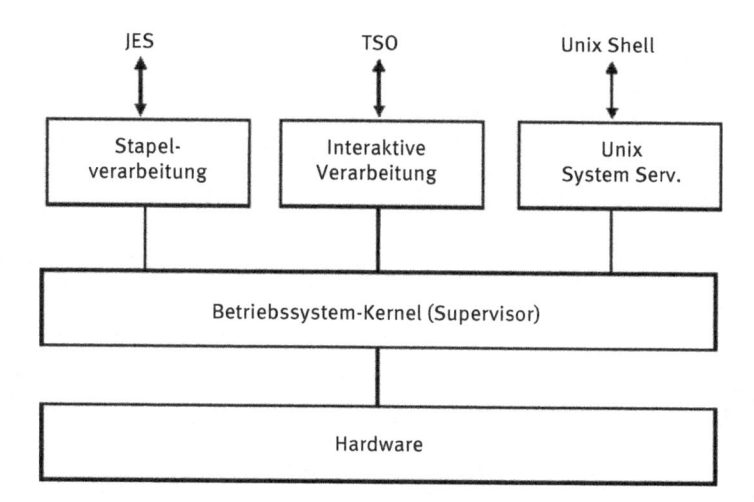

Abbildung 2.38: z/OS-Grundstruktur.

Als eine Eigentümlichkeit verarbeitet die Virtual DOS Machine 16-Bit-Anwendungen. Das Windows-Subsystem verarbeitet 16-Bit-Windows-Applikationen. Das Windows-Posix-Subsystem implementiert ähnlich wie die z/OS Unix System Services (Kapitel 4.2.7) ein standardisiertes Unix-System. Allerdings haben das Windows-Posix- und das Windows-

2 z-Hardware Architektur

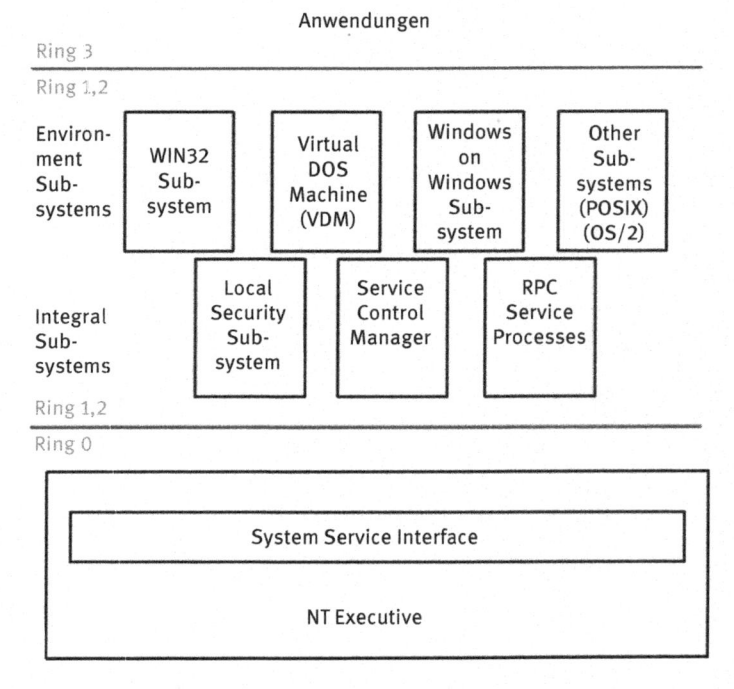

```
                            Anwendungen
Ring 3
─────────────────────────────────────────────────────────────────
Ring 1,2

Environ-  ┌─────────┬─────────┬─────────┬─────────┐
ment      │         │ Virtual │ Windows │  Other  │
Sub-      │  WIN32  │   DOS   │   on    │  Sub-   │
systems   │  Sub-   │ Machine │ Windows │ systems │
          │ system  │  (VDM)  │  Sub-   │ (POSIX) │
          │         │         │ system  │  (OS/2) │
          └─────────┴─────────┴─────────┴─────────┘

          ┌─────────┬─────────┬─────────┐
          │  Local  │ Service │   RPC   │
Integral  │Security │ Control │ Service │
Sub-      │  Sub-   │ Manager │Processes│
systems   │ system  │         │         │
          └─────────┴─────────┴─────────┘

Ring 1,2
─────────────────────────────────────────────────────────────────
Ring 0

          ┌───────────────────────────────────────┐
          │       System Service Interface        │
          │                                       │
          │             NT Executive              │
          └───────────────────────────────────────┘
```

Abbildung 2.39: Windows NT-Überwacher, erweiterte Systemfunktionen.

OS/2-Subsystem nie eine besondere Akzeptanz gefunden. OS/2 wurde ursprünglich von Microsoft und IBM gemeinsam entwickelt.

Die folgenden wichtigen z/OS-Subsysteme werden größtenteils in den späteren Buch-Kapiteln vorgestellt:
– TSO (Time Sharing Option),
– JES2/3 (Job Entry System),
– DB2-Datenbank,
– IMS-Datenbank und -Transaktionsmanager,
– VSAM Dateisystem,
– Communication-Server,
– Security-Server (RACF, DCE Security, Firewall),
– Unix System Services,
– CICS Transaktionsmonitor,
– WebSphere Web Application-Server,
– Distributed Computing Services (DCE, NFS, DFS, FTP),
– z/OS Connect EE
– IBM Cloud

z/OS stellt ein sehr komplexes Betriebssystem mit einer Vielzahl von Software-Komponenten dar. Neben Scheduling-, Dispatching- und Control-Funktionen verfügt z/OS über mehr zahlreiche weitere Software-Pakete. Beispiele sind:
- LAN und Print Services für Klienten, um die z/OS-Ressourcen effizient zu nutzen und LAN-Server miteinander verbinden zu können,
- Sprach-Compiler für COBOL, PL/1, C/C++, REXX, Fortran, Java Development Kit (JDK) und Java Virtual Machine (JVM),
- Laufzeit-Sprach-Unterstützung für C/C++, COBOL, objektorientiertes COBOL und PL/1,
- C/C++ Open Class Library.

Der z/OS Security-Server liefert neben dem Firewall und dem *Lightweight Directory Access Protocol* (LDAP) Unterstützung für die *Resource Access Control Facility* (RACF) und für DCE-Security.

Zwei Subsysteme unterstützen Hochleistungs-Transaktionsverarbeitung:
- *Customer Information Control System* (CICS)-Transaktionsmonitor,
- *Information Management System* (IMS)-Transaktionsmanager.

Bezüglich der wichtigsten Nutzer-relevanten Subsysteme existiert zwischen z/OS und Windows ein wesentlicher Unterschied. Während unter z/OS diese Subsysteme vollkommen voneinander unabhängig sind, werden im Windows-Betriebssystem die betreffenden Subsysteme im Win32-Subsystem integriert. Die Kapselung dieser Subsysteme bei der Firma Microsoft verursacht sowohl Performance- als auch Zuverlässigkeits-Probleme. Ein weiterer Unterschied zwischen den beiden betrachteten Betriebssystemen liegt in der Nutzung der System Call-Schnittstelle, die es dem Systemprogrammierer erlaubt, im Kernel-Status zu arbeiten. Im z/OS besteht die Möglichkeit, über die *SuperVisor Call* (SVC)-Schnittstelle zusätzliche Kernelfunktionen zu programmieren. Die Firma Microsoft dagegen hält die System Call-Schnittstelle geheim, so dass wenige Möglichkeiten bestehen, in den Kernel-Status zu gelangen.

Ein z/OS-Prozess besteht aus mehreren Arbeitseinheiten, die als *Tasks* bezeichnet werden. Eine Task entspricht in etwa einem Thread in Unix oder NT. Wenn ein Programm gestartet wird, erstellt z/OS hierfür einen *Main Task Control-Block* (TCB). Das Programm kann weitere Subtasks mit Hilfe des ATTACH System-Aufrufes generieren. Da der ATTACH-Overhead relativ groß ist, implementieren zeitkritische Subsysteme wie zum Beispiel CICS ihr eigenes Subtasking.

2.4.1.2 TSO-Subsystem (Time Sharing Option)

Wir unterscheiden zwischen Arbeitsplatzrechnern (Klienten) und Servern. Arbeitsplatzrechner arbeiten im *Single-User-Modus* und können mit einem *Single-User-Betriebssystem* betrieben werden. Windows und CMS sind typische Single-User-Betriebssysteme. Windows fehlt die Benutzerverwaltung für den simultanen Multi-User-Betrieb. Zusatzprodukte, zum Beispiel von Citrix, erlauben Windows auch einen interaktiven Betrieb. Unix und z/OS sind traditionelle Multi-User-Betriebssysteme.

Windows und Unix werden sowohl als Arbeitsplatzrechner- als auch als Server-Betriebssysteme eingesetzt. z/OS ist ein reinrassiges Server-Betriebssystem. Andere Beispiele für Server-Betriebssysteme sind OS/400, Tandem Pathway und DEC Vax.

Bei einem Server-Betriebssystem unterscheiden wir zwischen einem interaktiven zeitscheibengesteuerten und einem *Run-to-Completion-Betrieb*. Wenn mehrere Benutzer sich gleichzeitig in einen Unix-Server einloggen, geschieht dies typischerweise im interaktiven, Zeitscheiben-gesteuerten Modus. SQL-Aufrufe und Transaktionen arbeiten in vielen Fällen im *Run-to-Completion-Modus*.

Ein Server-Zugriff (siehe Abbildung 2.40) benötigt spezielle Client-Software. Möglich sind selbstgeschriebene Client-Anwendungen, die z. B. unter Verwendung von *Sockets*, *RPC*, *Common Object Request Broker Architecture* (CORBA), *DCOM* oder *RMI* auf den Server zugreifen. Es existieren vorgefertigte Klienten für spezifische Protokolle. Beispiele für zeilenorientierte Klienten sind:

– Unix-Server (Telnet Client),
– VAX-Server (VT 100 Client),
– z/OS-Server (3270 Client).

Klienten mit graphischer Oberfläche sind zum Beispiel:
– Windows-Server (Citrix Client),
– WWW-Server (Browser Client),
– SAP R/3-Server (SAPGUI Client),
– z/OS-Server (Servlet, Java Server Pages Client).

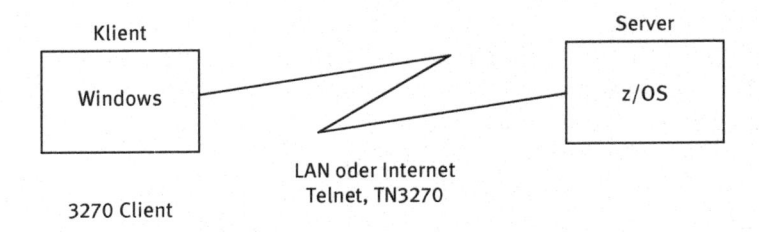

Abbildung 2.40: Client/Server-Verbindung.

TSO [76] implementiert ein interaktives Teilnehmersystem, das (ähnlich Unix) dem Benutzer die Möglichkeit bietet, in die Verarbeitung seines Prozesses einzugreifen. Es setzt auf dem multiprogrammierten Betriebssystem auf und vermittelt dem Anwender während dessen Sitzung die Illusion einer alleinigen Benutzung der Zentraleinheit. In Wirklichkeit wird letztere nach einem spezifischen Algorithmus (zum Beispiel *Round Robin*) für kurze Zeitabschnitte an jeweils einen TSO-Teilnehmer vergeben. Nach dem Prozess-Modell in Abbildung 2.41 kann ein Prozess unterschiedliche Zustände annehmen.

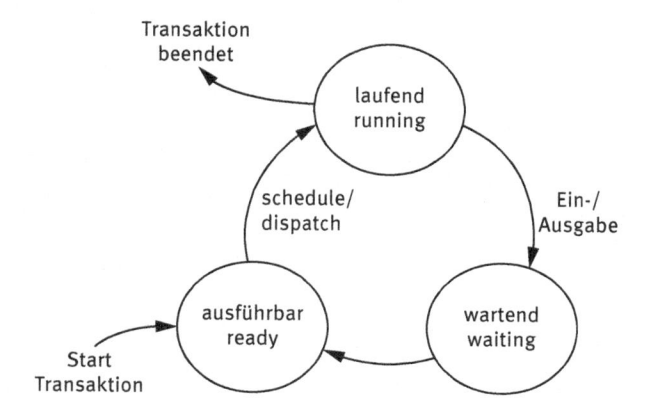

Abbildung 2.41: Prozess-Modell.

Nach dem Eintritt des Benutzers in das TSO (erfolgreiches Login) beginnt die Lebensdauer eines Prozesses. Nach einer bestimmten Zeit antwortet das System mit der Ausgabe *ready (bereit)* am Bildschirm. In diesem Moment befindet sich der Prozess im Zustand *ausführbar*. Dieser Zustand geht (nach einiger Zeit) in *laufend* über, wenn der Benutzer über ein entsprechendes TSO-Kommando (zum Beispiel Aufruf des Objekt-Moduls) sein übersetztes Programm ausführt. Diese Ausführung kann bei mehr als einem Benutzer des Systems endlich oft unterbrochen werden, um zwischenzeitlich den Prozess eines anderen TSO-Benutzers auszuführen. Ein laufender Prozess wird in den Zustand *wartend* gesetzt, wenn er z. B. Daten ein- oder ausgibt. In dieser Zeit wird einem anderen Prozess die CPU (oder eine von mehreren in einem SMP) zugeteilt, d. h. dieser Prozess gelangt aus dem Zustand *ausführbar* in den Zustand *laufend*. Die Lebensdauer eines Prozesses endet nach dem Abmelden des Benutzers aus dem System (erfolgreiches Logoff).

Zu TSO gehört eine sehr mächtige Kommandozeilen-Shell, vergleichbar mit der C-Shell oder Bourne-Shell unter Unix. Ähnlich wie bei Unix ist mit CLIST (Command List) eine einfache Script-Sprache verfügbar, mit der im einfachsten Fall Kommandos gruppiert werden. Für komplexere Script-Aufgaben verwendet Unix häufig Perl oder Tcl/Tk, unter Windows hat VBScript eine ähnliche Rolle. Unter z/OS steht hierfür REXX zur Verfügung.

REXX ist auch außerhalb System z weit verbreitet und auf zahlreichen Plattformen verfügbar, darunter Windows und Linux: „It is just another Script Language".

Dem TSO-Subsystem ist ein weiteres Subsystem aufgesetzt, das die Produktivität des Benutzers im interaktiven Betrieb erhöht. Der Anwender hat die Möglichkeit, aus dem TSO in die *Interactive System Productivity Facility* (ISPF) zu wechseln. ISPF arbeitet im *Full Screen Mode*. Dieser Modus implementiert eine aus 24 Zeilen bestehende zeichenorientierte Darstellung, bei der ein Benutzer zwischen den Zeilen hin- und herspringen kann. Dagegen arbeitet das Basis-TSO-Subsystem ähnlich einer traditionellen Unix-Shell im Line-Modus, d. h. zeilenweises Ein- und Ausgeben der Daten.

Die Hauptfunktionen im ISPF sind:
- Full Screen-Editieren mit der Möglichkeit, mehrere Eingaben und Änderungen auf dem Bildschirm mit nur einer Kommunikation zum System durchzuführen,
- Scrolling, d. h. Verschieben des Bildschirms von einer Liste oder einem Dataset in jeder Richtung,
- Split-Screen erlaubt die Aufteilung des Bildschirms in zwei (oder mehr) voneinander unabhängige Teile,
- Utilities, Funktionen zum Erstellen und Verarbeiten von Datasets,
- Programmier-Unterstützung durch Aufruf von Compiler, Assembler, Linkage Editor usw.,
- Direkte Tutorial-Unterstützung zur Einführung, Referenz und für den Fehlerfall,
- Browse- und Edit-Service, der von anderen Anwendungen aufgerufen werden kann.

Die Arbeit im ISPF ist Menü-geführt, d. h. alle Funktionen werden über Panels oder Menüs aufgerufen und gesteuert. Der Benutzer gelangt durch Eingabe eines oder mehrerer der angebotenen Menü-Ziffern in das ausgewählte Submenü. Ausgangspunkt im ISPF bildet generell das Primary Option Menu (siehe Abbildung 2.42).

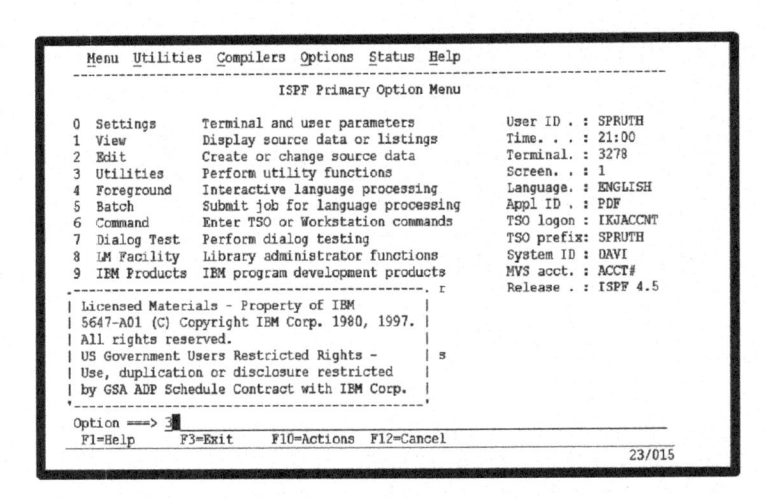

```
 Menu  Utilities  Compilers  Options  Status  Help
---------------------------------------------------------------
                       ISPF Primary Option Menu

  0  Settings       Terminal and user parameters      User ID . : SPRUTH
  1  View           Display source data or listings   Time. . . : 21:00
  2  Edit           Create or change source data      Terminal. : 3278
  3  Utilities      Perform utility functions         Screen. . : 1
  4  Foreground     Interactive language processing   Language. : ENGLISH
  5  Batch          Submit job for language processing Appl ID . : PDF
  6  Command        Enter TSO or Workstation commands TSO logon : IKJACCNT
  7  Dialog Test    Perform dialog testing            TSO prefix: SPRUTH
  8  LM Facility    Library administrator functions   System ID : DAVI
  9  IBM Products   IBM program development products  MVS acct. : ACCT#
                                                  .   Release . : ISPF 4.5
 ---------------------------------------------------  r
 | Licensed Materials - Property of IBM             |
 | 5647-A01 (C) Copyright IBM Corp. 1980, 1997.     |
 | All rights reserved.                             |
 | US Government Users Restricted Rights -          | s
 | Use, duplication or disclosure restricted        |
 | by GSA ADP Schedule Contract with IBM Corp.      |
 *--------------------------------------------------'
  Option ===> 3
     F1=Help     F3=Exit     F10=Actions  F12=Cancel
                                                                23/015
```

Abbildung 2.42: ISPF Primary Option Menu.

Der *TSO Terminal Control-Prozess* (TCAS) arbeitet in einem eigenen Adressraum. Er nimmt Nachrichten von den einzelnen TSO-Klienten entgegen und leitet sie an den für den Benutzer eingerichteten separaten TSO-Adressraum weiter (siehe Abbildung 2.43).

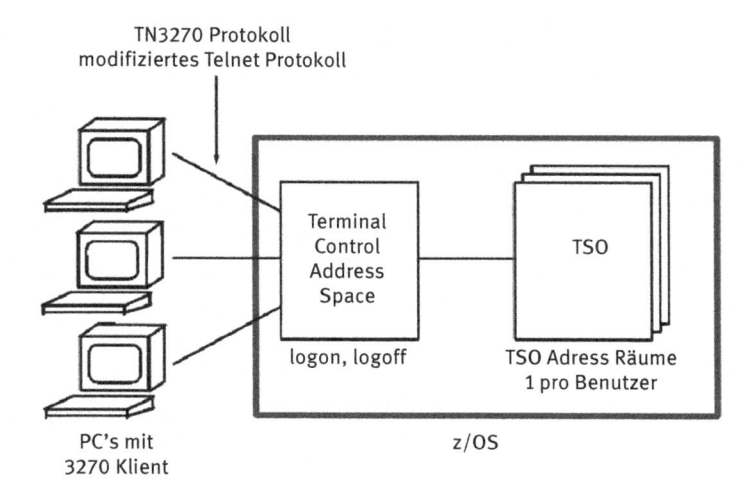

Abbildung 2.43: TN3270-Protokoll-Funktion.

Es ist im Prinzip möglich, vollständige komplexe Anwendungen unter TSO zu entwickeln. In der Vergangenheit ist dies auch häufig geschehen. Heute erfolgt die Anwendungsentwicklung in den meisten Fällen auf getrennten Arbeitsplatzrechnern. TSO wird dagegen nach wie vor vom System-Administrator oder -Programmierer benutzt. Dort, wo man unter Unix die C-Shell oder den vi-Editor einsetzt, benutzt man unter z/OS die TSO-Shell, ISPF und den ISPF-Editor.

2.4.1.3 Stapelverarbeitung

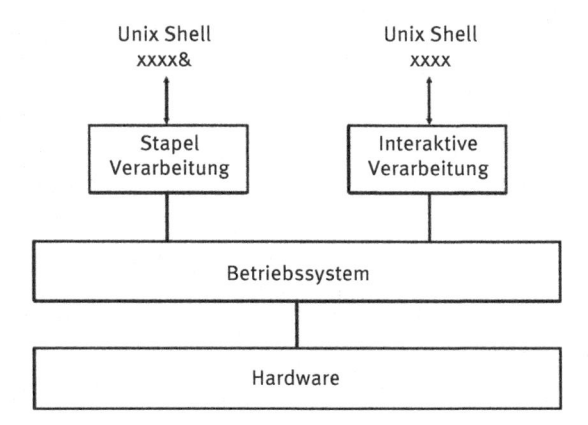

Abbildung 2.44: Arten der Job-Verarbeitung.

Im Fall von Unix ist die Stapelverarbeitung ein Sonderfall der interaktiven Verarbeitung (siehe Abbildung 2.44). In der Shellsprache werden Batch–Aufträge durch ein nachgestelltes „&"-Zeichen gekennzeichnet. Letzteres bewirkt eine unmittelbare Freigabe des Unix-Prompt.

Eine interaktive Client/Server-Verarbeitung erfolgt synchron. Der Klient ruft ein Programm des Servers auf, und wartet (blockiert), bis die Ergebnisse des Servers zurückkommen. Eine Stapelverarbeitung verläuft asynchron. Ein Klient ruft ein Server-Programm auf und wendet sich dann anderen Aufgaben zu. Der Klient fragt nicht automatisch, wann der Server mit der Stapelverarbeitung fertig ist.

Die Benutzung eines Editors ist eine typische interaktive Anwendung. Die monatliche Gehaltsabrechnung in einem Großunternehmen bildet ein Beispiel für die Stapelverarbeitung.

Stapelverarbeitungs-Prozesse werden neben den interaktiven Prozessen verwendet. Erstere implementieren häufig langläufige Prozesse von Minuten, einigen Stunden bis zu mehreren Tagen. Ein Stapelverarbeitungs-Auftrag wird als *Job* bezeichnet. Er interagiert während seiner Ausführung nicht mit dem Benutzer. Der Job kann während der Ausführung temporär unterbrochen und danach wieder ausgeführt werden, je nachdem, ob Aufträge mit höherer Priorität die vorhandenen Ressourcen dringender benötigen.

Eine Stapelverarbeitung erfolgt häufig in mehreren Schritten (*Job Steps*). Als Beispiel dienen die Buchungsvorgänge für die monatliche Kreditabrechnung in einer Bank. Diese könnte z. B. aus den folgenden Schritten bestehen:
1. Darlehnskonto abrechnen, Saldo um Tilgungsrate verändern,
2. Tilgung und Zinsen im laufenden Konto (Kontokorrent) auf der Sollseite buchen,
3. globales Limit überprüfen,
4. Bilanz-Positionen (Konten),
5. G + V-Positionen (Gewinn- und Verlust-Konten),
6. Zinsabgrenzung monatlich für jährliche Zinszahlung,
7. Bankmeldewesen (ein Kunde nimmt je 90.000 € Kredit bei 10 Banken auf, läuft am Stichtag).

Die Submission eines Jobs ist in Abbildung 2.45 dargestellt. Die Ablaufsteuerung für die einzelnen Job-Steps innerhalb eines Jobs erfolgt durch ein *Job-Script*, unter z/OS als *Job Control-Programm* bezeichnet. Ein Job-Script enthält eine Menge von prozeduralen Control- und Daten-Anweisungen und ist in einer Script-Sprache geschrieben. Für systemnahe Aufgaben ist dies *Job Control Language* (JCL).

Es existieren viele Script Sprachen. Unter Unix sind dies häufig Perl oder Tcl/Tk; unter Windows sind es z. B. VBScript, JavaScript oder REXX. Unter z/OS wird meistens REXX oder JCL eingesetzt. JCL ist nur unter z/OS verfügbar. Die Sprache JCL ist schon sehr ungewöhnlich und geht auf alte Wurzeln zurück; trotzdem ist sie nach wie vor überraschend populär.

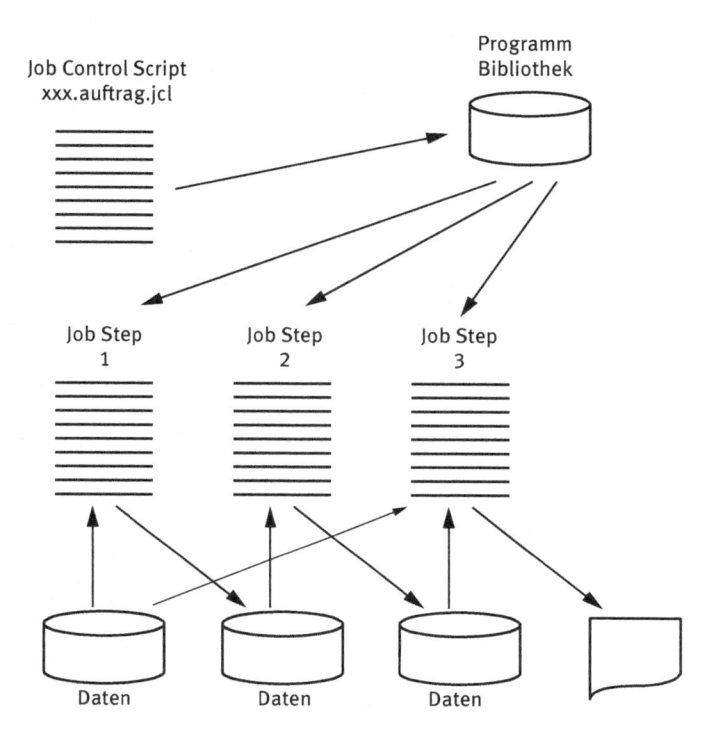

Abbildung 2.45: Submission eines Jobs.

2.4.1.4 Job Entry Subsystem (JES)

Die Stapelverarbeitung ist neben der interaktiven Verarbeitung in großen Unternehmen eine wichtige Aufgabe. Ein Job Entry-Subsystem hat die Aufgabe, Stapelverarbeitungsvorgänge zu automatisieren. Diese Funktion ist in den meisten Windows- und Unix-Betriebssystemen nur sehr rudimentär vorhanden. Job Control-Subsysteme werden für Windows- und Unix-Betriebssysteme von unabhängigen Herstellern angeboten. Ein Beispiel dafür bildet COSbatch der Firma OSM [10].

Das z/OS-Betriebssystem stellt eine spezielle Systemkomponente zur Verfügung, die für die Steuerung und Ablaufkontrolle aller Jobs (einschließlich aller TSO-Sitzungen) zuständig ist. Diese Systemkomponente, die selbst einen Job darstellt, heißt *Job Entry Subsytem* (JES). Aus historischen Gründen existieren davon zwei Varianten: JES2 und JES3.

Beide haben die gleiche Hauptaufgabe, sie unterscheiden sich dabei allerdings in einzelnen Funktionen. Es hängt wesentlich von der Gesamtkonzeption eines Rechenzentrums ab, welches dieser beiden Subsysteme eingesetzt wird. Beide Subsysteme sind in der Lage, die Jobverarbeitung auf einem einzelnen Rechner zu steuern. Der wesentliche Unterschied zwischen JES2 und JES3 liegt in der Kontrolle einer System-Konfiguration, die aus mehreren Rechnern besteht. Ein Einzel-Prozessor wie auch ein *Symmetrischer Multiprocessor (SMP)* (eng gekoppelt) wird in der Regel durch JES2 gesteuert. Bei einem SMP bilden mehrere CPUs eine Einheit, und ein einzelner Job kann zeitweise auf dem einen und zeitweise auf dem zweiten Rechner laufen, ohne dass vom Benutzer oder Operator darauf Einfluss genommen werden kann oder muss. Generell wäre auch eine Steuerung durch JES3 möglich; aufgrund der höheren Komplexität wird aber häufig darauf verzichtet. Ein Sysplex Cluster (siehe Kapitel 3.4.4) wird in der Regel von JES3 gesteuert. Mehrere Knoten arbeiten gemeinsam, und jeder Job wird von JES3 einem Knoten zur Verarbeitung zugeordnet.

Die Ablaufkontrolle aller Jobs durch JES gliedert sich in drei Phasen (siehe Abbildung 2.46):

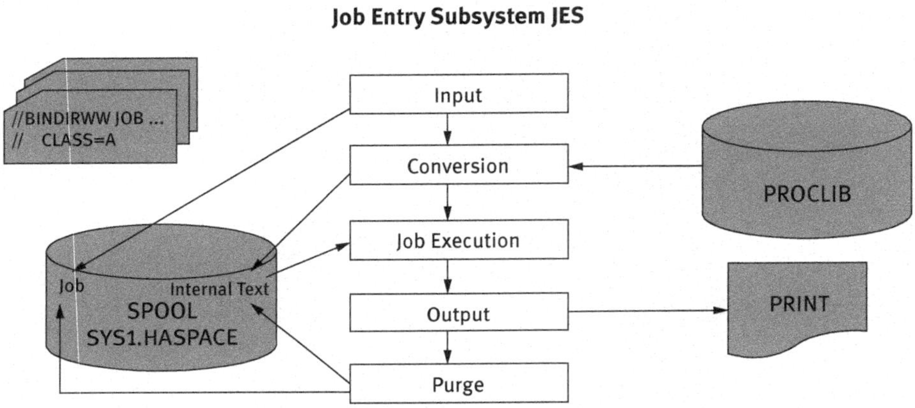

Job Entry Subsystem JES

Abbildung 2.46: Arbeitsweise des Job Entry Subsystems.

1. *Preprocessing*
   - Lesen und Interpretieren der JCL-Records,
   - Bereitstellen der notwendigen Datasets (z. B. durch Information an den Consol-Operator, eine Platte oder ein Band zu montieren). Bei evtl. Fehlern (z. B. Syntaxfehler in den JCL-Records oder Ansprechen von Datasets, die im System unbekannt sind) endet der Job bereits in dieser Phase mit einem JCL-Fehler.
2. *Processing*
   In dieser Phase werden die einzelnen Steps eines Jobs ausgeführt.
3. *Postprocessing*
   Die durch den Job erstellten Ausgabe-Daten werden entweder gedruckt (entsprechend der Output-Klasse) oder dem TSO-Benutzer zur Weiterverarbeitung zur Verfügung gestellt. Datasets, die unter alleiniger Kontrolle des Jobs waren (DISP = NEW/OLD/MOD), werden für andere Jobs freigegeben. Nach Abschluss aller dieser Aktivitäten wird der Job in der PURGE-Phase endgültig das System verlassen.

Zur Speicherung aller Informationen über einen Job (z. B. JCL-Records oder Ausgabe-Daten) wird ein dem JES gehörender Dataset, der sogenannte SPOOL-Dataset, benutzt.

Der Benutzer, zu dem der laufende Job gehört, erhält ein Protokoll, dessen Format im JES2 sich von dem im JES3 unterscheidet. Zusätzlich kann der System-Programmierer die spezielle Protokoll-Struktur beeinflussen. In der Regel werden in dem Protokoll folgende Daten ausgegeben:
- Original-JCL und ihre Interpretation durch JES,
- Uhrzeit, wann der Job die einzelnen Phasen oder Steps durchlaufen hat,
- Return-Codes für die einzelnen Steps,
- Benutzung aller Systemkomponenten, z. B. Rechenzeit, Speicherplatz, Zahl der Zugriffe auf Platten und Bänder.

2.4.1.5 z/OS Communications Server

Der z/OS Communications-Server ist ein eigenständiges Subsystem in einem eigenen virtuellen Adressraum. Er implementiert die TCP/IP- und SNA-Netzwerk-Architektur-Stacks und verfügt über die folgenden weiteren Funktionen:
- SNA einschließlich VTAM, APPN und *High Performance Routing* (HPR) Services,
- TCP/IP einschließlich optimierter FTP-Server und Telnet-Server,
- TN3270- und TN3270e-Server einschließlich *Secure Socket Layer (SSL)*,
- *Domain Name System* (DNS)- und *Dynamic Host Configuration Protocol* (DHCP)-Dienste,
- *Sysplex Cross-System Coupling Facility* (XCF) und *Channel-To-Channel* (CTC)-Unterstützung,
- dynamische Steuerung von *Quality of Service* (QoS) und *Virtuellen Privaten Netzwerken* (VPN),
- *Simple Network Management Protocol* (SNMP) V3-Unterstützung,
- *Network File System* (NFS).

[11] enthält eine gute Beschreibung von SNA, einschliesslich der VTAM- und APPC-Komponenten.

Der z/OS Communications Server unterstützt eine Reihe von Netzwerk-Anschluss-Adaptern, die als *Communication Controller* bezeichnet werden. Diese implementieren System z-Steuereinheiten, die über Adapter für den Anschluss von Local Area- oder Wide Area-Netzwerken verfügen. Communication Controller sind damit geeignet, entfernte Rechner und/oder Terminals über Netzwerkarchitekturen wie SNA oder TCP/IP anzuschließen. Hierzu gehören die älteren IBM 3745/3746 oder 327x Communication Controller oder die *Cisco 7000 Serie-Router*. Letztere werden über einen *Channel Interface Processor* an den parallelen oder seriellen System z-Kanal angeschlossen. Auch die CTC-Kanalverbindung emuliert eine System z Communication Control Unit.

Der wichtigste System z Communication Controller ist der *Open Systems Adapter* (OSA). Die übliche Version hört auf den Namen *OSA Express Adapter*. OSA implementiert ein Board in einem E/A-Slot und wird über die System z-Kanal-Schnittstelle und das *Self Timed Interface* (STI) mit dem Channel Subsystem verbunden. Sie enthält eine traditionelle System z-Steuereinheit sowie Anschluss-Adapter wahlweise für Gigabit Ethernet, Fast Ethernet, 155 Mbps ATM und den 4/16/100 Mbps Token-Ring.

Neben einer normalen Steuereinheit-Funktionalität unterstützt OSA zwei zusätzliche Einrichtungen: Token-Ring.
- Die *Queued Direct I/O* (QDIO)-Architektur ist eine spezielle Version der S/390-Kanal-Architektur. Sie verzichtet auf *Channel Control Words* (CCWs) und Unterbrechungen. Hierdurch wird eine beschleunigte Übertragung von TCP/IP-Daten-Paketen erreicht.
- HiperSockets sind eine Microcode-Einrichtung, mit deren Hilfe OSA eine TCP/IP-Verbindung innerhalb des gleichen Rechners simuliert. Die physikalische Verbindung wird durch einen Datentransfer innerhalb des Hauptspeichers hergestellt. Hipersockets stellen somit eine sehr schnelle Socket-Verbindung innerhalb eines System z-Rechners dar.

System z verfügt über die Möglichkeit, mehrere Betriebssysteme auf einem Rechner gleichzeitig in getrennten Partitionen auszuführen (siehe Kapitel 4.3). Hierbei wird der Hauptspeicher in getrennte Bereiche aufgeteilt und den Partitionen zugeordnet, die zwar nicht direkt miteinander kommunizieren können, sich wohl aber über Netzwerkmechanismen gegenseitig aufrufen. Anwendungen benutzen häufig die Socket-Schnittstelle, um mit Anwendungen auf anderen Rechnern zu verkehren. 2.4.1.6 z/OS Security Server

2.4.1.6 Übersicht

Unter z/OS kann ein Programm nur auf Bereiche zugreifen, für die es eine explizite Zugriffsautorisierung erhalten hat, die durch den Überwacher des Betriebssystems vergeben und überwacht wird. Der Default Setup unter z/OS gestattet einem Programm keinen Zugriff auf Bereiche, die anderen Programmen zugeordnet sind. Um Zugriffe dennoch zu ermöglichen, wird eine explizite Autorisierung durch Sicherheits-Administratoren oder Systemprogrammierer benötigt.

Der z/OS Security Server stellt Schutzmechanismen gegen den nicht-autorisierten Zugriff auf Daten, Programme, Transaktionen, Terminals, DB2-Objekte und viele anderen Ressourcen zur Verfügung. Die Benutzer-Authentifizierung kann durch Digital Certificates an Stelle von UserID/Password-Kombinationen erfolgen.

Der z/OS Sicherheitsserver erledigt die folgenden Aufgaben:
- Identifiziert Benutzer und gibt ihnen ein eindeutiges Sicherheits-Profil, das die von ihnen autorisiert benutzten Ressourcen einschließt,
- berechtigt Benutzer durch Erteilen einer angemessenen Autorisierungsstufe, auf geschützte Ressourcen zuzugreifen,
- Benutzer-Bestätigung, die mit Hilfe von Kennwörtern, PassTickets, DCE-Berechtigungen oder digitalen Zertifikaten realisiert werden,
- überwacht die Art, wie auf Ressourcen zugegriffen wird,
- Protokollieren des Zugriffs zu geschützten Ressourcen einschließlich Meldungen von unberechtigten Zugriffsversuchen.

z/OS spezifiziert kritische Events innerhalb des Betriebssystems als sicherheitssensitive Verzweigungen. Die *System Authorization Facility* des z/OS-Kernels bewirkt an diesen Stellen den Aufruf einer *Security Engine*, eines Prozesses, der in einem eigenen Adressraum im Benutzer-Status läuft. In z/OS ist diese Security Engine häufig die *Resource Access Control Facility* (RACF). Eine Einführung ist zu finden unter [12]. Alternative z/OS Security Engines sind ACF/2 oder TopSecret der Firma Computer Associates. Neben einer Kontrolle von Events (ehe sie wirksam werden) wird eine umfassende Protokollierung aller sicherheitsrelevanten Ereignisse (*Audit Trail*) erzeugt.

RACF benutzt das Konzept von *Ressourcen*, die geschützt werden sollen. Ressourcen werden in *Klassen* aufgeteilt. Beispiele für Klassen sind:
- Benutzer,
- Dateien,
- CICS-Transaktionen,
- Datenbank-Rechte,
- Terminals.

Jedem Element einer Klasse wird ein *Profil* zugeordnet. Die Profile werden in einer Systemdatenbank, der RACF Profile-Datenbank, abgespeichert. Das Profil besagt, welche sicherheitsrelevanten Berechtigungen vorhanden sind. Benutzer-Profile enthalten *Capabilities*, und Datei-Profile integrieren *Access Control-Listen* (ACL).

Zugriffsrechte können von spezifischen granularen Bedingungen abhängig gemacht werden; z. B. kann der Zugriff auf eine Datenbank von der Nutzung eines spezifischen Anwendungsprogramms abhängen oder auf bestimmte Tageszeiten begrenzt sein.

Weitere z/OS Security Server-Funktionen schließen eine Firewall-Architektur ein, die den z/OS Communications Server unterstützt. Ein DCE-Server stellt Kerberos-Funktionen zur Verfügung.

2.4.1.7 Ablauf einer Überprüfung

Die Abbildung 2.47 zeigt die Wechselwirkung von RACF mit dem Operationssystem beim Ablauf einer Zugriffsüberprüfung:
1. Ein Benutzer greift auf eine Ressource über einen *Resource Manager* zu, zum Beispiel TSO oder CICS.
2. Der Resource Manager benutzt einen System Call RACROUTE, um auf die SAF des z/OS-Kernels zuzugreifen.
3. SAF ruft ein Zugriffskontroll-Subsystem auf. Dies ist normalerweise RACF.
4. RACF greift auf einen *Profil*-Datensatz in seiner eigenen RACF-Datenbank zu und überprüft die Zugangsberechtigungen.
5. Das Ergebnis teilt RACF dem anfragenden Resource Manager mit. Dieser gewährt oder verbietet die Anforderung.

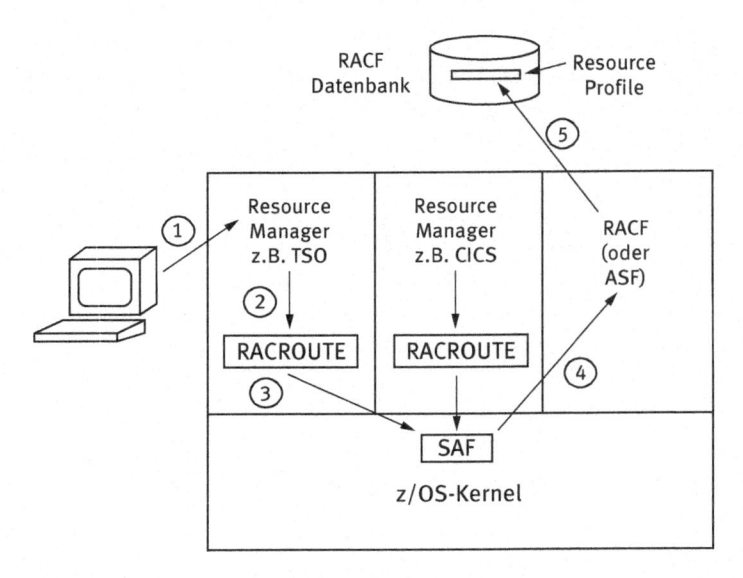

Abbildung 2.47: Wechselwirkung zwischen RACF und Betriebssystem.

RACF identifiziert jeden Benutzer, wenn dieser sich beim System anmeldet. Dabei wird eine Benutzer-Identifikation angefordert. RACF stellt anschließend durch die Anforderung des Kennwortes und dessen Überprüfung sicher, dass der Benutzer tatsächlich autorisiert ist. Jede RACF Benutzer-ID hat ein eindeutiges Kennwort. Es existieren auch Alternativen zu Kennwörtern, die von RACF verwendet werden können, um Benutzer zu identifizieren. RACF gestattet z. B., in Client-Maschinen einer Client/Server-Umgebung ein PassTicket statt eines Kennworts zu verwenden. Ein PassTicket kann von RACF oder einer anderen autorisierten Funktion generiert werden. Es kann auch eine Operator Identification Card (OIDCARD) anstatt oder zusätzlich zu dem Kennwort während einer Terminal-Sitzung benutzt werden. z/OS Unix-Benutzer werden mit numerischen Benutzer-IDs (UIDs) identifiziert. Die Identifikation von z/OS Unix-Gruppen erfolgt mittels numerischer Gruppen-IDs (GIDs). In einer Client/Server-Umgebung kann RACF eine RACF-Benutzer-ID durch Extrahieren der Information aus dem digitalen Zertifikat identifizieren. Ein digitales Zertifikat oder eine digitale ID enthält Informationen, die den Klienten eindeutig identifiziert. Der System z-Web-Server bestätigt einen Klienten mit Hilfe des Client-Zertifikats und des SSL-Protokolls. Der Web-Server überträgt das digitale Zertifikat des Klienten zur Bestätigung an z/OS Unix System Services, die es an RACF weiterleiten.

Wenn sich der Benutzer beim System anmeldet, wird ein *ACcess Environment-Element* (ACEE) erzeugt. Letzteres beschreibt den Benutzer mit eindeutiger ID, die gültige Gruppe, Benutzer-Attribute und Gruppen-Autorisierung. Dieses Element begleitet den Benutzer durch das gesamte System und stellt sicher, dass die Arbeit im Interesse des Benutzers auf seinem „Konto" verwahrt wird.

Während des Autorisierungs-Checks prüft RACF das Ressourcen-Profil, um sicherzustellen, dass auf die Ressource in der geforderten Art und Weise zugegriffen werden kann und der Benutzer die geeignete Berechtigung für den Ressourcen-Zugriff besitzt. Die notwendigen Benutzer-/Ressourcen-Bedingungen müssen übereinstimmen, bevor der Resource Manager den Zugriff auf eine geschützte Ressource erlaubt.

Eine zentrale Sicherheits-Komponente des Betriebssystems bildet die *System Authorization Facility* (SAF). Letztere leitet die Steuerung, wenn eine Anfrage vom Resource Manager eintrifft, entweder an RACF oder an eine Benutzer-spezifische Verarbeitungs-Routine oder an beide weiter, je nachdem, ob RACF installiert ist oder nicht. Das Schlüsselelement in SAF ist der SAF-Router. Dieser ist immer im Betriebssystem aktiv, selbst dann, wenn RACF nicht implementiert ist. Der SAF-Router stellt einen Systemdienst dar und beteiligt sich u. a. an der Ressourcen-Steuerung. Die Komponenten des Ressource-Managers und der Subsysteme rufen den SAF-Router als Teil bestimmter entscheidungsträchtiger Funktionen in ihrer Verarbeitung auf, wie z. B. eine Prüfung von Zugriffs-Steuerung und -Autorisierung.

SAF übergibt der externen Security Engine die relevante Information. Die Security Engine kann dann auf der Basis von Profilen über die Zugriffsrechte entscheiden. Als Beispiel möge folgendes dienen: Ein interaktiver Benutzer tritt in das System ein (Login). Der Login-Prozess überprüft, ob die Login-Berechtigung besteht. Er überprüft weiterhin, ob das Terminal, von dem der Benutzer sich einwählt, eine Zugangsberechtigung hat. Hierzu ruft der Login-Prozess RACF auf, welches die entsprechenden Profile in seiner Datenbank konsultiert. Nach erfolgreicher Login-Autorisierung ruft der Benutzer ein Programm auf, das auf eine Datei zugreift. Die OPEN-Routine ruft RACF auf, welches das Profil der Datei bezüglich der Zugriffsrechte befragt.

Alle Informationen über Mainframe-Benutzer, -Gruppen, -Dateien und andere Ressourcen sind in der RACF-Datenbank abgespeichert. Die Records in der Datenbank, die all diese Objekte beschreiben, werden *Profile* genannt. Ein Ressourcen-Profil, das verwendet wird, um einzelne Ressourcen zu schützen, heißt *diskretes* Profil, und ein Profil, das mehrfache Ressourcen durch wild-cards (zum Beispiel *.*) schützt, stellt ein *generisches* Profil dar. Ein RACF-Benutzer-Profil ist in Segmente eingeteilt. Jedes Segment enthält Daten für die z/OS-Benutzer-Administration wie z. B. die Unix-System-Service- oder die TSO-Benutzer-Information.

Profile, die RACF-geschützte Ressourcen beschreiben, verfügen auch über eine Zugriffsliste, die aussagt, welche Benutzer-IDs und welche Gruppen das Recht haben, auf die Ressourcen zuzugreifen. Die Zugriffsliste enthält auch die Information, auf welcher Ebene der Zugriff erlaubt ist. Benutzer-Profile enthalten *Capabilities*. Datei-Profile verfügen über *Access Control-Listen*.

Nicht RACF entscheidet über die Benutzer-Anforderung, sondern es gibt an den Ressource-Manager den Status-Code zurück, und der Ressource-Manager trifft die Entscheidung. RACF generiert einen von 4 möglichen Status-Codes: *Has the right, No access, Don't know* und *Not working*.

RACF-Verwaltungs-Funktionen verfügen über ISPF-Entry-Panels und damit verbundene Help-Panels. Diese erleichtern die Eingabe von RACF-Kommandos und ihrer Optionen.

RACF-Gruppen können für einen unterschiedlichen Zweck verwendet werden. Es wird zwischen drei wesentlichen Gruppentypen unterschieden:
- Resource Protection-Gruppen: Sie sind notwendig, wenn es darum geht, Dateien zu schützen. Es gibt zwei Arten von Dateien: Benutzer-Dateien und Gruppen-Dateien.
- Administrative Gruppen: Sie können für Informationszwecke verwendet werden. Solche Gruppen werden benutzt, um eine Struktur aufzubauen, die eine Firmen-Organisation mit Betriebsteil, Abteilungen usw. emuliert. Die Benutzer im Betriebsteil bzw. in der Abteilung werden an eine entsprechende Gruppe angeschlossen.
- Funktionale Gruppen: Sie repräsentieren Gruppen, die z. B. Stellen oder Verantwortlichkeiten in einer Firma darstellen.

Die Wartung der Profile und ihre Anpassungen an die sich ständig verändernden Verhältnisse stellen ein großes Problem in fast allen Unternehmen dar. Dieses gestaltet sich besonders schwierig, da Profilstrukturen in einem großen Unternehmen in der Regel besonders komplex sind.

2.4.1.8 Unternehmensweite Sicherheit

In einem z/OS-Sysplex mit mehreren Systemen, die die RACF-Datenbank gemeinsam benutzen, können Probleme in den Bereichen Systemleistung, Verwaltung und Verfügbarkeit auftreten. Gemeinsam benutzte RACF-Sysplex-Daten adressieren diese Probleme mit:
- Sysplex Command Propagation: Wenn ein Kommando auf einem System eingegeben wird, verteilt RACF das Kommando über den gesamten Sysplex.
- Coupling Facility: Gemeinsam benutzte RACF-Sysplex-Daten werden von der Coupling Facility benutzt, um die Leistung zu verbessern. Wenn sich das System im Data-Sharing-Modus befindet, stellt die Coupling Facility einen großen zentralen Puffer für RACF-Datenbank-Records zur Verfügung. Die gepufferten Informationen können von allen Systemen des Sysplex gemeinsam genutzt werden.

Die *RACF Remote Sharing Facility (RRSF)* ist in der Lage, RACF-Datenbanken, die überall in einem Unternehmen verteilt sind, zu verwalten und zu warten. RRSF stellt sicher, daß die Datenintegrität bei System- oder Netzausfall erhalten bleibt. Das RRSF-Netzwerk besteht aus einer Menge von Knoten. Jeder Knoten setzt sich aus einer oder mehreren z/OS-System-Instanzen zusammen und benutzt eine spezifische RACF-Datenbank. Mit Hilfe von RRSF können unterschiedliche Funktionen gebildet werden wie z. B. Password-Synchronisation, Command Direction und Automatic Password Direction.

2.4.1.8.1 Unix System Services (USS)

Auf die System z-Hardware-Plattform sind in der Vergangenheit mehrere Native Unix-Betriebssysteme portiert worden. Die Motivation besteht darin, für existierende Unix-Anwendungen die Eigenschaften der System z-Plattform verfügbar zu machen. Einige der bedeutendsten System z-Ports sind:

- Unix System V wurde von AT&T auf viele Plattformen portiert, darunter auch die damalige S/360-Plattform. Diese Version wurde vor allem innerhalb des AT&T-Konzerns eingesetzt.
- Amdahl UTS (Universal Time Sharing System) ist der Marktführer mit etwa 300 Großinstallationen.
- Hitachi HI-OSF/1-M basiert (ähnlich wie TrueUnix der Digital Equipment Corporation) auf dem OSF Unix der Open System Foundation.
- IBM AIX ist ebenfalls eine OSF-Unix-Version, wurde aber zu Gunsten der z/OS Unix System Services aufgegeben.
- System z Linux

Unix-Ports können die System z Hardware-Einrichtungen effektiv nutzen. Da es sich aber um den gleichen Unix-Kernel wie auf anderen Plattformen handelt, fehlen diesem die Zuverlässigkeits-, Robustheits- und Skalierungseigenschaften des z/OS-Kernels. Aus diesem Grund hat IBM ein eigenständiges Unix-Betriebssystem entwickelt, welches auf dem z/OS-Kernel beruht. Diese Entwicklung ist eine Erweiterung des z/OS-Betriebssystems und wird als *Unix System Services* (früher *Open Edition MVS*) bezeichnet.

Die Implementierung der Unix System Services stellt keinen *Port* einer Unix-Implementierung dar, sondern erfolgt durch die Integration der IEEE Portable Operation System Interface-Funktion (POSIX 1003.2) in den z/OS-Kernel. Eine ähnliche Funktionalität ist durch die Posix-Schnittstelle unter Windows erhältlich. Diese wird aber im Gegensatz zu den z/OS Unix System Services kaum genutzt.

Eine Unix System Services Shell ist ein Kommando-Prozessor, der Shell-Kommandos oder Utilities aufrufen kann, die wieder spezielle Dienste vom System anfordern. Der Benutzer ist in der Lage, über die Shell-Programmiersprache Shell-Skripte zu generieren. Diese, wie auch C/C++-Programme können sowohl im Vordergrund, im Hintergrund als auch im Batch-Betrieb abgearbeitet werden. Die Shell erlaubt es einem Unix-Benutzer, sich im z/OS-System anzumelden (Login) und Tasks genauso zu bilden wie in irgendeinem anderen Unix-System. Sie kann als ein Unix-API auf dem z/OS-Betriebssystem mit integrierten POSIX-Diensten betrachtet werden.

Mit Hilfe der Shell sind Programme in einer beliebigen Umgebung lauffähig. Dazu zählen Batch-Jobs und Jobs, die durch einen TSO-Benutzer über das Submit-Kommando im Hintergrund abgearbeitet werden sowie andere z/OS-Tasks. Eine gestarteter Task in z/OS hat Ähnlichkeit mit einem Unix-Daemon. Diese Programme können sowohl Standard z/OS-Services als auch Unix System Services in Anspruch nehmen. Ein typisches Shell-Kommando ist zum Beispiel:

2 z-Hardware Architektur

ls –l dateiname

Es stehen zwei Unix-Shells zur Verfügung. Die tcsh-Shell ist eine Erweiterung von csh, der Berkley Unix-C-Shell. Sie wird über einen rlogin- oder Telnet-Klienten direkt aufgerufen und unterstützt den vi-Editor. Die z/OS-Shell, auch als Ishell (ISPF-Shell) bezeichnet, basiert auf der Unix System V-Shell mit Elementen der Korn-Shell. Sie wird über einen 3270-Klienten auf dem Umweg über TSO und ISPF aufgerufen. Für den ISPF-Benutzer wird nach der Eingabe des Kommandos

    tso omvs   (enter)

auf der Kommando-Zeile die Ishell initialisiert (siehe Abbildung 2.48). Nach Erscheinen des Shell-Prompts (#) können alle vom Unix her bekannten Kommandos verwendet werden. An Stelle des vi-Editors wird der ISPF-Editor benutzt. Alternativ kann ein Benutzer in die Ishell gelangen, indem er im ISPF Primary Option Menu die Option 6 ausgewählt. Damit erscheint ebenfalls das Shell-Promt der Ishell.

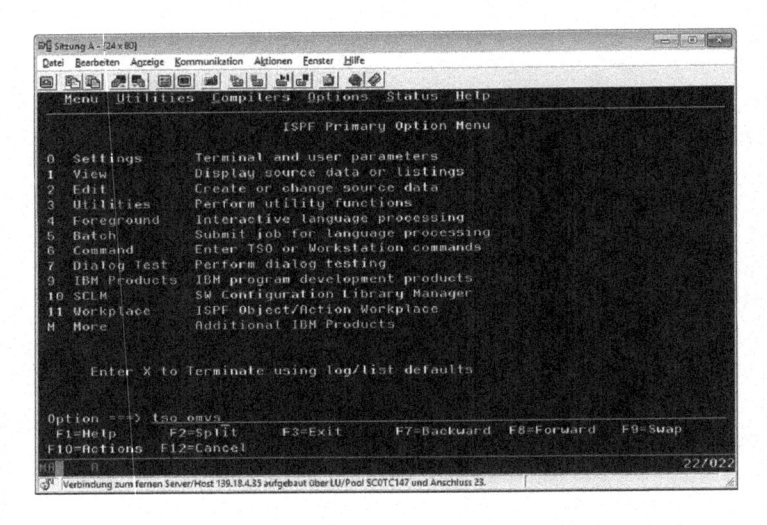

Abbildung 2.48: Aufruf des USS aus dem ISPF.

Nach Erscheinen des Shell-Prompts (#) können alle vom Unix her bekannten Kommandos verwendet werden (s. Abbildung 2.49)

Die wichtigsten Unix System Services (USS) Elemente sind:
- 1100 Unix System Calls als Erweiterung zu den existierenden z/OS System Calls (SVCs),
- Unix-Shells,
- *Unix Hierarchical File System* (HFS).

2.4 Überblick über die Betriebssysteme auf System z — 69

Abbildung 2.49: Aufruf des USS aus dem ISPF.

Wenn der Nutzer wieder in das ISPF wechseln möchte, kann er das USS mit „exit" in der Kommandozeile verlassen (s. Abbildung 2.50)

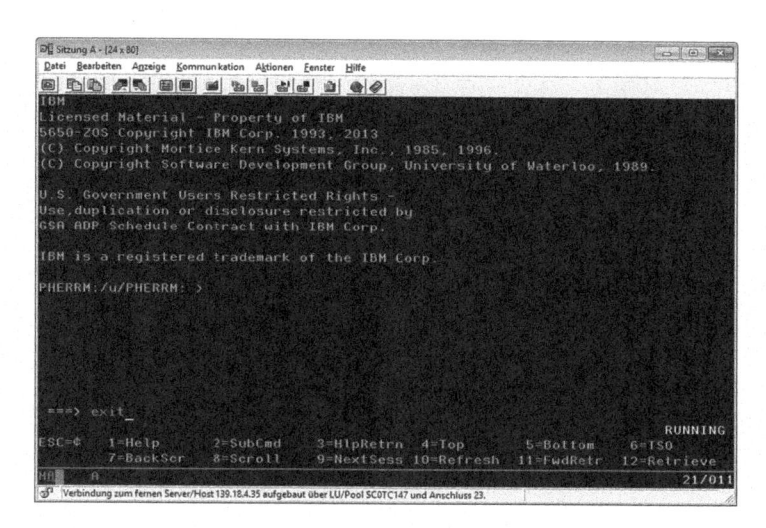

Abbildung 2.50: Nutzer-Wechsel von USS nach ISPF.

SVCs (Supervisor Calls) sind das z/OS-Äquivalent zu den Unix System Calls. Supervisor Calls im weiteren Sinne sind Library-Routinen, die eine Dienstleistung des z/OS-Kernels in Anspruch nehmen.

SVCs (Supervisor Calls) sind das z/OS-Äquivalent zu den Unix System Calls. Supervisor Calls im weiteren Sinne sind Library-Routinen, die eine Dienstleistung des z/OS-Kernels in Anspruch nehmen. Supervisor Calls im engeren Sinne sind Maschinenbefehle, die zwecks Übergang vom *User Mode (Problem Status)* zum *Kernel Mode (Supervisor Status)* einen Interrupt Handler des Kernels aufrufen. Ein SVC-Maschinenbefehl enthält einen 8-Bit-Identifier, welcher die Art des Supervisor Calls identifiziert.

Beispiele für SVC Maschinenbefehle sind:

EXCP	SVC 0	Lesen oder Schreiben von Daten,
WAIT	SVC 1	Warten auf ein Ereignis, zum Beispiel Abschluss einer Lese-Operation,
GETMAIN	SVC 10	Anforderung von Virtual Storage,
OPEN	SVC 19	Öffnen einer Datei,
CLOSE	SVC 20	Schließen einer Datei.

Unix System Services nutzen zusätzlich zu den vorhandenen SVCs weitere 1100 Unix-spezifische System Calls, die als SVCs implementiert sind. Der z/OS-Kernel enthält Erweiterungen, um diese Unix System Calls bedienen zu können, vor allem in den Bereichen Process Management, File System und Unix spezifischer Kommunikation (siehe Abbildung 2.51/ 2.52).

Ein Benutzer, dessen RACF-Profil das SPECIAL-Attribut enthält, ist das Äquivalent zu einem Unix-Super-User. Im Super-User-Status oder mit dem RACF-SPECIAL-Attribut (oder beiden) können über die Ishell weitere Tasks gestartet werden. Dazu gehören unter anderem:
- Setup des Root-File-Systems,
- Erzeugen von speziellen Character-Files,
- Anhängen (mount) oder Abhängen (unmount) eines File-Systems,
- Ändern der Attribute eines z/OS-Unix-Benutzers,
- Anzeigen der Benutzer und Sortieren nach den Namen, UID, GID,
- Setup der z/OS-Unix-Benutzer,
- Setup der z/OS-Unix-Gruppen.

Das *Hierarchical File System* (HFS) von z/OS verfügt über eine Directory-Struktur, die analog ist zu den File-Systemen anderer Unix-Plattformen. Es wird in *Containern* implementiert. Diese stellen ganz normale z/OS Datasets dar. Ein HFS-Container besitzt einen z/OS Dataset-Namen mit einem DSNTYPE des HFS. Der Container Dataset kann mit Hilfe von traditionellen DFSMS z/OS Storage Mangement Tools bearbeitet werden. Die Entscheidung, welche Teile des gesamten HFS in welchen Containern implementiert werden, liegt beim Benutzer. Letzterer kann das ganze HFS in einem Container unterbringen oder Teile davon über mehrere Container verteilen. Die Implementierung des HFS ist transparent zu dem zu speichernden Datentyp (Text-, Binär-Daten).

Quellcode kann in HFS Files oder in z/OS Datasets untergebracht werden. Innerhalb einer Shell kann der Compile- und Link-Edit-Vorgang mit Hilfe einer *Unix System Services c89 Utility* vorgenommen werden. Die Syntax ist:

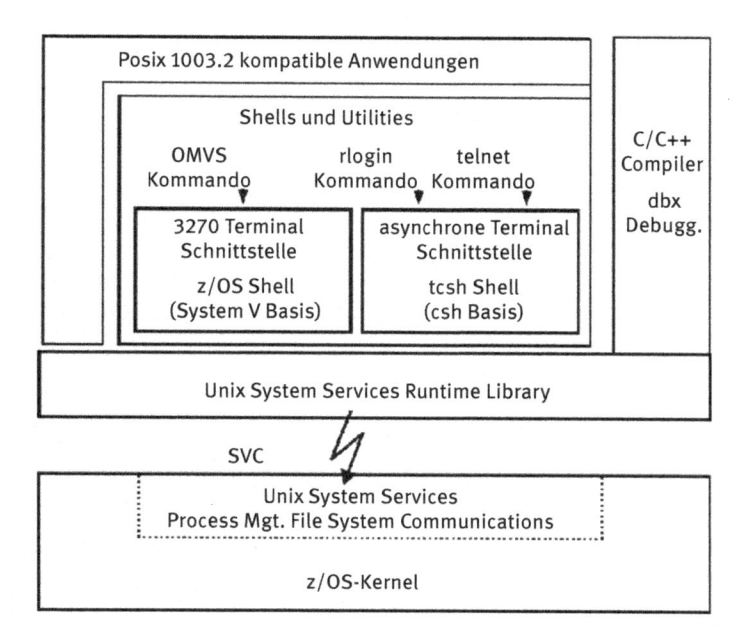

2.4 Überblick über die Betriebssysteme auf System z — 71

Abbildung 2.51 & 2.52: Unix-Systeme.

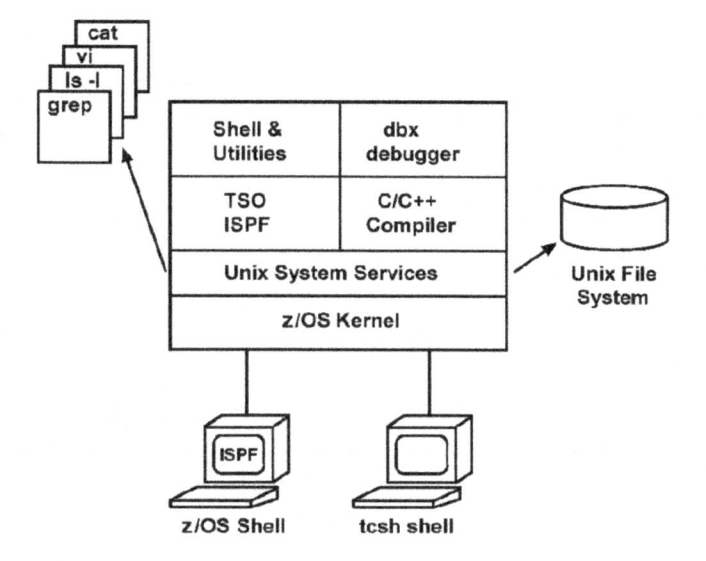

Abbildung 2.53: Übersetzen mit c89.

```
c89 [-options ... ] [file.c ... ] [file.a ... ] [file.o ... ]
        [-l libname]
```

Wobei

- `file.c`   Quell-Datei,
- `file.a`   Archiv-Datei,
- `file.o`   Objekt-Datei,
- `libname` Archiv-Bibliothek

bedeuten.

Beim Update individueller Module können Makefiles für die automatische Verwaltung von Unix System Services-Quellcode oder Objekt-Dateien eingesetzt werden. Das Makefile ruft dann c89 auf (siehe Abbildung 2.53)

Die X Window API ermöglicht eine graphische Bildschirmwiedergabe mit Hilfe eines X11-Servers in einem TCP/IP-Netzwerk. Hiermit können Anwendungen für die USS-Umgebung erstellt werden. Eine graphische Bildschirmwiedergabe ist entsprechend dem X Window System-Protokoll möglich.

Unix System Services benutzt die EBCDIC Zeichendarstellung. Portierungsprobleme treten im Zusammenhang mit der ASCII–EBCDIC-Darstellung auf. Zum Beispiel läuft die folgende Schleife einwandfrei in einer ASCII-Umgebung:

```
for (i = ‚A'; i ≤‚Z'; i++) do something here
```

Da der EBCDIC-Zeichensatz das Alphabet nicht in aufeinander folgenden Stellen speichert, kann diese Schleife nicht direkt nach Unix System Services portiert werden.

Unix System Services stellen als Teil der Shell für die ASCII-EBCDIC-Konvertierung ein Kommando ICONV zur Verfügung. Für Programme in C/C++ übernimmt eine Konvertierungs-Routine iconv() die gleiche Rolle. Beide gestatten gleichzeitig auch eine Umsetzung der benutzten internationalen Code Pages.

Es existieren viele Windows- oder Linux-basierte Entwicklungsumgebungen für PCs, die beim Hochladen von C/C++ oder Java-Quellcode die ASCII-EBCDIC-Konvertierung automatisch vornehmen. Populär ist hier auch der kostenlose FTP-Client WS_FTPLE, der ebenfalls über eine Einstellmöglichkeit für eine automatische ASCII-EBCDIC-Konvertierung verfügt.

Konvertierungsprobleme bei binären Daten können komplizierter sein. Integer-Variablen können unterschiedlich entsprechend ihrer Byte Order gespeichert werden (*little endian* und *big endian*). Es existieren unterschiedliche Gleitkommadarstellungen.

Beim Einsatz von Remote Procedure Calls übernimmt die Programmierschnittstelle die Konvertierung, zum Beispiel XDR.

2.4.2 z/VM

System z Virtual Machine (z/VM) nimmt innerhalb der Betriebssysteme eines System z-Rechners eine Sonderrolle ein. VM ist ein Hypervisor, der sich auf ein System bezieht, das die reale Hardware-Umgebung virtualisiert. z/VM (aktuell V6.1) läuft auf IBM z/Architekturen und implementiert eine flexible Test- und Produktionsumgebung. z/VM ist in der Lage, multiple Maschinen-Images und Architekturen zu emulieren. Die Migration von einem Release zu einer anderen gestaltet sich relativ unkompliziert. z/VM läuft auf einer virtuellen Maschine genauso wie auf einem realen Prozessor. Hauptspeicher, Prozessoren und I/O Devices verhalten sich identisch auf einer virtuellen und einer realen Maschine. Das Nutzer-Interface von z/VM ist sein Control Program (CP).

Ein Hypervisor unterscheidet sich grundsätzlich von einem Supervisor. Der Hypervisor bezieht sich auf ein System, das die reale Hardware-Umgebung virtualisiert. In einem Hypervisor-Operationssystem ist der Hypervisor in der Lage, virtuelle Images (Kopien) der Hardware zu erstellen. Letztere bildet die darunterliegende Systemarchitektur. Ein Supervisor benutzt reale oder durch einen Hypervisor virtualisierte Hardware.

Gast-Operationssystem-, das unter Kontrolle eines z/VM-Operationssystem, dem Hypervisor läuft, benutzt die virtualisierte Hardware so als wäre es die reale Hardware. Jedes Gast-Operationssystem glaubt, dass es alle Ressourcen des Host-Rechners für sich allein in Anspruch nimmt. Eine mögliche z/VM-Umgebung ist in der Abbildung 2.54 dargestellt:

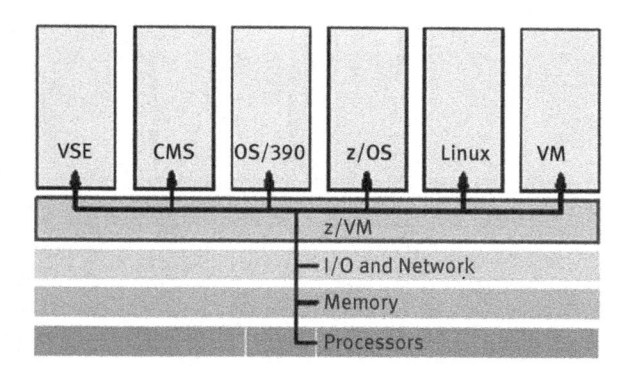

Abbildung 2.54: Beispiel einer z/VM-Umgebung.

In der Abbildung 2.54 existieren zwei unterschiedliche Level von z/VM. Level 1 enthält z/VM (z/VM und CP). Level 2 integriert mehrere Gast-Betriebssysteme (VSE, CMS, OS/390, z/OS, Linux, VM). *Virtual Storage Extended* (VSE) läuft im 31-Bit Modus, z/VM im 31-Bit- und im 64-Bit-Modus.

Zu den Basisdiensten von z/VM gehören das *Internet Message Access Protocol* (IMAP), *LISTSERV(...)* und der *Tivoli Storage Manager* (TSM).

z/VM besteht aus speziellen Basis-Komponenten, die eine komplexe Nutzung des Operationssystems sicherstellen. Dazu gehören:
- *Conversational Monitor System* (CMS)
  Es implementiert das End-Nutzer-Interface für laufende Nutzer-Programme.
- *Control Program* (CP)
  Diese Komponente verwaltet die Ressourcen eines einzelnen Systems, um darzustellen, dass mehrere Rechnersysteme existieren.
- *REXX / VM*
  Ist eine Programmiersprache, die es erlaubt, Anwenderprogramme und Kommandoprozeduren zu schreiben.
- *Group Control System* (GCS)
  Es stellt den VM Supervisor dar, der Multitasking Services liefert.
- *Transparent Services Access Facility* (TSAF)
- *APPC/VM VTAM Support* (AVS)
- *Virtual Machine Serviceability Enhancements Staged/Extended* (VMSES/E)
- *Dump Viewing Facility*

2.4.2.1 Conversational Monitor System

CMS als eine der wichtigsten Basiskomponenten von z/VM implementiert ein Gast-Betriebssystem, das auf z/VM läuft. CMS ist ein Single User-Operationssystem und
- stellt den Operator oder Kommunikator der z/VM-Umgebung dar,
- führt Kommandos des Nutzers aus und zeigt Informationen der z/VM-Umgebung auf der Nutzer-Konsole an,
- CMS ist inzwischen ein Teil von z/VM,
- erzeugt und verwaltet Files.

Viele Installationen haben 2 Konsolen für den Operator der virtuellen Maschine: Eine Konsole der virtuellen Maschine für die Kommunikation mit CP und eine zweite Konsole (System-Konsole), um mit dem Operationssystem, das in der virtuellen Maschine läuft, zu kommunizieren (CMS).

Mit Hilfe von CMS können verschiedene Tasks generiert werden. Dazu gehören:
- Anwenderprogramme schreiben, testen und debuggen für die Nutzung auf CMS oder Gast-Systemen,
- laufen von Anwenderprogrammen, die auf CMS oder Gast-Systemen entwickelt wurden,
- anlegen und editieren von Daten-Files,
- verarbeiten von Jobs im Batch Mode,
- Data Sharing zwischen CMS und Gast-Systemen,
- kommunizieren mit anderen System-Nutzern.

2.4.2.1.1 Struktur von CMS

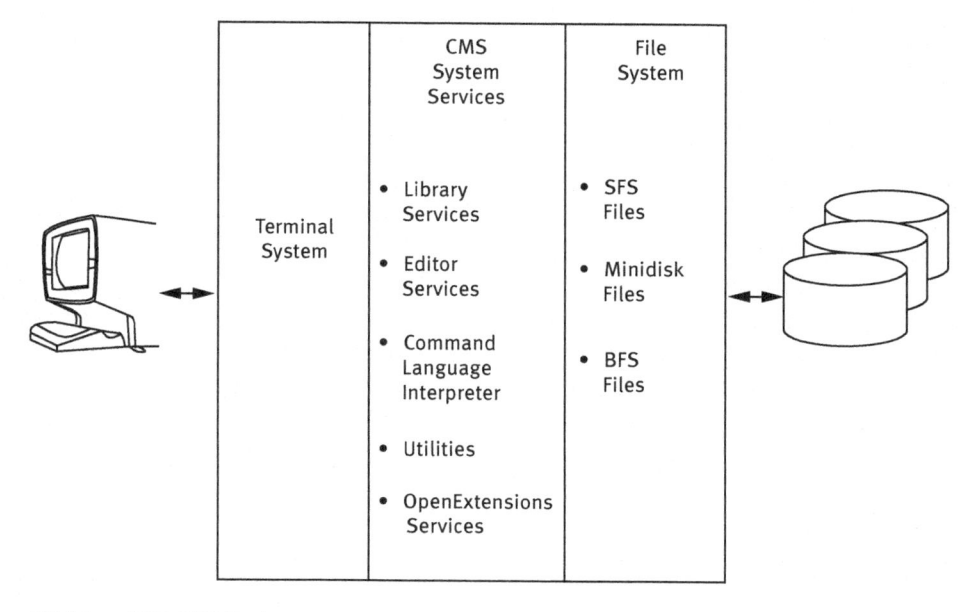

Abbildung 2.55: CMS-Struktur.

CMS besteht aus drei unterschiedlichen Bereichen (siehe Abbildung 2.55): *Terminal System*, *CMS System Services* und *File System*. Jeder dieser Bereiche verfügt über spezifische Kommandos und Programm-Interfaces, die CMS-Funktionen aufrufen

Das *Terminal System* ist für die Kommunikation zwischen dem Nutzer und dem Bereich File System verantwortlich.

Vom *File System* werden drei Methoden für die Speicherung von Files bereitgestellt:
- Virtuelle Disks (Minidisks)
- *Shared File System* Directories (SFS)
- *Byte File System* Directories (BFS)

Jedes File System verfügt über Basis-Input/Output-Funktionen (read/write). Letztere werden von den System Services benutzt.

Die *System Services* bilden die Vermittlung zwischen Terminal System und File System. Sie implementieren eine Menge von Diensten und Funktionen, die dafür notwendig sind, zum Beispiel:
- Library Services
- CMS Pipelines
- Multitasking Facilities
- OpenExtensions Services

- Reusable Server Kernel
- XEDIT
- Batch Facility
- Utility Commands
- REXX

2.4.2.1.2 CMS Pipelines

Die *CMS Pipelines* (siehe Abbildung 2.56) stellen eine große Anzahl von Funktionen bereit, um komplexe Probleme (Programme) zu lösen. Letztere werden in kleinere Teile unterteilt. Diese heißen *Stages* (siehe Abbildung 2.57). In einer Pipeline können zahlreiche Stages enthalten sein. Ein Stage kann z. B. von einer System-Source Daten (Disk Files, Tape Files) lesen, Daten filtern oder aufbereiten. Der Nutzer ist in der Lage, Stages innerhalb einer Pipeline so zu kombinieren, dass ein spezifisches Ergebnis generiert wird. Wenn eine Funktion in der Pipeline nicht enthalten ist, kann der Nutzer seine eigene Stage hinzufügen.

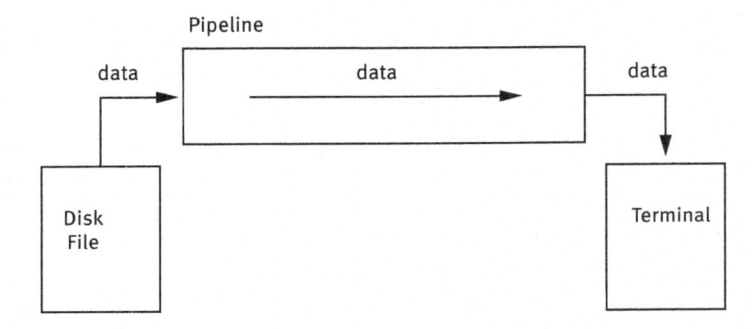

Abbildung 2.56: Daten-Fluss durch eine CMS-Pipeline.

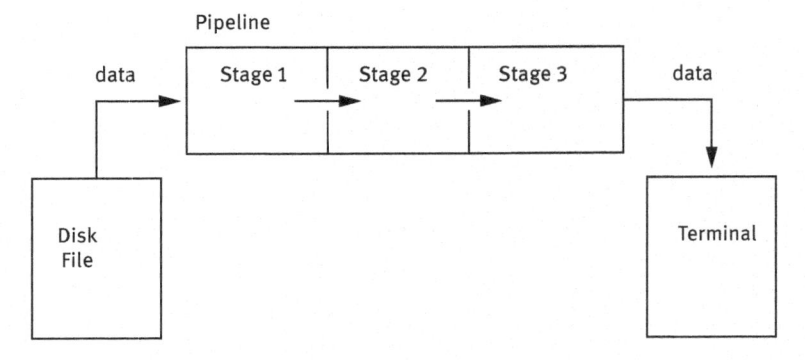

Abbildung 2.57: Stages innerhalb einer CMS-Pipeline.

CMS Pipelines haben spezielle Eigenschaften bezüglich Programmen. Dazu gehört, dass Programme kombiniert werden können, so dass der Ausgang eines Programms als Eingang für das nächste Programm dient. CMS Pipelines sind vergleichbar mit Pipelines in Leitungen mit dem Unterschied, dass keine Flüssigkeit sondern Daten durch die Programme fließen. Die Daten werden in die Pipeline durch ein Gerät eingegeben (Disk), fließen durch die Pipeline und verlassen sie durch ein anderes Gerät (Terminal). Beim Zerlegen eines komplexen Problems in Stages werden die Daten in jedem Stage verändert. Als Beispiel dient der Sachverhalt in den Abbildungen 2.58 und 2.59.

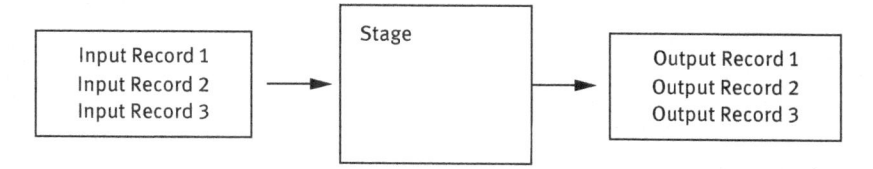

Abbildung 2.58: Fluss von Records durch eine Pipeline.

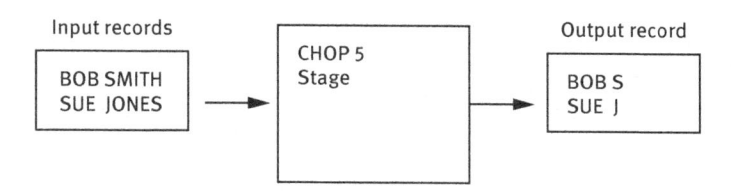

Abbildung 2.59: Fluss von zwei Records durch CHOP Stage.

In der Abbildung 2.58 sind die Records 1, 2 und 3 als Input vor der Verarbeitung (linke Seite) dargestellt. Anschließend werden die Records von Stage gelesen und verarbeitet. Die resultierenden Output Records werden danach vom Stage geschrieben (rechte Seite). Es handelt sich in diesem Fall nicht um einen kontinuierlichen Datenstrom wie in der Pipeline eines Prozessors sondern um diskrete Records

Die Abbildung 2.59 zeigt zwei Input Records (BOB SMITH, SUE JONES). Letztere werden durch CHOP 5 Stage auf 5 Zeichen beschnitten. Das passiert jeweils mit beiden Records, d. h. für jeden Input Record erscheint am Ausgang ein Output Record mit den gekürzten Einträgen aus den Input Records (BOB S und SUE J).

In der Abbildung 2.60 soll die Syntax einer CMS Pipeline demonstriert werden:

Syntax: *pipe stage_1 | stage_2 | ... | stage_n*

Die Stages in einer Pipeline werden durch Separatoren „ | " getrennt, wobei hinter der letzten Stage kein Separator erscheinen darf. Für das Beispiel aus Abbildung 2.60 sieht die Syntax wie folgt aus:

```
Stage 1              Stage 2            Stage 3
[< profile exec] --> [count lines] --> [console]
      ^                                     |
      |                                     v
[PROFILE                              [Terminal]
 EXEC
 file]
```

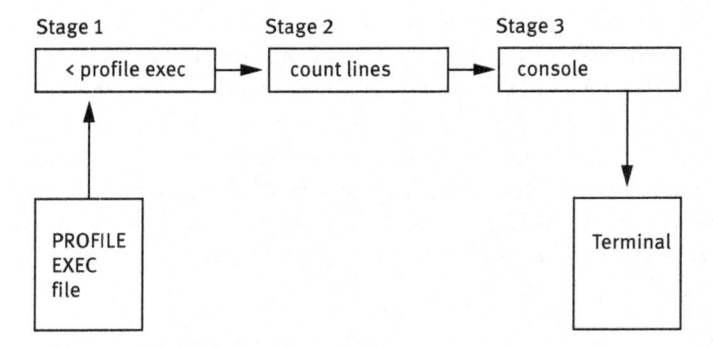

Abbildung 2.60: Struktur einer Pipeline mit 3 Stages.

> *pipe < profile exec | count lines | console*

Dieses Kommando führt die Anzahl der Zeilen in dem File *profile exec* aus. *profile exec* implementiert das Read File.

<	Stage 1 liest *profile exec* und schreibt jeden Record in den Output Stream.
count lines	Stage 2 zählt die Objekte in den Records, die vom Input Stream gelesen werden. Die Operanden von Count: Bytes, Words, Records.
console	Stage 3 liest von der Konsole oder schreibt darauf, das hängt von der Position ab (hier wird die Anzahl der Zeilen in *profile exec* auf die Konsole geschrieben).

Ein weiteres Beispiel:

> *pipe < profile exec | count lines | > yourfile data a*

Hier passiert folgenden in der letzten Stage:

>	Stage 3 schreibt alle Records im Input Stream in ein neu erzeugtes oder bereits existierendes File.

2.4.2.2 Virtuelle Maschinen

z/VM benutzt reale Ressourcen, um virtuelle Maschinen, die Prozessoren, Hauptspeicher, I/O Devices und Netzwerke integrieren, zu erzeugen. Virtuelle Maschinen laufen so, wie ein Gastsystem auf der realen Hardware läuft. Die Virtualisierungs-Technologie ruft die Vorstellung hervor, dass z/VM alle Hardware-Komponenten virtualisiert. VM erlaubt den Nutzern, mehrere Kopien und unterschiedliche Betriebssystem-Typen auf demselben Mainframe-System laufen zu lassen.

2.4.2.2.1 System Level-Generierung

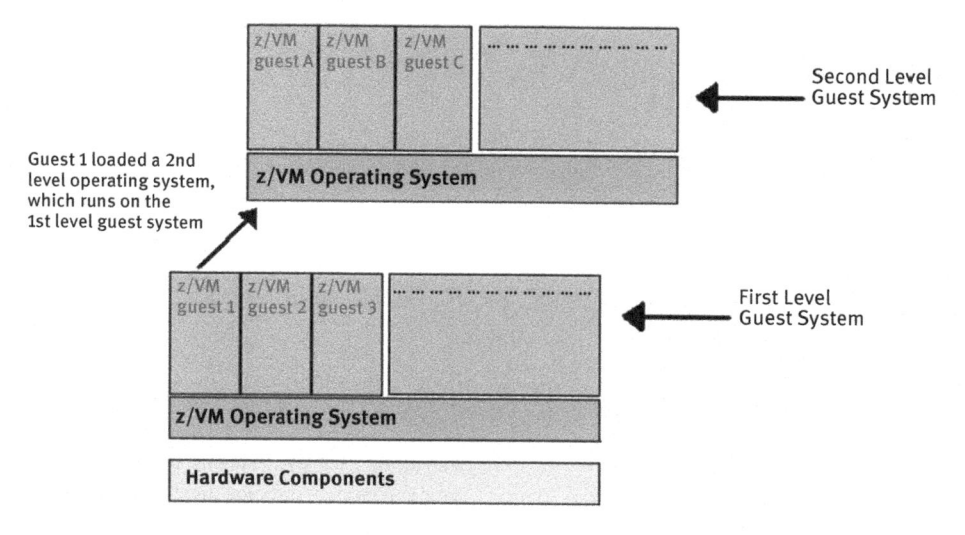

Abbildung 2.61: z/VM Level 1 und Level 2.

In der Abbildung 2.61 stellt z/VM Level 1 das Basis-Operationssystem dar. Letzteres ist auf der realen Hardware installiert. z/VM Level 2 implementiert das System, das von dem z/VM Basis-Operationssystem generiert wird. Das z/VM Basis-Operationssystem läuft auf der Hardware, die Gast-Operationssysteme laufen auf der Virtualisierungs-Technologie. Es ist theoretisch möglich, auf Level 2 wieder Operationssysteme installiert werden, die dann Level 3 bilden. Die Level-Anzahl ist aber durch den verfügbaren Hauptspeicher begrenzt.

Die z/VM-Virtualisierungs-Technologie kann die System-Administrations-Kosten senken für Planung, Beschaffung und Installation von neuer Hardware. Virtualisiert werden kann grundsätzlich die gesamte Hardware.

2.4.2.2.2 Prozessor-Virtualisierung

Der *Central Processor* ist der Kern für die reale und die virtuelle Maschine. Die Virtualisierungs-Funktionen bewirken, dass ein Gast-Operationssystem (siehe Abbildung 2.62) glaubt, dass es die exklusive Kontrolle über alle verfügbaren Prozessoren hat. In Wirklichkeit liegt ein Prozessor-Sharing über die zahlreichen Operationssysteme vor. In diesem Zusammenhang wird der Ausdruck *Synthetischer Prozessor* benutzt. Bei einem synthetischen Prozessor kann die Architektur verschieden von der des Host-Prozessors sein. Ersterer wird emuliert und kann im Vergleich zum Host-Prozessor Operationen ausführen, die dieser nicht implementiert.

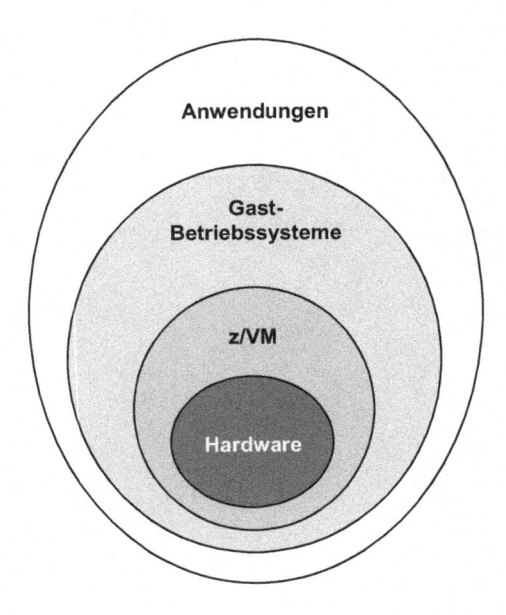

Abbildung 2.62: Schalenmodell von z/VM mit Gast-Betriebssystemen und deren Anwendungen.

2.4.2.2.3 Hauptspeicher-Virtualisierung
Die verschiedenen Level der Adressübertragung sind in der Abbildung 2.63 dargestellt:
– Maschine
– Physikalischer Speicher
– Virtueller Speicher

Das Nutzer-Programm arbeitet mit virtuellen Adressen. Die Informationen stehen aber im realen Hauptspeicher. Es muss also für jeden Hauptspeicher-Zugriff eine Adressumsetzung von der virtuellen Adresse zur realen Hauptspeicher-Adresse stattfinden [P. Herrmann:Rechnerarchitektur. Vieweg, 2011, 4.Aufl. ISBN 978-3-8348-1512-5]. In der Rechnerarchitektur ist die *Memory Management Unit* (MMU) dafür verantwortlich. Letztere wandelt virtuelle in physikalische Adressen um. Der Zugriff erfolgt generell auf den physikalischen Speicher. Die Maschine verfügt auch über Geräte-Adressen, auf die wie in Abbildung 2.63 zugegriffen wird. Letztere sind in der Regel als fest vereinbarte physikalische Adressen implementiert.

Physikalischer Speicher:
– Hauptspeicher wird durch *Direct Access Storage Devices* (DASD) implementiert.
– Minidisks bilden die Partitionen des DASD-Speichers.
– Es gibt physikalische Speicher, die virtualisiert werden können, um virtuelle Speichergeräte zu erhalten.

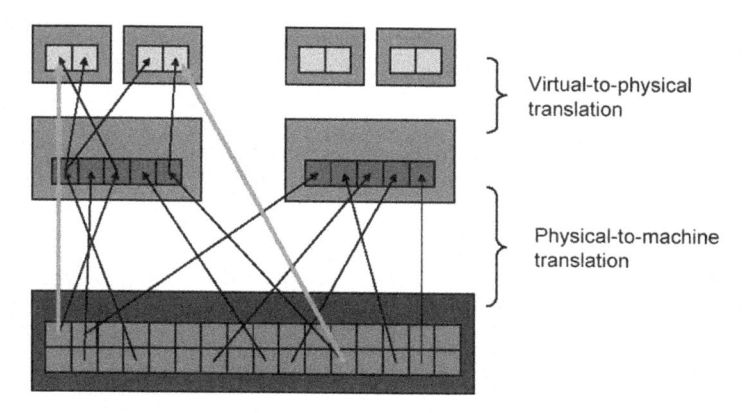

Abbildung 2.63: Adressumsetzung.

Virtueller Speicher:
- Virtuelle Disks sind Hochgeschwindigkeits-Platten, die in der Lage sind, dieselben Operationen wie physikalische Speichergeräte auszuführen
- Wenn ein CP-Fehler oder Shutdown auftritt, sind alle virtuellen Geräte nicht erreichbar.
- Virtueller Speicher erhöht die Performance und kann die gesamte Größe der Speichergeräte erhöhen.

2.4.2.2.4 I/O-Virtualisierung

I/O-Devices, die virtualisiert werden können, sind:
- Ethernet *Network Interface Card* (NIC)
- Game Port Controller
- Serial Controller (COM)
- Parallel Controller (LPT)
- Keyboard Controller
- Video Adapter
- Mouse und Keyboard
- Console Interface

Als Beispiel soll folgender Fall dienen: Das Gast-Operationssystem ruft ein spezifisches I/O-Gerät auf, das auf der realen Hardware nicht installiert ist. Anstelle dieses I/O-Gerätes wird ein anderes benutzt, das dieselben Funktionen ausführt, d. h. die Virtualisierungs-Technologie erlaubt die Emulation von realen Geräten.

Ein weiteres Beispiel der Virtualisierung soll an *VTAPES* demonstriert werden: Es können virtuelle Tape-Drives definiert und benutzt werden, so als wären es reale. Ähnlich realen Tapes sind virtuelle Tapes in der Lage folgende Funktionen auszuführen:

- Mount
- Write
- Read
- Rewind
- Unload

Wenn ein virtuelles Tape nicht mehr gebraucht wird, kann es entfernt werden. *VTAPE* ist eine Software-Erweiterung zu VM. Es existieren CP-Kommandos für das Mounten von virtuellen Tapes auf virtuellen Tape Drives. Daten werden auf virtuelle Tapes geschrieben und werden in virtuellen Tape-Bibliotheken auf Platten gespeichert. Es findet ein Library-Sharing zwischen den unterschiedlichen VM-Systemen statt.

Die Vorteile von VM gegenüber herkömmlichen Betriebssystem-Installationen innerhalb einer LPAR sind offensichtlich. Es handelt sich vorrangig um drei wesentlich vorteilhafte Eigenschaften:
- *Hochflexible Umgebung*
  Multiple Maschinen-Images und mehrfache Gast-Nutzung derselben Hardware
- *Gemeinsame Ressourcen*
  Diese sind abgebildet auf physikalische Ressourcen und Adressräume. Viele unterschiedliche Operationssysteme können auf einem Server laufen (Testsysteme, Produktionssysteme).
- *Erhöhte Performance*
  Erstmalig für z/VM 4.3 ist ein Timer Management (große Zahl von Requests müssen vom Scheduler für kurze Intervalle verwaltet werden). Außerdem können auf diese Weise Bottlenecks reduziert werden, was sich in der Erhöhung der Performance ausdrückt.

Virtuelle Maschinen werden in 3 unterschiedliche Typen eingeteilt. Sie definieren sich durch ihre Speicher-Konfigurationen:
- **V = R** *(Virtual = Real Maschinen-Typ)*
  CP liefert Performance-Vorteile für die VM und startet bei realem Hauptspeicherplatz 0, hat festen, zusammenhängenden Hauptspeicher, CP paged diesen Speicher nicht und es erfolgt ein automatisches Recovery.
- **V = F** *(Virtual = Fixed Maschinen-Typ)*
  Dieser Typ hat auch einen festen, zusammenhängenden Hauptspeicher. Die Maschine startet aber nicht beim realen Hauptspeicher-Platz 0, wird von CP auch nicht gepaged.
- **V = V** *(Virtual = Virtual Maschinen-Typ)*
  Wenn der Hauptspeicher der virtuellen Maschine nicht permanent den realen Hauptspeicher des Host mapped, paged CP den Gast-realen Hauptspeicher der V = V Maschine in/aus den/dem Host-realen Hauptspeicher.

2.4.2.2.5 Realer Hauptspeicher in z/VM

Die folgende in Abbildung 2.64 zeigt ein Map des realen Hauptspeichers für V = V (links), für V = R (Mitte) und für V = R sowie V = F (rechts) Maschinen:

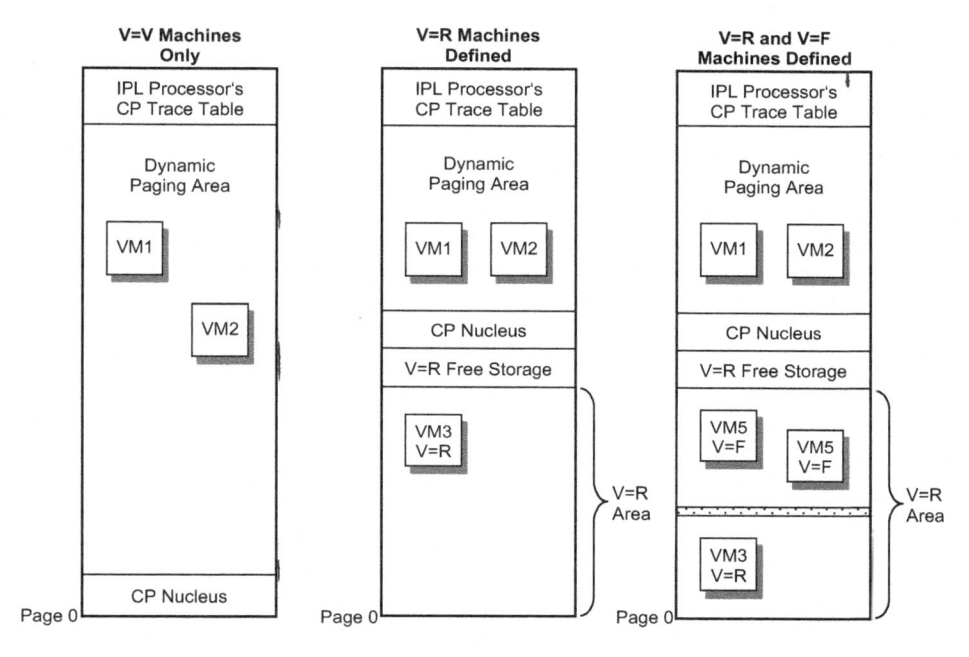

Abbildung 2.64: Realer Hauptspeicher in z/VM.

V = V Maschinen (links):
Dieser Teil des realen Hauptspeichers heißt **Dynamic Paging Area** (DPA). Die restlichen Seiten des virtuellen Speichers dieser virtuellen Maschine residieren im *Auxiliary Storage* solange, bis sie gebraucht werden (werden dann in den DPA gebracht). Der virtuelle Speicher im DPA und Auxiliary Storage heißt Second Level Storage. Die Speicheradressen in einer V = V Maschine sind immer virtuell.

V = R Maschinen (Mitte):
VM3 im V = R Bereich, residiert im unteren Adressbereich des Hauptspeichers wegen Beginn bei Speicherplatz 0 (virtuelle Adressen entsprechen realen Hauptspeicher-Adressen), es wird kein Paging gebraucht. Nucleus residiert oberhalb des V = R Bereichs.

V = R und V = F Maschinen (rechts):
V = F Maschinen (VM4, VM5) residieren auch im V = R Bereich, sie beginnen jedoch nicht bei Speicherplatz 0. V = F Maschinen haben die Eigenschaften von V = V Maschinen und V = R Maschinen. V = F Maschinen existieren im zusammenhängenden realen Hauptspeicher, dadurch ist kein Paging nötig. Der Second Level Storage entspricht nicht exakt First Level Storage, dadurch muss keine Adressumsetzung erfolgen.

2.4.2.2.6 Bevorzugte Virtuelle Maschinen
Ähnlichkeiten zwischen V = R und V = F Maschinen:
- Sie speichern die Daten auf realen Hauptspeicher-Plätzen,
- werden in den realen Hauptspeicher abgebildet,
- können dedizierte reale Prozessoren besitzen,
- haben ähnliche emulierte Shared Devices.

Unterschiede zwischen V = R und V = F Maschinen:
- V = F kann mehr als eine laufende virtuelle Maschine haben, für V = R kann nur eine virtuelle Maschine laufen.
- V = F startet nicht bei absolut 0, V = R muss bei 0 starten.
- V = R hat bessere Performance, weil es weniger Tabellen überträgt als V = F.

2.4.2.3 Bausteine von z/VM
z/VM besteht unter anderem aus den folgenden wichtigen Bausteinen der z/Architektur:

2.4.2.3.1 System Administration Facility
SAF wurde für nicht-maßgeschneiderte z/VM-Systeme entwickelt. Es existieren zusätzliche Tools ähnlich zur *Virtual Image Facility* (VIF). Letztere liefern:
- Leichte Migration für eine existierende Linux-Distribution,
- Konfigurations-Files,
- Linux Images,
- Daten zu z/VM.

VIF ermöglicht sehr viele Linux Server Images auf einem z/OS-Server.

2.4.2.3.2 Integrated Facility für Linux
Die IFL bietet folgende Funktionen für Linux:
- Dedizierte Linux Engine für die Verarbeitung von Linux Workloads
- Unterstützung für Linux-Anwendungen und Linux-Operationssysteme (auch in Verbindung mit z/VM)

IFLs werden verwaltet durch PR/SM als logische Partition mit dedizierten CPUs.

2.4.2.3.3 Logische Partitionen (LPARs)
Diese liefern die Fähigkeit, einen einzelnen Server in separate Operationssystem-Images aufzuteilen. Sie helfen, eine sichere Rechnerumgebung einzurichten. Die Prozessoren können *dediziert* oder *shared* sein.

Je nach System z-Modell ist eine bestimmte Anzahl von LPARs möglich:

z10, z196, z12 EC	60 LPARs
z13, z14	85 LPARs
z15, z16	123 LPARs

LPARs werden hauptsächlich in Umgebungen benutzt, in denen die Trennung der Workloads erforderlich aber die Nutzung nur einer einzelnen Hardware-Plattform möglich ist.

Vergleicht man virtuelle und reale Umgebungen, so kann allgemein festgestellt werden:

Virtuelle Umgebung (z/VM):
- Kann funktionell umfangreicher sein als eine reale Umgebung,
- emuliert Hardware, die nicht in dem realen System existiert (zum Beispiel virtuelle Tapes),
- kann eine einzelne Kopie einer Anwendung zwischen vielen Nutzern teilen.

Reale Umgebung (LPAR):
- Hat Einschränkungen, die abhängig sind von der Hardware,
- Hardware, die notwendig für die Anforderungen der Nutzer-Tasks sind, können sehr teuer werden,
- Unterstützung nur einer Anwendung für einen Nutzer.

2.4.2.4 z/VM Control Program

Das *Control Program* (CP) liefert jedem Nutzer eine individuell arbeitende virtuelle Maschinen-Umgebung. Jede virtuelle Maschine ist ein funktionales Äquivalent eines realen Systems. Dabei erfolgt ein Sharing aller Prozessor-Funktionen, des Hauptspeichers, der Console sowie der I/O Device-Ressourcen. Das CP liefert Unterstützung für die Verbindung zum Austausch von Informationen und Ressourcen.

2.4.2.4.1 Real-Machine Resource Manager

Das Control Program implementiert einen *Real-Machine Resource Manager*. Es fängt alle realen Maschinen-Hardware Interrupts ab und behandelt sie:
- Scheduling bestimmter realer I/O-Operationen
- Management von Realem Hauptspeicher, Expanded Storage und Auxiliary Storage.

CP ist der einzige Weg, mit den realen Ressourcen auf der virtuellen Maschine zu kommunizieren. Es virtualisiert die Hardware, verteilt letztere auf die unterschiedlichen Operationssyteme und Nutzer. CP unterstützt kein Job- und User-Scheduling auf den virtuellen Maschinen.

Spooling ist eine Methode, die für die virtuelle Maschine Informationen lesen, schreiben und drucken kann, ohne dedizierte Hardware für diese Vorgänge zu benutzen. Als Beispiel dienen Read/Punch/Print (siehe Abbildung 4.4.12).

Dedizierte Geräte haben keine Spooling Optionen. CP antwortet mit der realen Geräteadresse, auf die die virtuelle Geräteadresse abgebildet ist, zum Beispiel PRT 000E ON DEV 0003 (virtuelle Adresse 000E, reale 0003).

```
query virtual ur
RDR  000C CL * NOCONT NOHOLD   EOF         READY
     000C 2540           CLOSED      NOKEEP NORESCAN  SUBCHANNEL = 000B
PUN  000D CL A NOCONT NOHOLD COPY 001      READY FORM STANDARD
     000D TO VMKBBZQ  PUN DIST TEST        DEST OFF
     000D FLASH        000 CHAR      MDFY       0 FCB
     000D 2540   NOEOF CLOSED      NOKEEP NOMSG NONAME
     000D SUBCHANNEL = 000C
PRT  000E CL A NOCONT NOHOLD COPY 001      READY FORM STANDARD
     000E TO VMKBBZQ  PRT DIST TEST        FLASHC 000 DEST OFF
     000E FLASH            CHAR      MDFY       0 FCB       LPP OFF
     000E 1403   NOEOF CLOSED      NOKEEP NOMSG NONAME
     000E SUBCHANNEL = 000D
Ready; T=0.01/0.01 09:56:00
```

Abbildung 2.65: Screen nach Kommando QUERY VIRTUAL UR.

CP antwortet auf das Kommando QUERRY Virtual UR (oberste Zeile in der Abbildung 2.65) und zeigt die Spooling Options der ersten drei Devices:

Spooled Reader	Virtuelle Geräteadresse 000C
Spooled Punch	Virtuelle Geräteadresse 000D
Spooled Printer	Virtuelle Geräteadresse 000E

2.4.2.4.2 Cross-System Extension

Mehrere VM-Systeme können zu einem *CSE-Komplex* verbunden werden (siehe Abbildung 2.66). Ein CSE-Komplex kann maximal 4 Systeme umfassen. Die wichtigste Funktion ist der *Cross-System Link*, welcher die existierenden CP Minidisk Access-Protokolle über dem CSE-Komplex erweitert. Die Spool Files können zwischen verschiedenen virtuellen Maschinen und unterschiedlichen Operationssystemen übertragen werden.

Das Spooling emuliert reale Record Devices für jede virtuelle Maschine. Diese haben die folgenden Funktionen:
– Lesen von Input-Files von der Platte,
– Daten zur Verfügung stellen,

- Schreiben von Daten in Output-Files auf die Platte,
- Halten des Status der Spool-Daten jeder virtuellen Maschine

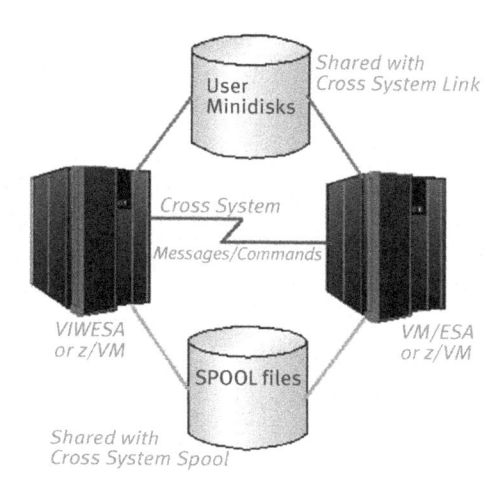

Abbildung 2.66: Cross-System Extension.

Es besteht die Möglichkeit, spezielle CSE Mixed Complexe zu implementieren (siehe Abbildung 2.67). Alle integrierten Systeme können mit *VM Inter System Facilities* (VM/ISF) sämtliche vorhergehenden Versionen von VM implementieren. Es besteht die Möglichkeit, für 4 VM *High Performance Option* (VM/HPO)-Systeme die Spool Files und Mini-Disks zu sharen.

Grundsätzlich besteht ein CSE aus 3 unabhängigen Teilen:
- Cross System Link
- Cross System Spool
- Cross System Massage- und Querry-Kommandos

Die Maximalzahl der Systeme, die gekoppelt werden und CSE-Funktionen nutzen können, beträgt:
- Shared Spool: 4
- Shared Mini-Diks: 56 (abhängig von physikalischen Geräten)
- Shared Source Directory: 4

2.4.2.4.3 Inter-System Facility for Communications

ISFC ist eine Funktion von CP. Sie erlaubt die Kommunikation zwischen Programmen, die geschrieben sind für:
- *Advanced Program to Program Communication* (APPC/VM) für SNA
- *Communcation Services* (CS)

Dies stellt eine Gruppe von verbundenen VM-Systemen dar, die ISFC für die Kommunikation untereinander benutzt.
- *Inter User Communication Vehicle* (IUCV)
Dieses Programm-Interface befähigt Programme in zwei unterschiedlichen, virtuellen Maschinen miteinander zu kommunizieren. Das Interface ist nützlich für die Kommunikation zwischen Anwendungen, die in verschiedenen Formaten geschrieben sind.

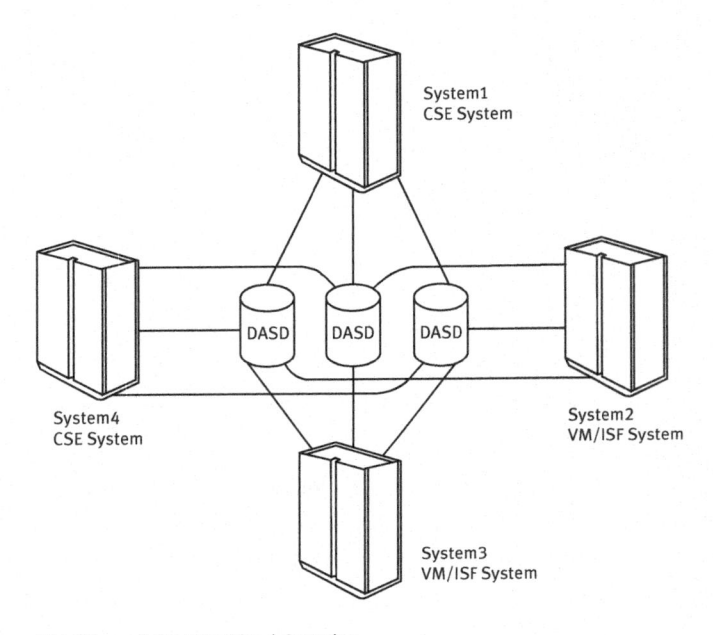

Abbildung 2.67: CSE Mixed Complex.

2.4.2.4.4 Nutzung von CP-Kommandos
z/VM benutzt die CP Command Language zur Konfiguration, zum Tuning und Manipulation der Ressourcen:
- Ressourcen-Steuerung der realen Maschine: Prozessoren, I/O und Network Devices
- Steuerung von Konfiguration und Umgebung der virtuellen Maschine

Eine z/VM Command Line besteht aus einem Kommando-Namen, dem ein oder mehr Positions-Operanden folgen, die durch ein oder mehrere Leerzeichen getrennt sind:
- *Kommando-Name:*
  Alphanumerischer Name, nicht länger als 12 Zeichen, Namen sind Verben, die die Funktion beschreiben, welche das System bilden soll.

– *Kommando-Operanden:*
Sind Schlüsselwort- und Positions-Symbole, die nicht länger als 8 alphanumerische Zeichen sein dürfen. Erstere qualifizieren die Kommando-Prozesse oder Aktionen, die sie bilden. Einige Kommandos erfordern keine Operanden, andere dagegen viele Operanden.

CP-Kommandos können abgekürzt werden. Die abgekürzte Form wird erzeugt durch Weglassen von ein oder mehreren Buchstaben am Ende des Kommandos oder Operanden.

Die oberen Buchstaben in der Syntax müssen erhalten bleiben, die unteren Buchstaben können weggelassen werden. So kann zum Beispiel für das Kommando QUERY geschrieben werden:

query → voller Name
quer, que, qu → abgeschnittene Form
q → kürzeste abgeschnittene Form

Ein anderes Beispiel ist das MESSAGE-Kommando. Hier kann man schreiben:

message → voller Name
msg → Abkürzung

Für die kürzere Form der Kommando-Namen gilt, dass sie unter dem vollen Namen in der Syntax-Struktur erscheinen und dass die Operanden-Abkürzungen in der Operanden-Beschreibung dargestellt werden.

2.4.2.4.5 VM Gast LAN

Mit Hilfe dieses CP Control Tools bietet sich die Möglichkeit, einen Gast LAN zu emulieren. Ein virtueller Adapter unterstützt ein Netzwerk von virtuellen Adaptern, die Gäste innerhalb eines z/VM-Systems verbinden.

CP stellt eine *Network Interface Card* (NIC) zur Verfügung, die entweder ein Hyper Sockets Device oder ein OSA Express QDIO Device emuliert. Der Gast kann den virtuellen Adapter benutzen, wobei dieselbe Software verwendet wird wie bei dem äquivalenten Hardware Device.

Bei der Verbindung von virtuellen Adaptern liefert CP Kommandos, die VM-Nutzer befähigen, virtuelle Netzwerk-Adapter mit einem emulierten LAN-Segment zu verbinden. Dabei wird von Gästen dieselbe Software verwendet, die auch zur Kommunikation über ein äquivalentes physikalisches LAN benutzt wird.

2.4.2.4.6 VM Dump Tool

Ein weiteres CP Control Tool bildet das VM Dump Tool. Letzteres stellt eine Menge von Subkommandos und Macros zur Verfügung, die Dump-Daten interaktiv anzeigt, lokalisiert und formatiert. Das CP DumpTool kann CP Stand Alone Dumps, CP ABEND Dumps und Virtual Machine Dumps eines CP-Systems verarbeiten.

Im z/VM können Dumps durch Hardware, Software oder den Nutzer selbst initialisiert werden. CP Stand Alone Dump werden dann verwendet, wenn CP kein ABEND Dump erzeugen kann. Bei einem CP ABEND Dump muss genügend Spool oder TEMP Space im System allokiert werden. Der System-Operator kann einen System ABEND Dump produzieren, indem das *Program Status Word* (PSW) Restart ausgeführt wird.

2.4.2.4.7 CP Privileg-Klassen

Die Control Program-Kommandos werden in mehrere Privileg-Klassen eingeteilt. Jeder Privileg-Klasse werden ein Nutzertyp und eine Funktion zugewiesen, die verhindern sollen, dass normale Nutzer (G) die System-Konfiguration verändern. Letzteres würde einen System Crash verursachen. Nur die Klasse A kann die Optionen für die System-Konfiguration verändern. Als Beispiele von CP-Kommandos sollen einige davon näher betrachtet werden:

ATTACH

Alle DASDs, die mit einem Paging Director verbunden werden, müssen an dieselbe User-ID angehangen werden. Wenn man 2 DASDs an unterschiedliche Nutzer ankoppelt, welche mit einem Paging Director verbunden sind, erscheint eine Fehlernachricht. Beim Einloggen eines Nutzers, nachdem das Device angehängt wurde, erhält dieser Nutzer Zugriff zu dem Gerät (zum Beispiel auf eine Festplatte). Nachrichten, die vom CP geliefert werden, teilen dem Nutzer mit, ob das Gerät erfolgreich *attached* wurde oder das Gerät nicht bereit bzw. online ist.

Das Kommando ATTACH gehört zur Privileg-Klasse B. Es dient der logischen Verbindung eines realen oder logischen Device mit einer virtuellen Maschine zur exklusiven Nutzung (zum Beispiel ein reales Tape-Gerät mit einer virtuellen Maschine für die Shared Nutzung).

Kommandosyntax
Nach dem Kommando-Namen ATTACH sind 3 Pfade möglich (siehe Abbildung 2.68):

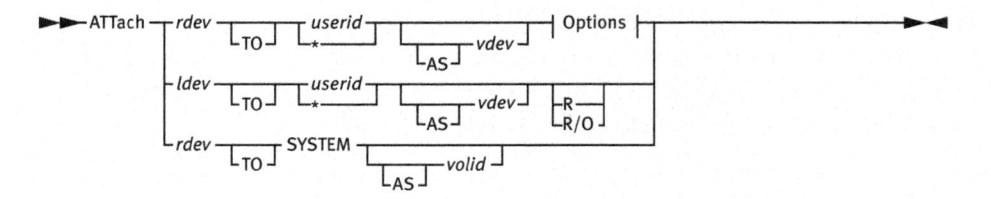

Abbildung 2.68: Syntax des ATTACH Kommandos.

1. Pfad: *rdev*, soll ein reales Device oder eine Liste von Devices mit spezifiziertem Nutzer oder CP-System verbinden. TO ist ein Schlüsselwort und spezifiziert eine User-ID oder * (spezifiziert die virtuelle Maschine, die das Gerät erhalten soll). *vdev* ist die virtuelle Gerätenummer für das Gerät.

2. Pfad: Ist dem 1. Pfad ähnlich, nur wird hier kein reales Device *attached* sondern ein logisches Gerät. Die R-Option bedeutet, dass es sich um ein *Read/Write* Device handelt, die und R/O-Option steht für *Read Only* DASD und Tape Devices.

3. Pfad: Ähnlich wie der 1. Pfad mit dem Unterschied, dass das Schlüsselwort SYSTEM ein DASD für CP verfügbar macht (vituelle Platten, Paging, Spooling). Der Parameter *volid* steht für das Volume Label der Platten, die *attached* werden.

DEFINE

Das DEFINE-Kommando kann die System-Konfiguration der virtuellen Maschine ändern und neue Kommandos und Setups hinzufügen. Die Nachrichten von diesem Kommando werden unterdrückt durch Eingabe von SET IMSG OFF.

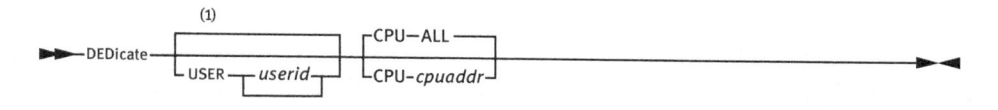

```
                    (1)
──▶─DEDicate──┬──────────────────┬──┬─CPU─ALL──────┬──▶◀─
              └─USER─┬─userid─┬──┘  └─CPU-cpuaddr──┘
                     └────────┘
```

Notes:
1   The default is the V=R user.

Abbildung 2.69: Syntax des DEDICATE Kommandos.

Wenn das DEFINE-Kommando benutzt wird, um die Konfiguration einer virtuellen Maschine zu ändern, dann ist diese Änderung temporär. Die Konfiguration nimmt den originalen Zustand wieder an, wenn die Sitzung beendet wird. Die Änderung gilt nur für die momentane Sitzung. Bei der Benutzung des DEFINE-Kommandos für die Änderung der realen I/O-Konfiguration ist diese auch temporär und nur gültig bis zum nächsten *Power On Reset* (POR). Wenn die Änderungen permanent sein sollen, muss ein Update des I/O Configuration Program Files vorgenommen werden.

DEDICAT

Das Kommando DEDICATE (siehe Abbildung 2.69) hat die Autorisierungsklasse A und wird verwendet, um zu vereinbaren, dass ein virtueller Prozessor allein einem realen Prozessor zugeordnet wird. Das Kommando kann durch DED abgekürzt werden.

USER *userid* und USER * spezifizieren den Nutzer, dessen virtuelle CPU für eine reale CPU dediziert werden soll. Wenn USER spezifiziert wird, muss *userid* oder * angegeben werden. Der Default User ist der V = R User. Die Reihenfolge von CPU und USER ist unwichtig.

Man kann eine CPU-Adresse angeben oder es wird das Default genutzt. CPU ALL spezifiziert, dass ein realer Prozessor zu jeder virtuellen CPU in der Nutzer-Konfiguration dediziert werden kann. In dem Fall, dass mehr virtuelle Prozessoren als reale existieren, wird die niedrigste virtuelle Adresse zuerst dediziert. Bei CPU *cpuaddr* wird die Adresse der virtuellen CPU der virtuellen Maschine angegeben, zu der ein realer Prozessor dediziert werden soll. CPU ALL ist der Default-Wert.

INDICATE

Dieses Kommando gehört zu der für Privileg-Klasse G. Es zeigt die momentanen Bewerbungen um die System-Ressourcen, die Umgebungs-Charakteristiken der virtuellen Maschine (Maschinen-Typ und den Ursprung des System-IPL (Loaded) der virtuellen Maschine) an. Messungen der System-Ressourcen, die durch die virtuellen Maschinen benutzt werden, werden ausgegeben.

Für Nutzer der Privileg-Klasse E (teilweise B oder C) werden nach dem Kommando detaillierte Informationen der Nutzung der System Ressourcen (User-IDs, die bestimmte System-Ressourcen nutzen), Status-Informationen der momentan aktiven virtuellen Maschinen sowie die Umgebungs-Charakteristiken und Messungen der Ressourcen, die durch irgendeine virtuelle Maschine benutzt werden, sichtbar.

MESSAGE

Das Kommando MESSAGE kann von Nutzern aller Privileg-Klassen benutzt werden. Es überträgt Nachrichten zur virtuellen Konsole von anderen aktiven Nutzern, d. h. eine Nachricht kann zu einem anderen Nutzer, der eingeloggt ist, gesendet werden. Format der Nachricht: MESSAGE *userid message_to_send*

Wenn die Nachricht von der CMS-Umgebung kommt, können das Kommando und die Nachricht nicht größer als 240 Zeichen lang sein. Bei der Nachricht, die von der CP-Umgebung kommt, werden Kommando und Nachricht durch den Input-Bereich des Terminals begrenzt.

Sollte die Nachricht an einen Nutzer gesendet werden, der nicht eingeloggt ist oder die Nachricht nicht empfangen kann (SET MSG OFF Kommando), wird die Nachricht nicht übertragen, d. h. Nutzer erhält nur eine Informations-Nachricht.

Nachrichten werden nur angezeigt, wenn das Anzeige-Gerät *ready* bezüglich des Empfangs-Ausgang ist. Wenn das Terminal im CP Read- oder VM Read-Zustand ist, wird die Nachricht solange gehalten, bis das Lesen beendet ist.

Wenn in Systemen eines CSE-Komplexes Cross System Messages aktiv sind und MSG ALL AT ALL eingegeben wird, wird die Nachricht zu jedem Nutzer in jedem System gesendet.

VARY

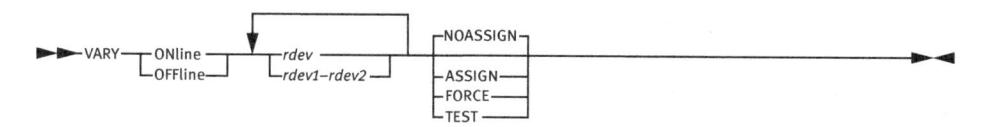

```
>>--VARY--+--ONline---+--+->--rdev--------+--+--+-NOASSIGN-+--><
          +--OFFline--+  |  +--rdev1-rdev2-+  |  +-ASSIGN---+
                         +<-----------------+  +-FORCE----+
                                               +-TEST-----+
```

Abbildung 2.70: Syntax des VARY Kommandos.

Das Kommando VARY besitzt die Privileg-Klasse B und kann ein Gerät entweder für das CP oder für einen Nutzer auf *enable* bzw. *disable* zu setzen. VARY mit Parameter ON oder OFF stellt die logische Verbindung her bzw. unterbricht sie.

Die Parameter *rdev1* und *rdev1, rdev2* (siehe Abbildung 2.70) stellen die Anzahl der realen Geräte dar, die online oder offline sein sollen. Man kann eine Liste von Devices spezifizieren. Der Pfeil am Ende von *rdev* sagt aus, dass man viele Device-Listen nutzen kann.

Weitere Parameter und deren Funktion:
- NOASSIGN oder ASSIGN sagt dem CP, dass das Device nicht oder für eine bestimmte Zeit zuzuordnen ist.
- FORCE ist ein Versuch, ein Gerät online zu setzen, wenn andere Funktionen das verhindern.
- TEST bestimmt, dass CP das Gerät online setzt, wenn Bedingungen existieren, die das nicht erlauben sollen.

VARY-Kommandos können verwendet werden, um ein Gerät für die Benutzung verfügbar zu machen oder es aus dem Ressourcen-Pool zu entfernen.

zLinux

Linux für System z ist eine regulärer Linux Portierung auf die System z-Plattform. Vom Standpunkt des Benutzers aus verhält es sich wie Linux auf jeder anderen Plattform, kann dabei aber die spezifischen System z-Eigenschaften wie zum Beispiel Speicherschutz, Ein-/Ausgabe-Anschlussleistung, FICON, QDIO, PR/SM oder Crypto-Prozessoren nutzen. Linux für System z besteht aus dem Kernel, File-System, Device-Treibern, dem gcc-Compiler und der Runtime Library (glibc). Der Hardware-abhängige Code wurde von IBM beigesteuert. Die Portierung erfolgte im IBM-Entwicklungslabor Böblingen. Linux für System z-Distributionen sind von Suse, Red Hat, TurboLinux und anderen Quellen verfügbar. Es existieren zwei Linux-Versionen, eine 32-Bit-Version mit der Bezeichnung Linux für S/390 und eine 64-Bit-Version mit der Bezeichnung Linux für System z. Linux für System z beinhaltet die 64-Bit-Version des Linux-Kernels.

Ist auf einer zSystem-Architektur zLinux installiert, ist ein Login z. B. mit PuTTY eine Möglichkeit, mit diesem Betriebssystem zu arbeiten. PuTTY (siehe Abbildung 2.71) implementiert einen leistungsfähigen Telnet Client und unterstützt noch weitere Protokolle, letzteres enthält das SSH-Protokoll und gewährt so einen sicheren Datenaustausch; diese Freeware belegt ca. 500 KByte Speicherplatz.

Der Einlog-Vorgang ist wie folgt vorzunehmen (siehe Abbildung 2.71):

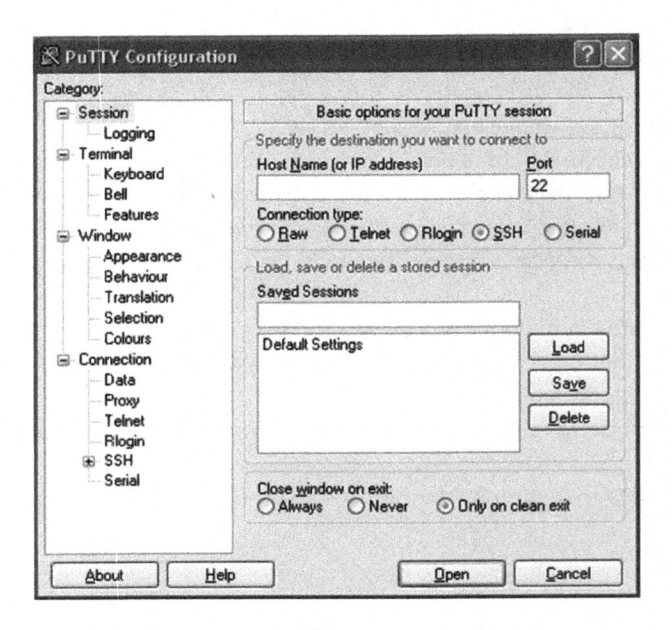

Abbildung 2.71: PuTTY-Konfiguration.

Anschließend wird im Feld „Host Name (or IP adress) die IP der LPAR eingetragen mit Port (siehe Abbildung 2.72).

Das Markieren von SSH (Abbildung 2.73) im linken unteren Feld bewirkt die Security:

Um in den Logon Screen zu gelangen, wird der Balken „Open" aktiviert, als Ergebnis davon erscheint der Logon Screen von PuTTY (siehe Abbildung 2.74).

Nach der Eingabe des Nutzer-Namens und des gültigen Password kann im bekannten Modus alles benutzt werden, was auch im USS gilt.

Die Abbildung 2.75 zeigt einen möglichen Betriebsmodus. Hier laufen z/OS und Linux in getrennten LPARs auf dem gleichen System z-Rechner. Unter z/OS werden in getrennten Regionen Anwendungen wie TSO, Stapelverarbeitung und SAP/R3, letzteres unter Unix System Services, ausgeführt. In der getrennten LPAR läuft Linux mit Anwendungen wie Firewall, Apache oder LDAP-Server.

z/OS Unix System Services (USS) und Linux nehmen beide in Anspruch, waschechte Unix-Systeme zu sein. Im Vergleich zu z/OS-USS weist Linux für System z eine Reihe von Stärken und Schwächen auf. Zu den Stärken gehört die Verfügbarkeit von

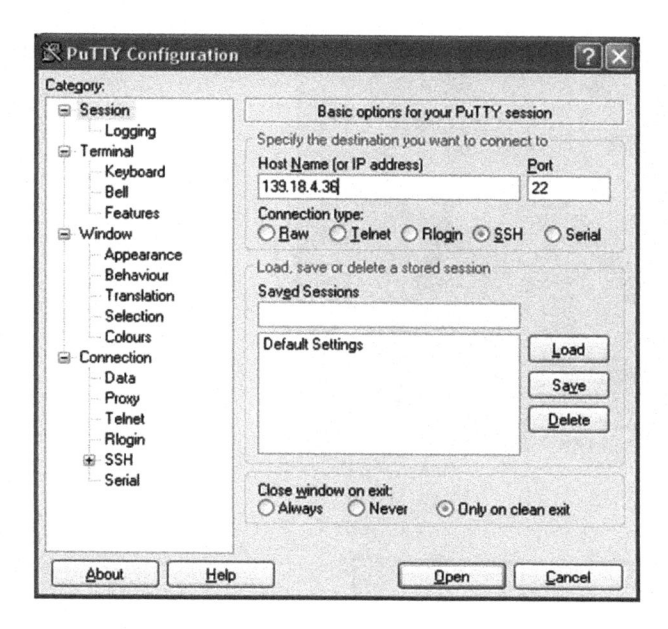

Abbildung 2.72: IP-Adresse- und Port-Eintrag.

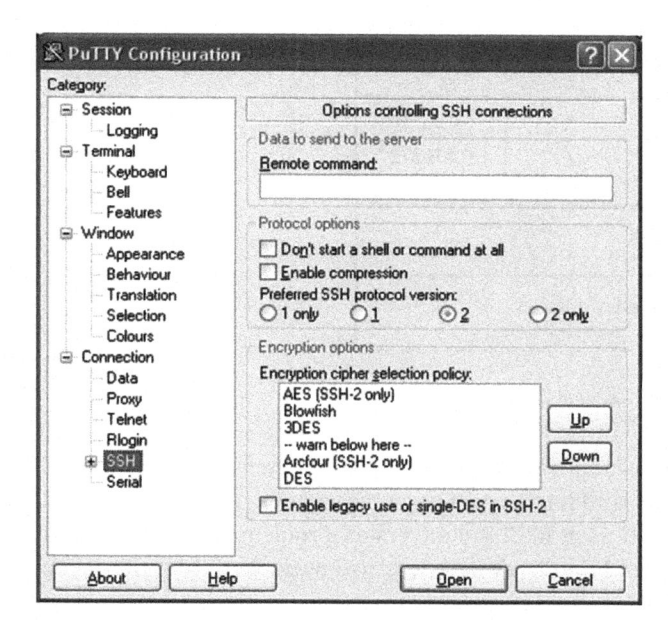

Abbildung 2.73: SSH-Markieren.

Abbildung 2.74: Logon Screen von PuTTY.

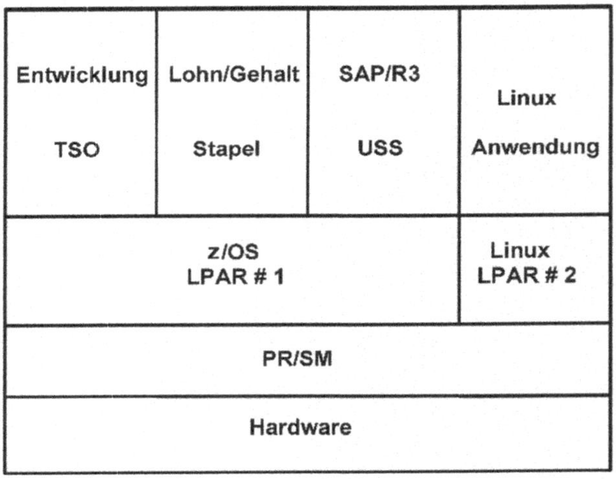

Abbildung 2.75: Parallelbetrieb der z/OS- und Linux-Betriebssysteme.

einer großen Anzahl von Anwendungen, die unter Linux für System z mit einem minimalen Portierungsaufwand lauffähig gemacht werden können. Anwendungen laufen im ASCII-Modus; das ASCII nach EBCDIC-Konversionsproblem entfällt. Linux hat kürzere Kernel-Pfadlängen; ein Linux Task Switch ist viel weniger aufwendig als ein USS Task Switch. Die Portierung von Linux-Anwendungen von einer anderen Plattform nach System z ist in der Regel trivial; der Portierungsaufwand ist für USS normalerweise größer. Die Cross System-Entwicklung ist erleichtert: Entwicklung auf dem PC, Produktion unter System z.

Zu den Schwächen gehört die einfache Erkenntnis, dass Linux für System z den Linux-Kernel und nicht den z/OS-Kernel benutzt. Der Linux-Kernel kann sich zwar mit dem Windows-Kernel und den Kernels anderer Unix-Betriebssysteme messen, hat aber nicht die Robustheit, Zuverlässigkeit und Skalierbarkeit des z/OS-Kernels. Unix System Services können dagegen alle Eigenschaften des z/OS-Kernels benutzen. Dieser besitzt zum Beispiel Einrichtungen für die Isolation von Fehlern in Anwendungsprogrammen. Kritische Subsysteme wie RACF, JES oder der z/OS Work Load-Manager sind unter Linux nicht verfügbar. VSAM-Dateien werden unter Linux nicht direkt unterstützt. Recoverable Resource Management Services zur Unterstützung des Commit-Prozesses für CICS-Transaktionen, die auf getrennten Rechnern laufen, können von Linux nicht genutzt werden. Anwendungen, welche die Coupling Facility für die gemeinsame Nutzung von Daten verwenden, müssen dies unter USS tun. RACF hat Sicherheitseigenschaften, die über das Linux-Sicherheitsmodell hinausgehen.

Die Koexistenz beider Unix-Varianten ist daher gerechtfertigt. Der in Abbildung 2.75 dargestellte Parallelbetrieb ist geeignet, die Stärken beider Betriebssysteme optimal zu nutzen. Beispielsweise können getrennte Sicherheitszonen (WWW, Anwendungsserver, Datenbank, Unternehmens-kritische Anwendungen) eingerichtet werden.

Grundsätzlich besteht die Alternative, Linux und z/OS auf getrennten Servern laufen zu lassen und über TCP/IP miteinander zu verbinden. Der Vorteil der in Abbildung 2.75 gezeigten Konfiguration besteht neben den erwähnten Hardware-Vorteilen in einer vereinfachten Administration und damit geringerem Personalaufwand und einer verbesserten Ausnutzung von System-Ressourcen. Beispielsweise können CPUs und Channel Paths von den LPARs gemeinsam genutzt werden. Über HiperSockets können Linux- und z/OS-LPARs mit Hauptspeicher-Geschwindigkeit an Stelle von Netzwerk-Geschwindigkeit besonders effektiv miteinander kommunizieren.

Ein Einsatzbeispiel ist die Banco Mercantil, eine der internationalen Großbanken in Venezuela mit 375 Zweigstellen. Die Banco Mercantil hat 30 existierende NT-Server auf eine zusätzliche Linux PR/SM-Partition ihres bereits bestehenden System z-Servers portiert. Es wird die Suse System z-Linux-Distribution eingesetzt. Die bisherigen NT-Server arbeiteten als File-Server, Internet Domain Name-Server und als LDAP-Server [13].

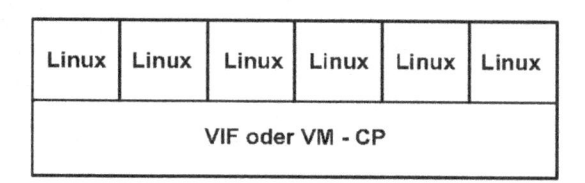

Linux	Linux	Linux	Linux	Linux	Linux
VIF oder VM - CP					

Abbildung 2.76: Linux unter dem VM-Betriebssystem.

Aktuelle System-Hardware unterstützt bis zu 85 LPARs; es lassen sich damit höchstens 59 Linux-Partitionen einrichten. Falls dies nicht ausreichend ist, kann an Stelle von PR/SM die *Virtual Image Facility* (VIF) eingesetzt werden (siehe Abbildung 2.76), mit der mehrere hundert oder tausend Linux-Images (Instanzen) parallel auf einem S/390-Rechner betrieben werden können. Gebräuchlicher ist es, an Stelle von VIF das z/VM-Betriebssystem einzusetzen, welches im Kapitel ?? ausführlich vorgestellt wurde. Unter z/VM ist es routinemäßig möglich, Hunderte oder Tausende von CMS-Instanzen dynamisch zu generieren und auch wieder abzubauen. Beispielsweise wird jedes Mal, wenn sich ein Benutzer unter VM anmeldet, für ihn automatisch eine CMS-Instanz generiert und aktiviert. Diese Fähigkeit kann auch für die Generierung und Aktivierung von Linux-Instanzen eingesetzt werden. z/VM kann dabei entweder als alleiniges Betriebssystem, oder neben z/OS in einer PR/SM-Partition eingesetzt werden.

In einem viel beachteten Experiment hat David Boyes, System-Administrator bei der Data Center Design- und Testing-Firma Dimension Enterprises in Herndon (US-Bundesstaat Virginia), wurden gleichzeitig 41.400 Linux-Instanzen auf einem System z-Rechner unter dem z/VM-Betriebssystem installiert [14].

Diese Eigenschaft ist für große Service-Provider interessant, die häufig Hunderte von Unix-Rechnern in einer Rechner-Farm für Web Hosting- oder Outsourcing-Anwendungen betreiben. Beispielsweise hat Telia, Skandinaviens größter Telekommunikations- und Internet Service-Provider, seine 70 existierenden Web Hosting Unix-Server mit einem einzigen System z-Server ersetzt [15]. Als zusätzliche Dienstleistung wird er 1.500 virtuelle Internet Linux-Server gleichzeitig hosten. Jeder virtuelle Server agiert als ein eigenständiger Web-Server für einen individuellen Telia-hosted-Geschäftskunden. Da sich die virtuellen Linux-Server unter Sicherheits-Gesichtspunkten wie physikalisch getrennte Rechner verhalten, wird hiermit den Sicherheitserfordernissen der von Telia gehosteten

3 Arbeit des Nutzers am IBM Mainframe

3.1 Nutzer Login

Um mit einem Grossrechner zu arbeiten, benötigt der Nutzer am PC/Workstation einen Terminal Emulator. Dieser generiert den gesamten Login Screen und die notwendigen Funktionen. Eine Terminalemulation ist ein Computerprogramm, das die Funktion eines Computer-Terminals nachbildet. Sie wird genutzt, um textbasierte Programme innerhalb einer grafischen Benutzeroberfläche verwenden zu können.

Terminalemulationen werden beispielsweise auf Personal Computern und Workstations genutzt. Sie können in einem Fenster oder bildschirmfüllend angezeigt werden. Ein Terminal Emulator wird z. B. benutzt, um Programme zu nutzen, die programmiert wurden, als es für das benutzte Betriebssystem noch keine Grafikschnittstelle gab, oder weil es einfacher ist, Outputs textlich darzustellen. Der Terminal Emulator wird von verschiedenen Unternehmen als Software angeboten und besitzt spezifische Funktionen. Positiv zu erwähnen für eine konfortable Arbeit an einem Mainframe mittels Windows sind die Firmen IBM mit „Personal Communications" sowie „wc3270", „xterm" von DEC und „quick3270" der Firma Flynet.

3.2 Verbindungsaufbau zum Mainframe

Um mit Hilfe eines Arbeitsplatzrechners auf einen Server zugreifen zu können, braucht der Nutzer eine Zugriffskomponente, die allgemein als Client bezeichnet wird. Einige Beispiele sind:

Arbeitsplatzrechner Client	Übertragungsprotokoll	Komponente auf dem zentralen Server
Browser	HTTP	Web Server, z. B. Apache
FTP Client	FTP	FTP Server
Telnet Client	Telnet	Telnet Server

z/OS unterstützt alle diese Möglichkeiten. Am weitesten gebräuchlich ist jedoch die Benutzung eines 3270-Clients, der über das gleichnamige Übertragungsprotokoll mit dem z/OS Communication Server kommuniziert (siehe Abbildung 3.1). Das 3270-Übertragungsprotokoll setzt auf dem Telnet-Protokoll auf und verwendet wie dieses TCP/IP-Port 23 auf der Serverseite. Der 3270-Client wird allgemein als „3270-Emulator" bezeichnet.

Weit mehr als ein Dutzend Firmen vertreiben 3270-Emulatoren. Die Mehrzahl (aber nicht alle) verwenden das Telnet-Protokoll nur für die erste Verbindungsaufnahme. Danach wird ein Java-Applet geladen; alle weitere Kommunikation findet inner-

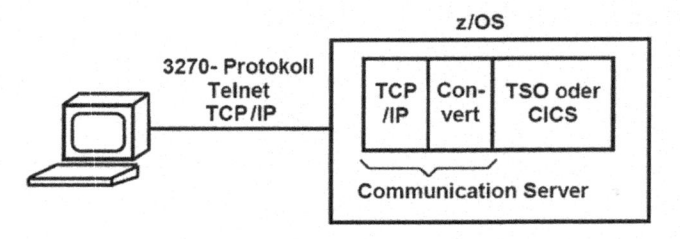

Abbildung 3.1: Client-Server-Modell.

halb eines Web-Browsers statt. Das 3270-Protokoll setzt dann auf dem HTTP-Protokoll auf. Das Applet wird entweder lokal gespeichert oder bei Bedarf heruntergeladen.

Generell ist zu empfehlen, den Terminal Emulator von IBM zu benutzen. Quick3270 unter Windows und x3270 unter Unix-Betriebssystemen sollen auch behandelt werden. Im Folgenden wird zunächst der Verbindungsaufbau unter Windows beschrieben.

3.3 Verbindung zur LPAR des Mainframe mittels IBM Personal Communications (IBM PC)

Für die Verbindung eines Nutzers mit einer spezifizierten Logischen PARtition (LPAR) des Mainframe sind 2 wichtige Schritte notwendig. Falls der Nutzer im Besitz des IBM Terminal Emulatiors ist (PC V 12.0) und dieser auf seinem Computer unter Windows installiert ist, ergibt sich zunächst über Kommunikation → Konfigurieren der Screen „Kommunikation anpassen" (Abbildung 3.2). Der nächste Schritt ist die Festlegung der Verbindungsparameter.

Nach dem Click auf den Button Verbindungsparameter trägt der Nutzer den Namen der LPAR oder die IP-Adresse sowie die Anschlussnummer davon ein (siehe Abbildung 3.3). Weitere Einträge betreffen die Zeit der Verbindung und evtl. die „Verbindung automatisch wiederherstellen. Anschließend ist der Button „Sitzungsparameter" zu aktivieren (siehe Abbildung 3.4).

Hier sollten nur die Anzeigegröße und die Codepage des Host eingetragen werden. Für die Codepage ist 1140 (USA Euro) zu empfehlen.

Beide Schritte werden mit „OK" bestätigt.

Als Abschluss wird das Workstation Profil über Datei → Speichern unter ... → Dateiname.ws abgespeichert.

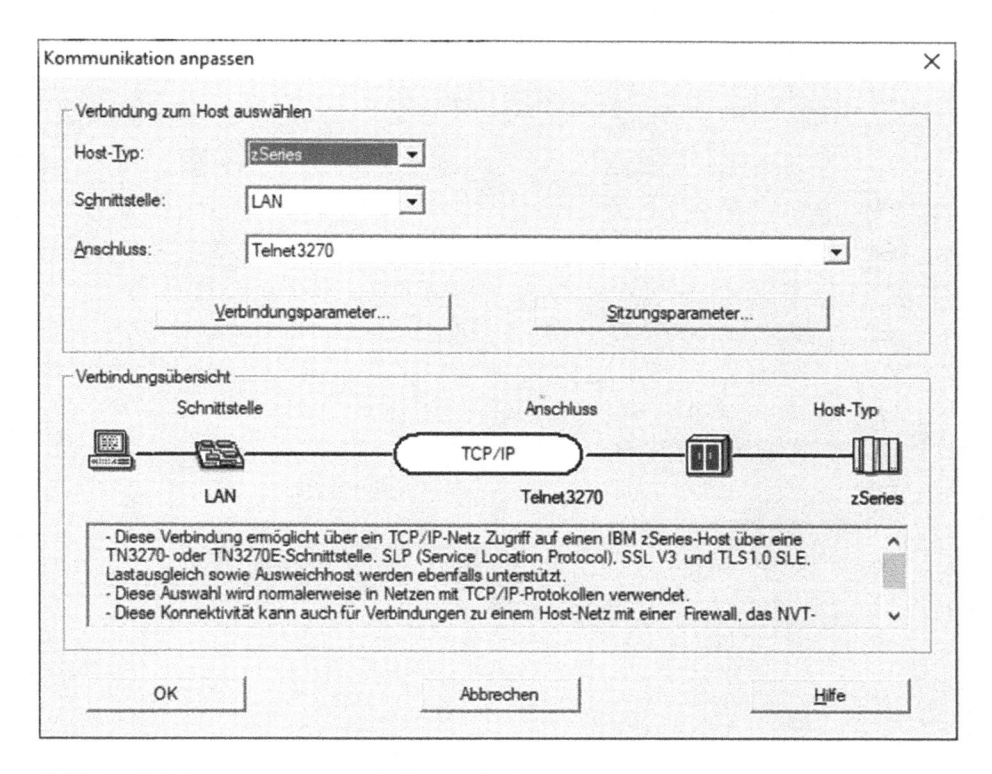

Abbildung 3.2: Screen zum Anpassen der Kommunikation.

3.4 Verbindungsaufbau mit Quick3270 (unter Windows)

Zunächst muss der Quick3270 Emulator von unserer Webseite heruntergeladen werden. Dafür geht der Nutzer auf die folgende Adresse:

http://padme.informatik.uni-leipzig.de/Quick3270.exe

Dort findet sich eine freie Version von Quick3270. Nach dem Herunterladen muss der Emulator nun installiert werden. Unter Windows 7 (10) wird die Installation als Administrator ausgeführt. Man klickt Sie mit der rechten Maustaste auf die heruntergeladene Datei und wählt dann „Als Administrator ausführen".

Nach der Installation kann Quick3270 gestartet werden. Dort muss zunächst, wie in Abbildung 3.5 gezeigt, die Verbindung eingestellt werden.

Dann wird die IP-Adresse der logischen Partition des Mainframes eingestellt werden, die von einem der Verantwortlichen mit den entsprechenden Zugangsdaten mitgeteilt wird. Da sich die Arbeit auf die LPAR „binks" unter z/OS 2.1 bezieht, ist diese die IP-Adresse 139.18.4.34. Weitere Einstellungen sind nicht nötig. Der Vorgang wird mit „OK" bestätigt.

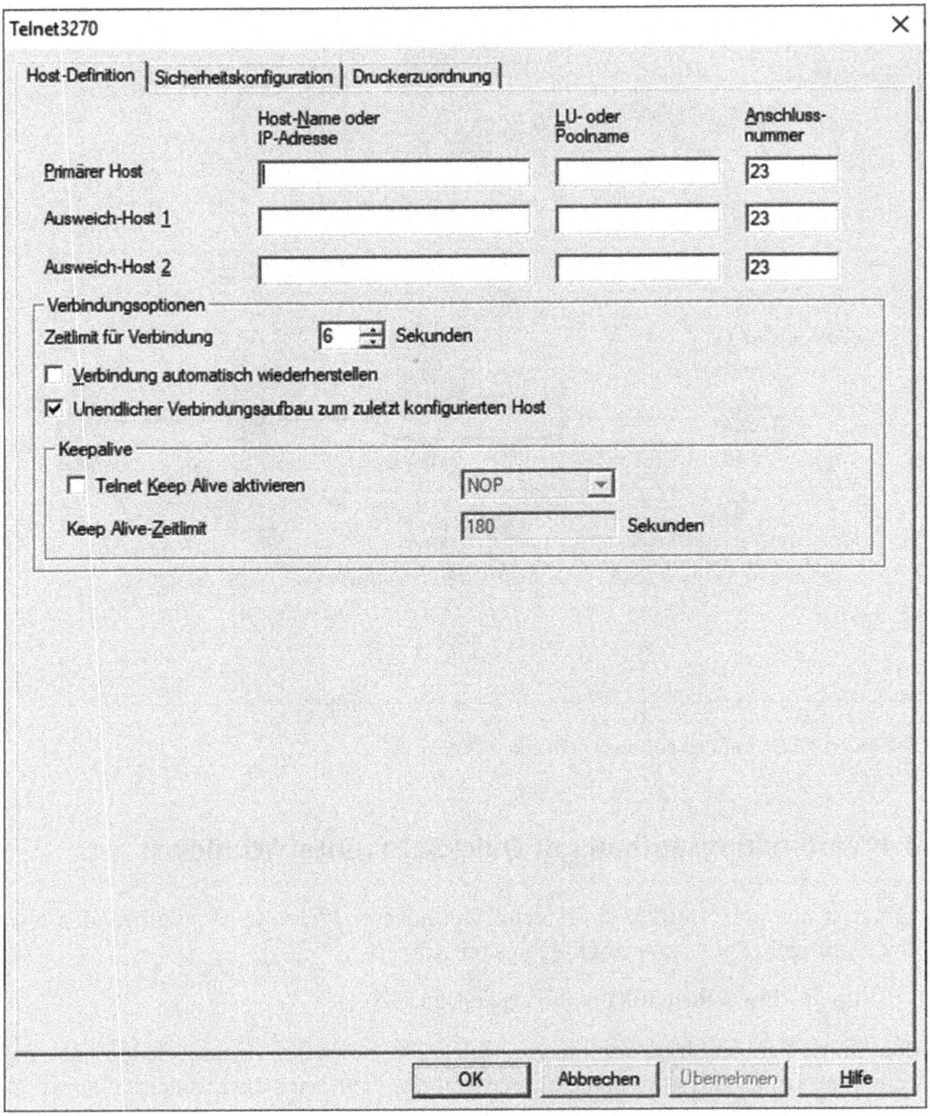

Abbildung 3.3: Screen Verbindungsparameter.

Nachdem die Verbindungseinstellungen vorgenommen sind, kann die Verbindung aufgebaut werden. Dafür ist ein Click auf den direkt unter dem Menüpunkt „Verbindung" liegenden Button notwendig.

Damit sollte die Verbindung stehen. Möglicherweise muss der Nutzer Quick3270 unter Windows 7 (10) den Zugriff auf das Netzwerk erlauben. In diesem Fall wird eine entsprechende Meldung angezeigt.

Abbildung 3.4: Sitzungsparameter.

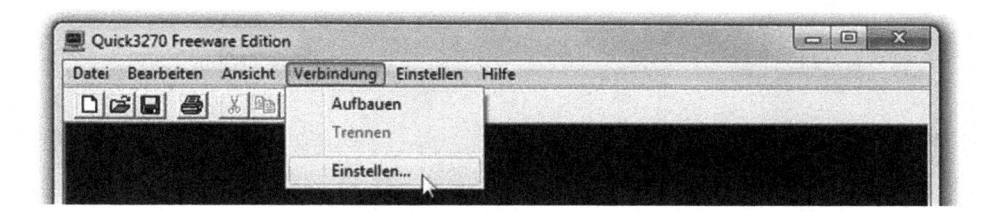

Abbildung 3.5: Verbindung einstellen.

Mit dem gleichen Button kann die Verbindung auch wieder getrennt werden. Das sollte allerdings in der Regel nicht erforderlich sein, da diese mit dem Ausloggen aus TSO automatisch erfolgt.

3.5 Verbindungsaufbau mit x3270 (unter Linux)

In vielen Linux-Distributionen ist x3270 bereits vorinstalliert. Sollte dies nicht der Fall sein, so muss der Emulator erst heruntergeladen und compiliert werden. Je nach Distribution geht das auf verschiedene Art und Weise. Unter Ubuntu wird zum Beispiel *sudo apt-get install x3270* in das Terminal eingetragen und anschließend die Anfragen bezüglich vorzunehmender Änderungen am System bestätigt.

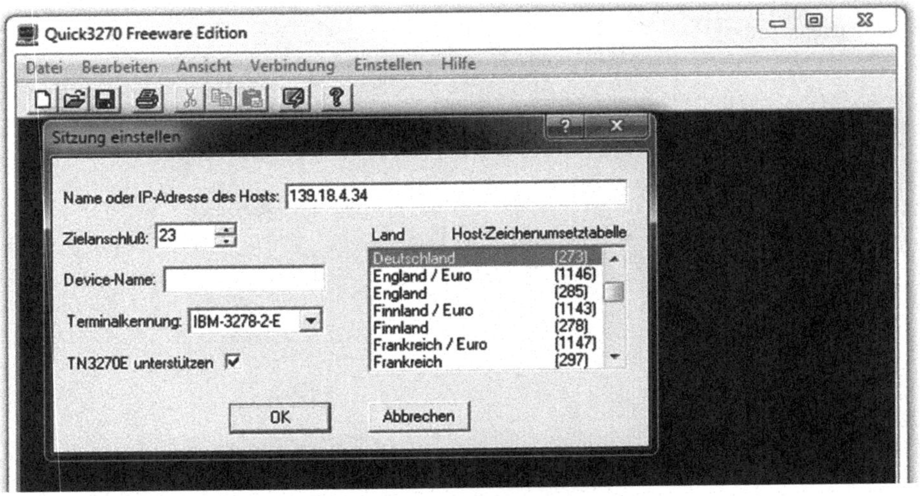

Abbildung 3.6: IP-Adresse der LPAR eingeben.

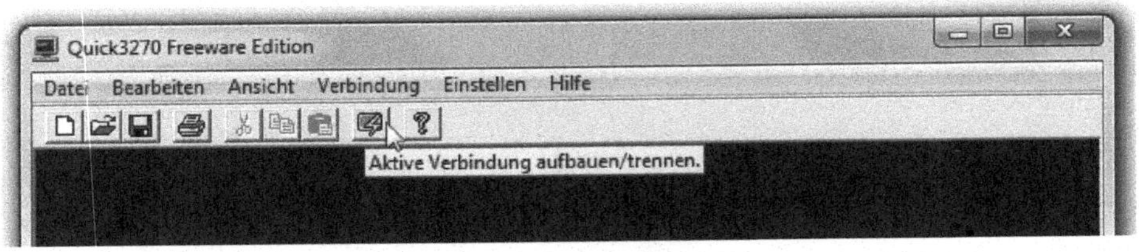

Abbildung 3.7: Verbindung aufbauen.

Um x3270 zu nutzen, wird das Terminal gestartet, dafür ist die Eingabe von *x3270* gefolgt von der IP-Adresse der logischen Partition (siehe Abbildung 3.6) des Mainframes erforderlich. Die IP-Adrese ist wieder 139.18.4.34, der Nutzer ist damit direkt mit der LPAR des Mainframe (Abbildung 3.7) verbunden; die Bestätigung wird mit „enter" abgeschlossen.

Bei einem erneuten Start von x3270 hat sich der Emulator damit die IP-Adresse gemerkt. Der Nutzer kann ihn ohne Angabe der IP-Adresse starten und dann ganz einfach mit Klick auf Connect, wie in Abbildung 3.8 gezeigt, die IP-Adresse zum Verbinden aus den bereits verwendeten IP-Adressen auswählen.

Abbildung 3.8: Wiederholter Verbindungsaufbau mit x3270.

Der gesamte Vorgang beinhaltet den Verbindungsaufbau mit x3270 unter Linux.

3.5.1 Interactiv System Productivity Facility (ISPF)

Die ISPF stellt eine Erweiterung das MVS Time Sharing Option (TSO) dar. Die zur Verfügung gestellten Dienste von ISPF ergänzen die des Host Systems für ein interaktives Arbeiten am Server zu ermöglichen und sind ähnlich einer Zugriffsmethode. ISPF verfügt über Display Services, Variablen Services, Tabellen Services und Dialog Test-Möglichkeiten. Für den Nutzer ergibt sich der Vorteil, die einzelnen TSO-Kommandos nicht explizit kennen zu müssen, sie werden ihm über die Services angeboten.
Es existieren vier Hauptkomponenten:
- Dialog Manager (DM)
- Software Configuration Library Manager (SCLM)
- Client/Server Komponente (C/S)
- Program Development Facility (PDF)

DM enthält Dienste, um Dialoge zu entwickeln, diese zu testen und sichtbar zu machen. SCLM verfügt über Dienste, um Anwendungsentwicklungs-Bibliotheken zu verwalten. C/S macht dem Benutzer die Vorteile der Front/End Workstation zugänglich, während PDF die Services für den Anwendungsentwickler für Anwendungsdialoge enthält.
Time Sharing Option/ Extension (TSO/E) ist eine Komponente der z/OS Basisservices. Dazu gehören drei Umgebungen:
- Information Center Facility: Sie benutzt Dialog-Panels und stellt Services zur Verfügung
- ISPF/PDF: ISPF und seine Program Development Facility bieten Dialoge an, um mit dem System zu arbeiten
- Line Mode: Eine befehlsorientierte Interaktion mit dem System

3.6 Einloggen auf dem z/OS-Rechner

Mit einem Logon auf einem TSO/E System wird für den Nutzer eine TSO-Sitzung aufgebaut. Dafür sind notwendig:
- Ein mit dem System vereinbartes Userid
- Ein gültiges Password, das zum Userid gehört

Das System meldet sich nach dem Logon Screen. (siehe Abbildung 3.9)
Wenn die Verbindung zum Mainframe hergestellt ist, dann wird der Logon Screen angezeigt. Es wird das TSO-Subsystem aufgerufen, indem auf der Kommando-Zeile „L TSO" eingegeben und anschließend die Eingabetaste betätigt wird.

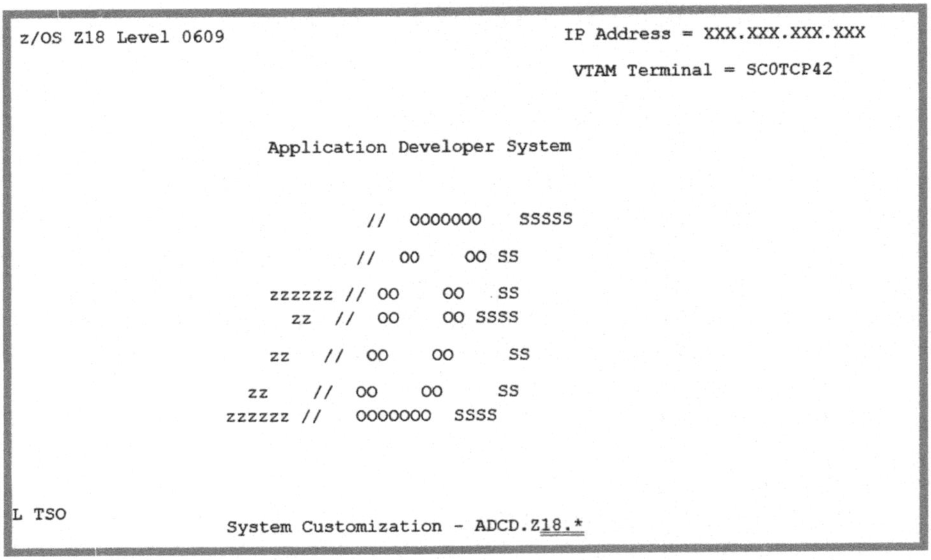

```
z/OS Z18 Level 0609                    IP Address = XXX.XXX.XXX.XXX
                                       VTAM Terminal = SC0TCP42


                       Application Developer System


                       //   0000000     SSSSS
                       //  OO     OO   SS
              zzzzzz // OO     OO    SS
              zz    //  OO     OO   SSSS
              zz   //   OO     OO        SS
              zz  //    OO     OO         SS
              zzzzzz //   0000000    SSSS


L TSO         System Customization - ADCD.Z18.*
```

Abbildung 3.9: Logon-Bildschim.

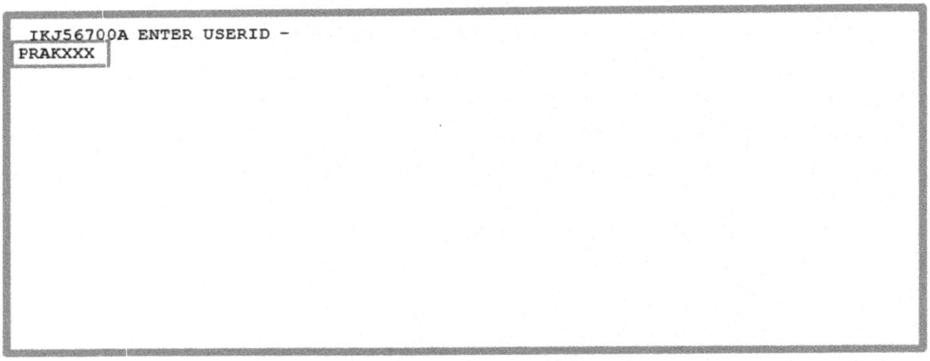

```
IKJ56700A ENTER USERID -
PRAKXXX
```

Abbildung 3.10: Logon-Aufforderung.

Die Logon-Aufforderung erscheint (siehe Abbildung 3.10). Der Nutzer befindet sich jetzt im TSO-Subsystem. Es offeriert eine Linemode-Shell, ähnlich wie bei Unix. Hier wird die Benutzer-ID (hier „PRAKXXX") eingegeben, gefolgt von der Eingabetaste.

Der „TSO/E Logon"-Bildschirm erscheint (siehe Abbildung 3.11). Es erfolgt das Eingeben des Passwort und Betätigen der Eingabetaste.

Nach der Password-Eingabe sendet der Rechner eine Nachricht (siehe Abbildung 3.12). Die Bearbeitung des komplexen Logon-Vorganges dauert möglicherweise einige Sekunden. Sobald diese fertig ist, erscheinen drei Sternchen am Ende der Ausgabe. Das System erwartet nun eine Eingabe vom Benutzer durch Betätigen der Enter-Taste.

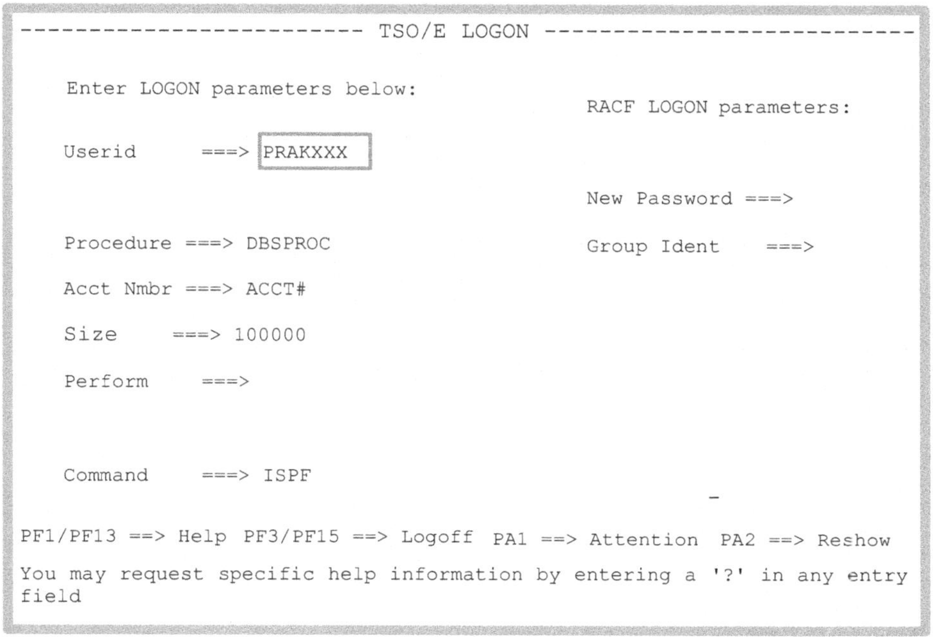

```
------------------------ TSO/E LOGON -------------------------

   Enter LOGON parameters below:
                                        RACF LOGON parameters:

   Userid      ===> PRAKXXX

                                        New Password ===>

   Procedure ===> DBSPROC              Group Ident   ===>

   Acct Nmbr ===> ACCT#

   Size      ===> 100000

   Perform   ===>



   Command   ===> ISPF
                                                              _

PF1/PF13 ==> Help  PF3/PF15 ==> Logoff  PA1 ==> Attention  PA2 ==> Reshow
You may request specific help information by entering a '?' in any entry
field
```

Abbildung 3.11: „TSO/E Logon"-Bildschirm.

Wie schon beim „TSO/E Logon"-Bildschirm ersichtlich war (siehe Abbildung 3.11), wird nun das Subsystem ISPF aufgerufen.

Im Subsystem ISPF steht hinter der Option = = > eine Kommando-Eingabezeile (siehe Abbildung 3.13). Dort können neben den darüber angegebenen Optionen unter anderem auch TSO-Zeilen-Kommandos eingegeben werden. Dem eigentlichen Kommando muss „TSO" vorangestellt werden, damit es als TSO-Kommando erkannt und entsprechend behandelt wird. Sie werden dann durch den TSO-Kommando-Interpreter abgearbeitet.

Anmerkung: Alle Bildschirme in diesem Tutorial werden im 3270-Format dargestellt. Ein 3270-Bildschirm besteht aus 24 Zeilen mit je 80 alphanumerischen Zeichen- Positionen. An Stelle von hart-verdrahteten 3270-Endgeräten (Terminals) werden heute PCs eingesetzt, auf denen ein als Emulator den 3270-Bildschirm darstellt.

Häufig verfügt der 3270-Emulator über eine als „Screen Scraper" bezeichnete zusätzliche Komponente, die den 24 x 80 Zeichen-Bildschirminhalt in eine modern und gefällig aussehende Darstellung übersetzt. Beispielsweise könnte ein Pushbutton in einer Zeile die entsprechende Funktion aufrufen. Grafische Gestaltungselemente können die in dem 3270-Datenstrom enthaltene Information benutzerfreundlich darstellen.

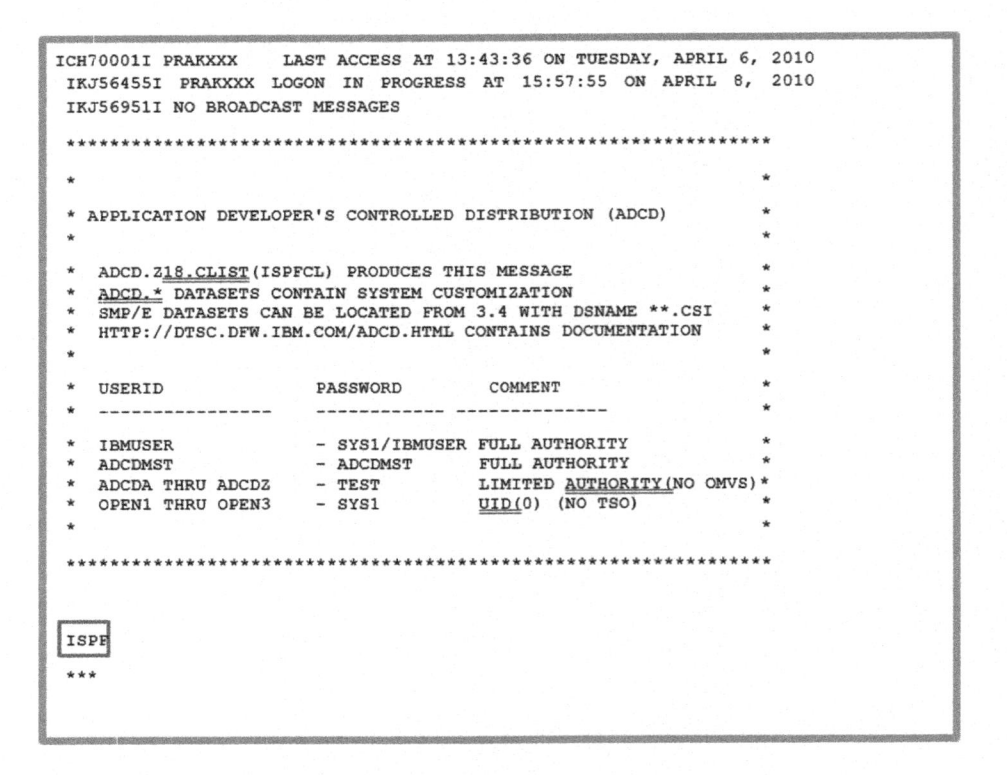

```
ICH70001I PRAKXXX     LAST ACCESS AT 13:43:36 ON TUESDAY, APRIL 6, 2010
IKJ56455I PRAKXXX LOGON IN PROGRESS AT 15:57:55 ON APRIL 8, 2010
IKJ56951I NO BROADCAST MESSAGES

****************************************************************
*                                                              *
* APPLICATION DEVELOPER'S CONTROLLED DISTRIBUTION (ADCD)        *
*                                                              *
*   ADCD.Z18.CLIST(ISPFCL) PRODUCES THIS MESSAGE               *
*   ADCD.* DATASETS CONTAIN SYSTEM CUSTOMIZATION               *
*   SMP/E DATASETS CAN BE LOCATED FROM 3.4 WITH DSNAME **.CSI  *
*   HTTP://DTSC.DFW.IBM.COM/ADCD.HTML CONTAINS DOCUMENTATION   *
*                                                              *
*   USERID              PASSWORD        COMMENT                *
*   ----------------    ------------    --------------         *
*   IBMUSER            - SYS1/IBMUSER   FULL AUTHORITY         *
*   ADCDMST            - ADCDMST        FULL AUTHORITY         *
*   ADCDA THRU ADCDZ   - TEST           LIMITED AUTHORITY(NO OMVS)*
*   OPEN1 THRU OPEN3   - SYS1           UID(0) (NO TSO)        *
*                                                              *
****************************************************************

ISPF
***
```

Abbildung 3.12: Nachricht nach der Passworteingabe.

Es wird nun das ISPF-Subsystem benutzt.

Vom „ISPF Primary Option Menu" (siehe Abbildung 3.13) aus können zahlreiche Funktionen aufgerufen werden. Jede Funktion wird durch einen eigenen Bildschirm dargestellt (auch als Panel bezeichnet). Die Panels stehen in einer hierarchischen Beziehung zueinander. Die interessierende Untermenge ist in dem abgebildeten Baum dargestellt (siehe Abbildung 3.14).

Es ist leicht, sich innerhalb des Gewirrs von Ästen und Zweigen zu verirren. Hier gibt es eine einfache Lösung: Von jedem Panel aus kann man durch Betätigen der F3-Taste (früher als PF3 bezeichnet) die nächst höhere Stufe des Baumes wieder erreichen.

3.6.1 Benutzung der ISPF-Hilfe

Für die Arbeit mit ISPF wird sich die integrierte Hilfefunktionalität möglicherweise als sehr nützlich erweisen. Diese befindet sich in einem zu Die Verwendung von ISPF kann über verschiedene Wege aufgerufen werden.

```
  Menu  Utilities  Compilers  Options  Status  Help

                         ISPF Primary Option Menu

  0  Settings       Terminal and user parameters       User ID   : PRAKXXX
  1  View           Display source data or listings Create or   Time.    : 15:58
  2  Edit           change source data Perform utility functions
  3  Utilities      Interactive language processing Submit job  Terminal.    : 3278
  4  Foreground     for  language  processing  Enter  TSO   or  Screen.    :    1
  5  Batch          Workstation commands Perform dialog testing Language.  : ENGLISH
  6  Command                                                    Appl ID .  : ISR
  7  Dialog Test
  9  IBM Products   IBM  program  development  products  SW     TSO logon  : DBSPROC
                    Configuration   Library   Manager   ISPF    TSO prefix: PRAKXXX
                    Object/Action  Workplace  Additional  IBM   System ID  : ADCD MVS
 10  SCLM           Products                                    acct.      : ACCT#
 11  Workplace
  M  More                                                       Release    : ISPF 5.8



         Enter X to Terminate using log/list defaults


 Option ===> _____

   F1=Help     F2=Split     F3=Exit       F7=Backward  F8=Forward   F9=Swap
  F10=Actions  F12=Cancel
```

Abbildung 3.13: „ISPF Primary Option Menu"-Bildschirm.

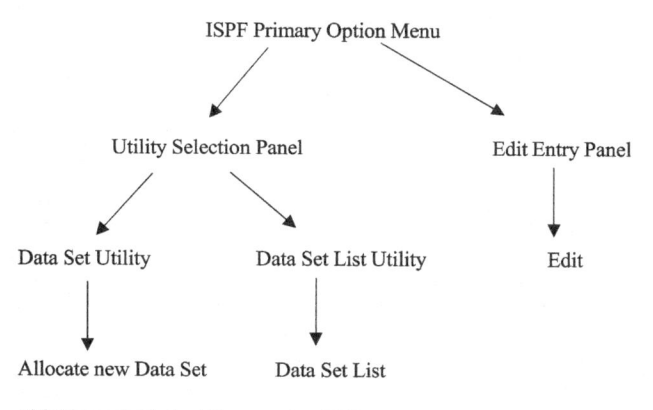

```
                    ISPF Primary Option Menu
                         ↙              ↘
              Utility Selection Panel       Edit Entry Panel
                 ↙          ↘                     ↓
       Data Set Utility   Data Set List Utility   Edit
           ↓                     ↓
    Allocate new Data Set   Data Set List
```

Abbildung 3.14: Funktionen unter ISPF.

```
  Menu  Utilities  Compilers  Options  Status  Help
  ─────────────────────────────────────────────────────────────────
                        ISPF Primary Option Menu
                                                    User ID   : PRAKXXX
                                                    Time. . . : 15:58
   0  Settings      Terminal and user parameters Display
                    source data or listings Create or   Terminal  :  3278
   1  View          change source data Perform utility  Screen. . :     1
   2  Edit          functions Interactive     language  Language. : ENGLISH
   3  Utilities     processing Submit job for language  Appl ID . : ISR
   4  Foreground    processing Enter TSO or Workstation
   5  Batch         commands Perform dialog testing     TSO logon : DBSPROC
   6  Command                                           TSO prefix: PRAKXXX
   7  Dialog Test                                       System ID : ADCD MVS
   9  IBM Products  IBM program development products SW acct. : ACCT#
  10  SCLM          Configuration Library Manager ISPF
  11  Workplace     Object/Action Workplace Additional  Release   : ISPF 5.8
   M  More          IBM Products



         Enter X to Terminate using log/list defaults




  Option     ===>   TUTOR
     F1=Help       F2=Split      F3=Exit    F7=Backward  F8=Forward  F9=Swap
     F10=Actions   F12=Cancel
```

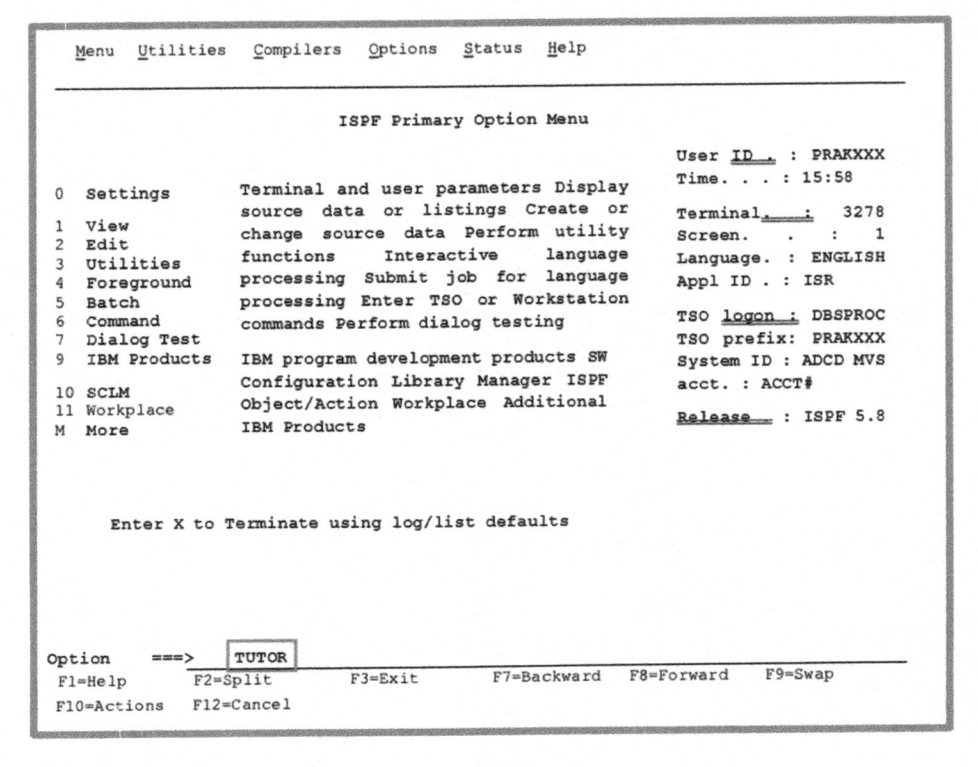

Abbildung 3.15: „ISPF Primary Option Menu"-Bildschirm.

Wie in Abbildung 3.15 gezeigt, kann der Nutzer das Tutorial durch die Eingabe „TUTOR" in der Kommandozeile und darauffolgender Bestätigung mit der Eingabetaste aufgerufen werden.

Eine andere Möglichkeit ist der Aufruf über das Hilfemenü. Dazu wird der Cursor in die erste Zeile genau auf „Help" gestellt und dann mittels Betätigung der Eingabetaste das Pull-Down- Menü geöffnet (siehe Abbildung 3.16). Nun „18" eingeben und wiederum mit „enter" bestätigen.

Der Nutzer befindet sich nun im Tutorial des ISPF (siehe Abbildung 3.17). Dieses kann individuell näher betrachtet werden. Wichtiger als eine allgemeine Beschäftigung mit dem ISPF-Tutorial ist das Aufrufen passender Hilfen zu den verschiedenen ISPF-Funktionen (siehe Tabelle 3.1) aus den entsprechenden ISPF-Panels heraus. Dazu gibt man auf der Kommando-Zeile (groß oder klein) „HELP" ein oder man betätigt einfach die Funktionstaste F1 (siehe Kapitel „Benutzung der Tasten F1 bis F12").

Es soll ein konkretes Beispiel dazu behandelt werden. Mit F3 oder der Eingabe von „END" in die Kommandozeile wird das ISPF Tutorial beendet. Der Nutzer befindet sich wieder im „ISPF Primary Option Menu". Mit der Eingabe „3.3" wird das „Move/Copy Utility" erreicht(siehe Abbildung 3.18). Hierbei verkürzt man mit der getätigten

```
    Menu  Utilities  Compilers  Options  Status  Help
                                ISPF Primary Opti  18   1. General
                                                        2. Settings
    0  Settings      Terminal and user parameter        3. View
    1  View          Display source data or list        4. Edit
    2  Edit          Create or change source dat        5. Utilities
    3  Utilities     Perform utility functions          6. Foreground
    4  Foreground    Interactive language proces        7. Batch
    5  Batch         Submit job for language pro        8. Command
    6  Command       Enter TSO or Workstation co        9. Dialog Test
    7  Dialog Test   Perform dialog testing            10. LM Facility
    9  IBM Products  IBM program development pro       11. IBM Products
   10  SCLM          SW Configuration Library Ma       12. SCLM
   11  Workplace     ISPF Object/Action Workplac       13. Workplace
    M  More          Additional IBM Products           14. Exit
                                                       15. Status Area
                                                       16. About...
              Enter X to Terminate using log/list def  17. Changes for this Release
                                                       18. Tutorial
                                                       19. Appendices
                                                       20. Index


   Option ===> TUTOR
     F1=Help        F2=Split        F3=Exit     F7=Backward   F8=Forward   F9=Swap
                    F12=Cancel
```

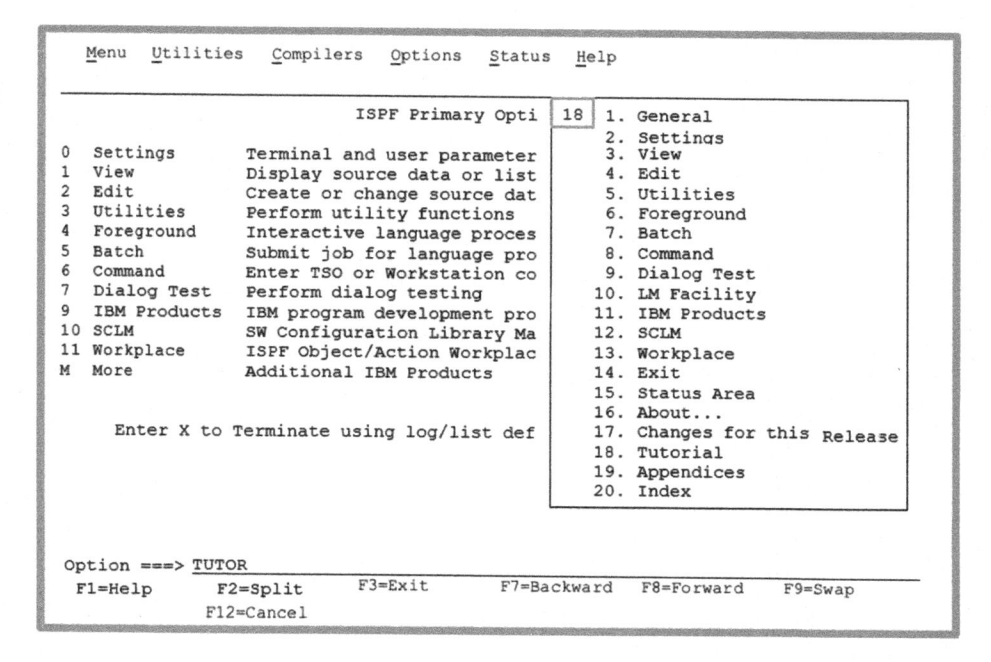

Abbildung 3.16: Pull-Down-Menü der Hilfe.

Eingabe den Weg zu diesem Panel. Die Eingabe wird so gewertet als hätte der Nutzer mit der Eingabe von „3" zunächst das „Utility Selection Panel" aufgerufen und dort wiederum „3" in die Kommandozeile eingegeben.

Im „Move/Copy Utility" wird, wie in Abbildung 3.18 gezeigt, „HELP" in der Kommandozeile eingegeben und mit der Eingabetaste bestätigt, um die panel-spezifische Hilfe aufzurufen.

Die Hilfe erscheint (siehe Abbildung 3.19). In der Hilfe kann mittels F10 bzw. F11 die letzte oder die nächste Seite des Hilfethemas aufgerufen und mit F7 bzw. F8 zum vorherigen oder nächsten Hilfethema gewechselt werden.

Mit Hilfe von F3 wird diese Taste noch zwei weitere Male betätigt, um zurück in das „ISPF Primary Option Menu" zu gelangen.

3.6.2 Benutzung der Tasten F1 bis F12

Heutige Tastaturen haben sogenannte Funktionstasten (Function Keys) F1 bis F12. Bei der Betätigung einer solchen Taste wird ein bestimmtes ISPF-Kommando ausgeführt. Der Benutzer kann die Funktionstasten umprogrammieren, also einer jeden Taste ein neues ISPF- Kommando zuweisen. Doch ist dies meist nicht notwendig. Systemseitig sind die Funktionstasten F1 bis F12 oft (nicht immer) mit den folgenden ISPF-Kommandos belegt:

```
Tutorial ---------------------- ISPF Tutorial ---------------------- Tutorial

                              ┌─────────────────────────┐
                              │          ISPF           │
                              │        Tutorial         │
                              └─────────────────────────┘

    This tutorial provides on-line information about the features and operations
    of ISPF. You may view the tutorial sequentially, or you may choose selected
    topics from lists displayed on many of the tutorial pages.

    The table of contents lists major topics. Subsequent pages contain additional
    lists that lead you to more specific levels of detail. You can also select
    topics from the tutorial index.

    The following panel describes how to use this tutorial.




    Command ===>
       F1=Help      F2=Split     F3=Exit      F4=Resize   F5=Exhelp    F6=Keyshelp
       F7=PrvTopic  F8=NxtTopic  F9=Swap      F10=PrvPage F11=NxtPage  F12=Cancel
```

Abbildung 3.17: ISPF Tutorial.

3.6.2.1 Taste ISFP- Beschreibung der Funktionsweise des ISPF-Kommandos

Nicht in jedem Panel sind alle Funktionstasten benutzbar. Sollte einmal eine Funktionstaste nicht benutzbar sein, erscheint rechts oben im Panel eine Meldung (siehe Abbildung 3.20). Auf einige der gerade benutzbaren Funktionstasten wird in der letzten Zeile oder den letzten Zeilen eines Panels hingewiesen (siehe Abbildung 3.20). Doch gibt es häufig auch benutzbare Funktionstasten, auf die dort nicht hingewiesen wird.

Die wichtigsten ISPF-Kommandos, die standardmäßig per Funktionstaste aufgerufen werden können, werden jetzt ausführlicher behandelt.

3.6.2.1.1 F2 (SPLIT) und F9 (SWAP)

Möchte man mit zwei voneinander unabhängigen Panels arbeiten, so stellt man den Cursor in die Zeile, oberhalb derer das erste und unterhalb derer das zweite Panel entstehen soll. Die Taste F2 teilt den Screen entsprechend. Mit der Taste F9 kann man nun beliebig oft zwischen den beiden Panels wechseln.

Beabsichtigt der Nutzer, beide Panel in maximaler Größe zu nutzen, ist der Cursor auf die erste Zeile des Panels zu stellen und anschließend F2 zu betätigen. Es erscheint als neues unabhängiges Panel das „ISPF Primary Option Menu". Ein Wechsel zwischen diesem und dem alten Panel ist auch hier jederzeit per Taste F9 möglich.

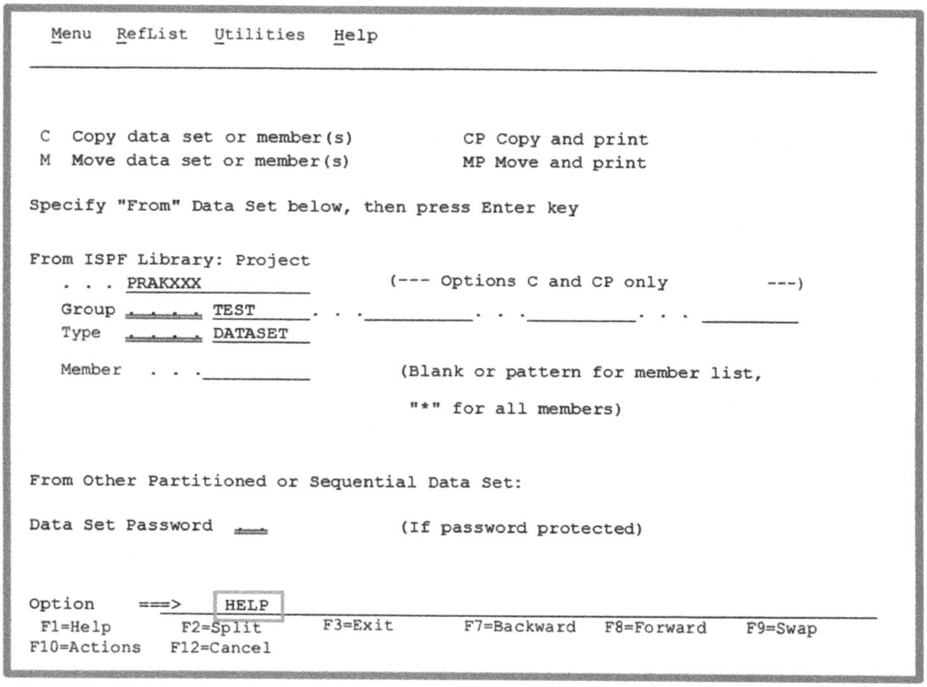

```
 Menu   RefList  Utilities  Help
 ─────────────────────────────────────────────────────────────


 C  Copy data set or member(s)         CP Copy and print
 M  Move data set or member(s)         MP Move and print

 Specify "From" Data Set below, then press Enter key

 From ISPF Library: Project
    . . . PRAKXXX                (--- Options C and CP only       ---)
      Group ....... TEST      . . ._____ . . ._____ . . ._____
      Type  ....... DATASET
      Member . . ._____       (Blank or pattern for member list,
                                   "*" for all members)

 From Other Partitioned or Sequential Data Set:

 Data Set Password ....       (If password protected)


 Option     ===> | HELP |
   F1=Help      F2=Split     F3=Exit    F7=Backward   F8=Forward   F9=Swap
   F10=Actions  F12=Cancel
```

Abbildung 3.18: „Move/Copy Utility"-Bildschirm.

Geschlossen werden kann das zweite Panel mit F3, wobei man sich zum Schließen des Panels im „ISPF Primary Option Menu" befinden muss.

3.6.2.1.2 F5 (RFIND)

Möchte man in einem (z. B. im ISPF-Editor) geöffneten Text oder in einem angezeigten Logfile eine bestimmte Zeichenkette mehrfach finden, ist F5 sehr nützlich.

Man gibt in die Kommandozeile zum Beispiel „FIND exec" oder abgekürzt „F exec" ein. Das anschließende Betätigen der Eingabetaste findet die erste Zeichenkette „exec" im Text. An der Fundstelle steht der Cursor.

Soll nun das nächste „exec" im Text gefunden werden, reicht es jetzt, die Taste F5 zu betätigen. Der Cursor steht anschließend über dem zweiten gefundenen „exec" und rechts oben steht im Panel CHARS ‚EXEC' FOUND. Nach jedem F5 wird das nächste „exec" gesucht, und der Cursor zeigt auf die Fundstelle. Erst wenn sich kein „exec" mehr finden lässt, erscheint rechts oben im Panel *BOTTOM OF DATA REACHED*.

```
Tutorial --------- Move/Copy Utility - "From" Data Set Panel -------- Tutorial


To perform a move or copy operation, fill in the following fields on the first
move/copy utility panel and press the ENTER key:


   o    Enter the move/copy option in the option field:
             - C to copy  - CP to copy and print
             - M to move  - MP to move and print

   o    Enter the "from" library information in the appropriate fields.

   o    If the "from" data set is partitioned, enter a member name as follows:
        -    to move or copy a single member, enter the member name.
        -    to move or copy all members, enter * (asterisk).
        -    to request a member selection list, leave member name blank or
             specify a pattern.

The following topics will be presented only if selected by number:




Option ===>
   F1=Help       F2=Split      F3=Exit       F4=Resize    F5=Exhelp     F6=Keyshelp
   F7=PrvTopic   F8=NxtTopic   F9=Swap       F10=PrvPage  F11=NxtPage   F12=Cancel
```

Abbildung 3.19: Hilfe zum „Move/Copy Utility".

Tabellen 3.1: Die den Funktionstasten zugeordneten ISPF-Kommandos.

Kommandos		Erklärung
F1	HELP	Die Hilfe-Funktion wird aufgerufen. Es erscheint ein Hilfetext zum Panel, von dem aus HELP aufgerufen wurde.
F2	SPLIT	Das aktive Panel wird in zwei voneinander unabhängige Panels aufgeteilt.
F3	END	Beenden der aktiven Funktion und Rückkehr in das nächsthöhere Panel.
F4	RETURN	Beenden der aktiven Funktion und Sprung in das ISPF Primary Option Menü.
F5	RFIND	Repeat **FIND**. Es wird ein Find-Kommando wiederholt, also z. B. die nächste Zeichenkette „exec" im angezeigten Text gesucht.
F6	RCHANGE	Repeat **CHANGE**. Es wird das Change-Kommandowiederholt, also z. B. die nächste Zeichenkette „020" gesucht und durch „127" ersetzt.
F7	UP	Scrolling eines Textes nach oben.
F8	DOWN	Scrolling eines Textes nach unten.
F9	SWAP	Nachdem (z. B. durch Betätigung von F2) aus einem Panel zwei voneinander unabhängige Panels erzeugt wurden, kann man per F9 zwischen den beiden Panels wechseln.
F10	LEFT	Scrolling eines Textes nach links.

Tabellen 3.1 (fortgesetzt)

Kommandos	Erklärung
F11 RIGHT	Scrolling eines Textes nach rechts.
F12 RETRIEVE	Anzeige des vorigen Panels, um in diesem eventuell fehlerhafte Eingabewerte korrigieren zu können und um anschließend per Eingabetaste die zuletzt ausgeführte Funktion zu wiederholen.

```
     File   Edit   Edit_Settings   Menu   Utilities   Compilers   Test   Help

                                                    ┌─────────────────────────┐
                                                    │ Command is not active   │
  EDIT       PRAKXXX.TEMP.TEMP(COBMAP5) - 01.00     └─────────────────────────┘
  ****** ****************************** Top of Data ******************************
  ==MSG> -Warning- The UNDO command is not available until you change
  ==MSG>           your edit profile using the command RECOVERY ON.
  000001 //PRAKXXXM JOB (),CLASS=A,MSGCLASS=H,MSGLEVEL=(1,1),NOTIFY=&SYSUID,
  000002 //             REGION=4M
  000003 //ASSEM EXEC DFHMAPS,MAPNAME='MSET020',RMODE=24
  000004 //COPY.SYSUT1   DD  *
  000005 MSET020 DFHMSD TYPE=MAP,MODE=INOUT,LANG=COBOL2,STORAGE=AUTO,
  000006                TIOAPFX=YES
  000007 *   MENU  MAP
  000008 MAP020    DFHMDI SIZE=(24,80),CTRL=(PRINT,FREEKB)
  000009           DFHMDF POS=(9,13),ATTRB=(ASKIP,NORM),LENGTH=20,
  000010                  INITIAL='VORNAME   '
  000011           DFHMDF POS=(9,34),ATTRB=(ASKIP,NORM),LENGTH=20,
  000012                  INITIAL='NACHNAME  '
  000013 VNAM1    DFHMDF POS=(11,13),ATTRB=(ASKIP,NORM),LENGTH=20
  000014 NNAM1    DFHMDF POS=(11,34),ATTRB=(ASKIP,NORM),LENGTH=20
  000015 VNAM2    DFHMDF POS=(12,13),ATTRB=(ASKIP,NORM),LENGTH=20
  000016 NNAM2    DFHMDF POS=(12,34),ATTRB=(ASKIP,NORM),LENGTH=20
  Command ===>_____ Scroll ===>
   PAGE F1=Help  F2=Split    F3=Exit     F5=Rfind    F6=Rchange F7=Up
        F8=Down  F9=Swap     F10=Left    F11=Right   F12=Cancel
```

Abbildung 3.20: Funktionstaste ist nicht belegt.

3.6.2.1.3 F6 (RCHANGE)

Die Anwendung der Taste F6 erfolgt ähnlich der Anwendung von F5. F6 wiederholt einen Zeichenketten-Ersetzungsvorgang.

Zum Beispiel kann die erste gefundene Zeichenkette „020" durch „127" mittels "CHANGE 020 127" oder kurz „C 020 127" ersetzt werden. Der Cursor steht anschließend an der Ersetzungsstelle und rechts oben erscheint im Panel die Meldung CHARS '020' changed.

Um die zweite Zeichenkette „020" durch „127" zu ersetzen, reicht nun die Taste F6 aus. Wieder steht der Cursor neben der ersetzten Zeichenkette. So lässt sich mit jedem Tastendruck von F6 eine „020" ersetzen. Wird keine „020" mehr gefunden, wird rechts oben im Panel *Bottom of data reached* ausgegeben.

3.6.2.1.4 F7, F8, F10, F11 (Scrolling)

Mit diesen Tasten ist ein Scrollen in einem Text, der größer als ein Panel ist, möglich: F7 scrollt hoch, F8 herunter, F10 nach links und F11 nach rechts.

Reicht ein Panel nicht aus, um alles anzuzeigen, befindet sich meist rechts unten im Panel ein Feld Scroll ===> mit welchem man einstellen kann, um wie viele Zeilen oder Spalten je Tastendruck gescrollt werden soll (siehe Abbildung 3.21).

Folgende Werte sind möglich:

PAGE = Ein Tastendruck ersetzt die komplette angezeigte Seite.

HALF = Die halbe Seite des Textes wird hinausgescrollt, eine neue halbe Seite Text erscheint.

DATA = Fast die ganze alte Seite wird hinausgescrollt, lediglich eine alte Zeile / alte Spalte bleibt nach dem Tastendruck noch auf dem Panel sichtbar.

<zahl> = <zahl> steht für eine konkrete Zahl, die ebenfalls in das Feld Scroll ===> eingetragen werden kann. Um <zahl> Zeilen oder Spalten wird dann der Text pro Tastendruck gescrollt. Eine „3" in diesem Feld bewirkt folglich, dass drei alte Zeilen oder Spalten heraus und drei neue Zeilen oder Spalten hineingescrollt werden

3.6.3 Erstellen eines Datasets (Allocate)

Einige Dinge über das Erstellen von Datasets und das damit zusammenhängende Reservieren von Speicherplatz sind bereits behandelt worden. Dieses Kapitel soll nun diese Kenntnisse festigen und Ihnen darüber hinaus einige weitere Dinge erläutern.

Die Datasets werden mit dem „Data Set Utility" angelegt. Der Nutzer geht auf gewohntem Weg in das entsprechende Panel oder nutzt die verkürzte Form und gibt im „ISPF Primary Option Menu" in der Kommandozeile „3.2" ein.

```
  File   Edit  Edit_Settings  Menu  Utilities  Compilers  Test  Help

 EDIT       PRAKXXX.TEMP.TEMP(COBMAP5) - 01.00           Columns 00001 00072
 ****** *************************** Top of Data ****************************
 ==MSG> -Warning- The UNDO command is not available until you change
 ==MSG>          your edit profile using the command RECOVERY ON.
 000001 //PRAKXXXM JOB (),CLASS=A,MSGCLASS=H,MSGLEVEL=(1,1),NOTIFY=&SYSUID,
 000002 //          REGION=4M
 000003 //ASSEM EXEC DFHMAPS,MAPNAME='MSET020',RMODE=24
 000004 //COPY.SYSUT1  DD  *
 000005 MSET020 DFHMSD TYPE=MAP,MODE=INOUT,LANG=COBOL2,STORAGE=AUTO,         *
 000006              TIOAPFX=YES
 000007 *  MENU  MAP
 000008 MAP020   DFHMDI SIZE=(24,80),CTRL=(PRINT,FREEKB)
 000009          DFHMDF POS=(9,13),ATTRB=(ASKIP,NORM),LENGTH=20,             *
 000010          INITIAL='VORNAME      '
 000011          DFHMDF POS=(9,34),ATTRB=(ASKIP,NORM),LENGTH=20,             *
 000012          INITIAL='NACHNAME     '
 000013 VNAM1    DFHMDF POS=(11,13),ATTRB=(ASKIP,NORM),LENGTH=20
 000014 NNAM1    DFHMDF POS=(11,34),ATTRB=(ASKIP,NORM),LENGTH=20
 000015 VNAM2    DFHMDF POS=(12,13),ATTRB=(ASKIP,NORM),LENGTH=20
 000016 NNAM2    DFHMDF POS=(12,34),ATTRB=(ASKIP,NORM),LENGTH=20
 Command ===>                                      Scroll ===> PAGE  F1=Help
            F2=Split    F3=Exit    F5=Rfind    F6=Rchange F7=Up
  F8=Down   F9=Swap     F10=Left   F11=Right   F12=Cancel
```

Abbildung 3.21: Das Feld „Scroll".

Eine weitere Möglichkeit zu diesem Panel zu gelangen, wäre die Nutzung der im Zusammenhang mit der Hilfe vorgestellten Pull-Down-Menüs.

Im „Data Set Utility" (siehe Abbildung 3.22) soll ein neues Dataset angelegt werden. Der Name eines Datasets besteht aus den drei Feldern *„Project"*, *„Group"* und *„Type"*, wobei es auf dem Mainframe unbedingt erforderlich ist unter *„Project"* die Benutzer-ID anzugeben, da es sonst zu einem Fehler kommt. Das neue Dataset wird den Namen „PRAKXXX.ISPF.TEST1" tragen. Letzterer wird entsprechend in die vorgesehenen Felder eingegeben. In die Kommandozeile erfolgt anschließend der Befehl „A" für „Allocate", und dieser wird bestätigt.

```
 Menu   RefList   Utilities   Help
─────────────────────────────────────────────────────────
                              . . .
    A Allocate new data set        C Catalog data set
    R Rename entire data set       U Uncatalog data set
    D Delete entire data set
 blank Data set information        S Short data set information
                                   . . . .
 ISPF Library:
    Project  . .  PRAKXXX       Enter "/" to select option
    Group    . .  ISPF          / Confirm Data Set Delete
    Type . . . .  TEST1

 Other Partitioned, Sequential or VSAM Data Set:
    Data Set Name . . .  _____
    Volume Serial . . .           (If not cataloged, required for option "C")
    Data Set Password  ____       (If password protected)


 Option ===> A
   F1=Help      F2=Split     F3=Exit    F7=Backward   F8=Forward   F9=Swap
   F10=Actions  F12=Cancel
```

Abbildung 3.22: „Data Set Utility"-Bildschirm.

Im folgenden Panel müssen nun die Eigenschaften festgelegt werden, die das neue Dataset erhalten soll. Auch hier müssen eventuell schon vorhandene, nicht korrekte Werte überschrieben werden.

Die ersten fünf Felder („Management class", „Storage class", „Volume serial", „Device type", „Data class") brauchen vom Benutzer meist nicht beachtet werden. Wichtig sind für ihn alle anderen Felder, die in der Abbildung 3.23 eingerahmt sind. In diese Felder sind geeignete Werte einzutragen, um so die Eigenschaften des anzulegenden Datasets festzulegen. Die Eigenschaften beschreiben sowohl die Größe als auch den Typ des anzulegenden Datasets:

Zur Beschreibung des Typs kann man in das Feld „Data set name type" zum Beispiel „PDS" eintragen, um so einen „Partitioned Data Set" anzulegen. Alternativ dazu wäre ein Freilassen dieses Feldes verbunden mit dem Eintrag von „0" im Feld „Directory blocks" möglich, um so einen sequentiellen Dataset anzulegen. Die Daten eines Datasets werden, gruppiert zu Records, auf den Datenträger geschrieben. Um darauf Einfluss zu nehmen, kann in das Feld „Record format" den Parameter „FB" (**F**ixed **B**locks) eingetragen werden. Eine weitere Variante wäre hier der Parameter „U" (**U**ndefinied format). Die Größe eines Records wird im Feld „Record length" festgelegt.

```
     Menu   RefList   Utilities   Help
_____

                        Allocate New Data Set
    Data Set Name  . . . : PRAKXXX.ISPF.TEST1

    Management class . . . _____        (Blank for default management class)
    Storage class    . . . _____        (Blank for default storage class)
      Volume serial  . . .   _____        (Blank for system default volume) **
      Device type    . . . . _____        (Generic unit or device address) **
    Data class . . . . . .   _____        (Blank for default data class) (BLKS,
                                            TRKS, CYLS, KB, MB, BYTES
        Space units  . . . . ┌─────────┐    or    RECORDS)
                             │KILOBYTE │   (M, K, or U)
                             │         │
    Average record unit      │         │   (In   above   units)
    Primary quantity  . .    │ 16      │   (In above units)
    Secondary quantity       │ 1       │   (Zero for sequential data set) *
    Directory blocks  . .    │ 2       │
    Record format     . .    │ FB      │
    Record length     . .    │ 80      │
    Block size        . . .  │ 320     │
    Data set name type       │ PDS     │
                             └─────────┘   (LIBRARY, HFS, PDS, LARGE, BASIC, *


    Command ===>_____
     F1=Help       F2=Split     F3=Exit       F7=Backward    F8=Forward   F9=Swap
    F10=Actions   F12=Cancel
```

Abbildung 3.23: „Allocate New Data Set"-Bildschirm.

Mehrere Records werden ihrerseits zu Blöcken zusammengefaßt. Die Größe solcher Blöcke wird in „Block size" festgelegt. Natürlich muss die Blockgröße exakt ein Vielfaches der Recordgröße sein.

In dem auf der Abbildung 3.23 gezeigten Beispiel wird ein „Partitioned Dataset" im Record- Format „Fixed Blocks" angelegt, das bedeutet, dass jeder Block die gleiche Größe hat. Diese Größe wurde auf 320 Bytes festgelegt. Die Recordgröße wurde auf 80 Bytes festgelegt. Natürlich ist die Blockgröße ein ganzzahliges Vielfaches der Rekord-Größe (320 = 4 * 80). Für das Mini-Inhaltsverzeichnis, welches später einmal die Namen der anzulegenden Member aufnehmen wird, wurden 2 Kilobytes an Festplattenspeicher reserviert.

Die Größenangaben der Felder „Primary quantity" und „Secondary quantity" verstehen sich in der im Feld „Space units" festgelegten Einheit. Übliche Einheiten sind hier Tracks, Kilobytes und Megabytes. Die Einheiten können hier in der Regel ausgeschrieben oder auch abgekürzt eingetragen werden. Es kann also „KILOBYTE" oder abgekürzt „KB" verwendet werden. Mögliche Einheiten:

- BLKS (Blöcke)
- TRKS (Tracks, also Festplattenspuren)
- CYLS (Festplattenzylinder)
- KB (Kilobyte)
- MB (Megabytes)
- BYTES
- RECORDS

Die Größe des anzulegenden Datasets (also der Umfang der Reservierung von Festplattenspeicher für zukünftige Daten dieses Datasets) wird in das Feld „Primary quantity" eingetragen, der maximal mögliche Überlauf über diesen Wert hinaus dagegen in das Feld „Secondary quantity". Das Feld „Directory blocks" bestimmt, wie viele Member ein Partitional Dataset aufnehmen kann. Je größer der hier eingetragene Wert, umso mehr Member sind möglich. Das Feld „Average record unit" kann freigelassen werden.

In dem in Abbildung 3.23 gezeigten Beispiel wird für den Dataset „PRAKXXX.ISPF.TEST1" ein Speicherplatz von 18 Kilobytes reserviert. Erlaubt ist noch ein Überlauf von 1 Kilobyte.

Sind alle Eigenschaften des anzulegenden Datasets in die dafür vorgesehenen Felder eingetragen, schließt die Eingabetaste diesen Vorgang ab. Es erscheint zur Bestätigung der Anlage des Datasets im nächsten Panel rechts oben Data set allocated.

Möchte man ein Dataset mit einem zweiteiligen Namen anlegen, so trägt man den Dataset- Namen im „Data Set Utility" nicht in die drei Felder unter der Überschrift „ISPF Library" ein. Stattdessen wird dieser, in IBM-Hochkommas eingeschlossen, in das Feld unter der Überschrift „Data Set Name" geschrieben (siehe Abbildung 3.24). Eventuell unter der Überschrift „ISPF Library" stehende Werte werden nicht berücksichtigt, falls unter der Überschrift „Data Set Name" ein Eintrag vorhanden ist.

Auch bei zweiteiligen Dateinamen muss der erste Teil der Benutzer-ID entsprechen, andernfalls bekommt der Nutzer eine Fehlermeldung.

3.6.4 Member in einem partitionierten Dataset anlegen und editieren

Member können unter Verwendung des ISPF-Editors angelegt und anschließend mit Daten beschrieben werden. Wie das funktioniert, wird am Beispiel des im vorangegangenen Kapitel angelegten Datasets „PRAKXXX.ISPF.TEST1" gezeigt.

Vom „ISPF Primary Option Menu" aus gelangt der Nutzer mit der Eingabe von „2" in die Kommandozeile in das „Edit Entry Panel". Dort wird für das genannte Dataset ein Member mit dem Namen „MEMBER1" eingerichtet (siehe Abbildung 3.25).

Durch die Eingabetaste gelangt der Nutzer in die Textbearbeitungsoberfläche des ISPF-Editors. Dort wird in der dritten Zeile „PRAKXXX.ISPF.TEST1(MEMBER1)" angezeigt (s. Abbildung 3.26). Das ist die Bestätigung dafür, dass im Dataset „PRAKXXX.ISPF.TEST1"

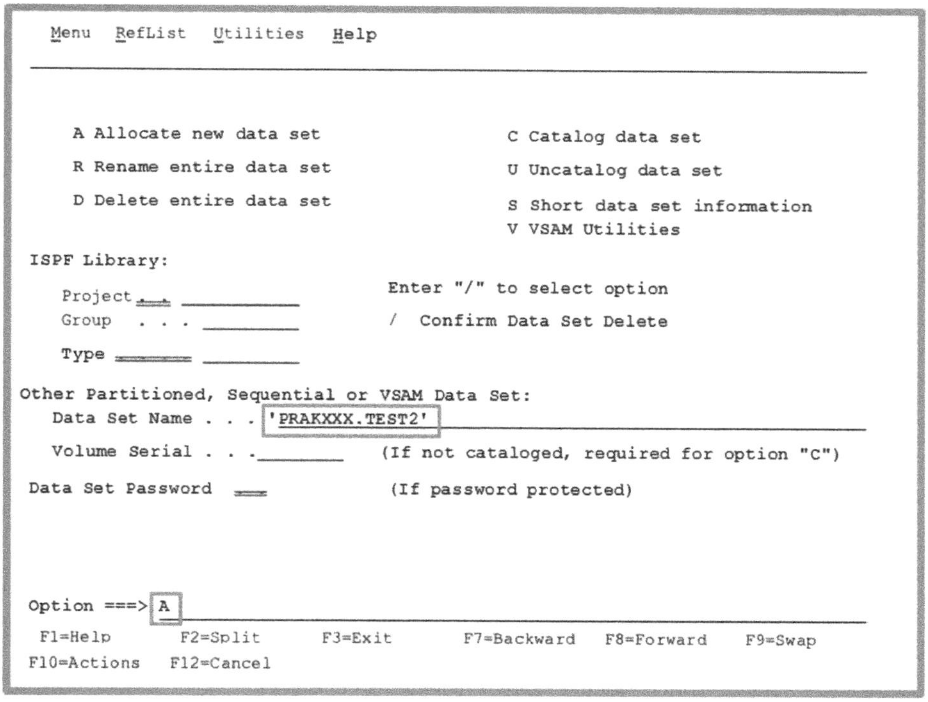

```
Menu    RefList    Utilities    Help


        A Allocate new data set           C Catalog data set
        R Rename entire data set          U Uncatalog data set
        D Delete entire data set          S Short data set information
                                          V VSAM Utilities
ISPF Library:
                                   Enter "/" to select option
    Project                        /  Confirm Data Set Delete
    Group   . . .
    Type
Other Partitioned, Sequential or VSAM Data Set:
    Data Set Name . . . 'PRAKXXX.TEST2'

    Volume Serial . . .             (If not cataloged, required for option "C")

    Data Set Password               (If password protected)



Option ===> A
  F1=Help       F2=Split     F3=Exit      F7=Backward   F8=Forward   F9=Swap
  F10=Actions   F12=Cancel
```

Abbildung 3.24: Dataset mit zweiteiligem Namen anlegen.

der Member „MEMBER1" erfolgreich angelegt wurde. Es lassen sich nun beliebige Texte in diesen Member hineinschreiben. Beim Niederschreiben von längeren Texten empfiehlt es sich, den Stand der Arbeit in bestimmten Zeitabständen auf die Festplatten zu sichern. Dazu gibt man auf der Kommandozeile einfach „SAVE" ein. Ein erfolgreiches Sichern wird mit Member MEMBER1 saved rechts oben im Panel quittiert.

Alternativ kann zum Speichern auch wiederum das Menü genutzt werden. Dazu stellt man den Cursor mit Hilfe der Maus in die erste Zeile des Panels, und zwar dort auf „File". Ein anschließendes Drücken der Eingabetaste öffnet ein Pull-Down-Menü. Hier erfolgt eine „1" für „Save" und anschließend wird diese Aktion mit der Eingabetaste abgeschlossen.

```
EDIT    PRAKXXX.ISPF.TEST1(MEMBER1)    01.00        Columns 00001 00072
```

Der geöffnete Member wird mit F3 (Exit) verlassen. Noch nicht auf der Festplatte gesicherte Änderungen werden automatisch gespeichert. Ein zweites Drücken von F3 verlässt auch das Edit Entry Panel. Damit wird der ISPF-Editor geschlossen.

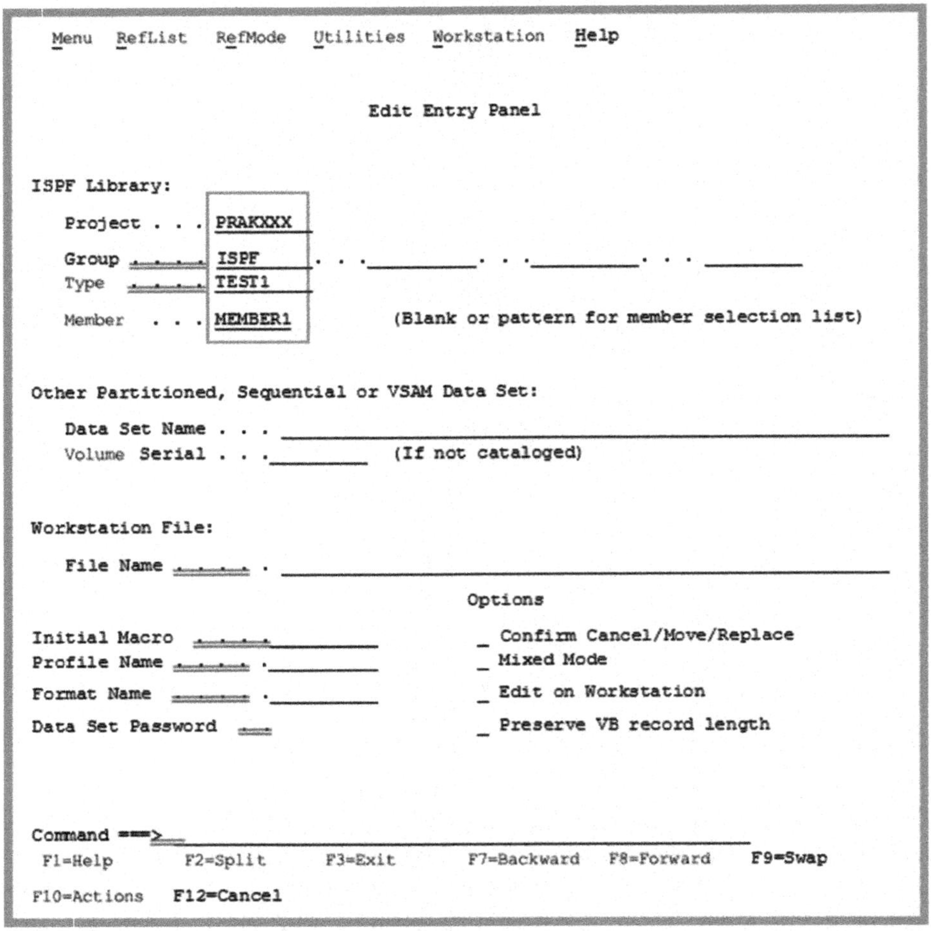

```
  Menu   RefList   RefMode   Utilities   Workstation   Help

                          Edit Entry Panel

  ISPF Library:
     Project . . .  PRAKXXX
     Group  ......  ISPF     . . . _____ . . . _____ . . . _____
     Type   ......  TEST1
     Member . . .   MEMBER1    (Blank or pattern for member selection list)


  Other Partitioned, Sequential or VSAM Data Set:
     Data Set Name . . . _____
     Volume Serial . . . _____ (If not cataloged)


  Workstation File:
     File Name ....... . _____

                                 Options
     Initial Macro ....... _____   _ Confirm Cancel/Move/Replace
     Profile Name  ....... _____   _ Mixed Mode
     Format Name   ....... _____   _ Edit on Workstation
     Data Set Password ... ____     _ Preserve VB record length


  Command ===> _____
    F1=Help      F2=Split     F3=Exit     F7=Backward  F8=Forward   F9=Swap
    F10=Actions  F12=Cancel
```

Abbildung 3.25: „Edit Entry Panel"-Bildschirm.

3.7 Arbeiten mit dem Data Set List Utitility

Das Data Set List Utility ist nützlich, um
1. sich eine Liste von Datasets anzeigen zu lassen,
2. sich die existierenden Member eines Datasets anzeigen zu lassen,
3. Member zum Zwecke der Ansicht oder Modifikation zu öffnen,
4. Member zu kopieren, zu verschieben oder zu löschen,
5. sich die Eigenschaften eines Datasets anzusehen,
6. Datasets zu löschen oder zu komprimieren.

```
File     Edit    Edit_Settings    Menu    Utilities    Compilers    Test    Help

******  **************************** Top of Data *****************************
==MSG>   -Warning- The UNDO command is not available until you change
==MSG>                               the command RECOVERY ON.
''''''   Ich bin der Inhalt des gerade angelegten Members "MEMBER1".
''''''
''''''
''''''
''''''
''''''
''''''
''''''
Command ===>                                              Scroll ===> PAGE
   F1=Help       F2=Split      F3=Exit       F5=Rfind      F6=Rchange   F7=Up
   F8=Down       F9=Swap       F10=Left      F11=Right     F12=Cancel
```

Abbildung 3.26: Angelegter und geöffneter Member „MEMBER1".

Um das Dataset List Utility vom „ISPF Primary Option Menu" aus zu starten, gibt der Nutzer zunächst „3" mit anschließender Bestätigung in der Kommandozeile ein und im sich daraufhin öffnenden „Utility Selection Panel" dann „4" ein und bestätigt mit „enter".

wiederum. Abkürzend kann auch hier auf der Kommandozeile des „ISPF Primary Option Menu" einfach „3.4" eingegeben werden. Das gestartete „Dataset List Utility" meldet sich mit dem in der Abbildung 3.27 gezeigten Panel.

3.7.1 Eine Liste von Datasets anzeigen

Um nun eine Liste aller eigenen Datasets oder eine Liste einer bestimmten Auswahl seiner eigenen Datasets anzeigen zu können, ist ein passender Wert in das Feld „Dsname Level" einzutragen.

Mit einer Eingabe, wie in Abbildung 3.27, erhält der Nutzer eine Liste aller seiner Datasets. Wenn nur einen Teil der Datasets angezeigt werden sollen, z. B. alle „PRAKXXX.CICSDB2"- Datasets, so ist in das Feld „Dsname Level" der Wert „PRAKXXX.CICSDB2" einzutragen.

Eine Dataset-Liste kann in 4 verschiedenen Varianten ausgegeben werden. Je nach gewünschter Variante kann man eine Zahl von 1 bis 4 in das Feld „Initial View" eingeben. Dies ist aber nicht zwingend notwendig. Mögliche Varianten:

```
   Menu  RefList  RefMode  Utilities  Help
   ─────────────────────────────────────────────────────────────
                        Data Set List Utility

          blank Display data set list        P  Print data set list
              V Display VTOC information     PV Print VTOC information

   Enter one or both of the parameters below:
       Dsname Level . . . PRAKXXX.*
       Volume serial  ___  _____

   Data set list options
       Initial View . . . 2  1. Volume       Enter "/" to select option
                             2. Space        /  Confirm Data Set Delete
                             3. Attrib       /  Confirm Member Delete
                             4. Total        /  Include Additional Qualifiers
                                                Display Catalog Name

   When the data set list is displayed, enter either:
       "/" on the data set list command field for the command prompt pop-up,
       an ISPF line command, the name of a TSO command, CLIST, or REXX exec, or
       "=" to execute the previous command.


   Option ===>
       F1=Help     F2=Split     F3=Exit     F7=Backward  F8=Forward   F9=Swap
```

Abbildung 3.27: „Data Set List Utility"-Bildschirm.

1. Zum jeweiligen Dataset seine Platte (Volume), auf der er sich befindet, anzeigen
2. Zum Dataset seinen allocierten Festplattenspeicher (in Spuren / Tracks) anzeigen
3. Zum Dataset u. a. Rekord-Format, Rekord-Größe und Blockgröße anzeigen
4. Umfassende Angaben zum Dataset anzeigen, einschließlich der Punkte 1 bis 3

Betätigt man die Eingabetaste, erscheint die Liste der gewünschten Datasets auf dem Bildschirm (siehe Abbildung 3.28). Passen nicht alle Datasets auf den Panel, so kann mit den Funktionstasten F7 und F8 nach oben sowie nach unten gescrollt werden.

Eine auf dem Bildschirm angezeigte Dataset-Liste ist durch Druck der Tasten F10 oder F11 in eine andere Variante umwandelbar.

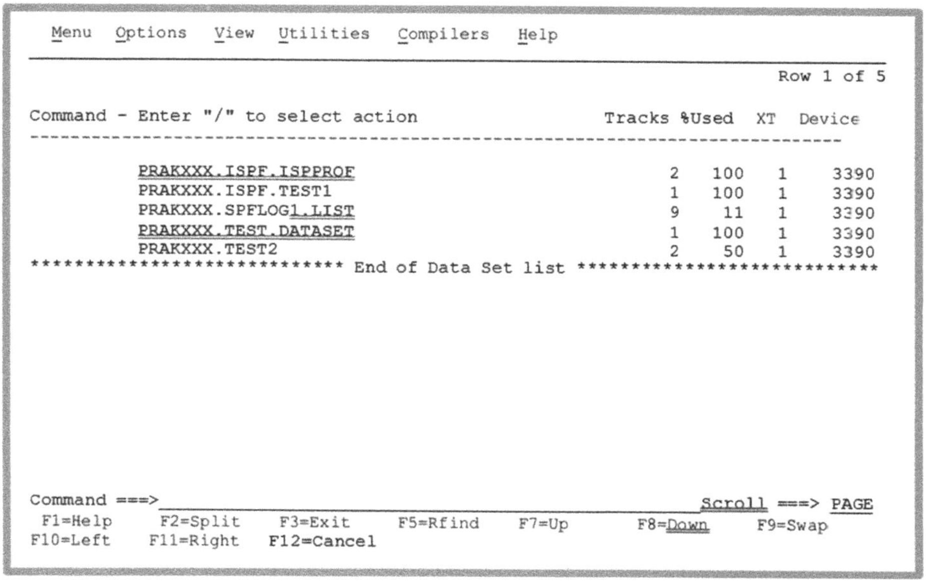

```
Menu   Options   View   Utilities   Compilers   Help

                                                        Row 1 of 5
Command - Enter "/" to select action          Tracks %Used  XT  Device
-----------------------------------------------------------------------
           PRAKXXX.ISPF.ISPPROF                  2     100   1    3390
           PRAKXXX.ISPF.TEST1                    1     100   1    3390
           PRAKXXX.SPFLOG1.LIST                  9      11   1    3390
           PRAKXXX.TEST.DATASET                  1     100   1    3390
           PRAKXXX.TEST2                         2      50   1    3390
***************************** End of Data Set list ***************************




Command ===>                                       Scroll ===> PAGE
  F1=Help      F2=Split    F3=Exit    F5=Rfind   F7=Up    F8=Down   F9=Swap
 F10=Left     F11=Right   F12=Cancel
```

Abbildung 3.28: Resultat des „Dslist"-Kommandos.

3.7.2 Die existierenden Member eines Datasets anzeigen

Die Member des Datasets „PRAKXXX.TEST.DATASET" können aufgelistet werden wie die obige Dataset-Liste. Der Dataset muss natürlich enthalten sein. Gegebenenfalls scrollt man, so dass dieser Dataset-Name auch auf dem Bildschirm erscheint.

Anschließend wird der Cursor links neben „PRAKXXX.TEST.DATASET" platziert und bestätigt mit der Eingabetaste. Unter dem sich öffnenden Menü wählt man, wie in Abbildung 3.29 gezeigt, „4" aus. Die Eingabetaste lässt alle Member von „PRAKXXX.TEST.DATASET" auf dem Bildschirm erscheinen (siehe Abbildung 3.30, die markierte Eingabe ist erst später von Bedeutung).

3.7.3 Member zur Ansicht oder zur Modifikation öffnen

Sollte ein Member, der lesbaren Text enthält, zur Ansicht geöffnet werden, so ist dieser Member in der Member-Liste auszuwählen. Dazu gibt man links neben den Member-Namen „v" (dies steht für „view"), gefolgt von der Eingabetaste, ein (siehe Abbildung 3.30). Der so geöffnete Member lässt sich nicht modifizieren.

Eine Modifikation kann erlaubt werden. In diesem Fall ist in der Member-Liste links neben den Member anstelle von „v" der Buchstabe „e" (für „edit") einzugeben. Die Eingabetaste öffnet den nun modifizierbaren Text.

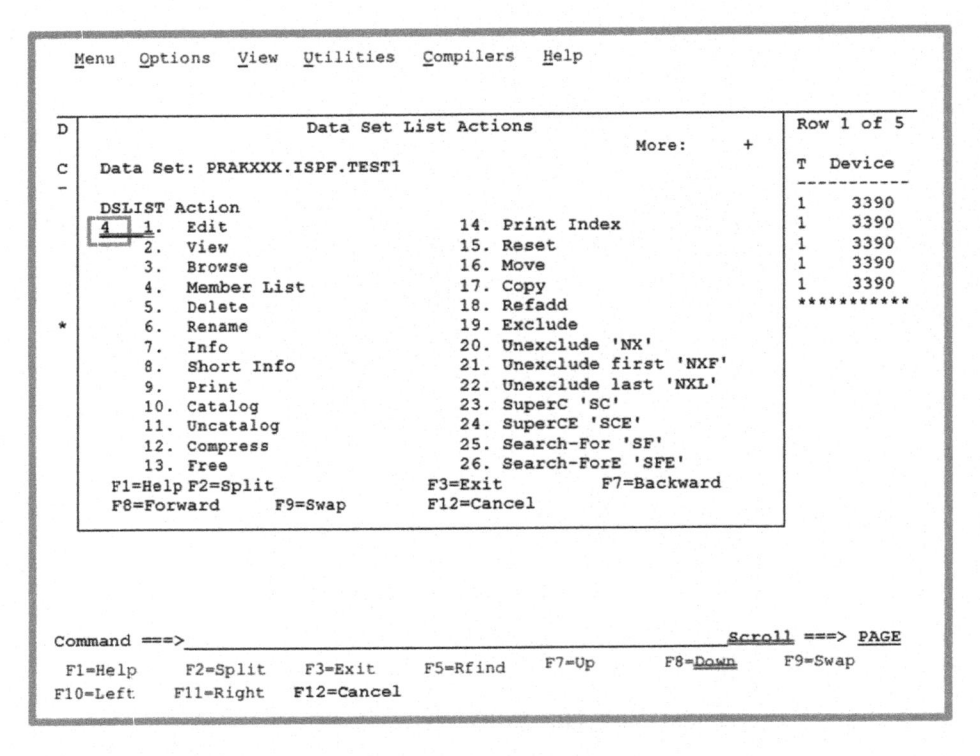

```
   Menu   Options   View   Utilities   Compilers   Help

 D                    Data Set List Actions                  Row 1 of 5
                                              More:    +
 C   Data Set: PRAKXXX.ISPF.TEST1                         T  Device
 -                                                        ----------
     DSLIST Action                                        1    3390
   4   1. Edit                      14. Print Index       1    3390
       2. View                      15. Reset             1    3390
       3. Browse                    16. Move              1    3390
       4. Member List               17. Copy              1    3390
       5. Delete                    18. Refadd            ***********
 *     6. Rename                    19. Exclude
       7. Info                      20. Unexclude 'NX'
       8. Short Info                21. Unexclude first 'NXF'
       9. Print                     22. Unexclude last 'NXL'
      10. Catalog                   23. SuperC 'SC'
      11. Uncatalog                 24. SuperCE 'SCE'
      12. Compress                  25. Search-For 'SF'
      13. Free                      26. Search-ForE 'SFE'
      F1=Help F2=Split              F3=Exit         F7=Backward
      F8=Forward      F9=Swap       F12=Cancel


 Command ===>                                         Scroll ===> PAGE
   F1=Help      F2=Split     F3=Exit      F5=Rfind   F7=Up    F8=Down     F9=Swap
   F10=Left     F11=Right    F12=Cancel
```

Abbildung 3.29: Menü „Data Set List Actions".

3.7.4 Member kopieren, verschieben und löschen

3.7.4.1 Kopieren

Möchte man einen Member aus der Liste der Member kopieren, so ist wie schon beim Editieren links neben dessen Member-Namen ein Buchstabe einzutragen. Diesmal „c" für „copy". Mit Drücken der Eingabetaste gelangt der Nutzer in ein neues Panel, in welchem das Ziel des Kopiervorganges festgelegt wird. Soll der Member in einen anderen Dataset mit dreiteiligem Namen hineinkopiert werden, so sind die drei Teile des Ziel-Dataset-Namens in die dafür vorgesehenen drei Felder unter „To Library" einzutragen. Das Feld „To Other Data Set Name" muss dabei unbedingt leer bleiben.

Die Member-Kopie kann einen anderen Namen erhalten als das Member-Original, dafür ist in das Feld „NEW member name" noch der andere Name einzutragen. Soll der Name der Kopie zum Namen des Originals identisch sein, so kann dieses Feld leer bleiben.

Als Beispiel wird der erste Member aus dem Dataset „PRAKXXX.ISPF.TEST1" kopiert. Das konkrete Ziel für den Kopiervorgang soll der angelegte Dataset „PRAKXXX.ISPF.$3TEI-LIG" dienen. Wenn der Membername nicht verändert wird, muss das Feld „NEW member

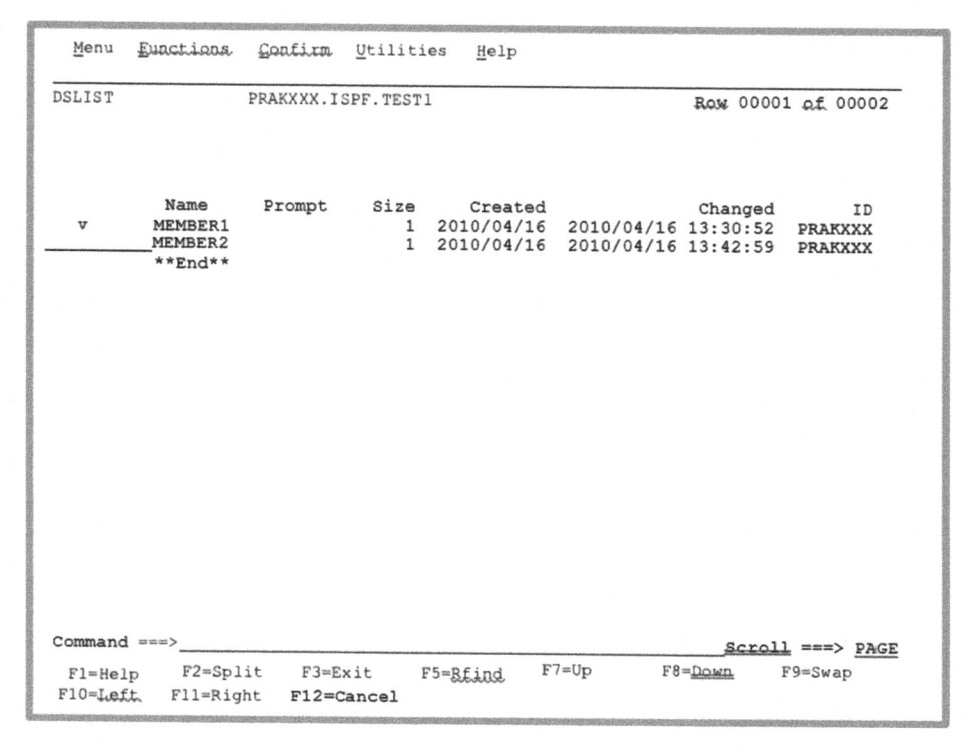

```
  Menu  Functions  Confirm  Utilities  Help
  DSLIST            PRAKXXX.ISPF.TEST1                    Row 00001 of 00002


              Name       Prompt     Size    Created              Changed           ID
       v      MEMBER1                  1   2010/04/16   2010/04/16 13:30:52   PRAKXXX
              MEMBER2                  1   2010/04/16   2010/04/16 13:42:59   PRAKXXX
              **End**










  Command ===>                                              Scroll ===> PAGE
     F1=Help     F2=Split    F3=Exit    F5=Rfind   F7=Up    F8=Down   F9=Swap
     F10=Left    F11=Right   F12=Cancel
```

Abbildung 3.30: Liste der Member eines Datasets.

name" leer bleiben. In die drei Felder unter „To Library" sind nun die entsprechenden Werte, die den Ziel-Dataset spezifizieren, einzutragen (siehe Abbildung 3.31).

Die Eingabetaste schließt den Kopier-Vorgang ab. Als Bestätigung erscheint „Copied".

Desweiteren soll eine Kopie eines Members innerhalb eines Datasets erstellt werden. Die erstellte Kopie „MEMBER1" in „PRAKXXX.ISPF.$3TEILIG" wird dafür benutzt.

Zunächst muss dafür, wie bereits an anderen Beispielen erklärt, eine Memberliste des Datasets „PRAKXXX.ISPF.$3TEILIG" angelegt werden. Danach erfolgt links neben „MEMBER1" wiederum der Eintrag „c" für Kopieren und anschließend muss mit „enter" der Vorgang noch bestätigt werden. Es erscheint wieder das „Copy Entry Panel". Das Ziel-Dataset wird entsprechend eingestellt (also „PRAKXXX.ISPF.$3TEILIG", da innerhalb des Datasets eine Kopie angelegt wird). Nun muss noch ein neuer Membername im entsprechenden Feld eingegeben werden. Der neue Member soll „MEMBER2" heißen. Nun kann die Eingabetaste betätigt werden, um den Vorgang abzuschließen.

Wenn nun ein Dataset mit einem zweiteiligen Namen als Ziel für einen Kopiervorgang vorgesehen ist, dann muss für die Angabe des Ziel-Datasets statt der drei Felder unter „To Library" das Feld „To Other Data Set Name" genutzt werden. Will man zum Beispiel in das Dataset „PRAKXXX.$2TEILIG" kopieren, so muss dort der Datasetname, wie auch schon beim Anlegen von Datasets in Hochkommas eingeschlossen,

```
    RefList   Help


                              COPY    Entry   Panel
    CURRENT from data set: 'PRAKXXX.ISPF.TEST1(MEMBER1)'|

    To Library                     Options:

        Project . . .  PRAKXXX         Enter "/" to select option
        Group    . . . . ISPF             Replace       like-named
        members Type. . . . $3TEILIG      / Process        member
        aliases


    To Other Data Set Name

        Data Set Name . . . _____
        Volume Serial . . . _____   (If not cataloged)


    NEW member name  . . . _____ (Blank unless member to be renamed)


    Options

        Sequential Disposition    Pack Option         SCLM Setting


        2  1. Mod                 1  1. Default       3  1. SCLM
           2. Old                    2. Pack             2. Non-SCLM
                                                         3. As is

    Press ENTER to perform action.  Press CANCEL to cancel action.


    Command ===>_____
      F1=Help      F2=Split      F3=Exit      F7=Backward   F8=Forward   F9=Swap
```

Abbildung 3.31: Festlegen des Ziels des Kopiervorganges.

eingetragen werden (siehe Abbildung 3.32). Auch hier gilt wieder, dass unter „To Library" stehende Einträge in dem Fall unwirksam sind.

Nach einem erfolgreichen Kopieren eines Members unterstützt das Data Set List-Utility, dass weitere Member aus der gleichen Quelle an das gleiche Ziel kopiert werden können, ohne dass das Ziel noch einmal explizit angegeben werden muss.

Soll im direkten Anschluss an obigen erfolgreichen Kopiervorgang von „PRAKXXX. ISPF.$3TEILIG(MEMBER1)" nach „PRAKXXX.$2TEILIG" (siehe Abbildung 3.32) zum Beispiel noch den Kopiervorgang von „PRAKXXX.ISPF.$3TEILIG(MEMBER2)" nach „PRAKXXX. $2TEILIG" durchgeführt werden, so ist in die Liste der 5 Member wieder ein „c" links neben „MEMBER2" einzutragen und anschließend die Eingabetaste zu betätigen. Das Ziel des Kopiervorganges wird nicht noch einmal abgefragt, der Member wird stattdessen sofort kopiert.

```
  RefList   Help
_____
                          COPY Entry Panel

  CURRENT from data set: ' PRAKXXX.ISPF.$3TEILIG(MEMBER1) '

  To Library                     Options:
     Project . . . _____          Enter "/" to select option
     Group     .....                      Replace      like-named
     members Type      .....          /  Process member aliases


  To Other Data Set Name
     Data Set Name . . . PRAKXXX.$2TEILIG

     Volume Serial . . . _____   (If not cataloged)


  NEW member name  . . . _____ (Blank unless member to be renamed)


  Options
     Sequential Disposition      Pack Option         SCLM Setting

     2  1. Mod                   1  1. Default       3  1. SCLM
        2. Old                      2. Pack             2. Non-SCLM
                                                        3. As is

  Press ENTER to perform action.  Press CANCEL to cancel action.


  Command ===>_____
    F1=Help      F2=Split     F3=Exit     F7=Backward   F8=Forward   F9=Swap
    F12=Cancel
```

Abbildung 3.32: Dataset mit zweiteiligem Namen als Kopierziel.

Nicht nur ein Member, sondern mehrere Member lassen sich auf diese Weise in einem Vorgang kopieren. Möchte der Nutzer die Member „MEMBER3", „MEMBER4" sowie „MEMBER5" in einem Vorgang kopieren, so ist das „c" links neben alle drei Member-Namen einzutragen und anschließend die Eingabetaste zu betätigen. Alle drei Member werden anschließend kopiert.

3.7.4.2 VERSCHIEBEN

Das Verschieben von Membern lässt sich völlig analog zu den gerade vorgestellten Varianten des Kopierens von Membern durchführen. Es ist lediglich ein „m" (**m**ove) anstelle des „c" (**c**opy) zu verwenden (siehe Abbildung 3.33).

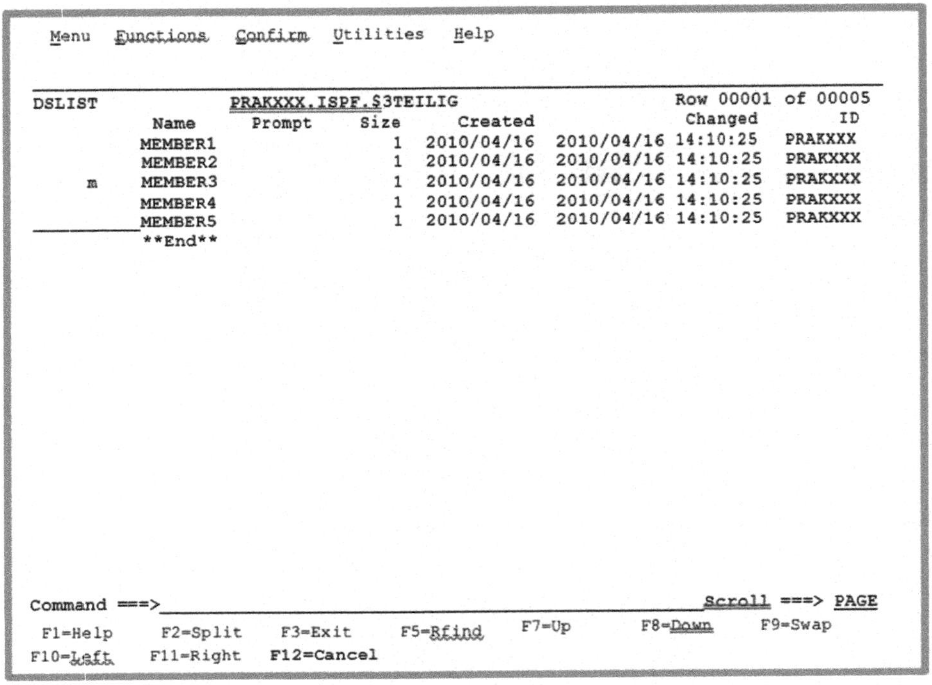

```
Menu  Functions  Confirm  Utilities  Help

DSLIST              PRAKXXX.ISPF.$3TEILIG              Row 00001 of 00005
            Name          Prompt    Size    Created          Changed           ID
            MEMBER1                    1  2010/04/16  2010/04/16 14:10:25  PRAKXXX
            MEMBER2                    1  2010/04/16  2010/04/16 14:10:25  PRAKXXX
      m     MEMBER3                    1  2010/04/16  2010/04/16 14:10:25  PRAKXXX
            MEMBER4                    1  2010/04/16  2010/04/16 14:10:25  PRAKXXX
            MEMBER5                    1  2010/04/16  2010/04/16 14:10:25  PRAKXXX
            **End**


Command ===>                                                  Scroll ===> PAGE
 F1=Help      F2=Split     F3=Exit     F5=Rfind    F7=Up     F8=Down    F9=Swap
F10=Left     F11=Right    F12=Cancel
```

Abbildung 3.33: Verschieben von Membern.

Neben der hier ausführlich behandelten Möglichkeit, Member unter Nutzung des „Data Set List" – Utility zu kopieren oder zu verschieben, kann man dies natürlich auch unter Nutzung des „Move / Copy" – Utilities realisieren. Dieses Utility wird gestartet, indem im „ISPF Primary Option Menu" auf der Kommandozeile „3.3", gefolgt von der Eingabetaste, eingegeben wird.

3.7.4.3 Löschen

Das Data Set List Utility kann natürlich auch verwendet werden, um Member oder ganze Datasets (einschließlich mehrerer Member) zu löschen.

Um einen oder mehrere Member eines Datasets löschen zu können, zeigt sich der Nutzer wieder eine Member-Liste an, die den oder die zu löschenden Member enthält. Links neben jedem Member, der gelöscht werden soll, wird ein „d" (**d**elete) eingetragen. Dieser Buchstabe kann, wie so oft im ISPF, groß oder kleingeschrieben werden. Die Eingabetaste beginnt den Löschvorgang. Doch muss man das endgültige Löschen eines jeden Members standardmäßig noch einmal per Eingabetaste bestätigen. Diese Bestätigung kannb ausstellt werden, indem „Set member delete confirmation off" durch Eintrag eines „/" markiert ist. Letzteres erhöht die Gefahr von Datenverlust und sollte wohlüberlegt eingesetzt werden. Diese Bestätigung lässt sich mittels Eingabe von „confirm" auf der Kommandozeile wieder einschalten.

ISPF kennt noch eine alternative Möglichkeit, Member zu löschen: Die Methode über das Library Utility.

3.7.5 Die Eigenschaften von Datasets anzeigen

Die in den vorangehenden Kapiteln angelegten Datasets wurden mit bestimmten Eigenschaften angelegt. Diese Eigenschaften können vom Dataset List Utility aus auf den folgenden zwei Wegen angezeigt werden.

1. Es wird eine Liste mit Datasets generiert, die die Namen der Datasets, deren Eigenschaften der Nutzer wissen möchte, enthält. Im rechten Teil dieser Liste befinden sich entsprechende Eigenschaften. Abbildung 3.34 zeigt die Anzahl der reservierten Spuren (Tracks) und wie viele von diesen (in Prozent) zum Beispiel durch angelegte Member schon in Benutzung sind.

```
  Menu   Options   View   Utilities   Compilers   Help
  ────────────────────────────────────────────────────────────────────
  DSLIST - Data Sets Matching PRAKXXX.*                    Row 1 of 7
  Command - Enter "/" to select action              Tracks %Used  XT   Device
  ────────────────────────────────────────────────────────────────────
          PRAKXXX.$2TEILIG                             1     100   1    3390
          PRAKXXX.ISPF.$3TEILIG                        1     100   1    3390
          PRAKXXX.ISPF.ISPPROF                         2     100   1    3390
          PRAKXXX.ISPF.TEST1                           1     100   1    3390
          PRAKXXX.SPFLOG1.LIST                         9      11   1    3390
          PRAKXXX.TEST.DATASET                         1     100   1    3390
          PRAKXXX.TEST2                                2      50   1    3390
  *************************** End of Data Set list ***************************




  Command ===>                                          Scroll ===> PAGE
   F1=Help      F2=Split     F3=Exit      F5=Rfind     F7=Up     F8=Down    F9=Swap
  F10=Left     F11=Right    F12=Cancel
```

Abbildung 3.34: Eigenschaften von Datasets.

Alternativ dazu können im rechten Teil der Dataset-Liste angezeigt werden:
1. Die Platten (Volumes), auf denen sich die Datasets befinden
2. Rekord-Format, Rekord-Größe und Blockgröße der Datasets
3. Umfassende Eigenschaften; u. a. Anzahl der reservierten und benutzten Tracks, das Datum des Anlegens des Datasets, Datum des letzten Dataset-Zugriffs sowie die Eigenschaften der Punkte 1. und 2.

Mit den Funktionstasten F10 oder F11 kann zwischen den angezeigten Eigenschaften gewechselt werden.

2. Man erzeugt eine Liste mit Datasets, die den Namen des Datasets, dessen Eigenschaften man wissen möchte, enthält. Anschließend wird der Cursor links neben den entsprechenden Dataset platziert und mit der Eingabetaste bestätigt. Im sich geöffneten „Data Set List Actions" – Panel wählt man „7" aus (siehe Abbildung 3.35). Die Eingabetaste erzeugt ein Panel mit den gewünschten Eigenschaften.

In einem konkreten Beispiel wird der Cursor links neben „PRAKXXX.ISPF.TEST1" gestellt und die Eingabetaste betätigt, mit „7" der Menüpunkt „Info" ausgewählt und mit der Eingabetaste das „Data Set Information" – Panel geöffnet, das die gewünschten Eigenschaften enthält (siehe Abbildung 3.36).

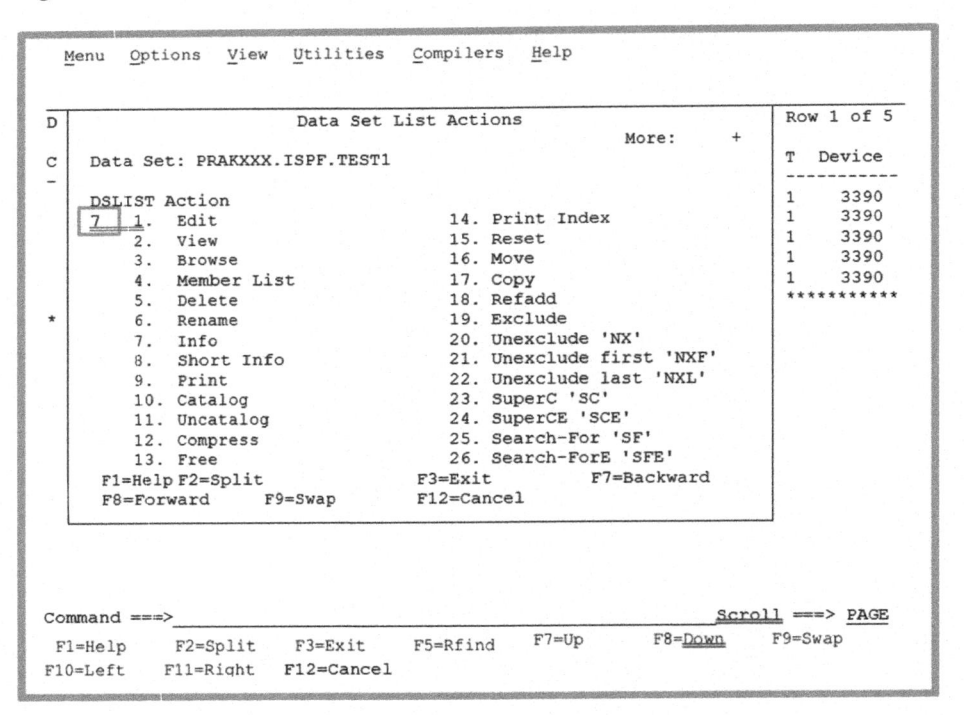

```
Menu   Options   View   Utilities   Compilers   Help

D                    Data Set List Actions                  Row 1 of 5
                                            More:       +
C   Data Set: PRAKXXX.ISPF.TEST1                           T  Device
-                                                          -----------
    DSLIST Action                                          1    3390
    7   1. Edit                        14. Print Index     1    3390
        2. View                        15. Reset           1    3390
        3. Browse                      16. Move            1    3390
        4. Member List                 17. Copy            1    3390
        5. Delete                      18. Refadd          **********
*       6. Rename                      19. Exclude
        7. Info                        20. Unexclude 'NX'
        8. Short Info                  21. Unexclude first 'NXF'
        9. Print                       22. Unexclude last  'NXL'
       10. Catalog                     23. SuperC  'SC'
       11. Uncatalog                   24. SuperCE 'SCE'
       12. Compress                    25. Search-For  'SF'
       13. Free                        26. Search-ForE 'SFE'
    F1=Help F2=Split            F3=Exit        F7=Backward
    F8=Forward      F9=Swap     F12=Cancel


Command ===>_____   Scroll ===> PAGE
  F1=Help     F2=Split    F3=Exit    F5=Rfind   F7=Up    F8=Down    F9=Swap
  F10=Left    F11=Right   F12=Cancel
```

Abbildung 3.35: Menü „Data Set List Actions".

```
                           Data   Set   Information
     Data Set Name . . . . . : PRAKXXX.ISPF.TEST1

     General Data                      Current          Allocation
        Management class . . : **None**  Allocated kilobytes : 18
        Storage class  . . . : PRIM90    Allocated extents . : 1

        Volume serial . . . . : SMS001
        Device type . . . . : 3390       Maximum dir. blocks : 2

        Data class . . . . . : **None**

        Organization . . . . : PO        Current Utilization

        Record format . . . . : FB       Used kilobytes . . : 2

        Record length . . . . : 80       Used extents . . . : 1

        Block size . . . . . : 320       Used dir. blocks . : 1

        1st extent kilobytes: 18         Number of members . : 2
        Secondary kilobytes : 1

        Data set name type  : PDS


        Creation date . . . . : 2010/04/16   Referenced date . . : 2010/04/16
        Expiration date . . : ***None***




     Command ===>
       F1=Help      F2=Split     F3=Exit     F7=Backward   F8=Forward   F9=Swap
       F12=Cancel
```

Abbildung 3.36: „Data Set Information" – Panel.

3.7.6 Löschen und Komprimieren von Datasets

3.7.6.1 Löschen

Diese Option sollte sehr sorgfältig eingesetzt werden, weil mit einem ganzen Dataset sämtliche Member einschließlich deren Inhalt gelöscht werden. Der per Allocate reservierte Plattenspeicherplatz wird wieder freigegeben.

Es soll ein Panel mit einer Dataset-Liste geöffnet werden, die den zu löschenden Dataset enthält. Links neben dem Dataset, der gelöscht werden soll, wird „d" (**d**elete) eingetragen, wie es beim Löschen von Membern erfolgt ist und bestätigt mit der Eingabetaste. Anschließend wird der Nutzer aufgefordert, die Löschanforderung durch erneute Betätigung der Eingabetaste zu bekräftigen. Ist das erfolgt, wird der Dataset einschließlich aller seiner Member gelöscht. Danach erscheint in der rechten oberen Panel-Ecke die Meldung „Data set deleted". Das gelöschte Dataset steht weiterhin in der Liste, hat jedoch in den rechten Spalten keine Eintragungen mehr, da es nicht mehr existiert.

3.7.6.2 Komprimieren

Arbeitet der Nutzer mit Partitioned Datasets und werden diese sehr oft derart modifiziert, dass man ständig neue Member anlegt und löscht, wird unter Umständen ein Komprimieren (Compress) der Datasets erforderlich, damit die Datasets auch weiterhin neue Member aufnehmen können.

Der Grund dafür ist, dass beim Löschen von Membern deren ehemaliger Speicherplatz nicht automatisch zur Wiederverwendung freigegeben wird. Diese Speicherplatzfreigabe muss man explizit durch einen Compress herbeiführen.

Es sollte die Notwendigkeit eines Compress in den folgenden Fällen geprüft werden:
1) Es lässt sich kein neuer Member anlegen.
2) Ein Member lässt sich nicht mehr editieren.
3) Die Ausführung eines JCL-Scriptes erzeugt die folgende Fehlermeldung:

09.27.54 JOB15798 $HASP165 PRAKXXXB ENDED AT N1 - ABENDED SE37 U0000 CN(INTERNAL)

***

Um einen Compress auf einen Dataset anzuwenden, ist zuerst ein Panel mit einer Dataset- Liste, die diesen Dataset enthält, zu erstellen. Einen Hinweis auf eine eventuell notwendige oder sinnvolle Komprimierung liefert auch eine Angabe von „%Used" = 100 in der Dataset- Liste, insbesondere dann, wenn die Anzahl der angelegten Tracks erheblich größer ist als 1. Dieses ist beispielsweise bei dem in der Abbildung 3.37 dargestellten Partitioned Dataset „PRAKXXX.CICSDB2.COBOL" der Fall.

Den zu komprimierenden Dataset wählt man durch ein „z", welches links neben den Dataset-Namen eingetragen wird, aus (siehe Abbildung 3.37). Eine anschließende Betätigung der Eingabetaste startet die Komprimierung.

Ein erfolgreiches Ende der Komprimierung wird durch die Meldung „Compress successful" (siehe Abbildung 3.38) bestätigt. Wie effektiv die Komprimierung war, kann an der Veränderung des Wertes unter „%Used" abgelesen werden. Vor der Komprimierung betrug dieser für den Dataset „PRAKXXX.CICSDB2.COBOL" 100% (siehe Abbildung 3.37). Die Komprimierung veränderte diesen Wert auf 25% (siehe Abbildung 3.38).

Die 100% bedeuteten, dass alle 8 für den Dataset „PRAKXXX.CICSDB2.COBOL" reservierten Tracks benutzt waren. Die 25% zeigen, dass 6 von 8 Tracks vom Dataset „PRAKXXX.CICSDB2.COBOL" nicht mehr benutzt wurden und deshalb für neue Member als neu verfügbarer Plattenspeicher freigegeben wurden.

3.7 Arbeiten mit dem Data Set List Utitility — 135

```
  Menu   Options   View   Utilities   Compilers   Help

                                                          Row 1 of 37
  Command - Enter "/" to select action           Tracks  %Used  XT  Device
  -----------------------------------------------------------------------
             PRAKXXX.$2TEILIG                       1     100    1   3390
             PRAKXXX.C.LOAD                         7     100    7   3390
             PRAKXXX.CICS.ASSEM                     1     100    1   3390
             PRAKXXX.CICS.BMS                       1     100    1   3390
             PRAKXXX.CICS.BMS#ALT                  13      53   13   3390
             PRAKXXX.CICS.COBOL                     2     100    2   3390
             PRAKXXX.CICS.PLI                       1     100    1   3390
             PRAKXXX.CICS.TEST                      4     100    4   3390
             PRAKXXX.CICSDB2.ASSEM                 15      33    3   3390
         z | PRAKXXX.CICSDB2.COBOL                  8    |100|   8   3390
             PRAKXXX.CICSDB2.PLI                   14      85    2   3390
             PRAKXXX.CICSDB2.TEST01                 6      66    2   3390
             PRAKXXX.DBRMLIB.DATA                   2     100    2   3390
             PRAKXXX.ISPF.$3TEILIG                  1     100    1   3390
             PRAKXXX.ISPF.ISPPROF                  15      20    1   3390

  Command ===>                                         _Scroll ===> PAGE
    F1=Help      F2=Split    F3=Exit     F5=Rfind   F7=Up   F8=Down   F9=Swap
    F10=Left     F11=Right   F12=Cancel
```

Abbildung 3.37: Auswahl des zu komprimierenden Datasets.

```
  Menu   Options   View   Utilities   Compilers   Help  DSLIST
  - Data Sets Matching PRAKXXX.*                        |Compress successful|
  Command - Enter "/" to select action          Tracks  %Used  XT  Device
  -----------------------------------------------------------------------
             PRAKXXX.$2TEILIG                       1     100    1   3390
             PRAKXXX.C.LOAD                         7     100    7   3390
             PRAKXXX.CICS.ASSEM                     1     100    1   3390
             PRAKXXX.CICS.BMS                       1     100    1   3390
             PRAKXXX.CICS.BMS#ALT                  13      53   13   3390
             PRAKXXX.CICS.COBOL                     2     100    2   3390
             PRAKXXX.CICS.PLI                       1     100    1   3390
             PRAKXXX.CICS.TEST                      4     100    4   3390
             PRAKXXX.CICSDB2.ASSEM                 15      33    3   3390
             PRAKXXX.CICSDB2.COBOL                  8     |25|   8   3390
             PRAKXXX.CICSDB2.PLI                   14      85    2   3390
             PRAKXXX.CICSDB2.TEST01                 6      66    2   3390
             PRAKXXX.DBRMLIB.DATA                   2     100    2   3390
             PRAKXXX.ISPF.$3TEILIG                  1     100    1   3390
             PRAKXXX.ISPF.ISPPROF                  15      20    1   3390

  Command ===>                                         Scroll ===> PAGE
    F1=Help      F2=Split    F3=Exit     F5=Rfind   F7=Up   F8=Down   F9=Swap
    F10=Left     F11=Right   F12=Cancel
```

Abbildung 3.38: Bestätigung der erfolgreichen Komprimierung.

Es gibt noch eine zweite Möglichkeit, im ISPF einen solchen Compress durchzuführen. Es ist auch das Library Utility dazu in der Lage.

3.8 Job Control Language (JCL)

Job Control Language (JCL) ist eine Sprache, die bereits vor über 50 Jahren entwickelt wurde, aber unter z/OS nach wie vor von enormer Bedeutung ist. Auf den ersten Blick erscheint JCL sehr kryptisch, was vor allem daran liegt, dass diese Skriptsprache aus dem Lochkarten- Zeitalter stammt. Darin ist es auch begründet, dass JCL ein fest definiertes Format hat und eine Vielzahl an Regeln bei der Codierung zu beachten sind.

JCL-Skripte werden vom z/OS *Job Entry Subsystem* verarbeitet. Je nachdem, ob es sich um ein einzelnes z/OS-System oder einen Verbund mehrerer Systeme in einem z/OS Parallel Sysplex handelt, kommt dabei entweder JES2 oder JES3 zum Einsatz. Ein z/OS Parallel Sysplex ist eine Einheit aus mehreren auf getrennten logischen Partitionen (LPARs) oder auf unterschiedlichen System z-Rechnern laufenden z/OS-Systemen. Diese werden von einer Coupling Facility verbunden, die für einen geregelten Ablauf innerhalb des Sysplex sorgt und u. a. anfallende Arbeit gleichmäßig auf die einzelnen Systeme verteilt. In unserem Fall wird JES2 eingesetzt, da das genutzte z/OS-System nicht Teil eines Sysplex ist. Im Gegensatz dazu sind die meisten produktiven z/OS-Systeme aufgrund von Ausfallsicherheit- und Performance-Aspekten Teil eines Parallel Sysplex.

Wenn man in z/OS ein JCL-Skript ausführt, so wird dieses an JES übergeben. JES interpretiert das JCL-Skript und gibt einen JCL Error aus, falls die Syntax fehlerhaft ist. Ist die Skript-Syntax in Ordnung, so übergibt JCL den durch das Skript beschriebenen Job an den z/OS Scheduler. Dieser führt den Job aus und liefert verschiedene Statusmeldungen an JES zurück. JES sammelt diese und schreibt sie in das Job Log. In den meisten Fällen gibt JCL auch eine direkte Rückmeldung an den TSO-Benutzer zurück. Falls kein JCL Error aufgetreten ist, gibt ein Return Code an, ob der Job ordnungsgemäß gelaufen ist. Der Return Code 0 gibt an, dass keine Fehler bei der Ausführung des Jobs aufgetreten sind. Durch den Return Code 4 wird in der Regel eine Warnung dargestellt. Unter Umständen kann aber ein Return Code 4 auch schon dazu führen, dass Teile des Jobs nicht ausgeführt werden. Die anderen systemseitig vorgesehenen Return Codes 8, 12 und 16 sind Zeichen dafür, dass etwas nicht funktioniert hat. Je höher der Return Code, desto schwerwiegender ist meist der Fehler. Neben den genannten Return Codes ist es auch möglich, in selbst geschriebenen Programmen andere zu definieren. Die Werte 0 bis 4095 sind dabei möglich. In großen Firmen findet man oft Return Codes, die von den systemseitig festgelegten abweichen.

Ist ein Job wegen eines Fehlers nicht korrekt beendet worden, spricht man von einem *ABnormal END*. ABENDs können in einigen Fällen durch Recovery-Routinen verhindert werden. Derjenige, der das JCL-Skript geschrieben hat, muss dies aber bereits vor der Ausführung des Jobs eingeplant und für eine entsprechende Fehlerbehandlung innerhalb des Jobs gesorgt haben. Wird ein Abend nicht durch solche Routinen abgefangen, findet sich im Job Log meist neben dem zurückgegeben Return Code auch ein Abend Code, welcher den Fehler genauer spezifiziert. ABEND Codes sind in den Programmhandbüchern und in der Regel auch im Internet dokumentiert. Es sind jedoch nicht alle in Job Logs zu findenden Codes ABEND Codes. Dadurch dürfte es für Sie anfangs eine Herausforderung werden, einen Fehler innerhalb des oft umfangreichen Job Logs zu finden. Entsprechend wird mit relativ einfachen Jobs begonnen, in den weder ein Compiler noch ein Linker und auch keine umfangreichen Programme aufgerufen werden, was die Job Logs relativ kurz halten wird.

Ein JCL-Skript [34] besteht im Wesentlichen aus einem einleitenden JOB-Statement, einem oder mehreren EXEC-Statements und jeweils darauf folgenden DD-Statements. Das JOB- Statement leitet den Job ein und definiert wichtige, für den gesamten Job gültige Informationen. Darauf folgt meistens ein EXEC-Statement. Mit diesem JCL-Statement wird ein Job Step eingeleitet und ein Programm oder eine Prozedur aufgerufen. Prozeduren können innerhalb des JCL-Skripts oder in einem anderen Dataset bzw. Member definiert sein. Das Job Step-Konzept dient zur Unterteilung eines Jobs und ermöglicht die Hintereinander-Ausführung mehrerer unter Umständen verschiedener Programme innerhalb eines JCL-Skripts. Mit Hilfe von DD-Statements werden Ressourcen für Ein- und Ausgabedaten definiert. Diese werden entweder in Form eines Datasets bzw. Members angegeben oder direkt in das JCL-Skript hineingeschrieben. Ausgabedaten können außerdem auch in das Job Log geschrieben werden. In der Regel werden DD-Statements nach einem EXEC-Statement angegeben und gelten dann auch nur für den dadurch eingeleiteten Job Step. In speziellen Fällen werden jedoch auch Jobweit gültige DD-Definitionen oder Referenzierungen auf DD- Statements in anderen Job Steps vorgenommen. Erstere sind zwischen dem JOB-Statement und dem ersten EXEC-Statement des JCL-Skripts zu finden.

Neben den drei bereits erwähnten JCL-Statements gibt es 15 weitere, welche zum Teil später noch vorgestellt werden. Neben JCL-Statements finden sich in JCL-Skripten oft auch JES Control Statements oder zur Steuerung von in Job Steps aufgerufenen Utilities genutzte Utility Control Statements. An dieser Stelle werden weder JES Control Statements noch Utility Control Statements genutzt.

Die meisten JCL-Statements besitzen eine Vielzahl an Parametern, von denen meist nur wenige in einem JCL-Skript codiert werden. Es gibt erforderliche Parameter, aber auch optionale, für die JES, wenn sie nicht angegeben wurden, in der Regel Standardwerte annimmt. Nicht in jedem Fall ist jeder in einen Statement mögliche Parameter auch zulässig. Parameter werden in einer auf das jeweilige Statement folgenden kommaseparierten Liste angegeben. Es gibt zwei Typen von Parametern:

- *Propositionals*   Dieser Parametertyp beeinflusst die Interpretation des JCL-Statements allein durch sein Vorhandensein. Es wird kein Wert angegeben. Die Parameter-Liste beginnt mit Propositionals, die nur in der festgelegten Reihenfolge angegeben werden dürfen. Das Fehlen eines erwarteten Propositionals wird durch ein Komma ohne eine Angabe davor ausgedrückt. In einigen Fällen können diese aber auch weggelassen werden.
- *Keywords*   Im Gegensatz zu Propositionals bestehen Keywords aus einem Namen und einem Wert, einem Subparameter oder einer in Klammern angegebenen Liste von Subparametern. Auf den

Namen folgt sofort ein Gleichheitszeichen. Gibt man danach nichts an oder folgt direkt darauf ein Komma, so nimmt JES für das Keyword Standardwerte an. Die in Keywords angegebenen Subparameter unterteilen sich ebenfalls in Propositionals und Keywords. Keywords können meist in beliebiger Reihenfolge angegeben werden. Das Fehlen von Keywords wird nicht durch ein Komma gekennzeichnet.

Alle Schlüsselwörter, d. h. JCL-Statements, Propositionals und Keyword-Namen müssen komplett in Großbuchstaben geschrieben werden. Den ISPF-Editor kann man so konfigurieren, dass er automatisch beim Speichern alle Buchstaben zu Großbuchstaben macht. Das ist im Zusammenhang mit JCL-Skripten in der Regel nützlich.

Wie bereits angedeutet ist das Format der Job Control Language historisch bedingt an Lochkarten angepasst. Daher besteht ein JCL-Skript aus 80 Zeichen pro Zeile. Darin codierte Statements beginnen mit einem doppelten Schrägstrich. Auf diesen folgt ein Bezeichner für das Statement, welcher ein bis acht Zeichen lang ist und aus den Zeichen A-Z, 0–9 und #, $ sowie @ bestehen darf. Eine Ziffer kann nicht als erstes Zeichen verwendet werden. Nach einem Leerzeichen folgt der Statement-Name (z. B. EXEC). Die Parameterliste beginnt nach einem weiteren Leerzeichen und endet entweder spätestens mit Spalte 71 oder wird nach einem Komma abgebrochen und in der folgenden Zeile zwischen Spalte 4 und 16 fortgesetzt. Auch in Fortsetzungszeilen muss ein doppelter Schrägstrich die Zeile einleiten. Danach dürfen aber vor der Fortsetzung der Parameterliste nur Leerzeichen kommen. Die Spalte 72 ist für Fortsetzungszeichen freigehalten. Diese werden zum Beispiel bei der Angabe von langen Werten benötigt. In den Spalten 73 bis 80 kann eine Zeilennummerierung angegeben sein. Der ISPF-Editor fügt diese – falls so eingestellt – beim Speichern automatisch ein. Auf diese Weise sind alle Zeilen im JCL-Skript aufgebaut, die ein JCL-Statement beziehungsweise einen Teil davon enthalten. Die Festlegung von 80 Zeichen pro Zeile bedeutet, dass JCL-Skripte in Datasets mit 80 Byte-Records geschrieben werden müssen.

Vor dem Schreiben eines erstes JCL-Skripts muss zunächst ein Dataset angelegt werden, in welches das Script hineingeschrieben wird. Der neue Dataset soll den Namen PRAKxxx.BASICS.JCL erhalten.

Es wird mit Hilfe des Edit Entry Panels, das durch Eingabe von 2 aus dem ISPF Primary Option Menu heraus erreicht wird, einen neuen Member mit dem Namen CREATEDS in dem eben angelegten Dataset. In diesen soll ein erstes, einfaches JCL-Skript geschrieben und dabei alle drei bereits erwähnten JCL-Statements verwenden werden. Das einleitende JOB-Statement hat die folgende Syntax:

Spalte 1–2	*Spalte 3–10*	*Spalte 11*	*Spalte 12–14*	*Spalte 15*	*Spalte 16ff*
//	Job-Name	Leerzeichen	JOB	Leerzeichen	Parameterliste

Auf dieser LPAR muss der Job-Name mit der User-ID beginnen. Der Job wird so bezeichnet, wie in der Abbildung 3.39 zu sehen ist, mit PRAKxxxJ:

```
  File Edit Edit_Settings Menu Utilities Compilers Test Help

  EDIT        PRAKxxx.BASICS.JCL(CREATEDS) - 01.00        Columns 00001 00072
  ****** *************************** Top of Data ******************************
  ==MSG> -Warning- The UNDO command is not available until you change
  ==MSG>           your edit profile using the command RECOVERY ON.
  ''''''  //PRAKxxxJ JOB (),CLASS=A,MSGCLASS=M,MSGLEVEL=(1,1),NOTIFY=&SYSUID,
  ''''''  //            REGION=4M
  ''''''
  ''''''
  ''''''
  ''''''
  ''''''
  ''''''
  ''''''
  ''''''
  ''''''
  ''''''
  ''''''

   F1=Help      F2=Split      F3=Exit      F5=Rfind     F6=Rchange    F7=Up
   F8=Down      F9=Swap       F10=Left     F11=Right    F12=Cancel
```

Abbildung 3.39: JOB-Statement eines JCL-Skripts.

Abbildung 3.39 zeigt das sich über zwei Zeilen erstreckende JOB-Statement des JCL-Skripts. Nach dem Schlüsselwort JOB, welches angibt, dass es sich um ein JOB-Statement handelt, folgt mit einem Leerzeichen Abstand die Parameterliste. Diese wird in dem Fall durch zwei Klammern eingeleitet. An Stelle der Klammern stehen normalerweise Benutzerinformationen, die durch JES interpretiert werden. Wie JES diese interpretiert, wird anhand JES- Einstellungen geregelt. Auf dem betrachteten System werden diese nicht interpretiert, weshalb einfach eine öffnende und eine schließende Klammer ihre Stelle ausfüllt. In vielen Firmen wird anhand dieser Informationen ermittelt, ob der Benutzer berechtigt ist, den Job auszuführen. Das ist jedoch nur ein Beispiel der vielseitigen Verwendungsmöglichkeiten der Benutzerinformationen. Die Benutzerinformationen sind vom Typ her ein Propositional. In JOB-Statements kann neben diesem Propositional noch ein weiteres angegeben werden, das den Benutzer identifiziert, der das JCL-Skript geschrieben hat. Darauf wird an dieser

Stelle verzichtet. In diesem Fall ist auch kein Komma nötig, welches das Fehlen des Parameters kennzeichnet. Mit CLASS = A beginnen die Keywords. Einige der wichtigstem werden im Folgenden vorgestellt. Nicht alle von Ihnen wurden in Abbildung 3.39 verwendet.

- CLASS = x   Ordnet den Job der JES Job-Klasse *x* zu. *x* darf eine Ziffer oder ein Großbuchstabe sein. Die Zuordnung von Job-Klassen wird u. a. genutzt, um eine Priorisierung der zu verarbeitenden Jobs vornehmen zu können.

- MSGCLASS = x   Ähnlich wie Jobs werden auch Ausgabenachrichten klassifiziert. Dabei gelten die gleichen Bezeichnungsregeln. Die Ausgabe- Klassifizierung dient anderem dazu, Nachrichten mit einem bestimmten Ziel zu gruppieren.

- MSGLEVEL = (x,y)   Dem Keyword MSGLEVEL können zwei Werte übergeben werden. *x* kann die Werte 0 (nur JOB-Statement im Job Log ausgeben), 1 (alle JCL-Statements und Prozeduren ausgeben) und 2 (alle JCL-Statements aber keine Prozeduren ausgeben) annehmen. *y* kann die Werte 0 (falls Job erfolgreich ausgeführt wurde nur JCL-Nachrichten ausgeben, sonst alle) und 1 (immer alle Nachrichten ausgeben) annehmen.

- NOTIFY = User   Gibt an, wer über den Ablauf des Jobs benachrichtigt werden soll. Durch die Angabe &SYSUID (siehe Abbildung 1) fügt JES die User-ID desjenigen ein, der den Job abschickt (an JES übergibt). JES liefert dann nachdem der Job beendet wurde eine Nachricht an den angegebenen TSO User.

- REGION = xUnit   Legt eine Obergrenze an virtuellem Speicher fest, den der Job zur Ausführung maximal nutzen darf. Falls mehr benötigt wird, als angegeben ist, kommt es zu einem Abend. Als *Unit* werden K (Kilobyte) und M (Megabyte) akzeptiert. Die Angabe 0K steht für den kompletten verfügbaren virtuellen Speicher im mit 31 Bit adressierbaren Speicherbereich.

- MEMLIMIT = xUnit   Limitiert die Nutzung von virtuellem Speicher oberhalb des mit 31 Bit adressierbaren Speicherbereichs. Als *Unit* sind nun auch G (Gigabyte) und T (Terabyte) möglich. Der Wert NOLIMIT lässt den verwendbaren virtuellen Speicher unbeschränkt.

- TYPRUN = type   Gibt an, wie JES den Job behandeln soll. Durch Angabe von SCAN prüft JES nur die Syntax, führt den Job aber nicht aus. Durch Angabe von HOLD wird mit der Ausführung des Jobs solange gewartet, bis ein Operator ihn freigibt. Dies spielt vor allem in großen Unternehmen eine Rolle.

- LINES = (n,Action)   Führt nach *n* Tausend Zeilen Job-Ausgaben die durch *Action* angegebene Aktion aus. CANCEL bricht den Job ab, DUMP gibt einen Dump aus und WARNING benachrichtigt den bzw.

- *RESTART = Step*   die Operator. Auf diese Weise ist es möglich Endlosschleifen abzubrechen, falls das Programm, das sie verursacht, Ausgaben macht.

  Mit diesem Parameter lässt sich ein Job an einer bestimmten Stelle neustarten. Durch Angabe eines Job Step-Namens wird der Job beginnend mit dem angegebenen Job Step ausgeführt.

Es gibt eine Vielzahl weiterer Keywords für das JOB-Statement. Bei der Angabe der Parameter im JCL-Skript ist wichtig, dass zwischen den Parametern keine Leerzeichen stehen. JES interpretiert auf ein Leerzeichen folgende Angaben in den meisten Fällen als Kommentar. Falls der Nutzer einen Kommentar in ein JCL-Skript schreiben möchte, so verzichten man dennoch besser auf diese Form von Kommentaren und schreibt diese Kommentare in eine separate Kommentarzeile. Diese hat die folgende Syntax:

Spalte 1–2   *Spalte 3*   *Spalte 4*   *Spalte 5ff*
//   *   Leerzeichen   Kommentar

```
   File Edit Edit_Settings Menu Utilities Compilers Test Help
  ─────────────────────────────────────────────────────────────
   EDIT       PRAKxxx.BASICS.JCL(CREATEDS) - 01.00      Columns 00001 00072
   ****** ************************* Top of Data ****************************
   ==MSG>  -Warning- The UNDO command is not available until you change
   ==MSG>           your edit profile using the command RECOVERY ON.
   ''''''  //PRAKxxxJ  JOB (),CLASS=A,MSGCLASS=M,MSGLEVEL=(1,1),NOTIFY=&SYSUID,
   ''''''  //          REGION=4M
   ''''''  //STEP1     EXEC PGM=IEFBR14
   ''''''
   ''''''
   ''''''
   ''''''
   ''''''
   ''''''
   ''''''
   ''''''
    F1=Help        F2=Split      F3=Exit     F5=Rfind     F6=Rchange   F7=Up
    F8=Down        F9=Swap       F10=Left    F11=Right    F12=Cancel
```

Abbildung 3.40: EXEC-Statement eines JCL-Skripts.

Das Leerzeichen muss nicht in allen Fällen angegeben werden, aber es empfiehlt sich, diese besser nicht wegzulassen, da JES3 Control Statements ebenfalls mit //* beginnen. Sollte der Nutzer also danach den Kommentar aus Versehen mit einem JES3 Control Statement beginnen, führt das Ausführen des JCL-Skripts vermutlich zu einem Fehler.

Auf das JOB-Statement folgt im betrachteten JCL-Skript nun direkt der durch ein EXEC- Statement eingeleitete erste Job Step:

Das EXEC-Statement in Abbildung 3.40 ist sehr kurz. Es beinhaltet neben dem Statement nur den Job Step-Namen STEP1 und den einzig erforderlichen Parameter PGM, durch welchen das auszuführende Programm bzw. die auszuführende Prozedur festgelegt wird. Job Step- Namen sollten eindeutig sein, da ansonsten eine Verwendung z. B. im RESTART-Parameter des JOB-Statements nicht möglich ist. Es folgt eine Erklärung der wichtigsten Parameter des EXEC-Statements:

- *PGM = Name*   Der Parameter gibt den Namen des auszuführenden Programms oder der Prozedur an. JES muss bekannt sein, wo das Programm bzw. die Prozedur zu finden ist. In diesem Fall wird ein z/OS Utility aufgerufen. JES ist bekannt, wo dieses abgelegt ist. PGM muss der erste Parameter des EXEC-Statements sein.
- *PARM = ‚Values'*   Durch den PARM-Parameter werden Werte angegeben, die JES an das aufzurufende Programm übergeben soll. Diese werden in der Regel in Hochkommas geschrieben. Die Angabe darf max. 100 Zeichen umfassen. PARM muss direkt auf PGM folgen.
- *COND = (Rc,Op)*   Wenn die durch COND angegebene Bedingung erfüllt ist, wird die Ausführung des Jobs abgebrochen. *Rc* entspricht einem Return Code und *Op* einem Vergleichsoperator. Die Angabe in *Rc* wird mittels des durch *Op* angegeben Vergleichsoperators mit dem an dieser Stelle höchsten im Job-Verlauf aufgetretenen Return Code verglichen. *Op* kann die Werte EQ (gleich), NE (ungleich), LT (kleiner als), LE (kleiner gleich), GT (größer als) und GE (größer gleich) annehmen. COND = (8,LE) sorgt also für einen Job-Abbruch, falls 8 kleiner oder gleich dem größten bis zu diesem Zeitpunkt in einem Job Step aufgetretenen Return Code ist.
- *TIME = (x,y)*   Gibt an, wie viel CPU-Zeit der Job Step maximal verbrauchen darf. Der Job wird nach *x* Minuten und *y* Sekunden CPU-Zeit abgebrochen, falls er nicht bereits beendet ist. Durch NOLIMIT wird dem Job unbegrenzt CPU-Zeit gegeben. Parametern wie TIME muss nicht immer die volle Subparameterliste übergeben werden. So sind einem Job Step durch TIME = 2 zwei Minuten CPU-Zeit zur Ausführung gegeben, durch TIME = (,10) nur zehn Sekunden. TIME = 1440 (entspricht einem Tag CPU-Zeit) ist gleichbedeutend mit TIME = NOLIMIT.

Für Werte, die wie z. B. die Programmparameter in Hochkommas geschrieben werden, gilt folgende Regelung, falls sie nicht auf eine Zeile passen: Es wird durchgehend bis einschließlich Spalte 71 geschrieben und dann in Spalte 16 der nächsten Zeile fortgesetzt. In der ersten dieser Zeilen wird in Spalte 72 ein Fortsetzungszeichen angegeben.

Was durch den Aufruf des z/OS Utility IEFBR14 geschieht, wird später erklärt. Zuvor muss erst noch das DD-Statement vorgestellt werden:

```
   File Edit Edit_Settings Menu Utilities Compilers Test Help
─────────────────────────────────────────────────────────────────────
EDIT       PRAKxxx.BASICS.JCL(CREATEDS) - 01.00      Columns 00001 00072
****** **************************** Top of Data *****************************
==MSG> -Warning- The UNDO command is not available until you change
==MSG>           your edit profile using the command RECOVERY ON.
''''''  //PRAKxxxJ  JOB  (1,CLASS=A,MSGCLASS=M,MSGLEVEL=(1,1),NOTIFY=&SYSUID,
''''''  //              REGION=4M
''''''  //STEP1      EXEC PGM=IEFBR14
''''''  //NEWDS      DD DSN=&SYSUID..BASICS.NEWDS,DISP=(NEW,CATLG,DELETE),
''''''  //              UNIT=SYSDA,SPACE=(TRK,1),DSORG=PS,LRECL=80,RECFM=FB,
''''''  //              BLKSIZE=0
''''''
''''''
''''''
''''''
''''''
''''''

   F1=Help       F2=Split      F3=Exit       F5=Rfind      F6=Rchange    F7=Up
   F8=Down       F9=Swap       F10=Left      F11=Right     F12=Cancel
```

Abbildung 3.41: DD-Statement eines JCL-Skripts.

Durch DD-Statements werden Ressourcen zur Ein- und Ausgabe definiert. In den meisten Fällen sind das Datasets. Dataset-Bezeichner werden in einigen Fällen weiteren Verlauf des JCL-Skripts benutzt. Es empfiehlt sich also auch hier eindeutige Bezeichner zu verwenden. Die Bezeichner können auch durch das aufgerufene Programm vorgegeben sein. Es gibt eine Vielzahl von DD-Statement Parametern. In der Regel werden jedoch nur dann viele benötigt, wenn ein neues Dataset angelegt werden muss. Dies geschieht mit dem DD-Statement in Abbildung 3.41. Die verwendeten Parameter werden im Folgenden erläutert:

- *DSN = Datasetname*   Dieser Parameter ist in fast allen DD-Statements zu finden und gibt den Dataset-Namen an. In diesem können System-Variablen eingesetzt werden, deren Werte JES dann vor

- *DISP = (ini,end,ab)* der Ausführung einträgt. In Abbildung 3 wird die User-ID eingefügt. Der zweite Punkt ist an dieser Stelle nötig, damit JES weiß, wo der Name der Variable zu Ende ist.

  DISP gibt an, wie JES mit dem Dataset umgehen soll. Durch *ini* wird angegeben, wie JES am Anfang des Job Steps mit dem Dataset verfahren muss. Der in Abbildung 3 angegebene Wert NEW besagt, dass das Dataset bis zu diesem Job Step noch nicht existiert. JES wird versuchen es anzulegen. Andere an dieser Stelle mögliche Werte sind OLD (exklusive Nutzung eines bestehenden Datasets für Lese-, Schreib- oder Löschvorgänge), MOD (Anhängen neuer Daten an ein bestehendes sequentielles Dataset mit exklusivem Zugriff) und SHR (lesender Zugriff auf ein bestehendes Dataset ohne exklusive Nutzung). *end* und *ab* geben an, was JES am Ende des Job Steps mit dem Dataset machen soll. Ersteres bestimmt die Aktion nach fehlerfreier Ausführung des Job Steps und letzteres die Aktion nach einem Fehler im Job Step. In beiden Fällen sind die Werte DELETE (Dataset löschen), CATLG (Dataset behalten und in den Catalog eintragen), KEEP (Dataset behalten, aber nicht in den Catalog eintragen, falls es nicht schon darin vorhanden ist), UNCATLG (Dataset behalten, aber aus dem Catalog löschen). Nicht im Catalog eingetragene Datasets sind in ISPF nicht zu sehen.

- *UNIT = Type* Der Parameter gibt den Typ der Speichereinheit an, auf dem das Dataset gespeichert ist oder gespeichert werden soll. SYSDA steht dabei für **Direct Access Storage Devices**, sprich für alle Festplattentypen. Als Wert ist auch oft 3390 zu finden. Dies ist ein spezieller IBM Festplattentyp. Durch die Angabe von TAPE wird eine beliebige Magnetbandkassette als Speichereinheit angegeben. Diese werden heutzutage vor allem zur Archivierung großer Datenmengen genutzt. Auf Magnetbandkassetten können nur sequentielle Datasets geschrieben werden.

- *VOLUME = Serial* Gibt eine logische Plattenspeichereinheit bzw. Partition an. Wird die Angabe beim Erstellen eines neuen Datasets weggelassen, so sucht z/OS auf allen vorhandenen auf den angegebenen Typ zutreffenden Speichereinheiten nach freiem Speicherplatz.

- *SPACE = (Unit,x)* Gibt an, wie viel Speicherplatz für ein neues Dataset reserviert werden soll. Als *Unit* können Byte-Anzahlen oder die aus dem Data Set Utility bekannten Einheiten eingetragen werden. Eine Spur (TRK) entspricht hier etwa 55 Kilobyte. *x* gibt die primäre Dataset-Größe an. Für dieses Dataset können keine Extends angelegt werden, falls es voll ist. Durch SPACE = (TRK,(1,1)) würde eine Extend-Größe von einer Spur festgelegt werden. Wenn man Daten einliest und sich nicht sicher ist, wie groß diese sind, dann gibt man besser etwas mehr Speicherplatz an und verwendet den RLSE-Subparameter. Durch die Definition SPACE = (CYL,(5,1),RLSE) wird festgelegt, dass das Dataset fünf Zylinder groß sein soll und jeder Extend eine Größe von einem Zylinder hat, aber nach Beendigung des Job Steps nicht benötigter Speicher wieder freigegeben wird.

- *DCB = (...)* Ein Data Control Block fasst zahlreiche Dataset-Spezifikationen zusammen. Einige Programmiersprachen wie z. B. Assembler nutzen DCBs. In einem DCB stehen im Wesentlichen die noch nicht erläuterten Parameter des DD-Statements in Abbildung 3. In dem JCL-Skript wird jedoch auf die DCB-Syntax verzichtet. Die übrigen Dataset-Spezifikationen werden einzeln angegeben.
- *DSORG = Organis* Gibt die Dataset-Organisation an. Dadurch wird der Dataset-Typ festgelegt. Durch Angabe von PS wird ein sequentielles Dataset angelegt, durch PO ein **Partitioned Data Set**.
- *LRECL = x* Gibt die Länge der logischen Records in Byte an.
- *RECFM = Type* Gibt die Art der physischen Record-Speicherung an. F steht für Records fester Länge, V für Records variabler Länge, B für das Zusammenrücken von Records in Blöcke und U wird vor allem für Lade-Module von Programmen genutzt. In diesem Fall kümmert sich z/OS um die passende Dataset-Struktur.
- *BLKSIZE = x* Legt die Größe von Record-Blöcken fest, falls bei RECFM FB oder VB angegeben wurde. Im Falle von FB muss BLKSIZE ein Vielfaches von LRECL sein. Wird BLKSIZE = 0 angegeben, so ermittelt z/OS die für den Typ der Speichereinheit optimalen Blockgröße.

DD-Statements bieten eine Vielzahl weiterer Möglichkeiten. An dieser Stelle beenden wir dennoch die Betrachtung von DD-Statements erst einmal.

Bevor wir das JCL-Skript ausführen, noch ein paar Worte zu dem im EXEC-Statement angegebenen z/OS Utility: IEFBR14 ist ein nahezu funktionsloses Programm. Es liefert lediglich den Return Code 0 zurück. Es wird benötigt, da alle operativen Tätigkeiten in JCL-Skripten in Job Steps definiert werden und diese durch EXEC-Statement implementiert werden, zu denen immer der PGM-Parameter angegeben werden muss.

Speichern Sie nun das JCL-Skript, in dem Sie SAVE auf der Kommandozeile des ISPF- Editors eingeben. Schicken Sie danach das JCL-Skript durch das Kommando SUBMIT (Abbildung 3.42) (oder kurz SUB) ab:

```
   File Edit Edit_Settings Menu Utilities Compilers Test Help
   ─────────────────────────────────────────────────────────────────────────
   EDIT       PRAKxxx.BASICS.JCL(CREATEDS) - 01.00        Member CREATEDS saved
   ****** ***************************** Top of Data ******************************
   ==MSG> -Warning- The UNDO command is not available until you change
   ==MSG>           your edit profile using  the command RECOVERY ON.
   000100 //PRAKxxxJ JOB (),CLASS=A,MSGCLASS=M,MSGLEVEL=(1,1),NOTIFY=&SYSUID,
   000200 //         REGION=4M
   000300 //STEP1    EXEC PGM=IEFBR14
   000400 //NEWDS    DD DSN=&SYSUID..BASICS.NEWDS,DISP=(NEW,CATLG,DELETE),
   000500 //            UNIT=SYSDA,SPACE=(TRK,1),DSORG=PS,LRECL=80,RECFM=FB,
   000600 //            BLKSIZE=0
   ****** ***************************** Bottom of Data ***************************




   Command ===> SUBMIT_____ Scroll ===> PAGE
    F1=Help      F2=Split     F3=Exit      F5=Rfind     F6=Rchange   F7=Up
    F8=Down      F9=Swap      F10=Left     F11=Right    F12=Cancel
```

Abbildung 3.42: Ausführen des im JCL-Skript definierten Jobs durch SUBMIT.

Durch das Submitten des JCL-Skripts wird der Job an JES übergeben. JES interpretiert das Skript, linkt die benötigten Datasets und der z/OS Scheduler führt die Job Steps aus.

Nach dem Submit erscheint der in Abbildung 3.43 gezeigte Screen. Darin wird die Job-ID angegeben, unter der Job im System ausgeführt wird. Während der Ausführung des Jobs sammelt JES die Ausgaben aufgerufener Programme und z/OS-Routinen und baut das Job Log auf. Nach der Beendigung des Jobs gibt JES eine Meldung über den Ablauf des Jobs an den Benutzer zurück, welche dieser mit der nächsten Aktion erhält (ENTER drücken):

```
IKJ56250I JOB PRAKxxxJ(JOB03395) SUBMITTED
***
```

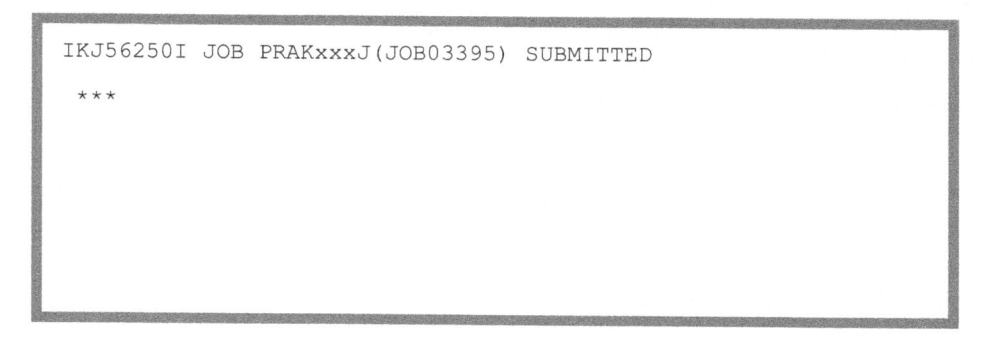

Abbildung 3.43: Anzeige nach dem Submitten des Jobs.

```
19.23.15 JOB03395 $HASP165 PRAKxxxJ ENDED AT N1   MAXCC=0000
CN(INTERNAL)
***
```

Abbildung 3.44: Nachricht von JES über den Verlauf des Jobs.

Durch MAXCC (Abbildung 3.44) wird der höchste im Job-Lauf aufgetretene Return Code ausgegeben. Durch den Wert 0 wird angezeigt, dass alles ordnungsgemäß ausgeführt wurde. Falls MAXCC größer als 0 ist, notieren Sie sich die angezeigte Job-ID. In diesem Fall ist die Job-ID JOB03395. Falls Sie ein Problem haben, welches Sie nicht selbst lösen können, teilen Sie Ihrem Betreuer die Job-ID mit.

Anwendung 1

Aufgabe: Erstellen Sie den Member CREATEDS im Dataset PRAKxxx.BASICS.JCL und schreiben Sie das JCL-Skript in ihn.
Führen Sie das Skript danach aus.

Unabhängig davon, wie der Job gelaufen ist, wird nachfolgend erklärt, wie der Nutzer sich das Job Log ansehen und gegebenenfalls auf Fehlersuche gehen kann. Es ist nicht zu empfehlen diesen Abschnitt zu überspringen, nur weil der Job erfolgreich ausgeführt wurde. Früher oder später wird der User dieses Wissen benötigen.

Da dies nicht der letzte Job sein wird, den der Nutzer auszuführen hat, bietet es sich an, mit einem Split Screen zu arbeiten, um nicht immer den ISPF-Editor schließen zu müssen. Es erfolgt anschliessend das Positionieren des Cursors in die oberste Zeile des vom 3270-Emulator angezeigten Screens. Durch Drücken der F2-Taste kommt der

Nutzer in das ISPF Primary Option Menu. Mit der F`Taste können Sie ab sofort zwischen dem ISPF Primary Option Menu und dem im ISPF-Editor geöffneten JCL-Skript wechseln (siehe Abbildung 3.45). Die oberste bzw. unterste Zeile zeigt jeweils durch eine Linie aus Punkten an, dass der Screen gesplittet ist:

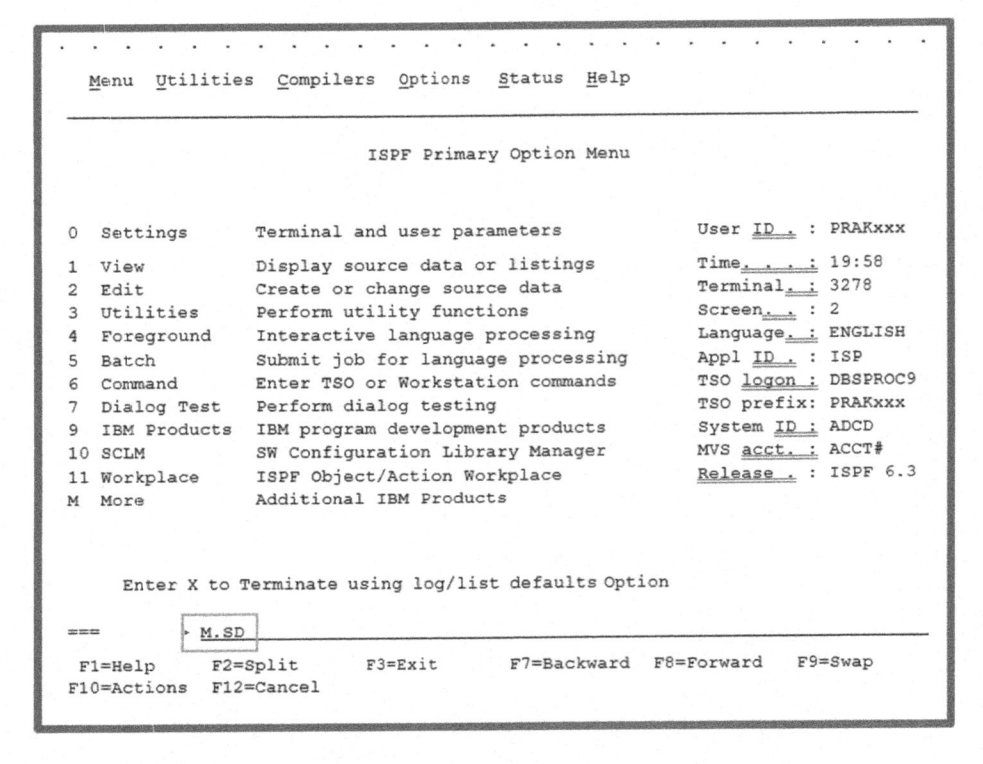

```
. . . . . . . . . . . . . . . . . . . . . . . . . . . . . . . . . .
   Menu  Utilities  Compilers  Options  Status  Help
   ─────────────────────────────────────────────────────────────────
                         ISPF Primary Option Menu

   0  Settings       Terminal and user parameters      User ID   : PRAKxxx
   1  View           Display source data or listings   Time.   . : 19:58
   2  Edit           Create or change source data      Terminal. : 3278
   3  Utilities      Perform utility functions         Screen.   : 2
   4  Foreground     Interactive language processing   Language. : ENGLISH
   5  Batch          Submit job for language processing Appl ID  : ISP
   6  Command        Enter TSO or Workstation commands TSO logon : DBSPROC9
   7  Dialog Test    Perform dialog testing            TSO prefix: PRAKxxx
   9  IBM Products   IBM program development products  System ID : ADCD
   10 SCLM           SW Configuration Library Manager  MVS acct. : ACCT#
   11 Workplace      ISPF Object/Action Workplace      Release . : ISPF 6.3
   M  More           Additional IBM Products

            Enter X to Terminate using log/list defaults Option

    ===     · M.SD
     F1=Help     F2=Split     F3=Exit     F7=Backward   F8=Forward   F9=Swap
     F10=Actions F12=Cancel
```

Abbildung 3.45: Split Screen.

Gehen Sie nun durch Eingabe von M.SD in die Kommandozeile des ISPF Primary Option Menu in die *System Display and Search Facility*. SDSF bietet umfassende Möglichkeiten zum Anschauen aktiver Programme und TSO Sessions sowie aktueller Job Logs. Ihre Berechtigungen im SDSF sind eingeschränkt. Nach der Eingabe des Befehls landet der Nutzer im SDSF Primary Option Menu:

Im SDSF Primary Option Menu (Abbildung 3.46) könnte man nun durch einen Blick in die JES2 Input, Running und Output Queues sehen, was in diesem z/OS System gerade alles zu tun ist oder bereits vor kurzem erledigt wurde. Das macht jedoch aufgrund der eingeschränkten Rechte wenig Sinn. Der Nutzer sieht nur eigene Inputs, aktive Jobs und Outputs. Ebenso kann, wenn die aktiven Benutzer angesehen werden, nur die eigene TSO Session sehen und nicht, wie es mit vollen Rechten der Fall wäre, alle aktiven Nutzer, aktiven z/OS-Subsysteme und Started Tasks. Da man jedoch nur das Job Log des

3.8 Job Control Language (JCL) — 149

```
 .   .   .   .   .   .   .   .   .   .   .   .   .   .   .   .
    Display  Filter  View  Print  Options  Search  Help

 DA       Active users
 I        Input   queue
 O        Output  queue
 H        Held output queue
 SE       Scheduling environments
 END      Exit SDSF


 Licensed Materials - Property of IBM

 COMMAND INPUT ===> ST                              SCROLL ===> HALF
   F1=HELP      F2=SPLIT      F3=END      F4=RETURN    F5=IFIND    F6=BOOK
   F7=UP        F8=DOWN       F9=SWAP     F10=LEFT     F11=RIGHT   F12=RETRIEVE
```

Abbildung 3.46: SDSF Primary Option Menu.

gerade ausgeführten Jobs angeschaut werdensoll, ist ST in der Kommandozeile einzugeben und zu bestätigen. Eine Liste aller Jobs des Nutzers, welche gerade ausgeführt werden oder in naher Vergangenheit ausgeführt wurden, erscheint (siehe Abbildung 3.47). Die Liste hat wahrscheinlich nur zwei Einträge. Zum einen unsere aktive TSO Session, dadurch erkennbar, dass die Job-ID mit TSU beginnt und der Job sich in Ausführung befindet. Zum anderen der gerade ausgeführte Job, zu erkennen an einer Job-ID, die mit JOB beginnt

```
 .   .   .   .   .   .   .   .   .   .   .   .   .   .   .   .
    Display  Filter  View  Print  Options  Search  Help
 -----------------------------------------------------------------
 SDSF STATUS DISPLAY ALL CLASSES                   LINE 1-3 (3)

   NP    JOBNAME   JobID     Owner     Prty Queue      C  Pos  SAff  ASys Status
         PRAKxxx   TSU03394  PRAKxxx    15  EXECUTION              SYS1  SYS1
     S   PRAKxxxJ  JOB03395  PRAKxxx     1  PRINT      A  812



 COMMAND INPUT ===>                                 SCROLL ===> HALF
   F1=HELP      F2=SPLIT      F3=END      F4=RETURN    F5=IFIND    F6=BOOK
   F7=UP        F8=DOWN       F9=SWAP     F10=LEFT     F11=RIGHT   F12=RETRIEVE
```

Abbildung 3.47: SDSF Status of Jobs.

und eine höhere Nummer als die TSO Session Job-ID aufweist. Möglicherweise befinden sich außerdem noch eine oder mehrere alte TSO Sessions in der Liste. Diese interessieren nicht.

Durch Angabe von S (wie Select) unter NP vor dem Name des Jobs kann das Job Log zur Anzeige (Abbildung 3.48) ausgewählt werden. Es ist möglich, mehrere Jobs auf diese Weise zu selektieren. Das Job Log des zweiten selektierten Jobs wird angezeigt, nachdem das Job Log des ersten mit F3 geschlossen wurde. Es ist das Job Log zu selektieren und zu bestätigen.

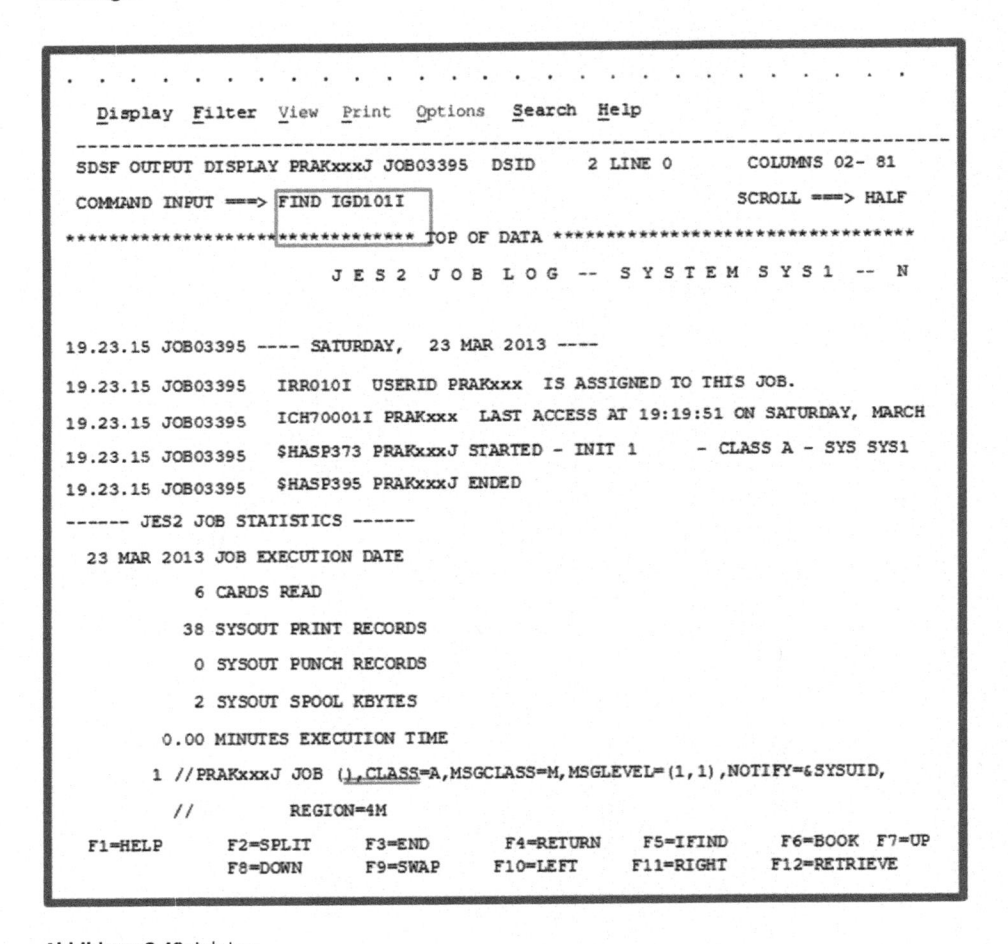

```
           .     .      .    .     .     .      .     .    .     .     .
         Display  Filter  View  Print  Options  Search  Help
        -------------------------------------------------------------------
         SDSF OUTPUT DISPLAY PRAKxxxJ JOB03395  DSID     2 LINE 0      COLUMNS 02- 81
         COMMAND INPUT ===> FIND IGD101I                              SCROLL ===> HALF
         ********************************* TOP OF DATA ********************************
                            J E S 2   J O B   L O G  --  S Y S T E M   S Y S 1  --  N

         19.23.15 JOB03395 ---- SATURDAY,  23 MAR 2013 ----
         19.23.15 JOB03395   IRR010I  USERID PRAKxxx  IS ASSIGNED TO THIS JOB.
         19.23.15 JOB03395   ICH70001I PRAKxxx  LAST ACCESS AT 19:19:51 ON SATURDAY, MARCH
         19.23.15 JOB03395   $HASP373 PRAKxxxJ STARTED - INIT 1     - CLASS A - SYS SYS1
         19.23.15 JOB03395   $HASP395 PRAKxxxJ ENDED
         ------ JES2 JOB STATISTICS ------
           23 MAR 2013 JOB EXECUTION DATE
                     6 CARDS READ
                    38 SYSOUT PRINT RECORDS
                     0 SYSOUT PUNCH RECORDS
                     2 SYSOUT SPOOL KBYTES
                  0.00 MINUTES EXECUTION TIME
              1 //PRAKxxxJ JOB (1,CLASS=A,MSGCLASS=M,MSGLEVEL=(1,1),NOTIFY=&SYSUID,
              //           REGION=4M
         F1=HELP      F2=SPLIT     F3=END       F4=RETURN    F5=IFIND     F6=BOOK   F7=UP
                      F8=DOWN      F9=SWAP      F10=LEFT     F11=RIGHT    F12=RETRIEVE
```

Abbildung 3.48: Job Log.

Das Job Log enthält dank der Angaben im MSGCLASS-Parameter des JOB-Statements alle Informationen rund um den Job inklusive des kompletten JCL-Skripts. Vor jedes JCL-Statement schreibt JES eine Statement-Nummer, welche bei JCL Errors und anderen Fehlern meist mit angegeben wird. Mit Hilfe von F7 und F8 sowie F10 und F11 kann man im Job Log navigieren. In langen Job Logs ist es oft auch hilfreich durch die Eingabe von N (für Next) oder P (für Previous) in die Kommandozeile und Bestätigung mit der Eingabetaste abschnittsweise durch das Job Log zu blättern. Mit Eingabe von M in die Kommandozeile und Drücken der Taste F8 kann man direkt an das Ende des Job Logs springen. Dieses füllt in unserem Fall nur drei Screens.

Mit Hilfe des aus einem bearbeiteten Job mit bekannten FIND-Kommandos kann man auch in einem Job Log nach einer bestimmten Zeichenkette suchen. Der Nutzer möchte sich anzeigen lassen, wo das *Data Facility Storage Management Subsystem* (Abbildung 3.49) (oft nur SMS genannt) das durch das DD- Statement im JCL-Skript definierte Dataset allokiert hat. Dazu gibt man FIND IGD101I in die Kommandozeile ein und bestätigt. IGD101I ist der Bezeichner, welcher der gesuchten Meldung zugeordnet ist. Solche Bezeichner werden von nahezu allen Ausgaben von z/OS Subsystemen und Utilities verwendet. Sie sind eindeutig einer bestimmten Nachricht zugeordnet. An den ersten Zeichen eines solchen Bezeichners ist zu erkennen, welches Subsystem die Nachricht ausgegeben hat. In diesem Job Log tauchen Meldungen von JES2 (IEF ...), von SMS (IGD ...) und von der *Ressource Access Control Facility* (IRR ... sowie ICH ...) auf. RACF ist ein z/OS-Subsystem, welches z/OS, seine Subsysteme und die von z/OS verwalteten Daten vor unberechtigtem Zugriff schützt. Neben solchen informativen Nachrichten haben auch Fehlermeldungen eindeutige Bezeichner oder Codes.

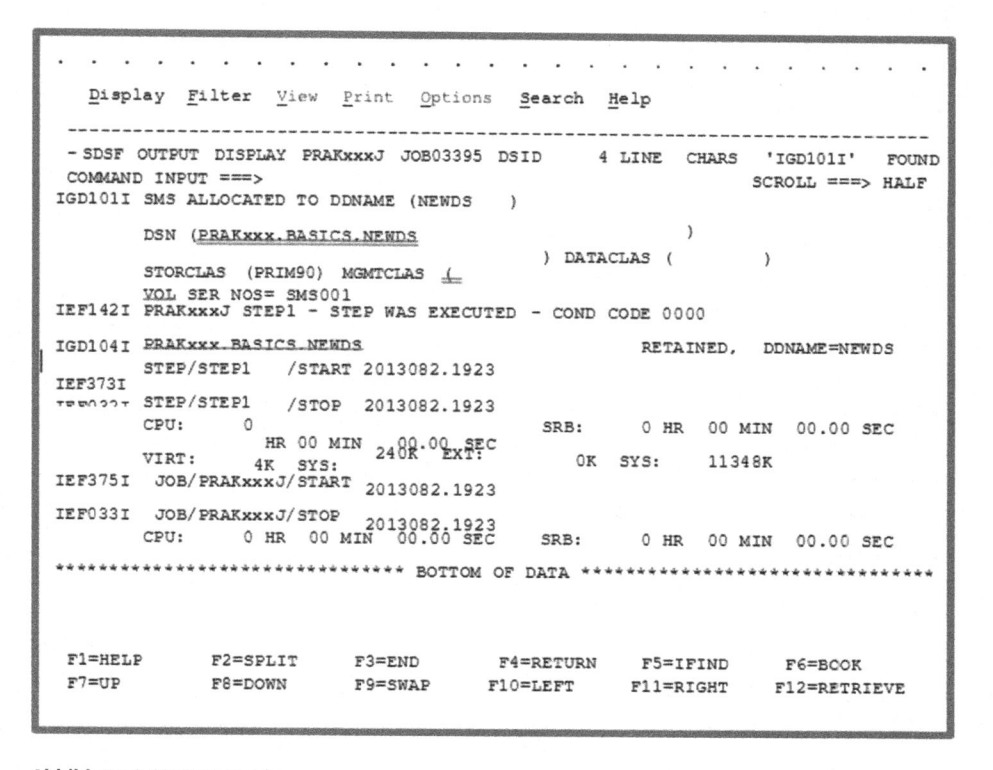

```
     Display  Filter  View  Print  Options  Search  Help
    ----------------------------------------------------------------
    - SDSF OUTPUT DISPLAY PRAKxxxJ JOB03395 DSID    4 LINE  CHARS   'IGD101I'   FOUND
    COMMAND INPUT ===>                                      SCROLL ===> HALF
    IGD101I SMS ALLOCATED TO DDNAME (NEWDS   )
            DSN (PRAKxxx.BASICS.NEWDS                       )
                                                ) DATACLAS (       )
            STORCLAS (PRIM90) MGMTCLAS (     )
            VOL SER NOS= SMS001
    IEF142I PRAKxxxJ STEP1 - STEP WAS EXECUTED - COND CODE 0000
    IGD104I PRAKxxx.BASICS.NEWDS                     RETAINED,  DDNAME=NEWDS
    IEF373I STEP/STEP1  /START 2013082.1923
    IEF032I STEP/STEP1  /STOP  2013082.1923
            CPU:    0   HR 00 MIN  00.00 SEC   SRB:    0 HR  00 MIN  00.00 SEC
            VIRT:   240K  EXT:
                    4K  SYS:              0K  SYS:       11348K
    IEF375I JOB/PRAKxxxJ/START 2013082.1923
    IEF033I JOB/PRAKxxxJ/STOP  2013082.1923
            CPU:    0 HR  00 MIN  00.00 SEC   SRB:    0 HR  00 MIN  00.00 SEC
    ****************************** BOTTOM OF DATA ******************************


     F1=HELP      F2=SPLIT     F3=END       F4=RETURN    F5=IFIND     F6=BOOK
     F7=UP        F8=DOWN      F9=SWAP      F10=LEFT     F11=RIGHT    F12=RETRIEVE
```

Abbildung 3.49: SMS-Meldung.

Auf die Ausgabe von SMS folgt die Nachricht von JES, dass der Job Step mit dem Condition Code 0 erfolgreich ausgeführt wurde. Der höchste Condition Code in einem Job wird als Return Code in der Nachricht nach dem Submitten des Jobs an den TSO User zurückgegeben. Das Job Log wird anschließend wieder verlassen.

Es gibt noch einige weitere Zeilenkommandos im SDSF. Aufgrund der eingeschränkten Rechte sind jedoch nicht alle nutzbar. Mit Hilfe von C (für Cancel) kann ein zu lange laufender Job abgebrochen werden, mit CD (für Cancel and Dump) kann ein Job abgebrochen und ein Speicherabbild erzeugt und mit P (wie Purge) kann ein Job von der Output Queue gelöscht werden. Außerdem kann mit ? eine Liste der Job Steps angezeigt werden, die dann separat mit S zum Anschauen selektiert werden kann. Das ist besonders bei Job Logs mit vielen Schritten sinnvoll, oder wenn man bestimmte JES Ausgaben nicht im Job Log haben möchte. Eine der wichtigsten Optionen ist SJ (für Select Job). Damit kann das JCL-Skript angezeigt werden, welches die Grundlage für diesen Job gebildet hat. Auf diese Weise kann man schnell Fehler beheben und den Job erneut submitten.

Der Nutzer soll mit SJ das JCL-Skript aufrufen. Er befindet sich jetzt im SDSF-Editor, der eine zum ISPF-Editor analoge Funktionalität bildet. Das JCL-Skript könnte nun bearbeitet werden, ohne dass der Nutzer zurück in den ISPF-Editor muss und ohne dass dabei Änderungen an dem im Member PRAKxxx.BASICS.JCL(CREATEDS) abgespeicherten JCL-Skript vorgenommen werden. Auf Änderungen soll an dieser Stelle verzichtet werden, es soll jedoch der Job noch einmal ausgeführt werden. Der Job endet nun mit einem JCL Error (siehe Abbildung 3.50). Man sieht sich das Job Log des neuen Jobs an, in dem der SDSF-Editor verlassen und vor dem letzten Job in der Liste ein S geschieben und bestätigt wird. Mit FIND IEF344I findet der Nutzer in diesem Fall den Fehler:

Der Grund für den Fehler ist in diesem Fall offensichtlich: das Dataset mit dem Namen PRAKxxx.BASICS.NEWDS existiert natürlich schon. Fehler lassen sich nicht immer so leicht finden, vor allem da der Nutzer nur dann so gezielt nach bestimmten Nachrichten suchen kann, wenn er schon vermutet, wo das Problem liegt und er weiß, nach welchem Bezeichner oder Nachrichtentext er suchen muss. Mit der Zeit wird man aber ein Gefühl dafür entwickeln und Fehler in den meisten Fällen relativ schnell finden. Es sollten auftretende Fehler allein behoben werden; bei wenig aussagekräftigen Fehlermeldungen ist das Internet zur Recherche geeignet. Auf diese Weise wird man die meisten Probleme, die möglicherweise in diesem oder kommenden Übungen auftauchen, selbst beheben können.

An dieser Stelle sollte noch erwähnt werden, dass neben SDSF auch das Outlist Utility zum Anschauen von Job Logs genutzt werden kann. Dessen Funktionalität ist zwar nicht so umfassend wie die des SDSF, aber es könnte möglich sein, dass auf einem anderem System SDSF aus Sicherheitsgründen z. B. nur für Operator, Systemprogrammierer und Admins von wichtigen z/OS-Subsystemen freigeschaltet ist. Das Outlist Utility erreicht der Nutzer durch Eingabe von 3.8 in die Kommandozeile des ISPF Primary Option Menu:

Um sich ein Job Log im Outlist Utility (Abbildung 3.51) anzuschauen, wird der Job-Name angegeben, der als Bezeichner im JOB-Statement des JCL-Skripts festgelegt worden

```
 Display  Filter  View  Print  Options  Search  Help
 ---------------------------------------------------------------------
 - SDSF OUTPUT DISPLAY PRAKxxxJ JOB03397 DSID      4 LINE  CHARS 'IEF344I' FOUND
  COMMAND INPUT ===>                                        SCROLL ===> HALF
 IEF344I PRAKxxxJ STEP1 NEWDS - ALLOCATION FAILED DUE TO DATA FACILITY SYSTEM ERR
 IGD17001I DUPLICATE DATA SET NAME ON VOLUME SMS001
 FOR DATA SET PRAKxxx.BASICS.NEWDS
 IGD17273I ALLOCATION HAS FAILED FOR ALL VOLUMES SELECTED FOR DATA SET
 PRAKxxx.BASICS.NEWDS
 IGD17277I THERE ARE (11) CANDIDATE VOLUMES OF WHICH (1) ARE ENABLED OR QUIESCED
 IGD17290I THERE WERE 1 CANDIDATE STORAGE GROUPS OF WHICH THE FIRST 1
 WERE ELIGIBLE FOR VOLUME SELECTION.
 THE CANDIDATE STORAGE GROUPS WERE:PRIMARY
 IGD17279I 10 VOLUMES WERE REJECTED BECAUSE THEY WERE NOT ONLINE
 IGD17279I 10 VOLUMES WERE REJECTED BECAUSE THE UCB WAS NOT AVAILABLE
 IGD17279I  1 VOLUMES WERE REJECTED BECAUSE OF DUPLICATE DATA SET NAME (041C0416)
 IEF272I PRAKxxxJ STEP1 - STEP WAS NOT EXECUTED.
 IEF373I STEP/STEP1   /START 2013082.2222
 IEF032I STEP/STEP1   /STOP  2013082.2222
              CPU:    0 HR 00 MIN 00.00 SEC   SRB:    0 HR 00 MIN 00.00 SEC
              VIRT:       0K  SYS:    0K EXT:    0K  SYS:    0K
     F1=HELP                                    F4=RETURN
                F2=SPLIT      F3=END                        F5=IFIND      F6=BOOK
     F7=UP                                      F10=LEFT
                F8=DOWN       F9=SWAP                       F11=RIGHT     F12=RETRIEVE
```

Abbildung 3.50: Fehler.

ist, die ebenfalls in diesem Statement festgelegte MSGCLASS und die von JES nach dem Submitten zurückgelieferte Job-ID eingeben und bestätigen.

Das soll an dieser Stelle an Informationen zum Anschauen von Job Logs und zur Fehlersuche genügen.

Der Nutzer ist jetzt in der Lage, Datasets mit Hilfe von einfachen JCL-Skripten anzulegen. Anhand der Erläuterungen zum DD-Statement und seinen Parametern, sollte es auch nicht schwer fallen, ein JCL-Skript zu schreiben, welches das gerade angelegte Dataset wieder löscht. Man wechselt dafür mit F9 zurück zum ersten Screen und nutzt die folgenden Kommandos des ISPF-Editors, um einen neuen Member mit dem Namen DELETEDS aus den ersten vier Zeilen des JCL-Skripts (siehe Abbildung 3.52) zu erstellen:

Das Member mit dem JCL-Skript wird verlassen und das neue Member so editiert, dass ein JCL-Skript entsteht, mit dessen Hilfe das Dataset PRAKxxx.BASICS.NEWDS wieder gelöscht werden kann. Das Script wird danach ausgeführt und kontrolliert, ob

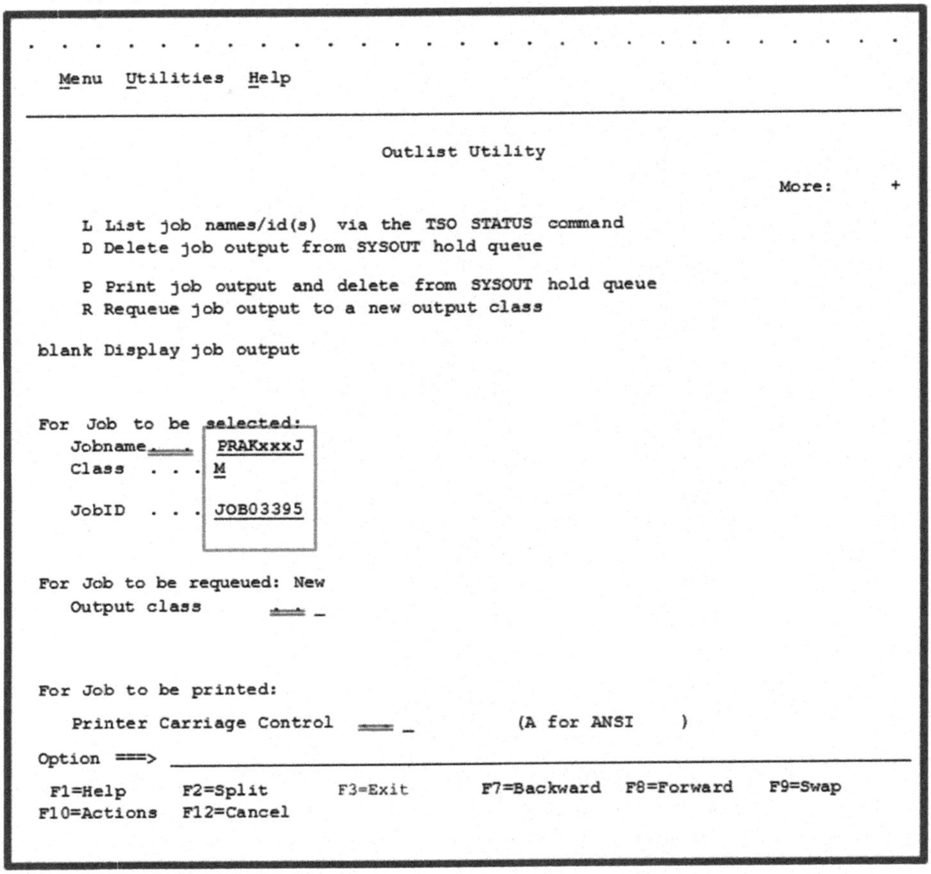

```
 Menu  Utilities  Help
─────────────────────────────────────────────────────────────
                         Outlist Utility
                                                    More:    +

      L  List job names/id(s) via the TSO STATUS command
      D  Delete job output from SYSOUT hold queue

      P  Print job output and delete from SYSOUT hold queue
      R  Requeue job output to a new output class

   blank Display job output


   For Job to be selected:
      Jobname. . . .  PRAKxxxJ
      Class   . . .   M

      JobID   . . .   JOB03395


   For Job to be requeued: New
      Output class         __


   For Job to be printed:
      Printer Carriage Control  __       (A for ANSI    )
   Option ===> _____
      F1=Help       F2=Split      F3=Exit     F7=Backward  F8=Forward   F9=Swap
      F10=Actions   F12=Cancel
```

Abbildung 3.51: Outlist Utility.

das Dataset auch tatsächlich gelöscht wurde. Der Screen wird gewechselt und das noch offene Job Log verlassen.

3.8.1 Subsysteme zSystem

Die Software-Architektur zusammen mit der notwendigen Hardware der IBM zSysteme implementieren eine bestimmte Menge von Subsystemen neben TSO und USS (zLinux) und Software, die vom interessierten Nutzer relativ bequem verwendet werden kann. Zu den wichtigsten Subsystemen gehören:

```
   File Edit Edit_Settings Menu Utilities Compilers Test Help
  ─────────────────────────────────────────────────────────────────────
  EDIT       PRAKxxx.BASICS.JCL(CREATEDS) - 01.00         Member CREATEDS saved
  ****** *************************** Top of Data ******************************
  ==MSG> -Warning- The UNDO command is not available until you change
  ==MSG>                                   the command RECOVERY ON.
                       your edit profile using
          //PRAKxxxJ JOB (1,CLASS=A,MSGCLASS=M,MSGLEVEL=(1,1),NOTIFY=&SYSUID,
  cc0100
  000200  //            REGION=4M
  000300  //STEP1     EXEC PGM=IEFBR14
          //NEWDS     DD DSN=&SYSUID..BASICS.NEWDS,DISP=(NEW,CATLG,DELETE),
  cc0400                 UNIT=SYSDA,SPACE=(TRK,1),DSORG=PS,LRECL=80,RECFM=FB,
  000500  //            BLKSIZE=0
  000600 *************************** Bottom of Data ****************************




  Command ===> CREATE DELETEDS                            Scroll ===> PAGE
  F1=Help       F2=Split     F3=Exit      F5=Rfind   F6=Rchange  F7=Up
  F8=Down       F9=Swap      F10=Left     F11=Right  F12=Cancel
```

Abbildung 3.52: Erstellen eines neuen Members aus Teilen eines alten.

- Daten-Verarbeitungs-Systeme (Hintergrund, Vordergrund)
- Datenbanksysteme (DB2, IMS, SPSS)
- Transaktionssyteme (CICS, ...)
- Internet-Integration
- Ein/Ausgabe-System
- Middleware-Produkte für kommerzielle Messaging und Queuing
- Web Application Server
- zOS Connect EE
- Übertragungs-Protokolle (ESCON, FICON)
- WebSphere MQ

4 Datenbanksysteme unter z/OS

4.1 Einteilung der IBM Datenbanksysteme

Datenbanken lassen sich grundsätzlich in drei Hauptkategorien einteilen [16]:
- Relationale Datenbanken (z. B. DB2)
- Hierarchische Datenbanken (z. B. IMS)
- Objektorientierte Datenbanken

Objektrelationale Datenbanken bauen auf relationalen Datenbanken auf und sind mit Techniken der objektorientierten Programmierung erweitert worden und mit den relationalen Datenbanken kompatibel.

In einer relationalen Datenbank werden die Daten geordnet nach speziellen Themen (Entitäten) in Form von Tabellen abgespeichert:

Hierarchie	Daten
1	146743
	Freud
	Dietmar
1.1	Mobilfunk Plus
1.1.1	01.06.2011
	27,44
1.1.2	01.07.2011
	30,56
2	157281
	Schmidt
	Klaus
2.1	Mobilfunk Standard
2.1.1	15.07.2011
	11,23
2.2	Internet Flat Home
2.2.1	15.07.2011
	19,99

Hierarchische Anordnung der Daten

Hierarchiestufe X — Kunde: Kundennummer | Nachname | Vorname

Hierarchiestufe X.Y — Vertrag: Vertragstyp

Hierarchiestufe X.Y.Z — Rechnung: Rechnungsdatum | Betrag in €

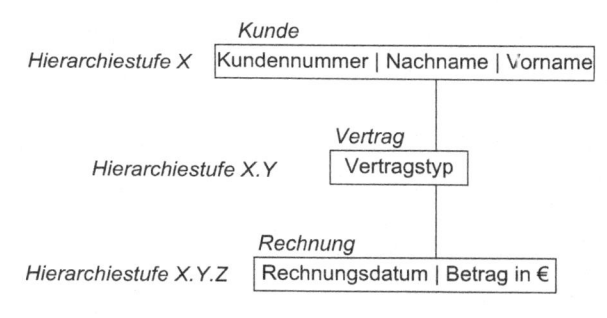

Abbildung 4.1: Beispiel für hierarchische Datenorganisation.

Die Abbildung 4.2 zeigt das Beispiel aus Abbildung 4.1 in relationaler Datenorganisation. Es wird deutlich, dass im Verhältnis zu hierarchischen Datenbanken die relationalen Datenbanken wesentlich flexibler sind. Strukturänderungen sind einfach dadurch möglich, dass für jede neue Entität eine weitere Tabelle hinzukommt. Im günstigsten Fall erfolgt letzteres unabhängig von der bereits bestehenden Datenstruktur. Die Nachteile der relationalen Datenbanken bestehen darin, dass die Überschaubarkeit mit jeder zusätzlichen Tabelle komplizierter wird. Desweiteren ist die Antwortzeit bei Abfragen in einer relatio-

Kundennummer	Nachname	Vorname
146743	Freud	Dietmar
157281	Schmidt	Klaus

Vertragsnummer	Vertragstyp
1467431	Mobilfunk Plus
1572811	Mobilfunk Standard
1572812	Internet Flat Home

Rechnungsnummer	Rechnungsdatum	Betrag
14674311001	01.06.2011	27,44
14674311002	01.07.2011	30,56
15728121001	15.07.2011	11,23
15728121001	15.07.2011	19,99

Abbildung 4.2: Beispiel für relationale Datenorganisation.

nalen Datenbank größer als bei vergleichbaren hierarchischen Datenbank. Bei letzterer können die Daten in einem Arbeitsgang sequentiell gelesen werden, während bei der relationalen Datenbank die Daten möglicherweise aus mehreren Tabellen verknüpft werden müssen. Im Beispiel aus der Abbildung 4.2 müssen anhand der Kundennummer die Verträge entsprechend der Vertragsnummer und anschließend die Rechnungen entsprechend der Vertragsnummer gesucht werden. Für derartige Abfragen stehen spezifische Abfragesprachen zur Verfügung. *Structured Query Language* (SQL) implementiert eine solche Sprache und wird in den meisten relationalen Datenbanksystemen verwendet.

Hierarchische Datenbanken speichern die Daten in einer einzelnen, sequentiellen Datei ab. Im Beispiel in der Abbildung 4.1 ist eine stark vereinfachte Kundendatenbank eines Telekommunikationsunternehmens dargestellt. Die Tabelle auf der linken Seite der Abbildung stellt die Datenhaltung dar. In der ersten Spalte steht die Hierarchiestufe, die zweite Spalte enthält alle Daten der einzelnen Hierarchiestufen. Auf der rechten Seite der Abbildung ist die logische Struktur der Daten zu sehen. Daraus geht hervor, dass der Kunde die höchste Hierarchie besitzt, anschließend folgt der Vertrag und am unteren Ende die Rechnung.

Das Beispiel demonstriert, dass die Flexibilität einer hierarchischen Datenbank in bezug auf eine Strukturänderung sehr eingeschränkt ist. Wenn zum Beispiel neue Daten abgespeichert werden sollen, müssten die Daten so kopiert werden, dass diese hierarchisch geordnet abgelegt werden können. Ein oft angewendetes Verfahren benutzt Pointer, d. h. neue Daten werden an das Dateiende angehängt und in der Datei an entsprechenden Stellen Pointer gespeichert, die auf die neuen Daten verweisen.

Objektrelationale Datenbanken bauen auf relationalen Datenbanken auf und sind mit Techniken der objektorientierten Programmierung erweitert worden und mit den relationalen Datenbanken kompatibel. Dabei steht keine Tabelle wie bei relationalen Datenbanken sondern ein Objekt im Fokus der Betrachtungsweise. Ein Objekt implementiert nicht nur die Daten sondern auch die Methoden, mit denen diese Daten verarbeitet werden sollen.

Als *XML-Datenbanken* werden Datenbanksysteme bezeichnet, welche XML-Daten verarbeiten können oder diese im XML-Format speichern. Es wird dabei zwischen *XML-enabled* und *nativen XML-Datenbanken* unterschieden. Ersteres stellt ein typisches Datenbankssystem dar, welches in der Lage ist, eingehende Daten im *eXtensible Markup Language* (XML)-Format auf die Datenbank abzubilden und ausgehende Daten in diesem Format darzustellen. Intern werden die Daten dabei nicht im XML-Format gehalten, sondern auf für das Datenbanksystem übliche Weise. Native XML-Datenbanken verarbeiten und verwalten die Daten im XML-Format. Die Speicherung erfolgt in XML-Dokumenten.

4.2 Das relationale Datenbanksystem DB2

Die Charakterisierung der relationalen Datenbank DB2 erfolgt im Wesentlichen durch:
- Logisches Design,
- Schlüssel,
- Physikalisches Design in DB2,
- Einordnung von DB2 in z/OS.

Logisches Design
Zum logischen Design gehören der strukturelle Aufbau der Datenbank(en) und interne Beziehungen. Relationale Datenbanken sind wie folgt aufgebaut:
- Darstellung in zweidimensionalen Tabellen (*Relationen*), siehe Abbildung 4.3.
- Die Spalten einer Tabelle heißen *Attribute*.
- Attribute tragen eindeutige Namen.
- Die Zeilen einer Tabelle heißen *Tupel* oder *Datensätze*.
- Eine oder mehrere Tabellen ergeben eine Datenbank.

Attribut 1	Attribut 2	Attribut 3	Attribut 4

Abbildung 4.3: Tabellenstruktur.

Weiterhin sind für das Verständnis einer relationalen Datenbank spezifische Begriffe und deren Bedeutung notwendig. Das sind vor allem die folgenden:

Schlüssel
Ein Schlüssel besteht aus einer Menge von Attributen, die ein Tupel eindeutig bestimmt.

Schlüsselkandidat
Ein Schlüssel mit möglichst minimaler Anzahl Attribute.

Primärschlüssel
Ein beliebig ausgewählter Schlüsselkandidat, der zur eindeutigen Identifizierung jedes Tupels (Zeile) benutzt wird. Zu einem Primärschlüssel gehörende Attribue werden unterstrichen dargestellt. Als Beispiel soll die Tabelle von Mitarbeitern einer Firma in Abbildung 4.4 dienen:

Mitarbeiter

Personalnummer	Nachname	Vorname
123	Meier	Karl
322	Schulze	Ferdinand

Abbildung 4.4: Mitarbeitertabelle.

Fremdschlüssel
Zur Referenzierung auf Tupel einer anderen Relation. Fremdschlüsselattribute werden kursiv dargestellt. Ein Pfeil zeigt die Beziehung zu der anderen Relation. Abbildung 4.5 zeigt dafür ein Beispiel: Die Mitarbeiter bestellen Büromaterial.

Mitarbeiter

Personalnummer	Nachname	Vorname
123	Meier	Karl
322	Schulze	Ferdinand

Bestellungsnummer	Artikel	*Personalnummer*
421	Papier	322
863	Büroklammern	123

Abbildung 4.5: Büromaterial-Bestellungen.

Physikalisches Design

Neben dem logischen Design in DB2 wird ein physikalisches Design unterschieden. Dazu gehören *Tablespace*, *Indexspace* und *Storage Group*.

Tablespace

Der Tablespace dient der Speicherung von Tupeln (Zeilen) aus Tabellen. Dabei wird unterschieden zwischen *unsegmentierten*, *segmentierten* und *partitioniertem* Tablespace:
- *Unsegmentierter Tablespace:*
  - Enthält eine oder mehrere Tabellen
  - Ist in Seiten eingeteilt
  - Eine Seite enthält Zeilen aus verschiedenen Tabellen
  - Indizierung empfohlen
- *Segmentierter Tablespace:*
  - Unterschied zum unsegmentierten Tablespace: Eine Seite enthält nur Zeilen einer Tabelle.
- *Partitionierter Tablespace:*
  - Enthält nur eine Tabelle
  - Speicherplatz in Partitionen unterteilt, die Datenmengen einer Schlüsselgruppe enthalten (zum Beispiel alle Engländer, Franzosen, ...)

Indexspace

Der Indexspace bildet einen separaten Speicherplatz außerhalb des Tablespace, jedoch in derselben Datenbank. Er enthält den Index einer Tabelle, wobei jeder Index seinen eigenen Indexspace besitzt.

Storage Group

Eine Storage Group enthält alle Tablespaces und Indexspaces einer Datenbank. Sie kann sich über mehrere Platten erstrecken.

Einordnung von DB2 in z/OS

DB2 wird durch zwei Teile in z/OS implementiert. Dazu gehören die Anwendungsprogramme einerseits und das DB2-Datenbanksystem selbst. Die Anwendungsprogramme stellen die Anwendungsfunktionen bereit. Beispiele bilden SPUFI, QMF und DB2I. Das DB2-Datenbanksystem implementiert die Datenoperationen (Lesen, Einfügen, Löschen) sowie Backup und Recovery.

Die Anwendungsprogramme, die unter TSO, CICS und IMS laufen und RDBMS als Kern von DB2 liegen generell im Hauptspeicher, die Daten der DB2-Datenbank sind im extenen Speicher auf den Platten abgespeichert. Dazu zählen die unterschiedlichen Datenbanken der Nutzer sowie der DB2-Katalog.

DB2 aktuell

DB2 ist momentan in der Version 10 auf zahlreichen Plattformen verfügbar; unter anderem auf z/OS, Linux, Windows und Solaris. Vergleicht man aktuell Oracle mit IBM DB2, so bleibt Oracle Marktführer. DB2 hat jedoch in den letzten Jahren an Boden gewonnen. Vorteil von DB2 gegenüber Oracle sind vor allem die kosten bei vergleichbarer Leistung und die wesentlich geringere Komplexität. Dennoch setzten vor allem junge Entwickler zu einem bedeutend höheren Teil auf Oracle.

4.2.1 Structured Query Language

Die Sprache SQL wurde im Jahre 1987 als erster ISO-Standard (SQL1) eingeführt. 1989 entstanden unterschiedliche Erweiterungen. SQL-92 (SQL2) mit Entry, Intermediate und Full Level sowie SQL-99 (SQL3) mit objektorientierten Erweiterungen (objektrelationale DBS) folgten 1992 bzw. 1999.

Die Abfragesprache SQL gliedert sich in drei unterschiedliche Teile: DCL, DDL und DML (siehe Abbildung 4.6).

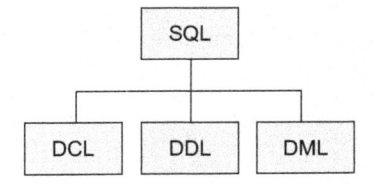

Abbildung 4.6: Büromaterial-Bestellungen.

Data Control Language
DCL bezieht sich auf die Wartung des Umfeldes einer Datenbank. Beispiel: GRANT gewährt den Zugriff auf die Daten, REVOKE verweigert diesen.

Data Definition Language
DDL ermöglicht die Wartung von Datenbankobjekten. Mit CREATE wird zum Beispiel eine Tabelle erstellt.

Data Manipulation Language
DML führt Anfragen und Änderungen auf Tabellen aus. Beispielsweise führt SELECT die Auswahl von Objekten nach bestimmten Kriterien aus.

Die Grundbausteine von SQL bilden spezifische Schlüsselwörter, deren allgemeiner Aufbau (Syntax) für eine Anfrage entsprechend unterschiedlich ist. Zum Beispiel:

SELECT < *Attribut(e)* > **FROM** < *Tabelle(n)* > **WHERE** < *Bedingung(en)* >;

Bei relationalen Operationen wird unterschieden zwischen Selektion, Projektion und Join. Die Selektion betrifft die Auswahl von Zeilen einer Tabelle, die bestimmten Bedingungen genügen, die Projektion bezieht sich auf die Auswahl von Spalten einer Tabelle (siehe Abbildung 4.7).

Selektion

SELECT *
FROM Mitarbeiter
WHERE Name='Schmidt';

Projektion

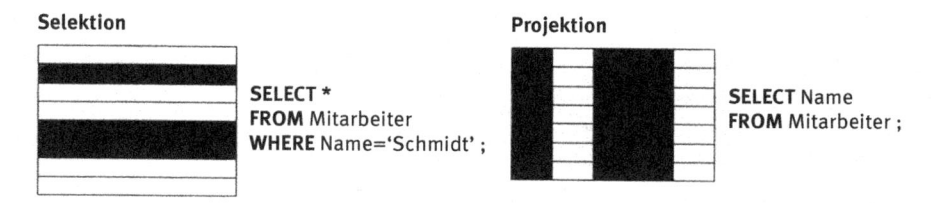

SELECT Name
FROM Mitarbeiter;

Abbildung 4.7: Selektion und Projektion.

Der Join verknüpft im einfachsten Fall mehrere Tabellen über das gleiche Attribut. Dabei werden zum Beispiel Fremdschlüssel verwendet. Der Aufbau eines solchen Join sieht wie folgt aus:

SELECT *Spalten* FROM *Tabelle1, Tabelle2*
WHERE *Tabelle1.Joinattribut=Tabelle2.Joinattribut*;

Als Beispiel einer Verknüpfung mehrerer Tabellen über das Attribut „Glück" (Projektleiter) zeigt die Abbildung 4.8. Es ist eine Tabelle der Projekte in den einzelnen Bereichen mit ihren Budgets zu sehen.

Projekt

ProjName	Kunde	Budget	ProjStart	ProjLeiter
Cronos	Gedawo	200000	01.04.93	Glück
DIVA	Leonidas AG	240000	11.05.92	Unland
Bingo	Waldheim GmbH	1100000	01.05.92	Wagner

Mitarbeiter

Name	Vorname	Geburtstag	Bereich
Wagner	Wieland	02.05.56	Energie
Unland	Leo	04.06.67	CAD
Glück	Hans	22.11.61	CAD
Sander	Andrea	03.05.71	Stab

Abbildung 4.8: Verknüpfung zwischen den Relationen Mitarbeiter und Projekt.

Mit der SQL-Abfrage

SELECT Bereich, ProjName, Budget **FROM** Mitarbeiter, Projekt
WHERE Mitarbeiter.Name = Projekt.ProjLeiter;

ergibt sich als Ergebnis der Inhalt der Abbildung 4.9.

Bereich	ProjName	Budget
Energie	Bingo	1100000
CAD	DIVA	240000
CAD	Cronos	200000

Abbildung 4.9: Ergebnis der SQL-Abfrage.

Desweiteren werden in DB2 Mengen- und Änderungsoperationen benutzt. Die Mengenoperationen implementieren Vereinigung, Durchschnitt und Differenz (siehe Abbildung 4.10):

Vereinigung
(Vereinigungsverträglichkeit vorausgesetzt)

SELECT * FROM Tabelle 1
UNION
SELECT * FROM Tabelle 2

Durchschnitt

SELECT * FROM Tabelle 1
INTERSECT
SELECT * FROM Tabelle 2

Differenz

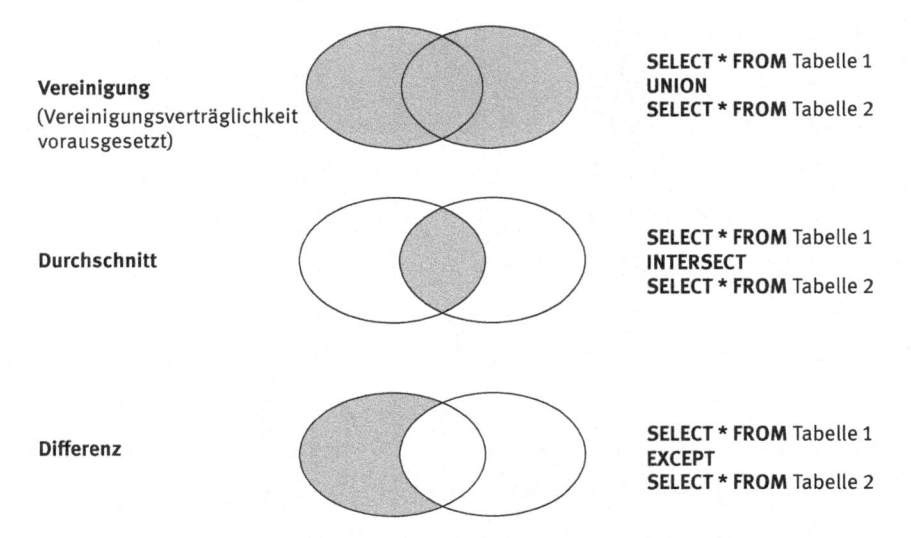

SELECT * FROM Tabelle 1
EXCEPT
SELECT * FROM Tabelle 2

Abbildung 4.10: Vereinigung, Durchschnitt und Differenz.

Beispiele für Änderungsoperationen sind:

Einfügen eines Tupels:

INSERT INTO <Tabelle>   INSERT INTO Mitarbeiter
VALUES(<Werteliste>);   VALUES(100, ‚Müller', ‚Georg');

Ändern eines Tupels:

UPDATE <Tabelle>   UPDATE Mitarbeiter
SET <Änderungsliste>   SET Vorname = ‚Georg'
WHERE <Bedingungen>;   WHERE Pernsonalnummer = 100;

Löschen eines Tupels:

DELETE FROM <Tabelle>   DELETE FROM Mitarbeiter
WHERE <Bedingungen>;   WHERE Nachname = ‚Müller';

Mit Hilfe der **Data Definition Language** (DDL) können beispielsweise Tabellen erzeugt, gelöscht und ihre Definitionen geändert werden. Auch das Erstellen von *Sichten* ist möglich. Damit sind nur einige wenige Beispiele genannt. Die Syntax von ausgewählten DDL-Kommandos ist im Folgenden aufgeführt:

Erstellen einer Tabelle:

CREATE TABLE <Name>   CREATE TABLE Auftrag
(<Attribut_1> <Typ_1>, ...,   (Auftragsnummer INT,
<Attribut_n> <Typ_n>,   Auftraggeber VARCHAR(30),
PRIMARY KEY(<Attribut(e)>),   PRIMARY KEY(Auftragsnummer)
<weitere_Definitionen>);   );

Umbenennen einer Tabelle:

RENAME <alter_Name>   RENAME Mitarbeiter TO Personal;
TO <neuer_Name>;

Erstellen einer Sicht:

CREATE VIEW <Name>   CREATE VIEW Nachnamem
AS(<Abfrage>);   AS(SELECT Mitarbeiternummer,
                          Nachname FROM Mitarbeiter);

Das Speichern von Tabellenteilen (zum Beispiel Zeilen und Spalten) ist im Indexspace möglich. Diese Methode wird verwendet zu folgendem Zweck:
– Durchsetzen der Eindeutigkeit eines Tupels (UNIQUE),
– Schnellerer Zugriff auf Datenbestand.

Wann sollte ein Index erstellt werden?
- Pro Tabelle wenigstens ein Index zur Sicherstellung der Eindeutigkeit eines Tupels.
- Für Spalten, die häufig in Joins eingesetzt werden.

Nachteilig an Indizes ist, dass diese bei Änderungsoperationen mit verändert werden müssen. Der SQL-Befehl zum Erstellen eines Index ist CREATE INDEX.

4.2.2 SPUFI und QMF

SQL Processing Using File Input (SPUFI) stellt ein interaktives, Menü-gesteuertes Werkzeug zum Erstellen von Datenbankobjekten und zur Formulierung von Anfragen an eine DB2-Datenbank dar. Es ist ein Teil des Transaktionsmonitors CICS. Das Werkzeug bietet die Möglichkeit, SQL-Befehle vor deren Ausführung zu testen. SPUFI benutzt die ISPF-Werkzeuge Edit und Browse für Operationen mit den Ein- und Ausgabe-Datasets. Es implementiert einen automatischen Übergang zwischen den ISPF-Screens, die für die Interaktionen von CICS, DB2 und TSO benötigt werden. SPUFI verwendet DB2 für die Datenoperationen. Der Zugriff auf SPUFI erfolgt über das DB2I PRIMARY OPTION MENU (siehe Abbildung 4.11).

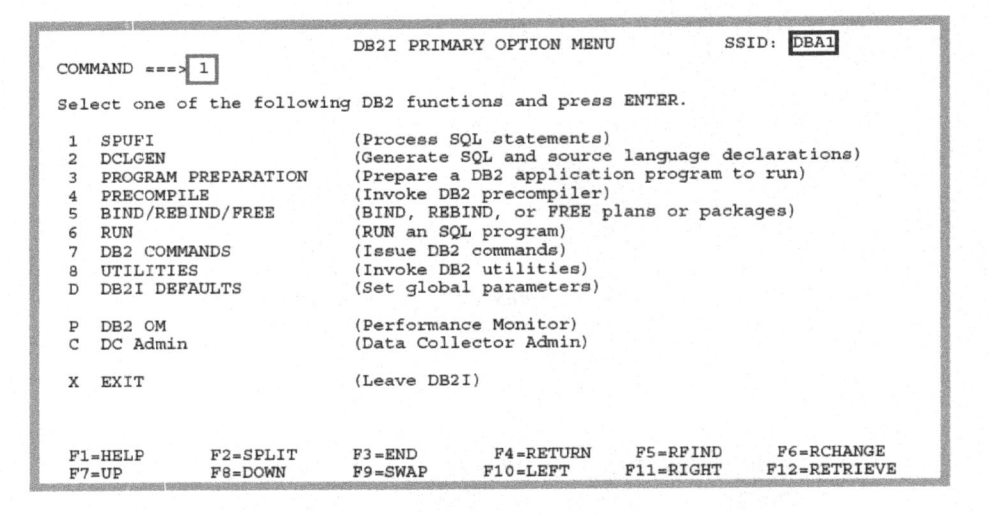

```
                        DB2I PRIMARY OPTION MENU        SSID: DBA1
   COMMAND ===> 1
   Select one of the following DB2 functions and press ENTER.

        1  SPUFI                 (Process SQL statements)
        2  DCLGEN                (Generate SQL and source language declarations)
        3  PROGRAM PREPARATION   (Prepare a DB2 application program to run)
        4  PRECOMPILE            (Invoke DB2 precompiler)
        5  BIND/REBIND/FREE      (BIND, REBIND, or FREE plans or packages)
        6  RUN                   (RUN an SQL program)
        7  DB2 COMMANDS          (Issue DB2 commands)
        8  UTILITIES             (Invoke DB2 utilities)
        D  DB2I DEFAULTS         (Set global parameters)

        P  DB2 OM                (Performance Monitor)
        C  DC Admin              (Data Collector Admin)

        X  EXIT                  (Leave DB2I)


   F1=HELP       F2=SPLIT     F3=END       F4=RETURN    F5=RFIND     F6=RCHANGE
   F7=UP         F8=DOWN      F9=SWAP      F10=LEFT     F11=RIGHT    F12=RETRIEVE
```

Abbildung 4.11: DB2I Primary Option Menu.

Durch Eingabe von „1" im DB2I PRIMARY OPTION MENU erscheint das SPUFI-Hauptmenü (siehe Abbildung 4.12). Letzteres enthält den Eingabe-Dataset mit auszuführenden Befehlen SPUFI.IN(STOGR1) und den Ausgabe-Dataset mit den Ergebnissen SPUFI.OUT. Der ISPF-Editor kann für die Formulierung der Befehle im Eingabe-Dataset eingesetzt werden.

4.2 Das relationale Datenbanksystem DB2 — 167

```
                          SPUFI                     SSID: DBA1
    ===>

    Enter the input data set name:    (Can be sequential or partitioned)
     1  DATA SET NAME ... ===> SPUFI.IN(STOGR1)
     2  VOLUME SERIAL ... ===>         (Enter if not cataloged)
     3  DATA SET PASSWORD ===>         (Enter if password protected)

    Enter the output data set name:   (Must be a sequential data set)
     4  DATA SET NAME ... ===> SPUFI.OUT

    Specify processing options:
     5  CHANGE DEFAULTS    ===> YES    (Y/N - Display SPUFI defaults panel?)
     6  EDIT INPUT ......  ===> YES    (Y/N - Enter SQL statements?)
     7  EXECUTE .........  ===> YES    (Y/N - Execute SQL statements?)
     8  AUTOCOMMIT ......  ===> YES    (Y/N - Commit after successful run?)
     9  BROWSE OUTPUT ...  ===> YES    (Y/N - Browse output data set?)

    For remote SQL processing:
    10  CONNECT LOCATION   ===>


      F1=HELP        F2=SPLIT      F3=END        F4=RETURN     F5=RFIND     F6=RCHANGE
      F7=UP          F8=DOWN       F9=SWAP       F10=LEFT      F11=RIGHT    F12=RETRIEVE
```

Abbildung 4.12: SPUFI Hauptmenü.

Der Aufbau einer einfachen DB2-Datenbank mit SPUFI erfolgt in mehreren Schritten. Zunächst wird eine *Storage Group* angelegt. Anschließend kann die Datenbank in der Storage Group vereinbart werden. Der nächste Schritt implementiert den Tablespace in der Datenbank. Jetzt kann zum Beispiel eine Tabelle erstellt und mit Daten gefüllt werden.

Das Anlegen einer Tabelle TAB 1 im Eingabe-Dataset PRAKT20.SPUFI.IN wird in Abbildung 4.13 gezeigt.

```
     File   Edit   Confirm   Menu   Utilities   Compilers   Test   Help
    ------------------------------------------------------------------------
    EDIT        PRAKT20.SPUFI.IN(TAB1) - 01.00              Columns 00001 00072
    ****** *************************** Top of Data ******************************
    ==MSG> -Warning- The UNDO command is not available until you change
    ==MSG>          your edit profile using the command RECOVERY ON.
    ''''''  CREATE TABLE TAB020
    ''''''    (
    ''''''      VNAME CHAR(20) NOT NULL,
    ''''''      NNAME CHAR(20) NOT NULL
    ''''''    )
    ''''''    IN DB020.TABSP020;
    ''''''
    ''''''
    ''''''
    ''''''
    ''''''
    ''''''
    ''''''
    Command ===>                                            Scroll ===> PAGE
     F1=Help       F3=Exit       F5=Rfind      F6=Rchange   F12=Cancel
```

Abbildung 4.13: Anlegen der Tabelle TAB 1.

Das Ergebnis erscheint im Ausgabe-Dataset PRAKT20.SPUFI.OUT (siehe Abbildung 4.14).

```
   Menu  Utilities  Compilers  Help
------------------------------------------------------------------------
 BROWSE     PRAKT20.SPUFI.OUT                      Line 00000000 Col 001 080
********************************* Top of Data *********************************
---------+---------+---------+---------+---------+---------+---------+---------+
CREATE TABLE TAB020                                                    00010000
 (                                                                     00020000
   VNAME CHAR(20) NOT NULL,                                            00030000
   NNAME CHAR(20) NOT NULL                                             00040000
 )                                                                     00050000
   IN DB020.TABSP020;                                                  00060000
---------+---------+---------+---------+---------+---------+---------+---------+
DSNE616I STATEMENT EXECUTION WAS SUCCESSFUL, SQLCODE IS 0
---------+---------+---------+---------+---------+---------+---------+---------+
---------+---------+---------+---------+---------+---------+---------+---------+
DSNE617I COMMIT PERFORMED, SQLCODE IS 0
DSNE616I STATEMENT EXECUTION WAS SUCCESSFUL, SQLCODE IS 0
---------+---------+---------+---------+---------+---------+---------+---------+
DSNE601I SQL STATEMENTS ASSUMED TO BE BETWEEN COLUMNS 1 AND 72
DSNE620I NUMBER OF SQL STATEMENTS PROCESSED IS 1
DSNE621I NUMBER OF INPUT RECORDS READ IS 6
DSNE622I NUMBER OF OUTPUT RECORDS WRITTEN IS 18
 Command ===>                                          Scroll ===> PAGE
   F1=Help    F3=Exit    F5=Rfind   F12=Cancel
```

Abbildung 4.14: Ergebnis PRAKT.SPUFI.OUT.

Neben SPUFI existiert ein weiteres Werkzeug, das einen interaktiven Zugriff auf DB2-Daten und die Erstellung von Berichten zulässt, die *Query Management Facility* (QMF). QMF wird vorrangig für schnelle Datenbankanfragen und Tests verwendet, vorausgesetzt diese Interaktionen sind nicht allzu kompliziert. QMF implementiert neben SQL zwei weitere Zugriffsmethoden: *Query By Example* (QBE) und *Prompted Query* (PQ). QBE benutzt eine Beschreibung des gewünschten Ergebnisses mit Hilfe von Beispielen. PQ konstruiert eine Datenbank-Anfrage über Dialogfenster.

Ein Vergleich von QMF und SPUFI offenbart sowohl Vor- als auch Nachteile. Die Vorteile von QMF gegenüber SPUFI betreffen insbesondere die praktische Nutzung. So verfügt QMF über Werkzeuge zur Datenbank-Anfrageverwaltung. Desweiteren besitzt QMF eine mächtigere Befehlssprache als SPUFI und maßgeschneiderte Berichte. Dynamische Variablen mit Benutzer-Abfragen sind ebenso erlaubt wie der Batch-Betrieb. Die Nachteile von QMF beziehen sich auf die Verwendung von SQL-Anweisungen bei einer QMF-Anfrage: Letztere darf nur eine SQL-Anweisung enthalten; für mehrere Anfragen ist eine QMF-Prozedur notwendig.

4.2.3 Beispiel: DB2 relationale Datenbank generieren und ausgelesen

Als Beispiel, soll eine z/OS – DB2 relationale Datenbank generiert und ausgelesen werden. In dem hier beschriebenen Schritt wird die Datenbank mit einer einzigen einfachen Tabelle angelegt und anschließend mit einigen wenigen Daten gefüllt.

4.2.3.1 Anlegen benötigter Datasets

Nach dem Logon als TSO-Benutzer wird aus dem „CUSTOMPAC MASTER APPLICATION MENU" die Option „P" ausgewählt. Anschließend wird mittels „3.2" zum „Data Set Utility" (siehe Abbildung 4.15) gewechselt.

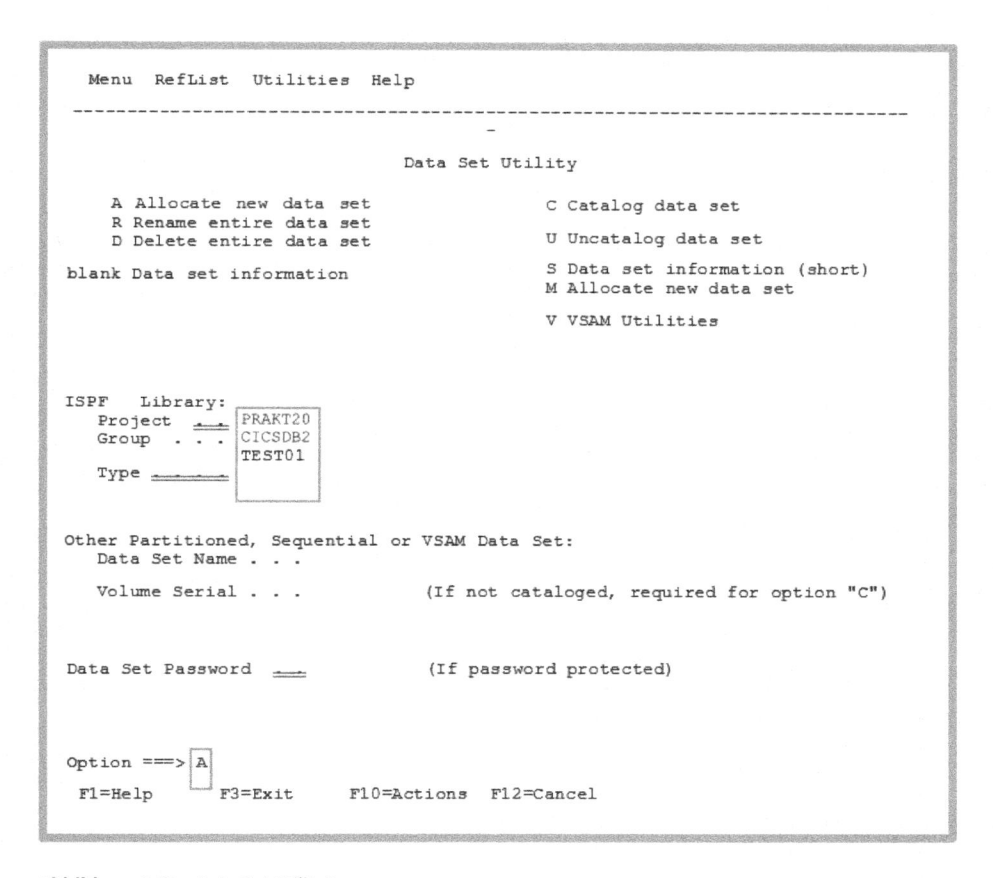

```
   Menu   RefList   Utilities   Help
------------------------------------------------------------------
                                -
                         Data Set Utility

          A Allocate new data set        C Catalog data set
          R Rename entire data set
          D Delete entire data set       U Uncatalog data set

       blank Data set information        S Data set information (short)
                                         M Allocate new data set

                                         V VSAM Utilities


    ISPF   Library:
       Project  ___  PRAKT20
       Group    . . . CICSDB2
                     TEST01
       Type   _____


    Other Partitioned, Sequential or VSAM Data Set:
       Data Set Name . . .

       Volume Serial . . .         (If not cataloged, required for option "C")


    Data Set Password  ___        (If password protected)


    Option ===> A
       F1=Help       F3=Exit      F10=Actions   F12=Cancel
```

Abbildung 4.15: „Data Set Utility".

Für den Benutzer „PRAKT20" werden drei neue **P**artitioned **D**ata**S**ets (PDS) eingerichtet:
   PRAKT20.CICSDB2.TEST01 (siehe Abbildung 4.15)
   PRAKT20.SPUFI.IN
   PRAKT20.DBRMLIB.DATA

Dazu dienen die in der Abbildung 4.16 angegebenen Parameter.

Die Members von „PRAKT20.CICSDB2.TEST01" nehmen das zu erstellende C-Programm, den das dazugehörige BMS-Programm und das JCL-Scripte auf. Der Dataset wird im später zu absolvierenden Tutorial 5 (C-Version) benötigt.

```
Menu   RefList  Utilities  Help
------------------------------------------------------------------------
                        Allocate New Data Set              More:     +
Data Set Name    . . . : PRAKT20.CICSDB2.TEST01

Management class . . . DEFAULT     (Blank for default management class)
Storage class    . . . PRIM90      (Blank for default storage class)
 Volume serial   . . . SMS001      (Blank for system default volume) **
 Device type     . . . .           (Generic unit or device address) **
Data class . . . . . .              (Blank for default data class)
  Space units    . . . . KILOBYTE  (BLKS, TRKS, CYLS, KB, MB, BYTES
                                    or RECORDS)
  Average record unit               (M, K, or U)
  Primary quantity    . 16          (In above units)
  Secondary quantity  1             (In above units)Directory blocks . . 5 (Zero for
sequential data set) * Record format . . . FB
  Record length . . . . . . . . 80
  Block size . . . . . . . . . . 320
  Data set name type   : PDS        (LIBRARY, HFS, PDS, or blank)   *
                                    (YY/MM/DD, YYYY/MM/DD)
Command ===>
 F1=Help     F3=Exit     F10=Actios   F12=Cancel
```

Abbildung 4.16: Die Parameter.

Die Members von „PRAKT20.SPUFI.IN" enthalten DB2-Kommandos, deren Ausführung die Datenbank irgendwie modifizieren wird. Es werden DB2-Kommandos zum Anlegen von Datenbanken, Tabellen, Einfügen von Daten etc. demonstriert.

In dem Partioned Dataset „PRAKT20.DBRMLIB.DATA" sollen Zwischenergebnisse abgespeichert werden, die in Precompile-, Compile- sowie Link-Prozessen anfallen werden.

Für ein weiteres Beispiel wird außerdem noch einen Partitioned Dataset „PRAKT20.LIB" angelegt. Dabei wird angenommen, dass er bereits angelegt wurde und deshalb schon existiert. Sollte dies nicht der Fall sein, dann wird dieser unter Nutzung der Parameter laut Abbildung 2 angelegt (s. auch Abbildung 4.17).

Der Dataset „PRAKT20.LIB" soll wie der Dataset „PRAKT20.DBRMLIB.DATA" Zwischenergebnisse von Precompile-, Compile- und Link-Schritten aufnehmen.

Im weiteren Verlauf wird dreimal die F3-Taste betätigt und damit in das „CUSTOMPAC MASTER APPLICATION MENU"-Panel zurückgekehrt.

```
Menu    RefList    Utilities    Help
----------------------------------------------------------------
                                          -

     A Allocate new data set          C Catalog data set
     R Rename entire data set
     D Delete entire data set         U Uncatalog data set
 blank Data set information           S Data set information (short)
                                      M Allocate new data set


 ISPF    Library:
    Project  ____
    Group  . . .

    Type  _____

 Other Partitioned, Sequentia  or VSAM Data Set:
    Data Set Name  .   . .    'PRAKT20.LIB'
    Volume Serial  .
                         . .          (If not cataloged, required for option "C")

 Data Set Password  ____           (If password protected)


    Option ===>  A
       F1=Help       F3=Exit      F10=Actions    F12=Cancel
```

Abbildung 4.17: Anlegen des Datasets „PRAKT20.LIB".

4.2.3.2 Einloggen ins z/OS DB2

Mit der Eingabe „DB2" erfolgt der Aufruf des z/OS-DB2-Subsystem, welches das Anlegen einer neuen DB2-Datenbank sowie deren Modifikation ermöglicht. Anschließend wird die Eingabetaste betätigt

Es erscheint das „DB2I PRIMARY OPTION MENU"-Panel (siehe Abbildung 4.18).

4.2.3.3 Einstellen des SubSystem IDentifiers (SSIDs)

Vor dem Anlegen der Datenbank, muss vom Nutzer die „SubSystem IDentifier" (SSID) gesetzt werden. Letzteres ist nur ein einziges Mal erforderlich, und zwar beim erstmaligen Gebrauch des DB2-Subsystems. Loggt man sich wiederholt in das DB2-Subsystem ein, ist dieses Einstellen der „SubSystem IDentifier" nicht mehr erforderlich.

Die Eingabe von „d" bestätigt anschließend diese mit der Eingabetaste.

Eine „SubSystem IDentifier" ist eine Datenbankbezeichnung, die systemintern benutzt wird. Auf dem IBM Server „binks.informatik.uni-leipzig.de" ist dies die Bezeichnung „D931". Auf einem anderen z/OS-Rechner kann diese Bezeichnung eine andere sein.

Es werden die beiden Werte „D931 und 0"eingegeben, die anderen Werte bleiben unverändert und werden mit der Eingabetaste bestätigt (siehe Abbildung 4.19).

Das Panel in der Abbildung 4.20 bedarf keiner Änderungen, es wird nur die Eingabetaste betätigt.

```
                          DB2I PRIMARY OPTION MENU          SSID
COMMAND ===> d

   1   SPUFI                   (Process SQL statements)
   2   DCLGEN                  (Generate SQL and source language declarations)
   3   PROGRAM PREPARATION     (Prepare a DB2 application program to run)
   4   PRECOMPILE              (Invoke DB2 precompiler)
   5   BIND/REBIND/FREE        (BIND, REBIND, or FREE plans or packages)
   6   RUN                     (RUN an SQL program)
   7   DB2 COMMANDS            (Issue DB2 commands)
   8   UTILITIES               (Invoke DB2 utilities)
   D   DB2I DEFAULTS           (Set global parameters)

   P   DB2 OM                  (Performance Monitor)
   C   DC Admin                (Data Collector Admin)

   X   EXIT                    (Leave DB2I)



   F1=HELP       F2=SPLIT      F3=END        F4=RETURN     F5=RFIND      F6=RCHANGE
   F7=UP         F8=DOWN       F9=SWAP       F10=LEFT      F11=RIGHT     F12=RETRIEVE
```

Abbildung 4.18: Das „DB2I PRIMARY OPTION MENU".

```
                              DB2I DEFAULTS
COMMAND ===>


Change defaults as desired:


   1  DB2 NAME ............ ===> D931       (Subsystem identifier)
   2  DB2 CONNECTION RETRIES ===> 0         (How many retries for DB2 connection)
   3  APPLICATION LANGUAGE   ===> IBMCOB    (ASM, C, CPP, COBOL, COB2, IBMCOB,
                                             FORTRAN, PLI)
                                            (A number from 5 to 999)  (Information,
   4  LINES/PAGE OF LISTING ===> 60          Warning, Error, Severe) (DEFAULT, ' or
   5  MESSAGE LEVEL ........                 ")
      SQL STRING DELIMITER ===> I
   6  DECIMAL POINT ........ ===> DEFAULT   (. or ,)
      STOP IF RETURN CODE >=                (Lowest terminating return code)
   7  NUMBER OF ROWS ....... ===> 8         (For ISPF Tables)

   8                         ===> 20
   9                         ===> NO        (YES to change HELP data set names)
  10  CHANGE HELP BOOK NAMES?===>
  11  DB2I JOB STATEMENT:    (Optional if your site has a SUBMIT exit)
      ===> //PRAKT20 JOB (ACCOUNT),'NAME'lector Admin)
      ===> //*
      ===> //*
      ===> //*


   F1=HELP       F2=SPLIT      F3=END        F4=RETURN     F5=RFIND      F6=RCHANGE
   F7=UP         F8=DOWN       F9=SWAP       F10=LEFT      F11=RIGHT     F12=RETRIEVE
```

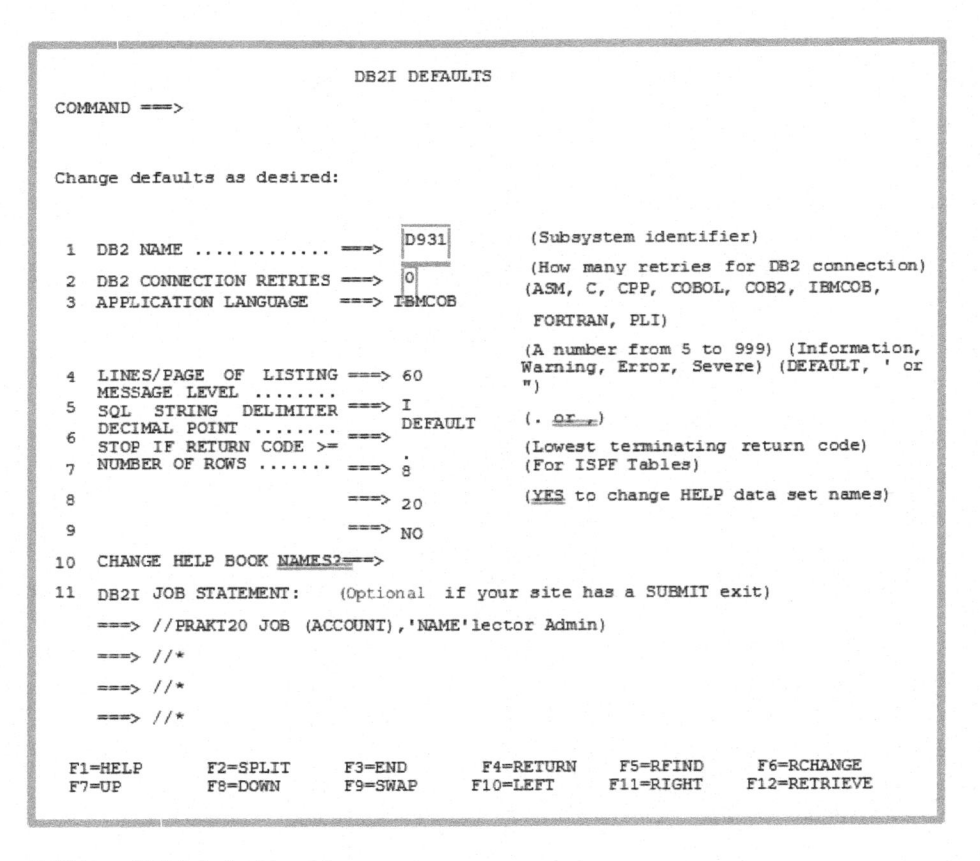

Abbildung 4.19: Datenbankbezeichnung.

4.2 Das relationale Datenbanksystem DB2 — 173

```
                           COBOL DEFAULTS
COMMAND ===>


Change defaults as desired:


  1  COBOL STRING DELIMITER  ===> DEFAULT    (DEFAULT, ' or ")
  2  DBCS SYMBOL FOR DCLGEN  ===> G          (G/N - Character in PIC clause)
     |




 F1=HELP        F2=SPLIT       F3=END         F4=RETURN      F5=RFIND       F6=RCHANGE
 F7=UP          F8=DOWN        F9=SWAP        F10=LEFT       F11=RIGHT      F12=RETRIEVE
```

Abbildung 4.20: COBOL DEFAULTS.

```
                             DB2I PRIMARY OPTION MENU          SSID  D931
COMMAND ===> 1

   1  SPUFI                   (Process SQL statements)
   2  DCLGEN                  (Generate SQL and source language declarations)
   3  PROGRAM PREPARATION     (Prepare a DB2 application program to run)
   4  PRECOMPILE              (Invoke DB2 precompiler)
   5  BIND/REBIND/FREE        (BIND, REBIND, or FREE plans or packages)
   6  RUN                     (RUN an SQL program)
   7  DB2 COMMANDS            (Issue DB2 commands)
   8  UTILITIES               (Invoke DB2 utilities)
   D  DB2I DEFAULTS           (Set global parameters)

   P  DB2 OM                  (Performance Monitor)
   C  DC Admin                (Data Collector Admin)

   X  EXIT                    (Leave DB2I)




 F1=HELP        F2=SPLIT       F3=END         F4=RETURN      F5=RFIND       F6=RCHANGE
 F7=UP          F8=DOWN        F9=SWAP        F10=LEFT       F11=RIGHT      F12=RETRIEVE
```

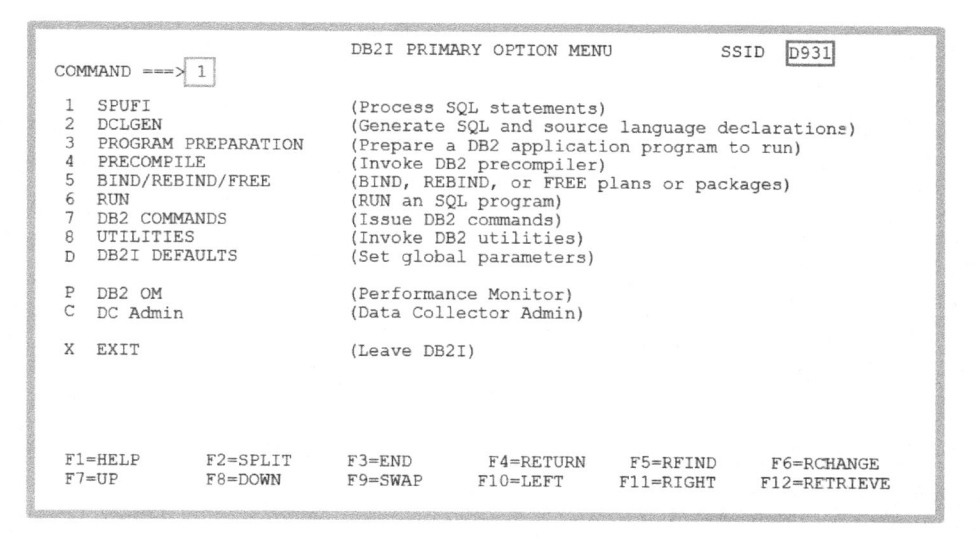

Abbildung 4.21: „DB2I PRIMARY OPTION MENU".

Das „DB2I PRIMARY OPTION MENU"-Panel erscheint wieder. Als SSID ist jetzt „D931" eingetragen (siehe Abbildung 4.21). Starten von SPUFI

Man kann zum Anlegen einer Datenbank das DB2-Subsystem „SPUFI" benutzen. Es erfolgt die Eingabe einer „1" ein und die Betätigung der Eingabetaste.

Als Ergebnis erscheint das SPUFI-Panel (siehe Abbildung 4.22).

```
                        SPUFI                    SSID: D931
 ===>

   Enter the input data set name:     (Can be sequential or partitioned)
     1  DATA SET NAME ... ===>
     2  VOLUME SERIAL ... ===>        (Enter if not cataloged)
     3  DATA SET PASSWORD ===>        (Enter if password protected)

   Enter the output data set name:    (Must be a sequential data set)
     4  DATA SET NAME ... ===>

   Specify processing options:
     5  CHANGE DEFAULTS   ===> YES    (Y/N - Display SPUFI defaults panel?)
     6  EDIT INPUT ...... ===>        (Y/N - Enter SQL statements?)
     YES 7 EXECUTE ........ ===>
     YES                              (Y/N - Execute SQL statements?)
     8  AUTOCOMMIT ...... ===>        (Y/N - Commit after successful run?)
     YES
     9  BROWSE OUTPUT ... ===>        (Y/N - Browse output data set?)
     YES

   For remote SQL processing:
     10 CONNECT LOCATION ===>


     F1=HELP      F2=SPLIT    F3=END     F4=RETURN   F5=RFIND    F6=RCHANGE
     F7=UP        F8=DOWN     F9=SWAP    F10=LEFT    F11=RIGHT   F12=RETRIEVE
```

Abbildung 4.22: Der SPUFI-Panel.

4.2.3.4 Überblick über die vier vorzunehmenden Definitionen

Für die Anlage einer Datenbank sind Definitionen notwendig, die eine Aussage über das „was", „wie" und „wo" machen. Diese Definitionen werden in Members des Partioned Datasets „PRAKT20.SPUFI.IN" abgespeichert.

Im einzelnen müssen vier Definitionen vereinbart und in vier Members abgespeichert werden. Diese Definitionen enthalten:

Art, Ort (Bereich auf einem von mehreren Plattenspeichern), Größe und Eigenschaften des Speicherplatzes, die diese Datenbank aufnehmen soll. Der Speicherplatz wird als Storage Group (STOGROUP) bezeichnet und erhält einen symbolischen Namen („STOGR020" in dem vorliegenden Beispiel, siehe Abbildung 4.25).

Für den symbolischen Namen der Datenbank wird der Name „DB020" gewählt. Eine Datenbank speichert (cached) normalerweise einen Teil der aktiven Daten innerhalb des Hauptspeichers temporär ab. Dieser Cache wird allgemein als „Bufferpool" bezeichnet und erhält ebenfalls einen symbolischen Namen („BP0" im Beispiel).

Eine relationale Datenbank besteht aus mindestens einer, meistens aber aus mehreren Tabellen (Relationen). Für jede Tabelle muß Speicherplatz, als Tablespace bezeichnet, reserviert werden. Dieser erhält ebenfalls einen symbolischen Namen, im Fall des Beispiels „TABSP020". In dem einfachen Beispiel ist nur eine einzige Tabelle angelegt, diese benötigt also auch nur einen Tablespace (siehe Abbildung 4.33).

Schließlich muß die Tabelle selbst bezüglich ihres Namens („TAB 020"), ihrer Struktur und der Bezeichnung ihrer Felder (Spalten) definiert werden (siehe Abbildung 4.36). Die Tabelle soll über 2 Spalten verfügen und das folgende Format haben:

VNAME	NNAME
…….	…….
…….	…….
…….	…….

Zusammengefasst:
Für den Partitioned Dataset „PRAKT20.SPUFI.IN" werden vier Members eingerichtet:

Member-Name	Aufgabe	symbolischer Name
STOGR1	Speicherplatz für unsere DB2-Datenbank anlegen	STOGR020
DB1	Die Datenbank selbst anlegen	DB020
TABSP1	Speicherplatz für eine Tabelle anlegen	TABSP020
TAB 1	Die Tabelle selbst anlegen	TAB 020

Man unterscheidet zwischen
- den symbolischen Namen der Datenbank, der Tabelle und des entsprechend zugeordneten Speicherplatzes (rechte Seite obiger Tabelle),
- den Namen der Member von „PRAKT20.SPUFI.IN", die diese Definitionen aufnehmen (linke Seite obiger Tabelle).

Symbolischer Name und Membername können, müssen aber nicht identisch sein.

4.2.3.5 Definition des Speicherplatzes für Datenbanken

Es folgt die Definition des Speicherplatzes (Storage Group) für die DB2 Datenbank.

Die Eingabe soll in dem Member „PRAKT20.SPUFI.IN(STOGR1)" gespeichert werden und wird von SPUFI übersetzt.

Für die Ausgabe der Übersetzung wird ein neuer Dataset benötigt. Er erhält den Namen PRAKT20.SPUFI.OUT und wird automatisch angelegt.

Nachdem die in Abbildung 4.23 gekennzeichneten Änderungen vorgenommen wurden, wird wieder die Eingabetaste betätigt.

```
                        SPUFI                           SSID: D931
===>


    Enter the input data set name:       (Can be sequential or partitioned)
     1  DATA SET NAME    ===> SPUFI.IN(STOGR1)
        ...
     2  VOLUME SERIAL    ===              (Enter if not     cataloged)
        ...              >                (Enter if password protected)
     3  DATA SET         ---

    Enter the output data set name:       (Must be a sequential data set)
     4  DATA SET NAME ... ===> SPUFI.OUT


    Specify processing options:
     5  CHANGE DEFAULTS   ===> YES       (Y/N - Display SPUFI defaults panel?)
     6  EDIT INPUT ...... ===>           (Y/N - Enter SQL statements?)
    YES 7 EXECUTE ......... ===>         (Y/N - Execute SQL statements?)
    YES
     8  AUTOCOMMIT ...... ===>           (Y/N - Commit after successful run?)
        YES
     9  BROWSE OUTPUT ... ===>           (Y/N - Browse output data set?)
        YES


    For remote SQL processing:
     10 CONNECT LOCATION ===>



        F1=HELP       F2=SPLIT     F3=END      F4=RETURN    F5=RFIND    F6=RCHANGE
        F7=UP         F8=DOWN      F9=SWAP     F10=LEFT     F11=RIGHT   F12=RETRIEVE
```

Abbildung 4.23: Definition für die Storage Group.

In diesem Screen (Abbildung 4.24) werden Dataset-Parameter angezeigt. Es werden in diesem Beispiel (und auch in Zukunft für alle weiteren SPUFI Definitionen) alle Default-Werte übernommen ohne Änderung und mit der Eingabetaste bestätigt.

Es erscheint ein (leerer) Edit-Screen (s. Abbildung 4.25):

Dieser wird benutzt, um den Speicherplatz für die Datenbank zu definieren (s. Abbildung 4.26). Die Angaben für „VOLUMES" und „VCAT" sind installationsspezifisch und müssen vom Systemadministrator vorgegeben werden. Für „binks.informatik.uni-leipzig.de" gelten die Werte (‚*') und PRAKT20.

Es werden die drei Zeilen (siehe Abbildung 4.26) eingegeben und anschließend diesen Screen mit der F3-Taste verlassen.

SPUFI teilt dem Nutzer mit, dass damit die Edit Session – Erstellen des Members SPUFI.IN(STOGR1) – beendet wurde (siehe Abbildung 4.27). Nach dem Drücken der Eingabetaste wird die Definition übersetzt und das Ergebnis in SPUFI.OUT gestellt.

Das Ergebnis der Übersetzung wird mitgeteilt (siehe Abbildung 4.28).

```
                        CURRENT SPUFI DEFAULTS              SSID: D931
===>



Enter the following to control your SPUFI session:
    1   ISOLATION LEVEL    ===> RR      (RR=Repeatable Read, CS=Cursor Stability)
    2   MAX SELECT LINES   ===> 250     (Maximum number of lines to be
                                         returned from a SELECT)
Output data set characteristics:
    3   RECORD LENGTH ...  ===> 4092    (LRECL=Logical record length)
    4   BLOCK SIZE ......  ===> 4096    (Size of one block)
    5   RECORD FORMAT ...  ===> VB      (RECFM=F, FB, FBA, V, VB, or VBA)
    6   DEVICE TYPE .....  ===> SYSDA   (Must be DASD unit name)

Output format characteristics:
    7   MAX NUMERIC FIELD  ===> 33      (Maximum width for numeric fields)
    8   MAX CHAR FIELD...  ===> 80      (Maximum width for character fields)
    9   COLUMN HEADING...  ===> NAMES   (NAMES, LABELS, ANY or BOTH)



    F1=HELP       F2=SPLIT      F3=END       F4=RETURN    F5=RFIND     F6=RCHANGE
    F7=UP         F8=DOWN       F9=SWAP      F10=LEFT     F11=RIGHT    F12=RETRIEVE
```

Abbildung 4.24: Dataset-Parameter.

```
    File   Edit   Confirm   Menu   Utilities   Compilers   Test   Help
-------------------------------------------------------------------------------
-  EDIT       PRAKT20.SPUFI.IN(STOGR1) - 01.00            Columns 00001 00072
****** *************************** Top of Data ******************************
==MSG>            your edit profile using the command RECOVERY ON.
''''''
''''''
''''''
''''''
''''''
''''''
''''''
''''''
''''''
''''''
                                                          Scroll ===> PAGE
''''''            F3=Exi        F5=Rfin      F6=Rchange   F12=Cancel
```

Abbildung 4.25: der Edit-Screen.

```
    File   Edit   Confirm   Menu   Utilities   Compilers   Test   Help
------------------------------------------------------------------------------
EDIT         PRAKT20.SPUFI.IN(STOGR1) - 01.00            Columns 00001 00072
****** **************************** Top of Data ****************************
==MSG> -Warning- The UNDO command is not available until you change
==MSG>          your edit profile using the command RECOVERY ON.
''''''  CREATE STOGROUP STOGR020
''''''      VOLUMES ('*')
''''''      VCAT PRAKT20;
''''''
''''''
''''''
''''''
''''''
''''''
''''''
''''''
''''''
''''''
''''''
''''''
''''''
''''''
Command ===>                                            Scroll ===> PAGE
   F1=Help       F3=Exit      F5=Rfind     F6=Rchange  F12=Cancel
```

Abbildung 4.26: „STOGR020".

4.2.3.6 Löschen von alten Objekten, um neue anlegen zu können

Wird an dieser Stelle eine Fehlermeldung ausgegeben, dann ist der zu erstellende Speicherplatz für diese Datenbank (Stogroup) möglicherweise bereits vorhanden (siehe Abbildung 4.29a). Er wurde zu einem früheren Zeitpunkt von einem anderen Nutzer schon einmal angelegt. In diesem Fall ist der alte Speicherplatz erst einmal zu entfernen. Dies ist mit dem folgenden SQL-Statement möglich:

    DROP STOGROUP STOGR020

Die Stogroup wird aber nur gelöscht, wenn sich in ihr keine Speicherplatzreservierung für eine Tabelle befindet (Tablespace). Befindet sich eine solche in der Stogroup, wird die in Abbildung 4.29b dargestellte Fehlermeldung ausgegeben sowie die Stogroup nicht gelöscht. Die Fehlermeldung gibt aber den Namen des Objektes aus, welches vor der Stogroup noch gelöscht werden muß, in diesem Beispiel der Tablespace „DB020.TABSP020". Dies geschieht durch das SQL-Statement

4.2 Das relationale Datenbanksystem DB2 — **179**

```
                            SPUFI                        SSID: D931
    ===>
    ┌─────────────────────────────────────────────────────────┐
    │DSNE808A EDIT SESSION HAS COMPLETED. PRESS ENTER TO CONTINUE│
    └─────────────────────────────────────────────────────────┘
    Enter the input data set name:    (Can be sequential or partitioned)
    1  DATA SET NAME ... ===> SPUFI.IN(STOGR1)
    2  VOLUME SERIAL ... ===>          (Enter if not cataloged)
    3  DATA SET PASSWORD ===>          (Enter if password protected)


    Enter the output data set name:   (Must be a sequential data set)
    4  DATA SET NAME ... ===> SPUFI.OUT


    Specify processing options:
    5  CHANGE DEFAULTS  ===> *         (Y/N - Display SPUFI defaults panel?)
    6  EDIT INPUT ...... ===> *        (Y/N - Enter SQL statements?)
    7  EXECUTE ......... ===> YES      (Y/N - Execute SQL statements?)
    8  AUTOCOMMIT ...... ===>          (Y/N - Commit after successful run?)
       YES
    9  BROWSE OUTPUT ... ===>          (Y/N - Browse output data set?)

    For remote SQL processing:
    10 CONNECT LOCATION ===>



    F1=HELP      F2=SPLIT      F3=END       F4=RETURN    F5=RFIND     F6=RCHANGE
    F7=UP        F8=DOWN       F9=SWAP      F10=LEFT     F11=RIGHT    F12=RETRIEVE
```

Abbildung 4.27: Bestätigung der beendeten Edit-Session.

```
    Menu   Utilities  Compilers  Help
    ------------------------------------------------------------------------
    - BROWSE   PRAKT20.SPUFI.OUT                    Line 00000000 Col 001 080
    ******************************* Top of Data *******************************
    ---------+---------+---------+---------+---------+---------+---------+---------
    + CREATE STOGROUP STOGR020                                             00010000
        VOLUMES ('*')                                                      00020000
        VCAT PRAKT20;                                                      00030000
    ---------+---------+---------+---------+---------+---------+---------+---------
    + DSNE616I STATEMENT EXECUTION WAS SUCCESSFUL, SQLCODE IS 0
    ---------+---------+---------+---------+---------+---------+---------+---------
    +
    ---------+---------+---------+---------+---------+---------+---------+---------
    + DSNE617I COMMIT PERFORMED, SQLCODE IS 0
    DSNE616I STATEMENT EXECUTION WAS SUCCESSFUL, SQLCODE IS 0


    Command ===>                                              Scroll ===> PAGE
      F1=Help      F3=Exit      F5=Rfind   F12=Cancel
```

Abbildung 4.28: Erfolgreiche Übersetzung.

DROP TABLESPACE DB020.TABSP020

Beide SQL-Statements lassen sich wie folgt ausführen: Zuerst sind im SPUFI-Panel (siehe Abbildung 4.23 die umrahmten Werte einzutragen; anstelle von „STOGR1" wählt man einen in dem Dataset „SPUFI.IN" noch nicht benutzten Member-Namen, z. B. „DELTABSP" (DELete TABle Space). Dieses Member nimmt das auszuführende SQL-Statement z. B. „DROP TABLESPACE DB020.TABSP020" auf.

```
  Menu   Utilities  Compilers  Help
-----------------------------------------------------------------------
 BROWSE      PRAKT20.SPUFI.OUT                   Line 00000000 Col 001 080
******************************** Top of Data ********************************
---------+---------+---------+---------+---------+---------+---------+
 CREATE STOGROUP STOGR020                                         00010000
    VOLUMES ('*')                                                 00020000
    VCAT PRAKT20;                                                 00040000
---------+---------+---------+---------+---------+---------+---------+
 DSNT408I SQLCODE = -601, ERROR:  THE NAME OF THE OBJECT TO BE CREATED OR THE
          TARGET OF A RENAME STATEMENT IS IDENTICAL TO THE EXISTING NAME STOGR020
          OF THE OBJECT TYPE STOGROUP
 DSNT418I SQLSTATE   = 42710 SQLSTATE RETURN CODE
 DSNT415I SQLERRP    = DSNXICSG SQL PROCEDURE DETECTING ERROR
 DSNT416I SQLERRD    = 10  0  0  -1  0  0 SQL DIAGNOSTIC INFORMATION
 DSNT416I SQLERRD    = X'0000000A'  X'00000000'  X'00000000'  X'FFFFFFFF'
          X'00000000'  X'00000000' SQL DIAGNOSTIC INFORMATION
---------+---------+---------+---------+---------+---------+---------+
 DSNE618I ROLLBACK PERFORMED, SQLCODE IS 0
 DSNE616I STATEMENT EXECUTION WAS SUCCESSFUL, SQLCODE IS 0
---------+---------+---------+---------+---------+---------+---------+
 DSNE601I SQL STATEMENTS ASSUMED TO BE BETWEEN COLUMNS 1 AND 72
  Command ===>                                         Scroll ===> PAGE
   F1=Help     F3=Exit     F5=Rfind   F12=Cancel
```

Abbildung 4.29a: Fehlermeldung, das Objekt existiert bereits.

```
  Menu   Utilities  Compilers  Help
-----------------------------------------------------------------------
 BROWSE      PRAKT20.SPUFI.OUT                   Line 00000000 Col 001 080
******************************** Top of Data ********************************
---------+---------+---------+---------+---------+---------+---------+
 DROP STOGROUP STOGR020                                           00010000
---------+---------+---------+---------+---------+---------+---------+
 DSNT408I SQLCODE = -616, ERROR:  STOGROUP STOGR020 CANNOT BE DROPPED BECAUSE IT
          IS REFERENCED BY TABLESPACE DB020.TABSP020
 DSNT418I SQLSTATE   = 42893 SQLSTATE RETURN CODE
 DSNT415I SQLERRP    = DSNXIDSG SQL PROCEDURE DETECTING ERROR
 DSNT416I SQLERRD    = 60  0  0  -1  0  0 SQL DIAGNOSTIC INFORMATION
 DSNT416I SQLERRD    = X'0000003C'  X'00000000'  X'00000000'  X'FFFFFFFF'
          X'00000000'  X'00000000' SQL DIAGNOSTIC INFORMATION
---------+---------+---------+---------+---------+---------+---------+
 DSNE618I ROLLBACK PERFORMED, SQLCODE IS 0
 DSNE616I STATEMENT EXECUTION WAS SUCCESSFUL, SQLCODE IS 0
---------+---------+---------+---------+---------+---------+---------+
 DSNE601I SQL STATEMENTS ASSUMED TO BE BETWEEN COLUMNS 1 AND 72
 DSNE620I NUMBER OF SQL STATEMENTS PROCESSED IS 1
 DSNE621I NUMBER OF INPUT RECORDS READ IS 1
 DSNE622I NUMBER OF OUTPUT RECORDS WRITTEN IS 18
  Command ===>                                         Scroll ===> PAGE
   F1=Help     F3=Exit     F5=Rfind   F12=Cancel
```

Abbildung 4.29b: Fehlermeldung, Stogroup kann nicht gelöscht werden.

4.2.3.7 Anlegen einer Datenbank

```
                         SPUFI                        SSID: D931
===>
DSNE361I SPUFI PROCESSING COMPLETE
 Enter the input data set name:     (Can be sequential or partitioned)
  1 DATA SET NAME     ===> SPUFI.IN(STOGR1)
    ...
  2 VOLUME SERIAL     ===               (Enter if not cataloged)
    ...               >                 (Enter if password protected)
  3 DATA SET          ===

 Enter the output data set name:    (Must be a sequential data set)
  4 DATA SET NAME ... ===> SPUFI.OUT

 Specify processing options:
  5 CHANGE DEFAULTS   ===> YES       (Y/N - Display SPUFI defaults panel?)
  6 EDIT INPUT ...... ===>           (Y/N - Enter SQL statements?)
 YES 7 EXECUTE ......... ===>        (Y/N - Execute SQL statements?)
 YES
  8 AUTOCOMMIT ...... ===>           (Y/N - Commit after successful run?)
 YES
  9 BROWSE OUTPUT ... ===>           (Y/N - Browse output data set?)
 YES

 For remote SQL processing:
 10 CONNECT LOCATION  ===>




 F1=HELP      F2=SPLIT     F3=END       F4=RETURN    F5=RFIND     F6=RCHANGE
 F7=UP        F8=DOWN      F9=SWAP      F10=LEFT     F11=RIGHT    F12=RETRIEVE
```

Abbildung 4.30: Der SPUFI-Screen.

Es erfolgt die Rückkehr zum SPUFI-Bildschirm (siehe Abbildung 4.30). Die bisher vorgenommene Reservierung von Speicherplatz für die Datenbank wird normalerweise vom Systemadministrator vorgenommen, dem einzelnen Benutzer fehlen hierfür in der Regel die Zugriffsrechte. Die weiteren Schritte kann der Benutzer aber selbst vornehmen.

Als nächstes wird im Speicherplatz „STOGR020" eine Datenbank angelegt.

Der Nutzer gibt den in Abbildung 4.31 gezeigten Dataset- und Member-Namen ein und betätigt anschließend die Eingabetaste.

Der CURRENT SPUFI DEFAULTS-Bildschirm (siehe Abbildung 4.24) erscheint wieder. Alle Werte werden unverändert übernommen und mit der Eingabetaste bestätigt.

Die DB2 Datenbank erhält den symbolischen Namen „DB020". Sie wird in der vorher angelegten Storage Group „STOGR020" abgespeichert (siehe Abbildung 4.32) und benutzt einen Hauptspeicher-Cache (Bufferpool) mit dem symbolischen Namen „BP0".

```
                          SPUFI                      SSID: D931
    ===>
    DSNE361I SPUFI PROCESSING COMPLETE
       Enter the input data set name:      (Can be sequential or partitioned)
        1  DATA SET NAME ... ===> SPUFI.IN(DB1)
        2  VOLUME SERIAL ... ===>           (Enter if not cataloged)
        3  DATA SET PASSWORD ===>           (Enter if password protected)


       Enter the output data set name:     (Must be a sequential data set)
        4  DATA SET NAME ... ===> SPUFI.OUT

       Specify processing options:

        5  CHANGE DEFAULTS  ===> YES        (Y/N - Display SPUFI defaults panel?)
        6  EDIT INPUT ..... ===> YES        (Y/N - Enter SQL statements?)
        7  EXECUTE ........ ===> YES        (Y/N - Execute SQL statements?)
        8  AUTOCOMMIT ..... ===> YES        (Y/N - Commit after successful run?)
        9  BROWSE OUTPUT .. ===> YES        (Y/N - Browse output data set?)



       For remote SQL processing:
       10  CONNECT LOCATION  ===>



         F1=HELP      F2=SPLIT     F3=END       F4=RETURN    F5=RFIND     F6=RCHANGE
         F7=UP        F8=DOWN      F9=SWAP      F10=LEFT     F11=RIGHT    F12=RETRIEVE
```

Abbildung 4.31: Definition für DB1.

Dieser Bildschirm wird mit F3 verlassen und anschließend mit der Eingabetaste bestätigt.

Mit der F3-Taste wird zum SPUFI-Screen zurückgekehrt.

In dem Beispiel soll die DB2-Datenbank aus einer einzigen Tabelle bestehen. Es wird eine Definition des Speicherplatzes (Tablespace) für die Tabelle in dem Member „TABSP1" (siehe Abbildung 4.34) erstellt.

Dafür wird zweimal die Eingabetaste betätigt, um in den „Edit Entry Panel" zu gelangen.

4.2.3.8 Defininition von Tablespace für DB2-Tabellen

Der Tablespace mit dem symbolischen Namen „TABSP020" (siehe Abbildung 4.35) wird eingerichtet. Die darin enthaltene Tabelle gehört zur Datenbank „DB020", die wiederum in der Storage Group „STOGR020" untergebracht ist. Der dazu gehörige Buffer Pool (Hauptspeicher Cache) heißt „BP0" (Abbildung 4.33). Der Bildschirm wird anschließend mit F3 verlassen und mit der Eingabetaste bestätigt.

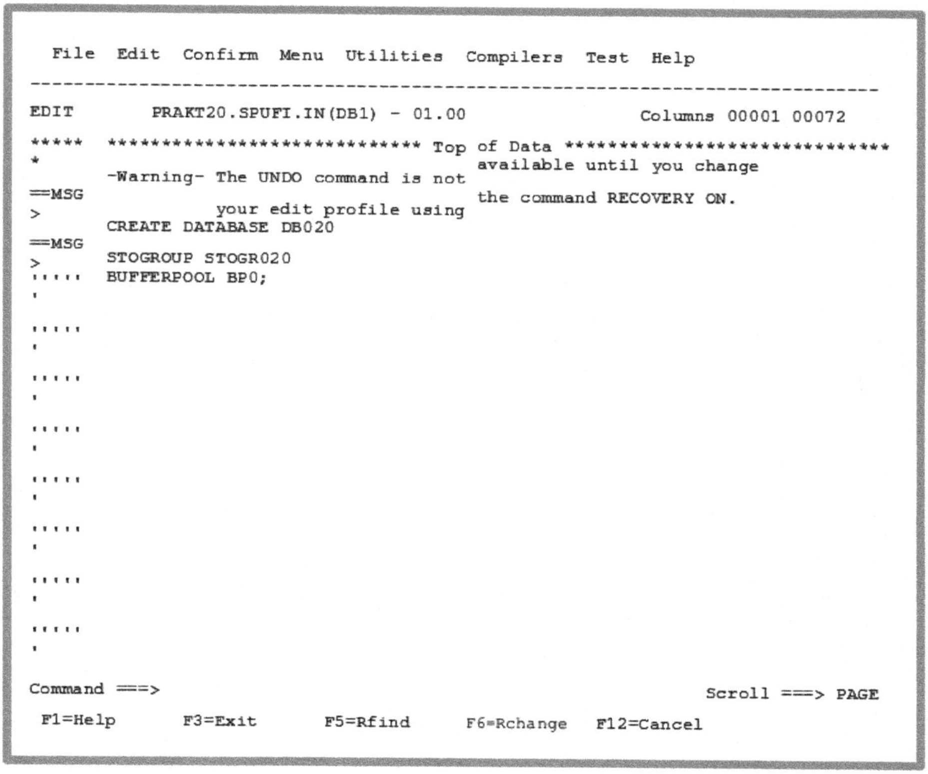

```
   File   Edit   Confirm   Menu   Utilities   Compilers   Test   Help
-----------------------------------------------------------------------
EDIT         PRAKT20.SPUFI.IN(DB1) - 01.00              Columns 00001 00072
*****  **************************** Top of Data ****************************
*                                         available until you change
       -Warning- The UNDO command is not
==MSG                                     the command RECOVERY ON.
>                  your edit profile using
            CREATE DATABASE DB020
==MSG
>           STOGROUP STOGR020
'''''       BUFFERPOOL BP0;
'
'''''
'
'''''
'
'''''
'
'''''
'
'''''
'
'''''
'
'''''
'
 Command ===>                                           Scroll ===> PAGE
   F1=Help      F3=Exit      F5=Rfind      F6=Rchange   F12=Cancel
```

Abbildung 4.32: Definition der Datenbank „DB020".

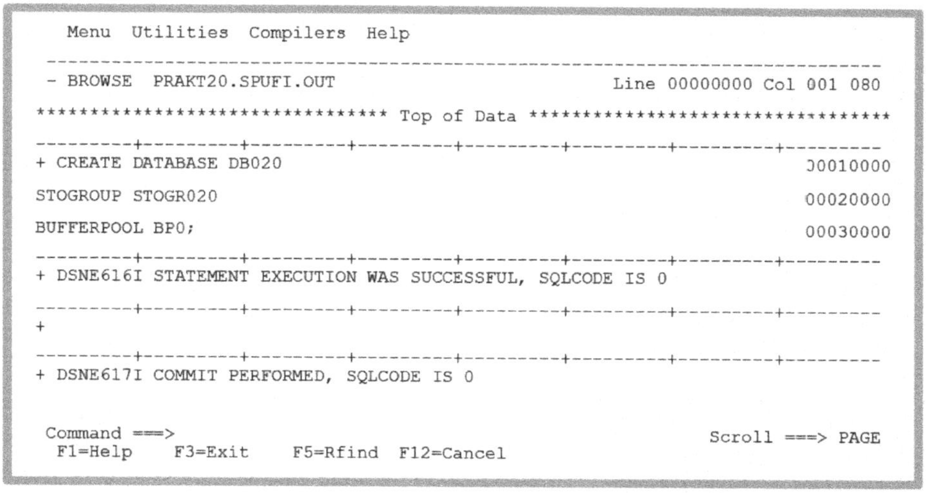

```
   Menu   Utilities   Compilers   Help
-----------------------------------------------------------------------
 - BROWSE   PRAKT20.SPUFI.OUT                    Line 00000000 Col 001 080
****************************** Top of Data ********************************
---------+---------+---------+---------+---------+---------+---------+---------
+ CREATE DATABASE DB020                                              00010000
STOGROUP STOGR020                                                    00020000
BUFFERPOOL BP0;                                                      00030000
---------+---------+---------+---------+---------+---------+---------+---------
+ DSNE616I STATEMENT EXECUTION WAS SUCCESSFUL, SQLCODE IS 0
---------+---------+---------+---------+---------+---------+---------+---------
+
---------+---------+---------+---------+---------+---------+---------+---------
+ DSNE617I COMMIT PERFORMED, SQLCODE IS 0

 Command ===>                                           Scroll ===> PAGE
   F1=Help     F3=Exit    F5=Rfind  F12=Cancel
```

Abbildung 4.33: Erfolgsmeldung der Anlage der Datenbank.

```
                          SPUFI                              SSID: D931
   ===>
   DSNE361I SPUFI PROCESSING COMPLETE
   Enter the input data set name:      (Can be sequential or partitioned)
      1  DATA SET NAME ... ===> SPUFI.IN(TABSP1)
      2  VOLUME SERIAL ... ===>         (Enter if not cataloged)
      3  DATA SET PASSWORD ===>         (Enter if password protected)


   Enter the output data set name:     (Must be a sequential data set)
      4  DATA SET NAME ... ===> SPUFI.OUT


   Specify processing options:
      5  CHANGE DEFAULTS   ===> YES     (Y/N - Display SPUFI defaults panel?)
      6  EDIT INPUT ...... ===>         (Y/N - Enter SQL statements?)
   YES 7  EXECUTE ......... ===>        (Y/N - Execute SQL statements?)
   YES
      8  AUTOCOMMIT ...... ===>         (Y/N - Commit after successful run?)
      YES
      9  BROWSE OUTPUT ... ===>         (Y/N - Browse output data set?)
      YES

   For remote SQL processing:
     10  CONNECT LOCATION  ===>




       F1=HELP       F2=SPLIT      F3=END       F4=RETURN    F5=RFIND     F6=RCHANGE
       F7=UP         F8=DOWN       F9=SWAP     F10=LEFT     F11=RIGHT    F12=RETRIEVE
```

Abbildung 4.34: Member TABSP1 zum Editieren öffnen.

Die Anlage des Tablespaces „TABSP020" ist damit erfolgreich (siehe Abbildung 4.36). Durch Drücken der F8- Taste (Scroll Forward) kann der Rest der Nachricht angezeigt werden. Mit der F7-Taste (Scroll Backward) geht es wieder zurück. Mit der F3-Taste wird der Screen verlassen.

4.2.3.9 Erstellen der Tabelle

In den Member „TAB 1" soll die Definition der Tabelle selbst erfolgen (siehe Abbildung 4.37).

Um weiter zu kommen, wird zweimal die Eingabetaste betätigt.

Die Einträge in der Tabelle „TAB 020" (siehe Abbildung 4.38) haben zwei Spalten: „VNAME" (zur Aufnahme des Vornamens einer Person) und „NNAME" (zur Aufnahme des Nachnamens einer Person). Die Felder besitzen eine Länge von je 20 Zeichen. Die Tabelle ist Teil der Datenbank „DB020" und verwendet den Tablespace „TABSP020".

Die Definition der Tabelle wird eingetragen und der Screen mit F3 verlassen; abschließend wird die Eingabetaste betätigt.

```
File   Edit   Confirm   Menu   Utilities   Compilers   Test   Help
--------------------------------------------------------------------
EDIT           PRAKT20.SPUFI.IN(TABSP1) - 01.00           Columns 00001 00072
****** ************************** Top of Data ******************************
==MSG> -Warning- The UNDO command is not available until you change
==MSG>           your edit profile using the command RECOVERY ON.
''''''  CREATE TABLESPACE TABSP020
''''''       IN DB020
''''''       USING STOGROUP STOGR020
''''''            PRIQTY 20
''''''            SECQTY 20
''''''            ERASE NO
''''''       BUFFERPOOL BP0
''''''       CLOSE NO;
''''''
''''''
''''''
''''''
''''''
''''''
''''''
''''''
Command ===>                                            Scroll ===> PAGE
   F1=Help      F3=Exit      F5=Rfind      F6=Rchange   F12=Cancel
```

Abbildung 4.35: Speicherplatz für Tabelle anlegen.

Danach (siehe Abbildung 4.39), wird der Screen mit F3 verlassen.

4.2.3.10 Datensätze in die Tabelle einfügen

Damit ist eine Datenbank angelegt worden. Aber diese ist zur Zeit noch leer. Es existieren zahlreiche Software-Funktionen, um leere Datenbanken mit bereits existierenden Daten zu füllen. Es hier auf eine einfache Art nacheinander erfolgen.

Dafür wird (zusätzlich zu den bisherigen 4 Members) ein weiterer SPUFI-Member „INSERT" angelegt (siehe Abbildung 4.40); die Eingabetaste wird anschließend zweimal gedrückt.

Der Nutzer gibt drei Insert-Kommandos ein (siehe Abbildung 4.41). Es können die vorgegebenen Namen oder andere verwendet werden. Anschließend wird mit F3 der Screen verlassen und danach die Eingabetaste betätigt.

In der Abbildung 4.42 wird angezeigt, dass die Eingabe erfolgreich war. Mit der F8-Taste kann sich der Nutzer die gesamte Ausgabe ansehen.

```
   Menu  Utilities  Compilers  Help
-------------------------------------------------------------------
 BROWSE      PRAKT20.SPUFI.OUT                Line 00000000 Col 001 080
****************************** Top of Data ******************************
---------+---------+---------+---------+---------+---------+---------+
 CREATE TABLESPACE TABSP020                                     00010000
    IN DB020                                                    00020000
    USING STOGROUP STOGR020                                     00030000
      PRIQTY 20                                                 00040000
      SECQTY 20                                                 00050000
      ERASE NO                                                  00060000
      BUFFERPOOL BP0                                            00070000
      CLOSE NO;                                                 00080000
---------+---------+---------+---------+---------+---------+---------+
 DSNE616I STATEMENT EXECUTION WAS SUCCESSFUL, SQLCODE IS 0
---------+---------+---------+---------+---------+---------+---------+
                                                                00090000
---------+---------+---------+---------+---------+---------+---------+
 DSNE617I COMMIT PERFORMED, SQLCODE IS 0
 DSNE616I STATEMENT EXECUTION WAS SUCCESSFUL, SQLCODE IS 0
---------+---------+---------+---------+---------+---------+---------+
 DSNE601I SQL STATEMENTS ASSUMED TO BE BETWEEN COLUMNS 1 AND 72

 Command ===>                                      Scroll ===> PAGE
   F1=Help    F3=Exit    F5=Rfind  F12=Cancel
```

Abbildung 4.36: Erfolgreiche Anlage des Tablespace.

Damit ist die DB2 Datenbank mit Daten beschrieben. Mit der F3-Taste wird das SPUFI-Panel erneut aufgerufen.

4.2.3.11 Ansehen sämtlicher Datensätze der Tabelle

Frage: Befinden sich nun die korrekten Namen in der Datenbank? Mit SPUFI kann sich der Nutzer auch den Datenbank-Inhalt ansehen. Es wird noch ein weiterer SPUFI-Member „SELECT" (siehe Abbildung 4.44) erstellt und zweimal die Eingabetaste betätigt.

Wir erstellen Die Abfrage „SELECT" für die Datenbank (siehe Abbildung 4.45) wird erstellt und der Screen mit F3 verlassen, danach wird betätigt mit der Eingabetaste.

Aus der Abbildung 4.46 geht hervorgeht, dass die Abfrage erfolgreich ist.

SPUFI gibt den Inhalt der Tabelle wieder. Die mit dem „INSERT"-Statement eingegebenen drei Vornamen und Nachnamen sind in der Tabelle gespeichert.

Der Nutzer kann das Aufnehmen von Datensätzen wiederholen, indem er den SPUFI-Screen mit „INSERT" erneut aufruft und weitere Namen eingibt. Letztere wer-

```
                        SPUFI                          SSID: D931
===>
DSNE361I SPUFI PROCESSING COMPLETE
Enter the input data set name:       (Can be sequential or partitioned)
   1  DATA SET NAME     ===>  SPUFI.IN(TAB1)
   ...
   2  VOLUME SERIAL      ===            (Enter  if  not  cataloged)
                          >             (Enter if password protected)
   ...
   ----  ---

Enter the output data set name:       (Must be a sequential data set)
   4  DATA SET NAME ... ===> SPUFI.OUT

Specify processing options:
   5  CHANGE DEFAULTS  ===> YES   (Y/N - Display SPUFI defaults panel?)
   6  EDIT INPUT ...... ===>      (Y/N - Enter SQL statements?)
YES 7 EXECUTE ......... ===>
YES                                (Y/N - Execute SQL statements?)
   8  AUTOCOMMIT ...... ===>      (Y/N - Commit after successful run?)
YES
   9  BROWSE OUTPUT ... ===>      (Y/N - Browse output data set?)

For remote SQL processing:
  10  CONNECT LOCATION  ===>


   F1=HELP      F2=SPLIT    F3=END     F4=RETURN    F5=RFIND    F6=RCHANGE
   F7=UP        F8=DOWN     F9=SWAP    F10=LEFT     F11=RIGHT   F12=RETRIEVE
```

Abbildung 4.37: Definition für TAB 1.

den an den vorhandenen Datenbestand angehängt. Der Leser sollte diese Übung durchführen:

F3-Taste drücken, um den SPUFI-Screen aufzurufen, den aufzurufenden Membernamen „INSERT" eingeben, zweimal die Eingabetaste drücken, um zum „Edit Screen" zu gelangen, neue Daten eingeben, mit F3 und anschließend mit der Eingabetaste das Aufnehmen dieser Namen in die Tabelle durchführen.

Wenn der Nutzer nun mittels des SQL-Kommandos „SELECT * FROM PRAKT20. TAB 020;" wieder den Inhalt der Tabelle ansieht, könnte dieser wie in Abbildung 4.47 dargestellt aussehen.

Nach Betätigen der F8-Taste erscheint der nächsten Screen der Ausgabe.

Eine DB2-Datenbank ist damit erfolgreich angelegt und mit Daten bestückt. Bitte bedenken Es werden hiermit Prinzipien erklärt, in der Praxis wird aber vielfach mit anderen und weitgehend automatisierten Prozessen gearbeitet.

4 Datenbanksysteme unter z/OS

```
    File   Edit   Confirm   Menu   Utilities   Compilers   Test   Help
------------------------------------------------------------------------------
EDIT         PRAKT20.SPUFI.IN(TAB1) - 01.00           Columns 00001 00072
***** **************************** Top of Data ******************************
==MSG> -Warning- The UNDO command is not available until you change
==MSG>           your edit profile using the command RECOVERY ON.
''''''  CREATE TABLE TAB020
''''''     (
''''''       VNAME CHAR(20) NOT NULL,
''''''       NNAME CHAR(20) NOT NULL
''''''     )
''''''       IN DB020.TABSP020;
''''''
''''''
''''''
''''''
''''''
''''''
''''''
''''''
''''''

Command ===>                                             Scroll ===> PAGE
   F1=Help       F3=Exit       F5=Rfind     F6=Rchange  F12=Cancel
```

Abbildung 4.38: Anlegen der Tabelle „TAB 020".

```
   Menu   Utilities   Compilers   Help
------------------------------------------------------------------------------
BROWSE       PRAKT20.SPUFI.OUT                      Line 00000000 Col 001 080
******************************** Top of Data ********************************
---------+---------+---------+---------+---------+---------+---------+---------+
CREATE TABLE TAB020                                                    00010000
   (                                                                   00020000
     VNAME CHAR(20) NOT NULL,                                          00030000
     NNAME CHAR(20) NOT NULL                                           00040000
   )                                                                   00050000
     IN DB020.TABSP020;                                                00060000
---------+---------+---------+---------+---------+---------+---------+---------+
DSNE616I STATEMENT EXECUTION WAS SUCCESSFUL, SQLCODE IS 0
---------+---------+---------+---------+---------+---------+---------+---------+
---------+---------+---------+---------+---------+---------+---------+---------+
DSNE617I COMMIT PERFORMED, SQLCODE IS 0
```

Abbildung 4.39: Erfolgreiche Definition.

```
                    SPUF                      SSID: D931
===>


  1  DATA SET NAME      ===>  SPUFI.IN(INSERT)
     ...                ===         (Enter if not cataloged)
  2  VOLUME SERIAL      >           (Enter if password protected)
     ...

  Enter the output data set name:   (Must be a sequential data set)
  4  DATA SET NAME ... ===> SPUFI.OUT

  Specify processing options:

  5  CHANGE DEFAULTS   ===> YES    (Y/N - Display SPUFI defaults panel?)
  6  EDIT INPUT ...... ===>        (Y/N - Enter SQL statements?)
  YES 7 EXECUTE ........ ===>      (Y/N - Execute SQL statements?)
  YES
  8  AUTOCOMMIT ...... ===>        (Y/N - Commit after successful run?)
     YES                           (Y/N - Browse output data set?)

  For remote SQL processing:
  10  CONNECT LOCATION  ===>


  F1=HELP      F2=SPLIT     F3=END     F4=RETURN    F5=RFIND    F6=RCHANGE
  F7=UP        F8=DOWN      F9=SWAP    F10=LEFT     F11=RIGHT   F12=RETRIEVE
```

Abbildung 4.40: Definition für INSERT.

4.3 Das hierarchische Datenbanksystem IMS

Nach dem relationalen Datenbanksystem DB2 soll nun mit IMS ein Beispiel für den älteren, aber keineswegs veralteten, hierarchischen Datenbankansatz betrachtet werden.

Das *Information Management System* (IMS) entstand in den späten sechziger Jahren als erstes kommerzielles Datenbanksystem. Ziel seiner Entwicklung war die Speicherung von Informationen über die mehreren Millionen Bauteile der Saturn V-Rakete, welche Teil des Apollo-Mondprogramms der NASA war. In seiner nunmehr über vierzigjährigen Geschichte wurde IMS von IBM stets weiterentwickelt und spielt weiterhin in der Wirtschaft eine wichtige Rolle. Heute wird es vor allem von Banken und Versicherungen, sowie im Flugverkehr eingesetzt. Außerdem findet IMS auch im Telekommunikationsbereich und Kraftfahrzeugbau und in vielen weiteren Branchen Anwendung. Die oft zu hörenden Vorurteile gegen den vermeintlich veralteten hierarchischen Datenbankansatz bewahrheiten sich nicht. Tagtäglich werden Billionen von US-Dollar mit IMS transferiert. In IMS-Datenbanken sind weltweit viele Petabyte Daten gespeichert, auf welche jeden Tag Benutzer im dreistelligen Millionenbereich zugreifen. Aktuelle Mainframes sind in der Lage über IMS mehrere Zehntausend Transaktionen pro Sekunde durchzuführen. IMS wird vor allem aufgrund der Verwaltbarkeit enorm großer Datenmengen, seiner hohen Geschwindigkeit und aus Zuverlässigkeitsgründen noch immer

```
    File    Edit  Confirm  Menu  Utilities  Compilers  Test  Help
------------------------------------------------------------------------
EDIT          PRAKT20.SPUFI.IN(INSERT) - 01.00        Columns 00001 00072
****** *************************** Top of Data ****************************
==MSG> -Warning- The UNDO command is not available until you change
==MSG>           your edit profile using the command RECOVERY ON.
''''''  INSERT INTO TAB020
''''''      VALUES ('HANS', 'BAUER');
''''''  INSERT INTO TAB020
''''''      VALUES ('FRED', 'MAYER');
''''''  INSERT INTO TAB020
''''''      VALUES ('JORG', 'WAGNER');
''''''
''''''
''''''
''''''
''''''
''''''
''''''
''''''
''''''
''''''
Command ===>                                          Scroll ===> PAGE
 F1=Help       F3=Exit      F5=Rfind    F6=Rchange  F12=Cancel
```

Abbildung 4.41: Inhalt der Datenbank.

eingesetzt. Insbesondere unter z/OS ist IMS wegen der systemnahen Ausführung als z/OS Subsystem sehr schnell. IMS ist mittlerweile in der 11. Version verfügbar. Der Nachfolger befindet sich in Entwicklung.

4.3.1 Ein Überblick über den Aufbau von IMS

IMS besteht im Wesentlichen aus den zwei Hauptkomponenten IMS/DB und IMS/TM, welche vom IMS System vereinigt werden (siehe Abbildung 4.49). Die Datenbankkomponente von IMS kann jedoch auch ohne den Transaktionsmanager erworben werden. An dessen Stelle kommt dann in der Regel der Transaktionsmonitor CICS zum Einsatz.

4.3.1.1 Datenbankverwaltungssystem IMS/DB

Das Datenbankverwaltungssystem verwaltet die hierarchisch organisierten IMS-Datenbanken. Dabei werden vier unterschiedliche Datenbanktypen unterstützt, was eine Optimierung für den jeweiligen Einsatzzweck ermöglicht:

```
    Menu    Utilities   Compilers   Help
   ---------------------------------------------------------------
    BROWSE     PRAKT20.SPUFI.OUT                  Line 00000000 Col 001 080
    ****************************** Top of Data *********************************
   ---------+---------+---------+---------+---------+---------+---------+
    INSERT INTO TAB020                                              00010001
        VALUES ('HANS', 'BAUER');                                   00020002
   ---------+---------+---------+---------+---------+---------+---------+
    DSNE615I NUMBER OF ROWS AFFECTED IS 1
    DSNE616I STATEMENT EXECUTION WAS SUCCESSFUL, SQLCODE IS 0
   ---------+---------+---------+---------+---------+---------+---------+
    INSERT INTO TAB020                                              00030001
        VALUES ('FRED', 'MAYER');                                   00040002
   ---------+---------+---------+---------+---------+---------+---------+
    DSNE615I NUMBER OF ROWS AFFECTED IS 1
    DSNE616I STATEMENT EXECUTION WAS SUCCESSFUL, SQLCODE IS 0
   ---------+---------+---------+---------+---------+---------+---------+
    INSERT INTO TAB020                                              00050001
        VALUES ('JORG', 'WAGNER');                                  00060002
   ---------+---------+---------+---------+---------+---------+---------+
    DSNE615I NUMBER OF ROWS AFFECTED IS 1
    DSNE616I STATEMENT EXECUTION WAS SUCCESSFUL, SQLCODE IS 0
    Command ===>                                           Scroll ===> PAGE
       F1=Help     F3=Exit     F5=Rfind    F12=Cancel
```

Abbildung 4.42: Erfolgreiche Definition.

- **Full Function Database**
  Dieser Datenbanktyp bietet weitreichende Indexfunktionen und einige Zugriffsmethoden. Am meisten werden die *Hierarchical Direct Access Method* (HDAM) und die *Hierarchical Indexed Direct Access Method* (HIDAM) verwendet (Abbildung 4.43). Neben diesen existieren weitere Zugriffsmethoden speziell für sequentiellen Zugriff. Für die Datenspeicherung wird bei Full Function Databases VSAM oder OSAM genutzt. Letzteres ist speziell für IMS optimiert.
- **Fast Path Database**
  In den Siebzigerjahren wurden die Fast Path Databases eingeführt. Diese können partitioniert werden, was die Verwaltung von sehr viel größeren Datenmengen ermöglicht. Zudem ist dieser Datenbanktyp auf die sehr hohe Transaktionsraten optimiert, was seinen Hintergrund vor allem im Finanzwesen hat. Dort war festgestellt worden, dass große Mengen an Zugriffen durch relativ wenige verschiedene Transaktionsanwendungen verursacht werden.
- **High Availability Large Database (HALDB)**
  Diese Erweiterung der Full Function Databases kann seit der siebten Version von IMS verwendet werden und bietet eine Partitionierung der Datenbank auf mehr

```
   Menu  Utilities  Compilers  Help
------------------------------------------------------------------------
 - BROWSE    PRAKT20.SPUFI.OUT                  Line 00000019 Col 001 080
--------+---------+---------+---------+---------+---------+---------+----------
+
--------+---------+---------+---------+---------+---------+---------+----------
+ DSNE617I COMMIT PERFORMED, SQLCODE IS 0

DSNE616I STATEMENT EXECUTION WAS SUCCESSFUL, SQLCODE IS 0
--------+---------+---------+---------+---------+---------+---------+----------
+ DSNE601I SQL STATEMENTS ASSUMED TO BE BETWEEN COLUMNS 1 AND 72

DSNE620I NUMBER OF SQL STATEMENTS PROCESSED IS 3
DSNE621I NUMBER OF INPUT RECORDS READ IS 6
DSNE622I NUMBER OF OUTPUT RECORDS WRITTEN IS 27
****************************** Bottom of Data *********************************




 Command ===>                                          Scroll ===> PAGE
   F1=Help      F3=Exit      F5=Rfind    F12=Cancel
```

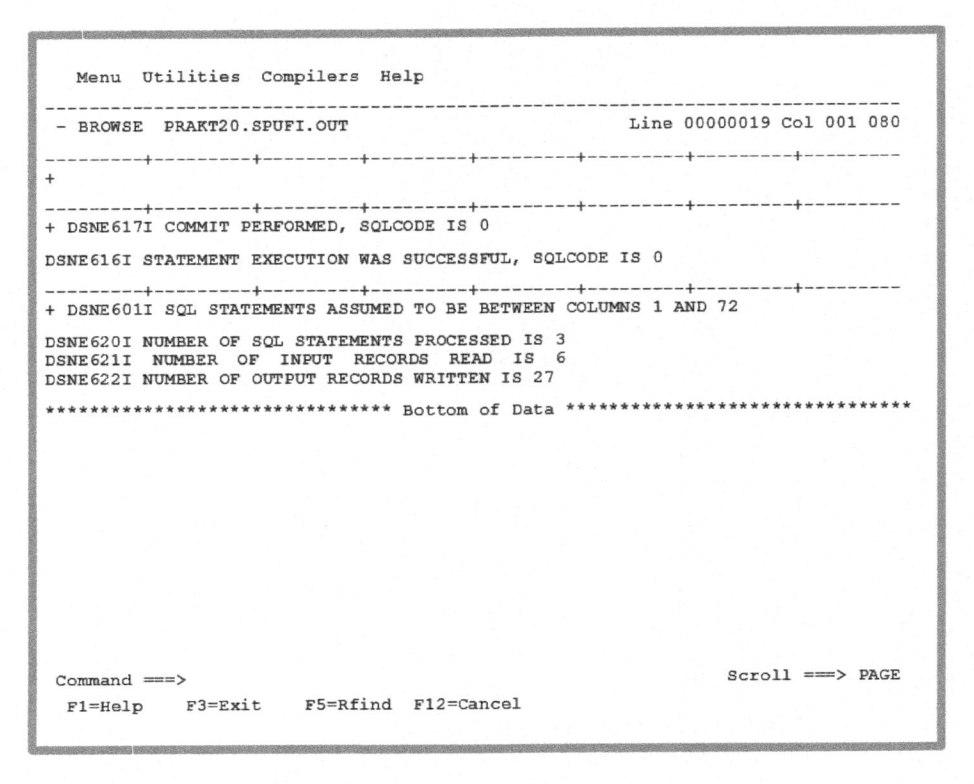

Abbildung 4.43: Die restliche Ausgabe.

als tausend Partitionen. In einer HALDB können 40 Terabyte an Daten gespeichert werden. Außerdem ist seit Version 9 eine Reorganisation der Daten im laufenden Betrieb möglich, ohne dass dies eine Auswirkung auf laufende Transaktionsanwendungen hat.

- **XML Database**-
  XML ist ein plattformunabhängiges Format zur Speicherung von Daten in hierarchischer Form. Die *eXtensible Markup Language* (XML) wurde in den späten Neunzigerjahren vom World Wide Web Consortium (W3C) herausgegeben.

  Wie zahlreiche weitere Datenbanksysteme bietet IMS die Verarbeitung, Speicherung und Ausgabe von XML-basierten Daten. Dieser Datenbanktyp wird vor allem in Zusammenhang mit Java eingesetzt.

IMS/DB ermöglicht die Verarbeitung sehr großer Datenmengen in sehr kurzer Zeit. Dabei ist IMS schneller als das relational organisierte DB2.

```
SPUF                          SSID: D931
I
DSNE800A NO DEFAULT VALUES WERE CHANGED. PRESS ENTER TO CONTINUE
Enter the input data set name:     (Can be sequential or partitioned)
 1   DATA SET NAME ... ===> SPUFI.IN(SELECT)
 2   VOLUME SERIAL ... ===>          (Enter if not cataloged)
 3   DATA SET PASSWORD ===>          (Enter if password protected)

Enter the output data set name:    (Must be a sequential data set)
 4   DATA SET NAME ... ===> SPUFI.OUT

Specify processing options:
 5   CHANGE DEFAULTS   ===> *        (Y/N - Display SPUFI defaults panel?)
 6   EDIT INPUT ...... ===>          (Y/N - Enter SQL statements?)
 YES 7 EXECUTE ......... ===>
 YES                                 (Y/N - Execute SQL statements?)
 8   AUTOCOMMIT ...... ===>          (Y/N - Commit after successful run?)
 YES                                 (Y/N - Browse output data set?)
 9   BROWSE OUTPUT ... ===>

For remote SQL processing:
10   CONNECT LOCATION ===>


F1=HELP       F2=SPLIT      F3=END      F4=RETURN    F5=RFIND     F6=RCHANGE
F7=UP         F8=DOWN       F9=SWAP     F10=LEFT     F11=RIGHT    F12=RETRIEVE
```

Abbildung 4.44: Definition für SELECT.

4.3.1.2 Transaktionsmanager IMS/TM

Der Transaktionsmanager IMS/TM (auch unter IMS/DC bekannt) bietet weitreichende Funktionen zur Transaktionsverarbeitung. Da Thema in den kommenden Kapiteln 7 und 8 noch näher behandelt wird, soll an dieser Stelle die Funktionalität des Transaktionsmanagers nur grob dargestellt werden.

IMS/TM ermöglicht die Ausführung sehr vieler Transaktionen mit geringer Antwortzeit. Der Transaktionsmanager lädt Transaktionsanwendungen und garantiert deren voneinander unabhängige Ausführung. Außerdem wird der Zugriff auf die IMS-Datenbanken über das Netzwerk ermöglich, eingehende Nachrichten verwaltet und ausgehende Nachrichten versandt. Dafür wird eine Vielzahl an Schnittstellen angeboten. So können abgespeicherte Daten unter anderem über das TCP/IP-Protokoll, über heute WebSphere MQ oder aus einem Java-Programm heraus mittels JDBC (Java Database Connectivity) abgefragt und manipuliert werden. Über IMS/TM können Transaktionsanwendungen sogar auf DB2 zugreifen. Nicht zuletzt wird die Ausführung von Stapelverarbeitungsprozessen überwacht, Aktionen geloggt und die Daten gesichert.

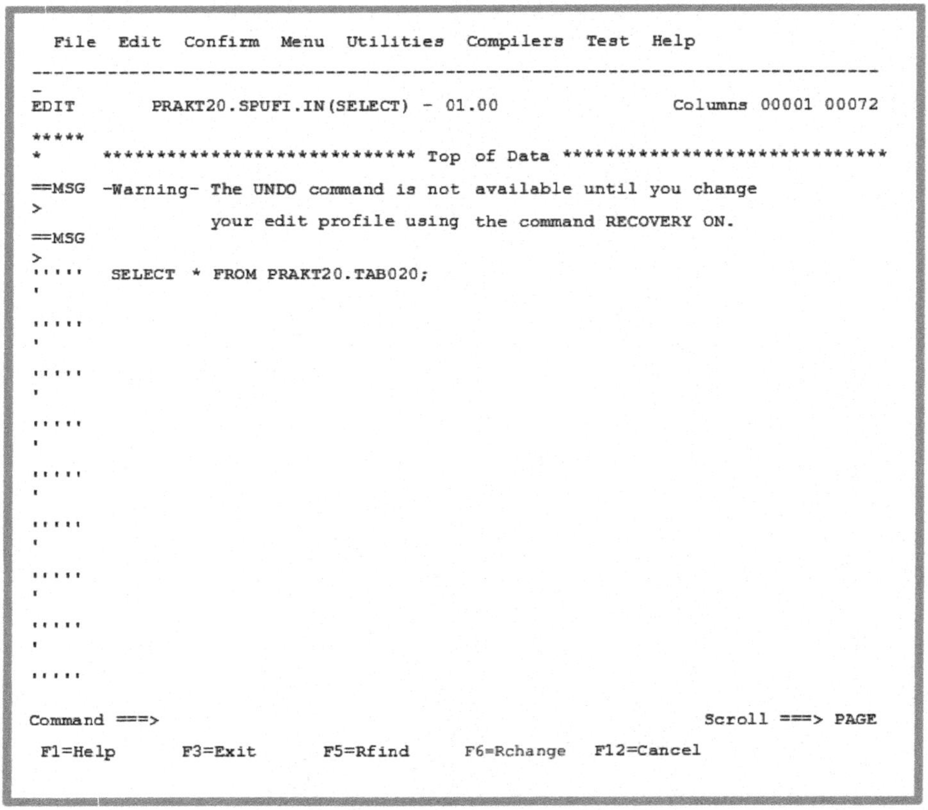

```
 File   Edit   Confirm   Menu   Utilities   Compilers   Test   Help
------------------------------------------------------------------------------
 EDIT        PRAKT20.SPUFI.IN(SELECT) - 01.00         Columns 00001 00072
 *****
 *       **************************** Top of Data ****************************
 ==MSG  -Warning- The UNDO command is not available until you change
 >
 ==MSG            your edit profile using the command RECOVERY ON.
 >
 ''''       SELECT * FROM PRAKT20.TAB020;
 '
  '''''
 '
  '''''
 '
  '''''
 '
  '''''
 '
  '''''
 '
  '''''
 '
  '''''
 '
  '''''

 Command ===>                                          Scroll ===> PAGE
   F1=Help      F3=Exit      F5=Rfind      F6=Rchange    F12=Cancel
```

Abbildung 4.45: SELECT.

4.3.1.3 IMS Messages

Die Kommunikation mit IMS findet über Nachrichten statt. Diese werden in so genannten Message Queues gespeichert und nacheinander abgearbeitet. Jede Transaktion benötigt eine eingehende Nachricht und viele verursachen eine ausgehende Nachricht. Alle Nachrichten werden von IMS gelogged, um bei einem Fehlerfall den vorherigen Datenbankzustand wiederherstellen zu können. Es gibt vier unterschiedliche Nachrichtentypen:

- *Datagram*
  Der Nachrichtentyp Datagram wird verwendet, wenn keine weitere Nachricht notwendig ist. Mit einer solchen Nachricht wird lediglich die Ausführung eines Transaktionsprogramms erreicht.

```
   Menu   Utilities   Compilers   Help
 ------------------------------------------------------------------------------
 BROWSE        PRAKT20.SPUFI.OUT                     Line 00000000 Col 001 080
 ******************************* Top of Data **********************************
 ---------+---------+---------+---------+---------+---------+---------+---------+
 SELECT * FROM PRAKT20.TAB020;                                         00010000
 ---------+---------+---------+---------+---------+---------+---------+---------+
 VNAME                NNAME
 ---------+---------+---------+---------+---------+---------+---------+---------+
 HANS                 BAUER
 FRED                 MAYER
 JORG                 WAGNER
 DSNE610I NUMBER OF ROWS DISPLAYED IS 3
 DSNE616I STATEMENT EXECUTION WAS SUCCESSFUL, SQLCODE IS 100
 ---------+---------+---------+---------+---------+---------+---------+---------+
 ---------+---------+---------+---------+---------+---------+---------+---------+
 DSNE617I COMMIT PERFORMED, SQLCODE IS 0
 DSNE616I STATEMENT EXECUTION WAS SUCCESSFUL, SQLCODE IS 0
 ---------+---------+---------+---------+---------+---------+---------+---------+
 DSNE601I SQL STATEMENTS ASSUMED TO BE BETWEEN COLUMNS 1 AND 72
 DSNE620I NUMBER OF SQL STATEMENTS PROCESSED IS 1
 DSNE621I NUMBER OF INPUT RECORDS READ IS 1
  Command ===>                                          Scroll ===> PAGE
    F1=Help      F3=Exit     F5=Rfind   F12=Cancel
```

Abbildung 4.46: Erfolgreiche Definition.

- *Request*
  Request-Nachrichten erfordern eine Reaktion von dem durch sie aufgerufenen Transaktionsprogramm. Die zwei folgenden Nachrichtentypen beinhalten eine solche Reaktion.
- *Reply*
  Eine solche Nachricht die Antwort eines Transaktionsprogramms. Es kann zum Beispiel das Ergebnis einer Berechnung versandt werden.
- *Report*
  Dieser Typ dient dazu über Ereignisse zu informieren. So kann zum Beispiel eine Anwendung über einen Fehler unterrichtet werden.

4.3.1.4 IMS Transaktionsprogramme

IMS unterstützt Transaktionsprogramme in Assembler, C, COBOL, FORTRAN, Java, PASCAL und PL/1. Viele Anwendungen sind historisch bedingt in COBOL geschrieben. Java befindet sich jedoch auf dem Vormarsch. Die Transaktionsanwendungen sind vom Eingabegerät unabhängig.

```
   Menu   Utilities   Compilers   Help
-------------------------------------------------------------------
 BROWSE      PRAKT20.SPUFI.OUT                   Line 00000000 Col 001 080
 ******************************* Top of Data ********************************
 ---------+---------+---------+---------+---------+---------+---------+
 SELECT * FROM PRAKT20.TAB020;                                  00010000
 ---------+---------+---------+---------+---------+---------+---------+
 VNAME                NNAME
 ---------+---------+---------+---------+---------+---------+---------+
 HANS                 BAUER
 FRED                 MAYER
 JORG                 WAGNER
 HEINZ                BAUER
 FRITZ                MAYER
 RICHARD              SCHULTE
 JORG                 MEISTER
 HANS                 BERG
 FRITZ                MEIER
 RICHARD              SCHMITZ
 MARTIN               WAGNER
 DSNE610I NUMBER OF ROWS DISPLAYED IS 11
 DSNE616I STATEMENT EXECUTION WAS SUCCESSFUL, SQLCODE IS 100
  Command ===>                                       Scroll ===> PAGE
    F1=Help     F3=Exit     F5=Rfind     F12=Cancel
```

Abbildung 4.47: Datenbank mit erweitertem Inhalt.

4.3.2 Speicherung und Verwendung von Daten

Die Daten werden in IMS-Datenbanken hierarchisch gespeichert und lassen sich folglich am besten in einer Baumstruktur darstellen (Abbildung 4.48). Das soll im Folgenden am Beispiel der Datenbank von einer Autowerkstatt veranschaulicht werden.

Natürlich hat eine Autowerkstatt eine Vielzahl weiterer Daten zu speichern. In diesem Beispiel soll jedoch nur der in der Abbildung 4.50 gezeigte Ausschnitt aus der Datenbank betrachtet werden. Der Ausschnitt zeigt die **Segmente** *Kunde, Anfrage, Reparaturauftrag, Ersatzteil* und *Arbeitszeit*. Segmente sind die kleinsten abfragbaren Elemente einer IMS-Datenbank. Sie bestehen aus **Feldern**. So hat das Segment *Kunde* die Felder *Kundennummer, Name, Adresse* und *Telefonnummer*. In der Regel hat ein Segment auch ein **Schlüsselfeld**. Im Falle des Segments *Kunde* ist das Schlüsselfeld die *Kundennummer*. Der gesamte Ausschnitt wird als **Record** bezeichnet. Ein Record besteht aus einem **Wurzelsegment** und den davon abhängigen darunterliegenden Segmenten. In diesem Fall ist das Wurzelsegment also der *Kunde*. Ebenso wird auch

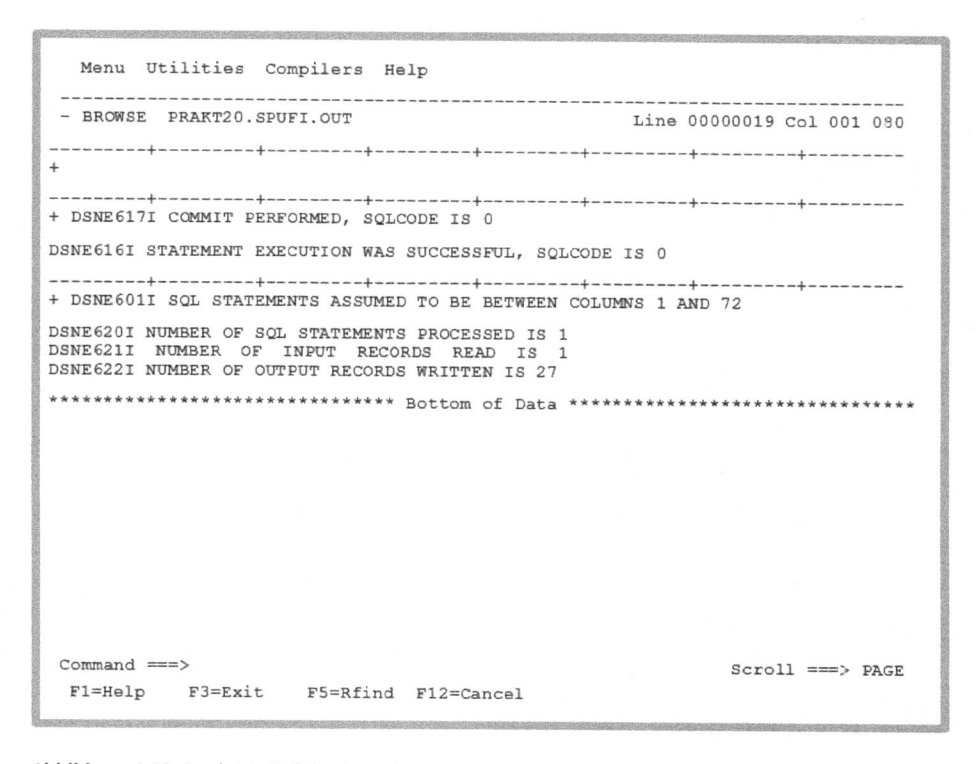

```
   Menu  Utilities  Compilers  Help
 ------------------------------------------------------------------------------
 -  BROWSE    PRAKT20.SPUFI.OUT                    Line 00000019 Col 001 080
 ---------+---------+---------+---------+---------+---------+---------+---------
 +
 ---------+---------+---------+---------+---------+---------+---------+---------
 + DSNE617I COMMIT PERFORMED, SQLCODE IS 0
 DSNE616I STATEMENT EXECUTION WAS SUCCESSFUL, SQLCODE IS 0
 ---------+---------+---------+---------+---------+---------+---------+---------
 + DSNE601I SQL STATEMENTS ASSUMED TO BE BETWEEN COLUMNS 1 AND 72
 DSNE620I NUMBER OF SQL STATEMENTS PROCESSED IS 1
 DSNE621I NUMBER OF INPUT RECORDS READ IS 1
 DSNE622I NUMBER OF OUTPUT RECORDS WRITTEN IS 27
 ******************************* Bottom of Data ********************************




 Command ===>                                             Scroll ===> PAGE
    F1=Help      F3=Exit      F5=Rfind   F12=Cancel
```

Abbildung 4.48: Der letzte Teil der Ausgabe.

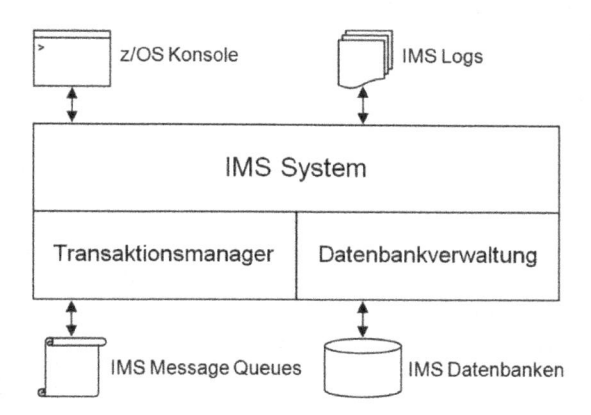

Abbildung 4.49: Aufbau von IMS.

```
           Kunde
           Kundennummer | Name | Adresse | Telefonnummer
```

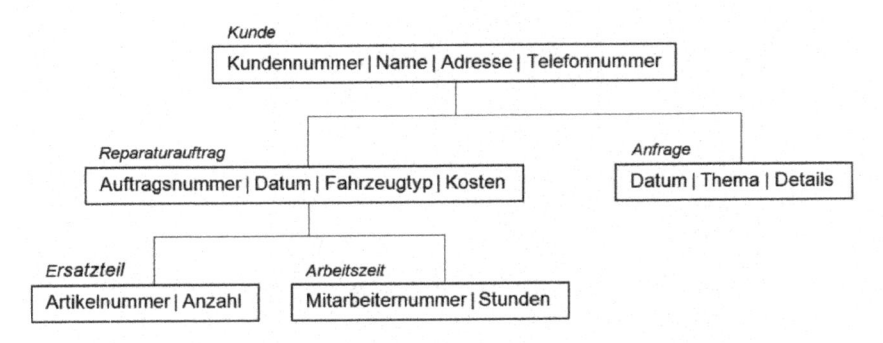

```
   Reparaturauftrag                          Anfrage
   Auftragsnummer | Datum | Fahrzeugtyp | Kosten      Datum | Thema | Details
```

```
   Ersatzteil              Arbeitszeit
   Artikelnummer | Anzahl  Mitarbeiternummer | Stunden
```

Abbildung 4.50: Struktur des Datenbankausschnitts.

das Segment *Reparaturauftrag*, zusammen mit den darunterliegenden Segmenten betrachtet, als Record bezeichnet.

Nun soll die Datenbank mit Leben gefüllt werden. Ein neuer Kunde mit dem Namen *Friedrich Kunze* wohnhaft in der *Hauptstraße 111* in *54321 Schildburg* kommt am *07.07.2011* in die Werkstatt. Sein betagter *VW Käfer* hat einen *Marderschaden*, welcher behoben werden soll. Der Schaden wird direkt behoben, eine Telefonnummer wird somit nicht erfragt. Der Sachbearbeitet der Werkstatt macht entsprechende Eintragungen an seinem Computer (siehe Abbildung 4.51). Der neu angelegte Record in der IMS-Datenbank der Autowerkstatt sieht wie folgt aus:

```
                       Kunde
                       1234 | Friedrich Kunze | Hauptstr. 111, 54321 Schildburg | 0

   Reparaturauftrag                          Anfrage
   4711 | 07.07.2011 | VW Kaefer | 0         07.07.2011 | Reparaturauftrag | Marderschaden
```

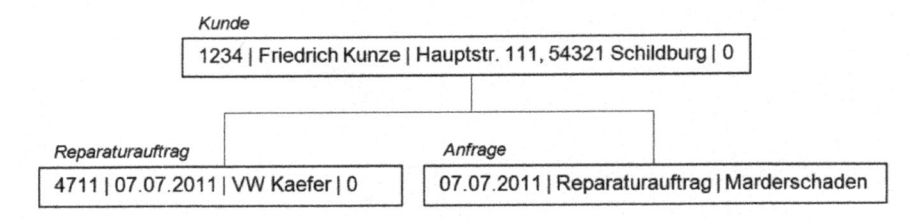

Abbildung 4.51: Inhalt des neu angelegten Records vor der Reparatur.

Wenig später hat kompetenter Fahrzeugmechaniker mit internen Mitarbeiternummer *007* den Marderschaden behoben. *2* Zündkabel mit der Artikelnummer *02030405678* zum Preis von jeweils *4,50€* wurden benötigt. Zu dem berechnet die Werkstatt die angebrochene halbe Arbeitsstunde des Mechanikers mit *6,00€*. Es werden folglich Gesamtkosten von *15,00€* errechnet. Der Record sieht nun so aus:

Intern speichert IMS die Daten wohl strukturiert in Datasets. Dabei nimmt ein Segment einen *Program Control Block* ein. Die Felder sind angeführt vom Schlüsselfeld darin sequentiell gespeichert.

Auf der Festplatte speichert IMS die Daten Record für Record. Alle Segmente eines Records sind somit nahe aneinander gespeichert. Das ermöglicht das Schreiben und Lesen eines Records in einem Zug.

```
                    Kunde
          1234 | Friedrich Kunze | Hauptstr. 111, 54321 Schildburg | 0
                     │
         ┌───────────┴───────────┐
   Reparaturauftrag            Anfrage
   4711 | 07.07.2011 | VW Kaefer | 15.00    07.07.2011 | Reparaturauftrag | Marderschaden
         │
   ┌─────┴─────┐
 Ersatzteil   Arbeitszeit
 02030405678 | 2   007 | 0,5
```

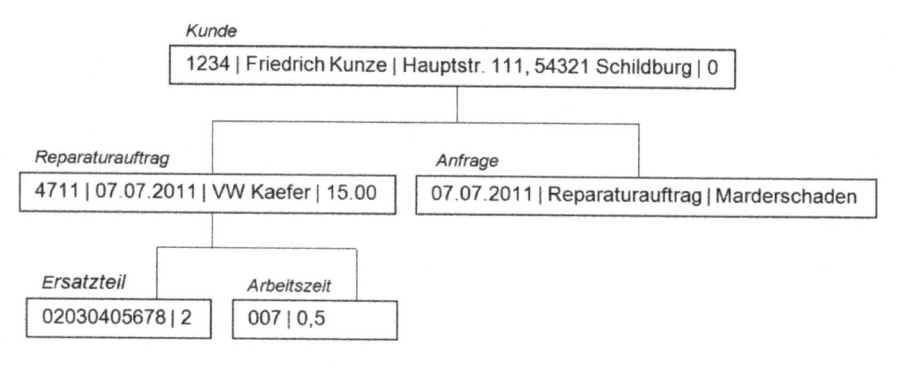

Abbildung 4.52: Inhalt des neu angelegten Records nach der Reparatur.

```
         ACB                        ACB – Application Control Block
   DBD        PSB                   DBD – Database Definition
              PCB   PCB             PSB – Program Specification
                                    PCB – Program Control Block

         Segment                        Segment
   Schlüsselfeld | Feld | Feld | ...   Schlüsselfeld | Feld | Feld | ...
```

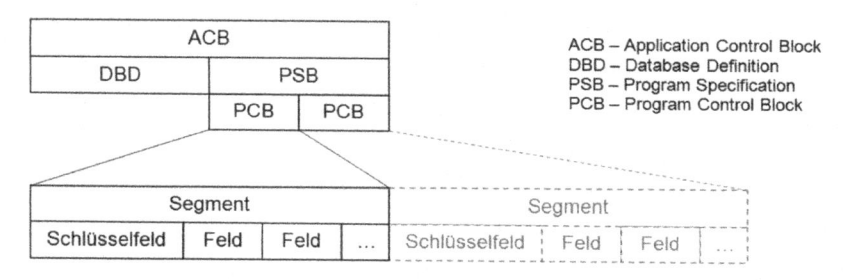

Abbildung 4.53: Einblick in den Aufbau eines IMS-Datasets.

Zur Abfrage und Manipulation von Daten wird in IMS DLI (Data Language 1) genutzt. DLI kann man als Äquivalent zu SQL in DB2 sehen. Auf den nächsten Seiten sollen Ihnen einige grundlegende DLI-Kommandos nahegebracht werden. Dazu wird wiederum die Beispieldatenbank der Autowerkstatt genutzt.

Zunächst einmal soll das Einfügen von Daten in die IMS-Datenbank betrachtet werden. Dafür wird der Befehl **Insert**, abgekürzt durch ISRT, genutzt. Mit den folgenden zwei Einfüge-Befehlen wird der Datenbank ein weiterer Record hinzugefügt (Abbildung 4.52). Ein zweiter Kunde stellt dabei die Anfrage für einen *Kostenvoranschlag* für die *Reparatur der Bremsanlage* an seinem *Opel Astra*. Zudem soll der *verrostete Auspuff ausgetauscht* werden.

```
ISRT   Kunde = 1235   Siegfried Meier   Dorfplatz 5,   97289   Dupfingen
083254/56702
ISRT   Anfrage = 07.07.2011   Kostenvoranschlag   Reparatur   Bremsanlage,
Austausch Auspuff bei Opel Astra
```

Zwei Tage später erscheint der Kunde in der Werkstatt und stellt den *Reparaturauftrag* für seinen Opel. Der Record wird dabei zunächst um zwei weitere Segmente erweitert. Im ersten Insert muss nun zunächst das Wurzelelement definiert werden, da davon auszugehen ist, dass in der Werkstatt in der Zwischenzeit viele andere Vorgänge bearbeitet wurden.

```
ISRT   Kunde = 1235   Anfrage = 09.07.2011   Reparaturauftrag   siehe
Kostenvoranschlag
ISRT   Reparaturauftrag = 4732   09.07.2011   Opel Astra   0
```

Nach der Reparatur, für welche *2 Bremsbeläge* sowie die neue *Auspuffanlage* benötigt wurden, sind weitere Segmente zum Record des Kunden *Siegfried Meier* (Abbildung 4.53) hinzugekommen. Die folgende Abbildung zeigt den Record.

Kunde

| 1235 | Siegfried Meier | Dorfplatz 5, 97289 Dupfingen | 083254/56702 |

Reparaturauftrag

| 4732 | 09.07.2011 | Opel Astra | 571.50 |

Anfrage

| 07.07.2011 | Kostenvoranschlag | Reparatur Brems... |
| 09.07.2011 | Reparaturauftrag | siehe Kostenvorans... |

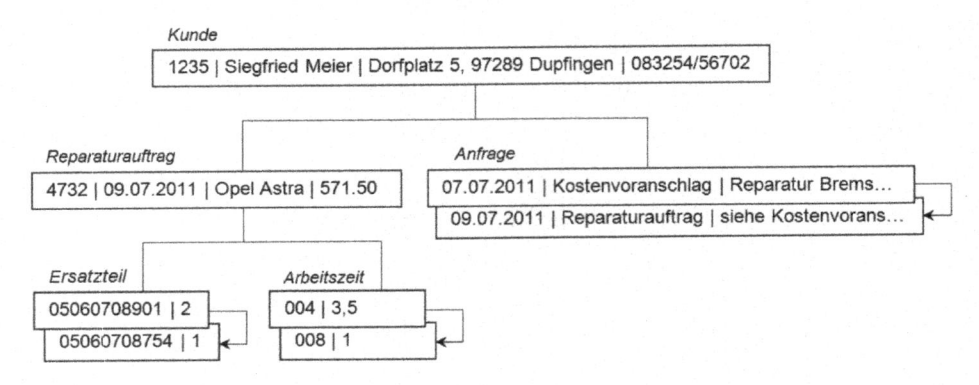

Ersatzteil

| 05060708901 | 2 |
| 05060708754 | 1 |

Arbeitszeit

| 004 | 3,5 |
| 008 | 1 |

Abbildung 4.54: Record des zweiten Kunden nach der Reparatur.

Es soll nun beschrieben werden, wie Daten aus IMS-Datenbanken abgefragt werden können. Dafür gibt es mehrere Befehle. Das Kommando *Get Unique*, abgekürzt durch GU, liefert gemeinsam mit einem so genannten *Segment Search Argument* (SSA) ein Segment aus der Datenbank. Dabei definiert das SSA den Namen des gesuchten Segments und/oder den Inhalt eines Datenfelds. Beispielsweise könnte ein Sachbearbeiter der Autowerkstatt den zweiten Kunden nach einiger Zeit mahnen wollen seine Rechnung zu zahlen. Er erinnert sich dabei nicht daran, wann das Auto in die Werkstatt gebracht wurde, sondern kann sich nur entsinnen, dass dies nach dem *08.07.2011* war. So lässt er den Computer nach dem Vorgang suchen, damit er das korrekte Datum in das Mahnschreiben eintragen kann.

```
GU   Segment = Anfrage;   Datum > 08.07.2011
```

IMS liefert nun das gesuchte Segment. Es hätte jedoch sein, dass der Kunde den Reparaturauftrag erst am 11.07.2011 gestellt hat und zuvor zum Beispiel am 09.07.2011 angerufen und etwas erfragt hat. IMS hätte nun den Anruf zurückgegeben. Im Gegensatz zu SQL-Abfragen in DB2 liefern Abfragen in IMS immer nur ein Segment zurück. Es wäre jetzt hier der Befehl *Get Next* (abgekürzt GN) zum Einsatz gekommen um das nächste Segment in der Hierarchie zu liefern, welches die Bedingungen aus dem SSA erfüllt. Danach wäre dann dem Sachbearbeiter der gewünschte Vorgang angezeigt worden. Wird nach einem Get Next-Kommando kein weiteres Segment gefunden, welches die Voraussetzungen erfüllt, so wird von IMS ein entsprechender Status Code ausgegeben.

Um in IMS bestehende Daten zu verändern oder zu löschen, wird ein Halte-Kommando benötigt, welches zunächst das entsprechende Segment sucht. Dieses wird dann durch das Kommando für weitere Befehle „festgehalten". Die entsprechenden Befehle sind **Get Hold Unique** (GHU) und **Get Hold Next** (GHN). Nachdem damit das zu verändernde oder zu löschende Segment gefunden wurde, kann mit dem eigentlichen Vorgang fortgefahren werden.

Der Befehl **Replace** (REPL) erfüllt in DLI die Funktion zur Veränderung bestehender Daten. Der ursprüngliche Inhalt wird dabei durch den neuen ersetzt (Abbildung 4.54). Will man nun ein Segment aus der Datenbank löschen, so kommt nach dem Halte-Kommando der Befehl **Delete** (DLET) zum Einsatz. Der Löschvorgang gibt den physikalischen Speicherplatz des Segments frei. Auf diese Weise entstehen mit der Zeit viele ungenutzte Stellen in den IMS-Datasets, welche den Datenzugriff verlangsamen. Eine Reorganisation der Daten schafft dagegen Abhilfe. Dabei werden von IMS alle Segmente eingelesen und mit einem vorher festgelegten Freiraum zwischen den einzelnen bzw. bestimmten Segmenten neu geschrieben. Die Reorganisation ist während des laufenden Betriebs möglich und gerade in großen Firmen auch nötig. Dabei lockt IMS nur die Segmente, welche gerade in die neue Datenbankkopie übertragen werden.

4.3.3 Einrichten einer IMS-Datenbank, Zugriff und Transaktion

Im Folgenden soll der interessierte Nutzer in das Anlegen einer IMS-Datenbank angeleitet werden. Es ist vorgesehen, diesen Vorgang in drei Abschnitte einzuteilen:
- Hierarschische Datenbank in IMS/DB
- Datenbank-Zugriff über IMS Connect
- Transaktions-Anwendungen unter IMS

Zunächst soll eine IMS Datenbank in einzelnen für den Nutzer verständlichen Schritten angelegt werden.

IMS entstand Ende der 60er Jahre als erstes kommerzielles Datenbanksystem. In seiner über 40-jährigen Geschichte wurde IMS stets erweitert und weiterentwickelt. IMS ist nur für Mainframes verfügbar und wird heute vor allem von Banken, Versicherungen und Fluggesellschaften eingesetzt, weil es sehr schnell und somit vor allem in besonders zeitkritischen Anwendungen gegenüber relationalen Datenbanksystemen wie DB2 im Vorteil ist.

IMS besteht im Wesentlichen aus zwei Teilen: aus dem hierarchischen Datenbanksystem IMS/DB und aus dem Transaktionsmanager IMS/TM (früher auch IMS/DC genannt). Die Funktionen von IMS/TM kann man mit denen von CICS vergleichen. Zumeist wird IMS/TM dort eingesetzt, wo auch IMS/DB im Einsatz ist. Von IMS/TM kann natürlich auch auf relationale DB2-Datenbanken zugegriffen werden. Dieser Teil beschäftigt sich vorerst nur mit IMS/DB.

Hierarchische Datenbanken kann man sich als eine Art Baum vorstellen, dessen Knoten Segmente genannt werden. Entsprechend heißt die Wurzel des Baumes auch Wurzelsegment. Die Segmente besitzen Felder, in denen die Daten abgelegt sind. Ähnlich wie in relationalen Datenbanken gibt es auch in IMS/DB Schlüsselfelder. Ein Wurzelsegment und alle darunter liegenden Segmente samt ihrer Datenfelder werden als Record bezeichnet. Dabei muss man beachten, dass zu einem Wurzelsegment mehrere darunter liegende Segmente des gleichen Typs existieren können. Zusätzliche Strukturen wie Primär- und Sekundärindizes oder logische Verknüpfungen werden nicht betrachtet. In großen Datenbanken sind diese jedoch unter Umständen nötig, um die sehr kurzen Zugriffszeiten zu erhalten bzw. komplexe Datenstrukturen ausdrücken zu können.

Es soll eine sehr einfach hierarchische Datenbank in IMS implementiert werden. Diese Datenbank soll Daten über die Abteilungen einer Firma oder Institution und ihre Mitarbeiter enthalten. Das ergibt folgende vereinfachte Struktur (siehe Abbildung 4.57):

Abteilung

| Abteilungsnummer | Abteilungsname | Budget |

Personal

| Personalnummer | Vorname | Nachname | Adresse | Tätigkeit | Gehalt |

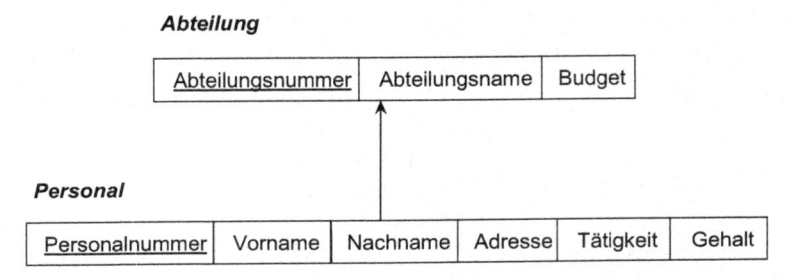

Abbildung 4.55: Struktur der Abteilungsdatenbank.

Das Wurzelsegment der Datenbank heißt Abteilung. Es enthält die Datenfelder Abteilungsnummer, Abteilungsname und Budget. Darunter liegt nur ein Segment mit dem Namen Personal. Darin sollen die für diese Abteilung tätigen Personen gespeichert werden. Das Segment Personal besitzt die Datenfelder Personalnummer, Vorname, Nachname, Adresse, Tätigkeit und Gehalt.

Obwohl die Struktur der Abteilungsdatenbank so einfach ist, ist eine Vielzahl an Schritten nötig, um aus diesem Entwurf eine IMS-Datenbank zu machen.

Als allererster Schritt muss die Struktur der Datenbank in einer für IMS verständlichen Art und Weise definiert werden. Dazu gibt es in IMS sogenannte Data Base Descriptions (DBDs). Eine DBD besteht aus einer Reihe von Makro-Anweisungen, welche vom IMS DBDGEN- Utility verarbeitet werden. Dieses Hilfsprogramm generiert aus einer Data Base Description einen sogenannten DBD Control Block.

Eine DBD beginnt mit einem DBD-Statement, in welchem grundlegende Dinge, wie etwa der Name der Datenbank festgelegt werden. Auf dieses folgt in der Regel ein DATASET- Statement. Wie der Name schon erahnen lässt, wird darin die Speicherung der Datenbank geregelt. Auf das DATASET-Statement folgen dann SEGM-Statements für alle Segmente der Datenbank, wobei mit dem Wurzelsegment begonnen wird. Nach jedem SEGM-Statement werden mit Hilfe der FIELD-Statements die Datenfelder des Segments definiert. Am Ende der Data Base Description stehen die Statements DBDGEN, FINISH und END. Das DBDGEN- Statement schließt dabei die DBD ab. Das END-Statement beendet die Folge von Makro- Anweisungen.

Bevor die Data Base Description für die Abteilungsdatenbank eingerichtet ist, werden zwei Datasets angelegt. In den Datasetnamen wird PRAKxxx durch die User-ID des Nutzers ersetzt. Dies gilt auch für alle weiteren Stellen in dem Beispiell, an denen PRAKxxx auftaucht. Folgende Parameter werden benutzt

Space Units:	KB	Record Format:	FB
Primary Quantity:	256	Record Length	80
Secandary Quantity:	128	Block Size:	1600
Directory Blocks:	10	Data Set Name:	PDS

In dem Dataset PRAKxxx.IMS.SOURCE wird ein neuer Member mit dem Namen ABTEILNG eingerichtet. In diesen kann mit dem ISPF-Editor die in Abbildung 2 gezeigte DBD der Abteilungsdatenbank geschrieben werden. Wichtig ist für den Nutzer, dass die Statements frühestens in Spalte 3 und ihre Parameter in Spalte 10 beginnen. Das Fortsetzungszeichen am Ende der Zeile darf nicht vergessen werden, wenn ein Statement mehr Parameter-Wert- Paare besitzt als in eine Zeile passen. Fortsetzungen von Parameterlisten in der nächsten Zeile beginnen mit der 16. Spalte. Beim DBD-Namen muss darauf geachtet werden, dass die korrekte User-ID eingetragen wird.

Die Namen der Segmente und der Datenfelder aus dem ursprünglichen Entwurf (siehe Abbildung 4.56) wurden in der Data Base Description abgekürzt. Hier sind nur aus maximal acht alphanumerischen Zeichen bestehende Namen zugelassen. Um eine Kompatibilität mit der Namensgebung in JAVA zu schaffen, gibt es den an dieser Stelle nicht genutzten EXTERNALNAME-Parameter, welcher längere Namen und den Unterstrich zulässt. Die Statements aus Abbildung 4.56 und deren Parameter werden im Folgenden erklärt:

4.3.4 DBD-Statement

Mit dieser Anweisung erfolgt die Festlegung aller zentralen Datenbankeigenschaften mit Ausnahme der Speicherung der Datenbank. Entsprechend existieren viele Parameter für dieses Statement. In der DBD der Abteilungsdatenbank wurden nur die folgenden drei Parameter verwendet:

```
 File Edit Edit_Settings Menu Utilities Compilers Test Help

 EDIT          PRAKxxx.IMS.SOURCE(ABTEILNG) - 01.00          Columns 00001 00072
 000100    DBD      NAME=PRAKxxxA,ACCESS=(HDAM,VSAM),RMNAME=(DFSHDC40,40,100)
 000200    DATASET  DD1=PRAKxxxA
 000300
 000400    SEGM     NAME=ABTEILNG,PARENT=0,BYTES=48,POINTER=TWIN,              X
                    RULES=(LLL,LAST)
 000500    FIELD    NAME=(ABTNR,SEQ,U),BYTES=4,START=1,TYPE=C,DATATYPE=INT
 000600    FIELD    NAME=ABTNAME,BYTES=40,START=5,TYPE=C,DATATYPE=CHAR
 000700    FIELD    NAME=BUDGET,BYTES=4,START=45,TYPE=C,DATATYPE=INT
 000800    SEGM     NAME=PERSONAL,PARENT=ABTEILNG,BYTES=168,POINTER=TWIN,      X
 000900             RULES=(LLL,LAST)
 001000    FIELD    NAME=(PERSNR,SEQ,U),BYTES=4,START=1,TYPE=C,DATATYPE=INT
 001100    FIELD    NAME=VORNAME,BYTES=30,START=5,TYPE=C,DATATYPE=CHAR
 001200    FIELD    NAME=NACHNAME,BYTES=30,START=35,TYPE=C,DATATYPE=CHAR
 001300    FIELD    NAME=ADRESSE,BYTES=70,START=65,TYPE=C,DATATYPE=CHAR
 001400    FIELD    NAME=TAETIGKT,BYTES=30,START=135,TYPE=C,DATATYPE=CHAR
 001500    FIELD    NAME=GEHALT,BYTES=4,START=165,TYPE=C,DATATYPE=INT
 001600    DBDGEN
 001700    FINISH
 001800    END




 Command ===>_____Scroll ===> PAGE    F1=Help
             F2=Split       F3=Exit       F5=Rfind    F6=Rchange    F7=Up
 F8=Down     F9=Swap        F10=Left      F11=Right   F12=Cancel
```

Abbildung 4.56: Data Base Description der Abteilungsdatenbank.

- *NAME-Parameter*
  Gibt den aus maximal acht alphanumerischen Zeichen bestehenden Datenbanknamen an. Der Datenbankname muss innerhalb der IMS-Installation eindeutig sein. Der Parameter ist erforderlich.
- *ACCESS-Parameter*
  Charakterisiert die Zugriffsmethoden, die IMS und das Betriebssystem z/OS für den Zugriff auf die Datenbank verwenden. Hier wird die Hierarchichal Direct Access Method (HDAM) genutzt, um Daten aus der in einem VSAM-Cluster gespeicherten Datenbank auszulesen. Der Parameter ist erforderlich.
- *RMNAME-Parameter*
  Legt ein Randomizer-Modul fest, welches für die interne
  Organisation des Dataset-Inhalts wird. Hierbei handelt es sich um eine Besonderheit der Zugriffsmethode HDAM.

Die weiteren zulässigen Parameter hängen stark von der definierten Zugriffsmethode und der Art der Datenbank ab. Dies gilt nicht nur für das DBD-Statement, sondern für alle Statements innerhalb der Data Base Description. Für die meisten Parameter gibt es Standardwerte. Daher ist bei einfachen Datenbanken – wie der in diesem Tutorial – die Angabe weniger Parameter ausreichend. Das wird besonders am nächsten Statement deutlich:

4.3.5 DATASET-Statement

Durch das DATASET-Statement wird festgelegt, wo und wie die Datenbank gespeichert wird. Der allgemeine Dataset-Typ wurde dabei zuvor schon durch die System-Zugriffsmethode festgelegt. Meist sind IMS-Datenbanken in VSAM-Datasets gespeichert. Es sind aber auch OSAM-Datasets möglich. In dieser DBD folgt auf dieses Statement nur ein einziger Parameter:
- *DD1-Parameter*
  Gibt den aus maximal acht alphanumerischen Zeichen bestehenden Namen des primären Datasets an. Dieser Parameter ist erforderlich.

Auch wenn in diesem Statement eine Vielzahl weiterer Parameter angegeben werden können, werden die wichtigsten Definitionen zur Speicherung erst später beim Anlegen des Datenbank-Datasets vorgenommen.

4.3.6 SEGM-Statement

Nach den DBD- und DATASET-Statements beginnt die Strukturierung der in der Datenbank gespeicherten Daten. Die SEGM-Anweisung beschreibt dabei ein einzelnes Segment. In Abbildung 4.56 kommen die folgenden Parameter zum Einsatz:
- *NAME-Parameter*
  Gibt den aus maximal acht alphanumerischen Zeichen bestehenden Segmentnamen an. Der Segmentname muss für diese Datenbank eindeutig sein. Der Parameter ist erforderlich.
- *PARENT-Parameter*
  Beschreibt die Beziehung zum Ursprungssegment. Mit dessen Namen wird das Ursprungssegment eindeutig bestimmt. Der Wert 0 charakterisiert das Wurzelsegment des Records. Außer in diesem Fall ist der Parameter erforderlich.
- *BYTES-Parameter*
  Gibt die Länge der Daten in diesem Segment an. Dieser Parameter ist erforderlich.
- *POINTER-Parameter*
  Dieser Parameter legt die Verkettung mit verschiedenen anderen Segmenten fest. Während auch ohne Angabe dieses Parameters im Segmentpräfix ein Zeiger auf

das hierarchisch folgende Segment existiert, müssen weitere Zeiger über diesen Parameter definiert werden. TWIN steht hierbei für eine zusätzliche Verkettung zwischen Segmenten desselben Typs. Es existiert eine Vielzahl weiterer möglicher Werte. Der Parameter ist optional.
- *RULES-Parameter*
Definiert Regeln für das Einfügen, Ersetzen und Löschen dieses Segments. Der Parameter ist optional.

4.3.7 FIELD-Statement

Durch dieses Statement wird ein Datenfeld eines Segments in der Datenbank charakterisiert. Wie auch schon bei der SEGM-Anweisung, gibt es hier eine Vielzahl von möglichen Parametern zur Beschreibung des Datenfelds. Die in Abbildung 4.56 verwendeten Parameter sowie ihre möglichen Werte sollen hier vorgestellt werden:
- *NAME-Parameter*
Gibt den aus maximal acht alphanumerischen Zeichen bestehenden Feldnamen an. Der Name muss innerhalb des Segments eindeutig sein. Wenn das Datenfeld ein Schlüsselfeld ist, so wird es durch SEQ gekennzeichnet. Des Weiteren legt U fest, dass die Daten in dem Feld eindeutig bestimmt sein müssen. In bestimmten Fällen können mit M auch Duplikate für ein Schlüsselfeld zugelassen werden. Der Parameter ist erforderlich.
- *BYTES-Parameter*
Gibt die Länge der Daten in diesem Datenfeld an. Dieser Parameter ist erforderlich.
- *START-Parameter*
Gibt den Beginn der Felddaten innerhalb des Segments an. Das erste Datenfeld beginnt außer bei variable langen Segmenten bei 1. Die Angabe dieses Parameters ist erforderlich, da IMS die Überlagerung von Feldern zulässt.
- *TYPE-Parameter*
Legt den Typ der zu speichernden Daten fest. Hierbei steht X für hexadezimale Daten, P für gepackte dezimale Daten und C für alphanumerische oder kombinierte Daten. Der Wert dieses Parameters kann implizit durch den Wert eines angegebenen DATATYPE-Parameters festgelegt sein. Der Parameter muss somit nicht immer angegeben sein.
- *DATATYPE-Parameter*
Charakterisiert die gespeicherten Daten und informiert IMS, welchen Datentyp auf die Datenbank zugreifende Programme erwarten. Durch den Datentyp werden nicht selten bestimmte Werte für andere Parameter festgelegt. In den meisten Fällen betrifft das die Länge des Feldes. IMS unterstützt aus gängigen Programmiersprachen bekannte Datentypen wie etwa BINARY, BIT, BYTE, SHORT, INT, LONG, FLOAT, DOUBLE, DECIMAL, DATE, TIME, TIMESTAMP und CHAR, ARRAY.

```
      File Edit Edit_Settings Menu Utilities Compilers Test Help

EDIT         PRAKxxx.IMS.JCL(DBDGEN) - 01.00              Columns 00001 00072
****** *************************** Top of Data ****************************
000100 //PRAKxxxI JOB (),CLASS=A,MSGCLASS=H,MSGLEVEL=(1,1),NOTIFY=&SYSUID,
000200 //         REGION=32M
000300 //IMSPROCL JCLLIB ORDER=IMS13.PROCLIB
000400 //* DBDGEN FUER DIE DATA BASE DESCRIPTION DER ABTEILUNGSDATENBANK
000500 //PRAKxxxA EXEC PROC=DBDGEN,MBR=PRAKxxxA,SOUT='*'
000600 //C.SYSIN  DD DSN=PRAKxxx.IMS.SOURCE(ABTEILNG),DISP=SHR
****** *********************** Bottom of Data ****************************




Command ===>                                                  Scroll ===> PAGE
F1=Help      F2=Split     F3=Exit      F5=Rfind     F6=Rchange   F7=Up
F8=Down      F9=Swap      F10=Left     F11=Right    F12=Cancel
```

Abbildung 4.57: JCL-Skript zum Aufruf der DBDGEN-Prozedur.

Das sollte an Erklärungen zur Data Base Description ausreichen. Welche weiteren Anweisungen und Parameter es gibt, kann im Internet im IBM Knowledge Center nachgelesen werden.

Die Data Base Description ist nun fertig. Letztere wird mit dem Kommando SAVE abgespeichert oder der ISPF-Editor wird mit F3 verlassen.

Es muss anschließend das IMS DBDGEN-Utility aufgerufen und die eben erstellte Data Base Description übergeben werden. Dazu wird ein JCL-Skript benötigt (Abbildung 4.59). Es wird in den neu erstellten Member DBDGEN im Dataset PRAKxxx.IMS.JCL editiert.

Mit dem Kommando SUB wird der Job ausgeführt. Das DBDGEN-Utility sollte aus der Data Base Description einen DBD Control Block generieren und diesen in der Bibliothek IMS13.DBDLIB abgelegt haben. Es muss kontrolliert werden, ob ein Member mit dem Namen PRAKxxxA in dieser Bibliothek zu finden ist. Zur Fehlersuche dient Anhang 4.3.7 am Ende des Beispiels, sollte dies nicht der Fall sein.

Anwendung 2

Aufgabe: Legen Sie den Member PRAKxxx.IMS.SOURCE(ABTEILNG) an und schreiben Sie die Data Base Description aus Abbildung 4.3.8 in ihn. Erstellen Sie anschließend im Dataset PRAKxxx.IMS.JCL einen Member DBDGEN für das JCL-Skript, mit dem das DBDGEN-Utility aufgerufen wird. Führen Sie den Job aus und kontrollieren Sie, ob der DBD Control Block für die Abteilungsdatenbank erstellt wurde.

Neben der Definition der Datenbankstruktur müssen in IMS die Berechtigungen für jedes auf die Datenbank zugreifende Programm festgelegt werden. Dies geschieht in einem sogenannten Program Specification Block (PSB). Ein PSB ist vergleichbar mit einer View in einer relationalen Datenbank. Wie eine Data Base Description, besteht auch ein Program Specification Block aus einer Folge von Makro-Anweisungen. Diese dienen als Eingabe für das PSBGEN-Utility. Ein PSB untergliedert sich meist in mehrere Program Control Blocks (PCBs). Es gibt zwei Arten von Program Control Blocks in einem PSB: Data Base PCBs undAlternate PCBs. Erstere dienen der Festlegung der Zugriffsrechte eines Programms auf eine Datenbank. Für jede Datenbank, auf die das Anwendungsprogramm zugreifen möchte, muss ein solcher DB PCB geschrieben werden. Alternate PCBs regeln die Ausgabe von Daten. Sie stehen am Anfang eines PSBs und werden nur benötigt, wenn die abgefragten Daten nicht oder nicht nur an das aufrufende Programm, sondern woanders hin geliefert werden sollen.

In unserem Fall besteht der Programm Specification Block aus einem einzigen Data Base PCB. Dieser beginnt mit einem PCB-Statement. Es folgen Statements für alle Segmente und ihre Felder, auf die das Programm Zugriff haben soll. Mit diesen Statements werden die Segmente bzw. ihre Felder als sensitiv markiert. Ein Programm hat nur auf derart markierte Segmente Zugriff. Falls zu einem solchen SENSEG-Statement keine Statements existieren, die eines der Segmentfelder als sensitiv markieren, so sind alle Felder des Segments sensitiv. Wird allerdings nur eines der Segmentfelder durch ein SENFLD-Statement als sensitiv markiert, müssen auch für alle anderen Felder des Segments, auf die das Programm Zugriff haben soll, derartige Statements existieren. D. h. wenn eine Anwendung Zugriff auf alle Felder eines Segmentes haben soll, so müssen keine SENFLD-Statements für die Segmentfelder vorhanden sein. Soll das Programm aber nur auf bestimmte Felder Zugriff haben, so müssen für diese SENFLD-Statements existieren. In unserem Fall existieren für alle Segmentfelder, auf die der Zugriff erlaubt sein soll, SENFLD-Statements. Der PCB und zugleich auch der gesamte PSB werden mit den Statements PSBGEN und END abgeschlossen.

Die Anwendung, die für den Zugriff definiert wird, soll Zugriff auf das komplette Abteilungssegment besitzen. Außerdem wird dem Programm erlaubt, auf die Felder Personalnummer, Vorname, Nachname, Tätigkeit und Gehalt des Personalsegments lesend zuzugreifen. Es wird also nur das Adressfeld vor dem Anwendungsprogramm verborgen. Das Programm, das der Nutzer erst in einem späteren Teil des Tutorials implementiert, wird damit in der Lage sein, für eine Abteilung die Mitarbeiter und deren Gehalt auszugeben sowie die Personalkosten einer der Abteilung zu berechnen.

```
      File Edit Edit_Settings Menu Utilities Compilers Test Help

EDIT         PRAKxxx.IMS.SOURCE(PERSKOST) - 01.00        Columns 00001 00072
****** **************************** Top of Data ****************************

000100 PRAKxxxA PCB     TYPE=DB,DBDNAME=PRAKxxxA,PROCOPT=GP,KEYLEN=8
000200          SENSEG  NAME=ABTEILNG,PARENT=0
000300          SENFLD  NAME=ABTNR,START=1
000400          SENFLD  NAME=ABTNAME,START=5
000500          SENFLD  NAME=BUDGET,START=45
000600          SENSEG  NAME=PERSONAL,PARENT=ABTEILNG
000700          SENFLD  NAME=PERSNR,START=1
000800          SENFLD  NAME=VORNAME,START=5
000900          SENFLD  NAME=NACHNAME,START=35
001000          SENFLD  NAME=TAETIGKT,START=135
001100          SENFLD  NAME=GEHALT,START=165
001200          PSBGEN  PSBNAME=PRAKxxxP,LANG=JAVA
001300          END
****** **************************** Bottom of Data ****************************




Command ===>_____Scroll ===> PAGE    F1=Help
            F2=Split       F3=Exit       F5=Rfind      F6=Rchange    F7=Up
F8=Down     F9=Swap        F10=Left      F11=Right     F12=Cancel
```

Abbildung 4.58: Program Specification Block des Personalkostenprogramms.

Falls diese höher sind als das Budget der Abteilung, soll das Programm eine entsprechende Warnung ausgeben. In Abbildung 4.58 ist der PSB dieser Anwendung zu sehen.

Der einzige PCB des Programm Specification Blocks wird hier nach der Datenbank benannt. Durch die Benennung kann ein Anwendungsprogramm gezielt auf die Metadaten eines PCB aus dem ihre zugeordneten PSB zugreifen. Achten Sie wie auch schon bei der Data Base Description darauf, dass alles in der korrekten Spalte steht.

Im Folgenden werden die verwendeten Statements und ihre Parameter näher erklärt. Natürlich ist eine Vielzahl weiterer Parameter in PCB-Definitionen möglich. Für unser einfaches Beispiel ist dies jedoch ausreichend.

4.3.8 PCB-Statement

Diese Makro-Anweisung leitet einen Program Control Block ein und definiert zentrale Eigenschaften des PCB. Sie beendet auch davor liegende PCBs. Die folgenden Parameter wurden in Abbildung 4 verwendet und sind mit Ausnahme des TYPE-Parameters nur für DB PCBs gültig:

- *TYPE-Parameter*
  Legt den PCB-Typ fest. Der Wert DB definiert einen Program Control Block als Data Base PCB, der Wert TP als Alternate PCB. Dieser Parameter ist erforderlich.
- *DBNAME-Parameter*
  Gibt den Namen der Datenbank an, für die der Zugriff spezifiziert werden soll. Der Parameter ist erforderlich.
- *PROCOPT-Parameter*
  Regelt die Zugriffsrechte des Programms auf alle als sensitiv markierten Segmente. Die wichtigsten Werte für den Parameter sind: I (Einfügen), G (Lesen), R (Lesen und Ersetzen), D (Lesen und Löschen), A (Einfügen, Lesen, Ersetzen und Löschen), L (Laden der Datenbank) und P (Positionierungin der Datenbank). Kombinationen dieser Rechte sind möglich. Der Parameter ist optional.
- *KEYLEN-Parameter*
  Gibt die Länge des längsten verketteten Schlüssels in dem durch den PCB definierten Datenbankausschnitt an. Diese Länge erhält man, in dem man die BYTES-Werte der entlang eines hierarchischen Pfades liegende Schlüsselfelder im Datenbankausschnitt addiert. Dieser Parameter ist erforderlich.

4.3.9 SENSEG-Statement

Das Statement SENSEG markiert ein Segment für ein Programm als sensitiv, das heißt das Programm erhält die in diesem oder im PCB-Statement definierten Zugriffsrechte für dieses Segment. Ein Programm kann nur auf ein Segment zugreifen, wenn es auf alle hierarchisch darüber liegenden Segmente Zugriff hat. Es müssen also für alle jeweiligen Ursprungssegmente ebenfalls SENSEG-Statements vorhanden sein. Die folgenden drei Parameter sind die wichtigsten:

- *NAME-Parameter*
  Gibt den Namen des Segments an, für das Zugriffsrechte festgelegt werden sollen. Der Parameter ist erforderlich.
- *PARENT-Parameter*
  Analog zum SEGM-Statement in einer DBD gibt dieser Parameter den Namen des Ursprungssegments an. Mit dem Wert 0 wird das Wurzelsegment gekennzeichnet. Außer in diesem Fall ist der Parameter erforderlich.
- *PROCOPT-Parameter*
  Wie im PCB-Statement werden auch hier durch diesen Parameter die Zugriffsrechte des Programms definiert. Außer dem Wert L sind die gleichen Werte zulässig. PCB-weit gültige Rechte werden durch an dieser Stelle definierte Rechte überschrieben. Dieser Parameter ist optional.

4.3.10 SENFLD-Statement

Die SENFLD-Anweisung markiert ein bestimmtes Feld eines Segments als sensitiv. Wie bereits im SENSEG-Statement zu sehen war, gibt es Analogien bezüglich der FIELD- Statement-Parameter in der Data Base Description:
- *NAME-Parameter*
  Gibt den Namen des Feldes an, welches als sensitiv markiert werden soll. Dieser Parameter ist erforderlich.
- *START-Parameter*
  Gibt, analog zum gleichnamigen Parameter des FIELD- Statements einer DBD, die Position im Segment an, an welcher die Felddaten zu finden sind. Der Parameter ist erforderlich.
- *REPLACE-Parameter*
  Legt fest, ob die Daten in diesem Feld ersetzt werden dürfen. Dieser optionale Parameter ist die einzige Möglichkeit die Zugriffsrechte auf Feldebene einzuschränken. Sein Standardwert ist YES.

4.3.11 PSBGEN-Statement

Dieses Statement schließt den Program Specification Block ab. PSBGEN kennzeichnet dabei, wie schon beschrieben, das Ende des letzten PCBs und auch gleichzeitig das des gesamten PSBs. Im Gegensatz zum DBDGEN-Statement bei einer Database Description, besitzt das PSBGEN-Statement jedoch einige Parameter. Hier wurden jedoch nur zwei verwendet:
- *PSBNAME-Parameter*
  Gibt den aus maximal acht alphanumerischen Zeichen bestehenden PSB-Namen an. Dies ist der einzige immer erforderliche Parameter.
- *LANG-Parameter*
  Legt die Programmiersprache des Programms fest, für welches die Zugriffsrechte definiert wurden. Es können COBOL, PL/I, ASSEM, PASCAL und JAVA definiert werden. In C geschriebene Programme werden wie Assembler-Programme behandelt. Dieser Parameter ist optional, aber in einigen speziellen Fällen erforderlich.

Welche weiteren Statements und Parameter es in einem PSB gibt, kann wieder im Internet im IBM Knowledge Center nachgelesen werden.

Mit Hilfe eines zweiten JCL-Skriptes wird der fertige PSB an das IMS PSBGEN- Utility übergeben. Dieses ist in den neuen Member PRAKxxx.IMS.JCL(PSBGEN) zu schreiben. Das JCL- Skript enthält außerdem einen zweiten Aufruf der PSBGEN-Prozedur, bei welchem ein sehr kurzer, direkt in das JCL-Skript geschriebener PSB übergeben wird. Dieser PSB wird später beim initialen Laden der Datenbank benötigt.

```
 File Edit Edit_Settings Menu Utilities Compilers Test Help

EDIT       PRAKxxx.IMS.JCL(PSBGEN) - 01.00              Columns 00001 00072
******  **************************** Top of Data ******************************
000100 //PRAKxxxI JOB (),CLASS=A,MSGCLASS=H,MSGLEVEL=(1,1),NOTIFY=&SYSUID,
000200 //            REGION=32M
000300 //IMSPROCL JCLLIB ORDER=IMS13.PROCLIB
000400 //* PSBGEN FUER DEN PSB DES PERSONALKOSTENPROGRAMMS
000500 //PRAKxxxP EXEC PROC=PSBGEN,MBR=PRAKxxxP
000600 //C.SYSIN   DD DSN=PRAKxxx.IMS.SOURCE(PERSKOST),DISP=SHR
000700 //* PSBGEN FUER DEN LADE-PSB
000800 //PRAKxxxL EXEC PROC=PSBGEN,MBR=PRAKxxxL
000900 //C.SYSIN   DD *
001000 PRAKxxxA  PCB      TYPE=DB,DBDNAME=PRAKxxxA,PROCOPT=LS,KEYLEN=8
001100           SENSEG NAME=ABTEILNG,PARENT=0
001200           SENSEG NAME=PERSONAL,PARENT=ABTEILNG
001300           PSBGEN PSBNAME=PRAKxxxL
001400           END
001500 /*
******  **************************** Bottom of Data ***************************

  F1=Help      F2=Split      F3=Exit      F5=Rfind      F6=Rchange     F7=Up
  F8=Down      F9=Swap       F10=Left     F11=Right     F12=Cancel
```

Abbildung 4.59: JCL-Skript zum Aufruf der PSBGEN-Prozedur.

Das JCL-Skript unterscheidet sich abgesehen vom integrierten Lade-PSB nur wenig von dem zum Aufruf der DBDGEN-Prozedur. Da aufgrund der komplexen Vorgänge in diesen Prozeduren jedoch Fehler schwer zu finden sein können, wird beim Anlegen der Datenbank Schritt für Schritt vorgegangen, die Aufrufe der Prozeduren werden getrennt.

Es erfolgt nun das Submitten des Skriptes. Nach dem erfolgreichen Ausführen hat das PSBGEN-Utility die PSB Control Blocks generiert und diese als Member mit den Namen PRAKxxxP und PRAKxxxL in der Bibliothek IMS13.PSBLIB abgelegt. Der Nutzer kontrolliert, ob dies geschehen ist und schaut sich im Fehlerfall die Hinweise in Anhang 1 am Ende des Tutorials an.

Anwendung 3

Aufgabe: Legen Sie den Member PRAKxxx.IMS.SOURCE(PERSKOST) an und schreiben Sie den Program Specification Block aus Abbildung 4 in ihn.
Erstellen Sie anschließend im Dataset PRAKxxx.IMS.JCL einen Member PSBGEN für das JCL-Skript, mit dem das PSBGEN-Utility aufgerufen wird. Führen Sie den Job aus und kontrollieren Sie, ob die beiden PSB Control Blocks erzeugt wurden.

Bisher wurde nicht geprüft, ob die geschriebene Data Base Description und die Program Specification Blocks auch zueinander passen. Das geschieht nun bei der Generierung von Application Control Blocks (ACB) mit Hilfe des ACBGEN-Utilities. Dabei werden der DBD Control Block PRAKxxxA aus der Bibiliothek IMS13.DBDLIB sowie der PSB Control Blocks PRAKxxxP aus der Bibliothek IMS13.PSBLIB um Object Code angereichert und die dadurch entstandenen ACBs in der Bibliothek IMS13.ACBLIB abgelegt. IMS nutzt diese ACBs für nahezu alle in Zusammenhang mit der Datenbank stehenden Prozesse.

Es ist im Anschluss daran die ACBGEN-Prozedur mit einem dritten JCL-Skript aufzurufen (Abbildung 4.60). Die kurze Makro- Anweisung für das ACBGEN-Utility wird direkt in das JCL-Skript geschrieben. Das Skript schreibt der Nutzer in den neuen Member PRAKxxx.IMS.JCL(ACBGEN).

```
   File Edit Edit Settings Menu Utilities Compilers Test Help

EDIT       PRAKxxx.IMS.JCL(ACBGEN) - 01.00           Columns 00001 00072
****** *********************** Top of Data ****************************
000100 //PRAKxxxI JOB (),CLASS=A,MSGCLASS=H,MSGLEVEL=(1,1),NOTIFY=&SYSUID,
000200 //         REGION=32M
000300 //IMSPROCL JCLLIB ORDER=IMS13.PROCLIB
000400 //* ACBGEN FUER DEN PSB ZUM ZUGRIFF AUF DIE ABTEILUNGSDATENBANK
000500 //PRAKxxxP EXEC PROC=ACBGEN,SOUT='*',COMP='POSTCOMP'
000600 //G.SYSIN  DD *
000700     BUILD PSB=PRAKxxxP
000800 /*
****** *********************** Bottom of Data *************************




Command ===>_____Scroll ===> PAGE
F1=Help      F2=Split     F3=Exit    F5=Rfind    F6=Rchange    F7=Up
F8=Down      F9=Swap      F10=Left   F11=Right   F12=Cancel
```

Abbildung 4.60: JCL-Skript zum Aufruf der ACBGEN-Prozedur.

Mit der Makro-Anweisung BUILD PSB = PRAKxxxP wird die Generierung von Application Control Blocks für den PSB PRAKxxxP sowie für die darin referenzierte DBD PRAKxxxA eingeleitet. Mit dem hier nicht verwendeten DELETE-Statement können die Application Control Blocks von PSBs und DBDs aus der Bibliothek IMS13.ACBLIB gelöscht werden. Der Nutzer führt das Skript nun aus und kontrollieren, ob die ACBs PRAKxxxA und PRAKxxxP in der ACB-Bibliothek zu finden sind.

Anwendung 4

Aufgabe: Erstellen Sie den Member PRAKxxx.IMS.JCL(ACBGEN) und schreiben Sie das JCL-Skript zur Ausführung des ACBGEN-Utility hinein. Submitten Sie den Job und kontrollieren Sie, ob die ACBs PRAKxxxA und PRAKxxxP in der Bibliothek IMS13.ACBLIB zu finden sind. Machen Sie einen Screenshot von der Member-Liste dieser Bibliothek, auf dem die drei Member zu sehen sind.

In den nächsten beiden Schritten wird die Speicherung der Datenbank in einem VSAM- Cluster realisiert. Dieser wird erst allokiert, wenn er tatsächlich benötigt wird. Dazu muss die dynamische Allokation des Clusters in IMS eingerichtet werden. Dies geschieht wieder mit Hilfe eines JCL-Skriptes, welches entsprechende eingebettete Makro-Anweisungen enthält. Diese Anweisungen werden der IMSDALOC-Prozedur übergeben. Der von dieser Prozedur generierte Object Code zur dynamischen Allokation von Datenbank-Datasets wird in der Bibliothek IMS13.DYNALLOC gespeichert.

Der Nutzer schreibt das JCL-Skript zum Aufruf der IMSDALOC-Prozedur in den neuen Member PRAKxxx.IMS.JCL(DYNALLOC):

Das Skript in Abbildung 4.61 ist auszuführen und weiterhin zu kontrollieren, ob ein Member mit dem Namen PRAKxxxA in der Bibliothek IMS13.DYNALLOC zu finden ist.

Nun muss der VSAM-Cluster definiert werden, in welchem die Abteilungsdatenbank später gespeichert wird. Das folgende JCL-Skript tut das. Es wird ein Entry Sequenced Dataset (ESDS) mit dem Namen PRAKxxx.IMS.PRAKxxxA definiert, welches drei Zylinder Plattenspeicher auf SMS001 einnimmt und 2KB große Control Intervals besitzt. Jedes Control Interval wird aus Sicht von VSAM nur einen einzigen Record und idealerweise 25 Prozent freien Speicherplatz enthalten, was im laufenden Betrieb nur durch eine ständige Reorganisation der Datenbank eingehalten werden kann. Im Gegensatz zu einem Key Sequenced Dataset (KSDS) besitzt diese Art von VSAM-Cluster nur einen Datenteil, für welchen der Name PRAKxxx.IMS.PRAKxxxA.DATA festgelegt wird. Das soll an dieser Stelle an Erklärungen zur Definition von VSAM-Clustern genügen. Tutorial 9 beschäftigt sich näher mit diesen.

Der Nutzer soll die Clusterdefinition in den neuen Member PRAKxxx.IMS.JCL(DEFCLUST) schreiben und auf die Bindestriche zu achten. Diese Fortsetzungszeichen dürfen frühestens nach einem Leerzeichen auf die jeweilige Anweisung folgen, müssen jedoch spätestens in der vorletzten Spalte stehen. Das Skript ist vom Anwender auszuführen und zu kontrollieren, ob der VSAM- Cluster angelegt worden ist. Sollte das Skript aus irgendeinem Grund wiederholt ausgeführt werden müssen, sind die im Anhang 2 am Ende des Tutorials erklärten Änderungen nötig.

```
   File Edit Edit_Settings Menu Utilities Compilers Test Help

 EDIT        PRAKxxx.IMS.JCL(DYNALLOC) - 01.00         Columns 00001 00072
 ****** *************************** Top of Data ******************************
 000100 //PRAKxxxI JOB (J,CLASS=A,MSGCLASS=H,MSGLEVEL=(1,1),NOTIFY=&SYSUID,
 000200 //             REGION=32M
 000300 //IMSPROCL JCLLIB ORDER=IMS13.PROCLIB
 000400 //* DYNAMISCHE BEREITSTELLUNG DES DATENBANK-DATASETS EINRICHTEN
 000500 //STEP01    EXEC PROC=IMSDALOC,SOUT='*'
 000600 //ASSEM.SYSIN DD *
 000700    DFSMDA TYPE=INITIAL
 000800    DFSMDA TYPE=DATABASE,DBNAME=PRAKxxxA
 000900    DFSMDA TYPE=DATASET,DSNAME=PRAKxxx.IMS.PRAKxxxA,DDNAME=PRAKxxxA,   X
 001000           DISP=SHR
 001100    DFSMDA TYPE=FINAL
           END
 001200
 001300 /*
 001400 //LNKEDT.SYSLMOD DD DSNAME=IMS13.DYNALLOC,DISP=SHR
 ****** *************************** Bottom of Data ****************************


 Command ===>_____Scroll ===> PAGE
 F1=Help      F2=Split      F3=Exit     F5=Rfind    F6=Rchange    F7=Up
 F8=Down      F9=Swap       F10=Left    F11=Right   F12=Cancel
```

Abbildung 4.61: JCL-Skript zum Aufruf der IMSDALOC-Prozedur.

Im nächsten Schritt müssen die Abteilungsdatenbank und ihr Dataset beim IMS Recovery- Dienst Data Base Recovery Control (DBRC) angemeldet werden. Dieser Dienst läuft in einer eigenständigen IMS Region und ist unter anderem für die Verwaltung der drei Datasets IMS13.RECON1, IMS13.RECON2 und IMS13.RECON3 verantwortlich. Darin werden sämtliche Wiederherstellungsinformationen gespeichert. Ein weiteres JCL-Skript mit integrierten Makro-Anweisungen erzeugt die RECON-Entries:

Das INIT.DB-Statement in Zeile 16 von Abbildung 4.64 registriert die Abteilungsdatenbank und deaktiviert gleichzeitig die Recovery-Funktionen für diese Datenbank. Im produktiven Betrieb würde so etwas natürlich niemand machen, es kann jedoch der Einfachheit halber auf diese Funktionalität verzichtet werden. Ohne eine Deaktivierung der Recovery-Funktionen wäre später nach dem initialen Laden der Datenbank das Erstellen einer Image Copy notwendig, da IMS sonst aus Gründen der Wiederherstellbarkeit keine Zugriffe auf die Datenbank erlaubt. Eine Image Copy ist eine Sicherung des Datenbank-Datasets.

```
File Edit Edit_Settings Menu Utilities Compilers Test Help
──────────────────────────────────────────────────────────────────────
EDIT       PRAKxxx.IMS.JCL(DEFCLUST) - 01.00           Columns 00001 00072
****** ***************************** Top of Data *****************************
000100 //PRAKxxxI JOB (),CLASS=A,MSGCLASS=H,MSGLEVEL=(1,1),NOTIFY=&SYSUID,
000200 //             REGION=32M
000300 //* ANLEGEN DES VSAM-CLUSTERS FUER DIE ABTEILUNGSDATENBANK
000400 //DEFCLUST EXEC PGM=IDCAMS,DYNAMNBR=20
000500 //SYSPRINT DD SYSOUT=*
000600 //SYSIN    DD *
000700     DEFINE CLUSTER( -
000800            NAME(PRAKxxx.IMS.PRAKxxxA) -
000900            NONINDEXED -
001000            FREESPACE(25,25) -
001100            RECORDSIZE(2041,2041) -
001200            SHAREOPTIONS(3,3) -
001300            UNIQUE -
001400            VOLUMES(SMS001) -
001500            CYLINDERS(3,3) -
001600            CONTROLINTERVALSIZE(2048) -
001700            ) -
Command ===>_____Scroll ===> PAGE
F1=Help      F2=Split    F3=Exit     F5=Rfind    F6=Rchange  F7=Up
F8=Down      F9=Swap     F10=Left    F11=Right   F12=Cancel
```

Abbildung 4.62: JCL-Skript zur Definition des VSAM-Clusters (1/2).

Das auf das INIT.DB-Statement folgende INIT.DBDS-Statement nimmt die DBRC-Registrierung für das einzige Datenbank-Dataset vor. Auch wenn dies im angegebene Fall nicht notwendig ist, kann eine Datenbank auf mehr als ein Dataset verteilt werden. Zum einen ist es unter Umständen sinnvoll, bestimmte Segmenttypen in separate Datasets auszulagern, zum anderen können Datenbanken so groß werden, dass ein einzelnes Dataset nicht mehr ausreicht, um alle Daten darin zu speichern. Die Grenze für ein einzelnes Datenbank-Dataset liegt im Falle einer Speicherung in einem VSAM-Cluster bei 4GB (Abbildung 4.62(1), 4.63(2), im Falle eines OSAM- Datasets bei 8GB. Soll die Datenbank mehr Daten enthalten, muss eine Partitionierung der Datenbank vorgenommen werden. Eine solche Datenbank wird in IMS als High Availability Large Database (HALDB) bezeichnet. HALDBs können mehrere Terabyte Daten aufnehmen.

```
  File Edit Edit_Settings Menu Utilities Compilers Test Help
 ─────────────────────────────────────────────────────────────────
 EDIT       PRAKxxx.IMS.JCL(DEFCLUST) - 01.00       Columns 00001 00072
 001800            DATA( -
 001900               NAME(PRAKxxx.IMS.PRAKxxxA.DATA) -
 002000
 ****** ************************* Bottom of Data ******************************













 Command ===>_____Scroll ===> PAGE
 F1=Help      F2=Split    F3=Exit     F5=Rfind    F6=Rchange   F7=Up
 F8=Down      F9=Swap     F10=Left    F11=Right   F12=Cancel
```

Abbildung 4.63: JCL-Skript zur Definition des VSAM-Clusters (2/2).

Die beiden zuvor erläuterten Makro-Anweisungen dienen als Eingabe für das Programm DSPURX00, welches die RECON-Einträge für die Datenbank PRAKxxxA und ihr gleichnamiges Dataset erzeugt. Das Skript zum Aufruf dieses Programms ist nun auszuführen. Auch hier gilt das Beachten der Hinweise im Anhang 2, falls dieses JCL-Skript aus irgendeinem Grund erneut ausgeführt werden muss.

Anwendung 5

Aufgabe: Erstellen Sie die Member DYNALLOC, DEFCLUST und RECENTRY im Dataset PRAKxxx.IMS.JCL und schreiben Sie die zuvor gezeigten JCL-Skripte hinein. Führen Sie diese anschließend in der vorgegebenen Reihenfolge aus. Fertigen Sie einen zweiten Screenshot an, auf welchem der angelegte VSAM-Cluster zu sehen ist. Nutzen Sie dazu das Data Set List Utility.

Damit kann die Datenbank geladen werden. Dieser initiale Ladevorgang wird mit Hilfe eines IMS Testprogramms DFSDDLT0 durchgeführt. Erst danach, wenn die Daten in der Datenbank abgelegt wurden, existiert die Datenbank. Mit dem Start des Testprogramms wird zunächst das Datenbank-Dataset dynamisch allokiert. Dazu werden der Dynamic Allocation Member PRAKxxxA aus der Bibliothek IMS13.DYNALLOC und der durch die Cluster-Definition im VSAM Catalog angelegte Eintrag für das Entry Sequenced Data Set

```
File Edit Edit_Settings Menu Utilities Compilers Test Help

EDIT       PRAKxxx.IMS.JCL(RECENTRY) - 01.00         Columns 00001 00072
****** *************************** Top of Data ******************************
000100 //PRAKxxxI JOB (),CLASS=A,MSGCLASS=H,MSGLEVEL=(1,1),NOTIFY=&SYSUID,
000200 //         REGION=32M
000300 //IMSPROCL JCLLIB ORDER=IMS13.PROCLIB
000400 //* REGISTRIERUNG DER ABTEILUNGSDATENBANK UND IHRES DATASETS
000500 //RECENTRY EXEC PGM=DSPURX00
000600 //STEPLIB  DD DISP=SHR,DSN=IMS13.SDFSRESL
000700 //         DD DISP=SHR,DSN=IMS13.DYNALLOC
000800 //IMS      DD DISP=SHR,DSN=IMS13.DBDLIB
000900 //SYSIN    DD *
001000    INIT.DB DBD(PRAKxxxA)  SHARELVL(3) NONRECOV NOICREQ TYPEIMS
001100    INIT.DBDS DBD(PRAKxxxA) DDN(PRAKxxxA) DSN(PRAKxxx.IMS.PRAKxxxA) -
001200            GENMAX(3)
001300 /*
001400 //JCLPDS   DD DISP=SHR,DSN=IMS13.PROCLIB
001500 //JCLOUT   DD SYSOUT=(A,INTRDR)
001600 //SYSPRINT DD SYSOUT=*
****** *************************** Bottom of Data ****************************
Command ===>_____Scroll ===> PAGE
 F1=Help     F2=Split    F3=Exit     F5=Rfind    F6=Rchange   F7=Up
 F8=Down     F9=Swap     F10=Left    F11=Right   F12=Cancel
```

Abbildung 4.64: JCL-Skript zur Anmeldung beim Recovery-Dienst DBRC.

PRAKxxx.IMS.PRAKxxxA verwendet. Anschließend wird der VSAM-Cluster zum Beschreiben vorbereitet und die Puffer für den Datenbankzugriff werden eingerichtet. Erst wenn dies alles durchgeführt wurde, kann DFSDDLT0 Daten in die Datenbank schreiben.

DFSDDLT0 ist ein IMS Programm, durch welches DL/I Calls ausgeführt werden können. Data Language / Interface stellt so etwas wie eine Anfragesprache für IMS-Datenbanken zur Verfügung. Es gibt eine Vielzahl von verschiedenen DL/I Calls. Im weiteren Verlauf des Tutorials werden einige für die Datenbankverarbeitung wichtige DL/I Calls vorgestellt. Für das initiale Laden der Datenbank werden lediglich DL/I Calls zum Einfügen von Segmenten benötigt.

Das Testprogramm liest die durchzuführenden DL/I Calls ein und führt diese nacheinander aus. Anschließend sind die durch die Calls eingefügten Daten in der IMS-Datenbank gespeichert. Letztere werden später mit demselben Testprogramm abgefragt.

Es ist nun zunächst ein Dataset für die Ausgaben des Testprogramms anzulegen. Dieses soll den Namen PRAKxxx.IMS.OUT tragen.

Anwendung 6

Aufgabe: Legen Sie das Ausgabe-Dataset PRAKxxx.IMS.OUT unter Nutzung der folgenden Parameter an:

Space Units:	TRKS	Record Format:	FB
Primary Quantity:	10	Record Length:	122
Secondary Quantity:	5	Data Set Name Type:	BASIC
Directory Blocks:	0		

Lassen Sie die Block Size dieses Mal leer.

Es ist außerdem ein neuer Member PRAKxxx.IMS.SOURCE(DDLT0IN) anzulegen. In diesen schreiben wir die DL/I-Calls, welche dann am Ende des initialen Ladevorgangs vom angesprochenen IMS Testprogramms DFSDDLT0 ausgeführt werden:

```
     File Edit Edit_Settings Menu Utilities Compilers Test Help
   ────────────────────────────────────────────────────────────────────
   EDIT       PRAKxxx.IMS.SOURCE(DDLT0IN) - 01.00       Columns 00001 00072
   ****** ************************** Top of Data ***************************
   000100 S11 1 1 1 1       00001
   000200 L      ISRT  ABTEILNG
   000300 L      DATA  0001KUNDENSERVICE                             0045
   000400 L      ISRT  PERSONAL
   000500 L      DATA  0101BRIGITTE                   MEIER                *
   000600                    FELDWEG 3A, 77643 NEUSTADT                    *
   000700                                      KUNDENBETREUERIN       0026
   000800 L      ISRT  PERSONAL
   000900 L      DATA  0102ANNE-MARIE                 BERGMANN             *
   001000                    NEUE STR. 15, 77654 WALDHEIM                  *
   001100                                      TELEFONISTIN          0020
   001200 L      ISRT  ABTEILNG
   001300 L      DATA  0002RECHENZENTRUM                             0150
   001400 L      ISRT  PERSONAL
   001500 L      DATA  0201CHRISTIAN                  FISCHER              *
   001600                    LINDENALLEE 32, 77612 LUDWIGSBURG             *
   001700                                      ABTEILUNSLEITER       0064
   Command ===>_____Scroll ===> PAGE  F1=Help
            F2=Split    F3=Exit    F5=Rfind    F6=Rchange   F7=Up
   F8=Down   F9=Swap    F10=Left   F11=Right   F12=Cancel
```

Abbildung 4.65: Eingabedaten für das IMS Test-Utility.

Über die erste Zeile in Abbildung 4.65 wird festgelegt, den wievielten DB PCB innerhalb des beim Aufruf angegebenen PSBs DFSDDLT0 für den Datenbankzugriff verwenden soll. Außerdem wird in dieser Zeile eingestellt, was alles durch das Testprogramm ausgegeben werden soll. Auf eine genaue Erklärung wird an dieser Stelle verzichtet. Im Anschluss an diese Zeile folgen fünf Aufrufe von DL/I ISRT-Calls. Durch einen solchen Call wird ein Segment in die Datenbank eingefügt. Die Aufrufe haben ein ähnlich kryptisches Format, wie die erste Zeile. Das liegt an dem verwenden IMS Testprogramm DFSDDLT0. Schreibt man selbst ein Programm, das auf eine IMS-Datenbank zugreift, sehen DL/I-Calls etwas weniger kryptisch aus. Da wir erst in einem späteren Tutorial selbst ein Programm mit Zugriff auf IMS-Daten schreiben, sind wir nun auf DFSDDLT0 angewiesen und müssen uns mit diesem Format anfreunden. Beachten Sie, dass DFSDDLT0 sehr genau vorschreibt, wo was zu stehen hat. Ist auch nur ein Zeichen in der falschen Spalte, funktioniert schnell gar nichts mehr. Daher wird zunächst die Syntax eines Aufrufs von einem DL/I ISRT-Call in DFSDDLT0 erklärt:

Durch ein L in Spalte 1 weiß DFSDDLT0, dass ein DL/I Call ausgeführt werden soll. Dieser ist in den Spalten 10 bis 13 benannt. In Abbildung 4.65 sind dies nur ISRT-Calls, auf die jeweils in den gleichen Spalten der nächsten Zeile das Schlüsselwort DATA folgt. In Spalte 16 wird hinter ISRT der Typ des einzufügenden Segments angegeben, hinter DATA beginnt in dieser Spalte der Datenbereich des Segments. Dieser Datenbereich ist exakt so lang, wie in der Data Base Description für dieses Segment angegeben. Die Daten passen folglich nicht immer auf eine Zeile. In diesem Fall werden die Daten in der nächsten Spalte wiederum in Spalte 16 beginnend fortgesetzt. Die Fortsetzung wird durch ein Fortsetzungszeichen in der 72. Spalte gekennzeichnet. Da in Zeilen, in denen die Segmentdaten fortgesetzt werden, kein DL/I Call oder Schlüsselwort angegeben wird, steht in Spalte 1 auch kein L. Achten Sie außerdem darauf, dass leere Stellen innerhalb des Datenbereichs durch Leerzeichen beschrieben sind, da es sonst dazu kommen kann, dass beim Speichern Zeichen vorrutschen. Da die Abteilungssegmente mit dem Budget-Feld und die Personalsegmente mit dem Gehalt-Feld enden, wissen Sie, ab welcher Stelle keine Leerzeichen mehr benötigt werden. Vergessen Sie dabei nicht, dass fortgesetzte Segmentdaten auch an leeren Stellen in Spalte 16 beginnen.

Nach dem Start des Testprogramms ist der Zeiger für den Datenbankzugriff auf den logischen Anfang der Datenbank positioniert. Das Füllen der Datenbank kann nun mit dem Einfügen eines Wurzelsegments beginnen. Dies geschieht durch den ISRT-Call in den Zeilen 2 und 3 von Abbildung 4.65. Es wird ein Abteilungssegment für die Abteilung mit der Abteilungsnummer 1, dem Abteilungsnamen Kundenservice und einem Budget von 45 Tausend Euro eingefügt. Danach steht der Zeiger für den Datenbankzugriff logisch hinter diesem Segment. Folglich kann nun auch ohne Angabe des Wurzelsegments bzw. ohne eine Positionierung in der Datenbank ein abhängiges Segment eingefügt werden, was auch direkt getan werden soll. Durch den ISRT-Call in den Zeilen 4 bis 7 wird ein neues Personalsegment eingefügt, welches von dem eben eingefügten Abteilungssegment abhängig ist. Durch das Personalsegment wird eine neue Mitarbeiterin mit der Personalnummer 101, dem Vornamen Brigitte, dem Nachnamen Meier, der Adresse Feldweg 3a, 77643 Neustadt, der Tätigkeit Kundenbetreuerin und dem jährlichen Gehalt von 26 Tausend Euro zur Kundenservice-Abteilung hinzugefügt. Der Zugriffszeiger steht nun logisch hinter diesem abhängigen Segment. Es kann damit ein weiteres Segment dieser Hierarchieebene oder ein von diesem Segmenttyp abhängiges

Segment (gibt es in diesem Fall nicht) oder ein neues Wurzelsegment in die Datenbank eingefügt werden. Im Fall von Abbildung 12 wird durch den ISRT-Call in den Zeilen 8 bis 11 ein weiteres Segment der gleichen Hierarchieebene eingefügt. Dadurch wird der Kundenservice-Abteilung eine weitere Mitarbeiterin zugeordnet. Danach folgt ein ISRT-Call für eine neue Abteilung. Es wird also ein neues Wurzelsegment angelegt und damit ein neuer Daten-Record begonnen. Als letztes wird der neuen Abteilung mit dem Namen Rechenzentrum ein Mitarbeiter zugeordnet.

Schreiben Sie die Eingaben für das IMS Test-Utility DFSDDLT0 nun in den Member DDLT0IN und fügen Sie am Ende einen weiteren ISRT-Call mit Ihren Daten hinzu. Nutzen Sie die Personalnummer 202 und geben Sie unter Adresse einfach NICHT BEKANNT an. Tätigkeit und ein jährliches Gehalt sind frei auswählbar. Falls das Tutorial von zwei Personen bearbeitet wird, fügt man einen weiteren ISRT-Call mit den Daten des Partners hinzu.

Da wir in den weiteren Teilen des Tutorials mit den Daten arbeiten wollen, müssen wir nun noch die angegebenen Zahlen in das in der DBD festgelegte hexadezimale Format (Abbildung 4.66) umwandeln. Spätere Anfragen würden andernfalls aufgrund der DBD-Definition ganz andere Ausgaben erzeugen. Wir benötigen dazu den HEX Mode des ISPF-Editors. Dieser wird mit dem Kommando HEX ON in der Kommandozeile eingeschaltet. Die folgende Abbildung zeigt die ersten Zeilen des eben geschriebenen Members DDLT0IN:

Die Zahlen können in ihr hexadezimales Format konvertiert werden, in dem die hexadezimalen Werte der Zahlen eingegeben werden. Abbildung 12 zeigt den hexadezimalen Wert der Abteilungsnummer 1: 1 der Kundenservice-Abteilung sowie den hexadezimalen Wert des ihr zugeordneten Budgets von 45.000 €: AFC8. Der Nutzer sollte auf die gleiche Weise auch die Personalnummer und das Gehalt der Angestellten Brigitte Meier eingeben:

Abbildung 4.67 zeigt die hexadezimalen Werte der Personalnummer 101: 65 und des Gehalts von 26.000 €: 6590 der Angestellten Brigitte Meier. Es sollten auf diese Weise auch alle weiteren Zahlen konvertiert werden. Danach wird der HEX Mode mit dem Kommando HEX OFF beendet.

Der Nutzer benötigt noch das JCL-Skript, welches DFSDDLT0 ausführt. Dafür wird ein neuer Member INITLOAD im Dataset PRAKxxx.IMS.JCL angelegt:

Das in Abbildung 4.68 gezeigte JCL-Skript führt DFSDDLT0 in einer DLIBATCH Region aus. Alle IMS-Programme laufen in sogenannten Regions. Letztere sind die von IMS kontrollierten Adressräume. In DLIBATCH Regions laufen reine Batch-Jobs. Datenbanken, auf welche derartige Jobs zugreifen, müssen gestoppt sein und können somit nicht parallel durch IMS- Transaktionsprogramme genutzt werden. Die meisten Programme, welche in DLIBATCH Regions laufen können, werden auch in BMP Regions laufen. BMP Regions ermöglichen eine Batch- Verarbeitung im Online-Betrieb – also ohne ein Stoppen der betroffenen Datenbanken und somit ohne größere negative Auswirkungen auf IMS-Transaktionsprogramme. Dies ist in der heutigen Zeit sehr wichtig. Daher nimmt der Anteil Batch-Verarbeitung in DLIBATCH Regions stetig ab. Viele Firmen haben bereits die meisten produktiven Abläufe auf BMP Regions umge-

```
   File Edit Edit_Settings Menu Utilities Compilers Test Help

EDIT       PRAKxxx.IMS.SOURCE(DDLT0IN) - 01.01           Columns 00001 00072
****** ************************* Top of Data ****************************
000100 S11 1 1 1 1         00001

       EFF4F4F4F4444444FFFFF44444444444444444444444444444444444444444444
       2110101010000000000010000000000000000000000000000000000000000000

------------------------------------------------------------------------
000200 L        ISRT   ABTEILNG

       D44444444CEDE44CCECCDDC4444444444444444444444444444444444444444
       300000000929300123593570000000000000000000000000000000000000000

------------------------------------------------------------------------
000300 L        DATA   0001KUNDENSERVICE                          0045

       D44444444CCEC440000DEDCCDECDECCC44444444444444444444444400AC444444444
       30000000041310000012454552595935000000000000000000000000000F80000000

------------------------------------------------------------------------
000400 L        ISRT   PERSONAL

       D44444444CEDE44DCDEDDCD4444444444444444444444444444444444444444
       300000000929300759265130000000000000000000000000000000000000000

------------------------------------------------------------------------
000500 L        DATA   0101BRIGITTE              MEIER                *
Command ===>_____Scroll ===> CSR

 F1=Help      F2=Split     F3=Exit      F5=Rfind     F6=Rchange    F7=Up
 F8=Down      F9=Swap      F10=Left     F11=Right    F12=Cancel
```

Abbildung 4.66: Übertragung der Abteilungsnummer und des Budgets in hexadezimale Werte.

stellt. Neben den beiden genannten Typen von IMS Regions gibt es eine Vielzahl weiterer. Im dritten Teil des Tutorials werden weitere Region-Typen vorgestellt.

Die DLIBATCH Region wird mittels Ausführung der gleichnamigen Prozedur gestartet. Dabei wird mit MBR = DFSDDLT0 das auszuführende Programm und mit PSB = PRAKxxxL der zu verwendende PSB festgelegt. Die Prozedur ruft den IMS Region Controller auf. Dieser legt den Adressraum an und veranlasst das Scheduling des Batch-Programms. Dieses liest die zuvor geschriebenen DL/I Calls ein und nutzt anschließend den angegebenen PSB zum Zugriff auf die Datenbank PRAKxxxA. Dafür stehen dem Testprogramm die von IMS entsprechend der Angaben im DD-Statement DFSVSAMP eingerichteten Datenbank-Puffer zur Verfügung. Die Aktivitäten des Batch-Programms werden in dem über das DD-Statement IEFRDER referenzierten Dataset geloggt. Durch die Angabe DUMMY wird in diesem Fall nur ein Batch Log-Dataset vorgetäuscht. Das ist an dieser Stelle ausreichend, da die Recovery-Funktionen für diese Datenbank ohnehin ausgeschaltet sind. DFSDDLT0 schreibt seine Ausgaben schließlich in das zuvor angelegte Dataset.

```
       File  Edit  Edit_Settings  Menu  Utilities  Compilers  Test  Help

 EDIT           PRAKxxx.IMS.SOURCE(DDLT0IN) - 01.01        Columns 00001 00072
 ****** ************************** Top of Data *****************************
 000500  L         DATA    0101BRIGITTE                 MEIER                *
                 D44444444CCEC440006CDCCCEEC44444444444444444DCCCD444444444444444445
                 300000000413100005299793350000000000000000000045959000000000000000C
 -----------------------------------------------------------------------------
 000600                          FELDWEG 3A, 77643 NEUSTADT                  *
                 4444444444444444444444CCDCECC4FC64FFFFF4DCEEECCE44444444444444444445
                 00000000000000000000006534657031B077643055423143000000000000000000C
 -----------------------------------------------------------------------------
 000700                                       KUNDENBETREUERIN           0026
                 44444444444444444444444444444444444444DEDCCDCCEDCECDCD4444444444400694
                 000000000000000000000000000000000000002454552539545995000000000000500
 -----------------------------------------------------------------------------
 000800  L         ISRT    PERSONAL
                 D44444444CEDE44DCDEDDCD44444444444444444444444444444444444444444444
                 30000000092930075926513000000000000000000000000000000000000000000
 -----------------------------------------------------------------------------
 000900  L         DATA    0102ANNE-MARIE              BERGMANN             *
 Command ===>_____Scroll ===> CSR_
  F1=Help        F2=Split       F3=Exit      F5=Rfind     F6=Rchange    F7=Up
  F8=Down        F9=Swap        F10=Left     F11=Right    F12=Cancel
```

Abbildung 4.67: Übertragung der Personalnummer und des Gehalts in hexadezimale Werte.

Das Skript und seine Eingabedaten sollen noch einmal geprüft werden, anschließend wird es dann ausgeführt. Eine Ausgabe in dem vorher dafür angelegten Dataset PRAKxxx.IMS.OUT erscheint. Die Meldung beim Öffnen des Datasets sollte bestätigt werden ohne Änderungen.

Wenn DFSDDLT0 für alle ISRT-Calls einen leeren Return Code zurückgibt, dann ist alles korrekt gelaufen. Falls der Job nicht korrekt ausgeführt ist, unabhängig davon, wo der Fehler aufgetreten ist, muss der Nutzer zunächst den Job zum Definieren der VSAM-Cluster nach den im Anhang A2 zu findenden Änderungen erneut laufen lassen. Das Cluster wird damit gelöscht und neu definiert. Erst danach kann der initiale Ladevorgang durch ein erneutes Ausführen des Skripts aus Abbildung 4.68 korrekt laufen.

```
 File Edit Edit_Settings Menu Utilities Compilers Test Help

EDIT       PRAKxxx.IMS.JCL(INITLOAD) - 01.00            Columns 00001 00072
****** *************************** Top of Data ******************************
000100 //PRAKxxxI JOB  (1,CLASS=A,MSGCLASS=H,MSGLEVEL=(1,1),NOTIFY=&SYSUID,
000200 //            REGION=32M
000300 //IMSPROCL JCLLIB ORDER=IMS13.PROCLIB
000400 //* INITIALER LADEVORGANG FUER DIE ABTEILUNGSDATENBANK
000500 //INITLOAD EXEC PROC=DLIBATCH,SOUT='*',
000600 //            MBR=DFSDDLT0,PSB=PRAKxxxL,
000700 //            DBRC=N,IRLM=N
000800 //SYSIN    DD DISP=SHR,DSN=PRAKxxx.IMS.SOURCE(DDLT0IN)
000900 //DFSVSAMP DD *
001000 VSRBF=2048,10
001100 /*
001200 //IEFRDER  DD DUMMY,
001300 //            UNIT=3390,
001400 //            DCB=BLKSIZE=6144
001500 //DFSSTAT  DD SYSOUT=*
001600 //PRINTDD  DD DISP=MOD,DSN=PRAKxxx.IMS.OUT
****** *************************** Bottom of Data ***************************
Command ===>_                                              Scroll ===> PAGE
F1=Help      F2=Split     F3=Exit     F5=Rfind    F6=Rchange    F7=Up
F8=Down      F9=Swap      F10=Left    F11=Right   F12=Cancel
```

Abbildung 4.68: JCL-Skript zur Durchführung des initialen Ladevorgangs mit DFSDDLT0.

Der Nutzer sollte folgende Aufgaben wahrnehmen:

Anwendung 7

Aufgabe: Die Eingaben für das IMS Test-Utility DFSDDLT0 in den neuenMember PRAKxxx.IMS.SOURCE (DDLT0IN schreiben. Einen weiteren Member PRAKxxx.IMS.JCL(INITLOAD) anlegen und das JCL-Skript zum Ausführen des initialen Ladevorgangs dort editieren. Kontrollieren anhand der Ausgaben im Dataset PRAKxxx.IMS.OUT, ob die Daten korrekt in die Datenbank geschrieben wurden.

Nachdem erfolgreich Daten in die Datenbank geschrieben wurden (Abbildung 4.69), sind diese zur Kontrolle noch abzufragen. Dafür wird wieder das IMS Testprogramm DFSDDLT0 benutzt, dieses Mal in Verbindung mit dem PSB PRAKxxxP. Kopieren Sie

```
 File Edit Edit Settings Menu Utilities Compilers Test Help

 VIEW      PRAKxxx.IMS.OUT                              Columns 00001 00072
 000020
 000021    ************************************************************
 000022
 000023    IMS   1310  TEST PROGRAM OUTPUT  ** BEGIN TEST ***TIME= 16.34.00.32 DA
 000024
 000025    STATUS INPUT: S11 1 1 1 1         00001
 000026    0002 OF 0002  PCB SELECTED = PRAKxxxA   DBD SELECTED = PRAKxxxA
 000027    ............................................................

 000028    CALL=ISRT       SEG=ABTEILNG
 000029
 000030                         0000                                    00A
 000031    SEGMENT     =(0001KUNDENSERVICE                   00FH             )
 000032
 000033                                                                      0000
 000034    DBPCB   LEV=01  SEG=ABTEILNG   RET CODE=     KFDB LEN=0004  KEY FDB=(0001
 000035    ........................................................
 000036    CALL=ISRT       SEG=PERSONAL
 000037
 Command ===>_                                          Scroll ===> HALF   F1=Help
            F2=Split      F3=Exit       F5=Rfind      F6=Rchange    F7=Up
 F8=Down    F9=Swap       F10=Left      F11=Right     F12=Cancel
```

Abbildung 4.69: Ausgabe des IMS Test-Utility DFSDDLT0.

Das Member PRAKxxx.IMS.JCL(INITLOAD) soll dafür kopiert werden mit dem neuen Member-Namen GETPERS. Letzterer wird so verändert, dass er wie folgt aussieht:

In dem Skript werden zwei neue DL/I-Calls verwendet. Get Unique (GU), Get Next (GN) und Get Next within Parent (GNP) werden in DL/I zur Datenabfrage benutzt. Dabei liefert jede Abfrage immer maximal ein Segment zurück. Der in Abbildung 4.70 gezeigte GU-Call wird durch ein Segment Search Argument (SSA) näher spezifiziert. Ein SSA kann man sich wie eine WHERE-Klausel bei SQL vorstellen. Durch das SSA wird zunächst der Segmenttyp festgelegt und anschließend können für ein oder mehrere Felder die möglichen Werte durch in Klammern stehende Bedingungen eingeschränkt werden. Es wird immer das erste Segment zurückgeliefert, welches die durch das SSA beschriebenen Bedingungen erfüllt. Ein GN-Call liefert das logisch di-

```
    File Edit Edit_Settings Menu Utilities Compilers Test Help

    EDIT       PRAKxxx.IMS.JCL(GETPERS) - 01.00           Columns 00001 00072
    ****** *************************** Top of Data *******************************
    000100 //PRAKxxxI JOB (),CLASS=A,MSGCLASS=H,MSGLEVEL=(1,1),NOTIFY=&SYSUID,
    000200 //            REGION=32M
    000300 //IMSPROCL JCLLIB ORDER=IMS13.PROCLIB
    000400 //* ABFRAGE DER ABTEILUNG 2 UND ALLER IHRER MITARBEITER
    000500 //GETPERS  EXEC PROC=DLIBATCH,SOUT='*',
    000600 //            MBR=DFSDDLT0,PSB=PRAKxxxP,
    000700 //            DBRC=N,IRLM=N
    000800 //SYSIN    DD *
    000900 S11 1 1 1 1        00001
    001000 L        GU     ABTEILNG (ABTNR    = 0002)
    001100 L        GNP
    001200 L        GNP
    001300 /*
    001400 //DFSVSAMP     DD        *
           VSRBF=2048,10
    001500 /*
    001600 |
    001700 //IEFRDER  DD DUMMY,

           Command ===>_____Scroll ===> PAGE
            F1=Help       F2=Split     F3=Exit     F5=Rfind    F6=Rchange   F7=Up
            F8=Down       F9=Swap      F10=Left    F11=Right   F12=Cancel
```

Abbildung 4.70: JCL-Skript zur Ausführung von Abfragen (1/2).

rekt auf den Zugriffzeiger folgende Segment. GNP-Calls liefern nur dann ein solches Segment, wenn es zu demselben Ursprungssegment gehört – in diesem Fall also zu dem Wurzelsegment, welches die Daten der Abteilung mit der Abteilungsnummer 2 enthält (Abbildung 4.70, 4.71).

Es ist darauf zu achten, dass die Abteilungsnummer im Get Unique-Call in ihr hexadezimales Format überführt werden muss. Andernfalls liefern die Anfragen kein Ergebnis!

Das JCL-Skript wird ausgeführt durch den Nutzer, der auch die DFSDDLT0-Ausgabe kontrolliert(diese befindet sich hinter der des initialen Ladevorgangs). Darin sollten die

```
   File Edit Edit_Settings Menu Utilities Compilers Test Help
EDIT       PRAKxxx.IMS.JCL(GETPERS) - 01.00         Columns 00001 00072
001800 //              UNIT=3390,
001900 //              DCB=BLKSIZE=6144
002000 //DFSSTAT   DD SYSOUT=*
002100 //PRINTDD   DD DISP=MOD,DSN=PRAKxxx.IMS.OUT
****** ************************ Bottom of Data ****************************




Command ===>                                              Scroll ===> PAGE
 F1=Help      F2=Split     F3=Exit     F5=Rfind    F6=Rchange    F7=Up
 F8=Down      F9=Swap      F10=Left    F11=Right   F12=Cancel
```

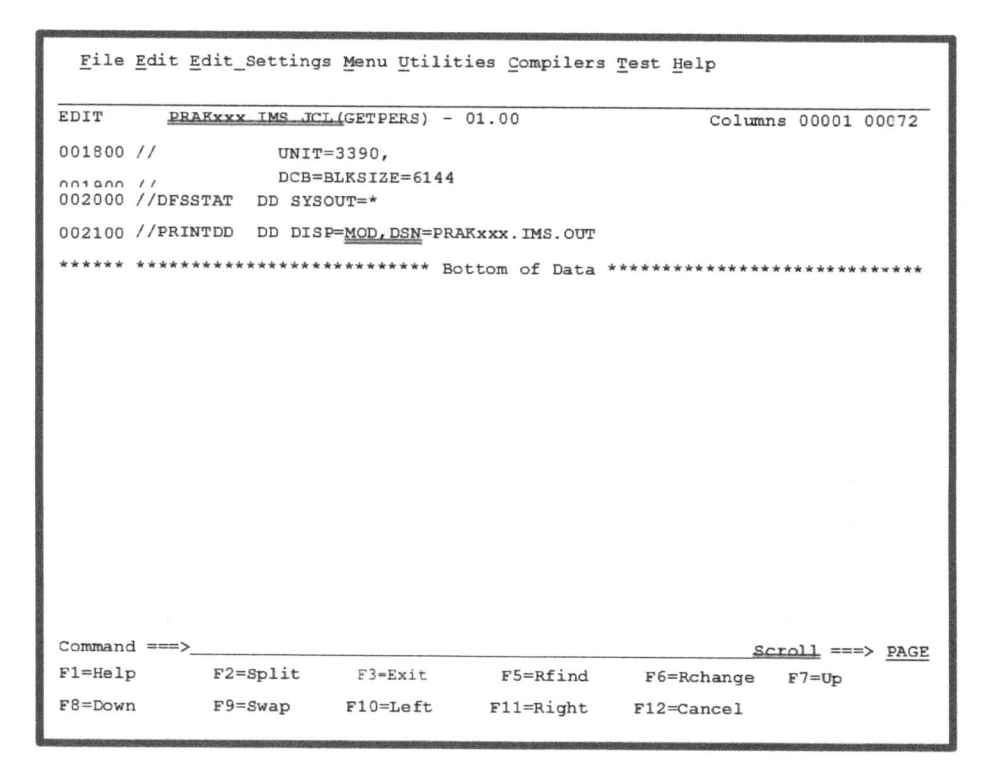

Abbildung 4.71: JCL-Skript zur Ausführung von Abfragen (2/2).

Daten der Abteilung Rechenzentrum und ihrer Mitarbeiter (der Abteilungsleiter Christian Fischer z. B.) sowie ausschließlich leere Return Codes zu finden sein.

Das Skript lässt sich problemlos mehrfach ausführen. Es kann somit mit weiteren DL/I Calls getestet werden. Es ist zu beachten, dass:
- der Segmenttyp eines SSAs immer in Spalte 16 beginnt,
- die Klammer für die Feldwert-Bedingungen in Spalte 25 steht,
- der Feldname in Spalte 26 beginnt,
- Spalte 34 leer ist,
- der Vergleichsoperator (=, <, >, ≤, ≥, ¬ =) in Spalte 35 und 36 steht,
- Spalte 37 leer ist,
- der Feldwert in Spalte 38 beginnt und exakt die Länge des Datenfelds hat und
- direkt darauf die abschließende Klammer folgt.

Außerdem wird – wie bei den ISRT-Calls – ein Fortsetzungszeichen auf Spalte 72 gesetzt, wenn die Feldwert-Bedingung nicht in eine Zeile passt. Die nächste Zeile wird dann ohne ein L vorn aber mit dem Schlüsselwort CONT in den Spalten 10 bis 13 begonnen. Die Feldwert- Bedingungen werden mit Spalte 16 beginnend fortgesetzt.

Wenn der Nutzer mehrere Feldwert- Bedingungen angeben möchte, sollte er beachten, dass
- die abschließende Klammer erst am Ende aller Feldwertbedingungen steht,
- eine weitere Feldwert-Bedingung ohne Leerzeichen direkt durch & eingeleitet wird,
- darauf direkt der Feldname beginnt und acht Zeichen für ihn reserviert sind,
- danach ein Leerzeichen gefolgt vom zweistelligen Vergleichsoperator und einem weiteren Leerzeichen kommt und
- anschließend der Feldwert in seiner vollen Länge die Feldwert-Bedingung abschließt.

Um direkt auf ein abhängiges Segment zuzugreifen, gibt es sogenannte Path Calls. Diese besitzen mehrere in aufeinanderfolgenden Zeilen stehende SSAs. Alle SSAs beginnen dabei nach dem obigen Schema. Dabei steht vor dem ersten ein L in Spalte 1 und ein in Spalte 10 beginnender Bezeichner für einen der Get-Calls. Ein Fortsetzungszeichen in Spalte 72 drückt die Fortsetzung des Path Calls durch ein weiteres SSA in der nächsten Zeile aus. Im ersten SSA werden auf diese Weise Bedingungen für das Wurzelsegment festgelegt, im darauffolgenden für ein davon abhängiges und so weiter. Path Calls stellen ein wichtiges Instrument dar, um schnell an weiter unten in der Hierarchie stehende Segmente zu gelangen.

Wenn weitere Segmente eingefügt werden sollen, so muss unter Umständen zunächst der Zugriffszeiger an die richte Stelle platziert werden. Dazu kann auch ein ISRT-Call ein SSA haben. Außerdem kann der Nutzer mit Get Hold Unique (GHU), Get Hold Next (GHN) oder Get Hold Next within Parent (GHNP) ein Segment für einen folgenden Replace (REPL) oder ein folgendes Delete (DLET) auswählen.

Wie diese DL/I-Calls unter DFSDDLT0 korrekt eingesetzt werden, wird im Internet IBM Knowledge Center angezeigt.

Anwendung 8

Aufgabe: Der Nutzer soll den Member PRAKxxx.IMS.JCL(GETPERS) anlegen und das JCL-Skript zur Ausführung der Abfragen an die Abteilungsdatenbank editieren. Es soll ausgeführt werden und die Ausgaben im Dataset PRAKxxx.IMS.OUT aufrufen. Weiterhin einen Screenshot, auf welchem die Ergebnisse der Abfrage zum Personalsegment zu sehen sind.

---

5 Hinweise zur Fehlersuche

5.1 Nutzung des SDSF

Bei der Fehlersuche sind das SDSF oder das Outlist Utility meist recht hilfreich, auch wenn das Lesen der Job Logs für den Laien nicht gerade einfach ist. Die Logs geben uns unter anderem Auskünfte über Fehler, die bei der Ausführung eines Jobs aufgetreten sind. Die Kunst ist es, diese unter den vielen weiteren Ausgaben zu finden. In manchen Fällen erfordert das viel Geduld, denn nicht immer stehen die Fehler am Anfang oder am Ende des Logs. Dennoch sollten Sie sich damit vertraut machen und im Problemfall zunächst selbst auf die Fehlersuche gehen und nur, wenn Sie gar nicht mehr weiterwissen, einen Insider konsultieren. Falls das nötig wird, dann teilen Sie diesem bitte die ID des betroffenen Jobs mit.

Das SDSF erreichen man aus dem ISPF Primary Option Menu, in dem M.SD in die Kommandozeile eingegeben wird. Nach der Bestätigung durch ENTER befindet sich der Nutzer im SDSF Primary Option Menu. In diesem bestehen nur eingeschränkte Rechte, die jedoch zur Fehlersuche ausreichen. Geben Sie das Kommando ST ein, um ihre in der nahen Vergangenheit gelaufenen oder noch laufenden Jobs anzuzeigen (Abbildung 5.1). Es erscheint eine Liste, in der mindestens Ihre noch laufende Sitzung (zu erkennen an der mit TSU startenden Job-ID) und der fehlerhaft gelaufene Job zu sehen sind. Sollten mehr als zwei Jobs gelistet sein, so ist der Job mit der höchsten Nummer der zuletzt gestartete Job.

Um den Job Log anzuzeigen, tragen Sie vor dem Job ein S für Select in eine der beiden Spalten unter NP ein:

```
   Display  Filter  View  Print  Options  Search  Help
 ------------------------------------------------------------------
  SDSF STATUS DISPLAY ALL CLASSES                LINE 1-8 (8)
  NP   JOBNAME   JobID     Owner    Prty Queue     C  Pos  SAff ASys Status

       PRAKxxx   TSU02632  PRAKxxx   15  EXECUTION         SYS1 SYS1
       PRAKxxxI  JOB02534  PRAKxxx    1  PRINT      A  299
       PRAKxxxI  JOB02537  PRAKxxx    1  PRINT      A  300
       PRAKxxxI  JOB02539  PRAKxxx    1  PRINT      A  301
       PRAKxxxI  JOB02540  PRAKxxx    1  PRINT      A  302
       PRAKxxxI  JOB02541  PRAKxxx    1  PRINT      A  303
       PRAKxxxI  JOB02542  PRAKxxx    1  PRINT      A  304
   S   PRAKxxxI  JOB02601  PRAKxxx    1  PRINT      A  356



  COMMAND INPUT ===>                                      SCROLL ===> HALF
   F1=HELP      F2=SPLIT     F3=END       F4=RETURN   F5=IFIND    F6=BOOK
   F7=UP        F8=DOWN      F9=SWAP      F10=LEFT    F11=RIGHT   F12=RETRIEVE
```

Abbildung 5.1: SDSF Job Status-Liste.

https://doi.org/10.1515/9783111015521-005

Das Job Log erscheint:

```
  Display  Filter  View  Print  Options  Search  Help
 ------------------------------------------------------------------------
  SDSF OUTPUT DISPLAY PRAKxxxI JOB02601  DSID     2 LINE 0     COLUMNS 02- 81
  COMMAND INPUT ===>                                           SCROLL ===> HALF
 ****************************** TOP OF DATA ********************************
                        J E S 2  J O B  L O G  --  S Y S T E M  S Y S 1  -- N

 21.58.30 JOB02601 ---- MONDAY,     18 FEB 2013 ----
 21.58.30 JOB02601 IRR010I  USERID PRAKxxx  IS ASSIGNED TO THIS JOB.
 21.58.30 JOB02601 ICH70001I PRAKxxx  LAST ACCESS AT 21:58:08 ON MONDAY, FEBRUAR
 21.58.30 JOB02601 $HASP373 PRAKxxxI STARTED - INIT 1   - CLASS A - SYS SYS1
 21.58.30 JOB02601 ICH408I USER(PRAKxxx ) GROUP(PRAKT   ) NAME(PRAKTIKUM USERIDx
          424               IMS13.RECON1 CL(DATASET ) VOL(Z8IMS1)
          424               INSUFFICIENT ACCESS AUTHORITY
          424               FROM IMS13.* (G)
          424               ACCESS INTENT(UPDATE ) ACCESS ALLOWED(READ  )
 21.58.30 JOB02601 IEC161I 040(056,006,IGG0CLFT)-002,PRAKxxxI,D      RECENTRY,R
          425               IEC161I IMS13.RECON1
 21.58.30 JOB02601 ICH408I USER(PRAKxxx ) GROUP(PRAKT   ) NAME(PRAKTIKUM USERIDx
          426               IMS13.RECON2 CL(DATASET ) VOL(Z8IMS1)
          426               INSUFFICIENT ACCESS AUTHORITY
          426               FROM IMS13.* (G)
  F1=HELP        F2=SPLIT     F3=END       F4=RETURN    F5=IFIND    F6=BOOK
  F7=UP          F8=DOWN      F9=SWAP      F10=LEFT     F11=RIGHT   F12=RETRIEVE
```

Abbildung 5.2: Beispiel für den Anfang eines Job Logs (mit Fehler).

Job Logs sind oft sehr lang und nicht immer ist der Fehler, wie in Abbildung 5.2, direkt am Anfang zu sehen. Nutzen Sie die Tasten F7, F8 sowie F10 und F11 zum Navigieren. Um sofort ans Ende des Job Logs zu gelangen, an dem meist Fehler- bzw. Return Codes zu finden sind, geben Sie M in die Kommandozeile ein und drücken dieses Mal nicht ENTER, sondern F8. Auf diese Weise springen Sie direkt an das Ende des Logs. Bei den meisten Jobs in diesem Tutorial sollten Sie eine Ausgabe erhalten, die der folgenden ähnelt:

Während der Job in Abbildung 5.2 an fehlenden Berechtigungen gescheitert ist, lief der Job in Abbildung 5.3 ohne Fehler. Es gibt nur einige Hinweise. Im Fehlerfall stehen

```
 Display  Filter  View  Print  Options  Search  Help
---------------------------------------------------------------------
 SDSF OUTPUT DISPLAY PRAKxxxI JOB02540  DSID   103 LINE 130    COLUMNS 02- 81
 COMMAND INPUT ===>                                            SCROLL ===> HALF
 NONE

 SEVERE MESSAGES          (SEVERITY = 12)
 NONE

 ERROR MESSAGES           (SEVERITY = 08)
 NONE

 WARNING MESSAGES         (SEVERITY = 04)
 NONE

 INFORMATIONAL MESSAGES (SEVERITY = 00)
 2008  2278  2322  2650


 **** END OF MESSAGE SUMMARY REPORT ****


 ******************************* BOTTOM OF DATA *********************************
    F1=HELP       F2=SPLIT      F3=END       F4=RETURN      F5=IFIND      F6=BOOK
```

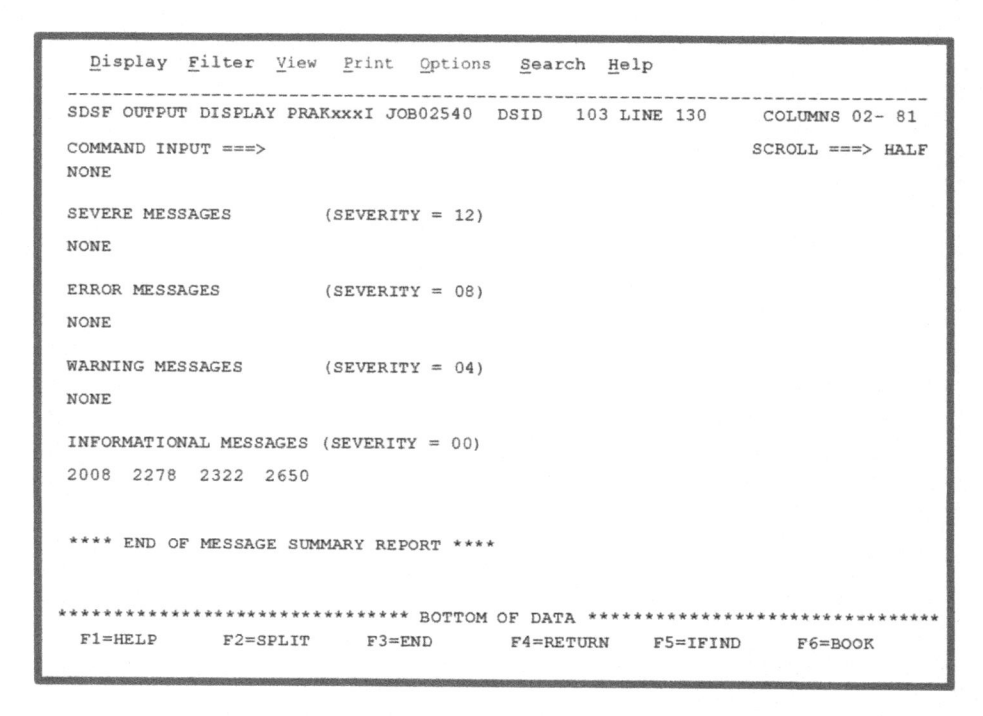

Abbildung 5.3: Beispiel für das Ende eines Job Logs (ohne Fehler).

eben solche Codes unter den Severe, Error oder Warning Messages. Eine Warnung muss nicht unbedingt dazu führen, dass der Job nicht erfolgreich gelaufen ist.

Nutzen Sie die Fehlercodes, um die Probleme mit Ihrem Job zu beheben. Eine Suche im Internet hilft meist weiter. In der Regel werden von der Suchmaschine unter den ersten Ergebnissen IBM-Internetseiten angeboten, die den Fehler kurz beschreiben. Nicht in jedem Fall wird Ihnen diese Beschreibung etwas sagen, doch es sollte helfen, dass Sie einige Fehler selbst identifizieren und beheben können. Bei Fehlern, die beim Aufruf der DBDGEN- oder PSBGEN-Prozedur aufgetreten sind, ist es hin und wieder hilfreich mit dem Kommando FIND MNOTE nach Ausgaben des Makro Interpreters zu suchen. Diese geben oft mehr Aufschluss als die Fehlercodes, da die darauf folgenden Meldungen meist konkreter sind. Gehen Sie vor der Suche an den Anfang des Job Logs.

Viele Jobs sind in mehrere Schritte aufgeteilt. Die Schritte kann man sich separat anzeigen lassen. Auch das ist oft hilfreich. Dazu in der Job-Liste anstelle des S ein Fragezeichen eintragen und ENTER drücken. Es sollte in etwa eine solche Ausgabe erscheinen:

In Abbildung 5.4 ist der Job Log aufgeteilt. Die einzelnen Steps kann man sich wiederum mit S anzeigen lassen. Return Codes und Fehlermeldungen sind meist auch am Ende einzelner Steps zu finden. Fehler lassen sich damit auf einen Verarbeitungsschritt

```
Display  Filter  View  Print  Options  Search  Help
-------------------------------------------------------------------
SDSF JOB DATA SET DISPLAY - JOB PRAKxxxI (JOB02534)     LINE 1-5  (5)
NP    DDNAME    StepName ProcStep DSID Owner    C Dest          Rec-Cnt Page
      JESMSGLG  JES2                2 PRAKxxx   H LOCAL             14
      JESJCL    JES2                3 PRAKxxx   H LOCAL
      JESYSMSG  JES2                4 PRAKxxx   H LOCAL             33
      SYSPRINT                    101 PRAKxxx   H LOCAL
      SYSPRINT  PRAKxxxA  C       102 PRAKxxx   H LOCAL             47
                PRAKxxxA  L                                         979




COMMAND INPUT ===>                                    SCROLL ===> HALF
 F1=HELP      F2=SPLIT    F3=END      F4=RETURN   F5=IFIND   F6=BOOK
 F7=UP        F8=DOWN     F9=SWAP    F10=LEFT    F11=RIGHT  F12=RETRIEVE
```

Abbildung 5.4: In einzelne Steps aufgeteilter Job Log.

eingrenzen und auch die Suche ist auf dem nun kleineren Teil des Logs einfacher. Bei der Generierung von DBD oder PSB Control Blocks sollten wie in Abbildung 5.4, die ProcSteps C für Compile und L für Link existieren. Bei schwerwiegenden Fehlern im Compilerlauf wird der Linker gar nicht erst aufgerufen. Der ProcStep L fehlt in einem solchen Fall.

5.2 Wiederholung von Teilen des Beispiels

5.2.1 Erklärung nötiger Änderungen bzw. anderer Vorgehensweisen

Während die meisten JCL-Skripte im Tutorial ohne Probleme mehrfach ausgeführt werden können, kommt es bei anderen zu Fehlern. Im Falle der Generierung der ACBs ist das normalerweise nur eine Warnung, dass unveränderte ACBs nicht ersetzt werden. Bei der Definition der VSAM-Cluster und der Anmeldung der Datenbank und ihres Datasets beim Recovery-Dienst DBRC, werden jedoch Anpassungen der JCL-Skripte nötig:

5.2.2 Wiederholte Ausführung des JCL-Skripts DEFCLUST:

Überprüfen Sie zunächst, ob der Cluster mit dem Namen PRAKxxx.IMS.PRAKxxxA existiert. Wenn ja, dann muss er vor einer erneuten Definition gelöscht werden. Dazu müssen folgende Zeilen in das JCL-Skript eingefügt werden:

```
   File Edit Edit_Settings Menu Utilities Compilers Test Help

   EDIT       PRAKxxx.IMS.JCL(DEFCLUST) - 01.00          Columns 00001 C0072
   ****** *************************** Top of Data ******************************
   000100 //PRAKxxxI JOB (),CLASS=A,MSGCLASS=H,MSGLEVEL=(1,1),NOTIFY=&SYSUID,
   000200 //           REGION=32M
   000300 //* ANLEGEN DES VSAM-CLUSTERS FUER DIE ABTEILUNGSDATENBANK
   000400 //DEFCLUST EXEC PGM=IDCAMS,DYNAMNBR=20
   000500 //SYSPRINT DD SYSOUT=*
   000600 //SYSIN    DD *
   ''''''       DELETE PRAKxxx.IMS.PRAKxxxA -
   ''''''              CLUSTER
   000700    DEFINE CLUSTER( -
   000800              NAME(PRAKxxx.IMS.PRAKxxxA) -
   000900              NONINDEXED -
   001000              FREESPACE(10 10) -
   001100              RECORDSIZE(2041 2041) -
   001200              SHAREOPTIONS(3 3) -
   001300              UNIQUE -
   001400              VOLUMES(SMS001) -
   001500              CYLINDERS(03) -
   Command ===>_____Scroll ===> PAGE
   F1=Help      F2=Split     F3=Exit      F5=Rfind     F6=Rchange   F7=Up
   F8=Down      F9=Swap      F10=Left     F11=Right    F12=Cancel
```

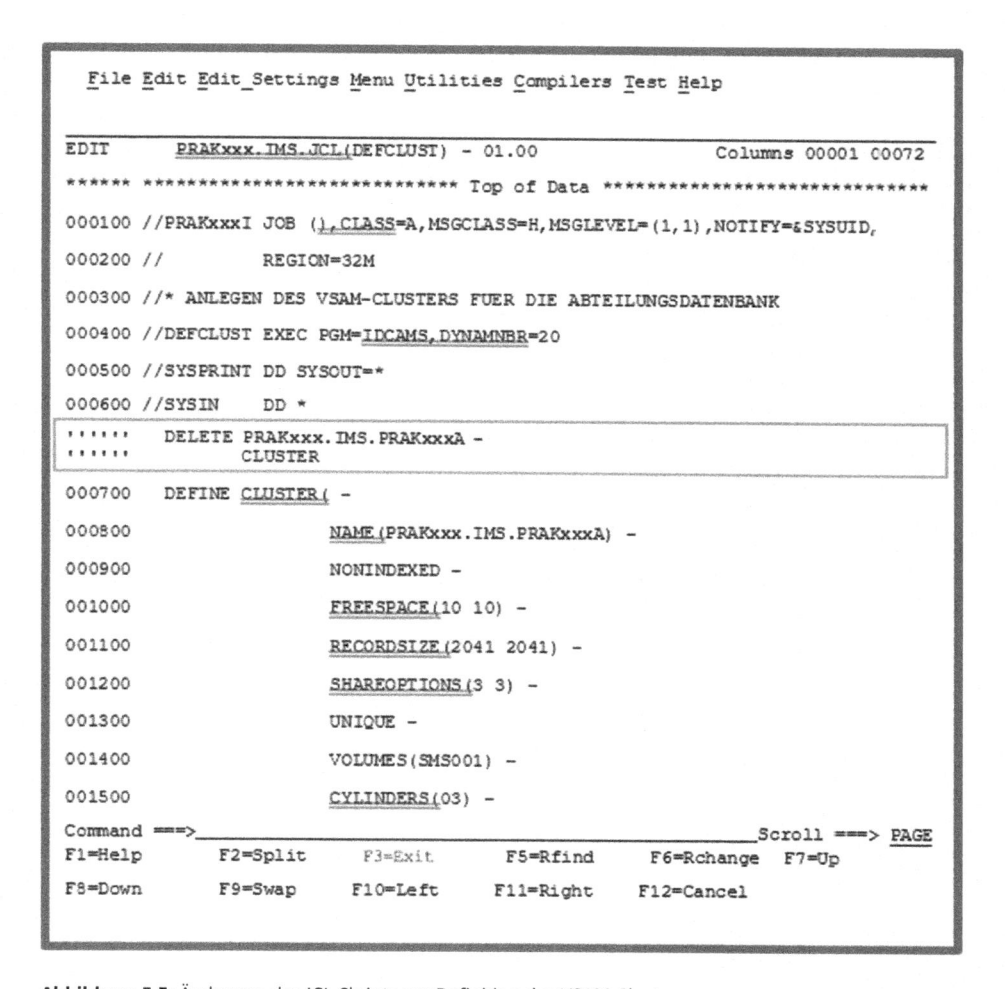

Abbildung 5.5: Änderung des JCL-Skripts zur Definition des VSAM-Clusters.

Durch den hinzugefügten Delete-Befehl wird die Cluster-Definition gelöscht. Das wiederholte Ausführen des JCL-Skripts ist nun möglich.

5.2.3 Wiederholte Ausführung des JCL-Skripts RECENTRY

Überprüfen Sie – falls dieses JCL-Skript zuvor nicht mit Return Code 0 lief – mit Hilfe der Ausgaben im Job Log, ob das INIT.DB- oder sowohl das INIT.DB- als auch das INIT.DBDS-Statement erfolgreich ausgeführt wurden. Falls keines der beiden Statements erfolgreich ausgeführt wurde, können Sie das JCL-Skript nach der Behebung der Fehlerursache direkt wieder ausführen. Falls jedoch entweder nur das INIT.DB-Statement oder sowohl das INIT.DB- als auch das INIT.DBDS-Statement erfolgreich ausgeführt wurden, muss der erzeugte RECON-Eintrag bzw. müssen die erzeugten RECON-Einträge erst gelöscht werden, bevor das JCL-Skript erneut ausgeführt werden kann. Da es unter Umständen zu Problemen kommen kann, wenn dies innerhalb desselben Job Steps geschieht, empfiehlt es sich, das gesamte JCL-Skript in ein neues Member RECDELET zu kopieren und diesen, wie nachfolgend gezeigt, anzupassen:

```
File Edit Edit_Settings Menu Utilities Compilers Test Help

EDIT         PRAKxxx.IMS.JCL(RECDELET) - 01.00           Columns 00001 00072
****** **************************** Top of Data ******************************
000100 //PRAKxxxI JOB (),CLASS=A,MSGCLASS=H,MSGLEVEL=(1,1),NOTIFY=&SYSUID,
000200 //             REGION=32M
000300 //IMSPROCL JCLLIB ORDER=IMS13.PROCLIB
000400 //* ENTFERNUNG DER DBRC-EINTRAEGE DER ABTEILUNGSDATENBANK
000500 //RECDELET EXEC PGM=DSPURX00
000600 //STEPLIB  DD DISP=SHR,DSN=IMS13.SDFSRESL
000700 //         DD DISP=SHR,DSN=IMS13.DYNALLOC
000800 //IMS      DD DISP=SHR,DSN=IMS13.DBDLIB
000900 //SYSIN    DD *
001000    DELETE.DBDS DBD(PRAKxxxA) DDN(PRAKxxxA)
001100    DELETE.DB DBD(PRAKxxxA)
001200 /*
001300 //JCLPDS   DD DISP=SHR,DSN=IMS13.PROCLIB
001400 //JCLOUT   DD SYSOUT=(A,INTRDR)
001500 //SYSPRINT DD SYSOUT=*
****** **************************** Bottom of Data ***************************
F1=Help      F2=Split     F3=Exit     F5=Rfind     F6=Rchange    F7=Up
F8=Down      F9=Swap      F10=Left    F11=Right    F12=Cancel
```

Abbildung 5.6: JCL-Skript zur Entfernung der Datenbank-Registrierung bei DBRC.

Bei den Änderungen am DD-Statement SYSIN ist zu beachten, dass das DELETE.
DBDS- Statement nur dann benötigt wird, wenn zuvor beide INIT-Statements erfolgreich ausgeführt worden sind. Sollte nur das INIT.DB-Statement erfolgreich ausgeführt worden sein, wird auch nur das DELETE.DB-Statement benötigt.

Der Nutzer sollte das neue JCL-Skript RECDELET nach den in Abbildung 5.6 gezeigten Änderungen ausführen. Sollte es dabei keine weiteren Probleme geben, kann im Anschluss das JCL-Skript RECENTRY wieder ausgeführt werden.

Im zweiten Teil dieses Beispiels soll mit einem selbstgeschriebenen Programm auf die Daten der im ersten Teil definierten Datenbank zugegriffen. Dafür wird eine unter dem lokalen Betriebssystem laufende Java-Anwendung implementiert. Zu Beginn soll jedoch erläutert werden, welche Techniken dabei eingesetzt werden und wie der Zugriff erfolgen wird.

5.3 Die IMS Open Database

Seit IMS Version 11 können Programme, die nicht unter z/OS laufen, direkt auf IMS-Daten zugreifen. Für diesen Zugriff wird IMS Connect sowie eine neue IMS-Komponente namens Open Database Manager (ODBM) genutzt.

Ein unter Windows, Linux oder UNIX laufendes Java-Programm kann durch die Einbindung der IMS Open Database Treiber oder -Ressourcenadapter über IMS Connect eine Verbindung zum Open Database Manager aufbauen und durch diesen Anfragen auf einer oder mehreren IMS-Datenbanken ausführen. Wir werden später den IMS Universal JDBC Driver nutzen um Daten aus der im ersten Teil des Tutorials angelegten Datenbank abzufragen. Wie auch bei anderen Datenbanksystemen ermöglicht der IMS Universal JDBC Driver Datenbankzugriffe per SQL. Im Gegensatz zum ersten Teil des Tutorials wird unser Programm SQL anstelle von DL/I zum Zugriff auf die Datenbank nutzen.

Da IMS/DB ein hierarchisches Datenbanksystem ist und SQL eine Anfragesprache für relationale Datenbanksysteme, gibt es einige Besonderheiten im Zusammenhang mit SQL- Zugriffen auf IMS-Daten zu beachten. Dennoch sind SQL-Zugriffe auf IMS-Daten für den Laien deutlich einfacher zu realisieren als Zugriffe per DL/I. Im Folgenden werden ein paar der Besonderheiten und Einschränkungen des IMS SQL-Dialekts erläutert.

Im Gegensatz zu den im ersten Teil des Tutorials vorgestellten DL/I Get-Calls kann man mit einer SQL Select-Anfrage mehr als einen Datensatz abfragen. Schon allein daher ist es nicht möglich SQL-Anfragen direkt auf DL/I-Calls abzubilden. IMS übersetzt SQL-Anfragen intern in einen oder mehrere DL/I-Calls und erstellt ein SQL-gerechtes Anfrageergebnis.

Eine SQL Select-Anfrage an IMS/DB hat die gleiche Struktur wie Select-Anfragen an ein relationales Datenbanksystem:

```
SELECT <Liste von Segmentfeldern>
[FROM <Liste von Segmenten oder Join-Ausdruck*>] [WHERE <Liste von
Bedingungen>]
[GROUP BY <Liste von Segmentfeldern für Gruppierung>] [ORDER BY <Liste von
Segmentfeldern für Sortierung>]
```

Die Besonderheiten im IMS SQL-Dialekt werden deutlich, sobald man sich die einzelnen Teile einer solchen Anfrage genauer anschaut. Dazu betrachten wir zunächst eine sehr einfache Anfrage:

```
SELECT VORNAME, NACHNAME
FROM PRAKxxxA.PERSONAL
```

Die gezeigte Anfrage dient zur Abfrage der Vor- und Nachnamen aller Angestellten (unabhängig von ihrer Abteilungszugehörigkeit). Dem Segmentnamen wird in der Anfrage der DB PCB-Name vorangestellt. In unserem Fall ist dieser gleich dem Datenbanknamen. Dies ist erforderlich, da in dem zum Zugriff benötigten PSB die Definition von mehreren DB PCBs möglich ist. Der PSB legt – wie bereits im ersten Teil des Tutorials erklärt – die Zugriffsrechte eines Programms in IMS fest.

Wollen wir die Anfrage auf eine bestimmte Abteilung beschränken, so wird eine weitere Besonderheit deutlich:

```
SELECT VORNAME,    NACHNAME FROM
PRAKxxxA.PERSONAL        WHERE
ABTEILNG_ABTNR = 1
```

In IMS drückt die Hierarchie die Beziehung zwischen Segmenten aus. Das lässt sich in SQL so nicht modellieren. Daher wurden sogenannte virtuelle Fremdschlüssel eingeführt um die Zugehörigkeit zu hierarchisch oberhalb liegenden Segmenten auszudrücken. Die Bedingung in der vorangestellten Anfrage drückt aus, dass die Anfrage alle Vor- und Nachnamen der Angestellten der Abteilung mit der Abteilungsnummer 1 liefern soll. Der Name eines virtuellen Fremdschlüsselfeldes wird immer durch den Segmentnamen und den Namen des Schlüsselfeldes dieses Segments – separiert durch einen Unterstrich – gebildet.

Eine weitere Besonderheit des IMS SQL-Dialekt betrifft die Formulierung von Bedingungen. Bei Joins muss die Join-Bedingung als erste Bedingung angegeben werden, falls der Join- Ausdruck nicht in der FROM-Klausel der Anfrage formuliert wurde. Diese Art von Joins ist jedoch erst ab IMS Version 13 möglich. Weiterhin müssen bei der Selektion mehrerer Segmente die Bedingungen entsprechend der hierarchischen Anordnung der durch sie betroffenen Segmente angegeben werden. Die folgende Anfrage zeigt ein Beispiel hierfür:

```
SELECT ABTNAME, VORNAME, NACHNAME
FROM PRAKxxxA.ABTEILNG, PRAKxxxA.PERSONAL
WHERE ABTNR = ABTEILNG_ABTNR
    AND ABTNR ≤ 10
    AND GEHALT > 50000
```

Die erste Bedingung in der WHERE-Klausel der gezeigten Anfrage stellt die Join-Bedingung zwischen den Segmenten Abteilung und Personal dar, die zweite schränkt die selektierten Abteilungen ein und die dritte die selektierten Angestellten.

Außerdem ist die OR-Verknüpfung nur zwischen Bedingungen, die dasselbe Feld betreffen zulässig:

```
SELECT ABTNAME
    FROM PRAKxxxA.ABTEILNG
    WHERE ABTNR = 5
    OR ABTNR = 10
```

Diese Einschränken sind der IMS-internen Übersetzung der SQL-Anfrage in DL/I-Calls geschuldet. Die WHERE-Bedingungen von SQL-Anfragen werden dabei in SSAs der entsprechenden DL/I-Calls umgewandelt.

Neben den vorgestellten Besonderheiten und Einschränkungen des IMS SQL-Dialekts gibt es noch zahlreiche weitere, die an dieser Stelle nicht erläutert werden sollen. Wer sich dafür interessiert, kann sich im IBM Knowledge Center oder IMS 11 Open Database Redbook dazu belesen. Letzteres stellt außerdem eine gute Grundlage für die Erweiterung der Kenntnisse dar, welche in diesem sowie im folgenden Teil dieses Tutorials vermittelt werden.

5.4 Vorbereitungen unter z/OS

Bevor mit dem Schreiben der eigentlichen Anwendung begonnen werden kann, müssen noch einige Vorbereitungen getroffen werden. Bestimmte davon sind unter z/OS zu erledigen, andere unter dem lokalen Betriebssystem des Nutzers.

Bisher ist die im ersten Teil des Tutorials erstellte Datenbank nur im Batch-Betrieb nutzbar. D. h. es können nur unter z/OS laufende Stapelverarbeitungsprogramme wie das IMS Testprogramm DFSDDLT0, aber zum Beispiel keine Open Database-Programme oder IMS- Transaktionsanwendungen darauf zugreifen. Damit das möglich ist, müssen erst die ACBs der Datenbank PRAKxxxA sowie des später im Laufe dieses Tutorials implementierten Programms PRAKxxxP in die im aktiven Betrieb genutzte ACBLIB gebracht werden.

Die Bibliothek IMS13.ACBLIB kann nicht für den aktiven Betrieb von IMS genutzt werden, da dort ständig durch erneute ACB-Generierungen Änderungen vorgenommen werden können. Wie bereits geschrieben, nutzt IMS die ACBs während vieler verschiedener Datenbankoperationen. Eine plötzliche Änderung an einem gerade in Benutzung befindlichen ACB hätte somit unter Umständen katastrophale Folgen. Daher verwendet IMS für den Online-Betrieb eine andere Bibliothek – genauer gesagt sogar zwei: die IMS13.ACBLIBA und die IMS13.ACBLIBB. Eine dieser Bibliotheken ist aktiv, die andere inaktiv. Um nun neue oder veränderte ACBs für die Verarbeitung nutzbar zu machen, müssen diese zunächst in die inaktive der beiden Bibliotheken kopiert werden. Danach wird durch einen sogenannten Online Change die inaktive Bibliothek auf aktiv gesetzt. Im selben Zug wird die zuvor aktive Bibliothek inaktiv. IMS nutzt nun die neuen oder geänderten ACBs. Anschließend müssen diese auch noch in die nun inaktive Bibliothek kopiert werden, damit die gerade vorgenommenen Änderungen mit dem nächsten Online Change nicht wieder rückgängig gemacht werden. All diese Schritte werden wir nun durchführen.

```
          File Edit Edit_Settings Menu Utilities Compilers Test Help
         ──────────────────────────────────────────────────────────────
         EDIT       PRAKxxx.IMS.JCL(OLCUTL) - 01.00       Columns 00001 00072
         ****** **************************** Top of Data ****************************
         000100 //PRAKxxxI JOB (),REGION=32M,CLASS=A,MSGCLASS=H,MSGLEVEL=(1,1),
         000200 //         NOTIFY=&SYSUID
         000300 //IMSPROCL JCLLIB ORDER=IMS13.PROCLIB
         000400 //* AUSFUEHRUNG DES ONLINE CHANGE COPY UTILITY
         000500 //OLCCOPY  EXEC PROC=OLCUTL,TYPE=ACB
         ****** *************************** Bottom of Data **************************




         Command ===>_____Scroll ===> PAGE
         F1=Help       F2=Split     F3=Exit      F5=Rfind     F6=Rchange    F7=Up
         F8=Down       F9=Swap      F10=Left     F11=Right    F12=Cancel
```

Abbildung 5.7: JCL-Skript zum Aufruf des Online Change Copy Utility.

Erstellen Sie ein neues Member mit den Namen OLCUTL in Ihrem Dataset PRAKxxx. IMS.JCL und schreiben Sie das folgende, sehr kurze JCL-Skript hinein:

Das in Abbildung 5.7 gezeigte JCL-Skript ruft das Online Change Copy Utility auf. Dieses Utility liest zunächst das Dataset IMS13.MODSTAT bzw. im Falle eines Verbunds mehrerer IMS-Installationen in einem IMSPlex das Dataset IMS13.OLCSTAT. Diese Datasets enthalten unter anderem die Information, ob gerade die Bibliothek IMS13.ACBLIBA oder IMS13.ACBLIBB die aktive ACBLIB ist. Nachdem auf diese Weise die inaktive ACBLIB ermittelt wurde, löscht das Utility alle Member aus dieser und kopiert anschließend alle Member der sogenannten Staging ACBLIB IMS13.ACBLIB hinein. Die Staging ACBLIB war das Ziel Ihrer ACB-Generierung im ersten Teil des Tutorials.

Führen Sie das JCL-Skript OLCUTL nun aus und überprüfen Sie, ob Ihre ACBs in der ACBLIBA oder in der ACBLIBB gelandet sind. Im Job Output finden Sie die Information, in welche der ACBLIBs hineinkopiert wurde. Sie können aber auch einfach in beiden Bibliotheken nach Ihren ACBs suchen.

Nun kann der Online Change durchgeführt werden. Dieser zweistufige, mit einem 2-Phase Commit beim Zugriff auf mehrere Datenbanksysteme vergleichbare Prozess wird durch zwei nacheinander ausgeführte IMS-Kommandos angestoßen. Zur Ausführung der Kommandos nutzen wir das Batch SPOC Utility CSLUSPOC. Sie werden später noch einen Weg zur manuellen Eingabe von IMS-Kommandos kennenlernen. Für den IMS Single Point of Control (SPOC) gibt es nämlich auch eine ISPF-Oberfläche.

Erstellen Sie ein weiteres Member mit dem Namen OLCHANGE in Ihrem Dataset PRAKxxx.IMS.JCL. Schreiben Sie in dieses das nachfolgend gezeigte JCL-Skript, welches die zwei jeweils unter dem DD-Statement SYSIN angegebenen IMS-Kommandos in getrennten Job Steps nacheinander ausführt. Der zweite Step wird nur ausgeführt, falls der erste erfolgreich beendet wurde. Das JCL-Skript enthält dazu eine entsprechende IF- Anweisung.

Das erste in Abbildung 5.8 zu sehende IMS-Kommando INITIATE OLC PHASE(PREPARE) TYPE(ACBLIB) leitet den Online Change ein. Dazu muss mit allen Systemen innerhalb des IMSPlex kommuniziert werden. Sind alle IMS-Installation in dem Verbund für den Online Change bereit, kann dieser mit dem zweiten IMS-Kommando INITIATE OLC PHASE(COMMIT) abgeschlossen werden. Der Austausch der ACBs findet dabei in einer Phase statt, in denen diese von keinem IMS-Programm genutzt werden. Der Online-Betrieb wird dafür für eine sehr kurze Zeitspanne unterbrochen, ohne dass ein Anwender davon etwas mitbekommt. Die IMS-Programme warten in dieser Zeit auf ihr nächstes Scheduling. Um diese Zeitspanne so kurz wie möglich zu halten, könnte man den Online Change-Prozess auf die zu verändernden ACBs einschränken. Man spricht dann von einem sogenannten Member Online Change.

Obwohl es sich bei dem IMS, mit dem Sie arbeiten, um eine Einzelinstallation handelt, führen Sie mit dem JCL-Skript einen Online Change durch, der die Anpassungen an einem ganzen IMSPlex vornehmen könnte. Das ist möglich, weil die Installation als ein Monoplex eingerichtet ist – also ein IMSPlex mit nur einem einzelnen Mitglied. Normalerweise würden für eine Einzelinstallation keine Plex-Strukturen be-

```
File Edit Edit_Settings Menu Utilities Compilers Test Help

EDIT       PRAKxxx.IMS.JCL(OLCHANGE) - 01.00           Columns 00001 00072
000100 //PRAKxxxI JOB (),REGION=32M,CLASS=A,MSGCLASS=H,MSGLEVEL=(1,1),
000200 //         NOTIFY=&SYSUID
000300 //IMSPROCL JCLLIB ORDER=IMS13.PROCLIB
000400 //* DURCHFUEHRUNG EINES IMS ONLINE CHANGE
000500 //PREPOLC  EXEC PGM=CSLUSPOC,PARM=('IMSPLEX=PLEX1,ROUTE=IMSD,WAIT=30')
000600 //STEPLIB  DD   DISP=SHR,DSN=IMS13.SDFSRESL
000700 //SYSIN    DD   *
000800 INITIATE OLC PHASE(PREPARE) TYPE(ACBLIB)
000900 /*
001000 //SYSPRINT DD   SYSOUT=*
001100 //         IF (PREPOLC.RC = 0) THEN
001200 //COMMOLC  EXEC PGM=CSLUSPOC,PARM=('IMSPLEX=PLEX1,ROUTE=IMSD,WAIT=30')
001300 //STEPLIB  DD   DISP=SHR,DSN=IMS13.SDFSRESL
001400 //SYSIN    DD   *
001500 INITIATE OLC PHASE(COMMIT)
001600 /*
001700 //SYSPRINT DD   SYSOUT=*
001800 //         ENDIF
Command ===>_                                         Scroll ===> PAGE
F1=Help      F2=Split    F3=Exit     F5=Rfind    F6=Rchange   F7=Up
F8=Down      F9=Swap     F10=Left    F11=Right   F12=Cancel
```

Abbildung 5.8: JCL-Skript zur Durchführung eines IMS Online Change.

nötigt. In diesem Fall könnten Sie jedoch nicht die zuvor erläuterten Kommandos nutzen, denn diese dienen zur Durchführung eines sogenannten Global Online Change und dieser erfordert die Plex-Strukturen. Stattdessen müssten Sie einen Local Online Change mit Hilfe der IMS-Kommandos MODIFY PREPARE ACBLIB und MODIFY COMMIT ausführen. Bei einem Local Online Change existiert keine Möglichkeit den Prozess auf die veränderten ACBs einzuschränken.

Führen Sie das JCL-Skript in Abbildung 5.8 nun aus und sehen Sie sich den Job Output des Batch SPOC Utility an. Gehen Sie dazu – entsprechend der Anleitung im Anhang 1 des ersten Teils dieses Tutorials – ins SDSF und lassen Sie sich die Outputs des Jobs separat auflisten.

Wählen Sie dann den SYSPRINT Output eines der beiden Job Steps aus. Sie sollten für beide Steps einen Output ähnlich dem nachfolgend in Abbildung 5.9 gezeigten erhalten. Durch einen Vergleich beider Outputs können Sie nachvollziehen, welche ACBLIB

```
 Display  Filter  View  Print  Options  Search  Help
 ------------------------------------------------------------
 SDSF OUTPUT DISPLAY PRAKxxxI JOB07711   DSID   103 LINE 0        COLUMNS 02- 81
 COMMAND INPUT ===>                                               SCROLL ===> CSR
 ********************************* TOP OF DATA *********************************
 Log for:  INITIATE OLC PHASE(PREPARE) TYPE(ACBLIB)


  IMSplex . . . . . . : PLEX1

  Routing . . . . . . : IMSD

  Start Time. . . . . : 2015.094 00:01:33.76 Stop
  Time . . . . : 2015.094 00:01:33.82

  Return code . . . . : 00000000
  Reason code . . . : 00000000
  Reason text . . . :

  Command master. . : IMSD



  Response for: INITIATE OLC PHASE(PREPARE) TYPE(ACBLIB)

  MbrName   Member       CC ACBLIB FMTLIB MODBLKS    ModId
  ------------------------------------------------------------
  IMSD      IMSD          0    A      A      A         5
 ******************************* BOTTOM OF DATA ********************************
 F1=HELP      F2=SPLIT      F3=END       F4=RETURN    F5=IFIND     F6=BOOK
 F7=UP        F8=DOWN       F9=SWAP      F10=LEFT     F11=RIGHT    F12=RETRIEVE
```

Abbildung 5.9: Ausgaben des Batch SPOC Utility nach der Einleitung eines Online Change.

vor dem Online Change aktiv war und welche es seitdem ist. Dies können Sie sich auch jederzeit durch Ausführung des IMS-Kommando DISPLAY MODIFY ermitteln.

Führen Sie nun das Online Change Copy Utility durch Submitten des JCL-Skripts OLCUTL noch einmal aus. Damit stellen Sie sicher, dass Ihre ACBs sowohl in der ACBLIBA als auch in der ACBLIBB vorhanden sind und kein versehentlich ohne Kopieren der ACBLIB durchgeführter Online Change anderer User für Probleme bei Ihnen sorgt.

Bedenken Sie bitte auch, dass die zuvor erläuterten Schritte wiederholt durchgeführt werden müssen, sollten Sie Ihre DBD und / oder Ihren PSB nachträglich ändern müssen.

Anwendung 9

Aufgabe: Erstellen Sie die JCL-Skripte zum Aufruf des Online Change Copy Utility und zur Durchführung des Online Change. Führen Sie diese in der beschriebenen Reihenfolge aus und kontrollieren Sie das Ergebnis. Informieren Sie bitte Ihren Betreuer, falls Sie den Online Change aus irgendwelchen Gründen nicht durchbekommen.

Nachdem sich die benötigten ACBs nun in der aktiven ACBLIB befinden, müssen diese dem IMS noch bekannt gemacht werden. Dazu ist jeweils noch eine IMS-Ressource für die Datenbank sowie für das später im Laufe dieses Tutorials erstellte Programm anzulegen. Früher geschah auch dies über die Definition und Generierung von Makros. Mittlerweile ist steht schon seit einigen IMS-Versionen ein alternativer Weg über IMS-Kommandos zur Verfügung. Dieses Feature von IMS wird Dynamic Resource Definition (DRD) genannt. Trotz der vielfältigen Vorteile, die der Einsatz von DRD mit sich bringt, nutzen nach wie vor viele Firmen ausschließlich die alte Art der Ressourcendefinition über Assembler-Makros. Sie kommen hier jedoch in den Genuss einer modern eingerichteten IMS-Installation und lernen somit in diesem Zusammenhang auch gleich die ISPF-Oberfläche von IMS kennen.

Wählen Sie dazu im ISPF Primary Option Menu die Option 6. Auf diese Weise erreichen Sie die ISPF Command Shell:

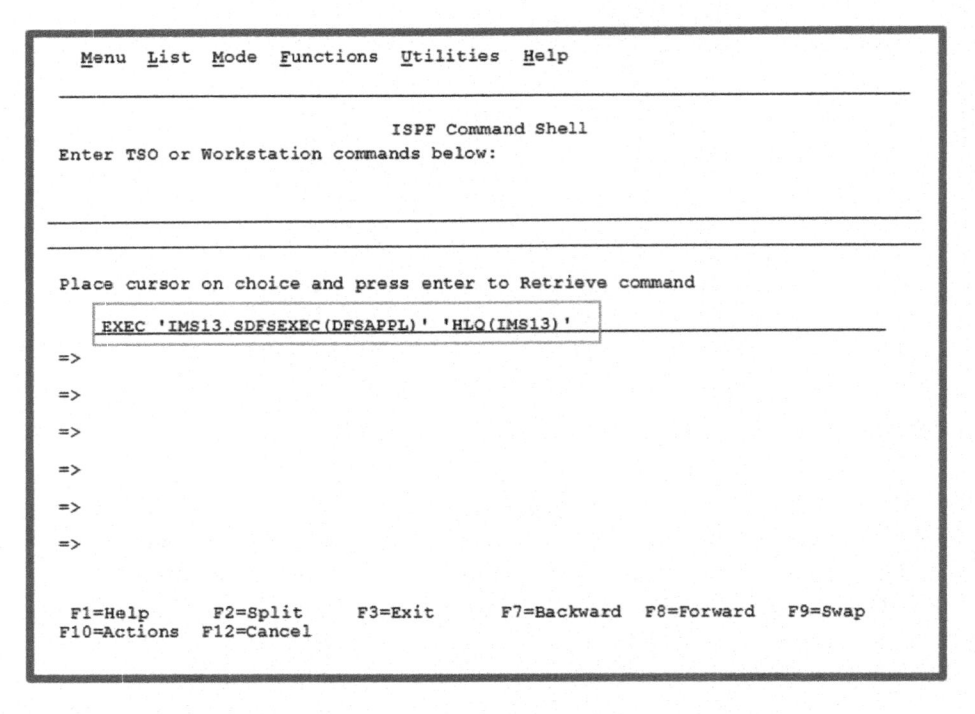

```
  Menu  List  Mode  Functions  Utilities  Help
  ─────────────────────────────────────────────────────────────────
                           ISPF Command Shell
  Enter TSO or Workstation commands below:

  ─────────────────────────────────────────────────────────────────

  Place cursor on choice and press enter to Retrieve command
       EXEC 'IMS13.SDFSEXEC(DFSAPPL)' 'HLQ(IMS13)'
  =>
  =>
  =>
  =>
  =>
  =>


   F1=Help     F2=Split    F3=Exit     F7=Backward  F8=Forward   F9=Swap
   F10=Actions F12=Cancel
```

Abbildung 5.10: ISPF Command Shell.

Mit der Ausführung des in Abbildung 5.10 gezeigten Kommandos gelangen Sie in das IMS Application Menu. (siehe Abbildung 5.11) Dieses Menü bietet weitreichende Möglichkeiten. Wir benötigen jedoch nur wenige davon. Für die Definition von IMS-Resourcen stehen uns zwei Möglichkeiten zur Verfügung: Die bereits beim Online Change über das Batch SPOC Utility angesprochene IMS Command Shell SPOC und die Dialog-Oberfläche

Manage Resources. Letztere ist einfacher zu nutzen, da Sie so die exakte Syntax der IMS-Kommandos zur Erstellung neuer IMS- Ressourcen nicht kennen müssen. Zunächst muss jedoch noch eine Kleinigkeit eingerichtet werden. Dazu wählen Sie bitte durch Eingabe von 1 auf der Kommandozeile die Option Single Point of Control aus (Abbildung 5.11):

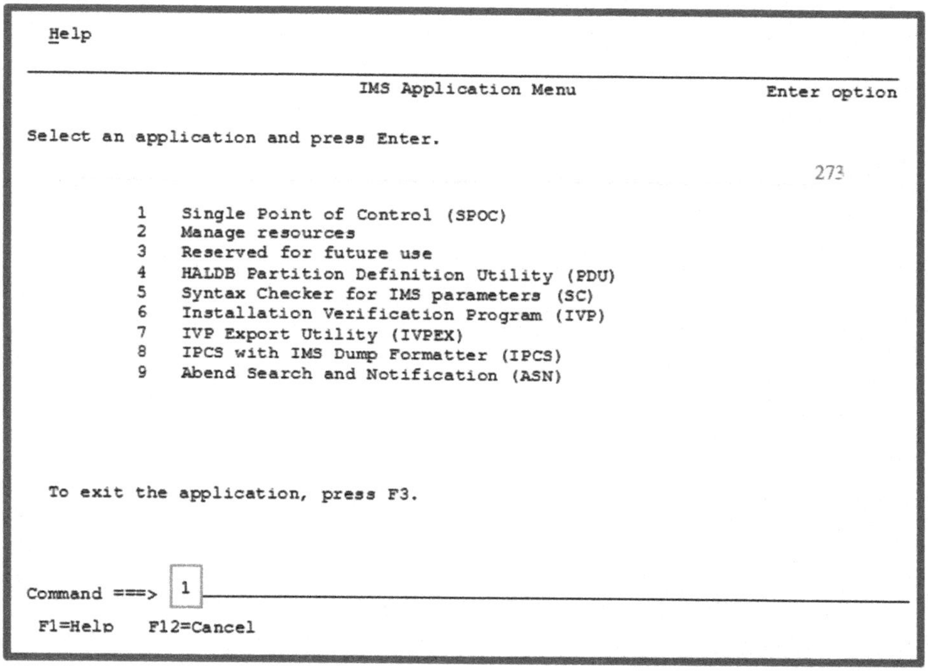

```
   Help
                            IMS Application Menu              Enter option
   Select an application and press Enter.
                                                                    273
              1    Single Point of Control (SPOC)
              2    Manage resources
              3    Reserved for future use
              4    HALDB Partition Definition Utility (PDU)
              5    Syntax Checker for IMS parameters (SC)
              6    Installation Verification Program (IVP)
              7    IVP Export Utility (IVPEX)
              8    IPCS with IMS Dump Formatter (IPCS)
              9    Abend Search and Notification (ASN)



   To exit the application, press F3.



   Command ===> 1
     F1=Help    F12=Cancel
```

Abbildung 5.11: IMS Application Menu.

Da wir den SPOC zum ersten Mal öffnen, bemängelt IMS das Fehlen wichtiger Einstellungen. Es ist nämlich noch nicht konfiguriert auf welchem IMSplex wir etwas machen wollen. Folgen Sie also dem erschienenen Hinweis und öffnen Sie über den Menü-Eintrag Options die Preferences. Dort tragen wir unter Default IMSplex den Namen unseres IMSplex ein. Bestätigen Sie die Eingabe anschließend. Damit gelangen Sie zurück in den SPOC.

Drücken Sie nun F3 und wählen Sie in der eventuell erscheinenden Exit Confirmation die Option 2.

Der Nutzer befindet sich jetzt wieder im IMS Application Menu (Abbildung 5.12) und wählt dort bitte Option 2. Er gelangt dadurch in den IMS Manage Resources Dialog:

Da wir eine neue Ressource anlegen wollen, wählen wir nun die 1. Damit gelangen wir in einen weiteren Dialog (siehe Abbildung 5.12):

Wählen Sie Datenbank als zu definierende Ressource und geben Sie den Namen Ihrer Datenbank an. Nach Bestätigung der Eingaben erscheint der IMS Create Databases Dialog:

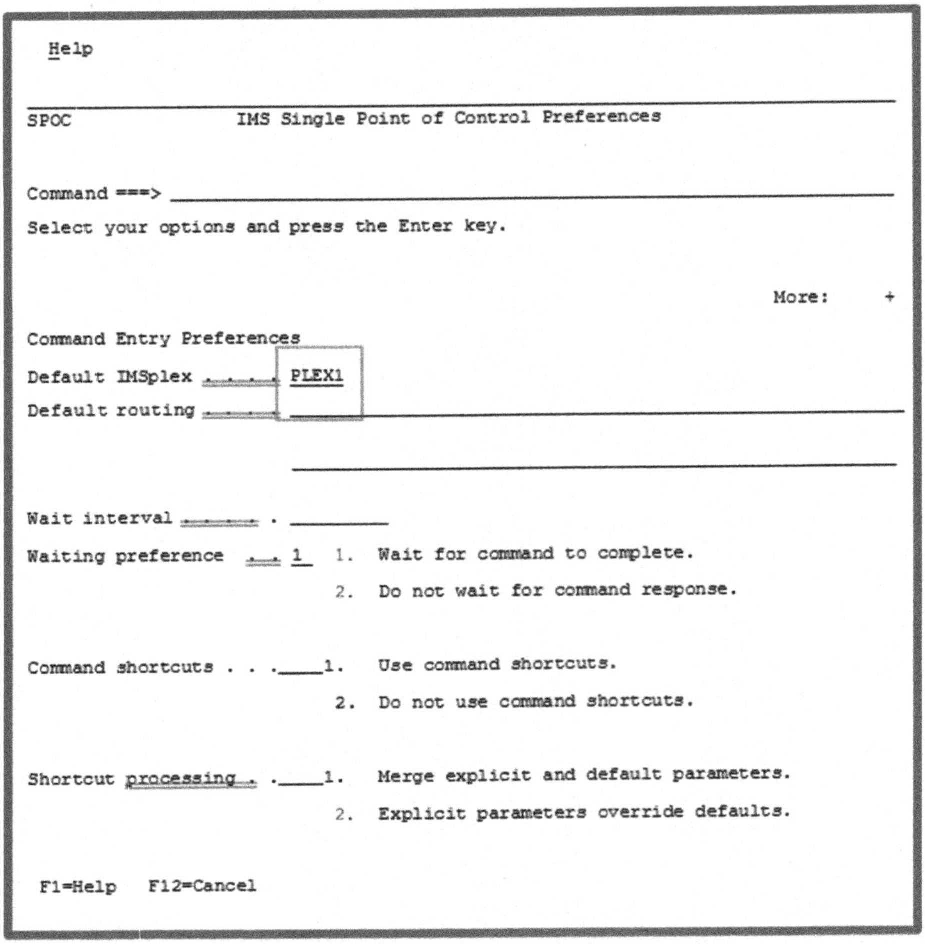

```
 Help

 SPOC               IMS Single Point of Control Preferences

 Command ===> _____
 Select your options and press the Enter key.

                                                    More:    +


 Command Entry Preferences
 Default IMSplex _____ PLEX1
 Default routing _____ _____


                        _____

 Wait interval _____ . _____
 Waiting preference  __1   1.  Wait for command to complete.
                           2.  Do not wait for command response.


 Command shortcuts . . . ____1.  Use command shortcuts.
                             2.  Do not use command shortcuts.


 Shortcut processing . ____1.  Merge explicit and default parameters.
                           2.  Explicit parameters override defaults.


 F1=Help    F12=Cancel
```

Abbildung 5.12: IMS Single Point of Control Preferences.

An diesen Einstellungen brauchen wir nichts ändern. Bestätigen Sie also wiederum. Es sollte nun eine Meldung erscheinen, die anzeigt, dass die Datenbank-Ressource erfolgreich angelegt wurde (Abbildung 5.13). Drücken Sie F12 und rufen Sie dann den Dialog zur Erstellung eines Programms auf:

Ändern Sie anschließend die Angaben – wie in Abbildung 5.17 gezeigt – und bestätigen Sie. Es sollte wiederum eine Meldung erscheinen, die anzeigt, dass die Ressource erfolgreich angelegt worden ist.

Ihre Änderung hat das neu definierte Programm als Batch-Programm definiert. Aus Sicht von IMS sind alle Programme, die nicht als Transaktionsanwendung unter IMS-Kontrolle laufen, Batch-Programme. Somit trifft dies auch auf die später von

```
  Help
                        IMS Manage Resources
 Command ===> _____



  * Action . . . . . . |1|  1. Create new resources
                            2. Delete resources
                            3. Query resources
                            4. Update resources
                            5. Export resources
                            6. Import resources
                            7. Manage RDDS





 F1=Help    F12=Cancel
```

Abbildung 5.13: IMS Manage Resources.

Ihnen implementierte Open Database-Anwendung zu, auch wenn diese nicht – wie es die Option vermuten lassen würde – in einer BMP Region läuft.

Es ist nicht notwendig das Language Interface für Java zu definieren, da Ihre Anwendung nicht unter IMS-Kontrolle läuft. Wir werden jedoch im dritten Teil des Tutorials ein unter IMS laufendes Transaktionsprogramm implementieren. Sie lernen dann die Unterschiede gegenüber der jetzt vorgenommenen Definitionen kennen.

Die Ressourcendefinitionen (siehe Abbildung 5.13) müssen nicht erneut vorgenommen werden, sollten Sie gezwungen sein, nachträglich etwas an Ihrer DBD oder Ihrem PSBs zu ändern.

Verlassen Sie nun durch mehrmaliges Drücken von F3 die IMS Applications. Geben Sie in der zwischendurch erscheinenden Exit Confirmation die Option 2 an.

Wir möchten uns nun die Liste aller IMS bekannten Datenbanken an. Dazu loggen wir uns aus TSO aus.

IMS ist ein eigenständiges Subsystem. Man kann sich in IMS wie auch im TSO anmelden. Verbinden Sie sich dazu mit Ihrem Emulator neu und geben Sie auf dem Welcome Screen folgendes ein: L IMSD

Geben Sie im IMS Logon Screen ihre Anmeldedaten ein. Achten Sie dabei darauf, dass die Tastenbelegung unter IMS eine andere ist. Benutzen Sie die Tabulatortaste zum Wechseln zwischen den Eingabefeldern. Bestätigen Sie nach der Eingabe von User-ID und Passwort mit ENTER. Sie sind nun in IMS eingeloggt. Die Oberfläche, die Sie nun erscheint unterscheidet sich nur sehr wenig vom Logon Screen und lässt nicht erahnen, was hier machbar ist. Wie im CICS ist die erste Zeile die Befehlszeile. Wir nutzen diese um folgenden Befehl einzugeben:

```
   File  Action  Manage resources  SPOC  View  Options  Help

   PLEX1                    IMS Create New Resource
   Command ===> _____

                                Plex . .  .   Route . .  .        Wait . .  .
   Select a resource. To base a resource on a template, specify the template
   information. Press Enter to continue.

                                                                    More:    +
   * Resource  . . . . . . . . . 1   1. Database
                                     2. Program
                                     3. Routing Code
                                     4. Transaction

   Resource name . . . . _____
   Resource type . . . . _____ . 1   1. Resource
                                       2. Descriptor

   Definition template  _____ . 1   1. System default
                                      2. Existing resource
   ┌───────────────┐
   │ PRAKxxxP      │_____
   └───────────────┘
   Existing     resource
   F1=Help      F12=Cancel
```

Abbildung 5.14: IMS Create New Resource.

Führen Sie den Befehl mit Bestätigung durch ENTER aus. IMS erzeugt eine Liste aller Datenbanken und ihrer Eigenschaften. Wie Sie sehen, existieren eine ganze Reihe Datenbanken. Um nun die eigene Datenbank in der Liste sehen zu können, müssen Sie unter Umständen nach unten navigieren. Mit der dafür üblichen F8-Taste kommen wir im IMS nicht weit. Falls Sie, wie auf der Tutorial-Webseite empfohlen, den Quick3270-Emulator nutzen, können Sie mit der PAGE UP-Taste nach unten Navigieren. Falls Sie einen anderen Emulator nutzen, schauen sie in den Einstellungen nach, welche Taste oder Tastenkombination die Funktion der alten PA1-Taste der historischen Terminal-Rechner ausführt. Nutzen Sie diese dann zum nach unten Navigieren. Beachten Sie dabei, dass Sie nicht wieder nach oben navigieren können. Die einzige Möglichkeit wieder an den Anfang zu gelangen, ist den Befehl erneut auszuführen. Davor sollten Sie aber bis zum Ende der Liste durchgegangen sein, sonst könnte es sein, dass nach Betätigung der ENTER-TASTE nicht der Screen erscheint, den Sie erwarten.

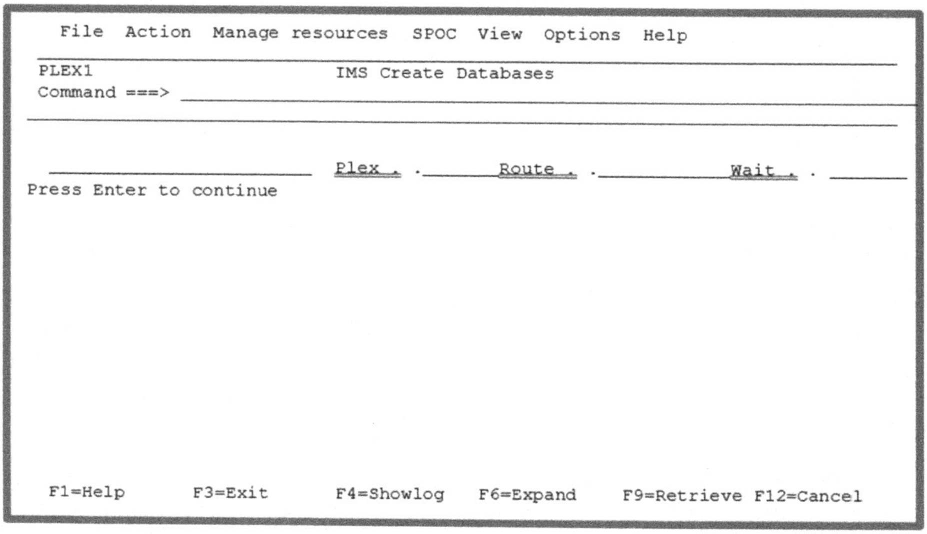

```
File   Action   Manage resources   SPOC   View   Options   Help
PLEX1                      IMS Create Databases
Command ===> _____


_____  Plex . ._____ Route . ._____ Wait . . _____
Press Enter to continue










F1=Help      F3=Exit      F4=Showlog    F6=Expand    F9=Retrieve  F12=Cancel
```

Abbildung 5.15: IMS Create Databases.

Mit dem Befehl /DISPLAY PROGRAM ALL können Sie sich außerdem eine Liste aller Programme anzeigen lassen, die IMS kennt (Abbildung 5.14, 5.15).

Anwendung 10

Aufgabe: Rufen Sie das IMS Application Menu auf und legen Sie damit eine neue Ressource für Ihre Datenbank und das später zu erstellende Programm an. Loggen Sie sich danach in IMS ein und lassen Sie sich alle in IMS vorhandenen Datenbanken anzeigen. Fertigen einen Screenshot an, auf dem Ihre Datenbank gelistet ist.

Mit Hilfe des Kommandos /RCL erfolgt das aus Ausloggen des Nutzers.

5.5 Vorbereitungen unter dem lokalen Betriebssystem

Bevor wir mit dem Programmieren der Open Database-Anwendung beginnen können, muss nun noch eine Entwicklungsumgebung für Java eingerichtet werden. Generell ist der IBM IMS Enterprise Suite Explorer for Development das beste Tool für die Entwicklung von Anwendungen für IMS (Abbildung 5.16). Leider ist diese Eclipse-basierte Entwicklungsumgebung schwierig herunterzuladen und zu installieren. Daher wird im Folgenden die Einrichtung einer Standard Eclipse-Entwicklungsumgebung erläutert.

Sollten Sie Eclipse bereits nutzen, überfliegen Sie die nächsten Abschnitte und fahren Sie mit der Einrichtung des Java-Projekts fort. Sollten Sie eine andere Entwicklungsumgebung für Java nutzen, so können Sie gerne auch unter dieser entwickeln (Abbildung 5.18).

```
      File   Action  Manage resources  SPOC   View   Options   Help

   PLEX1                       IMS Create New Resource
   Command ===> _____

                                Plex . ._____ Route . ._____ Wait . ._____
       Select  a  resource.  To  base  a  resource  on  a  template,  specify  the  template
       information.  Press  Enter  to continue.
                                                                          More:    +

       * Resource  . . . . . . . . . 2    1. Database
                                          2. Program
                                          3. Routing Code
                                          4. Transaction

       Resource name . . . _____
       Resource type . . . _____ . 1   1. Resource
                                        2. Descriptor


       Definition template _____ . 1   1. System default
                                        2. Existing resource
       ┌──────────┐
       │ PRAKxxxP │_____
       └──────────┘
       Existing        resource
         F1=Help     F12=Cancel
```

Abbildung 5.16: IMS Create New Resource.

Fahren Sie in diesem Fall mit dem Download des IMS Universal JDBC Driver fort. Sie müssen diesen dann entsprechend in ein neues Entwicklungsprojekt in Ihrer Entwicklungsumgebung einbinden (Abbildung 5.20, 5.21).

Zunächst muss Eclipse von eclipse.org heruntergeladen werden. Wählen Sie die Eclipse IDE für Java-Entwickler aus und laden Sie die passende Version für Ihr lokales Betriebssystem herunter. Falls Windows nicht Ihr lokales Betriebssystem ist, müssen Sie dazu erst auf die Detailseite der Eclipse IDE für Java-Entwickler. Sie finden dann an der rechten Seite Download-Links für Linux und Mac OS X. Entpacken Sie nach dem Download das heruntergeladene Archiv und starten sie dann die eclipse.exe. Eclipse muss nicht installiert werden.

Nach dem Start fragt Eclipse nach einem Arbeitsbereich (Workspace). Dies ist einfach ein Ordner, den Eclipse nutzt, um alle Entwicklungsprojekte und ihre zugehörigen Dateien darin abzulegen. Erstellen Sie einen entsprechenden Ordner. Danach startet Eclipse

```
  File  Action  Manage resources  SPOC  View  Options  Help

  PLEX1                 IMS Create Programs               Top of data
  Command ===> _____


  _____ Plex_ . _____ Route_ . _____ Wait_ . _____
  Press Enter to continue
                                                            More:    +
    * NAME    Database name_____ PRAKxxxP
    SET
       BMPTYPE   Execute in BMP region _____ | Y |   Y, N

       DOPT      Dynamic option. . . _____ . N    Y, N
       FP        Fast Path option. . . _____ N    E, N
       GPSB      Generated PSB option_____ . N
       LANG      Language interface. . . . . . _    Y, N
                                              1. Assembler
                                              2. COBOL
                                              3. Java
                                              4. Pascal
                                              5. PL/I
                                                    Y, N
                                              1. Parallel
       RESIDENT  Resident option . . . _____ N    2. Serial
       SCHDTYPE  Scheduling type................ 1


     F1=Help       F3=Exit      F4=Showlog    F6=Expand    F9=Retrieve F12=Cancel
```

Abbildung 5.17: IMS Create Programs.

in einen Welcome Screen. Schließen Sie diesen. Die gewöhnliche Eclipse-Oberfläche erscheint nun:

Eclipse findet Ihre Java-Installation selbstständig und richtet sich entsprechend ein. Sollten Sie Java noch nicht installiert haben, dann laden Sie Java von java.com herunter und installieren Sie es. Tragen Sie anschließend die neue Java-Installation in Eclipse über das Menü Window » Preferences » Java » Installed JREs ein.

Richten Sie nun über das Menü File » New » Java Project ein neues Entwicklungsprojekt für Java an:

Geben Sie dem Projekt den Namen *Personalkostenprogramm* und überprüfen Sie die installierte Java Runtime Environment. Sollten Sie nicht mindestens die JRE1.6 installiert haben, aktualisieren Sie bitte Ihre Java-Installation zunächst und starten Sie Eclipse neu. Erstellen Sie das Projekt durch einen Klick auf Finish. Das neue Projekt erscheint nun links im Paket-Explorer (Package Explorer):

Nachdem die Entwicklungsumgebung eingerichtet und das Entwicklungsprojekt angelegt ist, muss nun der IMS Universal JDBC Driver aus dem z/OS USS Filesystem heruntergeladen werden. Nutzen Sie dazu ein FTP-Programm und geben Sie die glei-

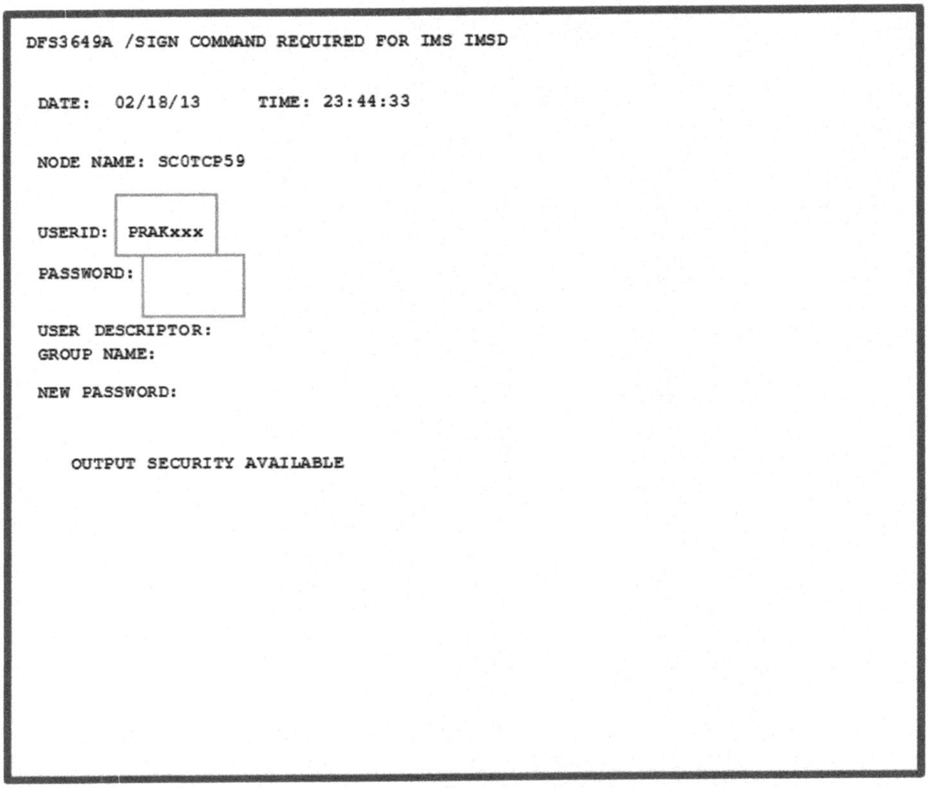

```
DFS3649A /SIGN COMMAND REQUIRED FOR IMS IMSD


DATE:  02/18/13       TIME: 23:44:33


NODE NAME: SC0TCP59


USERID:  | PRAKxxx |

PASSWORD:


USER DESCRIPTOR:
GROUP NAME:

NEW PASSWORD:


   OUTPUT SECURITY AVAILABLE
```

Abbildung 5.18: IMS Logon.

che IP-Adresse wie im 3270-Emulator an. Benutzername und Passwort für den FTP-Zugriff sind Ihre z/OS User-ID und das zugehörige Passwort. Wechseln Sie nach der erfolgreichen Verbindung den Transfer- Modus zu binärer Übertragung. Laden Sie danach den IMS Universal JDBC Driver aus dem Verzeichnis /usr/lpp/ims/ims13/imsjava herunter. Er befindet sich in dem Java-Archiv imsudb.jar. Schließen Sie am Ende die FTP-Verbindung.

Unter Windows kann dazu beispielsweise durch gleichzeitiges Drücken der Windows-Taste und der R-Taste sowie anschließende Eingabe von *cmd* die Eingabeaufforderung gestartet. Geben Sie dann *ftp 139.18.4.34* ein und authentifizieren Sie sich. Danach wechseln Sie mit dem Befehl *binary* in den binären Transfer-Modus und durch *cd /usr/lpp/ims/ims13/imsjava* in das Verzeichnis, in dem der IMS Universal JDBC Driver liegt. Laden Sie diesen anschließend mit *get imsudb.jar* herunter. Schließen Sie zuletzt die Verbindung mit *quit*. In dem Verzeichnis, welches danach in der Eingabeaufforderung gelistet wird, befindet sich das heruntergeladene Java-Archiv mit dem IMS Universal JDBC Driver.

```
/DISPLAY DATABASE ALL

DFS3650I SESSION STATUS FOR IMS IMSD

DATE: 02/18/13      TIME: 23:47:46
NODE NAME:              SC0TCP59       IPADDR: 178.24.216.4...60275
USER:                   PRAKxxx
PRESET DESTINATION: CURRENT

SESSION STATUS:


    OUTPUT SECURITY AVAILABLE
```

Abbildung 5.19: IMS Oberfläche.

```
    DATABASE    TYPE       ACCESS    CONDITIONS
    ABTEILDB    DL/I       UP        NOTOPEN
    ABTIDX      DL/I       UP        NOTOPEN
    BNKCST      DL/I       UP        NOTOPEN
    BNKCSTP     DL/I       UP        NOTOPEN
    BNKCSTSA    DL/I       UP        NOTOPEN
    BNKCSTSE    DL/I       UP        NOTOPEN
    BNKCSTSI    DL/I       UP        NOTOPEN
    CUSTDB      DL/I       UP        NOTOPEN
    CUSTPIDX    DL/I       UP        NOTOPEN
    CUSTSIDX    DL/I       UP        NOTOPEN
    DFSCD000    PHIDAM     UP
    DFSD001     PART       UP        ALLOCS
    DFSCX000    PSINDEX    UP
    DFSX001     PART       UP        NOTOPEN
    IVPDB1      DL/I       UP        NOTOPEN
    IVPDB1I     DL/I       UP        NOTOPEN
    MODULIDX    DL/I       UP        NOTOPEN
    PERSIDX     DL/I       UP        NOTOPEN
    PRAKxxxA    DL/I       UP        NOTOPEN
    SPRTDB      DL/I       UP        NOTOPEN
    SPRTPIDX    DL/I       UP        NOTOPEN
```

Abbildung 5.20: Liste aller IMS-Datenbanken.

Der Treiber muss nun als zusätzliche Java-Bibliothek in das Entwicklungsprojekt eingebunden werden (Abbildung 5.20). Klicken Sie dazu mit der rechten Maustaste im geöffneten Entwicklungsprojekt auf JRE System Library und wählen Sie im erscheinenden Kontextmenü Build Path >> Configure Build Path:

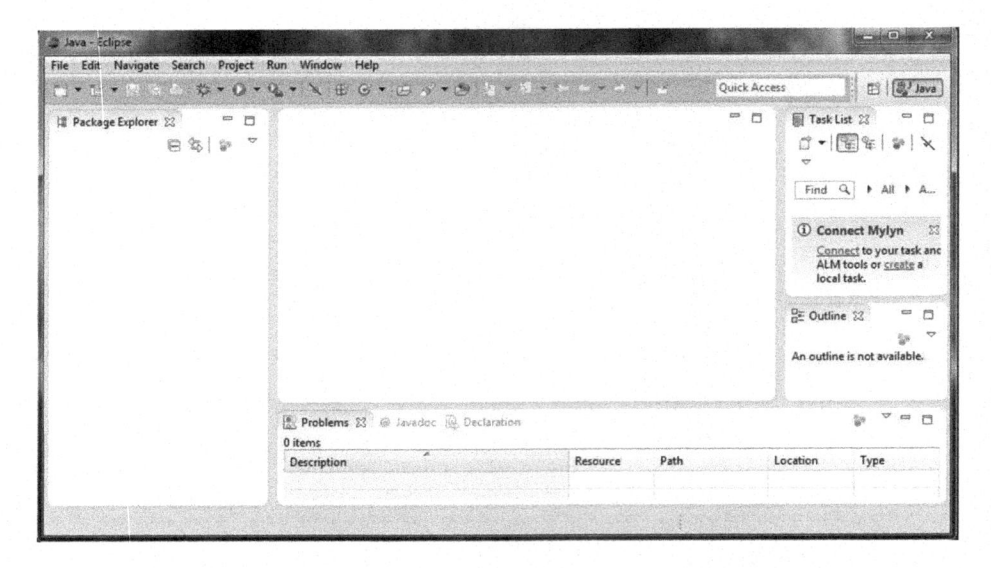

Abbildung 5.21: Eclipse-Oberfläche.

Fügen Sie anschließen über Add External JARs ... das heruntergeladene Java-Archiv imsudb.jar zum Build-Pfad (Build Path) des Entwicklungsprojekts hinzu.

Nach einem Klick auf OK ist der Build-Pfad entsprechend angepasst. Im Entwicklungsprojekt erscheint ein weiterer Unterpunkt References Libraries. Darunter ist das Java-Archiv, welches den IMS Universal JDBC Driver enthält, aufgeführt. Damit sind die Vorbereitungen für die Anwendungsentwicklung abgeschlossen (Abbildung 5.19).

5.6 Entwicklung des Personalkostenprogramms

Wir wollen nun das eigentliche Personalkostenprogramm entwickeln. An dieser Stelle ist die Entwicklung unter der Java-Entwicklungsumgebung Eclipse erklärt.

Zunächst muss eine neue Java-Klasse angelegt werden, welche die Funktionalität des Personalkostenprogramms implementiert. Klicken Sie dazu mit der rechten Maustaste auf den Source (src)-Ordner im geöffneten Entwicklungsprojekt und wählen Sie im erscheinenden Kontextmenü New >> Class:

Geben Sie der Klasse den Namen *Personalkostenprogramm*. Die Klasse soll im Paket (Package) *de.unileipzig.systemz.tutorial16b.prakxxx* enthalten sein. Vergessen Sie nicht prakxxx dabei durch Ihre z/OS User-ID zu ersetzen – auch wenn das an dieser Stelle noch nicht kritisch ist. Wählen Sie außerdem an, dass Eclipse ein Code-Gerüst für die main- Methode erstellt:

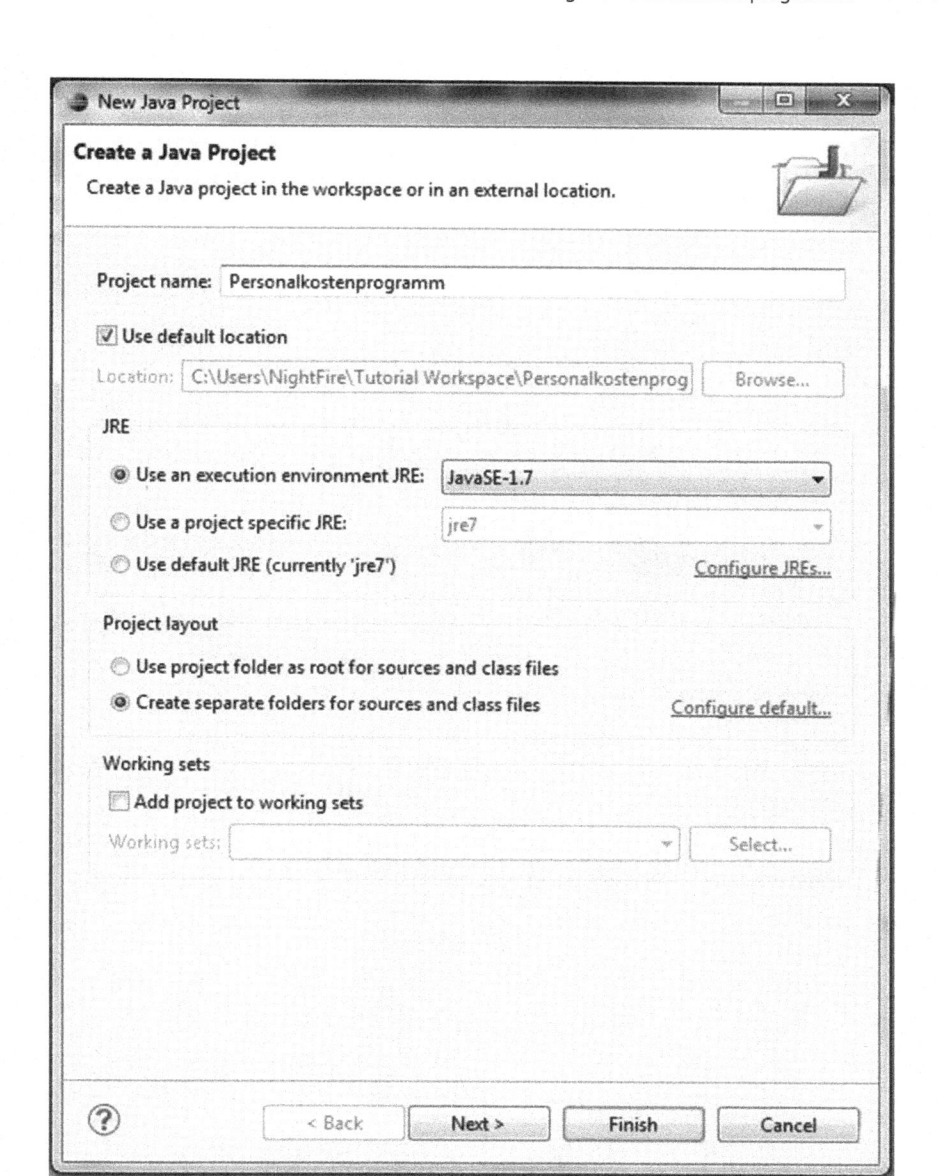

Abbildung 5.22: Dialog zum Erstellen eines neuen Java-Projekts.

Erstellen Sie die Klasse nun mit einem Klick auf Finish. Das neue Paket mit der erstellten Klasse erscheint nun im Source-Ordner des Entwicklungsprojekts (Abbildung 5.22). Außerdem wird die Quellcode-Datei der Klasse geöffnet:

Bevor wir mit dem Schreiben des Personalkostenprogramms beginnen, benötigen wir eine weitere Klasse ohne main-Methode. Die Klasse sollte in demselben Paket (Abbildung 5.23) enthalten sein und den Namen *PRAKxxxPDatabaseView* tragen. Die

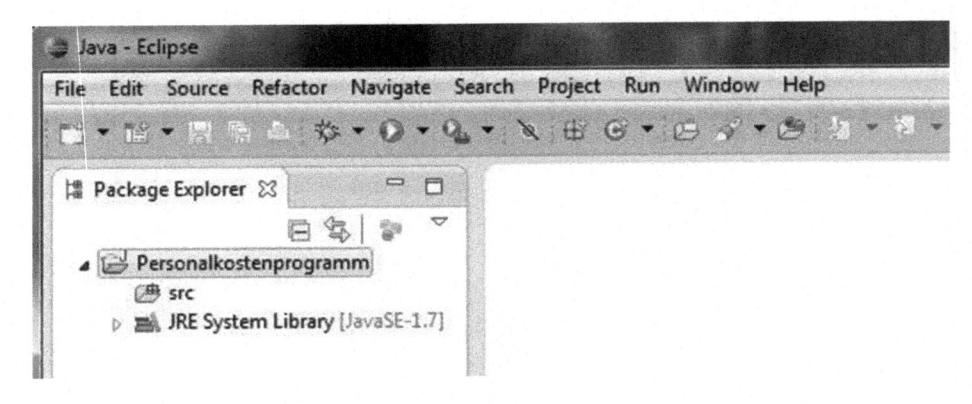

Abbildung 5.23: Neues Entwicklungsprojekt im Paket-Explorer.

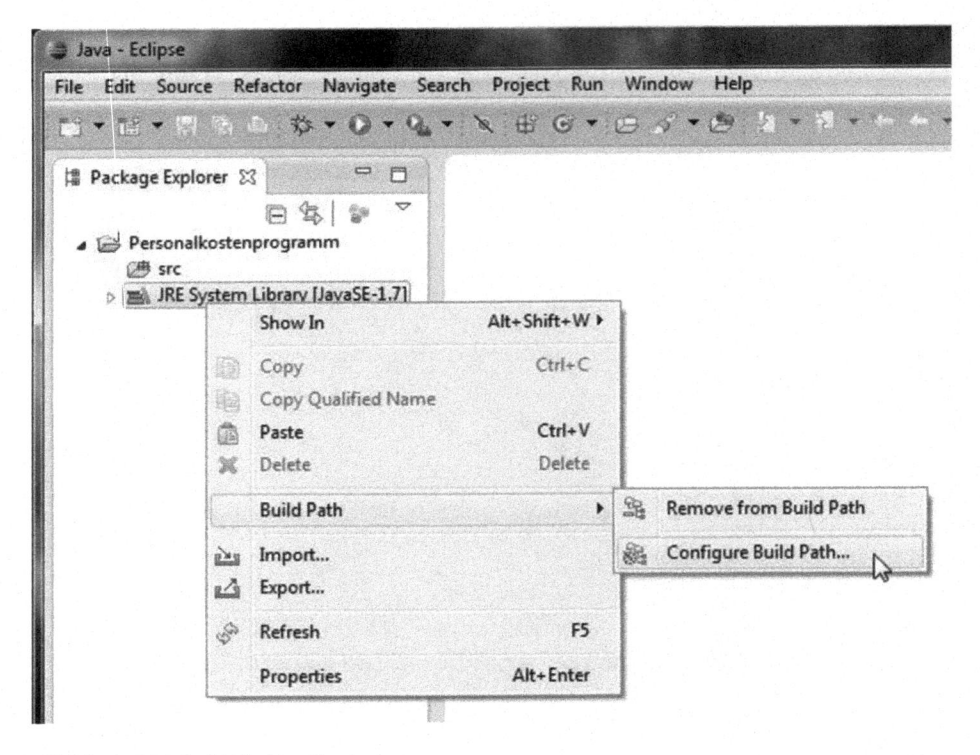

Abbildung 5.24: Build-Pfad konfigurieren.

Klasse dient zur Modellierung des im ersten Teil des Tutorials erstellen PSBs und wird vom IMS Universal JDBC Driver verwendet. Diese sogenannte Metadatenklasse ist im Prinzip seit IMS Version 12 nicht mehr nötig. IMS besitzt seit Version 12 – wie viele andere Datenbanksysteme – einen Catalog, in dem alle Metadateninformationen abgelegt

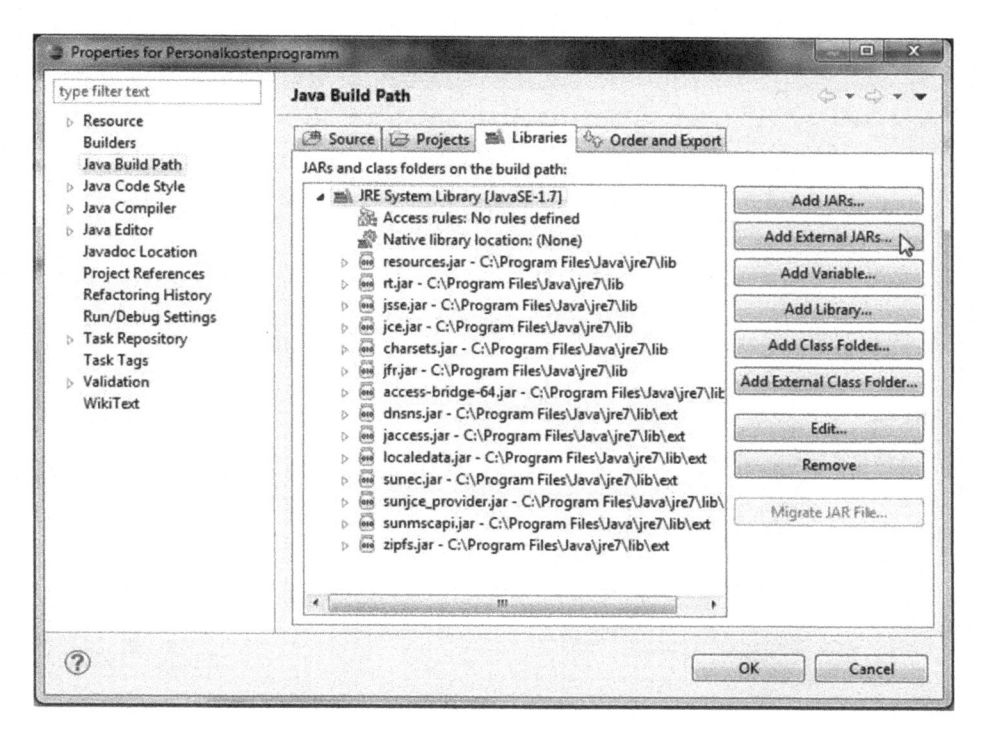

Abbildung 5.25: Externe Java-Bibliotheken hinzufügen.

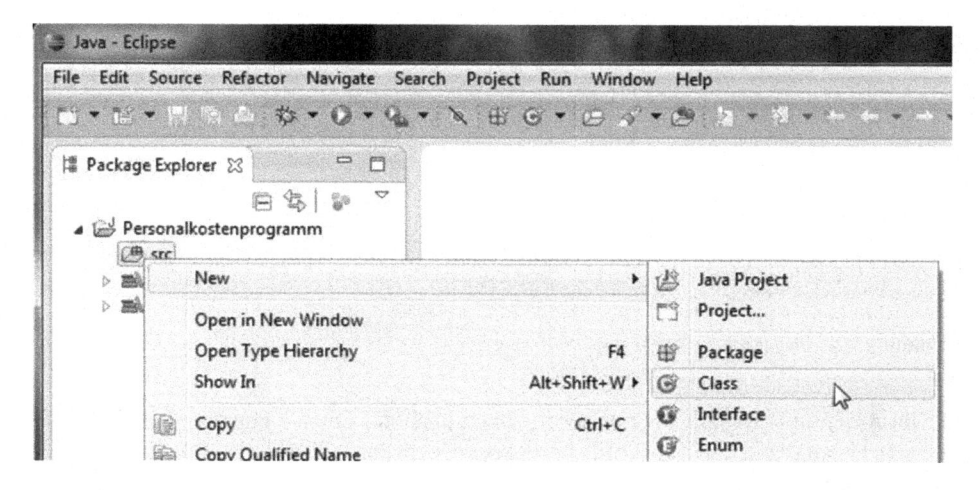

Abbildung 5.26: Neue Klasse erstellen.

werden können (Abbildung 5.24). Wir verwenden diesen hier nicht, da der Katalog eine optionale Komponente von IMS ist und bisher nur in wenigen Firmen eingesetzt wird. Wenn wir den Katalog als Metadatenquelle verwenden wöllten (Abbildung 5.25), müssten

Abbildung 5.27: Dialog zum Erstellen einer neuen Klasse.

wir im Anschluss an die ACB-Generierung auch noch das Catalog Populate Utility aufrufen, welches die Metadaten der DBD PRAKxxxA sowie des PSB PRAKxxxP in den Catalog bringt. Es gibt auch ein kombiniertes Utility, welches sowohl die ACB-Generierung als auch die Catalog-Befüllung durchführt.

Mit dem IBM IMS Enterprise Suite Explorer for Development könnte die Metadatenklasse direkt aus dem PSB generiert werden. Da wir diesen jedoch nicht nutzen, müssen

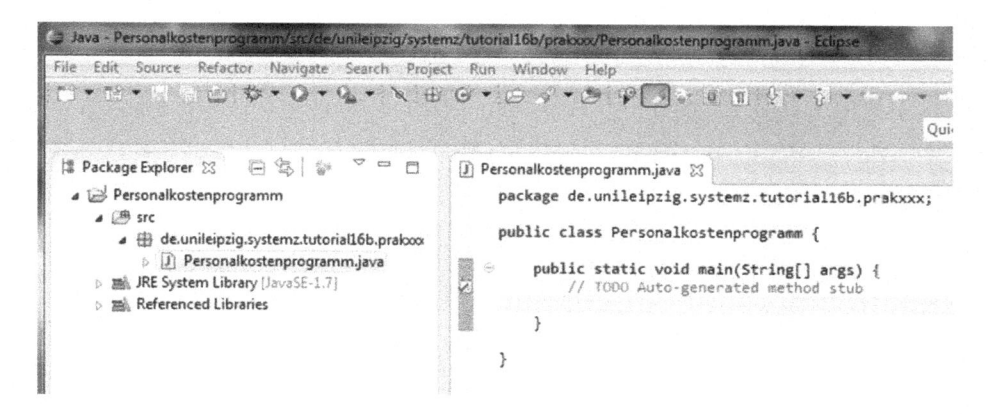

Abbildung 5.28: Code-Gerüst der neuen Klasse.

wir die Metadatenklasse manuell erstellen. Die Metadatenklasse (Abbildung 5.26) hat den folgenden Source-Code:

Kopieren Sie den Source Code in die erstellte Klasse, ersetzen Sie alle Vorkommen von PRAKxxx durch Ihre z/OS User-ID und speichern Sie die Klasse ab. Beachten Sie beim Ersetzen, dass prakxxx im Paketnamen klein geschrieben sein muss (Abbildung 5.27, 5.28).

Zeilennummern können Sie unter Eclipse aktivieren, in dem Sie einen Haken bei Show line numbers unter dem über das Menü Window >> Preferences >> General >> Editors >> Text Editors zu erreichenden Dialog setzen und anschließend auf Apply klicken.

Die Metadatenklasse modelliert nur die durch den PCB zum Zugriff auf die Abteilungsdatenbank als sensitiv markierten Segmente und Felder. Außer den Informationen aus dem PSB PRAKxxxP sind auch Informationen aus der DBD der Abteilungsdatenbank PRAKxxxA in der Metadatenklasse zu finden. Der IMS Universal JDBC Driver ist so in der Lage SQL-Anfragen und gesendete Daten zu überprüfen sowie gesendete und empfangene Daten zwischen IMS-internen Datenformaten und SQL-Datenformaten umzuwandeln.

Für die Metadatenklasse werden bereits einige Funktionen des eingebundenen Java-Archivs *imsudb.jar* genutzt.

Anwendung 11

Aufgabe: Richten Sie ein Entwicklungsprojekt in Eclipse oder Ihrer eigenen Java-Entwicklungsumgebung ein. Laden Sie den IMS Universal JDBC Driver herunter und binden Sie diesen in das Entwicklungsprojekt ein.
Erstellen Sie die Klassen Personalkostenprogramm und PRAKxxxPDatabaseView. Implementieren Sie die Metadatenklasse und machen Sie Screenshots von ihrem Quellcode.

Wir entwickeln nun Stück für Stück das Personalkostenprogramm (Abbildung 5.29). Dazu werden wir zunächst ein paar benötigte Klassen einbinden und ein paar benötigte Variable definieren:

5 Hinweise zur Fehlersuche

```
001  package de.unileipzig.systems.tutorial16b.prakxxx;
002
003  import com.ibm.ims.db.*;
004  import com.ibm.ims.base.*;
005
006  public class PRAKxxxPDatabaseView extends DLIDatabaseView {
007      // Konstruktor der Metadatenklasse für den PSB PRAKxxxP
008      public          PRAKxxxPDatabaseView()           {
                super("2.0.4","PRAKxxxP");
009             createPRAKxxxA();
010      }
011
012      // Methode zur Modellierung des PCB PRAKxxxA
013      private void createPRAKxxxA() {
             // Modellierung des Segments ABTEILNG der Abteilungsdatenbank
014          DLITypeInfo[]    PRAKxxxAABTEILNGArray   =     PRAKxxxAABTEILNGArray();
015          DLISegment PRAKxxxAABTEILNGSegment = new DLISegment("ABTEILNG",
016  "ABTEILNG", PRAKxxxAABTEILNGArray, 48, DBType.HDAM, true);
017          PRAKxxxAABTEILNGSegment.setDefaultEncoding("CP1047");
             // Modellierung des Segments PERSONAL der Abteilungsdatenbank
             DLITypeInfo[]    PRAKxxxAPERSONALArray   =     PRAKxxxAPERSONALArray();
             DLISegment PRAKxxxAPERSONALSegment = new DLISegment("PERSONAL",
018  "PERSONAL", PRAKxxxAPERSONALArray, 168, DBType.HDAM, false);
019          PRAKxxxAPERSONALSegment.setDefaultEncoding("CP1047");
020          // Modellierung der Segmenthierarchie
021          DLISegmentInfo[]    PRAKxxxAarray   =   new    DLISegmentInfo[2];
             PRAKxxxAarray[0] = new DLISegmentInfo(PRAKxxxAABTEILNGSegment,
022  DLIDatabaseView.ROOT);
023          PRAKxxxAarray[1] = new DLISegmentInfo(PRAKxxxAPERSONALSegment,
024  0);
025          // Übergabe der Metadaten der Abteilungsdatenbank an PSB-Modell
             addDatabase("PRAKxxxA", "PRAKxxxA", PRAKxxxAarray, "GP",
026  DBType.HDAM, true);
         }
027
028      // Methode zur Modellierung der Felder des Segments ABTEILNG
         private DLITypeInfo[] PRAKxxxAABTEILNGArray() {
029
030
031
032
```

Abbildung 5.29: Quellcode der Metadatenklasse für den PSB PRAKxxxP.

```
033   DLITypeInfo[] PRAKxxxAABTEILNGArray = {
034   new DLITypeInfo("ABTNR", DLITypeInfo.INTEGER, 1, 4, "ABTNR",
      DLITypeInfo.UNIQUE_KEY, DBType.HDAM, true),
035   new DLITypeInfo("ABTNAME", DLITypeInfo.CHAR, 5, 40, "ABTNAME",
      DBType.HDAM, false),
036   new DLITypeInfo("BUDGET", DLITypeInfo.INTEGER, 45, 4, "BUDGET",
      DBType.HDAM, false),
037           };
038           return PRAKxxxAABTEILNGArray;
039   }
040
041
042   // Methode zur Modellierung der Felder des Segments PERSONAL
043       private DLITypeInfo[] PRAKxxxAPERSONALArray() {
          DLITypeInfo[] PRAKxxxAPERSONALArray = {
044              new DLITypeInfo("PERSNR", DLITypeInfo.INTEGER, 1, 4,
047   "PERSNR", DLITypeInfo.UNIQUE_KEY, DBType.HDAM, false),
045              new DLITypeInfo("VORNAME", DLITypeInfo.CHAR, 5, 30,
048   "VORNAME", DBType.HDAM, false),
                 new DLITypeInfo("NACHNAME", DLITypeInfo.CHAR, 35, 30,
      "NACHNAME", DBType.HDAM, false),
049              new DLITypeInfo("TAETIGKT", DLITypeInfo.CHAR, 135, 30,
050   "TAETIGKT", DBType.HDAM, false),
                 new DLITypeInfo("GEHALT", DLITypeInfo.INTEGER, 165, 4,
      "GEHALT", DBType.HDAM, false),
              };
              return PRAKxxxAPERSONALArray;
052   }
```

Abbildung 5.29 (fortgesetzt)

Durch die in der Zeile 4 von Abbildung 5.30 aus dem IMS Universal JDBC Driver importierte Klasse wird die JDBC-Funktionalität für IMS/DB zur Verfügung gestellt. Wie die weiteren Imports zeigen, baut diese auf der Standard-Funktionalität von Java auf. In Zeile 22 wird eine neue Instanz dieser Klasse erzeugt. Diese muss anschließend konfiguriert werden:

Zunächst werden in den Zeilen 28 und 29 die IP-Adresse der LPAR binks und die Portnummer für ODBM-Zugriffe via IMS Connect gesetzt. Danach müssen Sie in den Zeilen 30 und 31 Ihre z/OS User-ID sowie das zugehörige Passwort eintragen. Anschließend wird in Zeile 32 der Name der IMS-Installation gesetzt. Es folgt eine Angabe des Treibertyps in Zeile 33. Der Treibertyp 4 besagt, dass eine Verbindung via TCP/IP (genauer gesagt über das DRDA-Protokoll zu IMS Connect) aufgebaut werden soll (Abbildung 5.30). Neben dem Treibertyp 4 unterstützt der IMS Universal JDBC Driver auch den Treibertyp 2. Dieser ist für lokale Zugriffe vorgesehen und wird im dritten Teil des Tutorials genutzt.

```
001  package de.unileipzig.systemz.tutorial16b.prakxxx;
002
003  // Einbindung der Funktionalität des IMS Universal JDBC Drivers
004  import com.ibm.ims.jdbc.IMSDataSource;
005  import java.sql.Connection;
006  import java.sql.ResultSet;
007  import java.sql.PreparedStatement;
008
009  /**
010   * Programm zur Abfrage und Auflistung von Personalkosten, welche in der
      * IMS-Datenbank PRAKxxxA gespeichert sind.
011   * @author Robert Recknagel, Universität Leipzig
      * @version 1.0.0, Stand: 14.06.2014
012   */
013  public class Personalkostenprogramm {
014      /**
015       * Main-Methode zur Ausführung der kompletten Programmfunktionalität.
016       * @param args     Dieser Standard-Parameter wird nicht genutzt.
           */
017      public static void main(String[] args) {
018          // Definiere für Verbindung und Anfrage benötigte Variablen
019          IMSDataSource datenquelle = new IMSDataSource(); Connection
             verbindung = null;
020          PreparedStatement sqlAnfrage = null; ResultSet
021          anfrageErgebnis = null;
022
023
024
025
026
```

Abbildung 5.30: Imports und Variablendefinitionen des Personalkostenprogramms.

Zuletzt wird die Datenbank, auf die zugegriffen werden soll, in den Zeilen 35 bis 37 durch Angabe der URL zur Metadatenklasse identifiziert. Achten Sie darauf, sowohl im Paket- und als auch im Klassennamen PRAKxxx durch Ihre z/OS User-ID zu ersetzen. Beachten Sie dabei wiederum die Groß- und Kleinschreibung. Das Programm wird an dieser Stelle beendet, sollte die Metadatenklasse (Abbildung 5.31) nicht gefunden werden können.

Nach der Konfiguration (Abbildung 5.31) der Instanz der Klasse IMSDataSource kann nun über diese eine Verbindung zu IMS Connect aufgebaut werden (Abbildung 5.32):

```
027     // Setze die Eigenschaften der Datenquelle und Benutzerinformationen
028     datenquelle.setDatastoreServer("139.18.4.34");
        datenquelle.setPortNumber(5559);
029     datenquelle.setUser("PRAKxxx");
        datenquelle.setPassword("********");
030     datenquelle.setDatastoreName("IMSD");
        datenquelle.setDriverType(IMSDataSource.DRIVER_TYPE_4);
031     try {
032             datenquelle.setDatabaseName("class://"
033                     + "de.unileipzig.systemz.tutorial16b.prakxxx."
034                     + "PRAKxxxPDatabaseView");
035     }
036     catch(Exception exception) {
037         System.out.println("Die Metadatenklasse konnte nicht"
038                 + " gefunden werden.\nProgramm beendet.");
039         return;
040     }
041
```

Abbildung 5.31: Konfiguration des IMSDataSource-Objekts.

```
045     // Versuche die Verbindung aufzubauen
046     try {
047         verbindung        =        datenquelle.getConnection();
            System.out.println("Verbunden mit der IMS-Installation "
048
                + datenquelle.getDatastoreName() + " auf "
049
                + datenquelle.getDatastoreServer() + ".");
050     }
051     catch(Exception exception) {
052         System.out.println("Verbindung mit der IMS-Installation "
053                 + datenquelle.getDatastoreName() + " auf "
054                 + datenquelle.getDatastoreServer() + " fehlgeschlagen."
055                 + "\n       Grund: " + exception.getMessage()
056                 + "\nProgramm beendet.");
057         return;
058     }
059
```

Abbildung 5.32: Aufbau der Verbindung.

Sollte der Aufbau der Verbindung fehlschlagen, wird ein Fehler ausgegeben und das Programm wird beendet. Andernfalls kann mit der in Source 4 gezeigten Vorbereitung der SQL-Anfrage (Abbildung 5.33) fortgefahren werden. Bei der Formulierung der Anfrage ist wiederum das PRAKxxx durch Ihre z/OS User-ID zu ersetzen.

```
061    // Versuche die Anfrage vorzubereiten
062    try {
063        sqlAnfrage = verbindung.prepareStatement(
064            "SELECT ABTNR, ABTNAME, BUDGET, PERSNR, VORNAME, "
065            + "NACHNAME, TAETIGKT, GEHALT "
066            + "FROM PRAKxxxA.ABTEILNG, PRAKxxxA.PERSONAL "
067            + "WHERE ABTNR = ABTEILNG_ABTNR "
068            + "ORDER BY ABTNR ASC, PERSNR ASC");
069        System.out.println("SQL-Anfrage vorbereitet.");
070    }
071    catch(Exception exception) {
072        System.out.println("Vorbereitung der SQL-Anfrage fehlgeschlagen."
073            + "\n    Grund: " + exception.getMessage()
074            + "\nProgramm beendet.");
075        try {
076            verbindung.close();
077        }
078        catch(Exception exception2) {
079        }
080        return;
081    }
```

Abbildung 5.33: Vorbereitung der SQL-Anfrage.

Die SQL-Anfrage ist in den Zeilen 64 bis 68 zu sehen. Es handelt sich hierbei um einen Join, wie die WHERE-Klausel der Anfrage zeigt. Der Join wird an dieser Stelle nicht durch einen JOIN-Ausdruck in der FROM-Klausel formuliert, da nicht alle IMS-Versionen mit Open Database-Funktionalität diese Formulierung unterstützen. Das Anfrageergebnis wird nach Abteilungs- und Personalnummer aufsteigend sortiert. Sollte bei der Anfragevorbereitung etwas schieflaufen, wird die Verbindung geschlossen und das Programm

```
083    // Versuche die Anfrage auszuführen
084    try {
085        anfrageErgebnis    =    sqlAnfrage.executeQuery();
086        System.out.println("Anfrage erfolgreich ausgeführt.");
087    }
088    catch(Exception exception) {
089        System.out.println("Ausführung der Anfrage fehlgeschlagen."
090            + "\n    Grund: " + exception.getMessage()
091            + "\nProgramm beendet.");
092        try {
093            sqlAnfrage.close();
094            verbindung.close();
095        }
096        catch(Exception exception2) {
097        }
098        return;
099    }
100
```

Abbildung 5.34: Ausführung der Anfrage.

wiederum unter Angabe einer Fehlermeldung beendet. Ansonsten wird die Anfrage (Abbildung 5.34) ausgeführt:

An dieser Stelle gibt es eine Vielzahl von möglichen Fehlern. Alle diese Fehler werden wiederum abgefangen und ausgegeben. Im Fehlerfall wird das Programm wiederum beendet. Wenn die Ausführung der Anfrage fehlerfrei verläuft, kann mit der Verarbeitung des Anfrageergebnisses fortgefahren werden.

Das Anfrageergebnis wird nun Zeile für Zeile verarbeitet. Dabei werden die Daten jeder Abteilung jeweils nur einmal ausgegeben. Darunter werden die Angestellten der Abteilung aufgelistet.

Zuletzt müssen noch das Anfrageergebnis, die Anfrage sowie die Verbindung geschlossen werden, bevor das Programm beendet werden kann:

Speichern Sie das nun fertig implementierte Personalkostenprogramm. Das Programm ist nun bereit für die Ausführung. Klicken Sie dazu auf das Symbol mit dem weißen Pfeil im grünen Kreis unterhalb der Menüleiste oder wählen Sie im Menü Run » Run. Nach der Auswahl von Java Application im folgenden Dialog, erscheint unten eine Konsole mit den Ausgaben:

```java
101     // Versuche das Anfrageergebnis zu verarbeiten
102     try {
103         int letzteAbteilung = 0;
104         while(anfrageErgebnis.next()) {
105             // Ausgabe der Abteilungsdaten
106             if(anfrageErgebnis.getInt("ABTNR") != letzteAbteilung) {
107                 letzteAbteilung = anfrageErgebnis.getInt("ABTNR");
                    System.out.println("\nABTEILUNG #"
108                         + anfrageErgebnis.getInt("ABTNR") + ": "
109                         + anfrageErgebnis.getString("ABTNAME").trim()
110                         + " (Jahresbudget: "
111                         + anfrageErgebnis.getInt("BUDGET") + "€)");
112             }
113             // Ausgabe der Mitarbeiterdaten
                System.out.println("    MITARBEITER #"
114                     + anfrageErgebnis.getInt("PERSNR") + ": "
115                     + anfrageErgebnis.getString("VORNAME").trim() + " "
116                     + anfrageErgebnis.getString("NACHNAME").trim() + ", "
117                     + anfrageErgebnis.getString("TAETIGKT").trim()
118                     + " (Jahresgehalt: "
119                     + anfrageErgebnis.getInt("GEHALT") + "€)");
120         }
121         System.out.println();
122     }
123     catch(Exception exception) {
124         System.out.println("Verarbeitung des Anfrageergebnisses "
125                 + "fehlgeschlagen.\n    Grund: "
126                 + exception.getMessage() + "\nProgramm beendet.");
127     }
128
129
130
```

Abbildung 5.35: Verarbeitung des Anfrageergebnisses.

Die Ausgaben sollten denen in Abbildung 5.35 ähneln und außerdem Ihren Eintrag als Angestellter der Abteilung mit der Abteilungsnummer 2 enthalten. Die roten Ausgaben sind informativer Natur und stammen vom IMS Universal JDBC Driver.

5.6 Entwicklung des Personalkostenprogramms — 265

```
131     // Schließe Anfrageergebnis, Anfrage und Verbindung
132     try {
133        anfrageErgebnis.close();
           sqlAnfrage.close();
134        verbindung.close();
135     }
136     catch(Exception exception) {
137     }
138     System.out.println("Verbindung zu IMS getrennt."
139        + "\nProgramm beendet.");
140
141  }
142 }
```

Abbildung 5.36: Beenden des Personalkostenprogramms.

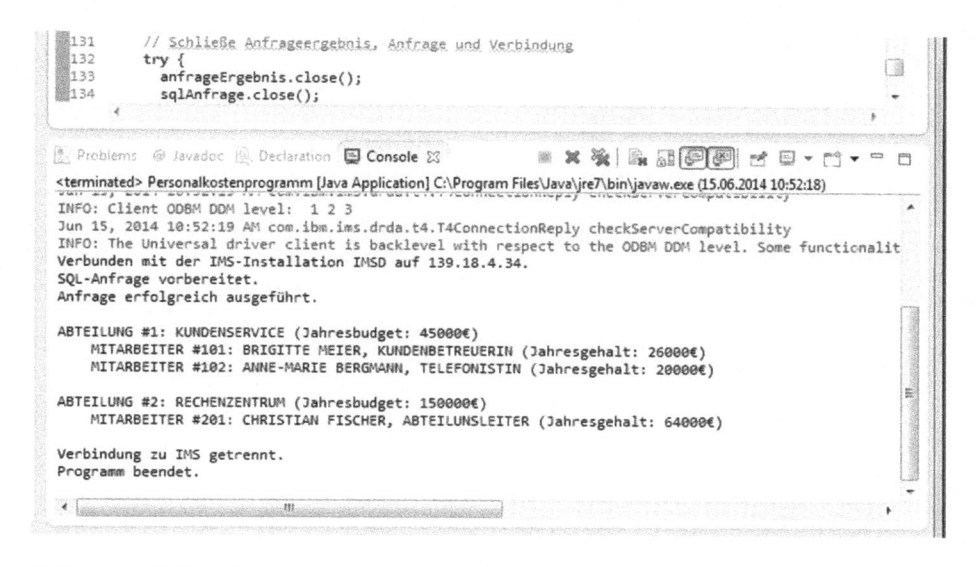

```
131     // Schließe Anfrageergebnis, Anfrage und Verbindung
132     try {
133        anfrageErgebnis.close();
134        sqlAnfrage.close();
```

Problems Javadoc Declaration **Console**
<terminated> Personalkostenprogramm [Java Application] C:\Program Files\Java\jre7\bin\javaw.exe (15.06.2014 10:52:18)
```
INFO: Client ODBM DDM level:   1 2 3
Jun 15, 2014 10:52:19 AM com.ibm.ims.drda.t4.T4ConnectionReply checkServerCompatibility
INFO: The Universal driver client is backlevel with respect to the ODBM DDM level. Some functionalit
Verbunden mit der IMS-Installation IMSD auf 139.18.4.34.
SQL-Anfrage vorbereitet.
Anfrage erfolgreich ausgeführt.

ABTEILUNG #1: KUNDENSERVICE (Jahresbudget: 45000€)
    MITARBEITER #101: BRIGITTE MEIER, KUNDENBETREUERIN (Jahresgehalt: 26000€)
    MITARBEITER #102: ANNE-MARIE BERGMANN, TELEFONISTIN (Jahresgehalt: 20000€)
ABTEILUNG #2: RECHENZENTRUM (Jahresbudget: 150000€)
    MITARBEITER #201: CHRISTIAN FISCHER, ABTEILUNSLEITER (Jahresgehalt: 64000€)

Verbindung zu IMS getrennt.
Programm beendet.
```

Abbildung 5.37: Konsolenausgaben des Personalkostenprogramms.

Verändern Sie nun das Programm so, dass die Personalkosten je Abteilung aufsummiert und nach dem letzten Angestellten der Abteilung ausgegeben werden (Abbildung 5.36, 5.37). Lassen Sie das Programm außerdem einen Hinweis ausgeben, sollten bereits die Personalkosten das Budget der Abteilung überschreiten.

Anwendung 12

Aufgabe: Implementieren Sie das Personalkostenprogramm und führen Sie es aus. Erweitern Sie dessen Funktionalität – wie zuvor beschrieben – und fertigen Sie anschließend einen Screenshot des veränderten Programmcodes für die Verarbeitung des Anfrageergebnisses sowie einen Screenshot der Konsolenausgaben des veränderten Programms an. Schicken Sie diese Screenshots gemeinsam mit den zuvor angefertigten an Ihren Betreuer.

5.7 Anhang 1: Lösungen für die Aufgaben im Tutorial

5.7.1 Programmerweiterung um die Errechnung der Personalkosten

Im Folgenden wird eine Beispiellösung für die auf der letzten Seite gestellte Aufgabe gezeigt (siehe Abbildung 5.38). Dazu muss der Quellcode im Abschnitt zur Verarbeitung des Anfrageergebnisses wie folgt angepasst werden:

```
101    // Versuche das Anfrageergebnis zu verarbeiten
102    try {
103        int letzteAbteilung = 0;
104        int personalKosten = 0; int
105        budget = 0;
106        while(anfrageErgebnis.next()) {
107            // Ausgabe der Abteilungsdaten
108            if(anfrageErgebnis.getInt("ABTNR") != letzteAbteilung) {
109                if(letzteAbteilung != 0) { System.out.println("Personalkosten
110                    der Abteilung #"
111                    + letzteAbteilung + " betragen "
112                    + personalKosten + "€");
113                    if(personalKosten > budget) System.out.println("ACHTUNG:
114                        Die Personalkosten der "
115                        + "Abteilung übeschreiten ihr Budget!");
116                }
117                letzteAbteilung = anfrageErgebnis.getInt("ABTNR");
118                personalKosten = 0;
119                budget         =         anfrageErgebnis.getInt("BUDGET");
120                System.out.println("\nABTEILUNG #"
121                    + anfrageErgebnis.getInt("ABTNR") + ": "
122                    + anfrageErgebnis.getString("ABTNAME").trim()
123                    + " (Jahresbudget: "
124                    + anfrageErgebnis.getInt("BUDGET") + "€");");
125            }
126            //   Ausgabe   der   Mitarbeiterdaten
127            System.out.println("    MITARBEITER #"
128                + anfrageErgebnis.getInt("PERSNR") + ": "
129                + anfrageErgebnis.getString("VORNAME").trim() + " "
130                + anfrageErgebnis.getString("NACHNAME").trim() + ", "
131                + anfrageErgebnis.getString("TAETIGKT").trim()
132                + " (Jahresgehalt: "
133                + anfrageErgebnis.getInt("GEHALT") + "€");"); personalKosten
134                += anfrageErgebnis.getInt("GEHALT");
135        }
136        System.out.println();
137    }
138    catch(Exception            exception)              {
139        System.out.println("Verarbeitung des Anfrageergebnisses "
140            + "fehlgeschlagen.\n      Grund: ;
141    }
```

Abbildung 5.38: Erweiterte Verarbeitung des Anfrageergebnisses.

Durch die Anweisungen in den Zeilen 104, 118 und 134 wird die Personalkostenberechnung je Abteilung realisiert. Die Personalkosten werden dann durch die Anweisung in den Zeilen 110 bis 112 ausgegeben. Durch die Anweisungen in den Zeilen 105 und 119 wird es möglich in Zeile 113 zu prüfen, ob die Abteilung ihr Budget schon allein durch die Personalkosten überschreitet. Die Anweisung in den Zeilen 114 und 115 gibt dann gegebenenfalls einen Hinweis dazu aus. Damit ergeben sich die folgenden Programmausgaben:

```
113         if(personalKosten > budget)
114             System.out.println("ACHTUNG: Die Personalkosten der "
115                 + "Abteilung überschreiten ihr Budget!");
```

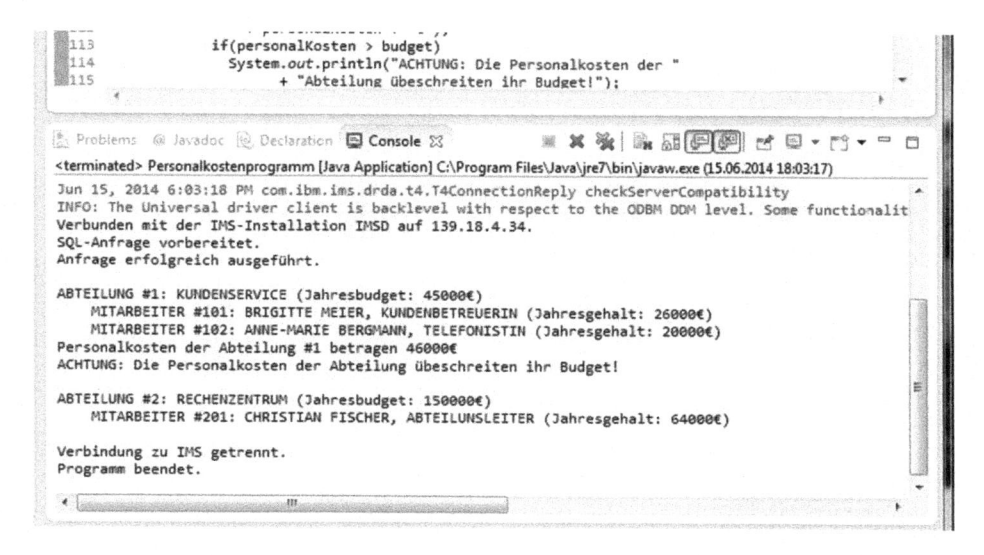

```
<terminated> Personalkostenprogramm [Java Application] C:\Program Files\Java\jre7\bin\javaw.exe (15.06.2014 18:03:17)
Jun 15, 2014 6:03:18 PM com.ibm.ims.drda.t4.T4ConnectionReply checkServerCompatibility
INFO: The Universal driver client is backlevel with respect to the ODBM DDM level. Some functionalit
Verbunden mit der IMS-Installation IMSD auf 139.18.4.34.
SQL-Anfrage vorbereitet.
Anfrage erfolgreich ausgeführt.

ABTEILUNG #1: KUNDENSERVICE (Jahresbudget: 45000€)
    MITARBEITER #101: BRIGITTE MEIER, KUNDENBETREUERIN (Jahresgehalt: 26000€)
    MITARBEITER #102: ANNE-MARIE BERGMANN, TELEFONISTIN (Jahresgehalt: 20000€)
Personalkosten der Abteilung #1 betragen 46000€
ACHTUNG: Die Personalkosten der Abteilung überschreiten ihr Budget!

ABTEILUNG #2: RECHENZENTRUM (Jahresbudget: 150000€)
    MITARBEITER #201: CHRISTIAN FISCHER, ABTEILUNSLEITER (Jahresgehalt: 64000€)

Verbindung zu IMS getrennt.
Programm beendet.
```

Abbildung 5.39: Konsolenausgaben des erweiterten Personalkostenprogramms.

6 Transaktionsverarbeitung

6.1 Zwei-Tier- und Drei-Tier-Konfiguration

Eine typische Client/Server-Anwendung besteht aus einem Anwendungsprozess, der auf Daten zugreift. Die Daten werden häufig in einer relationalen Datenbank gehalten und von einem getrennten Datenbank-Prozess verwaltet. Dieser Zusammenhang ist in Abbildung 6.1 dargestellt.

Eine saubere Strukturierung trennt den Anwendungsprozess in zwei Komponenten: Business-Logik und Präsentations-Logik. Business-Logik verarbeitet die Eingabedaten des Endbenutzers und erzeugt Ausgabedaten für den Endbenutzer, z. B. in Form einer C/C++-Datenstruktur. Präsentations-Logik übernimmt diese Datenstruktur und setzt sie in eine für den Endbenutzer ansprechende graphische Bildschirmdarstellung um, z. B. unter Einsatz der Möglichkeiten der Windows-Oberfläche. Bei den Endbenutzergeräten spielen neben PC-Arbeitsplätzen Geräte wie Registrierkassen, Geldausgabeautomaten, Palmtops, Mobiltelefone und Industrieelektronik eine zunehmende Rolle.

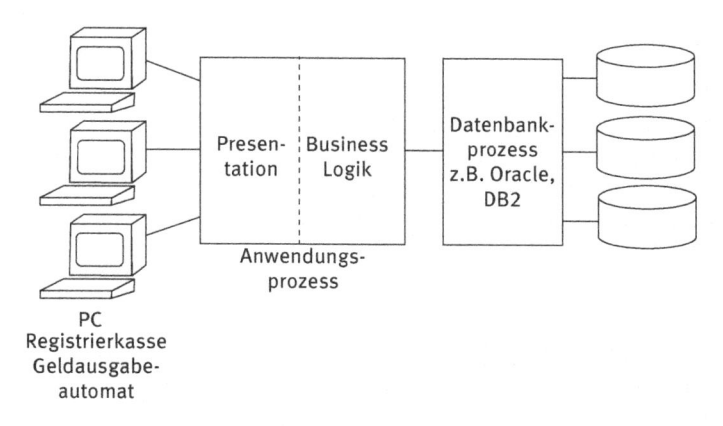

Abbildung 6.1: Aufteilung des Anwendungsprozesses in Präsentations-Logik und Anwendungs-Logik.

Client/Server-Systeme wurden in ihrer Anfangszeit in der sog. *Zwei-Tier-Konfiguration* populär (siehe Abbildung 6.2).

Hierbei beinhaltet der Klient das Anwendungsprogramm (Business-Logik) sowie die Präsentations-Logik. Unter letzterer verstehen wir die Software, welche die Ergebnisse der Berechnungen auf eine für den Endbenutzer ansprechende Art auf dem Bildschirm darstellt.

Der Server dient z. B. als Datenbank-Server der zentralen Speicherung von Daten, auf die zahlreiche Klienten (z. B. die Mitarbeiter einer Fachabteilung) gemeinsam zugreifen.

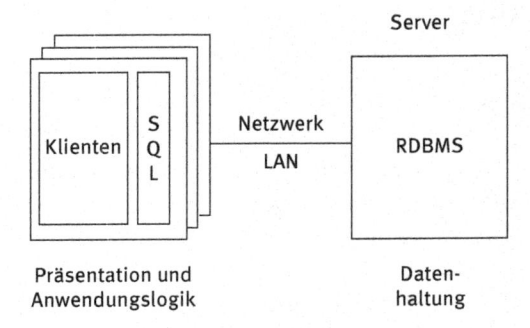

Abbildung 6.2: Zweistufige Client/Server-Architektur (Zwei-Tier Client/Server-Architektur).

Verwendet der Server ein *Relationales Daten Bank Management System* (RDBMS), zum Beispiel Produkte wie Oracle oder DB2, so wird als Kommunikationsprotokoll zwischen Klient und Server *Structured Query Language* (SQL) eingesetzt. In diesem Fall befindet sich auf dem Klienten ein SQL-Klient als Datenbank-Klient. Der SQL-Klient nimmt Datenbank-Aufrufe in Form von SQL-Statements entgegen und setzt sie auf geeignete Art in (proprietäre) RDBMS-Datenbankaufrufe um.

Die Anwendungsentwicklung der Klient-Programme erfolgt häufig mit Werkzeugen wie Power Builder oder Visual Basic.

Derartige Konfigurationen arbeiten gut, wenn die folgenden Annahmen zutreffen:
- einfache Transaktionen (zum Beispiel Typ TPC-A),
- < 200 Klienten (bei komplexen Transaktionen evtl. nur < 10 Klienten),
- < 100 000 Transaktionen / Tag (deutlich weniger bei komplexen Transaktionen),
- LAN-Umgebung,
- 1 oder wenige Server,
- mäßige Sicherheitsanforderungen.

Mit wachsender Anzahl von Benutzern oder wachsender Komplexität der Transaktionen skaliert die Zwei-Tier-Konfiguration schlecht, siehe Abbildung 6.3.
Gründe hierfür sind:
- Datenvolumen auf dem Netzwerk,
- Datensatz-Lock Contention,
- Verteilung der Klient-Software,
- Sicherheit durch *Access Control Lists* (hat ein Benutzer Zugriff zu den Daten, so ist die Benutzung nicht kontrolliert).

Die Lösung für dieses Problem ist die dreistufige Client/Server-Architektur (Drei-Tier-Client/Server-Architektur, siehe Abbildung 6.4). Sie skaliert wesentlich besser (siehe Abbildung 6.5).

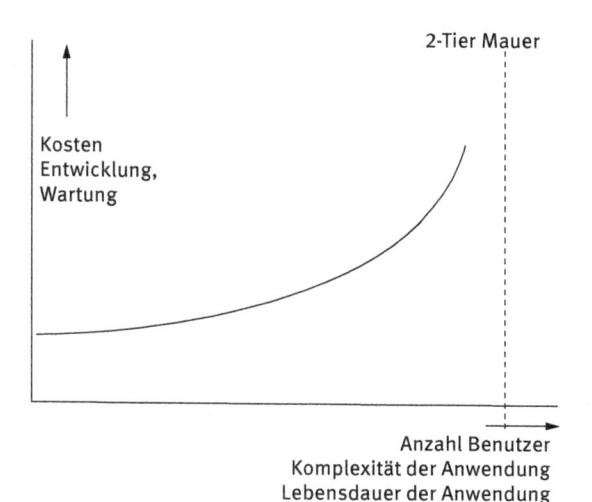

Abbildung 6.3: Skalierung der Zwei-Tier-Architektur.

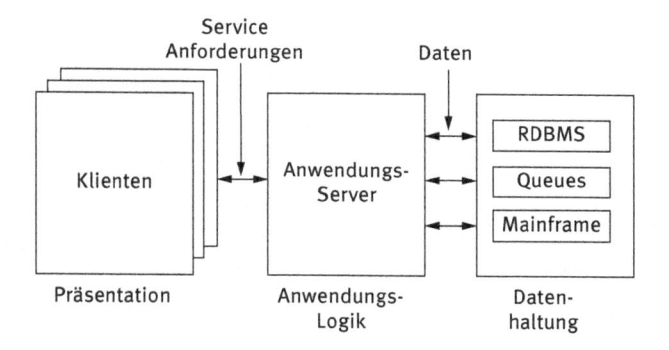

Abbildung 6.4: Dreistufige Client/Server-Architektur (Drei-Tier-Client/Server-Architektur).

Die Gründe hierfür sind:
- Service-Anforderungen generieren weniger Datenvolumen.
- Der Anwendungsserver optimiert Lock Contention.
- Mehrfache Anwendungsserver sind möglich (Anwendungsreplikation).
- Eine Zugriffskontrolle auf Service-Basis ist möglich.

Transaktionsmonitore werden als Drei-Tier-Architektur implementiert.

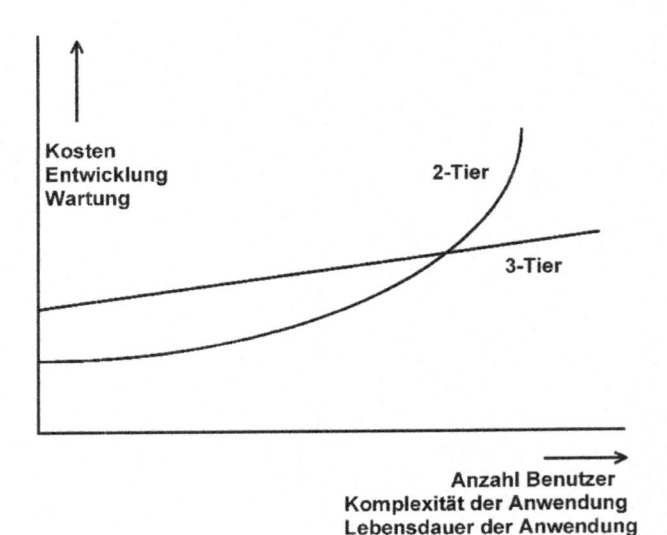

Abbildung 6.5: Skalierung der Zwei- und der Drei-Tier-Architektur.

6.2 Transaktionen

6.2.1 Definition

In Client/Server-Systemen sind Fehler möglich, die bei einem Prozess auf einem einzigen Rechner nicht auftreten können. Beispielsweise kann ein Server eine Prozedur nicht beenden oder ein Klient wird während eines Server-Aufrufs abgebrochen. Sowohl Hardware- als auch Software-Fehler können die Ursache sein.

Transaktionen sind Client/Server-Anwendungen, welche die auf einem Server gespeicherten Daten von einem definierten Zustand in einen anderen überführen. Eine Transaktion ist eine atomare Operation: Die Transaktion wird entweder ganz oder gar nicht durchgeführt.

Eine Transaktion ist die Zusammenfassung von mehreren Datei- oder Datenbankoperationen, die entweder
- erfolgreich abgeschlossen wird oder
- die Datenbank unverändert lässt.

Die Datei/Datenbank bleibt in einem konsistenten Zustand: Entweder vor Anfang oder nach Abschluss der Transaktion. Im Fehlerfall oder bei einem Systemversagen werden alle in Arbeit befindlichen Transaktionen abgebrochen und alle evtl. bereits stattgefundenen Datenänderungen automatisch rückgängig gemacht. Wird eine Transaktion abgebrochen, werden keine Daten abgeändert.

Abbildung 6.6 zeigt als Beispiel einer Transaktionsverarbeitungs-Anwendung eine Auftragseingangs-Bearbeitung in einem größeren Unternehmen. Die an den Bildschirmen eingegebenen Aufträge lösen eine Reihe von Aktionen aus. Beispiele sind:
- Reduzierung des Lagerbestandes,
- Rechnung schreiben,
- Veränderungen in der Debitoren- und Kreditorenbuchhaltung,
- Erstellung eines Lieferscheins, Lieferaufträgen, Bestätigung an den Kunden,
- Nachbestellung der ausgelieferten Artikel,
- je nach Unternehmensgröße eine Vielzahl weiterer Aktionen.

Alle diese Aktionen müssen entweder alle oder gar nicht erfolgen; zum Beispiel muss eine fehlerhafte Benachrichtigung des Kunden über Auftragsannahme und Lieferschein ggf. wieder rückgängig gemacht werden können.

Unter einer *e-Business B2B (Business-to-Business)-Komponente* verstehen wir einen Ansatz, bei dem Aktionen zwischen unterschiedlichen Unternehmen vollautomatisch über das Internet ohne Bearbeitung durch einen menschlichen Sachbearbeiter erfolgen. Wir gehen davon aus, dass in einigen Jahren jede durch einen menschlichen Sachbearbeiter ausgelöste Transaktion 100 Folgetransaktionen erzeugen wird, die automatisch von Computer zu Computer generiert werden.

Einige Anwendungsbeispiele für Transaktionssysteme sind:
- Auskunftssysteme,
- Buchungssysteme (zum Beispiel Flugplatzreservierung),
- Geldausgabeautomaten,
- Auftragsbearbeitung,
- Lagerbestandsverwaltung.

6.2.2 ACID-Eigenschaften

Wir bezeichnen die Ausführung eines Anwendungsprogramms als eine Transaktion, wenn sie den ACID-Eigenschaften genügt. ACID ist eine Abkürzung für die Begriffe: *Atomicity*, *Consistency*, *Isolation* und *Durability*. Im Einzelnen verstehen wir darunter:

Atomizität (Atomicity)
- Eine Transaktion wird entweder vollständig ausgeführt oder überhaupt nicht.
- Der Übergang vom Ursprungszustand zum Ergebniszustand erfolgt ohne erkennbare Zwischenzustände unabhängig von Fehlern oder Systemausfällen.
- Änderungen betreffen Datenbanken, Messages, Transducer und andere.

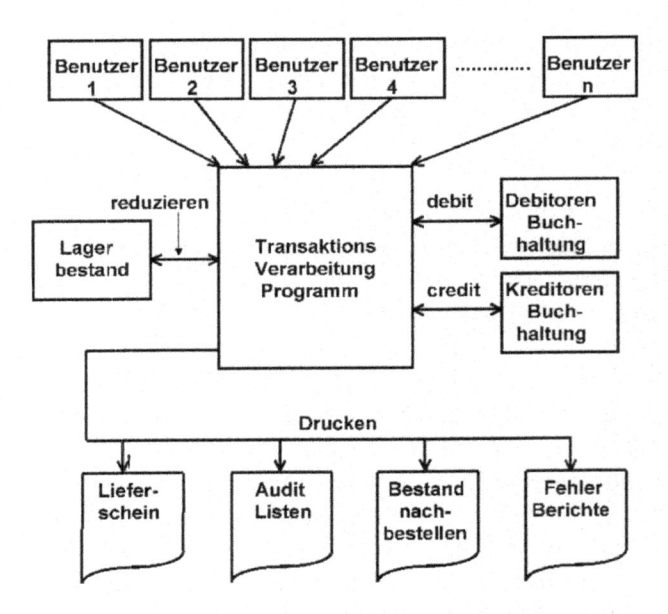

Abbildung 6.6: Beispiel für eine Transaktionsverarbeitungs-Anwendung.

Konsistenzerhaltung (Consistency)
- Eine Transaktion überführt das System von einem konsistenten Zustand in einen anderen konsistenten Zustand.
- Daten sind konsistent, wenn sie durch eine Transaktion erzeugt wurden (Datenkonsistenz kann nicht zu Beginn einer Transaktion überprüft werden.).

Isolation
- Die Auswirkungen einer Transaktion werden erst nach ihrer erfolgreichenBeendigung für andere Transaktionen sichtbar.
- Single User Mode-Modell: Selbst wenn 2 Transaktionen gleichzeitig ausgeführtwerden, wird der Schein einer seriellen Verarbeitung gewahrt.

Dauerhaftigkeit (Durability)
- Die Auswirkungen einer erfolgreich beendeten Transaktion gehen nicht verloren.
- Das Ergebnis einer Transaktion ist real mit allen Konsequenzen. Es kann nur mit einer neuen Transaktion rückgängig gemacht werden.
- Die Zustandsänderung überlebt nachfolgende Fehler oder Systemausfälle.

6.3 Stored Procedures

6.3.1 Arbeitsweise

Ein erheblicher Anteil aller wirtschaftlich relevanten Daten wird in relationalen Datenbanken gespeichert. Ein Anwendungsprogramm implementiert typischerweise relationale Datenbankzugriffe über *eingebettete SQL-Anweisungen (Embedded SQL)*. Diese werden durch exec sql eingeleitet und durch ein spezielles Symbol (z. B. „; " in C++) beendet. Dies erlaubt einem Precompiler die Unterscheidung der Anweisung exec sql von anderen Anweisungen. Das folgende Beispiel zeigt eine Embedded SQL-Anweisung in einem C++-Programm:

```
main( )
{
    . . . . . . . .
    . . . . . . . .
    exec sql insert into PERS (PNR, PNAME) values
    (4711, ,Ernie');
    . . . . . . . .
    . . . . . . . .
}
```

Erfolgt ein SQL-Zugriff auf eine Datenbank auf dem gleichen Rechner (siehe Abbildung 6.7), so wird der Datenbankprozess in der Regel in einem separaten virtuellen Adressraum implementiert. In einem Datenbanksystem wie Oracle oder DB2 hat der SQL-Update-Aufruf ACID-Eigenschaften.

Häufig ist die Situation möglich, dass eine Gruppe von SQL-Aufrufen entweder insgesamt oder aber gar nicht ausgeführt werden soll. In diesem Fall kann man der Gruppe ACID-Eigenschaften verleihen, indem man sie mit den Statements begin_transaction und commit einrahmt. Dies ist in Abbildung 6.8 dargestellt.

Der Datenbank-Zugriff ist in der Regel ein separater Prozess. Es spielt dann keine Rolle, ob dieser Prozess auf dem gleichen physikalischen Rechner wie die Anwendung läuft (siehe Abbildung 6.2) oder aber auf einem separaten Rechner (siehe Abbildung 6.4).

Die hier gezeigten Abbildungen 6.7 bis 6.9 entsprechen der grundsätzlichen Darstellung von Abbildung 6.2.

Eine *Stored Procedure* führt eine Gruppe von zusammenhängenden SQL-Statements aus. Sie bündelt SQL-Statements bei Zugriffen auf relationale Datenbanken. Hierbei werden viele vom Klienten an den Server übergebene SQL-Statements durch eine einzige *Stored Procedure-Nachricht* ersetzt. Die Stored Procedure wird durch ein Programm implementiert und innerhalb des Datenbankprozesses ausgeführt (siehe Abbildung 6.10).

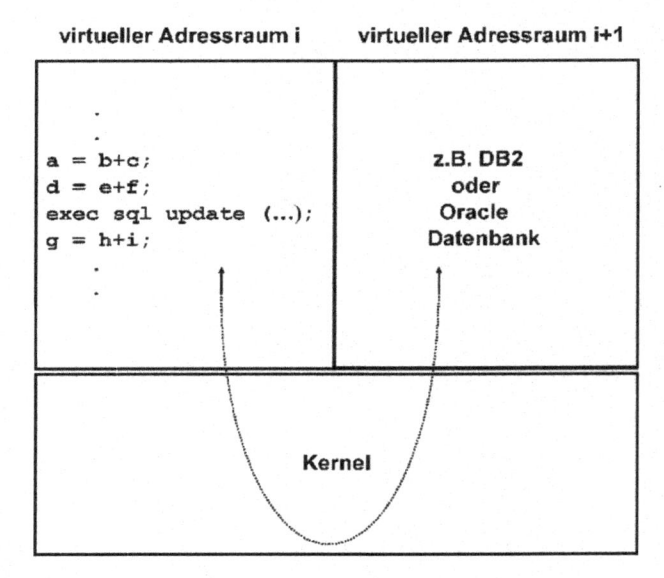

```
                virtueller Adressraum i     virtueller Adressraum i+1

                    .
                    .
                a = b+c;                         z.B. DB2
                d = e+f;                           oder
                exec sql update (...);            Oracle
                g = h+i;                        Datenbank
                    .
                    .


                                Kernel
```

Abbildung 6.7: Embedded SQL.

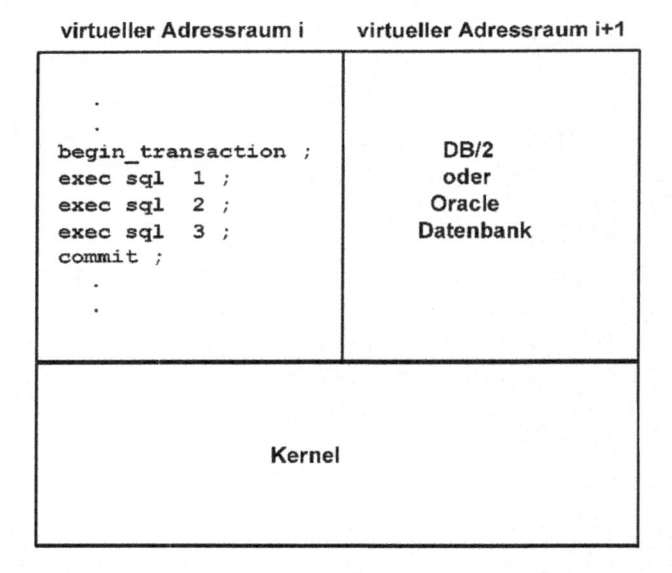

```
                virtueller Adressraum i     virtueller Adressraum i+1

                    .
                    .
                begin_transaction ;              DB/2
                exec sql   1 ;                   oder
                exec sql   2 ;                  Oracle
                exec sql   3 ;                Datenbank
                commit ;
                    .
                    .


                                Kernel
```

Abbildung 6.8: ACID-Eigenschaften für eine Gruppe von SQL-Aufrufen.

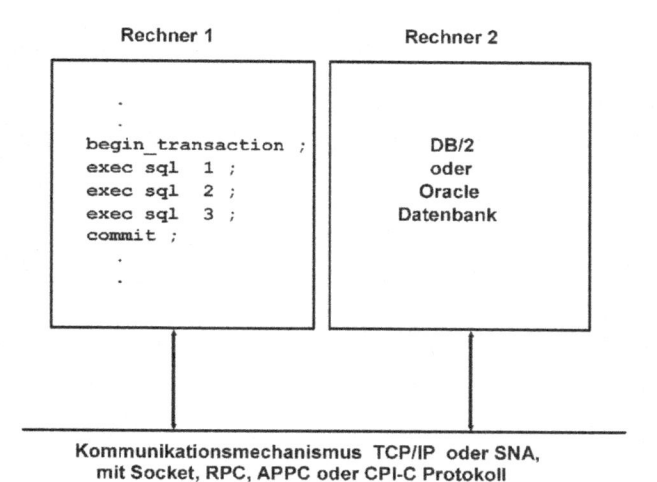

```
         Rechner 1                    Rechner 2
    ┌──────────────────┐         ┌──────────────────┐
    │ .                │         │                  │
    │ .                │         │                  │
    │ begin_transaction;│        │      DB/2        │
    │ exec sql   1 ;   │         │      oder        │
    │ exec sql   2 ;   │         │     Oracle       │
    │ exec sql   3 ;   │         │    Datenbank     │
    │ commit ;         │         │                  │
    │ .                │         │                  │
    │ .                │         │                  │
    └────────┬─────────┘         └─────────┬────────┘
             │                             │
             └─────────────┬───────────────┘
```
         Kommunikationsmechanismus TCP/IP oder SNA,
         mit Socket, RPC, APPC oder CPI-C Protokoll

Abbildung 6.9: ACID-Eigenschaften für eine Gruppe von SQL-Aufrufen.

Beispiel
Bei einem Flugplatzreservierungssystem bewirkt eine Transaktion die Erstellung oder Abänderung mehrerer Datenbankeinträge:
- Passenger Name Record (neu),
- Flugzeugauslastung (ändern),
- Platzbelegung (ändern),
- Sonderbedingungen wie z. B. vegetarische Verpflegung (ändern).

Für jede Änderung eines Datenbankeintrags wird ein eigenes SQL-Statement benötigt. Die Gruppe der SQL-Statements hat ACID-Eigenschaften. Im Vergleich zu Abbildung 6.9 kann der Einsatz von Stored Procedures das Leistungsverhalten wesentlich verbessern.

DB2 erlaubt die Benutzung aller üblichen Programmiersprachen für die Erstellung von Stored Procedures. Oracle verfügt über eine eigene Script-Sprache. An Stelle von begin_transaction werden je nach Umgebung auch andere Schlüsselwörter wie zum Beispiel beginwork eingesetzt. Wird die Transaktion auf Grund eines Fehlers nicht ausgeführt sondern abgebrochen, werden Schlüsselwörter wie abort, backout, rollback und andere benutzt. Die unterschiedlichen Schlüsselwörter haben in der Regel jedoch eine sehr ähnliche Semantik.

Im einfachsten Fall kann nur eine Stored Procedure innerhalb eines Datenbank-Programms in jedem Augenblick aktiv sein. Das Datenbanksystem blockiert weitere RPC-Aufrufe solange, bis der laufende Aufruf abgeschlossen ist.

Stored Procedures werden manchmal als *TP light* bezeichnet, im Gegensatz zu einem *TP heavy Transaktionsmonitor*. Letzterer startet eigene Prozesse für mehrfache Aufrufe; innerhalb der Prozesse können nochmals Threads eingesetzt werden. In dem Umfang, in dem Datenbankhersteller den Funktionsumfang ihrer Stored Procedure-

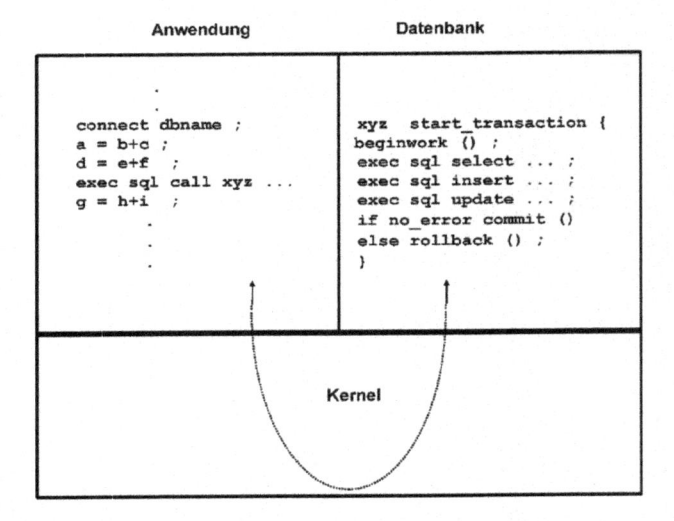

```
              Anwendung              Datenbank
        ┌──────────────────────┬──────────────────────────────┐
        │    .                 │                              │
        │    .                 │                              │
        │ connect dbname ;     │ xyz  start_transaction {     │
        │ a = b+c ;            │ beginwork () ;               │
        │ d = e+f ;            │ exec sql select ... ;        │
        │ exec sql call xyz ...│ exec sql insert ... ;        │
        │ g = h+i ;            │ exec sql update ... ;        │
        │    .                 │ if no_error commit ()        │
        │    .                 │ else rollback () ;           │
        │    .                 │ }                            │
        │         ↑            │          ↑                   │
        ├─────────┼────────────┴──────────┼──────────────────┤
        │          ╲                     ╱                   │
        │           ╲      Kernel       ╱                    │
        │            ╲                 ╱                     │
        │             ╲_____╱                      │
        └─────────────────────────────────────────────────────┘
```

Abbildung 6.10: Stored Procedure.

Einrichtungen vergrößern, beginnen sich die Unterschiede zwischen Stored Procedures und Transaktions-Monitoren zu verwischen.

6.3.2 Implementierung von Stored Procedures

Für die ACID-Implementierung einer Stored Procedure gibt es zwei unterschiedliche Ansätze:

Der *optimistische Ansatz* besteht aus den folgenden Schritten:
- Daten mit Zeitstempel (oder Versions-Nr.) versehen, zum Beispiel zusätzliches Feld in SQL-Tabelle,
- Daten verarbeiten,
- if Zeitstempel unverändert then commit else rollback.

Der *pessimistische* Ansatz besteht aus den Schritten:
- Daten mit Lock versehen,
- Daten verarbeiten,
- Ergebnis speichern,
- Reset Lock.

Der optimistische Ansatz geht von der Annahme aus, dass während der Verarbeitungszeit kein anderer Prozess auf die gleichen Daten zugreift. Falls doch ein Zugriff erfolgt, dann setzt ein Rollback ein. Bei starker Belastung steigt die Anzahl der Rollbacks exponentiell an. Deshalb werden bei starker Belastung Locks eingesetzt. Die Prozesse müssen auf die explizite Datenfreigabe warten.

Unabhängig von der ACID-Implementierung existieren zwei Alternativen für die Prozessverwaltung. Es ist möglich, einen eigenen Prozess für jeden aktiven Klienten zu unterhalten (siehe Abbildung 6.11). Dieses Verfahren ist sehr robust, erfordert jedoch bei einer größeren Anzahl von Klienten den Einsatz eines eigenen Transaktionsmonitors. Implementierungsbeispiele sind DB2, Informix und ältere Oracle-Versionen.

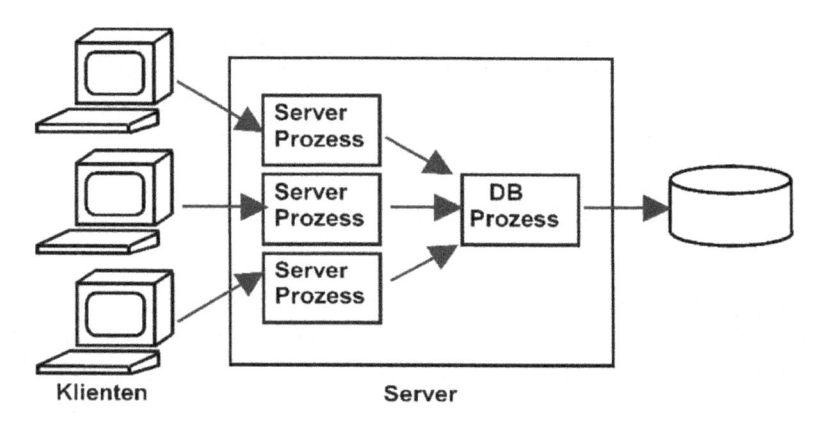

Abbildung 6.11: Prozessverwaltung mit einem Serverprozess pro Klient.

Da für zahlreiche Benutzer die Bereitstellung eines eigenen Prozesses mit einem eigenen virtuellen Adressraum sehr aufwendig ist, besteht die Möglichkeit einer *Multithreaded-Verarbeitung* (siehe Abbildung 6.12). Hierbei laufen alle Server-Arbeiten, evtl. einschließlich des Datenbankprozesses, als ein einziger *Multithreaded-Prozess*. Dieser Ansatz zeigt ein besseres Leistungsverhalten als in der Abbildung 6.11 dargestellt, schirmt die einzelnen Subprozesse aber nur unvollkommen voneinander ab. Implementierungsbeispiele sind neuere Oracle-Versionen, Sybase und der SQL-Server.

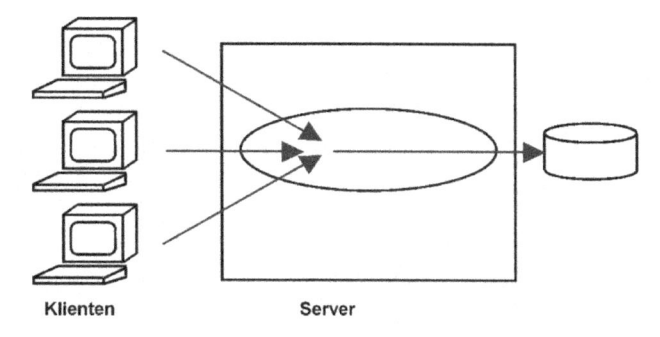

Abbildung 6.12: Multithreaded-Prozessverarbeitung.

6.4 Beispiel IMS Transaktion

Im dritten Teil dieser Übung zu IMS [41] soll eine Transaktionsanwendung unter IMS und deren Aufruf dargestellt werden. Wie schon im zweiten Teil wird dafür Java als Programmiersprache und SQL für den Datenzugriff. Benutzt. Im Laufe der Anwendung wird einerseits eine unter IMS-Kontrolle laufende Transaktionsanwendung entwickelt, durch die das Budget einer Abteilung aktualisiert werden kann, und zum anderen ein unter dem lokalen Betriebssystem des Nutzerslaufendes Client-Programm, welches die Transaktion aufruft. Auch wenn beide Programme sehr einfach sind, sind dennoch zahlreiche Schritte zur Einrichtung nötig. Der Nutzer benötigt das in den ersten beiden Teilen des Anwendungsbeispiels erworbene Wissen, um einige dieser Schritte erfolgreich durchführen zu können.

6.4.1 Vorbereitungen unter z/OS

Für das zu implementierende Transaktionsprogramm wird zunächst ein neuer PSB benötigt. Dieser soll den Namen PRAKxxxT tragen und als Member UPBUDGET im Dataset PRAKxxx.IMS.SOURCE gespeichert werden. Weiterhin soll der PSB einen Database PCB mit dem Namen PRAKxxxA enthalten, welcher lediglich auf die für die Aktualisierung benötigten Felder ABTNR und BUDGET des Segments ABTEILNG Zugriffsrechte erteilt. Die Erläuterungen im ersten Teil des Beispiels sollten bei der Erstellung des neuen PSBs helfen.

Nachdem der Nutzer den neuen PSB PRAKxxxT erstellt und gespeichert hat, muss eine PSB- Generierung durchgeführt werden. Dafür ist im JCL-Skript, das im Member PSBGEN des Datasets PRAKxxx.IMS.JCL gespeichert ist, nach dem Generierungsschritt für den PSB PRAKxxxP einen weiteren Generierungsschritt für den neuen PSB einzufügen. Das Submitten des Jobs erfolgt anschließend.

Sollte die erneute PSB-Generierung fehlerfrei gelaufen sein, wird die ACB- Generierung fortgeführt. Dazu muss die BUILD-Anweisung des JCL-Skripts um ein Komma und den Namen des neuen PSBs erweitert werden. Außerdem muss diese Namensliste durch runde Klammern umschlossen sein. Ein Return Code 4 bei der anschließenden Ausführung des Jobs besagt in der Regel nur, dass der bereits im ersten Teil des Beispiels generierte ACB der referenzierten DBD PRAKxxxA in der Bibliothek IMS13.ACB-LIB nicht ersetzt wurde, weil an ihm keine Änderung erfolgte.

Da der neu entstandene ACB für den Online-Betrieb zugeordnet ist, muss dieser auch in die aktive ACBLIB gebracht werden. Der Nutzer führt, wie im zweiten Teil des Beispiels beschrieben, einen Online Change durch. Dafür soll er durch Ausführung des Online Change Copy Utility sowohl vor dem Online Change als auch danach von der Staging ACBLIB in die jeweils inaktive ACBLIB kopieren.

Anwendung 13

Aufgabe: Erstellen Sie den PSB PRAKxxxT. Passen Sie anschließend die JCL-Skripte für die PSB- sowie für die ACB-Generierung an und führen Sie diese aus. Gehen Sie im Fehlerfall zunächst selbst auf die Fehlersuche und beachten Sie die Hinweise im Anhang A1 des Tutorials 16a. Wenn alles fehlerfrei lief, machen Sie jeweils Screenshots vom neuen PSB sowie von den angepassten JCL-Skripten. Führen Sie anschließend auf die in Tutorial 16b beschriebene Art und Weise einen Online Change mit vor- und nachgelagertem Lauf des Online Change Copy Utility durch.

Nachdem der neue PSB definiert und generiert wurde, müssen nun für das neue Programm und für die Transaktion neue IMS-Ressourcen definiert werden. Es wird dafür wie bereits beschrieben in den Dialog IMS Create New Resource gewechselt, es wird das Programm für die zu definierende Ressource ausgewählt mit dem Namen PRAKxxxT. Nach der Bestätigung erreicht man den Dialog IMS Create Programs. Es müssen auch dieses Mal keine Änderungen an den gezeigten Standardwerten vorgenommen werden. ES wird wieder bestätigt und mit F12 zurückgekehrt in den Dialog IMS Create New Resource.

Transaction als zu definierende Ressource wird anschließend ausgewählt. Der Name wird nicht verändert und bestätigt. Es erscheint der Dialog IMS Create Transactions. An dieser Stelle müssen die in den in Abbildungen 6.13 und 6.14 gezeigten Änderungen vorgenommen werden. Gehen Sie Der Nutzer bewegt sich mit F8 nach unten, um von dem in Abbildung 6.13 gezeigten Screen zu dem in Abbildung 6.14 gezeigten zu gelangen.

Man ändert zunächst die Klasse, unter der das Transaktionsprogramm im Transaktionsmanager IMS/TM läuft. Diese Angabe ist wichtig, da darüber die Transaktion einer festgelegten IMS Region, einem von IMS/TM kontrollierten Adressraum, zugeordnet wird. In diesem Fall wird das eine sogenannte Java Message Processing Region sein. JMPs dienen zur Ausführung von in Java implementieren IMS-Transaktionsprogrammen. Dies wird später in diesem Beispiel noch genauer erläutert.

Ein- und Ausgabenachrichten für Transaktionsprogramme sind wie die Datenbank in Segmente unterteilt. Die zweite Änderung stellt ein, dass die Nachrichten, welche die Transaktionsanwendung später bekommt und versendet, aus nur einem Segment bestehen.

Die dritte Änderung definiert das zur Transaktion gehörende Programm. Die letzte beschränkt die Ausführungszeit für das Transaktionsprogramm auf maximal 30 Sekunden CPU-Zeit.

Nachdem die Änderungen vorgenommen wurden, wird betätigt. Es sollte eine Meldung erscheinen, dass die Transaktion PRAKxxxT erfolgreich angelegt wurde. Danach wird die IMS Applications verlassen, und der Nutzer loggt sich aus dem TSO aus.

Verbinden Sie sich erneut mit dem System und loggen Sie sich – wie im zweiten Teil des Tutorials beschrieben – unter IMS ein. Lassen Sie sich mit dem Befehlen /DISPLAY PROGRAM ALL und /DISPLAY TRANSACTION ALL alle Programme bzw. Transaktionen anzeigen und kontrollieren Sie, ob Ihre korrekt definiert wurden.

```
    File  Action  Manage resources  SPOC  View  Options  Help

    PLEX1              IMS Create Transactions                  Top   of   data
    Command ===> _____


    _____  Plex . . _____  Route . . _____  Wait . . _____
    Press Enter to continue

                                                                    More:    +

    * NAME     Database name. . . .  PRAKxxxT_____
    SET
        AOCMD     AOI command option . . . . . . . N          CMD, N, Tran, Y
        CLASS     Class. . . . . . . . . . . . . . 62         1-999

        CMTMODE   Commit mode. . . . . . . . . . . SNGL       Sngl, Mult
        CONV      Conversational . . . . . . . . . N          Y, N

        DCLWA     Log write-ahead option . . . . . Y          Y, N
        DIRROUTE  MSC direct routing option. . . . N          Y, N
        EDITRTN   Input edit routine . . . . . . . _____
        EDITUC    Edit to uppercase. . . . . . . . Y          Y, N

        EMHBSZ    EMH buffer size. . . . . . . . . _____     12-30720
        EXPRTIME  Expiration time in seconds . . . _____     0-65535

        FP        Fastpath processing option . . . N          N, E, P
        INQ       Inquiry option . . . . . . . . . N          Y, N
        LCT       Limit count. . . . . . . . . . . 65535      1-65535

    F1=Help      F3=Exit      F4=Showlog    F6=Expand     F9=Retrieve F12=Cancel
```

Abbildung 6.13: IMS Create Transactions (1/2).

Anwendung 14

Aufgabe: Erstellen Sie die Ressourcendefinitionen für das Programm und die Transaktion PRAKxxxT. Lassen Sie sich diese unter IMS anzeigen. Fertigen Sie einen weiteren Screenshot an, auf dem Ihre Transaktionsdefinition zu sehen ist.

Loggen Sie sich nun mit dem Kommandos /RCL aus IMS aus.

6.4.2 Vorbereitungen unter dem lokalen Betriebssystem

Wir benötigen nun zwei neue Entwicklungsprojekte in der Java-Entwicklungsumgebung. Zum einen ein Projekt für das Transaktionsprogramm, zum anderen ein Projekt für den Client zum Aufruf der Transaktion.

Legen Sie zunächst ein neues Projekt mit dem Namen *Budgetaktualisierungstransaktion* an. Wählen Sie dabei unter *Use an execution environment JRE* die *JavaSE-1.7* aus,

```
File  Action  Manage resources  SPOC  View  Options  Help

PLEX1                IMS Create Transactions              Top of data
Command ===> _____

_____ Plex . ._____ Route . ._____ Wait . ._____
Press Enter to continue
                                                         More:    +
   LPRI     Limit priority . . . . . . . . | 1    |     0-14
   MAXRGN   Maximum region count . . . . . | 0    |     0-4095
   MSGTYPE  Message type . . . . . . _._._.|SNGLSEG MSC   Snglseg, Multseg
   MSNAME   logical link path name . . .   _____
   NPRI     Normal scheduling priority . . | 1    |
   PARLIM   Parallel limit count . . . . . . 65535       0-14
   PGM      Program name . . . . . . _._._. PRAK548T     0-32767, 65535
   PLCT     Processing limit count _._._. . 65535
                                                         Name of program
                                                         1-65535
   PLCTTIME Processing limit count time. . . 3000
   RECOVER  Recovery option. . . . . . . . . Y           1-6553500
   REMOTE   Remote option. . . . . . _._._. N
   RESP     Response mode option . . . . . . N           Y, N
   SEGNO    Segment number . . . . . . . . . 0           Y, N
   SEGSZ    Segment size . . . . . . _._._. 0            Y, N
   SERIAL
            Serial option. . . . . . _._._. N            0-65535
   F1=Help        F3=Exit     F4=Showlog    F6=Expand    0-65535
```

Abbildung 6.14: IMS Create Transactions (2/2).

falls Sie eine neuere Java-Version installiert haben. Die Transaktion benötigt neben dem IMS Universal JDBC Driver auch den IMS Java Dependent Regions Resource Adapter. Diesen können Sie aus dem gleichen Verzeichnis, unter welchem auch der IMS Universal JDBC Driver zu finden ist, herunterladen. Er befindet sich im Java-Archiv *imsutm.jar*. Binden Sie sowohl den IMS Universal JDBC Driver als auch den IMS Java Dependent Regions Resource Adapter in den Build-Pfad des neuen Projekts ein.

Erstellen Sie nun ein weiteres Projekt mit dem Namen *Transaktionsclient*. Der Client nutzt die IMS Enterprise Suite Connect API for Java um über IMS Connect mit dem Transaktionsmanager IMS/TM zu kommunizieren. Diese API können Sie – wie zuvor den IMS Java Dependent Regions Resource Adapter – aus dem z/OS USS File System herunterladen. Er wurde im gleichen Verzeichnis abgelegt. Das Java-Archiv trägt den Namen *ImsESConnectAPIJavaV3R1Fix1.jar*. Im Gegensatz zum IMS Universal JDBC Driver und zum IMS Java Dependent Regions Resource Adapter wird die IMS Enterprise Suite Connect API for Java nicht direkt mit IMS mitgeliefert. Die frei erhältliche API muss normalerweise separat von der IBM-Webseite heruntergeladen werden. Binden

Sie das Java-Archiv in den Build-Pfad des Client-Projekts ein. Die Vorbereitungen sind damit abgeschlossen.

Anwendung 15

Aufgabe: Erstellen Sie die Entwicklungsprojekte für das Transaktionsprogramm und den Client zu dessen Aufruf.

Binden Sie den IMS Universal JDBC Treiber und den IMS Java Dependent Regions Resource Adapter in Build-Pfad des Projekts für das Transaktionsprogramm ein.

Binden Sie außerdem die IMS Enterprise Suite Connect API for Java in den Build-Pfad des Client-Projekts ein.

6.4.3 Entwicklung der Transaktionsanwendung

Im Entwicklungsprojekt der Budgetaktualisierungstransaktion müssen vier neue Klassen angelegt werden. Alle sollen im Paket *de.unileipzig.systemz.tutorial16c.prakxxx.jmp* enthalten sein. An dieser Stelle ist es absolut entscheidend, dass Sie das prakxxx im Paket-Namen durch Ihre kleingeschriebene und alle weiteren Vorkommen von PRAKxxx durch Ihre großgeschriebene z/OS User-ID ersetzen, da es ansonsten später zu Konflikten mit anderen Usern oder zu Berechtigungsproblemen kommen kann.

Zunächst legen wir wiederum eine Metadatenklasse für den PSB an, welcher zum Datenbankzugriff genutzt wird. Die neue Klasse trägt analog zu der im zweiten Teil des Tutorials erstellten Metadatenklasse den Namen *PRAKxxxTDatabaseView* und hat den folgenden Quellcode:

Da sich der Quellcode der neuen Metadatenklasse kaum von dem der zuvor erstellten unterscheidet, wird an dieser Stelle auf eine genaue Erläuterung verzichtet. Zu erwähnen ist jedoch, dass in Zeile 17 eine Umbenennung des Segments Abteilung, in Zeile 22 eine Umbenennung des DB PCBs und in Zeile 28 eine Umbenennung des Felds Abteilungsnummer durchgeführt wird. Die Auswirkungen davon werden in der später ausgeführten SQL-Anfrage deutlich.

Als nächstes müssen die Formate der Ein- und Ausgabenachrichten der Transaktion auf eine ähnliche Art und Weise definiert werden. Dazu erstellen wir zwei neue Klassen mit den Namen *Eingabenachricht* und *Ausgabenachricht*. So wie der IMS Universal JDBC Driver die Metadatenklasse (Abbildung 6.15) für die Ausführung von Datenbankzugriffen nutzt, verwendet der IMS Java Dependent Regions Resource Adapter die Nachrichtenklassen für die Interpretation der eingelesenen Eingabenachrichten sowie für die Erstellung der Ausgabenachrichten.

Abbildung 6.16 zeigt den Quellcode der Klasse, welche das Format der Eingabenachricht modelliert. Es werden an dieser Stelle bereits Funktionen des IMS Java Dependent Regions Resource Adapter genutzt. Die in den Zeilen 18 bis 21 zu sehende Definition der Nachrichtenfelder ähnelt der Definition der Segmentfelder in der Metadatenklasse stark. Diese Metainformationen über die Eingabenachricht werden im

```
001 package de.unileipzig.systemz.tutorial16c.prakxxx.jmp;
002
003 import com.ibm.ims.db.*;
004 import com.ibm.ims.base.*;
005
006 public class PRAKxxxTDatabaseView extends DLIDatabaseView {
007     // Konstruktor der Metadatenklasse für den PSB PRAKxxxT
008     public    PRAKxxxTDatabaseView()    {    super("2.0.4",
009        "PRAKxxxT"); createPRAKxxxA();
010     }
011
012     // Methode zur Modellierung des PCB PRAKxxxA
013     private void createPRAKxxxA() {
014         // Modellierung des Segments ABTEILNG der Abteilungsdatenbank
015         DLITypeInfo[] PRAKxxxAABTEILNGArray = PRAKxxxAABTEILNGArray();
016         DLISegment PRAKxxxAABTEILNGSegment = new DLISegment ("ABTEILUNG",
017 "ABTEILNG", PRAKxxxAABTEILNGArray, 48, DBType.HDAM, true);
018         // Modellierung der Segmenthierarchie
019         DLISegmentInfo[] PRAKxxxAarray = new DLISegmentInfo[1]; PRAKxxxAarray[0] = new
020         DLISegmentInfo(PRAKxxxAABTEILNGSegment,
021 DLIDatabaseView.ROOT);
022         //    Übergabe    der    Metadaten    der    Abteilungsdatenbank    an    PSB-Modell
023         addDatabase("ABTEILUNGSDATENBANK", "PRAKxxxA", PRAKxxxAarray, "R",
024 DBType.HDAM, true);
025     }
026
027     // Methode zur Modellierung der Felder des Segments ABTEILNG
028     private   DLITypeInfo[]    PRAKxxxAABTEILNGArray()    {    DLITypeInfo[]
029         PRAKxxxAABTEILNGArray = {
030         new    DLITypeInfo("ABTEILUNGSNUMMER",    DLITypeInfo.INTEGER,    1,   4,    "ABTNR",
031 DLITypeInfo.UNIQUE_KEY, DBType.HDAM, true),
032         new DLITypeInfo("BUDGET", DLITypeInfo.INTEGER, 45, 4, "BUDGET",
033 DBType.HDAM, false)
034         };
035         return PRAKxxxAABTEILNGArray;
036     }
037 }
```

Abbildung 6.15: Quellcode der Metadatenklasse für den PSB PRAKxxxT.

Konstruktor der Klasse in Zeile 28 gemeinsam mit der Gesamtlänge der Nachricht an den Konstruktor der Superklasse *IMSFieldMessage* übergeben. Die Superklasse stellt Funktionen zur Verarbeitung von IMS- Nachrichten zur Verfügung, welche wir später bei der Implementierung der Transaktionsanwendung noch nutzen werden. Die Eingabenachricht enthält neben der in Abbildung 6.16 definierten Abteilungsnummer und dem neuen Budget in der Realität noch eine Vielzahl weiterer Daten wie zum Beispiel Längeninformationen und den Transaktionscode.

Die Ausgabenachricht hat ein sehr ähnliches Format. Über Sie wird dem Client nur Auskunft gegeben, ob die Budgetänderung erfolgreich war oder nicht. Im Fehlerfall wird dabei eine Fehlernachricht übergeben.

Nachdem die Metadatenklasse sowie die Nachrichtenklassen für die Eingabe- und die Ausgabenachricht implementiert sind, kann mit der Programmierung der eigentlichen Transaktion begonnen werden. Dafür erstellen wir eine neue Klasse mit dem Namen *Budgetaktualisierungstransaktion*. Diese soll nun auch eine *main*-Methode enthalten.

Bevor wir uns der schrittweise der Implementierung der Transaktion widmen, soll erst einmal der Ablauf einer solchen Transaktion in IMS/TM geklärt werden:

```
001  package de.unileipzig.systemz.tutorial16c.prakxxx.jmp;
002
003  //Importiere die Klassen für die JDR Resource Adapter-Funktionalität
004  import com.ibm.ims.base.DLITypeInfo;
005  import com.ibm.ims.application.IMSFieldMessage;
006
007  /**
008   * Eingabenachricht der Budgetaktualisierungstransaktion PRAKxxxT.
009   * @author Robert Recknagel, Universität Leipzig
010   * @version 1.0.0, Stand: 20.08.2014
011   */
012  public class Eingabenachricht extends IMSFieldMessage {
013      private static final long serialVersionUID = 1L;
014
015      /**
016       * Diese Variable speichert Metadaten über die Eingabenachricht.
017       */
018      private static final DLITypeInfo[] feldinformationen = {
019          new DLITypeInfo("ABTEILUNGSNUMMER", DLITypeInfo.INTEGER, 1, 4),
020          new DLITypeInfo("BUDGET", DLITypeInfo.INTEGER, 5, 4)
021      };
022
023      /**
024       * Konstruktor der Klasse Eingabenachricht. Der Konstruktor ruft den
025       * Konstruktor der Superklasse IMSFieldMessage auf.
026       */
027      public Eingabenachricht() {
028          super(feldinformationen, 8, false);
029      }
030  }
```

Abbildung 6.16: Quellcode der Eingabenachrichtenklasse.

1. Eine Eingabenachricht gelangt (z. B. wie in unserem Fall über IMS Connect) in eine IMS Message Queue.
2. IMS/TM ermittelt anhand des in der Eingabenachricht enthaltenen Transaktionscodes und der Klassenummer der zu dem Transaktionscode gehörenden Transaktionsdefinition eine IMS Region, welche das entsprechende Transaktionsprogramm ausführen kann.
3. Sobald die IMS Region dazu bereit ist, wird das Transaktionsprogramm scheduled. Dabei ist entscheidend, ob für das Programm paralleles Scheduling aktiviert wurde oder nicht. In ersterem Fall muss mit der Ausführung gegebenenfalls solange gewartet werden, bis die in einer anderen IMS Region laufende Instanz des Programms beendet ist. Dabei spielt es keine Rolle, ob diese Programminstanz unter derselben oder einer anderen IMS-Installation innerhalb desselben läuft. Ist hingegen paralleles Scheduling aktiviert, kann das Transaktionsprogramm ohne Prüfung scheduled werden. Auf diese Art und Weise können viele Instanzen desselben Transaktionsprogramms zur gleichen Zeit laufen.
4. Sobald das Transaktionsprogramm initialisiert wurde und zur Verarbeitung dieser Eingabenachricht bereit ist, liest es die Nachricht aus der Message Queue ein.
5. Das Transaktionsprogramm verarbeitet anschließend die Daten aus der Eingabenachricht, führt eventuell Datenbankabfragen durch und erstellt eine oder mehrere Ausgabenachrichten (Abbildung 6.17) – in unserem Fall nur eine. Möglicherweise kommuniziert das Transaktionsprogramm zudem mit anderen Transaktionsprogrammen.

6. Ausgabenachrichten werden von dem Transaktionsprogramm wiederum in eine Message Queue gestellt. IMS/TM weiß von wo die Eingabenachricht kam und leitet die Ausgabenachrichten dahin zurück, sollte nicht vom Transaktionsprogramm ein alternatives Ziel angegeben worden sein.

```
001 package de.unileipzig.systemz.tutorial16c.prakxxx.jmp;
002
003 //Importiere die Klassen für die JDR Resource Adapter-Funktionalität
004 import com.ibm.ims.application.IMSFieldMessage;
005 import com.ibm.ims.base.DLITypeInfo;
006
007 /**
008  * Ausgabenachricht der Budgetaktualisierungstransaktion PRAKxxxT.
     * @author Robert Recknagel, Universität Leipzig
009  * @version 1.0.0, Stand: 20.08.2014
010  */
011 public class Ausgabenachricht extends IMSFieldMessage {
012     private static final long serialVersionUID = 1L;
013
014     /**
015      * Diese Variable speichert Metadaten über die Ausgabenachricht.
016      */
017     private static DLITypeInfo[] feldinformationen = {
018         new DLITypeInfo("ANTWORT", DLITypeInfo.CHAR, 1, 255)
019     };
020
021     /**
022      * Konstruktor der Klasse Ausgabenachricht. Der Konstruktor ruft den
         * Konstruktor der Superklasse IMSFieldMessage auf.
023      */
024     public Ausgabenachricht() {
025         super(feldinformationen, 255, false);
026     }
027 }
028
029
```

Abbildung 6.17: Quellcode der Ausgabenachrichtenklasse.

Jede Java Message Processing Region hat eine eigene Java Virtual Machine, unter der die Java-Transaktionsprogramme ausgeführt werden. Im Quellcode der Transaktionsanwendung werden Sie eine Menge statischer Variablen sehen. Diese existieren über einen solchen Transaktionsablauf hinaus. Dadurch ist es möglich einige Programmabschnitte nur einmal nach dem ersten Scheduling des Programms zu durchlaufen. Dies spart CPU-Zeit und verringert die durchschnittliche Antwortzeit der Transaktion. Zudem optimiert der JIT Compiler der z/OS Java-Implementierung die Transaktion während der Ausführung, weshalb sie bei vielen Anfragen deutlich schneller wird als bei einer Einzelausführung – wie wir sie später durchführen. Im produktiven Betrieb sind die genannten Aspekte sehr wichtig.

Wir beginnen nun mit der Implementierung der Budgetaktualisierungstransaktion (Abbildung 6.18). Dabei betrachten wir zunächst die nötigen Import-Anweisungen:

```
001 package de.unileipzig.systemz.tutorial16c.prakxxx.jmp;
002
3   //Importiere die Klassen für die JDR Resource Adapter-Funktionalität
4   import com.ibm.ims.dli.tm.Application;
5   import com.ibm.ims.dli.tm.ApplicationFactory;
6   import com.ibm.ims.dli.tm.IOMessage;
7   import com.ibm.ims.dli.tm.MessageQueue;
8   import com.ibm.ims.dli.tm.Transaction;
9   //Importiere die Klassen für die JDBC-Funktionalität
10  import com.ibm.ims.jdbc.IMSDataSource;
11  import java.sql.Connection;
12  import java.sql.PreparedStatement;
13  //Importiere Datumsfunktionen
14  import java.text.SimpleDateFormat;
15  import java.util.Date;
```

Abbildung 6.18: Import-Anweisungen der Budgetaktualisierungstransaktion.

Source 6.17 zeigt die Import-Anweisungen der JMP-Transaktion. In den Zeilen 4 bis 8 werden Klassen des IMS Java Dependent Regions Resource Adapter importiert. Deren Funktion wird im Anschluss bei der Programminitialisierung besprochen. In den Zeilen 10 bis 12 folgt der Import der JDBC-Funktionalität des IMS Universal JDBC Driver, welche auf der Standard JDBC-Funktionalität von Java aufbaut. Zum Schluss werden noch Datumsfunktionen für die Fehlerausgabe importiert.

Im Gegensatz zu der im zweiten Teil des Tutorials implementierten Anwendung besitzt die Transaktionsanwendung eine Reihe von statischen Klassenvariablen. Die folgenden Zeilen Quellcode zeigen diese Variablendefinitionen:

Die umfangreichen Variablendefinitionen in Source 6.18 ermöglichen nicht nur eine schnelle Programmausführung, sondern auch das Halten der Datenbankverbindung über die Grenzen einer einzelnen Transaktion hinweg. Durch die Definition des *IMSDataSource*-Objekts und der Verbindung als statische Klassenvariable bleibt die Datenbankverbindung in der JVM der JMP Region bestehen, selbst wenn das Transaktionsprogramm gerade nicht ausgeführt wird. Das spart zusätzliche Zeit bei der Aus-

```
017 /**
018  * IMS Java Message Processing-Transaktion zur Aktualisierung des
019  * Budgets einer Abteilung in der Datenbank PRAKxxxA.
020  * @author Robert Recknagel, Universität Leipzig
021  * @version 1.0.0, Stand: 20.08.2014
022  */
023
024 public class Budgetaktualisierungstransaktion {
025   /**
026    * Diese Variable definiert eine Transaktionsanwendung.
027    */
028   private static Application anwendung = null;
029   /**
030    * Diese Variable definiert eine Transaktionseinheit.
031    */
032   private static Transaction transaktion = null;
033   /**
034    * Diese Variable definiert eine MessageQueue für die Transaktion.
035    */
036   private static MessageQueue nachrichtenschlange;
037   /**
038    * Diese Variable definiert die Eingabenachricht, die von der
039    * Transaktion verarbeitet wird.
040    */
041   private static IOMessage eingabenachricht;
042   /**
043    * Diese Variable definiert die Ausgabenachricht, die von der
044    * Transaktion erstellt wird.
045    */
046   private static IOMessage ausgabenachricht;
047   /**
048    * Diese Variable speichert alle zentralen Metadaten zur IMS-
049    * Datenbank und dient zur Einrichtung der Datenbankverbindung.
050    */
051   private static IMSDataSource datenquelle;
052   /**
053    * Diese Variable erstellt, hält und schließt die Verbindung zu
054    * IMS/DB.
055    */
056   private static Connection verbindung = null;
057 * Diese Variable dient zur Ausführung von Anfragen in IMS/DB.
058    */
059   private static PreparedStatement sqlAnfrage = null;
060   /**
061    * Diese Variable speichert den Transaktionscode. Dieser wird für
062    * Log-Ausgaben genutzt.
063    */
064   private static final String transaktionscode = "PRAKxxxT";
065   /**
066    * Diese Variable definiert ein Datumsformat für Log-Ausgaben.
067    */
068   private static final SimpleDateFormat datumsformat =
069       new SimpleDateFormat("dd.MM.yyyy HH:mm:ss");
```

Abbildung 6.19: Variablendefinitionen der Budgetaktualisierungstransaktion.

führung der Transaktion – auch wenn der Aufbau der Verbindung lokal sehr schnell geschieht. Da die statischen Variablen in der JVM der Region bestehen bleiben, lohnt auch der Einsatz eines *PreparedStatement*. Die Vorbereitung des Statements erfolgt im Anschluss bei der Programminitialisierung (Abbildung 6.19). Im Zusammenhang mit diesem Code-Abschnitt erfolgt dann auch die Erläuterung der restlichen Klassenvariablen.

Wie bei normalen Java-Programmen wird auch bei JMP-Transaktionen direkt nach dem Scheduling die *main*-Methode ausgeführt. In dieser sollten bei Transaktionen jedoch alle Anweisungen in einen großen *try-catch*-Block eingefasst werden, damit sich Fehler nur auf das Transaktionsprogramm und nicht etwa auf die JVM und somit auf die gesamte JMP Region auswirken. Innerhalb dieses *try-catch*-Blocks steht – wie Sie später sehen werden – ein weiterer solcher Block zum Abfangen von nachrichtenspezifischen Fehlern. Auf diese Art und Weise werden die Auswirkungen von Fehlern so gering wie möglich gehalten. Nach einem Fehler läuft das Transaktionsprogramm in der Regel bereits bei der nächsten Eingabenachricht wieder normal – falls der Fehler nicht im Programmcode oder an einer IMS-Komponente liegt. In unserem Transaktionsprogramm wird bei der Fehlerbehandlung nicht nach der Fehlerart unterschieden, da dies schnell sehr komplex werden kann.

Der äußere *try-catch*-Blocks beginnt mit der Programminitialisierung. Diese wird durch die Anweisung in Zeile 85 (siehe Source 6.4.8) nur ein einziges Mal beim ersten Scheduling des Transaktionsprogramms nach dem Region-Start ausgeführt. Dabei wird zunächst in Zeile 87 eine Instanz der Klasse *Application* erstellt. Durch diese wird die Kernfunktionalität einer IMS-Transaktionsanwendung zur Verfügung gestellt. Anschließend wird in Zeile 89 eine Instanz der Klasse *MessageQueue* erzeugt. Diese ermöglicht sowohl das Einlesen von Eingabenachrichten aus der Message Queue als auch das Versenden von Ausgabenachrichten über die Message Queue. Daraufhin können die Formate der Ein- und Ausgabenachrichten definiert werden. Dies funktioniert durch die den dynamischen Import der Nachrichtenklassen in den Zeilen 91 bis 96. In den Zeilen 98 bis 104 wird die Datenbankverbindung eingerichtet und hergestellt. Dabei kommt im Gegensatz zum zweiten Teil des Tutorials der Treibertyp 2 zum Einsatz. Dieser stellt eine lokale Verbindung zu IMS/DB her. Zum Schluss wird in den Zeile 106 bis 108 das *PreparedStatement* vorbereitet, mit dessen Hilfe später das Abteilungsbudget in der Datenbank geändert wird. An dieser Stelle werden auch die Auswirkungen der Umbenennungen in der Metadatenklasse sichtbar.

Nach der in Source 6.4.9 gezeigten Programminitialisierung kann die Eingabenachricht aus der Message Queue der Transaktion abgeholt werden. Dies geschieht mit einem Get Unique-Call, welcher durch den Java Dependent Regions Resource Adapter ausgeführt wird. Bei der Ausführung des DL/I Calls spielt die Eingabenachrichtenklasse eine entscheidende Rolle, denn sie legt das Format der Eingabenachricht fest. Stimmt das Format einer empfangenen Nachricht nicht, kann es zu einem **AB**normal **END** in der JMP Region kommen. Da die Eingabenachrichtenklasse von der Klasse *IMSFieldMessage* abgeleitet ist, können anschließend die Nachrichteninhalte sehr einfach mit Hilfe der Funktionen dieser Klasse ausgelesen und direkt in die vorbereitete Anfrage eingesetzt werden. Dies geschieht in den Zeilen 118 bis 120 (siehe Abbildung 6.20). In einer produktiv eingesetzten Anwendung würde zuvor noch eine Prüfung des Inhalts durchgeführt – in unserem Fall geschieht dies nur auf der Client-Seite. Nachfolgend kann das SQL-Statement durch die Anweisung in Zeile 122 ausgeführt werden. Kommt es dabei zu keinem Fehler, ist die Budgetänderung erfolgreich durchgeführt worden. Durch die Anweisung in Zeile

```
074     /**
075      * Die Main-Methode implementiert die komplette Funktionalität der
076      * Transaktion.
077      * @param args Dieser Standardparameter wird nicht genutzt.
078      */
079     public static void main(String[] args) {
080         // Fange Fehler aller Art ab, um unnötige ABENDS der JMP-Region zu vermeiden
081         try {
082             // Richte die Transaktionsanwendung ein, falls sie nicht bereits
083             // eingerichtet ist, und stelle die Verbindung zu IMS/DB her
084             if(anwendung == null) {
085                 // Erstelle eine neue Transaktionsanwendung
086                 anwendung = ApplicationFactory.createApplication();
087                 // Richte eine neue Nachrichtenschlange für die Anwendung ein
088                 nachrichtenschlange = anwendung.getMessageQueue();
089                 // Lege das Format der Ein- und Ausgabenachrichten fest
090                 eingabenachricht = anwendung.getIOMessage("class://"
091                     + "de.unileipzig.systemz.tutorial16c.prakxxx.jmp."
092                     + "Eingabenachricht");
093                 ausgabenachricht = anwendung.getIOMessage("class://"
094                     + "de.unileipzig.systemz.tutorial16c.prakxxx.jmp."
095                     + "Ausgabenachricht");
096
097                 // Richte Datenbankverbindung zu IMS/DB ein und verbinde
098                 Datenquelle = new IMSDataSource();
099                 datenquelle.setDriverType(IMSDataSource.DRIVER_TYPE_2);
100                 datenquelle.setDatastoreName("IMSD");
101                 datenquelle.setDatabaseName("class://de.unileipzig.systemz."
102                     + "tutorial16c.prak548.jmp.PRAKxxxTDatabaseView");
103                 verbindung = datenquelle.getConnection();
104                 // Bereite die auszuführende SQL-Anfrage vor
105                 sqlAnfrage = verbindung.prepareStatement(
106                     "UPDATE ABTEILUNGSDATENBANK.ABTEILUNG SET BUDGET = ? "
107                     + "WHERE ABTEILUNGSNUMMER = ?");
```

Abbildung 6.20: Programminitialisierung.

123 wird eine entsprechende Meldung in die Ausgabenachricht gesetzt. Wie bereits bei der Eingabenachricht werden dabei die Formatvorgaben der entsprechenden Nachrichtenklasse sowie die Funktionen der Superklasse *IMSFieldMessage* genutzt. Falls zu der Abteilungsnummer kein Datensatz in der Datenbank existiert wird die in den Zeilen 125 bis 128 angegebene Nachricht übermittelt. Die Anweisung in den Zeilen 130 und 131 stellt die Ausgabenachricht in die Output Message Queue. Die Konstante *MessageQueue.DEFAULT_DESTINATION* legt hierbei fest, dass die Nachricht an den Absender der Eingabenachricht gesendet werden soll. Zuletzt wird die Änderung an der Datenbank durch die Anweisung in der Zeile 133 über das bereits in Zeile 116 erstellte Objekt der Klasse *Transaction* committed. Mit Hilfe dieser Klasse wird ein Rahmen für die Transaktion gebildet – was bei mehreren Datenbankanfragen sehr wichtig ist. Das Senden der Ausgabenachricht darf nicht nach dem Commit geschehen, da dieser in IMS einen SYNC Call hervorruft. Durch einen SYNC Call werden alle Ressourcen freigegeben – der Sender der Eingabenachricht ist damit nicht mehr bekannt. Mit dem Commit ist die Verarbeitung der Eingabenachricht abgeschlossen. Die Transaktionsanwendung versucht nun eine neue Eingabenachricht von der Message Queue einzulesen. Findet sie dort keine, kommt es zu einem DL/I-Fehler und die Anwendung wird beendet. IMS/TM sche-

```
111         // Verarbeite eingehende Nachrichten aus der Nachrichtenschlange
112         while(nachrichtenschlange.getUnique(eingabenachricht)) {
113             // Fange alle nachrichtenspezifischen Fehler ab
114             try {
115                 // Definiere eine Transaktionseinheit für die Eingabenachricht
116                 transaktion = anwendung.getTransaction();
117                 // Setze die Daten aus der Eingabenachricht in die SQL-Anfrage
118                 sqlAnfrage.setInt(1, eingabenachricht.getInt("BUDGET")); sqlAnfrage.setInt(2,
119                 eingabenachricht.getInt(
120                 "ABTEILUNGSNUMMER"));
121                 // Führe SQL-Anfrage aus und erstelle die Ausgabenachricht
122                 if(sqlAnfrage.executeUpdate() == 1)
123                     ausgabenachricht.setString("ANTWORT", "ERFOLG");
124                 else
125                     ausgabenachricht.setString("ANTWORT", "Es existiert keine "
126                         + "Abteilung mit der Abteilungsnummer "
127                         + eingabenachricht.getInt("ABTEILUNGSNUMMER")
128                         + " in der Datenbank.");
129                 // Sende die Ausgabenachricht
130                 nachrichtenschlange.insert(ausgabenachricht,
131                     MessageQueue.DEFAULT_DESTINATION);
132                 // Führe den Commit der Datenbankänderungen durch
133                 transaktion.commit();
134             }
135             // Verarbeite nachrichtenspezifische Fehler
136             catch(Exception nachrichtenspezifischerFehler) {
137                 // Logge den Fehler im Error File der JMP Region
138                 System.err.println(datumsformat.format(new Date().getTime())
139                     + " Fehler in Transaktion " + transaktionscode + ": "
140                     + nachrichtenspezifischerFehler.getMessage());
141                 nachrichtenspezifischerFehler.printStackTrace(System.err);
142                 // Schreibe die Fehlermeldung in die Antwortnachricht
143                 ausgabenachricht.setString("ANTWORT", "FEHLER: "
144                     + nachrichtenspezifischerFehler.getMessage());
145                 // Versuche eine Antwort mit der Fehlermeldung zu senden
146                 nachrichtenschlange.insert(ausgabenachricht,
147                     MessageQueue.DEFAULT_DESTINATION);
148                 // Führe einen Rollback der Datenbankänderungen durch
149                 transaktion.rollback();
150             }
151         }
152     }
```

Abbildung 6.21: Verarbeitung von Eingaben, Budgetänderung und Erstellung von Ausgaben.

duled diese erneut, sobald die nächste Eingabenachricht in der Input Message Queue der Transaktion landet.

Im Fehlerfall kommt der mit Zeile 136 (siehe Abbildung 6.21) beginnende *catch*-Block zum Einsatz. Fehler können unter anderem durch eine abweichende Nachrichtenlänge, durch inkorrekte Feldinhalte, durch fehlende Zugriffsrechte auf die Datenbank oder durch eine fehlerhafte Metadatenklasse hervorgerufen werden. In einigen Fällen kann es auch zum ABEND in der JMP Region kommen – zum Beispiel wenn die Eingabenachricht länger als definiert ist oder wenn die Verbindung von IMS Connect zum Client verloren gegangen ist, bevor die Ausgabenachricht an diesen zurück gesendet werden konnte. Innerhalb des *catch*-Blocks wird als erstes die Fehlermeldung samt Transaktionscode und einer Zeitangabe in das Error File der JMP Region geschrieben. Dies geschieht durch die Anweisungen in den Zeilen 138 bis 140. Zusätzlich erfolgt in Zeile 141 eine Ausgabe des Java Stack Trace zu dem Fehler. Anschließend wird versucht die Fehlermeldung an den Client zu senden. Dabei kann es unter Umständen zu einem Folgefehler kommen. Dieser wird durch den äußeren *try-catch*-Block abgefangen. Zuletzt wird in Zeile 149 versucht einen Rollback der gegebenenfalls vorgenommenen Datenbankänderungen durchzuführen. Für den Rollback gilt dasselbe wie für einen Commit – die Nachricht an den Client muss wegen des im Zusammenhang mit dem Rollback durchgeführten SYNC Call vorher an den Client zurückgesendet werden. Kam es beim Versuch des Sendens der Fehlermeldung zu einem Folgefehler, stellt der äußere *try-catch-* Block die Durchführung des möglicherweise notwendigen Rollback sicher.

```
153     // Verarbeite alle grundlegenden bzw. schwerwiegenden Fehler
154     catch(Exception grundlegenderFehler) {
155         // Logge den Fehler im Error File der JMP Region
            System.err.println(datumsformat.format(new Date().getTime())
156         + " Fehler in Transaktion " + transaktionscode + ": "
157         + grundlegenderFehler.getMessage() + " [Programm beendet]");
158         grundlegenderFehler.printStackTrace(System.err);
159
```

Abbildung 6.22: Anweisungen zur Behandlung schwerwiegender Fehler (1/2).

```
161     // Fange alle Folgefehler ab, logge sie aber nicht
162     try {
163         // Versuche einen Rollback der eventuell vorgenommenen
164         // Datenbankänderungen
165         transaktion.rollback();
166         // Versuche die vorbereitete SQL-Anfrage zu schließen
167         sqlAnfrage.close();
168         // Versuche die Datenbankverbindung zu schließen
169         verbindung.close();
170         // Beende die Transaktionsanwendung auf regulärem Wege
171         anwendung.end();
172     }
173     catch(Exception folgefehler) {
174     }
175     }
176 }
177 }
```

Abbildung 6.23: Anweisungen zur Behandlung schwerwiegender Fehler (2/2).

Den Abschluss des Transaktionsprogramms bildet der *catch*-Block zum Abfangen von gravierenden Fehlern (Abbildung 6.22, 6.23) und Folgefehlern – welche in der Regel ebenfalls auf ein gravierendes Problem zurückzuführen sind. Auch im Falle eines solchen Fehlers erfolgt als Erstes eine Ausgabe in das Error File der JMP Region. Erst danach wird ein Rollback eventuell durchgeführter Datenbankänderungen versucht. Da es bei diesem wiederum zu einem Fehler kommen kann und ein Absturz der gesamten JMP Region möglichst verhindert werden sollte, steht die entsprechende Anweisung in Zeile 165 innerhalb eines weiteren *try-catch*-Blocks. Nach dem Rollback wird noch versucht das *PreparedStatement* ordnungsgemäß zu beenden, die Datenbankverbindung zu schließen und die Transaktionsanwendung auf normalem Wege zu beenden – wodurch Programmressourcen freigegeben werden. Bei dem Versuch der Durchführung dieser Anweisungen auftretende Fehler werden nicht mehr gezielt behandelt. Daher ist der *catch*-Block in den Zeilen 173 und 174 auch leer. Es ist noch anzumerken, warum das Logging des Fehlers vor dem Rollback stattfindet: Das Error File wird bereits mit dem Start der JMP Region angelegt und für Ausgaben geöffnet. Fehler sind damit an dieser Stelle extrem unwahrscheinlich. Sollte es dennoch zu einem Fehler kommen, wird dieser nicht abgefangen und es kommt zum Absturz des Transaktionsprogramms. Bei einem Absturz reagiert IMS und führt selbständig einen Rollback durch. Die Codierung der Anweisungen in dieser Reihenfolge stellt also keine Gefahr für die Datenkonsistenz dar. Das Error File der JMP Region ist im z/OS USS-Filesystem im Verzeichnis */usr/ lpp/ims/ims13/imsjava/tutdir* zu finden und trägt den Namen *jmp.err*. In dieser Datei landen auch die Fehlermeldungen der anderen User, welche dieses Tutorial bearbeiten.

Die Implementierung der Budgetaktualisierungstransaktion ist an dieser Stelle abgeschlossen. Kontrollieren Sie bitte alles noch einmal – vor allem, ob sie an allen Stellen PRAKxxx durch Ihre z/OS User-ID ersetzt haben und ob das prakxxx im Paketnamen in Zeile 1 kleingeschrieben ist. Andernfalls machen Sie sich und gegebenenfalls Ihrem Betreuer unnötige Arbeit.

Anwendung 16

Aufgabe: Implementieren Sie die Budgetaktualisierungstransaktion inklusiver ihrer Nachrichtenklassen und der für den Datenbankzugriff benötigten Metadatenklasse.

Kontrollieren Sie, ob die Paket- und Klassennamen in den Anweisungen zum dynamischen Laden der Nachrichtenklassen sowie der Metadatenklasse auf Ihre User-ID umgestellt sind.

Fertigen Sie danach einen Screenshot von Ihrer Metadatenklasse sowie einen weiteren vom Programminitialisierungs- und vom Nachrichtenverarbeitungsabschnitt der Transaktion an.

6.4.4 Upload und Einrichtung der Transaktionsanwendung

Nachdem die Implementierung der Budgetaktualisierungstransaktion abgeschlossen ist, muss diese in ein Java-Archiv [39] exportiert und in das z/OS USS-Filesystem hochgeladen werden. Anschließend muss das neue Java-Archiv in IMS bekannt gemacht und ein Mapping zwischen dem IMS-Programmnamen und dem Java-Klassennamen definiert werden. Zuletzt ist ein Neustart der JMP Region nötig, damit die Änderungen wirksam werden.

Nachfolgend wird erklärt, wie Sie Ihre Transaktion unter Eclipse [42] exportieren. Dieser Schritt sowie das Hochladen und Neustarten der Region sind erneut nötig, sollte sich später bei der Ausführung herausstellen, dass der Quellcode der Transaktion, einer der Nachrichtenklassen oder der Metadatenklasse Fehler enthält.

Gehen Sie im Eclipse Paket-Explorer auf das in Ihrem Source-Ordner befindliche Paket und öffnen Sie mit der rechten Maustaste das Kontextmenü. Klicken Sie dort auf *Export ...* :

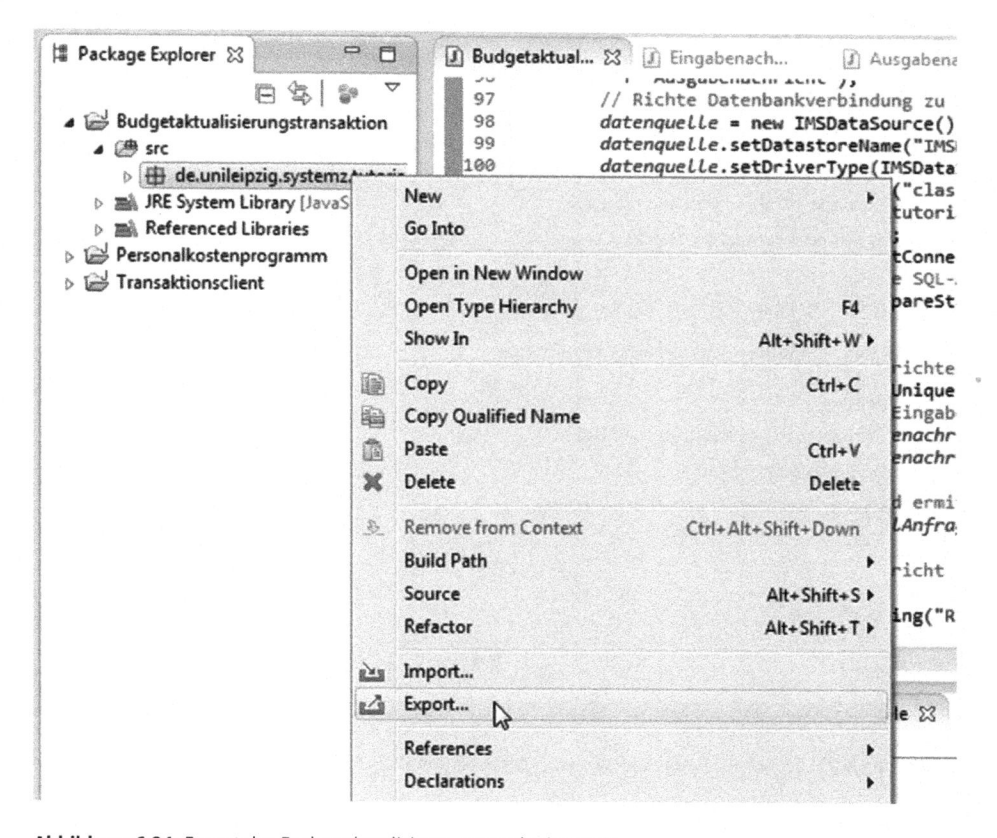

Abbildung 6.24: Export der Budgetaktualisierungstranskation (1/2).

Wählen Sie im erscheinenden Export-Dialog *Java* >> *JAR file* und klicken Sie auf *Next*. Setzen Sie im nächsten Tab des Dialogs zusätzlich zu dem Häkchen bei *Export generated class files and resources* ein weiteres Häkchen bei *Export Java source files and resources*. Wählen Sie außerdem einen Zielordner für den Export und geben Sie dem neuen Java-Archiv den Namen *PRAKxxx.jar*. Vergessen Sie dabei nicht PRAKxxx durch Ihre z/OS User-ID zu ersetzen. Beachten Sie außerdem, dass die Groß- und Kleinschreibung an dieser Stelle wichtig ist. Klicken Sie zuletzt auf *Finish*, um den Export durchzuführen.

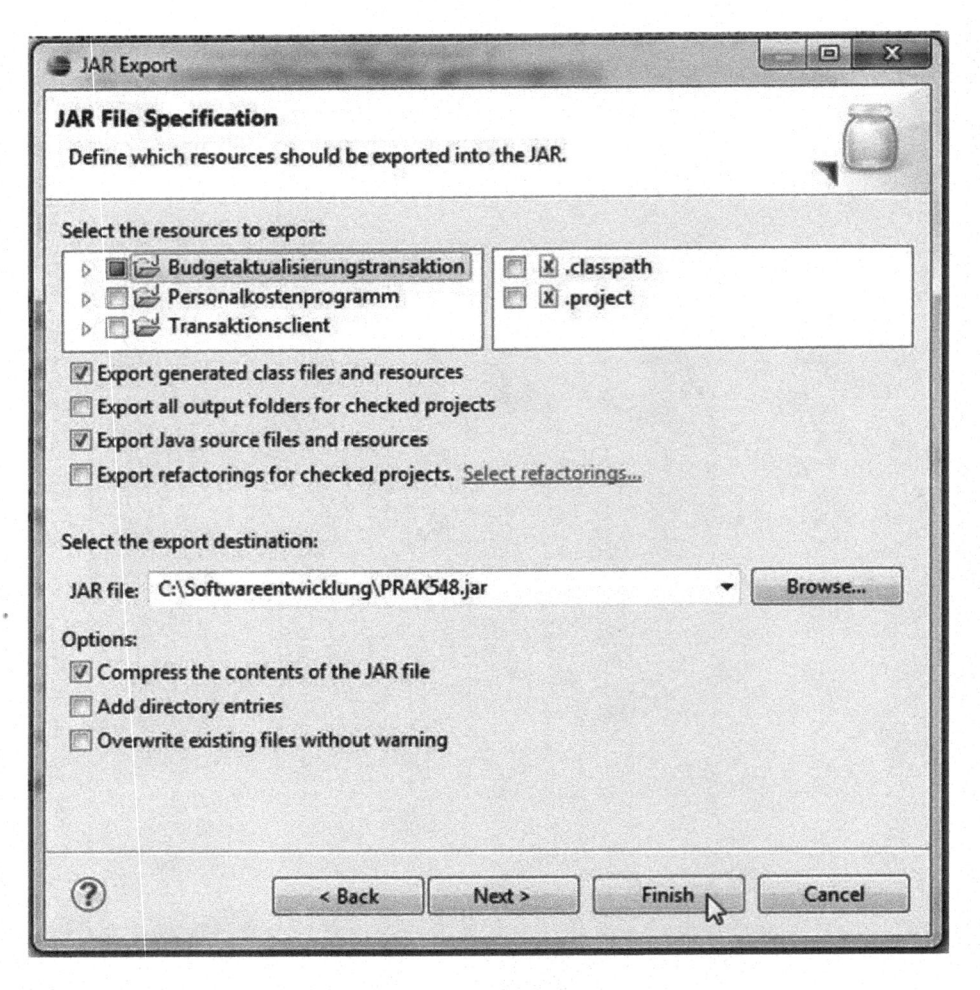

Abbildung 6.25: Export der Budgetaktualisierungstranskation (2/2).

Das neue Java-Archiv muss nun in das z/OS USS-Filesystem in den Ordner */usr/ lpp/ims/ims13/imsjava/tutdir* hochgeladen werden. Dies können Sie wiederum über per Windows-Eingabeaufforderung oder mit einem beliebigen anderen FTP-Programm durchführen. Anschließend wird der zuerst genannte Weg erklärt. Beachten Sie beim Upload, dass der binäre Transfer-Modus aktiviert sein muss und dass danach die Dateiberechtigungen mittels CHMOD auf 755 gesetzt werden müssen.

Für den Upload per Windows-Eingabeaufforderung starten Sie die Eingabeaufforderung, wie es im zweiten Teil des Tutorials erklärt wurde. Gehen Sie mit Hilfe des Kommandos *cd Pfad zu Ihrem Java-Archiv* – also zum Beispiel entsprechend dem in Abbildung 6.24 zu sehenden Speicherort mit cd C:\Softwareentwicklung – in das Verzeichnis, in welches Sie Ihr Java- Archiv gespeichert haben. Geben Sie anschließend den Befehl *ftp 139.18.4.34* ein und authentifizieren Sie sich. Wechseln Sie mit dem Befehl *binary* zum binären Transfer-Modus und mit dem Befehl *cd /usr/lpp/ims/ims13/imsjava/tutdir* in das Zielverzeichnis für den Upload. Führen Sie diesen mit *put PRAKxxx.jar* durch. Setzen sie nun mit dem Kommando *quote site chmod 755 PRAKxxx.jar* noch die Ausführungsrechte für das Java-Archiv. Loggen Sie sich anschließend mit dem Befehl *quit* aus.

Anwendung 17

Aufgabe: Exportieren Sie die fertig implementierte Budgetaktualisierungstransaktion in ein Java-Archiv mit dem Namen PRAKxxx.jar.
Laden Sie dieses im binären Transfer-Modus in das Verzeichnis /usr/lpp/ims/ims13/imsjava/tutdir im z/OS USS- Filesystem und setzen Sie die erwähnten Berechtigungen.

Nun muss IMS das von Ihnen hochgeladene Java-Archiv sowie die darin enthaltene Transaktionsanwendung bekannt gemacht werden. Dies geschieht normalerweise durch Definition in der IMS-Bibliothek IMS13.PROCLIB. Da Änderungen an dieser Bibliothek jedoch hochgradig kritisch sind und Sie daher über keine Änderungsrechte an dieser verfügen, nehmen wir die Definitionen zur Bekanntmachung Ihres Transaktionsprogramms in einer eigens dafür angelegten Bibliothek mit dem Namen IMS13.PROCLIB2 vor. Die JMP Region, welche Ihr Transaktionsprogramm später ausführen wird, ist dafür entsprechend konfiguriert.

Die Bibliothek IMS13.PROCLIB2 enthält die drei Member DFSJVMAP, DFSJVMEV und DFSJVMMS. Alle drei Member dienen der Konfiguration von IMS Java Regions [53]. Durch das erste der Member erfolgt ein Mapping von IMS-Programmnamen auf Java-Klassennamen. Das zweite Member lokalisiert die Java-Installation unter den z/OS Unix System Services sowie weitere Module, welche eine Verknüpfung von im USS Filesystem angesiedelten Softwarekomponenten zum Betriebssystem z/OS herstellen. Durch das letzte Member wird die Java Virtual Machine konfiguriert. Dazu gehört unter anderem die Einstellung des Java Class Path, über welchen alle benötigten Java-Archive eingebunden werden.

Die Einbindung Ihrer Transaktionsanwendung erfordert Änderungen in den Membern DFSJVMAP und DFSJVMMS. Diese werden durch ein REXX-Skript vorgenommen, welches der in Abbildung 6.25 gezeigte Job ausführt. Erstellen Sie für diesen Job ein neues Member mit dem Namen ADDJAR in Ihrer Bibliothek PRAKxxx.IMS.JCL und führen Sie Ihn anschließend aus.

```
  File Edit Edit_Settings Menu Utilities Compilers Test Help

 EDIT       PRAKxxx.IMS.JCL(DBDGEN) - 01.00          Columns 00001 00072
 ****** *************************** Top of Data ****************************
 000100 //PRAKxxxI JOB (),CLASS=A,MSGCLASS=H,MSGLEVEL=(1,1),NOTIFY=&SYSUID,
 000200 //            REGION=32M
 000300 //  JCLLIB ORDER=IMS13.PROCLIB
 000400 //* EINTRAGEN DER NEUEN JMP-TRANSAKTION IN DIE IMS PROCLIB MEMBER
 000500 //ADDJAR    EXEC PGM=IKJEFT01,DYNAMNBR=4,PARM='ADDJAR'
 000600 //SYSEXEC   DD DISP=SHR,DSN=IMS13.EXEC
 000700 //SYSTSIN   DD DUMMY
 000800 //DFSJVMMS  DD DISP=SHR,DSN=IMS13.PROCLIB2(DFSJVMMS)
 000900 //DFSJVMAP  DD DISP=SHR,DSN=IMS13.PROCLIB2(DFSJVMAP)
 001000 //SYSTSPRT  DD SYSOUT=*
 ****** *************************** Bottom of Data **************************




   Command ===>_____  Scroll ===> PAGE
    F1=Help       F2=Split     F3=Exit     F5=Rfind    F6=Rchange    F7=Up
    F8=Down       F9=Swap     F10=Left    F11=Right   F12=Cancel
```

Abbildung 6.26: JCL-Skript zum Veränderung der IMS PROCLIB Member.

Nachdem erfolgreichen Lauf des Jobs, sollte das Member DFSJVMMS der Bibliothek IMS13.PROCLIB2 – analog zu Zeile 8 in Abbildung 6.26 – einen Java Class Path-Eintrag für Ihr Java-Archiv PRAKxxx.jar enthalten. Die beiden ersten Java Class Path-Einträge in diesem Member lokalisieren den IMS Universal JDBC Driver sowie den IMS Java Dependent Regions Resource Adapter [52]. Die weiteren in Abbildung 6.26 gezeigten Einstellungen beschränken den von der JVM nutzbaren Hauptspeicher.

Neben dem zuvor gezeigten wurde auch der Member zum Mapping IMS-Programmnamen auf Java-Klassennamen verändert. Er sollte nun einen Eintrag für Ihr

```
   File Edit Edit_Settings Menu Utilities Compilers Test Help

VIEW        IMS13.PROCLIB2(DFSJVMMS) - 01.00          Columns 00001 00072
****** *************************** Top of Data ******************************
000001 *********************************************************************
000002 * Specify the profile that has environment settings and JVM options.
000003 *********************************************************************
000004 * Java class path definitions
000005 -Djava.class.path=>
000006 /usr/lpp/ims/ims13/imsjava/imsudb.jar:>
000007 /usr/lpp/ims/ims13/imsjava/imsutm.jar:>
000008 /usr/lpp/ims/ims13/imsjava/tutdir/PRAKxxx.jar
000009 * End of Java class path definitions
000010 *********************************************************************
000011 * JVM options for heap size tuning.
000012 *********************************************************************
000013 * JVM options
000014 -Xss256k
000012 -Xmso512k
000013 -Xmaxf0.8
000014 -Xminf0.3
Command ===>                                          Scroll ===> PAGE
 F1=Help      F2=Split      F3=Exit      F5=Rfind     F6=Rchange    F7=Up
 F8=Down      F9=Swap       F10=Left     F11=Right    F12=Cancel
```

Abbildung 6.27: JVM-Konfiguration der JMP-Region IMS13TUT.

Transaktionsprogramm enthalten, ähnlich dem in den Zeilen 12 und 13 der nachfolgenden Abbildung gezeigten (Abbildung 6.27).

Nachdem nun die Konfiguration der JMP Region IMS13TUT angepasst wurde, muss die Region neugestartet werden, damit die Änderungen wirksam werden.

Das in Abbildung 6.28 gezeigte JCL-Skript stoppt die JMP Region IMS13TUT zunächst durch Ausführung des IMS-Kommandos STOP REGION JOBNAME IMS13TUT über das Batch SPOC Utility. Das anschließend ausgeführte IMS-Kommando STA REGION IMS13TUT startet die Region wieder. Damit ist Ihre Transaktion ausführbar.

Erstellen Sie ein neues Member mit den Namen REGRESTA in Ihrem Dataset PRAKxxx.IMS.JCL. Schreiben Sie das in Abbildung 6.28 gezeigte JCL-Skript hinein und führen Sie es anschließend aus.

```
File Edit Edit_Settings Menu Utilities Compilers Test Help

VIEW         IMS13.PROCLIB2(DFSJVMAP) - 01.00        Columns 00001 00072
****** **************************** Top of Data ******************************
000001 ***********************************************************************
000002 * This is a mapping of PSB names to Java samples.
000003 * The Java samples are delivered in the samples.jar file.
000004 * The location of this samples.jar file must be specified separately
000005 * by the DFSJVMMS member in the shareable application classpath.
000006 * PSB         Regions     Java programs
000007 * --------    -------     -------------
000008 * DFSIVP37    JMP         IMSIVP.class
000009 * DFSIVP67    JBP         IMSIVPJBP.class
000010 ***********************************************************************
000011 * JMP definitions
000012 PRAKxxxT=de/unileipzig/systemz/tutorial16c/prakxxx/jmp/>
000013 Budgetaktualisierungstransaktion
000014 * End of JMP definitions
000015 ***********************************************************************
000016 * The exec parms in the JBP region proc are set as:
000017 * MBR=DFSJBP and PSB=DFSIVP67
Command ===>_                                        Scroll ===> PAGE
F1=Help      F2=Split     F3=Exit     F5=Rfind     F6=Rchange   F7=Up
F8=Down      F9=Swap      F10=Left    F11=Right    F12=Cancel
```

Abbildung 6.28: IMS-Programmnamen-Mapping für Java-Transaktionen.

Anwendung 18

Aufgabe: Implementieren Sie die JCL-Skripte zum Anpassung der Java-Konfiguration der JMP Region IMS13TUT sowie zum Durchstarten der Region und führen Sie diese anschließend in der genannten Reihenfolge aus.
Beachten Sie, dass das Skript zum Durchstarten der Region wiederholt ausgeführt werden muss, sollten Sie gezwungen sein Ihren Programmcode nachträglich zu ändern und erneut hochzuladen.

6.4.5 Entwicklung des Clients

IMS-Transaktionsprogramme können auf ganz unterschiedliche Art und Weise aufgerufen werden. Beispielsweise könnte man – ähnlich wie in CICS – eine Maske definieren, durch welche man innerhalb des 3270-Emulators mit dem Transaktionsprogramm kom-

```
 File Edit Edit_Settings Menu Utilities Compilers Test Help
─────────────────────────────────────────────────────────────────────
EDIT        PRAKxxx.IMS.JCL(REGRESTA) - 01.00           Columns 00001 00072
000100 //PRAKxxxI JOB (),CLASS=A,MSGCLASS=H,MSGLEVEL=(1,1),NOTIFY=&SYSUID,
000200 //             REGION=32M
000300 //   JCLLIB ORDER=IMS13.PROCLIB
000400 //* DURCHSTARTEN DER JMP REGION IMS13TUT
000500 //STOPREG  EXEC PGM=CSLUSPOC,PARM=('IMSPLEX=PLEX1,ROUTE=IMSD,WAIT=30')
000600 //STEPLIB  DD  DISP=SHR,DSN=IMS13.SDFSRESL
000700 //SYSIN    DD  *
000800 STOP REGION JOBNAME IMS13TUT
000900 /*
001000 //SYSPRINT DD  SYSOUT=*
001100 //           IF (STOPREG.RC = 0) THEN
001200 //STARTREG EXEC PGM=CSLUSPOC,PARM=('IMSPLEX=PLEX1,ROUTE=IMSD,WAIT=30')
001300 //STEPLIB  DD  DISP=SHR,DSN=IMS13.SDFSRESL
001400 //SYSIN    DD  *
001500 START REGION IMS13TUT
001600 /*
001700 //SYSPRINT DD  SYSOUT=*
001800 //           ENDIF
Command ===>_____Scroll ===> PAGE
F1=Help      F2=Split     F3=Exit      F5=Rfind     F6=Rchange   F7=Up
F8=Down      F9=Swap      F10=Left     F11=Right    F12=Cancel
```

Abbildung 6.29: Eingabedaten für das IMS Test-Utility.

munizieren kann. Das möchten wir an dieser Stelle nicht machen. Wir schreiben stattdessen ein Client- Programm (Abbildung 6.29), welches mit Hilfe der IMS Enterprise Suite Connect API for Java mit dem Transaktionsmanager IMS/TM kommuniziert und die Transaktion auf diese Weise aufruft.

Erstellen Sie für die Implementierung des Clients in Ihrem Client-Projekt eine neue Klasse mit dem Namen *Transaktionsclient*. Sie soll eine *main*-Methode besitzen und im Paket *de.unileipzig.systemz.tutorial16c.prakxxx.client* enthalten sein. Anschließend beginnen wir mit der schrittweisen Implementierung der Klasse. Wir starten wiederum mit den Import- Anweisungen:

302 — 6 Transaktionsverarbeitung

```
001  package de.unileipzig.systemz.tutorial16c.prakxxx.client;
002
3    // Importiere die IMS Connect API-Funktionalität
4    import com.ibm.ims.connect.ApiLoggingConfiguration;
5    import com.ibm.ims.connect.ApiProperties;
6    import com.ibm.ims.connect.Connection;
7    import com.ibm.ims.connect.ConnectionFactory;
8    import com.ibm.ims.connect.InputMessage;
9    import com.ibm.ims.connect.OutputMessage;
10   import com.ibm.ims.connect.TmInteraction;
11   // Importiere Funktionen zum Lesen und Schreiben von Daten
12   import java.io.BufferedReader;
13   import java.io.InputStreamReader;
14   import java.nio.ByteBuffer;
15
```

Abbildung 6.30: Imports des Clients.

In den Zeilen 4 bis 10 werden gleich eine ganze Reihe von Klassen der IMS Enterprise Suite Connect API vor Java importiert. Diese werden später ausschließlich für die Kommunikation mit IMS/TM über IMS Connect genutzt. Eine Erläuterung der Funktion der Klassen erfolgt in Zusammenhang mit deren Verwendung auf den nächsten Seiten des Tutorials. Auf diese Imports (Abbildung 6.30) folgen in den Zeilen 12 bis 14 noch weitere, welche später für das Lesen von Konsoleneingaben sowie das gezielte byteweise Setzen von Werten in die zu sendende Nachricht benötigt werden.

Bei der weiteren Implementierung des Clients verfolgen wir eine andere Strategie als bei der JMP-Transaktion: Durch zahlreiche einzelne *try-catch*-Blöcke werden unterschiedliche Fehler separat abgefangen, damit Sie Client-seitige Probleme schnell lokalisieren und beheben können. Hintergrund hierfür ist auch, dass Ihr Betreuer im Gegensatz zur JMP-Transaktion nicht so einfach auf Ihr Client-Programm – und schon gleich gar nicht auf die Konfigurationen Ihres lokalen Betriebssystems sowie Ihrer Entwicklungsumgebung – schauen kann. Mit den nachfolgend gezeigten Anweisungen beginnt die Klasse *Transaktionsclient* und die *main*-Methode, durch welche die komplette Client-Funktionalität implementiert wird:

Um im Fehlerfall sämtliche clientseitig liegende Fehlerursachen ausschließen zu können, wird direkt Beginn des Clientprogramms das Logging aller clientseitigen Aktivitäten eingerichtet. Das eigentliche Logging übernimmt die IMS Enterprise Suite Connect API für Sie. Allerdings zeichnet diese nur jenen Teil der Client-Operationen auf, welche mit Ihrer Hilfe durchgeführt werden. Dennoch sollte ein auf diese Weise erzeugtes Log Ihrem Betreuer im Problemfall genügen, um Fehler auf Client-Seite erkennen zu können. Gehen Sie jedoch in jedem Fall zunächst einmal selbst auf Fehlersuche. Im Anhang 2 wird sowohl die Fehlersuche auf Client- Seite als auch die auf dem Mainframe beschrieben. Dabei wird auch auf das Interpretieren des durch die Anweisungen in den Zeilen 33 bis 35 eingerichteten Logs eingegangen (Abbildung 6.31). Ohne die Übergabe eines Dateinamens (inklusive Pfad) für die Log-Ausgaben ist dieser jedoch – wie

```java
16  /**
17   * Client zum Aufruf der Budgetaktualisierungstransaktion PRAKxxxT.
18   * @author Robert Recknagel, Universität Leipzig
19   * @version 1.0.0, Stand: 20.08.2014
20   */
21  public class Transaktionsclient {
22    /**
23     * Die main-Methode implementiert die komplette Funktionalität des
24     * Client-Programms.
25     * @param args Mit diesem Standardparameter wird im Falle der
26     *      Fehlersuche der Name eines Trace-Log-Files übergeben.
27     */
28    public static void main(String[] args) {
29      // Richte das Logging für die Fehlersuche ein
30      ApiLoggingConfiguration logger = null;
31      try {
32        if(args.length > 0) {
33          logger = new ApiLoggingConfiguration();
34          logger.configureApiLogging(args[0],
35            ApiProperties.TRACE_LEVEL_INTERNAL);
36        }
37      }
38      catch(Exception fehler) {
39        System.out.println("Einrichten des Loggings fehlgeschlagen."
040         + "\nGrund: " + fehler.getMessage() + "\nProgramm beendet.")
041        return;
042      }
043
```

Abbildung 6.31: Einrichtung der Möglichkeit clientseitiger Traces.

Sie an der Anweisung in Zeile 32 erkennen können – deaktiviert. Der Anhang des Tutorials gibt Auskunft darüber, wie Sie im Fehlerfall die Log-Ausgaben aktivieren können. Nach der Einrichtung der Log-Funktionalität kann mit der Implementierung der eigentlichen Programmfunktionalität begonnen werden:

Die IMS Enterprise Suite Connect API arbeitet mit einem so genannten Verbindungspool. Durch einen solchen Pool sind mehrere parallele Verbindungen möglich. Auch wenn wir nur eine Verbindung benötigen, lässt sich die Einrichtung eines solchen Verbindungspools nicht umgehen. Daher wird dies durch die Anweisungen in den Zeilen 47 bis 49 durchgeführt. Die Angabe der IP-Adresse der LPAR sowie einer IMS Connect-Portnummer genügen an dieser Stelle zur Konfiguration. Wie Ihnen vielleicht bereits aufgefallen ist, wird hier eine andere IMS Connect-Portnummer verwendet als im zweiten Teil des Tutorials. Die im zweiten Teil des Tutorials verwendete Portnummer wird nur für Open Database-Zugriffe genutzt. Die Einrichtung eines separaten Ports für derartige Zugriffe ist unerlässlich. Umgekehrt kann der hier angegebene Port nicht für Open Database-Zugriffe genutzt werden, da IMS Connect diese nicht an den

```
44      // Richte den Verbindungspool ein
45      ConnectionFactory verbindungsPool = null; try
46      {
47         verbindungsPool = new ConnectionFactory();
48         verbindungsPool.setHostName("139.18.4.34");
49         verbindungsPool.setPortNumber(9999);
50      }
51      catch(Exception fehler) { System.out.println("Einrichten des
52      Verbindungspools "
53             + "fehlgeschlagen.\nGrund: " + fehler.getMessage()
54             + "\nProgramm beendet.");
55         return;
56      }
57
58      // Verbinde mit IMS Connect
59      Connection verbindung = null;
60      try {
61         verbindung = verbindungsPool.getConnection();
62         System.out.println("Verbindung mit IMS Connect auf "
63             + verbindungsPool.getHostName() + " hergestellt.");
64      }
65      catch(Exception fehler) {
66         System.out.println("Verbindung mit IMS Connect auf "
67             + verbindungsPool.getHostName() + " fehlgeschlagen."
68             + "\nGrund: " + fehler.getMessage() + "\nProgramm beendet.");
69         return;
70      }
71
```

Abbildung 6.32: Einrichtung eines Verbindungspools und Verbindung mit IMS Connect.

ODBM weiterleiten würde. Nach der Einrichtung des Verbindungspools (Abbildung 6.32) kann in Zeile 61 der Aufbau der einen von uns benötigten Verbindung erfolgen. Dabei sind keine weiteren Parameterangaben notwendig. Weitere Konfigurationen werden erst nachfolgend für eine einzelne Interaktion mit IMS/TM über IMS Connect definiert:

Die IMS Connect API separiert einzelne Interaktionen mit IMS/TM über ein Objekt der Klasse *TmInteraction* voneinander. Eine solche Interaktion umfasst die komplette Kommunikation mit einer Transaktion von deren Anruf mittels einer Eingabenachricht bis hin zu deren Antwort darauf. In unserem Fall wird nur eine Eingabenachricht gesendet und auch nur eine Antwort empfangen. Es sind jedoch sehr viel komplexere Interaktionen mit einer Transaktion möglich. Mit Hilfe der IMS Enterprise Suite Connect API können jedoch nicht nur Transaktionen aufgerufen werden, sondern auch IMS-Kommandos ausgeführt werden. Auf diesem Wege könnte man zum Beispiel eine abgestürzte Transaktion wieder starten. In diesem Tutorial beschränken wir uns auf die Kommunikation mit der von Ihnen implementierten Transaktion PRAKxxxT.

```
72      // Bereite eine Interaktion mit IMS/TM vor
73      TmInteraction interaktion = null;
74      try {
75        interaktion = verbindung.createInteraction();
76        interaktion.setImsConnectCodepage(
77          ApiProperties.DEFAULT_IMS_CONNECT_CODEPAGE);
78        interaktion.setImsConnectTimeout(6000);
79        interaktion.setInteractionTimeout(9000);
80        interaktion.setInteractionTypeDescription(
81          TmInteraction.INTERACTION_TYPE_DESC_SENDRECV);
82        interaktion.setImsDatastoreName("IMSD");
83        interaktion.setCommitMode(TmInteraction.COMMIT_MODE_1);
84        interaktion.setTrancode("PRAKxxxT");
85        interaktion.setRacfApplName("GRAN");
86        interaktion.setRacfUserId("PRAKxxx");
87        interaktion.setRacfPassword("********");
88        interaktion.setRacfGroupName("PRAKT");
89      }
90      catch(Exception fehler) {
91        System.out.println("Vorbereiterung der Interaktion mit IMS/TM "
92          + "auf " + verbindungsPool.getHostName() + " fehlgeschlagen."
93          + "\nGrund: " + fehler.getMessage() + "\nProgramm beendet.");
94        return;
95      }
96
```

Abbildung 6.33: Vorbereitung der Interaktion mit IMS/TM über IMS Connect.

Das Objekt der Klasse *TmInteraction* wird durch die Anweisung in Zeile 75 erzeugt. Anschließend wird der von IMS Connect verwendete Zeichensatz eingerichtet. Dieser wird auf den Standard-Zeichensatz von IMS Connect festgelegt. Die Einstellung hier ist vor allem für die Nachrichten-Header sowie für die Ausgabe und Interpretation von an den Client gesendeten IMS Connect-Meldungen wichtig. Unabhängig davon erfordert die Interpretation von Zeichendaten aus IMS-Datenbanken bzw. von IMS-Transaktionsprogrammen unter Umständen eine explizite Zeichensatztransformation, da in diesen andere Zeichensätze zum Einsatz kommen können. Wie sich später zeigen wird, betrifft dies auch uns.

Auf die Zeichensatzeinstellung folgt die Festlegung von Timeouts. Durch die Anweisung in Zeile 78 wird festgelegt, wie lange IMS Connect nach Eingang einer Nachricht auf eine Reaktion der Transaktion wartet. An dieser Stelle sind 60 Sekunden definiert. Auf einem produktiven System wäre dieser Wert natürlich deutlich kleiner. Beachten Sie, dass dieser Wert nicht über der entsprechenden Konfiguration von IMS Connect liegen sollte. Ein höherer Wert als in der IMS Connect-Konfiguration hätte keine Wirkung. Es käme bereits nach der in der IMS Connect-Konfiguration eingestellten Zeit zum Timeout. In Zeile 79 erfolgt die Festlegung eines Timeouts für die Interaktion. Das Clientprogramm wartet nach dem Versenden der Eingabenachricht entsprechend dieser Definition 90 Sekunden lang auf eine Antwortnachricht. Wird einer dieser Werte überschritten, kommt es zu einer *Exception*.

In Zeile 80 wird die Art der Interaktion definiert. Dabei wird festgelegt, dass sowohl etwas gesendet als auch etwas empfangen werden soll. Anschließend wird – analog zur Einrichtung der Datenbankverbindung innerhalb der Transaktion – der IMS Datastorename festgelegt.

Danach wird in Zeile 100 mit der Festlegung des Commit-Modus fortgefahren. Dieser wird in IMS systemseitig definiert. Auf produktiven Systemen wird normalerweise immer der Commit-Modus 1 eingestellt. Dieser legt fest, dass Ausgabenachrichten erst nach dem Commit versendet werden. Verwechseln Sie dies nicht mit der Reihenfolge, in der Sie die entsprechenden Operationen in der Transaktion implementiert haben. IMS verzögert das Versenden der Antwortnachricht aus der Message Queue entsprechend. Kommt es nach dem Einstellen der Antwortnachricht in die Message Queue noch zu einem Fehler, verwirft IMS diese und sendet stattdessen Fehlerinformationen.

Nach der Identifikation der aufzurufenden Transaktion durch die Angabe ihres Transaktionscodes in Zeile 84 erfolgen noch Einstellungen zum Benutzer. Anhand der in den Zeilen 85 bis 88 eingestellten Werte wird der Benutzer später im RACF authentifiziert. Passen Sie die Einstellungen entsprechend auf Ihre z/OS User-ID sowie Ihr Passwort an. Die Interaktion ist damit vollständig vorbereitet. Der Client erfragt nun die Abteilungsnummer und das neue Budget der zu verändernden Abteilung:

Abbildung 6.33 weist keinerlei Besonderheiten gegenüber anderen Java-Programmen auf. Daher wird auf eine genaue Erläuterung der Anweisungen verzichtet. Kurz ausgedrückt wird durch die Anweisungen in den Zeilen 103 und 104 bzw. 120 und 121 die Abteilungsnummer bzw. das neue Budget der zu verändernden Abteilung von der Konsole eingelesen. Beide Werte müssen positive, ganze Zahlen sein – andernfalls kommt es entweder bei der Umwandlung der Eingabe in einen Integer-Wert in Zeile 105 bzw. 122 oder bei der Prüfung in Zeile 106 bzw. 123 zu einem Fehler. Die eingelesenen und umgewandelten Werte können nachfolgend in die Eingabenachricht eingesetzt werden:

Leider bietet die IMS Enterprise Suite Connect API keine Möglichkeit der Definition von Nachrichtenformaten wie der IMS Java Dependent Regions Resource Adapter. Daher muss beim Erstellen der Eingabenachricht auf Java-Funktionen zum byteweisen Setzen von Daten zurückgegriffen werden. Mit Hilfe der Methode *wrap* der Klasse *ByteBuffer* werden die beiden Integer-Werte in den Zeilen 137 und 138 in ein in Zeile 135 definiertes Byte-Feld übertragen. Dieses wird dann in Zeile 140 in die Eingabenachricht eingesetzt. Die Nachricht wird nachfolgend durch die Methode *getInputMessage* der Klasse *TmInteraction* erstellt. Dabei werden die in Abbildung 6.33 vorgenommenen Einstellungen in die Header-Informationen der Nachricht geschrieben. Die Nachricht wird anschließend durch die Anweisung in Zeile 152 über das IMS Connect Message-Protokoll versendet. Das Programm blockiert, bis eine Antwort empfangen wurde oder es aufgrund eines Timeouts zu einer *Exception* kommt (Abbildung 6.34). Eine asynchrone Interaktion kann unser Clientprogramm nicht durchführen. Da das Programm ohnehin keine weiteren Funktionen hat, ist dies auch nicht nötig.

```
097        // Erfrage die Abteilungsnummer
098        int abteilungsnummer = 0;
099        BufferedReader inputReader;
100        try {
101          System.out.print("\nBitte geben Sie die Abteilungsnummer sowie "
102            + "das neue Budget der Abteilung ein.\n\nAbteilungsnummer: ");
103          inputReader = new BufferedReader(
104            new InputStreamReader(System.in));
105          abteilungsnummer = Integer.parseInt(inputReader.readLine());
106          if(abteilungsnummer < 1)
107            throw new Exception("Die Abteilungsnummer darf nicht kleiner "
108              + "als 1 sein.");
109        }
110        catch(Exception fehler) {
111          System.out.println("Fehlerhafte Abteilungsnummer eingegeben."
112            + "\nGrund: " + fehler.getMessage() + "\nProgramm beendet.");
113          return;
114        }
115        // Erfrage das neue Budget der Abteilung
116        int budget = 0;
117        try {
118          System.out.print("Budget (in Euro): ");
119          inputReader = new BufferedReader(
120            new InputStreamReader(System.in));
121          budget = Integer.parseInt(inputReader.readLine());
122          if(budget < 1)
123            throw new Exception("Das neue Budget der Abteilung darf nicht "
124              + "kleiner als 1€ sein.");
125        }
126
127        catch (Exception fehler) {
128          System.out.println("Fehlerhaftes Budget eingegeben."
129            + "\nGrund: " + fehler.getMessage() + "\nProgramm beendet.");
130          return;
131        }
132
```

Abbildung 6.34: Abfrage der Eingabedaten über die Konsole.

Nach der Durchführung der Interaktion, kann die Ausgabenachricht abgeholt werden. Dies geschieht in Zeile 165. Anschließend wird der Inhalt der Nachricht ausgelesen. Da diese nur ein Datenfeld besitzt, ist die Verarbeitung des Inhalts – trotz der gegenüber dem Java Dependent Regions Resource Adapter fehlenden Funktionen – relativ einfach. Durch die Anweisung in Zeile 167 werden die ersten 6 Zeichen aus der Nachricht herauskopiert und überprüft, ob diese „ERFOLG" lauten und somit das Budget der Abteilung erfolgreich aktualisiert wurde. Andernfalls erfolgt eine Fehlerausgabe inklusive der empfangenen Fehlermeldung. Letztere wird in Zeile 175 direkt als Zeichenkette aus der Nachricht gelesen. Anschließend wird das Programm beendet.

```
133      // Erstelle die Eingabenachricht
134      InputMessage eingabenachricht = null;
135      byte[]inhalt = new byte[8];
136      try {
137          ByteBuffer.wrap(inhalt, 0, 4).putInt(abteilungsnummer);
138          ByteBuffer.wrap(inhalt, 4, 4).putInt(budget);
139          eingabenachricht = interaktion.getInputMessage();
140          eingabenachricht.setInputMessageData(inhalt);
141      }
142      catch(Exception fehler) { System.out.println("Erstellung
143          der Eingabenachricht "
144          + "fehlgeschlagen.\nGrund: " + fehler.getMessage()
145          + "\nProgramm beendet.");
146          return;
147      }
148
149      // Sende die Eingabenachricht und warte auf eine Antwort
150      try {
151          System.out.println("\nÜbermittle das neue Budget...");
152          interaktion.execute();
153      }
154      catch(Exception fehler) {
155          System.out.println("\nSenden der Eingabenachricht fehlgeschlagen "
156          + "oder maximale Wartezeit auf Reaktion von IMS Connect "
157          + "überschritten.\nGrund: " + fehler.getMessage()
158          + "\nProgramm beendet.");
159          return;
160      }
161
```

Abbildung 6.35: Erstellung der Eingabenachricht und Durchführung der Interaktion.

6.4.6 Aufruf der Transaktion durch Ausführung des Clients

Die Implementierung des Clients ist nun abgeschlossen. Dieser kann nun – analog zu dem im zweiten Teil des Tutorials implementierten Java-Programm – ausgeführt werden. Wenn es bei der Einrichtung des Verbindungspools, beim Aufbau der Verbindung zu IMS Connect sowie bei der Vorbereitung der Interaktion mit IMS/TM zu keinem Fehler kommt, fragt der Client nun unten in der Konsole nach der Abteilungsnummer und anschließend nach dem neuen Budget der zu ändernden Abteilung. Heben Sie das Budget der Abteilung 6.4.25, welches – entsprechend der Ausgaben Ihres Programms aus dem zweiten Teil des Tutorials – bereits durch die Personalkosten überschritten wird, auf 52.000€ an. Geben Sie dabei weder das Währungszeichen noch den Tausender-Punkt an:

Sollten Sie keine fehlerhafte Eingabe getätigt haben, werden die eingegeben Werte anschließend vom Client in die Eingabenachricht (Abbildung 6.35) für die Transaktion gesetzt und diese wird über IMS Connect an die Transaktion übermittelt (Abbildung 6.36).

```
162    // Empfange und interpretiere die Ausgabenachricht
163    OutputMessage ausgabenachricht = null;
164    try {
165      ausgabenachricht = interaktion.getOutputMessage();
166      inhalt = ausgabenachricht.getDataAsByteArray();
167      if(new     String(inhalt,   0,   6,   "CP1047").equals("ERFOLG"))
168        System.out.println("Budget der Abteilung " + abteilungsnummer
169          + " erfolgreich auf " + budget + "€ aktualisiert.");
170      else
171        System.out.println("Budgetaktualisierung für Abteilung "
172          + abteilungsnummer + " aufgrund einer ungültigen "
173          + "Abteilungsnummer oder aufgrund eines Fehlers im "
174          + "Transaktionssystem gescheitert.\nGrund: "
175          + ausgabenachricht.getDataAsString());
176    }
177    catch(Exception fehler) { System.out.println("Empfangen
178      der Ausgabenachricht "
179        + "fehlgeschlagen.\nGrund: " + fehler.getMessage());
180    }
181    System.out.println("Programm beendet.");
182  }
```

Abbildung 6.36: Verarbeitung der Ausgabenachricht.

```
Problems  @ Javadoc  Declaration  Console
Transaktionsclient [Java Application] C:\Program Files\Java\jre7\bin\javaw.exe (22.08.2014 17:17:32)
Verbindung mit IMS Connect auf 139.18.4.34 hergestellt.

Bitte geben Sie die Abteilungsnummer sowie das neue Budget der Abteilung ein.

Abteilungsnummer: 1
Budget (in Euro): 52000
```

Abbildung 6.37: Eingabe der Abteilungsnummer und des neuen Budgets.

Wenn es zu keinem Ausführungsfehler kommt, erhält der Client anschließend eine Antwortnachricht von der Transaktion, macht die in der folgenden Abbildung gezeigten Ausgaben und beendet sich.

Ohne dass Sie es implementiert haben sendet Ihr Client nun eine weitere Nachricht an IMS, durch welche der Empfang der Antwortnachricht bestätigt wird (Abbildung 6.37). Die IMS Enterprise Suite Connect API for Java übernimmt diese und weitere Aufgaben für Sie.

Nach der erfolgreichen Ausführung des Transaktionsprogramms (Abbildung 6.38) können Sie mit Hilfe Ihres im zweiten Teil des Tutorials implementierten Programms die Abteilungsdaten noch einmal abrufen. Das Budget der Abteilung (Abbildung 6.39) mit der Abteilungsnummer 1 sollte nun 52.000€ betragen:

310 — 6 Transaktionsverarbeitung

```
Problems  @ Javadoc  Declaration  Console
<terminated> Transaktionsclient [Java Application] C:\Program Files\Java\jre7\bin\javaw.exe (22.08.2014 17:17:32)
Verbindung mit IMS Connect auf 139.18.4.34 hergestellt.

Bitte geben Sie die Abteilungsnummer sowie das neue Budget der Abteilung ein.

Abteilungsnummer: 1
Budget (in Euro): 52000

Übermittle das neue Budget...
Budget der Abteilung 1 erfolgreich auf 52000€ aktualisiert.
Programm beendet.
```

Abbildung 6.38: Ausgaben des Clients im Erfolgsfall.

```
Problems  @ Javadoc  Declaration  Console
<terminated> Personalkostenprogramm [Java Application] C:\Program Files\Java\jre7\bin\javaw.exe (22.08.2014 17:20:37)
Verbunden mit der IMS-Installation IMSD auf 139.18.4.34.
SQL-Anfrage vorbereitet.
Anfrage erfolgreich ausgeführt.

ABTEILUNG #1: KUNDENSERVICE (Jahresbudget: 52000€)
    MITARBEITER #101: BRIGITTE MEIER, KUNDENBETREUERIN (Jahresgehalt: 26000€)
    MITARBEITER #102: ANNE-MARIE BERGMANN, TELEFONISTIN (Jahresgehalt: 20000€)
Personalkosten der Abteilung #1 betragen 46000€

ABTEILUNG #2: RECHENZENTRUM (Jahresbudget: 150000€)
    MITARBEITER #201: CHRISTIAN FISCHER, ABTEILUNSLEITER (Jahresgehalt: 64000€)

Verbindung zu IMS getrennt.
Programm beendet.
```

Abbildung 6.39: Ausgaben des Personalkostenprogramms nach der Budgetänderung.

Anwendung 19

Aufgabe: Implementieren Sie den Client unter Verwendung der IMS Enterprise Suite Connect API for Java. Führen Sie diesen anschließend aus. Fertigen Sie einen Screenshot an, auf dem Ihre Eingaben sowie die Erfolgsmeldung vom Programm zu sehen sind. Kontrollieren Sie mithilfe des im zweiten Teil des Tutorials implementierten Programms, ob das Budget in der Datenbank geändert wurde. Fertigen Sie auch von dessen Ausgaben einen Screenshot an. Senden Sie beide an Ihren Betreuer.

Hinweise: Beachten Sie bei der Ausführung des Clients, dass die Antwort der Transaktion beim ersten Aufruf etwas länger auf sich warten lassen kann. Der Grund hierfür ist, dass das Transaktionsprogramm und gegebenenfalls sogar die JVM erst noch initialisiert werden müssen. Zu einem Timeout sollte es selbst in letzterem Fall nicht kommen. Wiederholte Ausführungen sollten in jedem Fall deutlich schneller sein.
Rufen Sie die Transaktion im Falle eines Timeouts sicherheitshalber noch einmal auf. Bekommen Sie beim zweiten Aufruf eine Nachricht zurück, dass das Transaktionsprogramm gestoppt ist, so kam es beim ersten Aufruf zu einem ABEND. Suchen Sie in diesem Fall – entsprechend der Informationen zur Fehlersuche im Anhang des Tutorials – im SDSF nach einer Fehlermeldung.
Falls Sie eine Meldung zurückbekommen, dass die Transaktion ohne eine Antwort zu senden beendet wurde, suchen Sie – entsprechend den Informationen zur Fehlersuche im Anhang des Tutorials – im Error File der JMP Region nach einer Fehlermeldung.

6.4.7 Anhang 1: Lösungen für die Aufgaben im Tutorial

6.4.7.1 Erstellung des PSBs PRAKxxxT und Durchführung der Generierung

An dieser Stelle wird erläutert, wie der PSB PRAKxxxT, welcher zu Beginn des Tutorials angelegt werden soll, auszusehen hat und wie die JCL-Skripte zur PSB- sowie zur ACB- Generierung anzupassen sind. Der PSB PRAKxxxT sollte wie folgt aussehen:

```
      File Edit Edit_Settings Menu Utilities Compilers Test Help
   ───────────────────────────────────────────────────────────────────
   EDIT       PRAKxxx.IMS.SOURCE(UPBUDGET) - 01.00      Columns 00001 00072
   ****** *************************** Top of Data ****************************
   000100 PRAKxxxA PCB      TYPE=DB,DBDNAME=PRAKxxxA,PROCOPT=R,KEYLEN=4
   000200          SENSEG NAME=ABTEILNG,PARENT=0
   000300          SENFLD NAME=ABTNR,START=1
   000400          SENFLD NAME=BUDGET,START=45
   000500          PSBGEN PSBNAME=PRAKxxxT,LANG=JAVA




   Command ===>_____Scroll ===> PAGE
   F1=Help      F2=Split      F3=Exit      F5=Rfind    F6=Rchange    F7=Up
   F8=Down      F9=Swap       F10=Left     F11=Right   F12=Cancel
```

Abbildung 6.40: Program Specification Block der Budgetaktualisierungstransaktion.

Der PCB des PSB PRAKxxxT heißt PRAKxxxA – wie die Datenbank, auf welche dadurch Zugriff gewährt wird (Abbildung 6.40). Durch den Wert R des PROCOPT-Parameters in Zeile 1 werden die Rechte Ersetzen (**R**eplace) sowie Lesen (in erstgenanntem enthalten) für alle in diesem PCB als sensitiv markierten Segmente erteilt. Das ist hier nur das Wurzelsegment ABTEILNG, da die Transaktion zur Aktualisierung des Abteilungsbudgets nur auf dieses Segment Zugriff benötigt. Entsprechend ist für diesen PCB die durch den Parameter KEYLEN definierte Schlüssellänge 4. Zur Identifikation der Abteilung benötigt die Transaktion lesenden Zugriff auf die Abteilungsnummer. Dieser wird durch das SENFLD-Statement in Zeile 3 gewährt. Ein Ersetzen der Abteilungsnummer ist – obwohl für das Statement kein REPLACE = NO definiert wurde – nicht möglich, da IMS die nachträgliche Veränderung von Schlüsselfeld- Werten nicht erlaubt. Hintergrund dafür ist die Abhängigkeit der physischen Speicherung des Segments im Datenbank-Dataset vom Schlüsselfeld-Wert. Möchte man dennoch einen den Schlüsselfeld-Wert für ein Segment ändern, so muss dieses gelesen, gelöscht und mit dem geänderten Wert neu eingefügt werden. Neben der Abteilungsnummer benötigt die Transaktion Zugriff auf das Budget. Dieser wird durch das SENFLD-Statement in Zeile 4 gewährt. Da REPLACE = YES der Standard-Wert ist, kann die Angabe weggelassen werden.

Das JCL-Skript PSBGEN im Dataset PRAKxxx.IMS.JCL sollte wie folgt geändert werden (Abbildung 6.41):

```
File Edit Edit_Settings Menu Utilities Compilers Test Help

EDIT       PRAKxxx.IMS.JCL(PSBGEN) - 01.01              Columns 00001 00072
****** **************************** Top of Data ****************************
000100 //PRAKxxxI JOB (),CLASS=A,MSGCLASS=H,MSGLEVEL=(1,1),NOTIFY=&SYSUID,
000200 //            REGION=32M
000300 //  JCLLIB ORDER=IMS13.PROCLIB
000400 //* PSBGEN FUER DEN PSB DES PERSONALKOSTENPROGRAMMS
000500 //PRAKxxxP EXEC PROC=PSBGEN,MBR=PRAKxxxP
000600 //C.SYSIN   DD DSN=PRAKxxx.IMS.SOURCE(PERSKOST),DISP=SHR
000610 //* PSBGEN FUER DEN PSB DER BUDGETAKTUALISIERUNGSTRANSAKTION
000620 //PRAKxxxT EXEC PROC=PSBGEN,MBR=PRAKxxxT
000630 //C.SYSIN   DD DSN=PRAKxxx.IMS.SOURCE(UPBUDGET),DISP=SHR
000700 //* PSBGEN FUER DEN LADE-PSB
000800 //PRAKxxxL EXEC PROC=PSBGEN,MBR=PRAKxxxL
000900 //C.SYSIN   DD *
001000 PRAKxxxA PCB      TYPE=DB,DBDNAME=PRAKxxxA,PROCOPT=LS,KEYLEN=8
001100          SENSEG NAME=ABTEILNG,PARENT=0
001200          SENSEG NAME=PERSONAL,PARENT=ABTEILNG
001300          PSBGEN PSBNAME=PRAKxxxL
001400          END
Command ===>_____Scroll ===> PAGE
F1=Help      F2=Split     F3=Exit      F5=Rfind     F6=Rchange   F7=Up
F8=Down      F9=Swap      F10=Left     F11=Right    F12=Cancel
```

Abbildung 6.41: Änderung des JCL-Skripts zur PSB-Generierung.

Führen Sie das JCL-Skript aus, nachdem Sie die in Abbildung 6.42 gezeigten Änderungen vorgenommen haben. Ändern Sie anschließend auch das JCL-Skript ACBGEN:

```
   File Edit Edit_Settings Menu Utilities Compilers Test Help

 EDIT        PRAKxxx.IMS.JCL(ACBGEN) - 01.01              Columns 00001 00072
 ******  *************************** Top of Data ******************************
 000100  //PRAKxxxI JOB (),CLASS=A,MSGCLASS=H,MSGLEVEL=(1,1),NOTIFY=&SYSUID,
 000200  //             REGION=32M
 000300  //   JCLLIB ORDER=IMS13.PROCLIB
 000400  //* ACBGEN FUER BEIDE PSB CONTROL BLOCKS
 000500  //PRAKxxxP EXEC PROC=ACBGEN,SOUT='*',COMP='POSTCOMP'
 000600  //G.SYSIN  DD *
 000700       BUILD PSB=(PRAKxxxP,PRAKxxxT)
 ******  *************************** Bottom of Data ***************************




 Command ===>_____Scroll ===> PAGE
  F1=Help      F2=Split     F3=Exit      F5=Rfind     F6=Rchange   F7=Up
  F8=Down      F9=Swap      F10=Left     F11=Right    F12=Cancel
```

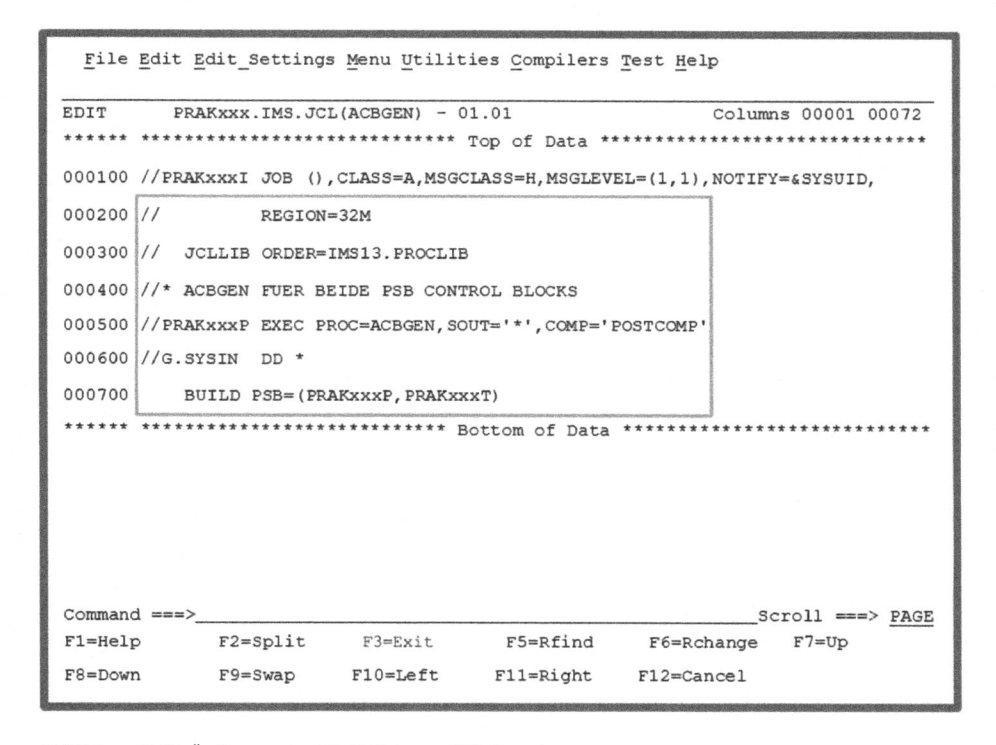

Abbildung 6.42: Änderung des JCL-Skripts zur ACB-Generierung.

Führen Sie das JCL-Skript nach der Anpassung aus. Ein Return Code von 4 ist an dieser Stelle nicht bedenklich. Es wird damit nur ausgedrückt, dass der bereits im ersten Teil des Tutorials generierte ACB für die DBD PRAKxxxA nicht ersetzt wurden.

6.4.8 Anhang 2: Fehlersuche auf Client-Seite und auf dem Mainframe

In diesem Tutorial haben Sie mit realitiv wenig Coding eine architektonisch recht komplexe Anwendung implementiert. Von der Architektur her sind in vielen großen Firmen ähnliche Anwendungen im Einsatz – auch wenn Java unter IMS noch relativ neu und wenig verbreitet ist. Die Komplexität der Architektur birgt eine Vielzahl an potentiellen Fehlerquellen, die unter Umständen schwer zu lokalisieren sind. Die Fehlersuche wird zu dem durch den Einsatz der modernen Programmiersprache Java unter dem bereits seit sehr langer Zeit existierenden IMS erschwert, denn das Fehlerhandling zwischen der Laufzeitumgebung von Java und IMS ist noch nicht optimal gelöst. IMS-Fehlermeldungen sind daher im Falle des Einsatzes von Java oft wenig aussagekräftig – was die Entwicklung von unter IMS-Kontrolle laufenden Java-Anwendungen schwierig macht. Aus diesem Grund und auch weil Ihr Betreuer Ihnen sonst unter Umständen häufig helfen muss, wurde in diesem Teil des Tutorials darauf verzichtet, Ihnen eine Programmieraufgabe zu stellen und stattdessen der komplette, vollständig ausgetestete Quellcode zur Verfügung gestellt. Sollte es dennoch zu einem Fehler kommen, so sollten Sie zunächst anhand der folgenden Hinweise selbst nach der Fehlerursache suchen und diese versuchen zu beheben. Vergleichen Sie dabei Ihren Quellcode mit dem hier gezeigten.

Die meisten Client-seitgen Fehler lassen sich anhand der ausgegebenen Fehlermeldung auf einen *try-catch*-Block eingrenzen. Gegebenenfalls können auch die Anweisungen in den Zeilen davor zu dem Fehler führen. Client-seitige Fehler können sich unter Umständen auch erst in IMS bemerkbar machen. In diesem Fall wird die Fehlersuche schwieriger – besonders wenn keine konkrete Fehlermeldung an den Client zurückgegeben werden sollte. Fehlermeldungen, die den Client erreichen, können entweder durch Ihre Transaktion oder durch IMS/TM bzw. IMS Connect erzeugt worden sein. Die zuerst genannten beginnen mit

„FEHLER". Die Fehlerursache kann unter anderem eine fehlerhafte Eingabenachricht, fehlerhafter Quellcode biim Transaktionsprogramm oder in einer der zugehörigen Klassen, fehlende oder fehlerhafte Ressourcendefinitionen, ein fehlender oder fehlerhafter PSB, ein Datenbankproblem, fehlende Berechtigungen oder ein Problem mit der JMP Region sein. Berechtigungsprobleme sollten nur auftreten, falls Sie aus Versehen versuchen auf fremde Ressourcen, PSBs oder Datenbanken zuzugreifen. Probleme mit der JMP Region können durch Sie und durch andere Benutzer hervorgerufen werden beziehungsweise auftreten, falls in den Java-Konfigurationen der JMP Region IMS13TUT ein Fehler vorliegt hat.

Eine generell gültige Strategie für die Fehlersuche kann aufgrund der Komplexität der Architektur und den vielen potentiellen Fehlerursachen nicht genannt werden. Jedoch empfiehlt es sich mit der Fehlersuche im Error File der JMP Region zu beginnen, falls keine aussagekräftige Fehlermeldung an den Client gesendet worden ist. Sollte bereits eine Fehlermeldung zurückgekommen sein und diese irgendwelche Fehlercodes enthalten, können Sie unter Umständen bereits anhand dieser die Fehlerursache ermitteln. So werden zum Beispiel bei nahezu allen Fehlern rund um IMS/DB DL/I Status Codes und / oder AIB Return Codes zurückgegeben. Die entsprechenden Internetquellen helfen bei der Interpretation dieser Codes. Im Gegensatz dazu sind IMS Connect Fehlercodes oft nicht sehr hilfreich.

Sollte die zurückgelieferte Fehlermeldung nicht ausreichend hilfreich sein, die in Abbildung 6.42 gezeigte oder gar keine Fehlermeldung zurückgeliefert werden, so kann unter Umständen das Error File der JMP Region Auskunft über den Fehler und gegebenenfalls sogar über die fehlerhafte Zeile im Quellcode geben. Sie können sich das Error File ansehen, in dem Sie im ISPF Primary Option Menu in die Kommandozeile TSO OMVS eingeben. Sie gelangen auf diese Weise in die z/OS **U**nix **S**ystem **S**ervices. Nun können Sie auf die im z/OS USS Filesystem liegenden Dateien zugreifen.

```
Problems  @ Javadoc  Declaration  Console
<terminated> Transaktionsclient [Java Application] C:\Program Files\Java\jre7\bin\javaw.exe (22.08.2014 19:48:28)
Verbindung mit IMS Connect auf 139.18.4.34 hergestellt.

Bitte geben Sie die Abteilungsnummer sowie das neue Budget der Abteilung ein.

Abteilungsnummer: 1
Budget (in Euro): 52000

Übermittle das neue Budget...
Budgetaktualisierung für Abteilung 1 aufgrund einer ungültigen Abteilungsnummer oder a
Grund:
DFS2082 18:49:43 RESPONSE MODE TRANSACTION TERMINATED WITHOUT REPLY
*CSMOKY*
Programm beendet.
```

Abbildung 6.43: Fehlende Antwort vom Transaktionsprogramm.

Wechseln Sie mit dem Kommando cd /usr/lpp/ims/ims13/imsjava/tutdir in das Verzeichnis, in welchem das Error File der JMP Region liegt und öffnen Sie dieses anschließend mit obrowse jmp.err. Durchsuchen Sie das Error File mit F PRAKxxxT nach einer Fehlermeldung von Ihrem Transaktionsprogramm (Abbildung 6.43). Falls Sie eine finden, hilft eventuell auch der anschließende Java Stack Trace zur genauen Ermittlung der Fehlerursache sowie der fehlerhaften Zeile im Quellcode. Die nachfolgende Abbildung zeigt ein Beispiel:

Die Fehlermeldung zeigt, dass es sich um einen Tippfehler bei der Angabe des Nachrichtenfeldnamens für die Abteilungsnummer handelt. Der Stack Trace zeigt an, in welcher Funktion es zu der *TMException* kam und wie deren Aufrufhierarchie aussieht. Die letzte Zeile gibt Auskunft über die Zeilennummer der fehlerhaften Zeile in Ihrem Quellcode, wenn Sie mit F11 nach rechts scrollen.

Wenn das Error File der JMP Region leer ist oder keine Fehlermeldung Ihrer Transaktion enthält bzw. wenn die in Abbildung 6.44 gezeigte Nachricht beim wiederholten Aufruf der Transaktion nach einem Timeout im vorherigen Aufruf an den Client zurückgeliefert wird, dann kam es sehr wahrscheinlich zu einem ABEND in der JMP Region. Ihre Transaktion sowie das zugehörige Programm werden in einem solchen Fall gestoppt, damit es nicht immer wieder zu neuen ABENDs kommt.

Bei der Suche nach der Ursache für den ABEND gehen Sie am besten ins SDFS. Konsultieren Sie den Anhang des ersten Teils des Tutorials, falls Sie nicht mehr wissen, wie Sie ins SDFS kommen und wie Sie damit umgehen müssen. Geben Sie im SDSF Primary Option Menü in der Kommandozeile DA ein und bestätigen Sie. Stellen Sie anschließend mit PRE IMS* den Namenspräfix für die anzuzeigenden Jobs ein. Öffnen Sie durch Angabe des Line Command S vor IMS13CR das Job Log der IMS Control Region. Geben Sie dort N in die Kommandozeile ein und bestätigen Sie. Scrollen Sie anschließend einmal mit F7 nach oben. Sie sollten nun eine Anzeige ähnlich der in Abbildung A2.4 sehen. Bei dem gezeigten Beispiel handelt es sich um einen ABEND U0462. Oft sind fehlerhafte Ressourcenangaben die Ursache für den ABEND U0462.

```
    Menu  Utilities  Compilers  Help


 PLEX1     jmp.err                                    Line 00000000 Col 001 080
 ****** ***************************** Top of Data ******************************

 Aug 22, 2014 5:48:49 PM com.ibm.ims.dli.tm.ApplicationFactory  createApplication
 INFO: IMS JDR resource adapter build number: 13007

 Aug 22, 2014 5:48:49 PM com.ibm.ims.dli.PSBInternalFactory  createPSB
 INFO: IMS Universal Drivers build number: 13007

 22.08.2014 17:48:50 Fehler in Transaktion PRAKxxxT: The field ABTEILUNGSNUMER  wa
 com.ibm.ims.dli.tm.TMException: The field ABTEILUNGSNUMER was not defined in the
    .at com.ibm.ims.dli.tm.IOMessageImpl.getValue(IOMessageImpl.java:199)
    .at com.ibm.ims.dli.tm.IOMessageImpl.getInt(IOMessageImpl.java:440)
    .at de.unileipzig.systemz.tutorial16c.prakxxx.jmp.Budgetaktualisierungstransakti
 ****************************** Bottom of Data *********************************




 Command ===>_____Scroll ===> PAGE
   F1=Help     F2=Split     F3=Exit     F5=Rfind    F7=Up     F8=Down    F9=Swap
   F10=Left    F11=Right    F12=Cancel
```

Abbildung 6.44: JMP Error File mit Fehlermeldung und Stack Trace.

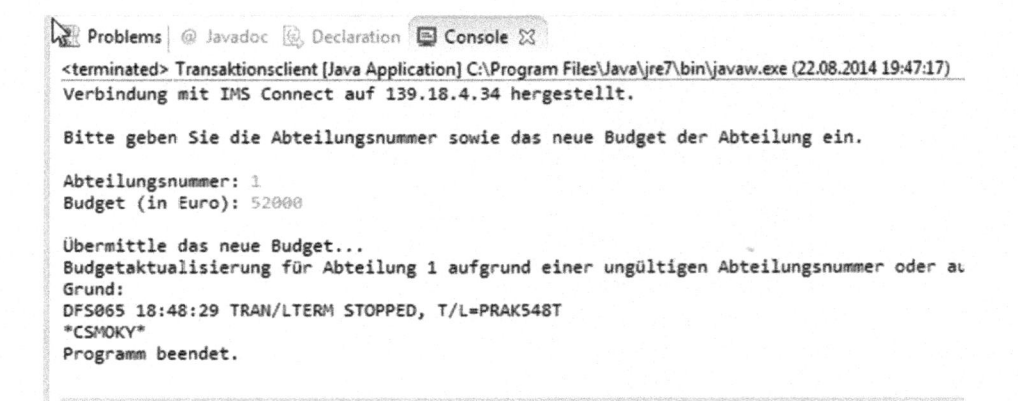

```
 Problems  @ Javadoc  Declaration  Console
 <terminated> Transaktionsclient [Java Application] C:\Program Files\Java\jre7\bin\javaw.exe (22.08.2014 19:47:17)
 Verbindung mit IMS Connect auf 139.18.4.34 hergestellt.

 Bitte geben Sie die Abteilungsnummer sowie das neue Budget der Abteilung ein.

 Abteilungsnummer: 1
 Budget (in Euro): 52000

 Übermittle das neue Budget...
 Budgetaktualisierung für Abteilung 1 aufgrund einer ungültigen Abteilungsnummer oder au
 Grund:
 DFS065 18:48:29 TRAN/LTERM STOPPED, T/L=PRAK548T
 *CSMOKY*
 Programm beendet.
```

Abbildung 6.45: Transaktionsprogramm nach ABEND gestoppt.

Der ABEND Code (Abbildung 6.45) besagt aber eigentlich nur, dass ein Transaktionsprogramm abgestürzt ist, bevor eine Nachricht von der Message Queue eingelesen wurde. Im gezeigten Beispiel ist die fehlerhafte Angabe des Namens der Metadatenklasse die Ursache. Diese führt beim Versuch des dynamischen Ladens der Klasse zu dem ABEND. Eine entsprechende Meldung lässt sich jedoch an keiner Stelle im System finden. Möglicherweise handelt es sich in ihrem Fall auch um einen ABEND U0200. Bei diesem gibt es ein Problem mit der Länge der Eingabenachricht. Ein ABEND U0119 wird hervorgerufen, falls die Verbindung zum Client verloren geht und IMS die Antwortnachricht nicht mehr zustellen kann. Ein ABEND U0119 ist in der Regel die Folge eines vorherigen Fehlers und führt im Gegensatz zu den meisten anderen ABENDs normalerweise nicht zu einem Stopp Ihres Transaktionsprogramms.

```
   Display   Filter   View   Print   Options   Search   Help
 -------------------------------------------------------------------------------
   SDSF OUTPUT DISPLAY  IMS13CR   STC01960   DSID      2 LINE 828     COLUMNS 02- 81
   COMMAND INPUT ===>                                       SCROLL ===> HALF
   18.39.40 STC01960  S   IMS13RD,MBR=IMS13JMP      IMSD
   18.39.40 STC01960  S   IMS13RD,MBR=IMS13JMP
   18.39.47 STC01960  DFS552I    JMP  REGION IMS13JMP STOPPED ID=00001 TIME=1839  I
   18.39.50 STC01960  DFS551I    JMP  REGION IMS13JMP STARTED ID=00001 TIME=1839 CL
   18.39.55 STC01960  S   IMS13RD,MBR=IMS13TUT      IMSD
  ┌──────────────────────────────────────────────────────────────────────────────┐
  │18.39.55 STC01960  S   IMS13RD,MBR=IMS13TUT                                    │
  │18.39.57 STC01960  DFS551I    JMP  REGION IMS13TUT STARTED ID=00002 TIME=1839 CL│
  └──────────────────────────────────────────────────────────────────────────────┘
   18.40.19 STC01960  DFS554A IMS13TUT 00002 JMPRGN    PRAKxxxT(5) PRAK548T 000,0462
           1 //IMS13CR    JOB MSGLEVEL=1
           2 //STARTING EXEC IMS13CR
           3 XX         PROC RGN=64M,SOUT=A,DPTY='(14,15)',
             XX              SYS=,SYS1=,SYS2=,
             XX              RGSUF=00D,PARM1=,PARM2=
           4 XXIEFPROC EXEC PGM=DFSMVRC0,DPRTY=&DPTY,
             XX              REGION=&RGN,
             XX              PARM='CTL,&RGSUF,&PARM1,&PARM2'
             XX*
             XX*
    F1=HELP       F2=SPLIT      F3=END        F4=RETURN    F5=IFIND     F6=BOOK
    F7=UP         F8=DOWN       F9=SWAP       F10=LEFT     F11=RIGHT    F12=RETRIEVE
```

Abbildung 6.46: Beispiel für einen ABEND in einer JMP Region.

Im Falle eines ABENDS U0101 finden Sie möglicherweise eine *Exception*-Meldung im Job Log der JMP Region (Abbildung 6.46). Gehen Sie dazu mit F3 aus dem Job Log der IMS Control Region und öffnen Sie mit dem Line Command S vor IMS13TUT das Job Log der JMP Region, unter der Ihr Transaktionsprogramm läuft. Suchen Sie anschließend mit dem Befehl F Exception nach eine Exception-Meldung. Drücken Sie immer wieder F5 bis entweder eine solche Meldung gefunden wurde oder oben rechts in der Ecke der Hinweis „BOTTOM OF DATA REACHED" zu sehen ist. Beachten Sie, dass auch in einem eventuell im Fehlerfall geschriebenen Dump das Wort „EXCEPTION" auftauchen kann. Die für Sie interessanten *Exception*-Meldungen beginnen mit „DFSJVM00". Eventuell hilft Ihnen eine gefundene *Exception*-Meldung bei der Fehlersuche und der Fehlerbehebung weiter. Sollte die JMP Region IMS13TUT nicht im SDSF gelistet sein, aktivieren Sie mit dem Kommando ST die Anzeige bereits beendeter Jobs. Die JMP Region ist in diesem Fall durch den ABEND komplett abgestürzt. Scrollen Sie mit F8 ganz nach unten und öffnen Sie das letzte Job Log der Region IMS13TUT, um dort nach einer möglichen *Exception*-Meldung zu suchen.

Falls Sie einen ABEND U0200 bekommen oder bei einem ABEND U0101 bzw. einem anderen Fehler nicht mehr weiter wissen, ist es unter Umständen hilfreich das Client-seitige Logging zu aktivieren. Gehen Sie dazu im Menu von Eclipse auf *Run* » *Run Configurations ...* , wählen Sie links den Transaktionsclient aus und wechseln Sie rechts oben in den Tab *Arguments*. Geben Sie dort unter *Program arguments* mit *prakxxx.log* einen Namen für das zu erstellende Log File an. Sie können auch eine Pfadangabe davorhängen. Klicken Sie anschließend rechts unten auf *Apply* und dann auf *Run*, um das Clientprogramm noch einmal auszuführen.

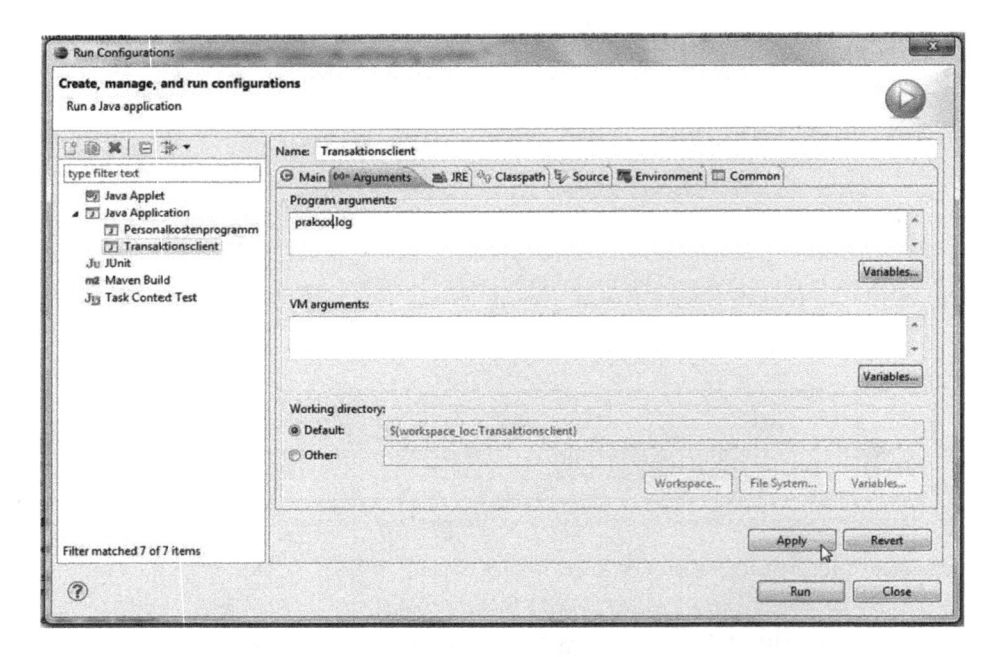

Abbildung 6.47: Einrichtung des Client-seitigen Loggings durch Angabe eines Log File-Namens.

Nach der Beendigung des Programms steht das Log File im Verzeichnis des Entwicklungsprojekts bzw. in dem von Ihnen angegebenen Verzeichnis. Falls Sie keine Pfadangabe vorgenommen haben, können Sie durch einen Klick in den Package Explorer links im Eclipse und das anschließende Drücken von F5 die Ansicht aktualisieren. Das Log File taucht nun in Ihrem Entwicklungsprojekt auf. Öffnen Sie es. Wenn Sie etwas nach unten Scrollen, können Sie Ihre Eingabenachricht samt Header-Informationen sehen. Diese sollte abgesehen von der anderen z/OS User-ID sowie dem entsprechend anderen Transaktionscode wie folgt aussehen:

```
InputMessage.buildDataByteArray()
InputMessage.buildInputMessageByteArray(boolean) - writing LLLL [188] to "dout" DataOutStream
InputMessage.buildInputMessageByteArray(boolean) - Buffer to be sent:
000000bc 00a00300 5ce2c1d4 d7d3f15c 00000000 002d1000 40404040 40404040  |...Â¯.Âµ..*SAMPL1*........       | : 32
00208140 d7d9c1d2 f5f4f8e3 c9d4e2c4 40404040 40404040 40404040 d7d9c1d2  |..a PRAK548TIMSD        PRAK| : 64
f5f4f840 d7d9c1d2 e3404040 5c5c5c5c 5c5c5c5c c7d9c1d5 40404040 40404040  |548 PRAKT   ********GRAN    | : 96
40404040 40404040 40404040 40404040 40404040 40404040 40404040 00000000  |                            ....| : 128
00000000 00000000 00000000 00000000 00000000 00000000 00000000 00000000  |................................| : 160
00000000 00140000 d7d9c1d2 f5f4f8e3 00000001 0000cb20 00040000           |........PRAK548T......Â¯.....| : 188
lecimal 188)
```

Abbildung 6.48: Fehlerfreie Eingabenachricht mit blau markiertem Datenteil.

Der Datenteil der Eingabenachricht ist in Abbildung 6.47 blau markiert. Die ersten acht hexadezimalen Ziffern bilden die 4 Byte lange Abteilungsnummer, die zweiten acht hexadezimalen Ziffern bilden das ebenfalls 4 Byte lange neue Abteilungsbudget. CB20 ist der hexadezimale Wert für die Dezimalzahl 52.000.

Falls die Eingabenachricht fehlerfrei ist und Sie einfach nicht mehr weiter wissen, schicken Sie bitte Ihrem Betreuer eine Mail mit dem Client-seitigen Log File im Anhang. Beschreiben Sie bitte auch all Ihre Erkenntnisse bei der Fehlersuche. Schicken Sie außerdem einen Screenshot von den Ausgaben Ihres Clientprogramms mit. Haben Sie nach dem Versenden der Mail bitte Geduld. Die Fehlersuche kann sich auch für Ihren Betreuer schwierig gestalten.

Hinweise: Nach einer Fehlerkorrektur an Ihrem Transaktionsprogramm müssen Sie dieses erneut in ein Java-Archiv mit dem Namen PRAKxxx.jar exportieren und hochladen. Vergessen Sie beim Hochladen nicht den binären Übertragungsmodus zu nutzen. Starten Sie anschließend die JMP Region IMS13TUT neu.

Falls die JMP Region durch den ABEND ebenfalls abgestürzt ist, hilft das zuvor implementierte JCL-Skript zum Durchstarten der Region nicht. Die IF-Anweisung darin verhindert, dass das IMS-Kommando zum Starten der Region ausgeführt wird, denn das zuvor auszuführende IMS-Kommando ist in diesem Fall nicht erfolgreich. Erstellen Sie sich in diesem Fall ein weiteres JCL-Skript und kopieren Sie die ersten zehn Zeilen des JCL-Skripts zum Durchstarten der Region hinein. Ersetzen Sie das IMS-Kommando STOP REGION JOBNAME IMS13TUT durch START REGION IMS13TUT und führen Sie das neue JCL-Skript anschließend aus. Die Region sollte nun wieder gestartet sein.

Unabhängig davon, ob die Region IMS13TUT durch einen von Ihnen verursachten ABEND abgestürzt ist oder nicht, müssen Sie Ihr Programm sowie Ihre Transaktion wieder starten, nachdem Sie den Fehler behoben haben. Kopieren Sie auch hierzu die ersten zehn Zeilen aus dem JCL-Skript zum Durchstarten der Region und löschen Sie das IMS-Kommando STOP REGION JOBNAME

IMS13TUT. Tragen Sie stattdessen zunächst das IMS-Kommando QUEUE TRAN NAME(PRAKxxxT) OPTION(DEQALL) ein und führen Sie den Job anschließend aus. Durch dieses IMS-Kommando werden eventuell noch vorhandene alte Eingabenachrichten aus der Message Queue entfernt. Ändern Sie anschließend das Kommando auf START PGM PRAKxxxT und führen Sie das JCL-Skript erneut aus. Wiederholen Sie das Ganze ein drittes Mal mit dem Kommando START TRAN PRAKxxxT. Alternativ können Sie auch einfach weitere Job-Steps hintendran hängen und alle drei Kommandos hintereinander durch denselben Job ausführen lassen.

6.5 Transaktionsmonitor

6.5.1 TP-Monitor versus Stored Procedure

Ein *Hochleistungstransaktionsverarbeitungssystem* verwendet einen separaten *Transaction Processing Monitor* (TP-Monitor) an Stelle von Stored Procedures (siehe Abbildung 6.49). Abbildung 6.48 bildet eine Reproduktion von Abbildung 6.52. In dieser wird dargestellt, wie eine große Anzahl von aktiven Klienten eine entsprechend große Anzahl von aktiven Server-Prozessen bedingt.

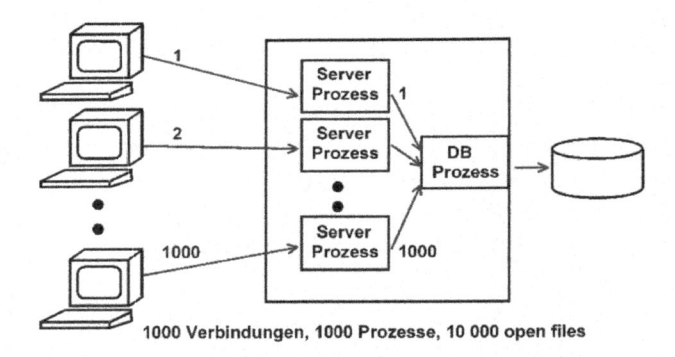

Abbildung 6.49: Eine große Stored Procedure-Konfiguration.

Es wird angenommen, dass in mittleren und größeren Unternehmen 80 % aller Server-orientierten Datenverarbeitungsaktivitäten mit Hilfe von TP-Monitoren ausgeführt werden. Ein TP-Monitor verringert die Anzahl der erforderlichen Anwendungsprozesse signifikant (siehe Abbildung 6.49).

Weitere Vorteile des TP-Monitors gegenüber Stored Procedures sind:
- Das *Two-Phase Commit-Protokoll* ermöglicht es, dass mehrere TP-Monitore inder Bearbeitung einer Transaktion involviert sein können.
- Es können heterogene Datenbanken angesprochen werden.
- Leistungsverhalten: De facto alle *TP-Benchmarks* werden mit TP-Monitoren gefahren.

6.5.2 Aufbau eines TP-Monitors

Ein *Transaktionsverarbeitungssystem* oder auch *Transaction Processing-System* (TP-System) besteht aus:
- Anwendungen,
- Datenbank(en),
- Netzwerksteuerung,
- Entwicklungswerkzeuge,
- Transaktions-Monitor (TP-Monitor).

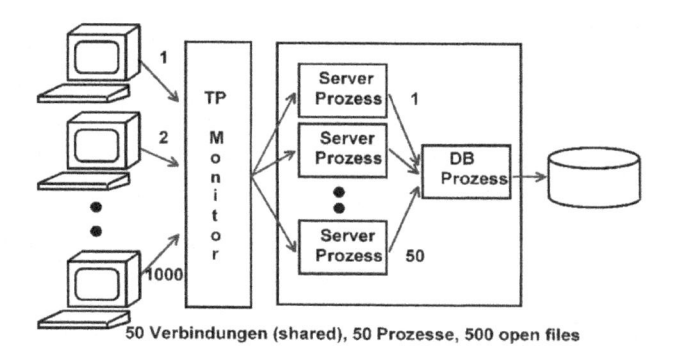

Abbildung 6.50: Transaktionsverarbeitung mit TP-Monitor.

Ein Transaktionsmonitor ist eine Softwarekomponente, die den atomaren Charakter vieler gleichzeitig ablaufender Transaktionen sicherstellt. Der TP-Monitor stellt die Kernfunktionen für ein Transaktionsverarbeitungssystem bereit. Hierzu gehören:
- Message Queuing,
- Lock-Verwaltung,
- Log-Verwaltung,
- Two-Phase Commit-Synchronisation,
- Rollback-Funktion,
- Laststeuerung (Load Balancing).

Beispiele für verfügbare Transaktionsmonitor bzw. Transaktionsmanager-Produkte sind:
- Oracle Tuxedo (ursprünglich entwickelt von AT&T → Novell → BEA → Oracle),
- IBM CICS,
- IBM IMS/DC bzw. IMS/TM,
- IBM z/TPF,
- Microsoft Transaction-Server (MTS),
- SAP R/3,
- Siemens UTM.

Zu den Eigenschaften eines Transaktionsmonitors gehören die Eignung für die Bewältigung eines hohen Verkehrsaufkommens, hohe Verfügbarkeit und eine kurze Antwortzeit (< 0.3 Sekunden erwünscht). Ein weiteres Merkmal ist die Gewährleistung der Datenintegrität beim Zugriff auf gemeinsam genutzte Ressourcen.

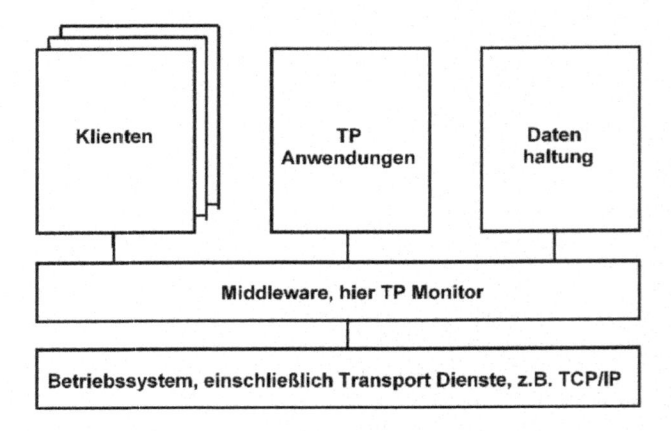

Abbildung 6.51: Einordnung des TP-Monitors.

Es wäre denkbar, die TP-Monitor-Funktion in das Betriebssystem einzubauen. Dies ist zum Beispiel beim IBM-Betriebssystem *System z Transaction Processing Facility* (z/TPF) der Fall. Ein normales Betriebssystem ist jedoch dafür strukturiert, vor allem Stapelverarbeitung und lang-dauernde interaktive Time Sharing-Sitzungen zu unterstützen. Deshalb setzt im Regelfall der TP-Monitor als ein einziger Anwendungsprozess auf dem Betriebssystem auf (siehe Abbildung 6.50).

Hierbei vermeidet der TP-Monitor nach Möglichkeit die Nutzung der Betriebssystem-Funktionen. Um Leistung und Durchsatz zu optimieren, hat er beispielsweise eigene Message Behandlungs- und Queuing-Einrichtungen und eventuell (zum Beispiel bei CICS) sein eigenes File-System.

Die Komponenten eines TP-Monitors sind in Abbildung 6.51 dargestellt. Endbenutzer kommunizieren mit dem TP-Monitor in Form von Nachrichten. Hierzu unterhält das Bildschirmgerät, heutzutage typischerweise ein PC, einen *User Interface-Prozess*. Dieser formatiert eingegebene Daten in eine Nachricht um, die an den TP-Monitor übertragen und von diesem verstanden werden kann. In der umgekehrten Richtung empfängt der *User Interface-Prozess* vom TP-Monitor gesendete Daten und setzt sie in eine geeignete Bildschirmwiedergabe um. In der TP-Terminologie wird das Bildschirmgerät des Endbenutzers als *Terminal* bezeichnet.

Die Bildschirmwiedergabe kann aus einer Reihe von Zeilen mit alphanumerischem Text bestehen ähnlich einer *telnet-* oder *rlogin-Darstellung*. In diesem Fall reden wir von einem *Character User Interface* (CUI) –Prozess. Alternativ kann sie ein

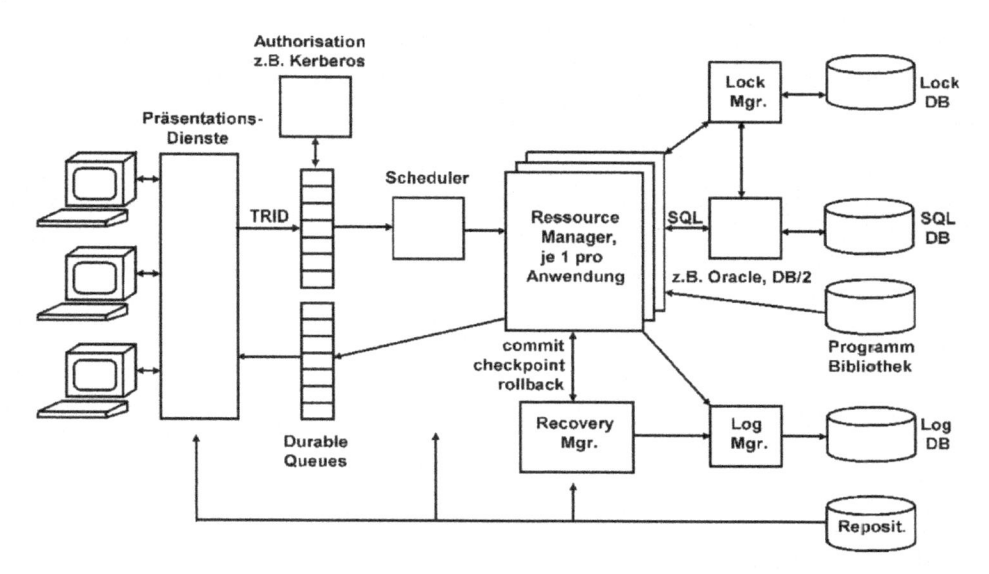

Abbildung 6.52: Komponenten eines TP-Monitors.

graphisches Aussehen in Anlehnung an eine Windows-, Motiv- oder KDE-Oberfläche haben. Diesen Fall bezeichnet man als *Graphic User Interface* (GUI) –Prozess.

Die *Presentation Services-Komponente* des TP-Monitors kooperiert mit dem *Terminal User Interface-Prozess*, um Ausgabedaten darzustellen.

Eingabe-Nachrichten von den Terminals werden von dem User Interface-Prozess mit einer *TRansaktions-ID* (TRID) versehen, welche das aufzurufende Transaktions-Verarbeitungsprogramm eindeutig idenzifiziert. Der Transaktions-Monitor puffert die Eingabe-Nachricht in einer Warteschlange. Aus Zuverlässigkeitsgründen muss diese einen Systemabsturz überleben und ist deshalb persistent. Die TRID wird auf einem Plattenspeicher zwischengespeichert. Eine ähnliche persistente Warteschlange existiert für die Ausgabe von Nachrichten. Das persistente Abspeichern der Eingabedaten stellt selbst einen Prozess mit ACID-Eigenschaften dar, ähnliches gilt für die Datenausgabe.

Dieser Sachverhalt aus Abbildung 6.51 ist in Abbildung 6.52 näher dargestellt. Jede einzelne Transaktion wird in drei Subtransaktionen aufgelöst, die alle eigene ACID-Eigenschaften haben. Subtransaktion 1 nimmt die Eingabenachricht entgegen, stellt sie in die *Eingabe-Queue (enqueue)* und schließt ab (commit). Subtransaktion 2 liest die Nachricht aus der Eingabe-Queue (2a), verarbeitet sie, stellt das Ergebnis in die *Ausgabe-Queue* (2b), löscht den Eintrag aus der Eingabe-Queue und endet (commit). Subtransaktion 3 schließlich übernimmt das Ergebnis von der Ausgabe-Queue, übergibt das Ergebnis an den Klienten, löscht den Eintrag in der Ausgabe-Queue (*dequeue*) und schließt ab. Ein separater *Queue-Manager* ist optimiert für diese Aufgabe.

Der Scheduler in Abbildung 6.51 verteilt eingehende Bearbeitungs-Anforderungen auf die einzelnen Server-Prozesse.

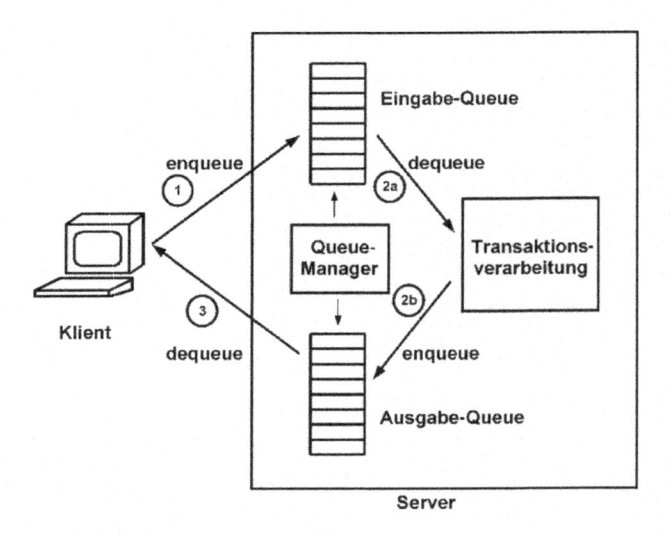

Abbildung 6.53: Ein/Ausgabe-Queues.

Ein TP-Monitor bezeichnet seine Server-Prozesse als *Ressource-Manager*. Es existiert ein Ressource-Manager pro (aktiver) Anwendung. Ressource-Manager arbeiten multithreaded; ein spezifischer Ressource-Manager für eine bestimmte Anwendung ist in der Lage, mehrere Transaktionen gleichzeitig zu verarbeiten.

Der *Lock-Manager* blockiert einen Teil einer Datenbank-Tabelle. In Zusammenarbeit mit dem Datenbank-System stellt er die *Isolation* der ACID-Eigenschaft sicher.

Der *LOG-Manager* hält alle Änderungen gegen die Datenbank fest. Mit Hilfe der *LOG-Datenbank* kann der *Recovery-Manager* im Fehlerfall den ursprünglichen Zustand der Datenbank wiederherstellen (Atomizität der ACID-Eigenschaft).

In dem *Repository* verwaltet der TP-Monitor Benutzer-Daten und -Rechte, Screens, Datenbank-Tabellen, Anwendungen sowie zurückliegende Versionen von Anwendungen und Prozeduren.

6.5.3 TP-Monitor-Funktionen

6.5.3.1 Backward Recovery

Der Transaktions-Monitor stellt sicher, dass im Fehlerfall der teilweise durchgeführte Ablauf einer Transaktion rückgängig gemacht wird und dass alle abgeänderten Felder einer Datenbank wieder in ihren ursprünglichen Zustand zurückgesetzt werden. Andere Bezeichnungen für das Zurücksetzen sind *backout, rollback* oder *abort*.

Abbildung 6.53 erläutert das Prinzip. Vor der Modifikation eines Datensatzes wird die bisherige Version in einem Zwischenpuffer auf dem Plattenspeicher gesichert (1). Danach wird der Datensatz abgeändert (2). Der *Commit-Vorgang* wird ebenfalls persistent auf dem Plattenspeicher festgehalten (3). Der Abschluss der Transaktion wird mit dem *acknowledgement*-Signal (kurz *ack*) gesichert (4). Danach kann der Zwischenpuffer wieder zurückgesetzt werden.

Im Falle eines Rollbacks stehen die bisherigen Daten noch in dem Zwischenpuffer. Der *Backward Recovery-Prozess* benutzt sie, um den ursprünglichen Zustand wieder herzustellen.

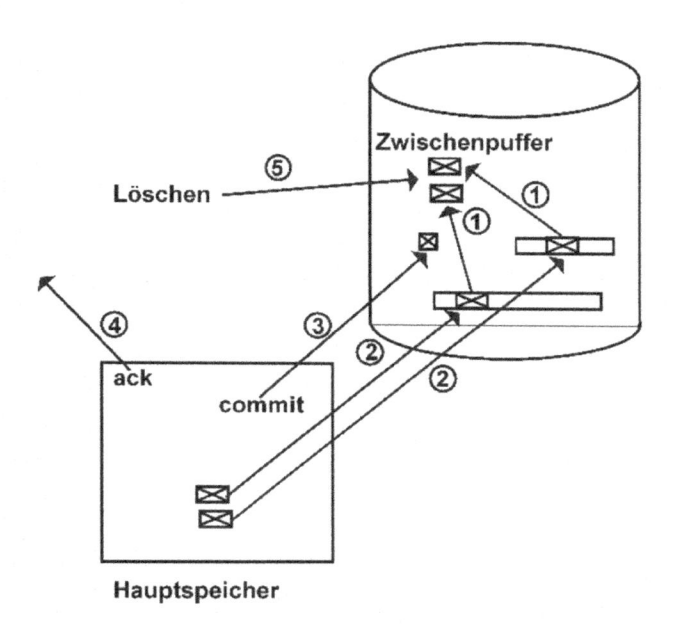

Abbildung 6.54: Backward Recovery.

6.5.3.2 Flat Transaction

F*lat Transactions* stellen die einfachste Art der Transaktion dar; für fast alle existierenden TP-Systeme kann eine Unterstützung nur auf der Ebene der Anwendungsprogrammierung erfolgen. Die *Flat Transaction* ist der Grundbaustein für die Organisation einer Anwendung in atomaren Aktionen. Sie darf eine beliebige Anzahl von einfachen Aktionen enthalten.

Diese Transaktionen werden flat (flach) genannt, weil es von Seiten der Anwendung nur eine Schicht der beginwork- und commit- Klammern befindet sich auf derselben Ebene. Das bedeutet, die Transaktion überlebt als Ganzes mit allen Nebenbedingungen (commit) oder sie wird mit allen Nebenbedingungen zurückgesetzt (rollback). Die größere Einschränkung von flachen Transaktionen besteht darin, dass es keine Möglichkeit gibt, ein commit oder rollback für Teile solcher Transaktionen durchzuführen.

Abbildung 6.54 zeigt, wie innerhalb einer Sitzung (session) eine Transaktion abgeschlossen wird, ehe die nächste beginnt.

```
start_transaction {
    beginwork ( );
    .....
    .....
    .....
    .....
    .....
    if no_error commit ( ) else rollback ( );
}
```

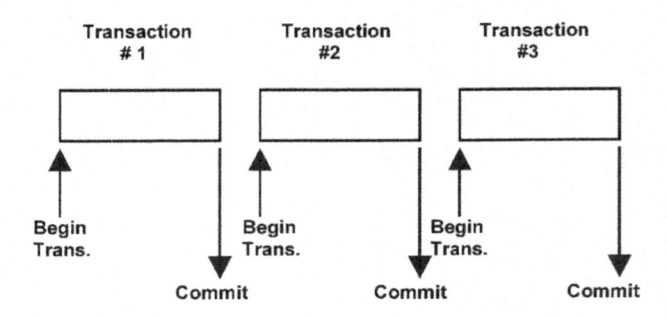

Abbildung 6.55: Flat Transaction.

6.5.3.3 Logical Unit of Work

Aktionen sind Bausteine, aus denen der zeitliche Arbeitsablauf eines Ressource-Managers besteht. *Nicht geschützte (unprotected) Aktionen* haben keine ACID-Eigenschaften. *Geschützte (protected) Aktionen* haben ACID-Eigenschaften und werden als *Logical Unit of Work* (LUW) bezeichnet. Teilweise abgeschlossene LUWs können rückgängig gemacht werden.

Reale (real) Aktionen beeinflussen die physikalische Umwelt auf eine Art, die nur schwer oder gar nicht rückgängig zu machen ist (rollback). Beispiele sind: Ein Loch bohren, eine Rakete abschießen, vertrauliche Daten an den falschen Empfänger senden. ACID-Eigenschaften für reale Aktionen mögen schwierig oder unmöglich zu implementieren sein.

Eine Transaktion, die teilweise aus nicht geschützten Aktionen und teilweise aus geschützten Aktionen (LUWs) besteht, ist in Abbildung 6.55 wiedergegeben.

Synchronisationspunkte (Syncpoints) teilen eine lang-laufende Transaktion in mehrere LUWs auf (siehe Abbildung 6.56). Sie bewirken, dass rollback work die teilweise ausgeführte Transaktion nur bis zu dem angegebenen Syncpoint zurücksetzt.

Viele Transaktionen werden von Bildschirmen aus aufgerufen und haben eine Laufzeit im Subsekundenbereich. Es existieren aber auch Transaktions-Anwendungen mit Laufzeiten im Minuten- oder Stunden-Bereich. Ein Beispiel ist die monatliche Zinsabrechnung der Darlehnskonten in einer Bank. Hierbei müssen zum Beispiel die folgenden Schritte durchgeführt werden:

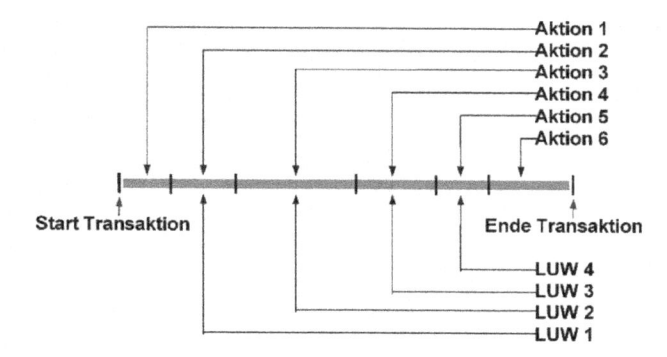

Abbildung 6.56: Aufteilung einer Transaktion in teilweise geschützte (LUWs) und teilweise nicht geschützte Aktionen.

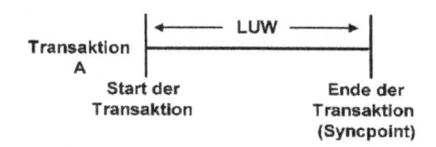

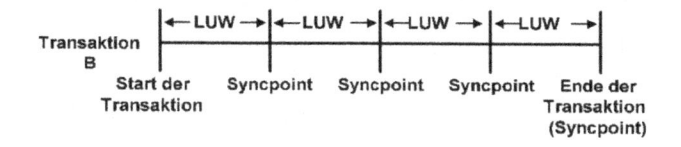

Abbildung 6.57: Logical Units of Work (LUW) und Syncpoints.

1. Darlehnskonto abrechnen, Saldo um Tilgungsrate verändern,
2. Tilgung und Zinsen im laufenden Konto (Kontokorrent) auf der Sollseite buchen,
3. globales Limit überprüfen,
4. Bilanzpositionen (Konten),
5. G + V-Positionen (Gewinn- und Verlust-Konten),
6. Zinsabgrenzung monatlich für jährliche Zinszahlung,
7. Bankmeldewesen (ein Kunde nimmt je 90.000 € Euro Kredit bei 10 Banken auf, läuft am Stichtag).

Im Fall von einer Million Kundenkonten kann die Ausführungszeit der Transaktion mehrere Stunden in Anspruch nehmen. Tritt ein Fehler gegen Ende der Verarbeitung auf, muss alles wieder zurückgesetzt werden. Beim Einsatz von Syncpoints muss nur bis zum letzten Sync-point zurückgesetzt werden. Abbildung 6.57 zeigt verschiedene Fälle des Rücksetzens.

328 — 6 Transaktionsverarbeitung

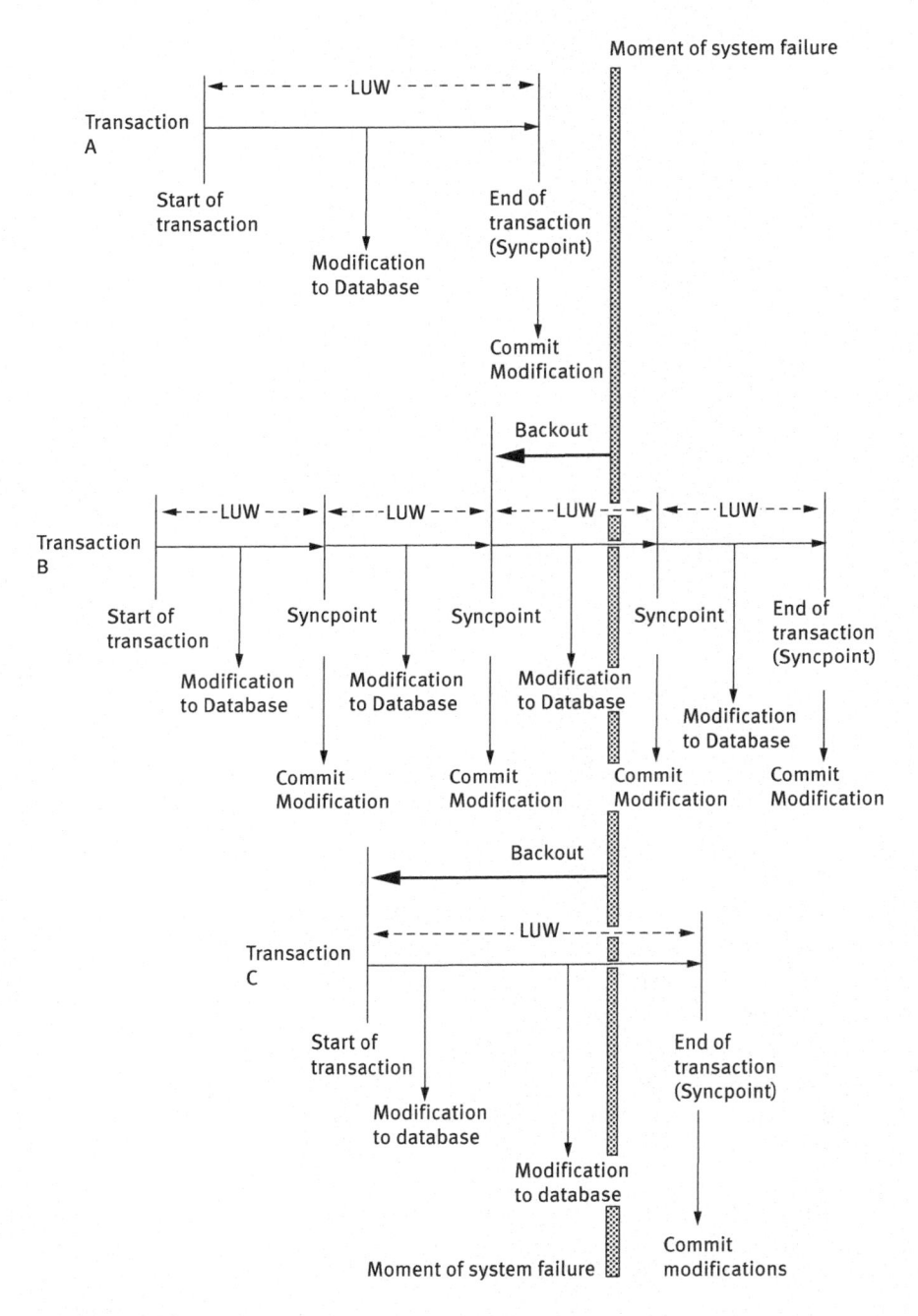

Abbildung 6.58: LUW Backout.

6.5.3.4 Two-Phase Commit-Protokoll

Dem *Flat-Transaktions-Modell* liegt die Annahme zugrunde, dass die Transaktionsverarbeitung auf einem einzigen Rechner mit einem TP-Monitor und einer Datenbank stattfindet. Sehr häufig tritt das Problem auf, dass eine Transaktion eine Änderung in mehreren Datenbanken vornehmen möchte, die eventuell von unterschiedlichen Herstellern stammen und auf unterschiedlichen Rechnern untergebracht sind (siehe Abbildung 6.58).

Von einer *Haupttransaktion (Main Transaction)* werden Subtransaktionen eingerichtet, die von den einzelnen TP-Monitoren abgearbeitet werden. Das *Two-Phase Commit-Protokoll (Zwei-Phasen-Festübergabe)* stellt sicher, dass die ACID-Charakteristiken der Haupttransaktion gewährleistet bleiben.

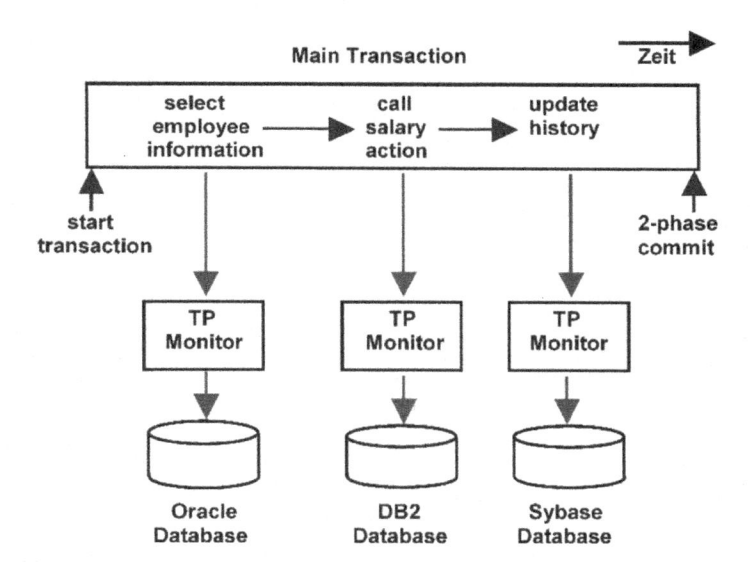

Abbildung 6.59: Distributed Flat Transaction.

Das Two-Phase Commit-Protokoll wird bei der gleichzeitigen Änderung mehrerer Datenbanken eingesetzt. Ein Beispiel dafür ist eine Banküberweisung von Bank A nach Bank B. In diesem Fall sendet ein elektronisches Clearinghaus Nachrichten an beide Banken. Ein Problem tritt auf, wenn entweder die Abbuchung oder die Gutschrift nicht erfolgt. Daher ist eine atomare Transaktion erforderlich.

Die Konsistenz wird durch einen *Master* (Commit-Koordinator) erreicht, der die Arbeit von *Slaves* überwacht. Das Clearinghaus übernimmt die Rolle des Masters, die beider Banken sind Slaves. Das Two-Phase Commit-Protokoll (Abbildung 6.61) stellt sicher, dass Abbuchung und Gutschrift entweder beide erfolgen oder beide nicht erfolgen (siehe Abbildung 6.59)

Die Logik des Two-Phase Commit-Protokolls nach [17] ist in Abbildung 6.60 wiedergegeben:

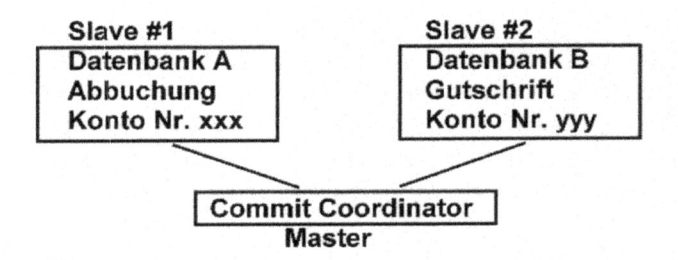

```
         Slave #1                    Slave #2
      ┌──────────────┐            ┌──────────────┐
      │ Datenbank A  │            │ Datenbank B  │
      │ Abbuchung    │            │ Gutschrift   │
      │ Konto Nr. xxx│            │ Konto Nr. yyy│
      └──────────────┘            └──────────────┘
              \                    /
               \                  /
              ┌─────────────────────┐
              │ Commit Coordinator  │
              └─────────────────────┘
                     Master
```

Abbildung 6.60: Two-Phase Commit.

```
           Master                                    Slave

Begin atomic action
Send Request 1
.............
Send Request n
Send " Prepare to commit" message
                                        if action can be performed
                                                then begin
                                                        Lock data
                                                        Store initial state on disk
                                                        Store requests on disk
                                                        Send "OK" message
                                                     end
                                        else
                                                Send "Failure"

if all slaves said "OK"
        then send "Commit" message
        else send "Rollback" message
Wait for acknowledgements
                                        if master said commt
                                                then begin
                                                        Do work
                                                        Unlock data
                                        end
                                        Send "Acknowledgement" message
```

Abbildung 6.61: Two-Phase Commit-Protokoll.

7 Customer Information Control System (CICS)

7.1 Übersicht über IBM Transaktionsmonitore

7.1.1 CICS-Transaktions-Monitor

In der Wirtschaft wird eine ganze Reihe von TP-Monitor-Produkten eingesetzt. Für Unix-Systeme ist Tuxedo von der Firma Oracle populär. Der MS Transaktions-Server ist in Microsoft-Umgebungen häufig zu finden. SAP System/R3 wird mit seinem eigenen Transaktions-Monitor betrieben. Ähnlich kann auch IMS mit dem zugehörigen Transaktionsmanager IMS/TM betrieben werden.

Der mit Abstand am weitesten verbreitete Transaktionsmonitor ist das *Customer Information Control System* (CICS) [47]. CICS wurde erstmalig 1968 eingesetzt und hatte damals einen Umfang von 19.000 Zeilen Code. Der Umfang des heutigen Produktes wird auf weit über 10 Millionen Code Zeilen geschätzt.

16.000 Unternehmen setzen CICS als Transaktionsmonitor ein. Von den 2.000 größten Unternehmen verwenden etwa 90% CICS. Sie generieren etwa 20 Milliarden Transaktionen pro Tag. Außenstehende, zum Beispiel Jim Gray (ehemals VP bei Microsoft), vermuten, dass die Anzahl noch größer ist und CICS-Transaktionen im Durchschnitt komplexer sind und mehr Arbeit leisten als dies bei anderen Transaktionsmonitoren der Fall ist [18]. Vorgänge wie das Abheben eines Geldbetrages in der Bank, die Buchung eines Fluges im Reisebüro oder das Bezahlen eines Einkaufs mit der EC-Karte werden als Transaktionen in einem zentralen Rechner mit Hilfe eines Transaktionsmonitors verarbeitet. Weltweit sind etwa 30 Millionen CICS-Terminals installiert. Zum Vergleich existierten im März 2001 weltweit 379 Millionen Internet Anschlüsse, die meisten davon in Privathaushalten [19]. Die Anzahl der durchgeführten System-CICS-Transaktionen pro Stunde ist etwa so groß wie die Anzahl der Zugriffe auf Seiten des World Wide Web. Wenn man bedenkt, dass die durchschnittliche Benutzungsdauer eines CICS-Terminals etwa 4–6 Stunden pro Tag beträgt, erscheint dies plausibel.

CICS ist unter den System z-Betriebssystemen z/OS und z/VSE sowie als getrennte Implementierung (als Encina-Erweiterung) unter zahlreichen weiteren Betriebssystemen wie zum Beispiel OS/2 und Solaris verfügbar. Die Kompatibilität zwischen den einzelnen Versionen ist exzellent. CICS verdankt seine Popularität einer Spitzenposition bezüglich Durchsatz, Zuverlässigkeit und Verfügbarkeit.

Unter z/OS (und z/VSE) laufen alle CICS-Anwendungen und -Dienste im Problemstatus, ungeschützt voneinander, innerhalb eines einzigen virtuellen Adressraums. Anwendungen und Ressource-Manager laufen als Threads innerhalb dieses Adressraums.

Bei der Implementierung eines Transaktionsmonitors wie CICS ist zu bedenken, dass Operationen über Adressraumgrenzen hinweg Millisekunden benötigen, während Operationen im gleichen Adressraum nur Mikrosekunden-Bruchteile erfordern. Ein Faktor 1.000 als Geschwindigkeitsunterschied ist möglich. Deshalb läuft der vollständige CICS-Transaktions-Monitor unter z/OS im Problemstatus. Dies erfordert stabile Anwendungen, da alle Steuerfunktionen nicht geschützt sind. Der Netware-Server der Firma Novell benutzt einen ähnlichen Ansatz.

7.1.2 Transaction Processing Facility

Ein mit CICS verwandtes Produkt ist die IBM *System z Transaction Processing Facility* (z/TPF). z/TPF ist ein eigenständiges Betriebssystem, das nur eine einzige Anwendung erlaubt, nämlich die Transaktionsverarbeitung. Bei z/TPF laufen Anwendungen, Transaktionsmonitor und Überwacher gemeinsam im Überwacher-Status. Zu den Eigenschaften von z/TPF gehören:
– Keine Einrichtungen für Softwareentwicklung (erfolgt auf einem anderen Rechner)
– Run-to-Completion (non-preemptive) Scheduler/Dispatcher
– Betriebssystemaufruf erfordert ca. 500 Maschinenbefehle
– E/A-Operation erfordert etwa 500 bis 800 Maschinenbefehle
– deutlich mehr als 10.000 Transaktionen/s

z/TPF wird eingesetzt, wenn besonders hohe Raten von relativ einfachen Transaktionen auftreten. Beispiele hiefür bilden Flugplatzreservierung, Geldausgabeautomaten und Kreditkartenverifizierung.

z/TPF ist aus dem *SABRE*-Flugplatzreservierungssystem hervorgegangen, das 1959 gemeinsam von American Airlines und IBM entwickelt wurde. Später ist es in ACP und dann in z/TPF umbenannt worden.

7.2 CICS-Programmierung

CICS-Anwendungen werden in Sprachen wie COBOL, C++, Java, REXX, PL/1 geschrieben. Zum Vergleich: SAP R/3-Anwendungen benutzen ausschließlich die proprietäre Programmiersprache ABAP/4.

Zur Ausführung von CICS-spezifischen Funktionen enthält das Anwendungsprogramm CICS-Statements. Ein CICS-Statement beginnt mit dem Ausdruck EXEC CICS und endet mit einem Delimiter, der je nach Programmiersprache unterschiedlich ist.

Beispiel für ein CICS-Statement innerhalb eines COBOL-Programms:

```
EXEC CICS
WRITEQ TS QUEUE('ACCTLOG') FROM(ACCTDTLO)
LENGTH(DTL-LNG)
END EXEC
```

Ein existierender Datensatz ACCTDTLO wird in eine temporäre Warteschlange ACCTLOG geschrieben, die als Log zur Datensicherung dient.
Beispiel für ein CICS-Statement innerhalb eines C/C++-Programms:

```
EXEC CICS SEND MAP(„label04") MAPSET(„s04set");
```

Ein Bildschirminhalt (MAP) mit dem Namen label04 wird ausgegeben (siehe Kapitel 7.4.3).
Neue CICS-Anwendungen werden häufig in C/C++ oder Java geschrieben. Daneben hat COBOL nach wie vor eine überragende Bedeutung.

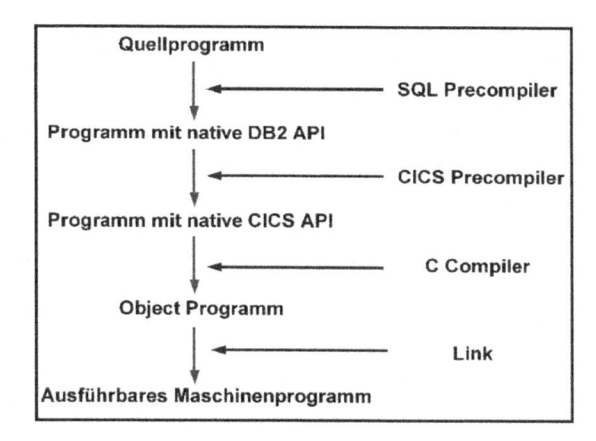

Abbildung 7.1: Precompiler-Operation.

Die EXEC CICS-Statements werden ähnlich wie SQL-Statements durch einen Precompiler übersetzt. Dieser Zusammenhang ist in Abbildung 7.1 dargestellt.
COBOL wird in akademischen Kreisen häufig als eine veraltete Programmiersprache angesehen, die schleunigst durch eine moderne ersetzt werden sollte. Die industrielle Praxis sieht anders aus. Die folgenden Tatsachen stammen aus einem COBOL Sonderheft der Zeitschrift IEEE Software [20]:
70–75% aller ausgeführten z/OS-Transaktionen sind in COBOL geschrieben. Die existierende Menge an COBOL-Programmen besteht aus etwa 180 Milliarden Zeilen COBOL Code mit einer jährlichen Zuwachsrate von 5 Milliarden Zeilen Code. [21]. Etwa 35% von allen neuen Business-Anwendungen werden derzeitig in COBOL geschrieben.
Von 142 untersuchten Firmen und Organisationen setzen 87% Cobol ein. Die Unternehmen investieren 50% ihres Budgets in die Wartung vorhandener COBOL -Anwendungen, 20% in die Entwicklung neuer COBOL -Anwendungen und 30% in eine Mischung von beiden. Lediglich 2.5% der Unternehmen haben Pläne für den Einsatz von Objekt-COBOL.

45% der Unternehmen planen die Benutzung von COBOL auf dem derzeitigen Niveau für die nächsten 10 Jahre, 30% gehen von einer schrumpfenden Bedeutung aus, 15% wollen Cobol ganz ersetzen und 5% gehen von einer wachsenden Bedeutung aus [22].

Die Jahr 2000-Umstellungskosten waren für COBOL Programme deutlich günstiger als für Programme in anderen Sprachen. Der Unterschied betrug 28 $ gegenüber 45 $ pro *Function Point* [4]. *Function Points* sind eine Messgrösse für die Ermittelung der Komplexität von Programmen [23]. Als Gründe werden angegeben:
- COBOL ist eine sehr wortreiche (verbose) Programmiersprache und hat deshalb überlegene Dokumentationseigenschaften. Die meisten Computersprachen minimieren die Anzahl der Tastaturanschläge auf Kosten der Lesbarkeit und Verständlichkeit.
- COBOL hat bessere Daten-Behandlungsmöglichkeiten als C++ oder Java. Die hierarchischen und -rekursiven Datendeskriptoren in COBOL erlauben eine einfache Abbildung auf eine hierarchische Datenbank wie IMS, aber auch auf XML.

Eine weitere faszinierende Erkenntnis ist:
- COBOL ist die einzige verbreitete Computersprache, die vorgelesen werden kann. Das menschliche Gehirn liest Texte, indem Worte in ihre Phoneme aufgebrochen werden. Dies erhöht die Verständlichkeit von COBOL [3].

Die *Object Management Group* (OMG) hat bei der Entwicklung des CORBA-Standards frühzeitig eine *IDL* für COBOL definiert (zusätzlich zu C++ und Java).

7.3 CICS-Struktur

7.3.1 Übersicht

Das z/OS-Betriebssystem besteht aus einem Kernel und aus einer Reihe von Prozessen, die innerhalb ihrer eigenen virtuellen Adressräume laufen. z/OS bezeichnet virtuelle Adressräume als *Regionen*. Diese Struktur ist in Abbildung 7.2 wiedergegeben.

Manche Regionen beherbergen Subsysteme (Systemprozesse), die Teil des Betriebssystems sind, aber im Benutzer-Status laufen. Einige der (zahlreichen) Subsysteme sind:
- CICS   Transaktionsverarbeitung,
- TSO   Native Shell und Entwicklungsumgebung,
- DB2   relationale Datenbank,
- USS   Unix System Services und Unix Shell,
- WAS   WebSphere Application-Server.

Es ist möglich, dass ein Prozess in Region A mit einem anderen Prozess in Region B kommuniziert; diese Kommunikation wird aber vom z/OS-Betriebssystem streng kontrolliert. Eine Kommunikation zwischen Regionen wird als *InterProcess Communication* (IPC) bezeichnet.

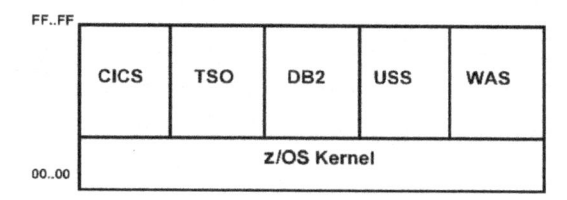

Abbildung 7.2: z/OS-Grundstruktur.

CICS ist einer dieser Systemprozesse und läuft in einer eigenen *CICS-Region*. In der Mehrzahl der Fälle greifen die Transaktionen innerhalb einer CICS-Region auf Daten zu, die von einem Datenbankprozess in einer anderen Region verwaltet werden. In großen Installationen findet man häufig mehrere CICS-Regionen. Die Transaktionen innerhalb dieser Regionen kommunizieren über IPC-Verfahren miteinander.

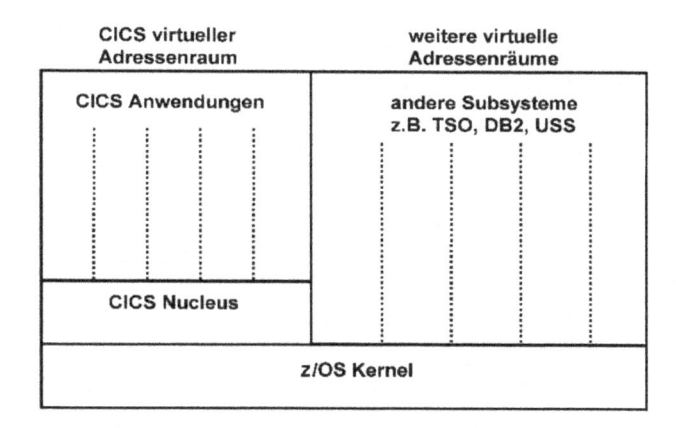

Abbildung 7.3: CICS-Grundstruktur.

Abbildung 7.3 zeigt die Grundstruktur einer CICS-Region. Entsprechend der Darstellung in Abbildung 6.49 laufen der TP-Monitor (Teil des *CICS Nucleus*, auch als *CICS-Kernel* bezeichnet) und die Server-Prozesse (hier CICS-Anwendungen) innerhalb der gleichen Region, während sich der Datenbankprozess typischerweise in einer separaten Region befindet. Alle CICS-Anwendungen (Transaktionen) und CICS-Dienste (die Ressource-Manager aus Abbildung 6.51) laufen im Problemstatus ungeschützt voneinander innerhalb eines einzigen virtuellen Adressraums: Die Ressource-Manager werden als Threads innerhalb dieses Adressraums ausgeführt. Die Verwaltung der Threads erfolgt durch den CICS Nucleus.

7.3.2 Aufbau einer CICS-Transaktion

Wir unterscheiden zwischen einer *CICS-Transaktion* und einem *CICS-Anwendungsprogramm*. Eine Transaktion ist die Ausführung des Programms. CICS-Anwendungsprogramme sind wiedereintrittsinvariant (englisch: reentrant) geschrieben, d. h. für mehrere Transaktionen, die gleichzeitig das gleiche Anwendungsprogramm benutzen, genügt eine einzige Kopie des Programms im Hauptspeicher.

In einer gegebenen CICS-Installation existiert in der Regel eine große aber endliche Anzahl von CICS-Anwendungsprogrammen, die im Produktionsbetrieb genutzt werden. Ein Anwendungsprogramm repräsentiert einen Transaktionstyp, der durch eine zugeordneten *TRansaktions-ID* (TRID) eindeutig gekennzeichnet und durch Eingabe seiner TRID aufgerufen wird. TRIDs werden vom System-Administrator vergeben. Im Falle von CICS bestehen sie aus 4 alphanumerischen Zeichen. Manche TRIDs plus die entsprechenden Programme sind Bestandteil von CICS. Beispielsweise ist CEDA eine TRID, mit der eine interaktive CICS-Shell aufgerufen werden kann.

Die Transaktion erzeugt eine Bildschirmausgabe am Terminal des Benutzers. In dem Beispiel von Abbildung 7.4 sind drei Bildschirme einer Personaldatenabfrage mit identischer TRID aber unterschiedlichen Ausgabedaten dargestellt.

Nachname	Müller		*Nachname*	Meier		*Nachname*	Schmitz
Vorname	Fritz		*Vorname*	Boris		*Vorname*	Stefan
Per. Nr.	12345		*Per. Nr.*	23456		*Per. Nr.*	34567
Straße	Ahornstr. 29		*Straße*	Marienstr. 72		*Straße*	Herdweg. 92
PLZ	70178		*PLZ*	72076		*PLZ*	71032
Wohnort	Stuttgart		*Wohnort*	Tübingen		*Wohnort*	Böblingen

Abbildung 7.4: Drei Bildschirmausgaben, welche die gleiche Map benutzen.

Die Bildschirmausgabe besteht aus einem festen und einem variablen Anteil. Der feste Anteil besteht aus der kursiv dargestellten Information, wo welches Feld auf dem Bildschirm dargestellt wird, Farbe des Feldes usw. Dieser feste Anteil wird als *Map* bezeichnet und ist Bestandteil des CICS-Anwendungsprogramms. Eine Map enthält ein Gerüst generischer Informationen. Während des Transaktionsablaufs wird die Map-Information durch Anfrage-spezifische Daten ergänzt, die typischerweise mit Hilfe eines Datenbankzugriffs und weiterer Verarbeitungsschritte gewonnen werden. Eine Bildschirmausgabe besteht aus einer Map sowie zsätzlichen Anfrage-spezifischer Daten.

Für den Benutzer am Bildschirm besteht eine Transaktion in der Regel aus mehreren Schritten. Der Benutzer ruft beispielsweise CICS auf, identifiziert sich und gibt eine TRID ein, trifft eine Auswahl zwischen mehreren Alternativen aus einem Auswahlmenu und erhält schließlich eine Antwort. Während dieser Ablauffolge erzeugt die Transaktion mehrere Bildschirmausgaben (siehe Abbildung 7.5).

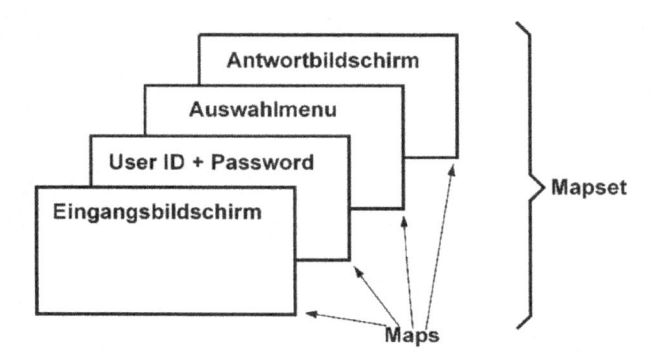

Abbildung 7.5: Mapset.

Alle zu einer Transaktion gehörigen Maps werden als *Mapset* bezeichnet. Der Mapset ist Teil des CICS-Anwendungsprogramms.

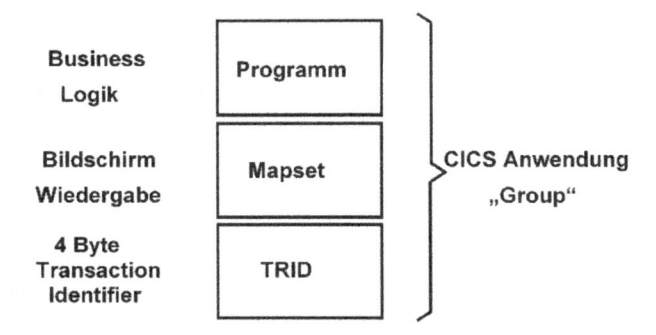

Abbildung 7.6: Struktur eines CICS-Anwendungsprogramms.

Ein einfaches CICS-Anwendungsprogramm besteht in der Regel aus drei (oder mehr) Elementen: dem eigentlichen in COBOL, PL/1, C++, REXX oder Java geschriebenen Programm, dem Mapset, und einer Angabe, die beides mit einer spezifischen Transaktions-ID (TRID) verknüpft (siehe Abbildung 7.6). Diese drei Elemente werden zu einer *Group* zusammengefasst und definieren eine lauffähige Transaktion.

Eine CICS-Anwendung wird außerhalb von CICS entwickelt und anschließend in dem virtuellen CICS-Adressraum (CICS-Region) installiert. Der Installationsprozess erfolgt in 2 Schritten:

Im ersten Schritt wird eine neue Gruppe erstellt. Mit Hilfe des CICS CEDA-Kommandos DEFINE werden die Komponenten definiert, die zu der Gruppe gehören, also (mindestens) ein ausführungsfähiges Programm, der Mapset sowie die TRID, mit der die Transaktion aufgerufen werden soll.

Im zweiten Schritt wird mit Hilfe des CEDA Kommandos INSTALL die neue Gruppe einschließlich aller Komponenten als Teil des CICS-Subsystems aktiviert. Die neue TRID wird in die TRID-Tabelle der CICS-Region eingefügt, und die erforderlichen einzelnen Referenzen werden aufgebaut.

In diesem Zusammenhang soll auf den Begriff *Sitzung (Session)* eingegangen werden. Eine Sitzung im allgemeinen Sinne wird hergestellt, wenn ein Benutzer sich z. B. über Login mit einem Server verbindet und später mit Logoff die Verbindung wieder trennt. Während dieser Sitzung kann der Benutzer zahlreiche Aufgaben von dem Server vornehmen lassen, die in keinem logischen Zusammenhang miteinander stehen.

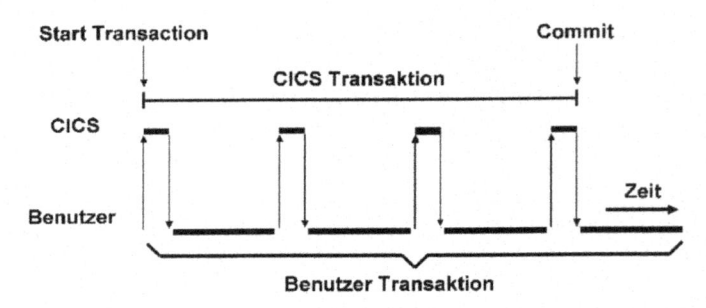

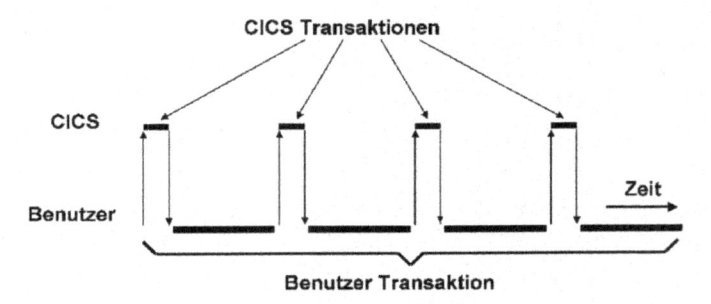

Abbildung 7.7: Aufteilung einer logischen Transaktion in mehrere reale CICS-Transaktionen.

Eine Sitzung im engeren Sinne wird durch Abbildung 7.5 charakterisiert. Sie beginnt mit dem Aufruf des ersten Bildschirms und endet, wenn mit dem letzten Bildschirm der Commit- Vorgang ausgelöst wird. Eine *Conversational Transaction* (siehe Abbildung 7.7) bindet Resourcen des Transaktions-Monitors über den gesamten, möglicherweise längeren Zeitraum der Sitzung, beispielsweise auch, wenn der Benutzer zwischen zwei Bildschirmwiedergaben ein Telefongespräch führen muss. Bei einem Einsatz von *Pseudo-Conversational-Transaktionen* wird eine logische Benutzer-Transaktion in mehrere reale CICS-Transaktionen aufgelöst, wobei alle Ressourcen unmittelbar nach jedem Bildschirmschritt wieder freigegeben werden. Dies ist der bevorzugte Programmierstil. Dazu müssen jedoch die *Sitzungs-Parameter (Session State)* zwischen den Bildschirmschritten festgehalten werden, um die ACID-Eigenschaften der Benutzer-Transaktion sicherzustellen. Hierfür wird der *COMMAREA*-Bereich benutzt. Es sei bereits hier darauf hingewiesen, dass COMMAREA unbeschadet seines exotischen Namens in vielen CICS-Anwendungen eine wichtige Rolle spielt.

7.3.3 Interne Struktur des CICS-Subsystems

CICS läuft als Stapelverarbeitungs-Job in einem einzigen virtuellen Adressraum (siehe Abbildung 7.2). CICS-Anwendungsprogramme laufen ohne Unterbrechung durch einen Zeitscheiben-Scheduler bis zum Ende (*Run to Completion*); Interaktivität wird programmtechnisch gewährleistet, indem die maximale Ausführungszeit eine vorgegebene Grenze nicht überschreitet. Neben interaktiven CICS-Anwendungen existieren auch langlaufende Anwendungen, die im Stapelverarbeitungsbetrieb ausgeführt werden.

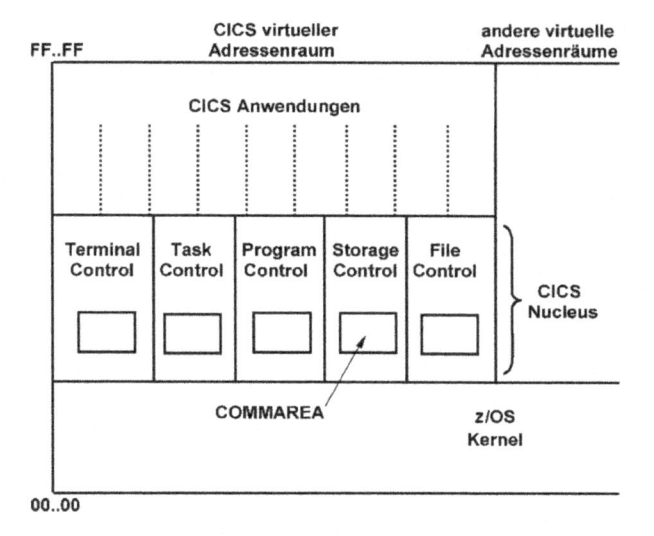

Abbildung 7.8: CICS-Komponenten.

Die CICS-Laufzeitumgebung enthält neben den TP-Monitor-Eigenschaften (siehe Abbildung 6.51) die rudimentären Funktionen eines Betriebssystem-Kernels, die als CICS-Kernel oder CICS Nucleus bezeichnet werden. Aus Performance-Gründen versucht CICS, den z/OS-Kernel möglichst selten in Anspruch zu nehmen und führt viele traditionelle Betriebssystem-Kernel- Funktionen selbst innerhalb des CICS-Nucleus aus. Beispielsweise erfolgt dort das Scheduling und Dispatching von CICS-Anwendungen. Die *CICS-Nucleus-Komponenten* (*Terminal Control, Task Control, Program Control, Storage Control und File Control*) nutzen den gleichen virtuellen Adressraum wie alle CICS-Anwendungen (siehe Abbildung 8.3.7). Jede Nucleus-Komponente hat einen zugeordneten Bereich im Hauptspeicher: TCT, PCT, PPT und FCT.

Wie bereits dargelegt, werden über den *COMMAREA*-Speicherbereich *Sitzungen* (*Sessions*) eingerichtet: Der Zustand einer realen CICS-Transaktion ist für die Folge-Transaktion verfügbar. Zusätzlich kann der COMMAREA-Speicherbereich als Zwischenspeicher für Ein-/Ausgabe-Nachrichten dienen. Er spielt eine besondere Rolle für CICS-Internet-Anwendungen und für Web-Transaktionen.

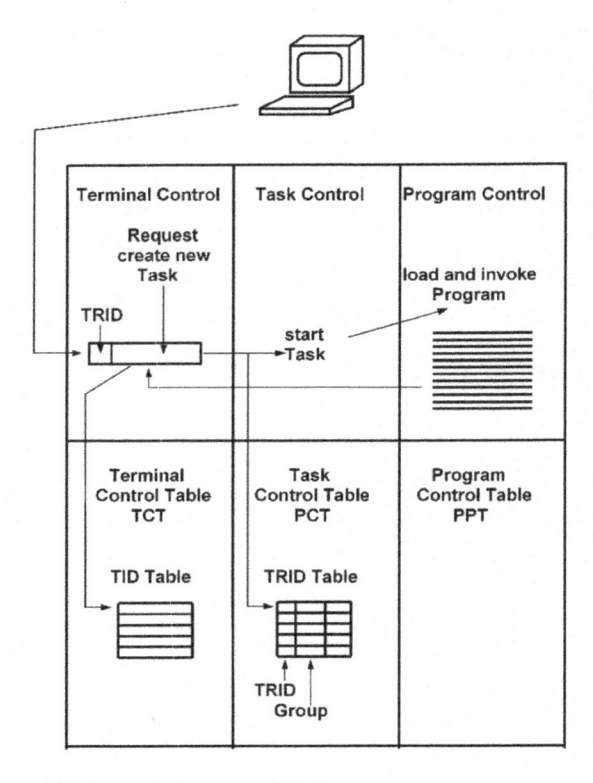

Abbildung 7.9: Start einer CICS-Sitzung.

Die folgenden Schritte (Abbildung 7.10) beschreiben die Ausführung einer CICS-Transaktion. Siehe hierzu Abbildung 7.9, die eine Erweiterung von Abbildung 7.8 darstellt:
- Der Klient (Terminal) wählt sich in das CICS-Subsystem ein. Ähnlich wie bei Unix (Siehe Abbildung 7.10) stehen unter z/OS mehrere Subsysteme für ein Remote-Login zur Verfügung, zum Beispiel die CICS CEDA Shell, die TSO Shell oder die Unix System Services Shell.
- Der Klient sendet eine Nachricht an CICS. Die Nachricht enthält die Adresse des Klienten.
- *CICS Terminal Control* prüft mit Hilfe des *Terminal Identification Table* (TID), ob eine Sitzung mit dem Klienten besteht. Im Nein-Fall werden die ersten 4 Bytes der Nachricht als TRID interpretiert. Nebenbei wird in der Regel RACF konsultiert.
- Die Nachricht mit der TRID wird an *CICS Task Control* weitergegeben. Task Control liest aus seinem TRID Table die zu der TRID gehörige *Group* aus, darunter Referenzen auf Mapset und Anwendungsprogramm.
- *CICS Program Control* lädt das Anwendungsprogramm in den Hauptspeicher (wenn es dort nicht schon vorhanden ist) und ruft es auf. Das Anwendungsprogramm liest die Nachricht des Klienten.
- Wenn vom Klienten die nächste Nachricht eintrifft, erinnert sich *CICS Terminal Control*, das eine Sitzung bereits besteht. Die Nachricht wird unmittelbar an *CICS Task Control* weitergereicht.

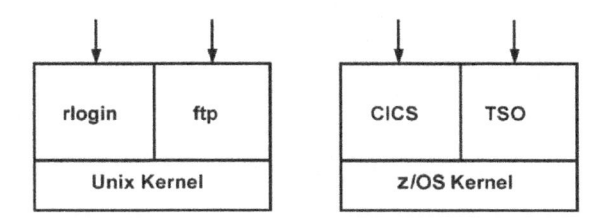

Abbildung 7.10: Aufbau einer Sitzung.

7.3.4 CICS Interprocess Communication (IPC)

Auf einem z/OS-Rechner können mehrere CICS-Regionen mit unabhängigen CICS-Transaktions-Monitoren installiert sein. Ein Rechnerverbund kann aus mehreren Rechnern mit unterschiedlichen Betriebssystemen bestehen, zum Beipsiel Solaris, Linux (Abbildung 7.10), z/OS, Windows usw. Wenn auf allen Rechnern des Verbundes ein CICS-Transaktions-Monitor installiert ist, können diese mit Hilfe der *CICS InterProcess Communication* (IPC)-Protokolle miteinander kommunizieren. Die wichtigsten CICS IPC-Protokolle sind:

7.3.4.1 Transaction Routing
Transaktionen können zwecks Ausführung von einem CICS-System einem anderen CICS-Transaktions-Monitor unverändert übergeben werden.

7.3.4.2 Function Shipping
Eine Anwendung in einem CICS-System kann auf Daten eines anderen CICS-Transaktions-Monitor zugreifen.

7.3.4.3 Distributed Program Link
Ein Programm eines CICS-Transaktions-Monitors kann mit Hilfe des Kommandos EXEC CICS LINK eine Verbindung mit einem Programm eines anderen CICS-Transaktions-Monitors aufnehmen. Hiervon wird vor allem bei CICS Internet-Anwendungen Gebrauch gemacht. *Distributed Program Link* (DPL) funktioniert ähnlich wie der RPC-Mechanismus in traditionellen TCP/IP-Netzen.

Mit Hilfe dieser Protokolle ist es möglich (und üblich), komplexe verteilte CICS-Netze aufzubauen (siehe Abbildung 7.11).

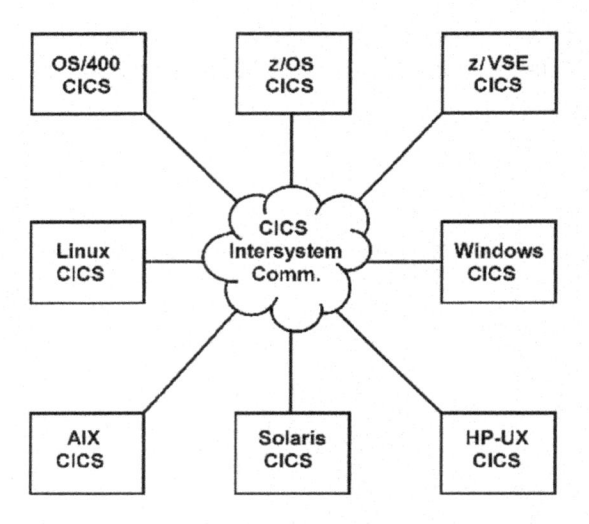

Abbildung 7.11: Verteiltes CICS-Netz.

CICS-Regionen auf dem gleichen z/OS-Hardware-System benutzen *Multi Region Operation* (MRO), um miteinander zu kommunizieren. Die Kommunikation erfolgt über System-Aufrufe und einen Shared Memory-Bereich. Dies bedeutet eine kurze Pfadlänge. CICS-Regionen auf getrennten z/OS-Systemen benutzen *ISC*, um miteinander zu kommunizieren. Hierfür verwenden sie SNA / LU 6. eventuell in der *TCP62*-Implementierung. ISC hat eine deutlich größere Pfadlänge als MRO. Innerhalb eines Sysplex kann zwischen zwei unterschiedlichen Knoten MRO eingesetzt werden. Hierbei wird die z/OS

Cross-System Coupling Facility benutzt, um über eine CTC-Verbindung eine Kommunikation mit einer anderen CICS-Instanz innerhalb des gleichen Sysplex zu realisieren.

Function Shipping, Transaction Routing und *Distributed Program Link* können prinzipiell sowohl über MRO als auch über ISC erfolgen.

Häufig wird CICS auf 2 oder 3 Regionen (virtuelle Adressräume) innerhalb des gleichen Rechners aufgeteilt, die jede über einen eigenen CICS-Transaktions-Monitor verfügen und über MRO miteinander kommunizieren (siehe Abbildung 7.12). Die *Terminal Owning-Region* verwaltet alle angeschlossenen Terminals. Sie gibt über Transaction Routing die Transaktion an die *Application Owning-Region* weiter.

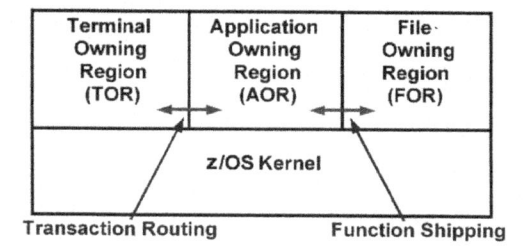

Abbildung 7.12: Mehrfache CICS-Regionen.

Die Application Owning-Region führt die Anwendung aus. Befinden sich die benötigten Daten in einer VSAM Datei, können sie von einer *File Owning-Region* über Function Shipping zur Verfügung gestellt werden. Beim Einsatz von Datenbanksystemen wie ADABAS, IMS, BD2 oder Oracle übernehmen letztere die Rolle der File Owning-Region.

Distributed Program Link ist der bevorzugte Mechanismus, mit dem CICS-Transaktionsmonitore auf räumlich getrennten Systemen über das Netz miteinander kommunizieren. Praktisch alle üblichen Hardware- und Betriebssystem-Plattformen unterstützen CICS, darunter Solaris, HP-UX, AIX, Linux und Windows. Abbildung 7.11 zeigt ein derartiges heterogenes Netzwerk.

In komplexen Transaktionssystemen auf verteilten Rechnern ist es häufig notwendig, die Schritte einer Transaktion untereinander zu koordinieren. *Recoverable Resource Management Services* (RRMS) ist eine z/OS-Komponente, die 2-Phase Commit-Dienste verfügbar macht. Auf RRMS wird über Unix System Services zugegriffen.

7.4 BMS und das 3270-Übertragungsprotokoll

7.4.1 Problemstellung

Ein CICS-System besteht aus einem oder mehreren CICS-Servern und einer großen Anzahl von Klienten. Viele Klienten fungieren als Arbeitsplatzrechner. Die Bildschirmausgabe kann aus einer Reihe von Zeilen mit alphanumerischen Text bestehen, ähnlich einer Telnet- oder rlogin-Darstellung. In diesem Fall reden wir von einem *Character User Interface* (CUI) -Prozess (Abbildung 7.13). Alternativ kann sie ein graphisches Aussehen in Anlehnung an eine Windows-, Motiv-, KDE- oder Browser-Oberfläche haben. Dieser Fall wird als *Graphic User Interface* (GUI) -Prozess bezeichnet. Unterschiedliche TP-Monitore können ihre eigene GUI haben. Ein Beispiel ist die SAPGUI des SAP-System R/3, oder die Key GUI des UBS KEY ERP-Systems.

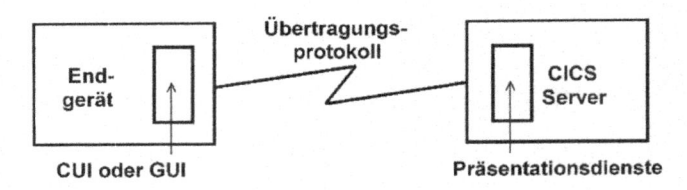

Abbildung 7.13: Endgeräte-Anschluss.

Neben den Arbeitsplatzrechnern existieren eine große Anzahl weiterer CICS-Klienten:
- Handheld-Geräte, z. B. Palmtop, Mobiltelefon,
- Geldausgabeautomaten,
- Kontoauszugsdrucker,
- Supermarkt-Registrierkassen,
- Tankstellen-Zapfsäulen,
- Produktionssteuerungselektronik-Baugruppen.

Die GUI oder CUI ist ein Prozess in den Endgeräten, der für die visuelle Ein-/Ausgabe zuständig ist. Je nach Art des Endgerätes können Umfang und Funktionalität sehr unterschiedlich sein. Es ist die Aufgabe der Präsentations-Dienste, Informationen von/zu den GUIs/CUIs der Endgeräte in geeigneter Form aufzubereiten.

Traditionell verwendet CICS das *3270-Protokoll* und eine CUI. Alternativ kann mit Hilfe des 3270-Protokolls ein GUI mit eingeschränkter Funktionalität eingesetzt werden. Bei Verzicht auf das 3270-Protokoll ist eine uneingeschränkte GUI möglich.

Wir schauen uns die drei Alternativen (Abbildung 7.14) der Reihe nach an. Kapitel 7.4 beschreibt das 3270-Protokoll, Kapitel 7.5 das CUI. Die mit dem 3270-Protokoll ebenfalls mögliche GUI wird im selben Kapitel dargestellt.

Die letztere hat einige Einschränkungen. Beispielsweise ist es schwierig, auf dem Bildschirm eine *Sliding Window*-Funktion zu implementieren. Um eine in der Funktio-

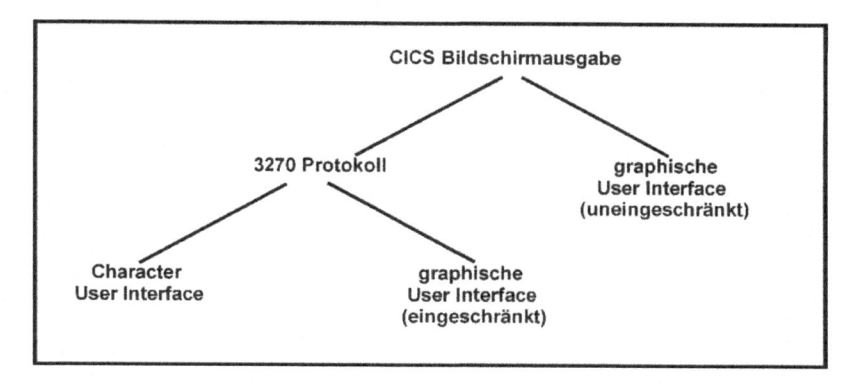

```
                    CICS Bildschirmausgabe
                   /                      \
          3270 Protokoll                graphische
         /            \                 User Interface
   Character      graphische           (uneingeschränkt)
   User Interface User Interface
                  (eingeschränkt)
```

Abbildung 7.14: Alternativen der Bildschirmausgabe.

nalität uneingeschränkte GUI zu implementieren, ist es möglich, die Terminal Control-Komponente des CICS-Kernels (Abbildung 7.7) zu umgehen. Dies ist der modernste und Zukunfts-orientierteste Ansatz. Es geschieht meistens unter Einsatz von Java mit Hilfe eines Web Application-Servers.

Fachleute mit einem kombinierten Wissen um Java, Web Application-Server und CICS sind jedoch noch sehr rar. Deshalb wird heute in den meisten Fäller. mit dem 3270-Protokoll gearbeitet. 3270-Anwendungen sind auch in vielen Fällen bezüglich ihrer Präsentations-Logik einfacher zu implementieren als dies bei einem Java Web Application-Server-Ansatz der Fall ist.

7.4.2 Das 3270-Protokoll

Das 3270-Protokoll ist die älteste, aber auch die am weitesten verbreitete Möglichkeit, CICS-Klienten an einen CICS-Server anzuschließen. Der Name rührt von der IBM 3270-Produktfamilie her, die 1972 auf den Markt kam. Die 3270 Bildschirmgeräte lösten die bis dahin vorherrschenden elektromechanischen Terminals ab, die auf Teletype oder auf Schreibmaschinen-Technologie basierten. 3270 Terminals wurden in größerem Umfang in den Unternehmen eingesetzt, bis man 15 Jahre später begann, sie durch PCs mit einem 3270 Emulator zu ersetzen. Hierbei stellte sich das 3270 Übertragungsprotokoll als ausserordentlich effektiv heraus und wurde deshalb in den meisten Fällen beibehalten.

Die 3270-Bildschirmgeräte enthalten eine Steuerlogik oder einen Mikroprozessor, der einen Bildschirm ansteuert. Es können 24 Zeilen Text mit maximal 80 Zeichen pro Zeile dargestellt werden (siehe Abbildung 7.15).

Der 3270-Bildschirm besteht aus 24 Zeilen mit je 80 fixed Font-Zeichenpositionen pro Zeile. Die Informationsdarstellung erfolgt mit Hilfe eines $24 \times 80 = 1920$ Byte großen

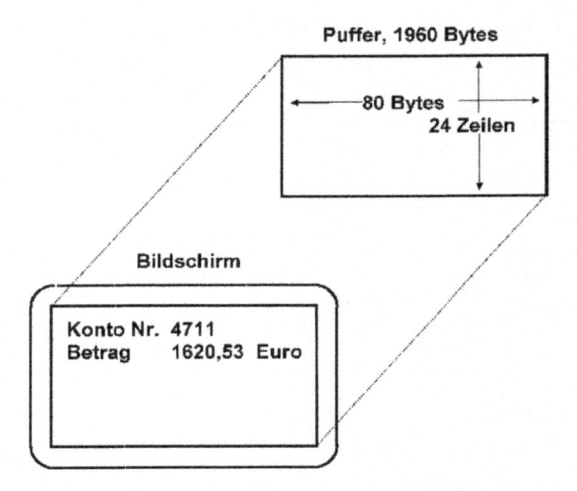

Abbildung 7.15: 3270-Bildschirmdarstellung.

Bildschirm-Puffers. Es wird vom CICS-Server mir Hilfe des 3270-Protokolls eine Nachricht an das 3278-Terminal übertragen, die diesen Puffer mit Character-Daten füllt.

Diese werden von dem Mikroprozessor des 3270-Terminals interpretiert. Der Pufferinhalt wird als 24 Zeilen mit 80 Zeichen/Zeile auf dem Bildschirm wiedergegeben. Jede der 1920 Byte-Positionen kann einzeln adressiert werden. Im Gegensatz zum Telnet Bildschirm, der ganze Zeilen ausgibt, werden Gruppen von Bytes zu Feldern zusammengefasst und als solche adressiert.

In Abbildung 7.15 sind 4 Felder dargestellt:
- Konto-Nr.,
- Betrag,
- 4711,
- 1620,53 Euro.

Die Adressen der Felder sind Teile der Map (siehe Kapitel 7.3.2 und Abbildung 7.4). Der Inhalt der Felder hat entweder einen Initialwert, der ebenfalls Teil der Map ist, oder er wird von dem CICS-Anwendungsprogramm bestimmt. Abbildung 7.16 zeigt ein Beispiel eines CICS Basic Mapping Support (BMS)-α/n-Bildschirms.

Das CICS-Anwendungsprogramm erzeugt die Datenausgabe an den Bildschirm in der Form eines seriellen Datenstroms. Dieser hat das in Abbildung 7.17 gezeigte Format.

Das Adressfeld kennzeichnet eine der 24 × 80 = 1920 Zeichenpositionen auf dem Bildschirm. Das Datenfeld enthält eine variable Anzahl von α/n-Zeichen, die auf dem Bildschirm in einem Feld wiedergegeben werden.

Das 3270-Protokoll benutzt eine Untermenge der 256 Zeichen des ASCII- oder EBCDIC-Zeichensatzes zur Datenwiedergabe auf dem Bildschirm. Die restlichen Zeichen werden als Steuerzeichen für Steuerungszwecke eingesetzt.

```
ACCOUNTS MENU

    TO SEARCH BY NAME, ENTER SURNAME AND IF REQUIRED, FIRST NAME

        SURNAME      :                  (1 TO 18 ALPHABETIC CHRS)
        FIRST NAME   :                  (1 TO 12 ALPHABETIC CHRS OPTIONAL)

    TO PROCESS AN ACCOUNT, ENTER REQUEST TYPE AND ACCOUNT NUMBER

        REQUEST TYPE: A       (D-DISPLAY, A-ADD, M-MODIFY, X-DELETE, P-PRINT)
        ACCOUNT     : 26004   (10000 TO 79999)
        PRINTER ID  :         (1 TO 4 CHARACTERS (REQUIRED FOR PRINT REQUEST))

    ACCT    SURNAME      FIRST    MI  TTL   ADDRESS            ST      LIMIT
    26001   Meier        Rolf     A   MR    Ritterstr. 13      N     1000.00
    26002   Meier        Steffie  G   MRS   Wilhelmstr. 24     N     1000.00
    26003   Meier        Tobias   A   MR    Nikolaistr. 23     N     1000.00




    ENTER DATA AND PRESS ENTER FOR SEARCH OR ACCOUNT REQUEST OR PRESS CLEAR TO EXIT
```

Abbildung 7.16: BMS-Beispiel.

Abbildung 7.17: 3270-Bildschirm-Datenausgabe.

Das Attributfeld (3 Bytes bei BMS/CICS) enthält Steuerzeichen, die Information über die Art der Wiedergabe des folgenden Datenfeldes enthalten, z. B. Darstellung in roter Farbe, blinkender Cursor, Font etc.

Der ursprüngliche 3278-Terminal verfügt über einen monochromen Bildschirm, welcher der damaligen Technologie entsprechend mit einem grünen Phosphor beschichtet ist. Es entsteht damit ein Screen mit grünen Buchstaben auf schwarzem Hintergrund. Ein *Green Screen* ist eine Bildschirmwiedergabe, die so wie auf dem ursprünglichen 3278-Terminal aussieht. Später entstanden weitere Modelle mit einem farbigen Bildschirm. Diese Modelle werden allgemein unter dem Begriff der 327x-Terminal-Familie zusammengefasst.

Das Attributfeld des 3270-Datenstroms (siehe Abbildung 7.17) gestattet es, Felder farbig darzustellen.

Das Programm des eingebauten 327x-Mikroprozessors befindet sich in einem Read-Only-Speicher und wird als Firmware bezeichnet. Das 327x-Terminal ist ein *unintelligentes Terminal*, es kann nicht programmiert werden. Heute werden bevorzugt PCs als CICS-Klienten eingesetzt. Auf dem PC läuft eine als *3270-Emulator* bezeichnete Komponente, welche die ursprüngliche 3278-CUI-Funktionalität in einem Windows- oder Browser-Fenster emuliert. Der 3270-Emulator ist in Wirklichkeit ein 3270-Klient, der ähnlich operiert wie ein Telnet- oder FTP-Klient beim Zugriff auf einen Telnet- oder FTP-Server.

Weit mehr als ein Dutzend Firmen vertreiben 3270-Emulatoren. Die Mehrzahl (aber nicht alle) verwenden das Telnet-Protokoll nur für die erste Verbindungsaufnahme. Danach wird ein Java Applet geladen; die weitere Kommunikation findet innerhalb eines Web Browsers statt. Das 3270-Protokoll setzt dann auf dem HTTP-Protokoll auf. Das Applet wird entweder lokal gespeichert oder bei Bedarf heruntergeladen.

Das 3270-Protokoll gilt als ein sehr effektives Protokoll, und wird deshalb in modifizierter Form auch außerhalb der z/OS-Umgebung häufig eingesetzt. Beispielsweise benutzt die SAP R/3-GUI ein modifiziertes 3270-Protokoll.

7.4.3 Basic Mapping Support

Die CICS-Bildschirmdarstellung besteht aus zwei Komponenten: *Map* und Inhalt. Eine Map definiert die Wiedergabe von Daten auf dem Bildschirm. Jede Map beschreibt das Aussehen eines Bildschirm-Fensters des Klienten, spezifisch die Anordnung und Art von Feldern. Je nach Transaktionstyp wird die dazugehörige Map in den Klienten geladen. Die Map wird mit Ausgabedaten (Inhalt) gefüllt, die das CICS-Anwendungsprogramm erstellt. Ein *Screen* ist eine Map, die vom CICS-Anwendungsprogramm mit dynamischen Daten gefüllt worden ist. Jeder Klient (CICS-Terminal) enthält ein CUI-Programm, das die Daten auf dem Bildschirm ausgibt.

Bei einer Character User Interface definiert die Map beispielsweise Feld Nr. 1 an Ort *aaa*, Feld 2 an Ort *bbb*, usw. Dabei sind *aaa*, *bbb* Adressen des 24 × 80 Bildschirm-Gitters. Bei einer Graphical User Interface redefiniert der GUI-Prozess innerhalb eines PC zusätzlich Aussehen und Anordnung der 3270-Datenelemente.

Basic Mapping Support (BMS) bildet eine Komponente von CICS. Sie erzeugt und verwaltet Maps (siehe Abbildung 7.18). Während das CICS-Anwendungsprogramm in einer normalen Programmiersprache wie C++, Cobol, Java usw. programmiert wird, muss der Mapset mit Hilfe einer eigenen Map-Definitionssprache erstellt werden. Diese besteht im Wesentlichen aus drei Befehlstypen: define mapset, define map und define field. Die Bezeichnungen der drei Befehlstypen sind etwas ungewöhnlich, nämlich:

```
define mapset    DFHMSD    define field    DFHMDF
define map       DFHMDI
```

Der Grund dafür besteht darin, dass als Übersetzer für die Map-Definitionssprache in Wirklichkeit der z/OS-Assembler eingesetzt wird; DFHMSD, DFHMDI und DFHMDF sind Assembler-Makros.

Das in Abbildung 7.19 dargestellte Beispiel stellt eine sehr einfache Map-Definition dar. Die eigentliche Definition ist in den Zeilen 000004 bis 000012 enthalten. Zeile

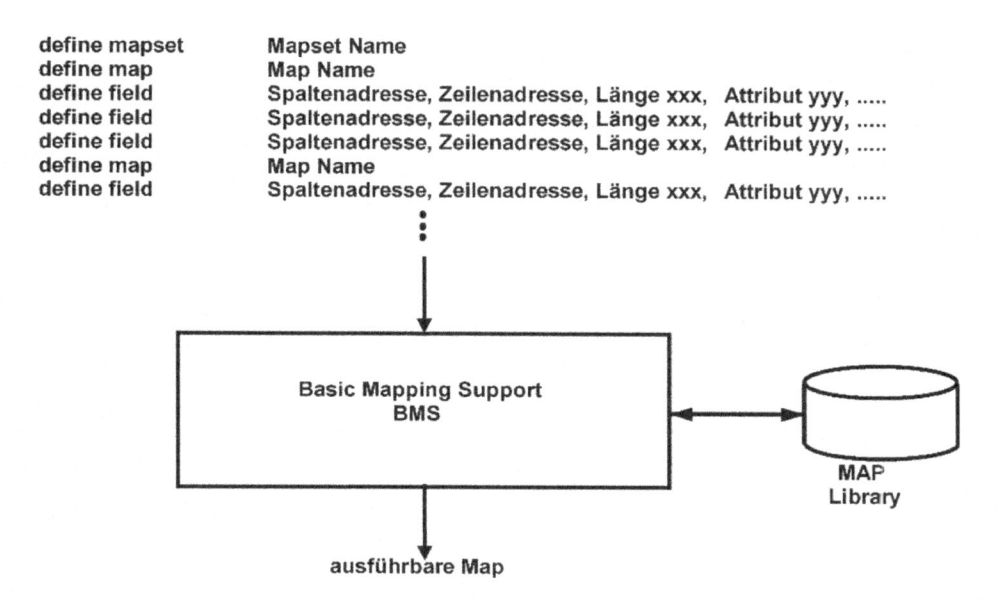

```
define mapset        Mapset Name
define map           Map Name
define field         Spaltenadresse, Zeilenadresse, Länge xxx, Attribut yyy, .....
define field         Spaltenadresse, Zeilenadresse, Länge xxx, Attribut yyy, .....
define field         Spaltenadresse, Zeilenadresse, Länge xxx, Attribut yyy, .....
define map           Map Name
define field         Spaltenadresse, Zeilenadresse, Länge xxx, Attribut yyy, .....
```

Abbildung 7.18: Basic Mapping Support.

```
000001 //PREPARE  JOB (),CLASS=A,MSGCLASS=H,MSGLEVEL=(1,1),NOTIFY=&SYSUID
000002 //ASSEM    EXEC DFHMAPS,MAPNAME='S04SET',RMODE=24
000003 //SYSUT1   DD *
000004 S04SET   DFHMSD TYPE=MAP,MODE=INOUT,LANG=C,STORAGE=AUTO,TIOAPFX=YES
000005 *          MENU MAP.
000006 LABEL04  DFHMDI SIZE=(24,80),CTRL=(PRINT,FREEKB)
000007           DFHMDF POS=(9,23),ATTRB=(ASKIP,NORM),LENGTH=34,          X
000008               INITIAL='WELCOME TO THE MAGIC WORLD OF CICS'
000009           DFHMDF POS=(12,27),ATTRB=(ASKIP,NORM),LENGTH=26,         X
000010               INITIAL='MAY THE FORCE BE WITH YOU!'
000011           DFHMSD TYPE=FINAL
000012           END
000013 /*
000014 //
```

Abbildung 7.19: Eine sehr einfache Map-Definition.

000004 definiert einen Mapset (siehe Abbildung 7.5) (Abbildung 7.19) mit dem Namen *S04SET*. Der Mapset enthält eine einzige Map. Zeile 000005 definiert die Map mit dem Namen *LABEL04*. Die Map enthält zwei Felder, die jeweils in den Zeilen 000007 und 000008 bzw. 000009 und 000010 untergebracht sind. Die beiden Felder werden mit den Werten „Welcome to the Magic World of CICS" bzw. „May the Force be with you!" initialisiert.

Die Zeilen 000001 bis 000003 sowie 000013 und 000014 stellen ein JCL Script dar, das die Mapset-Definition übersetzt und in eine *Map Library* stellt. Eine Ausführung des Scripts bewirkt eine Übersetzung im Hintergrund; die Übersetzung erfolgt spezifisch durch die Routine DFHMAPS in Zeile 000002.

```
struct adresse {.....
                .....
                    };
main()
{
EXEC CICS SEND MAP(„s04set") MAPSET(„label04");
}
```

Abbildung 7.20: Ein einfaches CICS-Anwendungsprogramm.

Ein einfaches CICS-Anwendungsprogramm (in C), das die in Abbildung 7.19 dargestellte Map benutzt, ist in Abbildung 7.20 wiedergegeben.

Die Entwicklung der Map-Definition und des Anwendungsprogramms muss in einer anderen Region als der CICS-Region erfolgen. Dies könnte zum Beispiel eine TSO-Region auf dem gleichen Rechner sein. In vielen Fällen wird für die Entwicklung neuer CICS-Anwendungen ein separater Rechner benutzt.

Die Map und das Anwendungsprogramm werdenu übersetzt. Anschließend müssen beide in der CICS-Region installiert werden. Gleichzeitig ist die neue Transaktion mit einer 4-stelligen TRID zu verknüpfen.

Wird die in Abbildungen 7.19 und 7.20 beschriebene Transaktion über ihre TRID aufgerufen, erscheint der in Abbildung 7.21 dargestellte Screen.

```
        WELCOME TO THE MAGIC WORLD OF CICS

        MAY THE FORCE BE WITH YOU!
```

Abbildung 7.21: Bildschirmwiedergabe zum Beispiel aus Abbildung 7.19 und Abbildung 7.20.

Nach diesem einfachen Beispiel, soll nun etwas detaillierter auf die technischen Hintergründe von BMS eingegangen werden.

Wie bereits beschrieben, können mit Hilfe von BMS (Assembler-Makros) Maps definiert werden, welche die Struktur für eine Bildschirmausgabe vorgeben. Nach der Definition der gesamten Map wird diese vom Nutzer in einen JCL-Script eingebettet und übersetzt. Die Übersetzung erfolgt zweimal, die eine erzeugt eine *Physical Map* und wird in einer Object Library gespeichert. CICS benutzt diese, wenn es ein Programm, das diesen Screen verwendet, ausführt.

Die Physical Map enthält die Informationen für BMS:
- Baut den Screen mit allen Titeln, Labels an den entsprechenden Bildschirm-Plätzen und alle Attribute für die verschiedenen Felder auf,
- stellt die variablen Daten aus dem Programm an die vorgesehenen Plätze in dem Screen, wenn dieser zum Terminal gesendet wird,
- extrahiert die variablen Daten für das Programm, wenn der Screen gelesen wird.

Diese Informationen liegen in codierter Form vor und sind nur für BMS verständlich. Die zweite Übersetzung erzeugt eine HLL-Struktur (COBOL, C, PL1). Letztere heißt *Symbolic Description Map* oder DSECT. **Dummy Control SECT**ion (DSECT) ist ein Assembler-Term für diesen Datenstruktur-Typ. Die Struktur definiert alle variablen Felder und wird in eine Library zusammen mit ähnlichen COPY-Strukturen (File Record Layouts) gestellt. Von dort aus kann diese in das Programm kopiert werden.

Wie bereits vorgestellt, dienen in BMS die drei Makros DFHMDF, DFHMDI und DFHMSD für die Map-Definition. Die Syntax der drei Macros muss wie folgt notiert werden:

7.4.3.1 DFHMDF
Mit diesem Makro wird ein Feld in einer Map definiert.

```
fldname DFHMDF POS=(line,column),LENGTH=number,
               INITIAL='text',OCCURS=number,
               ATTRB=(attr1,attr2,....)
```

Die Definition setzt sich aus folgenden Teilen zusammen:

fldname	Name des Feldes, das im Programm gelesen oder geschrieben werden soll (nicht konstant). Der Name muss mit einem Buchstaben beginnen und darf maximal 7 Zeichen lang sein.
DFHMDF	Der Macro-Identifier muss präsent sein.
POS=(line,column)	Ist die Position auf dem Screen, wo das Feld erscheinen soll.
LENGTH=number	Gibt die Länge des Feldes an.
INITIAL='text'	Zeichen-Daten für das Output-Feld.
ATTRB=(attr1, ...)	Hiermit werden die Attribute des Feldes definiert. Es sind beispielsweise die folgenden Attribute möglich:

    NORM   normale Textdarstellung (normal),
    BRT   Text wird hervorgehoben (bright),
    DRK   Textdarstellung in Hintergrundfarbe (dark),
    ASKIP Feld wird bei der Eingabe übersprungen (auto skip),

	PROT beschreiben des Feldes ist nicht möglich (protected),
	UNPROT beschreiben des Feldes ist möglich (unprotected),
	NUM nur Eingabe von Ziffern möglich (numeral),
	IC Cursor springt nach der Ausgabe der Map automatisch zu diesem Feld.
OCCURS=number	Dieser Parameter ermöglicht es, verschiedene Felder gleichzeitig mit denselben Charakteristiken zu spezifizieren. Diese sind benachbart. Beispiel: OCCURS=3 spezifiziert ein Feld dreimal.

7.4.3.2 DFHMDI

Dieses Makro definiert eine Map.

```
mapname DFHMDI SIZE=(line,column),CTRL=(ctrl1,ctrl2, ... )
```

Die Definition setzt sich aus folgenden Teilen zusammen:

mapname	Name der Map, der beim Aufruf eines CICS-Kommandos benutzt wird, um die Map zu lesen oder zu schreiben. Der Name muss mit einem Buchstaben beginnen und darf maximal 7 Zeichen lang sein.
DFHMDI	Dieser Macro Identifier startet die neue Map.
SIZE=(line,column)	Bestimmt die Größe der Map. BMS erlaubt es, einen Screen mit mehreren Maps aufzubauen. Beispiel: SIZE=(24,80) füllt den Bildschirm von 24 × 80 Zeichen komplett aus.
CTRL=(ctrl1, ...)	Parameter zeigt die Screen und Keyboard Control-Informationen, die zusammen mit der Map gesendet werden. Man kann kombinieren mit:
	PRINT Map kann zu einem Drucker gesendet werden.
	FREEKS Das Keyboard wird automatisch verriegelt, sobald der Nutzer einen Input zum Prozessor sendet. Es bleibt verriegelt bis eine Transaktion es entriegelt oder die RESET-Taste gedrückt wird. Dies muss immer spezifiziert werden, wenn ein Screen zum Terminal gesendet werden soll.
	ALARM Der Parameter löst einen akustischen Alarm am Terminal aus, wenn diese Funktion vorhanden ist, zum Beispiel wenn ein Fehler angezeigt wird.

Das DFHMDI-Macro wird benötigt, um eine Menu Map zu starten:

```
ACCTMNU DFHMDI SIZE=(24,80),CTRL=(PRINT,FREEKS)
```

7.4.3.3 DFHMSD

Mit diesem Makro wird ein Mapset definiert.

```
setname DFHMSD TYPE=type,MODE=mode,LANG=language,
               STORAGE=AUTO,TIOAPFX=YES,
               CRTL=(crtl1,crtl2, ... )
```

Die Definition setzt sich aus folgenden Teilen zusammen:

setname	Name des Mapset, welcher beim Aufruf eines CICS-Kommandos benutzt wird, um eine Map im Set zu lesen oder zu schreiben. Der Name muss mit einem Buchstaben beginnen und darf maximal 7 Zeichen lang sein.
DFHMSD	Der Macro Identifier zeigt, dass ein Mapset gestartet wird.
TYPE=type	Bezieht sich darauf, ob der Assembler die physikalische Map TYP=MAP oder die symbolische Beschreibung TYPE=DSECT erzeugt.
MODE=mode	Zeigt an, ob die Maps nur für Input MODE=IN, nur für Output MODE=OUT oder für beides MODE=INOUT benutzt werden.
LANG=language	Bestimmt die Sprache der DSECT-Struktur für das Kopieren in das Applikationsprogramm. Beispiel: LANG=COBOL für COBOL, LANG=PLI für PL/1 oder LANG=ASM für Assembler.
STORAGE=AUTO	Verhindert, dass sich DSECT-Strukturen für unterschiedliche Maps im Mapset gegenseitig überschreiben. Sollte spezifiziert werden, wenn ähnliche Maps im Map Set zur selben Zeit benutzt werden.
TIOAPFX=YES	Wird in Command Level-Programmen benutzt.
CTRL=(ctrl1, ...)	Dieselbe Bedeutung wie im DFHMDI-Makro. Die hier vorgenommenen Control-Spezifikationen werden auf alle Maps im Mapset angewendet.

Mit der folgenden Control-Information wird festgelegt, wo die Mapset-Definition endet.

```
DFHMSD TYP=FINAL
END
```

Für die Notierung der Sprache BMS ist die Beachtung des speziellen Formats in dem JCL-Script wichtig. Hier gelten folgende Regeln:
- Mapset-, Map- oder Feld-Namen beginnen in Spalte 1,
- Makro-Namen (DFHMDF, DFHMDI, DFHMSD) und END beginnen in Spalte 9,
- Parameter beginnen in Spalte 16 (die Reihenfolge ist dabei beliebig),
- Parameter werden ohne Leerzeichen durch ein Komma getrennt (nach dem letzten Parameter kein Komma).
- Wenn der gesamte Code nicht in 71 Spalten passt, dann wird in der nächsten Zeile in Spalte 16 fortgefahren. In Spalte 72 muss ein Zeichen (kein Leerzeichen) stehen, welches die Fortsetzung symbolisiert. Eine Parameteranweisung muss komplett in einer Zeile stehen. Der INITIAL-Parameter ist von dieser Regel ausgenommen, da der Ausgabetext sehr lang sein kann.

7.5 Präsentations-Logik

7.5.1 Business- und Präsentations-Logik

Wie in Kapitel 6.1 und Abbildung 6.1 dargestellt, besteht ein sauber strukturiertes CICS-Programm aus zwei Teilen. Die Business-Logik ist der Teil, in dem Berechnungen erfolgen und Daten in einer Datenbank gelesen/geschrieben werden. Die Präsentations-Logik ist der Teil, in dem die Ergebnisse der Berechnungen so aufgearbeitet werden, dass sie dem Benutzer in einer ansprechenden Art auf dem Bildschirm dargestellt werden können. CICS Business-Logik wird in Sprachen wie C, C++, COBOL, PL/1 usw. geschrieben. Für die Präsentations-Logik gibt es viele Möglichkeiten.

Die modernste Alternative benutzt Java Server Pages und einen Web Application-Server, um den Bildschirminhalt innerhalb eines Web Browsers darzustellen. Die älteste und einfachste Alternative verwendet das CICS BMS-Subsystem. BMS Maps werden in der BMS Map-Definitionssprache erstellt.

Standardmäßig erzeugt der 3270-Datenstrom auf dem Bildschirm den berühmten *Green Screen*. Es ist möglich, die gleiche Information auf eine graphisch ansprechende Art darzustellen. Dieses Verfahren wird als *Screen Scraping* bezeichnet.

7.6 CICS Internal Transactions

CICS verwendet eine Reihe von Transaktionen, die die Nutzung von CICS-Tabellen, CICS-Programmen und internen Diensten einschließt. Alle diese CICS-Transaktionen haben einen 4 Buchstaben umfassenden Namen, welcher mit „C" beginnt.

In der Tabelle 7.1. sind alle Transaktionen aufgelistet, die von CICS verwendet werden:

Tabelle 7.1: Von CICS verwendete interne Transaktionen.

Function	Name
Command-level interpreter	CECI, CECS
Database control inquiry	CDBI
Database control interface	CDBM
Database control menu	CDBC
Execution diagnostic facility	CEDF
In-doubt testing tool	CIND
Master terminal	CEMT
Master terminal (alternate CICS)	CEBT
Messages and codes display	CMAC
Message Switching	CMSG
Page retrieval	CSPG
Remote transactions	CRTE
Resource definition online (RDO)	CEDA, CEDB, CEDC
Sign off	CESF
Sign on	CESN
Supervisory terminal	CEST
Temporary-storage browse	CEBR
Terminal status	CEOT
Trace control	CETR
Terminal and system test	CSFE
Write to console operator	CWTO

Einige dieser intern verwendeten Transaktionen sollen im nachfolgenden etwas näher beschrieben werden: CEMT, CMAC, CETR, CEBR, CECI und CEDA.

CEMT: *CICS Master Terminal Transaction*
Diese Transaktion liefert Facilities, die ermöglichen, Status der CICS-Ressourcen abzufragen. CEMT wird auch für Verarbeitung von Dumps oder Traces verwendet.

CETR: *CICS Trace Transaction*
Wird benutzt, um die Tracing-Aktivitäten innerhalb CICS zu steuern. Zum Beispiel wenn ein Hilfs-Trace erforderlich ist.

CMAC: *CICS Messaging And Codes Transaction*
Wenn ein Abend Code oder eine andere Fehlermeldung ausgegeben wird, gibt CMAC Zusatzinformationen dazu.

CEBR: *CICS Queue Browse Transaction*
Ermöglicht, temporäre Queues von CICS zu browsen und zu löschen. Um beispielsweise die Queue TEMTS anzuzeigen, muss man CEBR TEMTS eingeben.

CECI: *CICS Execution Command-Level Interpreter*
Check der Syntax von CICS-Kommandos und Verarbeitung.

CEDA wird mit den entsprechenden Zusammenhängen in den folgenden beiden Unterkapiteln ausfürlich erklärt. Im direkt folgenden Unterkapitel 7.6.1 werden die allgemeine Funktion und alternative Möglichkeiten erläutert. Im Unterkapitel 7.6.2 danach wird die genaue Verwendung vorgestellt.

7.6.1 CICS Ressource Definition

CICS muss wissen, welche Ressourcen benutzt werden können, welche Eigenschaften diese haben und wie sie mit anderen zusammenarbeiten. Es existieren fünf unterschiedliche Methoden der Ressourcen-Definition:

1. *Resource Definition Online (RDO):*
   Diese nutzen die von CICS verwendeten Transaktionen CEDA, CEDB, CEDC. Die Definitionen werden im *CICS System Definition* (CSD)-File und im aktiven CICS-System vom CSD-File installiert.
2. *DFHCSDUP Offline Utility:*
   Die Methode speichert auch die Definitionen im CSD-File. Sie erlaubt Änderungen der Definitionen im CSD (Batch Jobs).
3. *Automatic Installation (Autoinstall):*
   Sie minimiert den Aufwand für sehr viele Definitionen durch dynamische Definitionen, basieren auf einer Modell-Definition (durch den Nutzer geliefert).
4. *System Programming mit EXEC CICS CREATE Kommandos:*
   Es können mit diesen Kommandos Ressourcen unabhängig von dem CSD-File generiertwerden (CICS System Programming Reference Manual).
5. *Makro-Definition:*
   Mit Assembler Makros können Ressourcen definiert werden, Definitionen werden in Tabellen in einer Programm-Bibliothek gespeichert und von dort aus werden sie während der CICS-Initialisierung installiert.

Welche Methode benutzt wird, hängt von den Ressourcen ab, die definiert werden sollen. Beispielsweise können Mapsets, Programme und Transaktionen (Tabelle 7.2) wie folgt definiert werden:

Tabelle 7.2: Von CICS verwendete interne Transaktionen.

	RDO	DFHCSDUP	Autoinstall	Makro
Mapset	✓	✓	✓	✗
Program	✓	✓	✓	✗
Transaktion	✓	✓	✗	✗

Im Folgenden sollen die Vor- und Nachteile der ersten beiden Methoden dargestellt werden:

RDO:
Diese Methode benutzt die CEDA-Transaktion, erlaubt Ressourcen in einem laufenden CICS-System zu definieren, zu ändern und zu installieren. Von Vorteil ist dabei, dass RDO im laufenden CICS-System benutzt wird, was einen schnellen Zugriff auf die Ressourcen-Definitionen erlaubt. Die Verwendbarkeit im laufenden Betrieb stellt auch gleichzeitig einen Nachteil dar, denn die Methode sollte vorsichtig angewendet werden, wenn es sich um ein Produktionssystem handelt.

DFHCSDUP:
Vorteilhaft an dieser Methode ist, dass DFHCSDUP eine große Anzahl von Ressourcen in einem Job modifizieren oder definieren kann. Nachteilig ist, dass in einem aktiven CICS-System keine Ressourcen installiert werden können.

7.6.1.1 CICS System Definition File
Das CSD-File implementiert einen VSAM Dataset. Letzterer enthält einen Ressource Definition Record für jede Ressource, die für CICS mittels CEDA oder DFHCSDUP definiert wird. CSD kann als *recoverable* definiert werden, d. h. Änderungen durch CEDA oder CEDB werden erhalten, wenn CICS mit ABEND endet.

Informationen im CSD-File werden in *Groups* und *Lists* organisiert. Der Zweck einer Group ist die bequeme Methode der Sammlung spezifischer Ressourcen. Jede Ressource, die definiert wird, muss einer Group angehören. Ressourcen-Definitionen ohne Group-Namen sind somit nicht möglich. Eine List enthält die Namen der Groups, die CICS bei der Initialisierung oder beim Kaltstart installiert. Der Nutzer kann Groups zu den Lists hinzufügen. Groups und Lists sind voneinander unabhängig.

7.6.2 CEDA

7.6.2.1 Erzeugen von Groups und Lists
Eine Group wird erzeugt, wenn diese als Group-Name in einem DEFINE-Kommando spezifiziert oder als TO GROUP in einem COPY-Kommando angegeben wird. Mit dem folgenden beispielhaften Kommando wird eine Group erzeugt:

```
CEDA DEFINE PROGRAM(PROG1) GROUP(MYGROUP)
```

Mit dem Kommando wird ein Programm *PROG1* definiert und eine Group *MYGROUP* erzeugt, wenn diese nicht bereits existiert.

Es gibt nur die beiden oben genannten Wege, um eine Group zu erzeugen. Eine neue Group darf nicht denselben Namen wie eine bereits existierende Group haben.

Eine nicht existierende Group kann in eine List aufgenommen werden, was aber nicht bedeutet, dass diese erzeugt wird.

Eine List kann auf zwei verschiedene Arten erzeugt werden: Durch Benutzen des ADD-Kommandos, um eine Group zu einer List hinzuzufügen. Wenn die spezifizierte List nicht existiert, wird diese erzeugt. Außerdem kann eine Liste erzeugt werden, wenn das APPEND-Kommando verwendet wird, um den Inhalt einer List an eine andere List anzufügen. Wenn die angefügte List nicht existiert, wird diese erzeugt. Eine Liste darf nicht den Namen einer bereits existierenden Group oder List haben.

7.6.2.2 Management von Resource-Definitionen

Für die Ressourcen-Definitionen werden Kommandos von CEDA und DFHCSDUP verwendet. Es existieren insgesamt 24 CEDA- und DFHCSDUP-Kommandos für die Arbeit mit Ressourcen: Definieren, Kopieren, Umbenennen usw. Die Tabelle 7.3 listet die Kommandos auf und erläutert deren Funktion.

Eine Group sollte für die optimale Verwendung kleiner gleich 100 Ressourcen-Definitionen enthalten. Werte weit abseits der genannten Anzahl können zu Problemen führen:

1. Eine große Group kann eine große Menge von unnötiger Bearbeitungszeit enthalten. Letzteres trifft besonders dann zu, wenn die Group TERMINAL- und SESSIONS-Definitionen enthält, die eine große Menge von dynamischem Speicher benötigen.
2. Die große Anzahl sehr kleiner Groups kann auch unnötig viel Verarbeitungszeit durch zusätzliche I/O-Operationen infolge des Lesens vieler Group-Namen vom CSD-File verbrauchen.
3. Die Administration ist für kleinere Groups leichter: Zum Beispiel das DISPLAY GROUP ALL Kommando benötigt eine Menge von Scrolling, wenn die Ressource-Definitionen in der Group viele Screens benötigen.
4. Es ist möglich, dass bei EXPAND, COPY und INSTALL Speicher-Probleme auftreten.

Tabelle 7.3: CEDA- und DFHCSDUP-Kommandos.

Kommando	Funktion
ADD	Fügt einen Group-Namen zu einer List hinzu.
ALTER	Modifiziert die Attribute einer bestehenden Ressourcen-Definition.
APPEND	Kopiert eine List an das Ende einer anderen List.
CHECK	Prüft Ressourcen-Definitionen innerhalb einer Group oder innerhalb der Groups einer List. Es können maximal vier Lists geprüft werden. *(Nur unter CEDA)*
COPY	Kopiert eine oder mehrere Ressourcen-Definitionen von einer Group in eine andere oder erstellt ein Duplikat der Ressourcen-Definition innerhalb der Group.

Tabelle 7.3 (fortgesetzt)

Kommando	Funktion
DEFINE	Erstellt eine neue Ressourcen-Definition.
DELETE	Löscht eine oder mehrere Ressourcen-Definitionen.
DISPLAY	Zeigt den Namen einer oder mehrerer Groups, Lists oder Ressourcen-Definitionen innerhalb einer Gruppe an. *(Nur unter CEDA)*
EXPAND	Zeigt die Namen von Ressourcen-Definitionen innerhalb einer oder mehrerer Groups bzw. Lists an. *(Nur unter CEDA)*
EXTRACT	Extrahiert und verarbeitet Ressourcen-Definitionen einer Group oder List aus dem CSD File. *(Nur unter DFHCSDUP)*
INITIALIZE	Bereitet einen neu definierten Dataset für die Verwendung als CSD File vor. *(Nur unter DFHCSDUP)*
INSTALL	Fügt dynamisch eine oder mehrere Ressourcen-Definitionen zu einem aktiven CICS-System hinzu. *(Nur unter CEDA)*
LIST	Listet den aktuellen Inhalt des CSD Files auf. *(Nur unter DFHCSDUP)*
LOCK	Verhindert das Updaten oder Löschen einer Group oder der Groups einer List durch andere Operationen. *(Nur unter CEDA)*
MIGRATE	Überträgt die Inhalte einer Terminal Control Table (TCT), File Control Table (FCT) oder Destination Control Table (DCT) zum CSD File. *(Nur unter DFHCSDUP)*
MOVE	Verschiebt eine oder mehrere Ressourcen-Definitionen von einer Group in eine andere. *(Nur unter CEDA)*
RENAME	Benennt eine Ressourcen-Definition innerhalb einer Group um. Dies kann auch bei einem Verschiebe-Vorgang in eine andere Group gemacht werden. *(Nur unter CEDA)*
SERVICE	Wartet das CSD File oder legt eine Kopie davon an. Dies kann beim Wechsel zu einem neueren CICS Release nötig sein. *(Nur unter DFHCSDUP)*
UNLOCK	Entfernt ein Lock von einer Group oder einer List. *(Nur unter CEDA)*
UPGRADE	Passt Ressourcen-Definitionen im CSD File an neue Bedingungen an (zum Beispiel beim Wechsel zu einem neueren CICS Release). *(Nur unter DFHCSDUP)*
USERDEFINE	Erstellt eine neue Ressourcen-Definition mit den selbst festgelegten Default-Werten. *(Nur unter CEDA)*
VERIFY	Löscht bestehende Locks von Groups oder Lists. *(Nur unter DFHCSDUP)*
VIEW	Zeigt die Attribute einer bestehenden Ressourcen-Definition. *(Nur unter CEDA)*

CICS erlaubt, ein CSD-File und seine Ressource-Definitionen zwischen den unterschiedlichen CICS-Systemen zu sharen. Die Systeme können in derselben oder unterschiedlichen CICS Releases laufen.

Zu diesem Zweck existiert ein Compatibility Mode für die Nutzung, wenn Ressource Definitionen in einem CSD File, das von verschiedenen Releases benutzt wird, erzeugt oder verändert werden sollen. Der Compatibility Mode wird eingegeben mit F2 auf den CEDA Panels. Damit wird der Zugriff zu den Attributen für die vorhergehenden Releases ermöglicht, wird aber überholt für spätere Releases.

Der Compatibility Mode ist nur mit Kommandos bezüglich individueller Ressourcen verwendbar. Generische Kommandos (ALTER, DEFINE, VIEW) sind im Compatibility Mode erlaubt.

7.6.2.3 Installation von Resource-Definitionen

Wenn eine Ressourcen-Definition (Tabelle 7.4) installiert wird, werden die Informationen in den CICS-Speicher bewegt. Dort erfolgt ein Eintrag in einer Tabelle. Letzteres bedeutet aber nicht, dass alle Informationen in einer großen *Contigued Area* gespeichert sind. Dafür sind virtuelle Tables implementiert, auf die bequem referenziert werden kann. In folgenden Tables befinden sich Einträge von RDO Ressource-Definitionen:

Tabelle 7.4: Einordnung der Ressourcen-Definitionen in CICS-Tabellen.

Resource Definitions	Table
AUTOINSTALL TERMINAL MODELS	AMT
TDQUEUE	DCT
FILE, LSRPOOL	FCT
TRANSACTION, PROFILE	PCT
PROGRAM, MAPSET, PARTITIONSET	PPT
PARTNER	PRT
TERMINAL, TYPETERM, CONNECTION, SESSIONS	TCT

CICS hat zwei Möglichkeiten des Installing und Committing von Ressource Definitionen. Einige VTAM Terminal Control Resourcen-Definitionen müssen in Groups installiert und in *Installable Sets* abgelegt werden. Andere Resourcen-Definitionen können in Groups oder individuell installiert und auf dem individuellen *Resource Level* gespeichert werden.

Folgende Typen der Ressource-Definition werden in Installable Sets installiert:
– CONNECTION und zugehörige SESSIONS Definitions,
– Pipeline Terminals und alle Terminal-Definitionen, die denselben POOL-Namen verwenden.

Folgende Ressourcen-Typen werden übergeben durch Individual Resource und nicht durch Installable Set:

AUTINSTMODEL	FILE	JOURNALMODEL
LSRPOOL	MAPSET	PARTITIONSET
PARTNER	PROFILE	PROGRAM
TDQUEUE	TERMINAL (np)	TRANCLASS
TRANSACTION	TYPETERM	

Die Nutzung von RDO-Transaktionen ist abhängig von der Autorisierung. Mit CEDA-Autorisierung sind alle RDO-Kommandos nutzbar. Gleiches gilt mit Ausnahme des IN-STALL Kommandos für die CEDB-Autorisierung. Die CEDC-Autorisierung erlaubt nur die Verwendung der Kommandos DISPLAY, EXPAND und VIEW.

Im Folgenden wird die Benutzung der CEDA-Panels vorgestellt.

7.6.2.4 CEDA DEFINE Panel

```
DEFINE
ENTER ONE OF THE FOLLOWING

Connection      TCpipservice
DB2Conn         TDqueue
DB2Entry        Terminal
DB2Tran         TRANClass
DOctemplate     TRANSaction
Enqmodel        TSmodel
File            TYpeterm
Journalmodel
Lsrpool
Mapset
PARTItionset
PARTNer
PROCesstype
PROFile
PROGram
Requestmodel
Session
                                   SYSID=C001 APPLID=A06C001

PF 1 HELP        3 END       6 CRSR       9 MSG       12 CNCL
```

Abbildung 7.22: Screen des CEDA DEFINE Panels.

Die Abbildung 7.22 zeigt die Oberfläche des CEDA DEFINE Panels. Die oberste Zeile steht für die Kommandoeingabe bereit. In der Abbildung ist dort das DEFINE Kommando zu lesen. Darunter werden die möglichen Ressourcen-Definitionen aufgelistet. Die zwei Identifier echts unten haben folgende Bedeutung:

SYSID

Nutzer-System Identifier, spezifiziert im SYSIDNT System Initialisierungs-Parameter.

APPLID

VTAM Applikations-Identifier für das CICS-System, spezifiziert im APPLID System Initialisierungs-Parameter.

In der untersten Zeile, werden die verwendbaren Funktionstasten und deren Verwendung aufgelistet:

F1: Hilfe zu CEDA.

F3: Verlassen von CEDA, der Screen kann gelöscht werden und mit anderen Transaktionen weiter arbeiten.

F6: Stellt den Cursor in die linke obere Ecke des Screens (Kommandoeingabezeile).

F9: Zeigt Fehlermeldungen an, die durch CEDA erzeugt wurden.

F12: Stellt zurück auf den vorhergehenden Screen.

```
 DEFINE MAPSET(NEW1) GROUP(AAA1)
 OVERTYPE TO MODIFY
  CEDA   DEFine Mapset( NEW1      )                  CICS RELEASE = 0530
   Mapset        : NEW1
   Group         : AAA1
   Description   ==>
   Resident      ==> No                    No | Yes
   USAge         ==> Normal                Normal | Transient
   USElpacopy    ==> No                    No | Yes
   Status        ==> Enabled               Enabled | Disabled
   RSl           : 00                      0-24 | Public




   I New Group AAA1 created.
                                                  SYSID=C001 APPLID=A06C001
       DEFINE SUCCESSFUL                    TIME:  12.26.11  DATE: 04.121
  PF 1 HELP 2 COM 3 END         6 CRSR 7 SBH 8 SFH 9 MSG 10 SB 11 SF 12 CNCL
```

Abbildung 7.23: Definition eines neuen MAPSET mit CEDA.

Soll nun beispielsweise ein neues Mapset *NEW1* in der Group *AAA1* definiert werden, so geschieht dies mit dem in der Kommandoeingabezeile auf Abbildung 7.23 zu lesenden Befehl. Die Abbildung zeigt das Panel zur Spezifikation des neuen Mapset. Die Panels zur Spezifikation anderer Ressourcen-Definitionen sind ähnlich aufgebaut. Daher an dieser Stelle ein paar allgemeine Erläuterungen:

7.6.2.5 Attribute und Werte

Die Attribute des Mapset werden in der 1. Spalte und die damit verbundenen Werte in der 2. Spalte aufgelistet, zum Beispiel:

```
Status    ===> Enabled         Enabled | Disabled
```

Hierbei ist `Status` das Attribut und `Enabled` ist der Wert, der damit definiert wird. `Enabled | Disabled` zeigt die möglichen Werte für das Attribut an. Das Symbol „===>" zwischen einem Attribut und seinem Wert bedeutet, dass der Wert verändert werden darf. Wenn „:" zwischen einem Attribut und seinem Wert steht, heißt das, dass der Wert nicht geändert werden kann. Die Gründe dafür sind unterschiedlich:
1. Der Nutzer hat keine Autorisierung, die Werte zu ändern (zum Beispiel CEDC Nutzer),
2. der Nutzer verwendet das VIEW Kommando,
3. die Länge des Attributes ist zu groß für den aktuellen Screen,
4. das Attribut ist der Ressource-Name oder der Group-Name,
5. das Attribut ist für den momentanen CICS-Release veraltet (zum Beispiel RSL Attribute). Um den Wert des veralteten Attributes zu verändern, muss die Compatibility Mode Option gewählt werden (F-Taste).

7.6.2.6 Messages

Es werden 4 verschiedene Levels von Fehlermeldungen in CEDA unterschieden:

S (Severe)   CEDA kann nicht fortfahren bis der schwerwiegende Fehler korrigiert ist.

E (Error)   Die Kommandos werden ausgeführt nach Drücken von Enter, aber das Ergebnis ist nicht das, was man erwartet. CEDA gibt eine Warnung aus und teilt das Kommando mit.

W (Attention)

I (Information)

Der Nutzer sollte die Taste F9 drücken, um die CEDA-Nachrichten abzurufen. Wenn die CMAC-Transaktion verfügbar ist, kann der Cursor unter der Nachricht platziert werden und die Enter-Taste betätigt werden. Es erfolgt ein Link zu Messages and Codes Online Information für die spezifische Message.

7.6.2.7 CEDA DISPLAY GROUP(*) Panel

Das Panel in Abbildung 7.24 zeigt die *Groups* und die enthaltenen Ressourcen-Definitionen. Das Plus vor dem letzten Mapset bedeutet, dass es noch weitere Ressourcen gibt. Es kann mittels F8 oder F10 vorwärts gescrollt werden, mittels F7 oder F11 rückwärts. Bei

```
ENTER COMMANDS
    NAME       TYPE         GROUP                        DATE      TIME
    NEW1       MAPSET       AAA1                         04.121  12.26.11
    NEW7       MAPSET       AAA1                         04.121  16.59.32
    XYZ1       TRANSACTION  AAA2       _                 04.124  12.15.41
    REECORM    MAPSET       ABC                          03.344  19.52.01
    REECORE    PROGRAM      ABC                          03.344  19.50.11
    REENEWC    PROGRAM      ABC                          03.344  19.49.06
    REESAMP    PROGRAM      ABC                          03.344  19.49.13
    REESYST    PROGRAM      ABC                          03.344  19.49.19
    REEWHO     PROGRAM      ABC                          03.344  19.49.25
    TDO3       TRANSACTION  ABC                          03.344  19.48.21
    CTA1       CONNECTION   A0R2T0R                      99.229  07.42.31
    CTA1       SESSIONS     A0R2T0R                      99.229  07.42.41
    ATGFKSDS   FILE         ARTT                         99.256  13.54.28
    ATGCAM1    MAPSET       ARTT                         99.256  13.54.28
    ATGCARM    MAPSET       ARTT                         99.256  13.54.29
    ATGCBRM    MAPSET       ARTT                         99.256  13.54.29
 +  ATGCCM1    MAPSET       ARTT                         99.256  13.54.29
                                         SYSID=C001 APPLID=A06C001
       RESULTS: 1 TO 17            TIME:  12.48.52  DATE: 04.124
     PF 1 HELP 3 END 4 TOP 5 BOT 6 CRSR 7 SBH 8 SFH 9 MSG 10 SB 11 SF 12 CNCL
```

Abbildung 7.24: Screen des CEDA DISPLAY GROUP(*) Panels.

sehr langen Listen kann ein Sprung ans Ende der Liste mit F5 bzw. ein Sprung an den Anfang der Liste mit F4 hilfreich sein.

NAME gibt den Namen jeder individuellen Ressourcen-Definition an, die auf dem System installiert ist. Ressource-Namen können dupliziert werden, wenn es sich um verschiedene Groups handelt. *TYPE* entspricht dem Ressourcen-Typ der Definition. *GROUP* deklariert die Gruppen-Zugehörigkeit jeder Ressourcen-Definition.

7.6.2.8 CEDA VIEW Panel

Das CEDA VIEW Panel erreicht man aus dem CEDA DISPLAY GROUP(*) Panel, indem man hinter den Ressourcen-Typ einer Ressourcen-Definition VIEW eingibt und mit Enter bestätigt. Hier wird beispielhaft das CEDA VIEW Panel für die Transaktion *XYZ1* aus der Group *AAA2* aufgerufen. Dazu muss VIEW an entsprechender Stelle (siehe Unterstrich in der Zeile, welche *XYZ1* enthält, in Abbildung 7.24) eingegeben und bestätigt werden. Daraufhin erscheint das in Abbildung 7.25 CEDA VIEW Panel, welches dem CEDA DEFINE TRANSACTION Panel sehr ähnlich ist. Der Unterschied besteht darin, dass Doppelpunkte zwischen jedem Attribut und dem Wert eingefügt sind, da die Attributwerte im CEDA VIEW Panel nicht änderbar sind.

Betätigt der Nutzer F12, gelangt er zurück zum CEDA DISPLAY GROUP (*) Panel. Ein Stern-Symbol neben der Transaktion zeigt, dass damit gearbeitet wurde. An dieser Stelle können durch Eingabe und Bestätigung des Kommandos ALTER die Attribut-

```
OBJECT CHARACTERISTICS
 CEDA  View TRANSaction( XYZ1 )                      CICS RELEASE = 0530
  TRANSaction     : XYZ1
  Group           : AAA2
  DEscription     :
  PROGram         : XYZ2
  TWaszie         : 00000             0-32767
  PROFile         : DFHCICST
  PArtitionset    :
  STAtus          : Enabled           Enabled | Disabled
  PRIMedsize      : 00000             0-65520
  TASKDATALoc     : Below             Below | Any
  TASKDATAKey     : User              User | Cics
  STOrageclear    : No                No | Yes
  RUnaway         : System            System | 0 | 500-2700000
  SHutdown        : Disabled          Disabled | Enabled
  ISolate         : Yes               Yes | No
  Brexit          :
+ REMOTE ATTRIBUTES

                                      SYSID=C001 APPLID=A06C001
 -
PF 1 HELP 2 COM 3 END      6 CRSR 7 SBH 8 SFH 9 MSG 10 SB 11 SF 12 CNCL
```

Abbildung 7.25: Screen des CEDA VIEW Panels (1/2).

```
OVERTYPE TO MODIFY
 CEDA  ALter TRANSaction( XYZ1 )                     CICS RELEASE = 0530
  TRANSaction     : XYZ1
  Group           : AAA2
  DEscription    ==>
  PROGram        ==> XYZ2
  TWaszie        ==> 00000            0-32767
  PROFile        ==> DFHCICST
  PArtitionset   ==>
  STAtus         ==> Enabled          Enabled | Disabled
  PRIMedsize      : 00000             0-65520
  TASKDATALoc    ==> Below            Below | Any
  TASKDATAKey    ==> User             User | Cics
  STOrageclear   ==> No               No | Yes
  RUnaway        ==> System           System | 0 | 500-2700000
  SHutdown       ==> Disabled         Disabled | Enabled
  ISolate        ==> Yes              Yes | No
  Brexit         ==>
+ REMOTE ATTRIBUTES

                                      SYSID=C001 APPLID=A06C001
 -
PF 1 HELP 2 COM 3 END      6 CRSR 7 SBH 8 SFH 9 MSG 10 SB 11 SF 12 CNCL
```

Abbildung 7.26: Screen des CEDA ALTER Panels (2/2).

werte der Ressourcen-Definition (im Beispiel hier der Transaktion *XYZ1*) im CEDA ALTER Panel geändert werden.

7.6.2.9 CEDA ALTER Panel

Wenn an einer bestehenden Ressourcen-Definition etwas geändert werden soll, gibt man anstelle von VIEW im CEDA DISPLAY GROUP(*) Panel (siehe Abbildung 7.24) hinter dem Typ der Ressource ALTER ein und bestätigt. Das in Abbildung 7.26 gezeigte CEDA ALTER Panel erscheint, wenn dies bei der Transaktion *XYZ1* getan wird.

Wie man beim Vergleich der Abbildungen 7.25 und 7.26 erkennen kann, besteht der Unterschied der Panels lediglich darin, dass bei den meisten Attributen vor deren Wert das Symbol „= = = >" anstelle des Doppelpunkts erscheint. Dies verdeutlicht, wie bereits geschrieben, dass der Wert des Attributs an dieser Stelle geändert werden kann.

7.6.2.10 Weitere CEDA Kommandos

In CEDA können weitere Kommandos im Bereich eines Screen ausgeführt werden:

```
COPY      DELETE     INSTALL    MOVE
RENAME    ?          =
```

Für die Transaktionen CEDB und CEDC gilt für die Kommando-Ausführung:
   CEDB: Alle Kommandos außer INSTALL können ausgeführt werden.
   CEDC: Nur Kommandos VIEW, ? und = sind ausführbar.

7.6.2.11 Entfernen der Ressource-Definitionen vom CSD File

Für das DELETE Kommando gilt: Der Inhalt der Groups kann gelöscht werden. Eine Group ist dagegen nur löschbar, wenn diese keine Ressourcen-Definitionen enthält. Gibt man in die Kommandozeile CEDA DELETE ALL GROUP(AAA1) ein und bestätigt, so werden die Ressourcendefinitionen von Group *AAA1* gelöscht.

7.6.2.12 Verwendung von generischen Namen unter CEDA

Zur Vereinfachung können in vielen CEDA-Kommandos generische Namen verwendet werden. Dabei steht das Symbol * für eine beliebige Anzahl an Zeichen und das Symbol + für ein einzelnes Zeichen.

Beispiele für die Verwendung von generischen Gruppennamen in CEDA-Kommandos:

```
CEDA VIEW TRANSACTION(DISC) GROUP(*)
```
betrifft alle Gruppen

```
CEDA DISPLAY GROUP(DFH*)
```
betrifft alle Gruppen, deren Name mit DFH beginnt

```
CEDA DISPLAY GROUP(DFH+++)
betrifft alle Gruppen, deren Name mit DFH beginnt und 6 Zeichen lang ist
```

Die Tabelle 7.5 zeigt, welche CEDA-Kommandos generische Namen akzeptieren.

Tabelle 7.5: Verwendbarkeit von generischen Namen in CEDA-Kommandos.

CEDA-Kommando	Generischer Ressourcen-Name	Generischer Group-Name	Generischer List-Name	Alle Ressourcen-Typen
ADD	–	x	x	–
ALTER	✓	✓	–	x
APPEND	–	–	x	–
CHECK GROUP	–	x	–	–
CHECK LIST	–	–	x	–
COPY	✓	x	–	✓
DEFINE	x	x	–	x
DELETE	✓	x	–	✓
DISPLAY GROUP	–	✓	–	–
DISPLAY GROUP ALL	✓	✓	–	✓
DISPLAY LIST	–	–	✓	–
DISPLAY LIST GROUP	–	✓	✓	–
EXPAND GROUP	✓	✓	–	✓
EXPAND LIST	–	✓	✓	–
INSTALL	–	x	x	–
INSTALL GROUP	–	x	–	–
LOCK GROUP	–	x	–	–
LOCK LIST	–	–	x	–
MOVE	✓	x	–	✓
REMOVE	–	✓	x	–
RENAME	x	x	–	✓
UNLOCK GROUP	–	x	–	–
UNLOCK LIST	–	–	x	–
USERDEFINE	x	x	–	x
VIEW	✓	✓	–	x

7.6.2.13 Benutzung des EIB für CICS-Anwendungsprogrammierer

Der *Execute Interface Block* (EIB) kann von CICS-Anwendungsprogrammierern als die *Schnittstelle* zu CICS benutzt werden. Die für Anwendungsprogrammierer interessantesten EIB-Informationen sind:

- In *EIBTRNID* steht die Transaktions-ID, mit der die CICS-Anwendung aufgerufen wurde.
- In *EIBTASKN* ist die von CICS vergebene Tasknummer angegeben.
- *EIBCALEN* enthält die Länge der *Communication Area*, die zu dem Task gehört.
- *EIBCPOSN* kann nach dem Lesen eines 3270-Terminals die aktuelle Cursor-Postition entnommen werden.

– Welche Taste vor dem Lesen eines 3270-Terminals zuletzt gedrückt wurde, ist in *EIBAID* enthalten.

7.6.2.14 Klassifizierung der CICS-Befehle
Alle CICS-Befehle lassen sich in die folgenden 8 Klassen einordnen:
1. Daten vom Terminal lesen oder Daten auf ein Terminal schreiben,
2. Befehle zur Programmsteuerung,
3. (VSAM-)Dateizugriffe,
4. Temporäres Speichern von Daten auf eine Platte,
5. Befehle zur Zeitsteuerung,
6. Befehle zum Zugriff auf System- und Umgebungsvariablen,
7. Befehle zur Speicherverwaltung,
8. Sonstige Befehle.

Die konkrete Syntax der CICS-Befehle ist der speziellen Literatur [24–26] und [27] zu entnehmen.

7.7 CICS Interoperabilität

Die Programmiersprache Java hat sich in den letzten Jahren als ein leistungsfähiges Werkzeug für WWW-orientierte Anwendungen durchgesetzt. Mit den *Enterprise Java Beans* (EJBs) und dem *Java Enterprise Edition* (JEE)-Standard bemüht man sich, einen objektorientierten Ansatz auch für die Geschäftslogik einzusetzen. JEE bietet einen anerkannt wichtigen und weit verbreiteten Standard von Softwarearchitektur für serverseitige Java-Anwendungen, die für den geschäftlichen Bereich entwickelt wurden und für die Anwendung im Unternehmen gedacht sind. Auf der Basis des JEE-Standards entwickelte Applikationen vereinen zahlreiche Vorzüge auf sich, was Flexibilität, leichte Handhabung und breite Einsatzfähigkeit angeht. Da JEE auf Komponenten und Modulen wie zum Beispiel den EJBs aufbaut, können geschäftsrelevante Java-Anwendungen nach dem Baukastenprinzip entworfen und entwickelt werden.

Besonders hervorgehoben wird immer wieder die hervorragende Möglichkeit zur Integration verschiedener Applikationen und Systeme (was zum Beispiel bei Unternehmensportalen wichtig ist), die gute Skalierbarkeit (d. h. die Programme laufen auch bei steigender Dateneingabe zuverlässig), sowie die hohe Verfügbarkeit. Dadurch, dass die einzelnen Komponenten auf mehrere Server verteilt werden können, hat ein Ausfall einzelner Serverinstanzen keine Auswirkung auf den Arbeitsplatzrechner bzw. das zugehörige Client-Programm.

Vorhandene Java-Implementierungen von Internet-Anwendungen benutzen häufig Connectoren, um mit Hilfe der *JEE Connector Architektur* (JCA) auf vorhandene Anwendungslogik zuzugreifen, die in der Form von Anwendungen unter CICS, IMS/TM, DB2 Stored Procedures oder Stapelverarbeitungsanwendungen auf dem *Backend* vorliegen.

Für die Präsentations-Logic von CICS haben sich Java-Technologien, besonders *Servlets, Applets* und *Java Server Pages* (JSP) sowie ihre Microsoft Äquivalente als eine produktive Technologie bewährt, während für die Business Logic 1998 der JEE-Standard und besonders der *Enterprise Java Bean* (EJB)-Standard entwickelt wurde. Servlets und EJBs laufen in getrennten Servlet- bzw. EJB-Containern, die wiederum in der Regel in einer gemeinsamen *Java Virtuellen Maschine* (JVM) untergebracht sind. EJBs benutzen für die Datenspeicherung in der Regel eine SQL-Datenbank. Für die Verbindung mit Klienten des World Wide Web wird ein getrennter Web Server eingesetzt (zum Beispiel Apache). Diese Konfiguration ist in Abbildung 7.27 wiedergegeben.

Web Application Server (WAS) implementieren Server für WWW-orientierte Anwendungen (siehe Abbildung 7.27). Typischerweise sind die Anwendungen in Java geschrieben und werden als Byte Code ausgeführt.

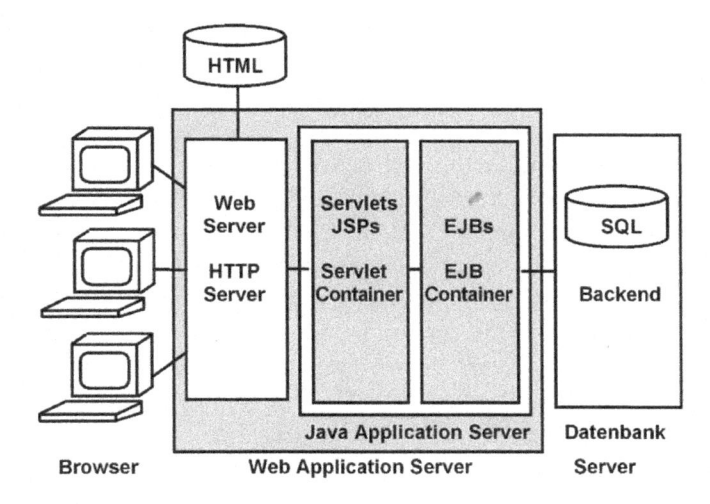

Abbildung 7.27: Web Application Server.

Der EJB Container stellt den EJBs eine Reihe von Dienstleistungen zur Verfügung. Von besonderer Bedeutung ist hierbei der *Java Transaction Service* (JTS).

EJBs werden zunehmend auch in Anwendungen wie *Web Services, Business Process Reengineering, Straight Through Processing* und *Service Oriented Architecture* (SOA) eingesetzt.

Etwa 80% aller Anwendungen in der Wirtschaft werden als Transaktionen ausgeführt. Sie laufen in den meisten Fällen unter Transaktionsmonitoren wie zum Beispiel Oracle Tuxedo, IBM CICS oder SAP R/3. CICS ist der Transaktionsmonitor, der weltweit am häufigsten eingesetzt wird.

7.7.1 Zugriffsmöglichkeiten auf CICS

Eine CICS-Anwendung besteht normalerweise aus einem Business Logic- und einem Presentation Logic-Teil. Diese beiden Komponenten kommunizieren über einen internen Puffer miteinander, der in der CICS-Terminologie als *COMMAREA* bezeichnet wird. Beispielsweise würde ein in C/C++ geschriebenes CICS Business Logic-Programm seine Ausgabedaten in Form einer Struktur in den *COMMAREA*-Bereich stellen. Die CICS Präsentations Logic übernimmt diese Daten und erstellt daraus eine Benutzerfreundliche Darstellung auf dem Bildschirm des Klienten.

In der Vergangenheit erfolgte die Ausgabe typischerweise in einer alpha-numerischen Darstellung auf einem Bildschirm (oder Bildschirmfenster) mit 24 Zeilen zu je 80 Zeichen pro Zeile (3270-Bildschirm). Diese Art der Präsentation verwendet eine CICS-Komponente, den *Basic Mapping Support* (BMS). Es existieren Einrichtungen wie die EPI-Schnittstelle, die eine graphische Darstellung der BMS-Ausgabe möglich machen. Die Darstellungsmöglichkeiten sind hierbei jedoch eingeschränkt.

Es sind deshalb mehrere alternative Möglichkeiten entstanden, die eine volle graphische Funktionalität der Datendarstellung auf dem Bildschirm erlauben. Hierbei greift die Präsentations Logic mit Hilfe geeigneter Schnittstellen auf den *COMMAREA*-Puffer zu.

SOAP-for-CICS – ein Dienst des CICS Transaction Servers – ist in der Lage, auf die *COMMAREA* eines CICS-Programms zuzugreifen. Damit werden CICS-Programme zu Anbietern und Benutzern eines in *Web Services Definition Language* (WSDL) definierten Web Services. In diesem Fall empfängt die SOAP-for-CICS-Schnittstelle eine Anfrage, verarbeitet die SOAP Header und entpackt die XML-Anfragenachricht. Letztere wird in ein *COMMAREA*-Format übersetzt, und es wird das CICS-Programm mit der Business Logic aufgerufen. Nachdem das CICS-Programm erfolgreich abgelaufen ist, wird eine entsprechende XML-Antwort erzeugt, die wiederum mit SOAP-Headern versehen und an den e-Business-Client zurückgegeben wird.

Eine weitere Möglichkeit zur Integration von CICS-Programmen in e-Business-Lösungen stellt der Einsatz von Enterprise Java Beans dar. Hierzu enthält der CICS Transaction Server einen CORBA-fähigen EJB Container, der in der Lage ist, Session Beans zu verarbeiten. EJBs ermöglichen das Aufrufen von Methoden entfernter Java-Objekte über ein Netzwerk. Solche entfernten Objekte können entweder durch Suche in einem Namensdienst wie *Lightweight Directory Access Protocol* (LDAP) oder durch Referenzen aus anderer Quelle aufgefunden werden. Nach dem Erhalten der EJB-Anfrage wird innerhalb des CICS Transaction Server der integrierte Methodenaufruf vom *Object Request Broker* (ORB) dekodiert. Dieser ruft auch die entsprechende Methode der Enterprise Java Bean auf, welche wiederum die Business Logic ausführt und den Rückgabewert des darunter liegenden CICS-Programms als Ausgabe veranlasst.

Weiterhin ist ein nachrichtenbasierter Ansatz mit Hilfe von WebSphere MQ einsetzbar, einem *Message Based Queuing* (MBQ) bzw. *Message Oriented Middleware* (MOM)-Produkt, das den einfachen Informationsaustausch über mehrere Plattformen hinweg ermöglicht. Auf diese Weise werden vorhandene e-Business-Anwendungen miteinander verbunden. Wenn über das Netzwerk eine Nachricht eintrifft, startet der im CICS Transaction Server ablaufende WebSphere MQ-Trigger-Monitor den Message-Adapter. Letzterer formt die Nachricht um und ruft das Business Logic-Programm auf. Die Antwort wird über die in der Nachricht definierte Antwort-Queue gesendet. Darüber hinaus ergibt sich bei WebSphere MQ die Option, die WebSphere MQ DPL-Bridge zu verwenden. Diese leitet eine Nachricht von einer Eingabe-Queue über die *COMMAREA* an ein Business Logic-Programm weiter. Die Nachricht muss jedoch schon vom e-Business-Client so formatiert werden, dass das Business Logic-Programm sie verarbeiten kann.

Eine einfache Möglichkeit bildet die Verwendung des im CICS-System integrierten HTTP-Listeners (CICS Web Support) in Verbindung mit einem Message-Adapter. Hier empfängt der HTTP-Listener eine HTTP-Anfrage und leitet sie an den Message-Adapter weiter. Dieser extrahiert die HTTP-Benutzerdaten – also ein HTML-Dokument, das wiederum in ein *COMMAREA*-Format übersetzt wird und das Business Logic-Programm aufruft. Häufig besteht der e-Business Client aus einem Webbrowser, so dass die Antwort des Business Logic-Programms normalerweise als HTML- oder XML-Dokument formatiert wird.

TCP/IP-Sockets sind gleichfalls für die Integration in e-Business-Anwendungen geeignet. Dabei stellt der z/OS Communications-Server die TCP/IP-Socket-Schnittstelle zu CICS bereit. Der CICS Sockets-Listener stellt nach Erhalt einer TCP/IP-Anforderung einen so genannten „Child Server" zur Verfügung, der wiederum einer Message-Adapter aufruft. Dieser regelt dann die Ausführung des Business Logic-Programms. Es handelt sich hier um eine Low-Level-Lösung ohne Unterstützung für Transaktionen und Sicherheit, so dass sich der Programmierer selbst darum kümmern muss.

7.7.2 CICS Transaction Gateway

Eine der Zugriffsmöglichkeiten auf den CICS Transaction Server bildet die über das *CICS Transaction Gateway* (CTG). Das CTG stellt einen Connector (CICS ECI-Ressourcenadapter) für den WebSphere Application Server mit Zugriff auf den CICS Transaction Server zur Verfügung und ermöglicht Webbrowsern und Netzwerkcomputern einen sicheren und einfachen Zugriff auf CICS-Anwendungen. Es sind viele verschiedene Konfigurationen möglich, bei denen Standard-Internetprotokolle zum Einsatz kommen. Das CICS Transaction Gateway kann zum Beispiel als Connector für den IBM WebSphere Application Server verwendet werden. Es wird eine Programmierschnittstelle zur Verfügung gestellt, durch die Java-Programmierer die Funktionen der JEE-Plattform nutzen können.

Die JEE-Plattform definiert einen Standard zur Entwicklung mehrschichtiger e-Business-Anwendungen. Sie stellt standardisierte modularisierte Komponenten sowie zugehörige Dienste bereit, so dass viele Anwendungsdetails automatisch und ohne komplexe Programmierarbeit behandelt werden. Die JEE-Architektur (siehe Abbildung 7.28) baut auf *Java Standard Edition* auf und nutzt zum Beispiel ebenfalls die JDBC-Bibliothek

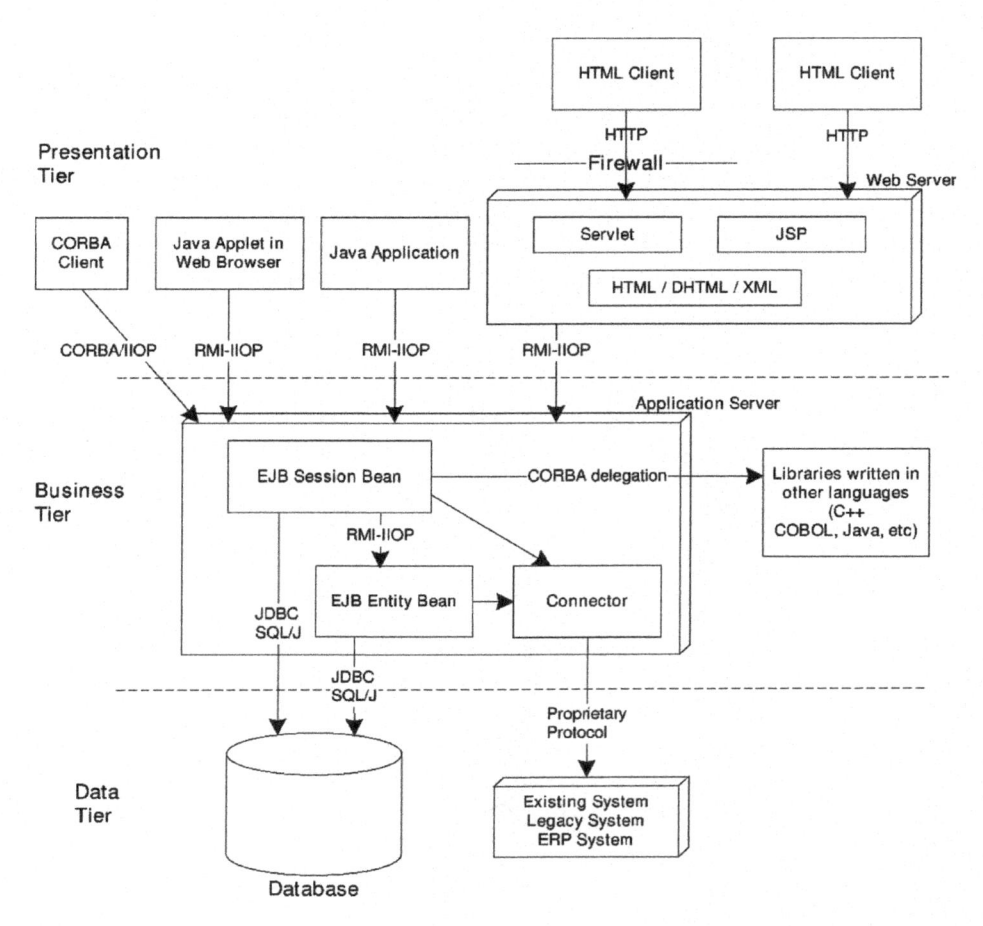

Abbildung 7.28: Java Enterprise Edition Architektur.

zum Datenbankzugriff, die Technologie *Common Object Request Broker Architecture* (CORBA) zur Interaktion mit vorhandenen Ressourcen sowie ein Sicherheitsmodell zum Schutz von Anwendungsdaten. Zusätzlich zu diesen grundlegenden Funktionen unterstützt die JEE-Plattform *Enterprise Java Beans, Java Servlets* und *Java Server Pages*.

Diese serverseitigen Komponenten können nicht in einer normalen *Java Virtual Machine* (JVM) ausgeführt werden. Die Ablaufumgebung der JEE-Plattform ist daher der Web Application Server. Im Allgemeinen beschreibt man diesen als eine Serverbox, wobei diese eine höchst-skalierbare und zuverlässige Plattform implementiert, auf der komplexe e-Business-Anwendungen ausgeführt werden können. Es besteht die Möglichkeit, eine Menge von Clients gleichzeitig zu bedienen. Dabei kann es sich sowohl um Benutzer als auch um andere e-Business-Anwendungen handeln. Ein Beispiel für einen Web Application Server ist der WebSphere Application Server von IBM, der praktisch für alle Hard- und Software-Plattformen verfügbar ist.

Die entscheidende Schnittstelle zwischen Backend-Systemen wie CICS und einem Web Application Server ist die *JEE Connector Architecture* (JCA). Diese definiert unter anderem Java-Schnittstellen (Connectoren), die auf vorhandene Backend-Systeme zugreifen können. Ein Connector wird auch als Ressourcenadapter bezeichnet und ist fest im Anwendungs-Server installiert. Er kann als stehende Verbindung zum Backend-System aufgefasst werden, die von vielen Clients verwendet werden kann. Ein Bestandteil des CICS Transaction Gateway ist ein solcher Connector – der CICS ECI-Ressourcenadapter – für den WebSphere Application Server, der den Zugriff auf den CICS Transaction Server ermöglicht.

Um das CICS dem interessierten Leser näher zu bringen, wird eine praxisbezogene Anwendung im folgenden Verlauf dargestellt. Dabei werden die Daten einer DB2-Datenbank mit Hilfe des CICS Transaktion-Monitors angezeigt.

Ziel dieses Übungsbeispiels ist es, mittels einer CICS-Transaktion auf eine erstellte DB2- Datenbank zuzugreifen. Das Anwendungsprogramm soll wieder aus zwei Teilen bestehen, einem C-Programm für die Business Logic und einem BMS-Programm für die Presentation Logic. Das Beispiel baut darau auf, dass bereits eine DB2 Datenbank existiert.

Im Business Logic-Programm sollen SQL-Aufrufe enthalten sein. Diese müssen durch einen SQL-Precompiler in native DB2 API-Aufrufe übersetzt werden, ehe der C-Compiler das Business Logic-Programm übersetzen kann.

7.8 Übungsbeispiels CICS

7.8.1 Vorschau

Es werden drei JCL-Scripte erstellt sowie diese mittels "SUB" ausgeführt. Weiterhin wird ein C-Programm erstellt, welches EXEC SQL-Statements enthält.

CICS trennt strikt Berechnungen und Datenbankzugriffe von dem Layout der Darstellungen auf Panels. Ersteres wird als "Business Logic" und letzteres als "Presentation Logic" bezeichnet.

Der Dataset PRAKT20.CICSDB2.TEST01 ist als Voraussetzung bereits vom Nutzer erstellt und ist bisher noch leer. Das erste zu bearbeitende sowie auszuführende JCL-Script (Dataset-Name: PRAKT20.CICSDB2.TEST01(BMSJCL)) (siehe die Abbildungen 7.33 und 7.34) behandelt die Presentation Logic. Sie besteht aus genau einem Mapset "SET5020", der genau eine Map "MAP5020" enthält. Ein Mapset kann aber auch mehrere Maps enthalten. Diese Map "MAP5020" definiert Positionen, Länge sowie weitere Attribute der Darstellung der Daten aus der DB2-Datenbank auf dem Bildschirm.

Anschließend wird das C-Programm "PRAKT20.CICSDB2.TEST01(CPROG020)" (siehe die Abbildungen 7.38 und 7.39), welches EXEC SQL-Statements enthält, bearbeitet.

So wie in Abbildung 7.29 dargestellt, führt das zweite erstellte JCL-Script "PRAKT20.CICSDB2.TEST01(PCOMPJCL)" einen Precompilerdurchlauf aus. Alle EXEC SQL-Statements im C-Programm werden durch dieses in native DB2 API-Aufrufe konvertiert.

```
                                                                JCL-Script
        Quellprogramm
              │
              ▼◄──────────── SQL-Precompiler      PCOMPJCL
   Programm mit native DB2 API
              │
              ▼◄──────────── CICS-Precompiler    ⎫
   Programm mit native CICS API                  ⎪
              │                                   ⎬ STARTJCL
              ▼◄──────────── C-Compiler           ⎪
      Object-Programm                             ⎪
              │                                   ⎪
              ▼◄──────────── Link                ⎭
  Ausführbares Maschinenprogramm
```

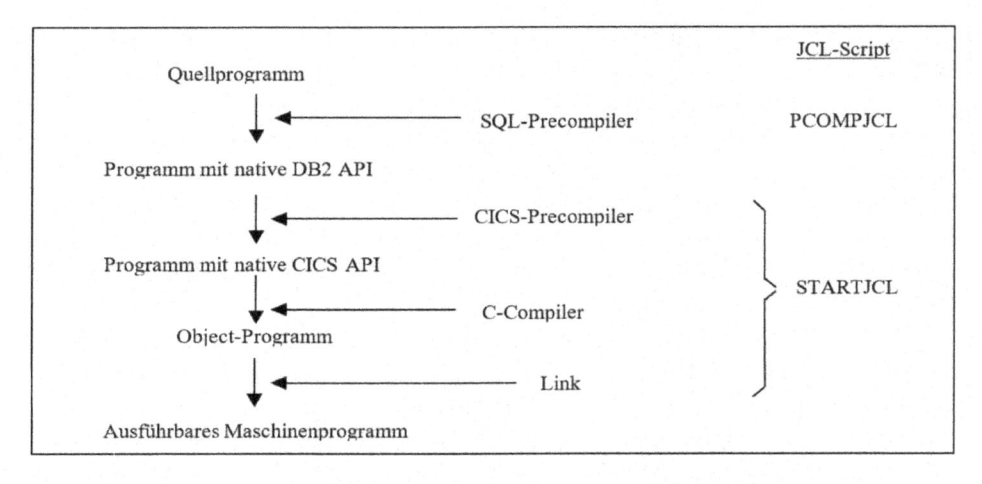

Abbildung 7.29: Schritte vom C-Programm mit EXEC SQL-Statements zum ausführbaren Maschinenprogramm.

Als drittes JCL-Script wird von uns "PRAKT20.CICSDB2.TEST01(STARTJCL)" erstellt und ausgeführt (s. auch die Abbildungen 16–18). Der CICS-Precompiler generiert aus dem C- Programm mit native DB2 API-Aufrufen ein C-Programm mit native CICS API-Aufrufen. Anschließend wird der nun so entstandene C-Programmcode zu einen Objekt-Programmcode übersetzt, aus dem der Linker ein ausführbares Maschinenprogramm erzeugt (s auch Abbildung 7.29).

Alle diese Schritte werden im TSO ausgeführt. TSO ist ein Subsystem von z/OS. Ein weiteres Subsystem von z/OS ist CICS. Der folgende Teil des Tutorials behandelt, über welche Schritte ein CICS-Zugriff auf die Daten unserer DB2-Datenbank möglich wird. Das Ziel ist also, den Zugriff auf die DB2-Daten durch eine selbst implementierte CICS-Transaktion mit der Transaktions-ID "X020" auszulösen. Folgende Schritte sind dazu notwendig:

1. Definition des Mapsets mittels
   "CEDA DEFINE MAPSET(SET5020) GROUP(PRAKT20)"
2. Definition des C-Anwenderprogrammes mittels
   "CEDA DEFINE PROG(CPROG020) GROUP(PRAKT20)"
3. Definition des Namens der Transaktion-ID mittels "CEDA DEFINE TRANS(X020) GROUP(PRAKT20)"
4. Definition unserer Datenbank und Datenbanktabelle mittels "CEDA DEFINE DB2ENTRY"

Nach diesen Schritten sind der Mapset SET5020 mit der Map MAP5020, das ausführbare Maschinenprogramm, das aus CPROG020 generiert wurde, die selbst definierte Transaktion- ID "X020" sowie die Datenbank und Tabelle, aus der ausgelesen werden soll, dem CICS- System bekannt. Ebenfalls ist ihm bekannt, dass alle diese Komponenten der Gruppe "PRAKT20" zugewiesen wurden. Diese Gruppe wird durch Schritt 1. automatisch erstellt. Doch diese Definitionen reichen noch nicht aus. Unser Ziel erreichen wir erst, wenn alle Komponenten auch installiert werden. Das geschieht durch

7.8.1.1 "CEDA INSTALL GROUP(PRAKT20)"

Nun haben wir unser Ziel erreicht. Geben wir "X020" unter CICS ein (s. Abbildung 40), so wird unsere selbst definierte Transaktion ausgeführt, welche die Spalten "VORNAME" und "NACHNAME" aus der im Tutorial 4 angelegten DB2-Tabelle ausliest und auf unserem Bildschirm ausgibt (s. Abbildung 41).

Warnung:
Ihr DB2ENTRY ist nur ein einziges Mal von Ihnen installierbar. Deshalb könnte z. B. Ihre zweite Anwendung von "CEDA INSTALL GROUP ..." die Fehlermeldung "INSTALL UNSUCCESSFUL" produzieren. Dieser Fehler kann von Ihnen mangels Ihrer CICS- Zugriffsrechte nicht behoben werden. Im Anhang wird dieses Problem erläutert. Informieren Sie deshalb umgehend Ihren Tutor.

7.8.2 Anwendungsbeispiel einschließlich der Aufgaben

Anwendung 20

Aufgabe: Arbeiten Sie nachfolgendes Tutorial durch. Vergrößern Sie den Dataset "PRAKT20.LIB", indem Sie den alten löschen sowie den neuen mit folgenden Parametern anlegen: Primary quantity: 34 Kbyte, Secondary quantity: 8 Kbyte, Directory blocks: 2, Record format: FB, Record length: 80, Block size: 320, Data set name type : PDS

Der Anwender loggt sich als TSO-Benutzer ein und öffnet das DSLIST-Panel.

Wir hatten im vorangegangenen Tutorial alle hierfür erforderlichen Partitioned Datasets angelegt. Unser DSLIST-Panel zeigt 11 Partitioned Datasets (siehe Abbildung 7.30). "SPUFI.IN" wurde in unserer letzten Übung benutzt, um unsere Datenbank anzulegen. "SPUFI.OUT" wurde vom SPUFI-Subsystem angelegt und enthält die Übersetzung unserer Eingaben.

Die nun benötigten Datasets "PRAKT20.DBRMLIB.DATA", "PRAKT20.LIB" und "PRAKT20.CICSDB2.TEST01" wurden ebenfalls bereits im letzten Tutorial angelegt. "PRAKT20.DBRMLIB.DATA" ist noch leer. Es wird während der Ausführung des SQL-Precompilers automatisch gefüllt. "PRAKT20.CICSDB2.TEST01" nimmt die von uns zu erstellenden Quellprogramme auf.

Mit Hilfe des "Edit Entry Panels" erstellen wir einen neuen Member "BMSJCL" (siehe Abbildung 7.31) und bestätigen anschließend mit der Eingabetaste.

```
Menu  Options  View  Utilities  Compilers  Help
-----------------------------------------------------------------------
-
DSLIST - Data Sets Matching PRAKT20                      Row 1 of 13

Command - Enter "/" to select action           Messag         Volum
                                                    e              e
-----------------------------------------------------------------------
            - PRAKT20                                          *ALIAS
          PRAKT20.CICS.TEST01                                  SMS001
          PRAKT20.CICSDB2.TEST01                               SMS001
          PRAKT20.DBRMLIB.DATA                                 SMS001
          PRAKT20.ISPF.ISPPROF                                 SMS001
          PRAKT20.LIB                                          SMS001
          PRAKT20.SPFLOG1.LIST                                 SMS001
          PRAKT20.SPUFI.IN                                     SMS001
          PRAKT20.SPUFI.OUT                                    SMS001
          PRAKT20.TEST.C                                       SMS001
          PRAKT20.TEST.CNTL                                    SMS001
          PRAKT20.TEST.LOAD                                    SMS001
**************************** End of Data Set list ****************************




 Command ===>                                       Scroll ===> PAGE
   F1=Help    F3=Exit    F5=Rfind  F12=Cancel
```

Abbildung 7.30: Der DSLIST-Panel.

Ein leerer Edit-Entry-Panel erscheint (siehe Abbildung 7.32). Unsere CICS-Anwendung ssoll wiederum aus einem BMS-Programm (Mapset) für die "Presentation Logic" und einem C- Programm für die Business Logic bestehen. Wir beginnen mit dem Mapset.

Dies ist das vollständige BMS-Programm nach Fertigstellung. Es umfaßt 2 Panels. Mit den F8- bzw. F7-Tasten „scrollen" wir zwischen den beiden Panels hin und her.

Die Zeilen 7 bis 10 definieren eine Überschrift, die aus 2 Feldern besteht. Die beiden Felder werden mit den Werten VORNAME und NACHNAME initialisiert.

Die Zeilen 11 bis 18 definieren 8 Felder, welche die Vornamen und Nachnamen von 4 Personen aufnehmen sollen, die wir aus unserer DB2-Datenbank auslesen.

```
Menu   RefList  RefMode  Utilities  LMF  Workstation  Help
-----------------------------------------------------------------------
                                    -

ISPF Library:
   Project  . . . PRAKT20
   Group . . . . CICSDB2   . . .
   Type  . . . . TEST01         (Blank or pattern for member selection list)

Other Partitioned or Sequential Data Set:
   Data Set Name . . .

   Volume Serial . . .           (If not cataloged)


Workstation File:

   File Name . . . . .

                                 Options
Initial Macro  . . . .           /  Confirm Cancel/Move/Replace
Profile Name . . . . .              Mixed Mode

Command ===>
  F1=Help      F3=Exit      F10=Actions   F12=Cancel
```

Abbildung 7.31: Anlegen des Members "BMSJCL".

Wir geben "SUB" auf der Kommandozeile ein. Zusätzlich zu dem übersetzten Programm wird in dem Member "PRAKT20.LIB(SET5020)" ein Template für unser Business Logic- Programm (in C) abgespeichert.

Wir warten, bis JES unser BMS-Programm übersetzt hat (30–60 Sekunden). Durch das Betätigen der Eingabetaste erscheint der hier gezeigte Panel (siehe Abbildung 7.35). "MAXCC = 0" bestätigt, dass die Übersetzung erfolgreich war.

Die Eingabetaste bringt uns zurück zum vorhergehenden Screen.

Anwendung 21

Aufgabe: Legen Sie einen Member an, schreiben Sie das BMS-Programm (Abbildung 7.33) und führen Sie es aus. Ersetzen Sie "//PRAKT20B" entsprechend Ihres Mainframe-Accountnamens. Benutzen Sie MAP5<Ihre Prakt-ID> als Mapnamen sowie SET5<Ihre Prakt-ID> als Mapsetnamen. Haben Sie z. B. den Account PRAK162, so ist Ihr Map-Name MAP5162 und Ihr Mapset-Name SET5162.

Wir betätigen zweimal die F3-Taste, um diesen Bildschirm zu verlassen. Als nächstes sehen wir uns die Members von "PRAKT20.LIB" an.

Wir wechseln zu dem Partitioned Dataset "PRAKT20.LIB". Dort existiert jetzt der während der Übersetzung erstellte Member "PRAKT20.LIB(SET5020)". Wir sehen uns

```
File    Edit   Confirm   Menu   Utilities   Compilers   Test   Help
-------------------------------------------------------------------------------
- EDIT        PRAKT20.CICSDB2.TEST01(BMSJCL) - 01.00        Columns 00001 00072
****** **************************** Top of Data ******************************
==MSG>          your edit profile using the command RECOVERY ON.
''''''
''''''
''''''
''''''
''''''
''''''
''''''
''''''
''''''
''''''
                                                             Scroll ===> PAGE
              F3=Exi        F5=Rfin      F6=Rchange   F12=Cancel
```

Abbildung 7.32: Der leere Edit-Entry-Panel.

"PRAKT20.LIB(SET5020)" an. Dieser Member könnte je nach eingestellter Host-Code-Page auch leicht modifiziert auf dem Bildschirm dargestellt sein.

Dies ist der Code von "PRAKT20.LIB(SET5020)". Er erstreckt sich über 4 Panels. Der Member enthält eine "Union", die aus 2 "Structures" besteht. Wir verwenden es als Vorlage (Template) (Abbildung 7.32) für die von uns als C-Programm zu erstellende Business Logic.

Wir rufen erneut den Edit-Entry-Panel auf.

Wir legen ein weiteres Member "PRAKT20.CICSDB2.TEST01(CPROG020)" an (siehe. Abbildung 7.37). Es soll unser Business Logic-Programm aufnehmen.

Wir bestätigen mit der Eingabetaste.

Ein leerer "Edit Entry Panel", wie in Abbildung 7.38 dargestellt, erscheint.

Dies ist das vollständige C-Programm nach Fertigstellung. Es umfasst 2 Panels. Mit den F8- bzw. F7-Tasten „scrollen" wir zwischen den beiden Panels hin und her.

In Zeile 000007 und Zeile 000008 von "PRAKT20.CICSDB2.TEST01(CPROG020)" fällt das Sonderzeichen "Ý" auf. Dies hat etwas mit dem "Host Code Page"-Problem zu tun: Je nach eingestellter Host Code Page werden Sonderzeichen, wie z. B. eckige Klammern, ganz verschieden auf dem Bildschirm dargestellt.

```
File   Edit  Confirm  Menu  Utilities  Compilers  Test  Help
-------------------------------------------------------------------------------
EDIT         PRAKT20.CICSDB2.TEST01(BMSJCL) - 01.00        Columns 00001 00072
****** **************************** Top of Data ****************************
==MSG> -CAUTION- Profile changed to NUMBER OFF (from NUMBER ON STD).
==MSG>           Data does not have valid standard numbers.
==MSG> -CAUTION- Profile changed to CAPS ON (from CAPS OFF) because the
==MSG>           data does not contain any lower case characters.
==MSG> -Warning- The UNDO command is not available until you change
==MSG>           your edit profile using the command RECOVERY ON.
000001 //PRAKT20B JOB (),CLASS=A,MSGCLASS=H,MSGLEVEL=(1,1),NOTIFY=&SYSUID
000002 //ASSEM    EXEC DFHMAPS,MAPNAME='SET5020',RMODE=24
000003 //SYSUT1   DD *
000004 SET5020 DFHMSD TYPE=MAP,MODE=INOUT,LANG=C,STORAGE=AUTO,TIOAPFX=YES
000005 *       MENU MAP.
000006 MAP5020 DFHMDI SIZE=(24,80),CTRL=(PRINT,FREEKB)
000007         DFHMDF POS=(9,13),ATTRB=(ASKIP,NORM),LENGTH=20,          X
000008                INITIAL='VORNAME              '
000009         DFHMDF POS=(9,34),ATTRB=(ASKIP,NORM),LENGTH=20,          X
000010                INITIAL='NACHNAME             '
000011 VNAM1   DFHMDF POS=(11,13),ATTRB=(ASKIP,NORM),LENGTH=20
000012 NNAM1   DFHMDF POS=(11,34),ATTRB=(ASKIP,NORM),LENGTH=20
Command ===>                                            Scroll ===> PAGE
 F1=Help      F3=Exit     F5=Rfind    F6=Rchange    F12=Cancel
```

Abbildung 7.33: Das BMS-Programm.

Nachfolgend wird dargestellt, welche Hex-Codes vom C-Compiler als eckige Klammern erkannt werden und welche nicht:

Character	ASCII	Proper EBCDIC	Improper EBCDIC
Left Square ([)	x'5B'	x'AD'	x'BA'
Right Square (])	x'5D'	x'BD'	x'BB'

Der "Proper EBCDIC"-Code wird vom C-Compiler als eckige Klammer erkannt, doch der "Improper EBCDIC"-Code nicht. Und wenn eine entsprechende Host Code Page eingestellt ist, wird der "Proper EBCDIC"-Code der öffnenden eckigen Klammer als "Ý"

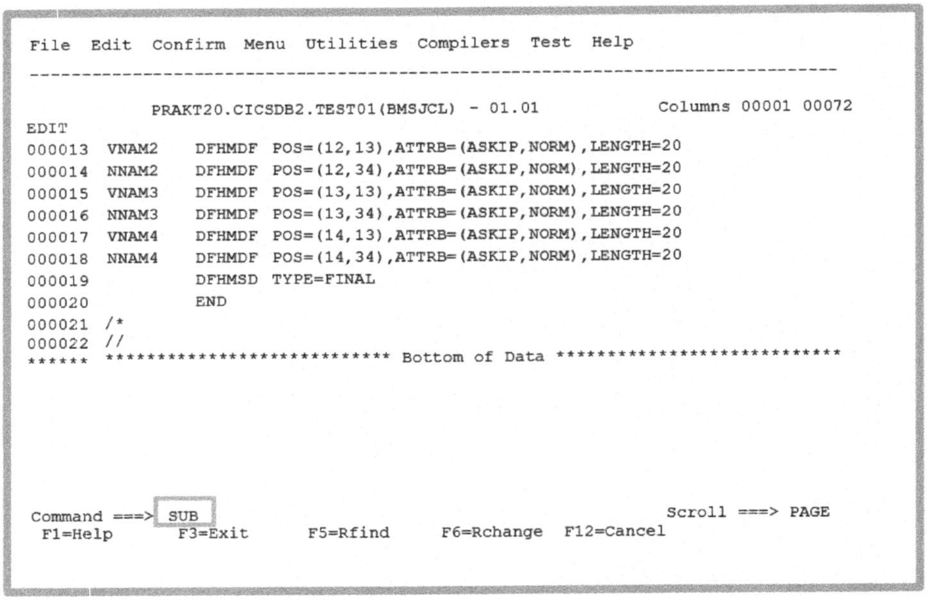

```
File  Edit  Confirm  Menu  Utilities  Compilers  Test  Help
----------------------------------------------------------------------
              PRAKT20.CICSDB2.TEST01(BMSJCL) - 01.01      Columns 00001 00072
EDIT
000013  VNAM2     DFHMDF  POS=(12,13),ATTRB=(ASKIP,NORM),LENGTH=20
000014  NNAM2     DFHMDF  POS=(12,34),ATTRB=(ASKIP,NORM),LENGTH=20
000015  VNAM3     DFHMDF  POS=(13,13),ATTRB=(ASKIP,NORM),LENGTH=20
000016  NNAM3     DFHMDF  POS=(13,34),ATTRB=(ASKIP,NORM),LENGTH=20
000017  VNAM4     DFHMDF  POS=(14,13),ATTRB=(ASKIP,NORM),LENGTH=20
000018  NNAM4     DFHMDF  POS=(14,34),ATTRB=(ASKIP,NORM),LENGTH=20
000019            DFHMSD  TYPE=FINAL
000020            END
000021  /*
000022  //
******  *************************** Bottom of Data ***************************




Command ===> SUB                                         Scroll ===> PAGE
  F1=Help    F3=Exit      F5=Rfind    F6=Rchange  F12=Cancel
```

Abbildung 7.34: Zweiter Teil des BMS-Programms.

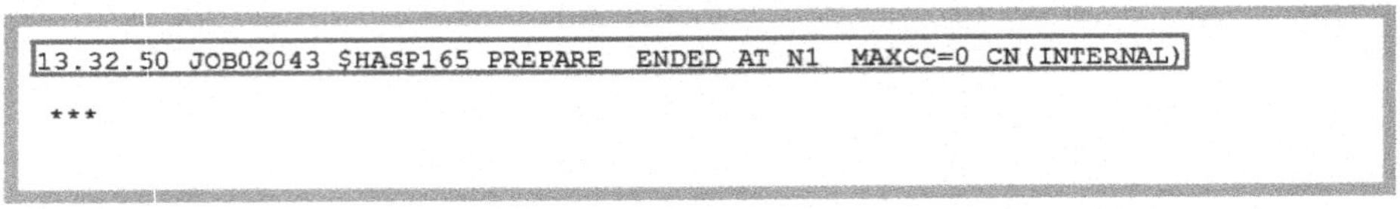

```
13.32.50 JOB02043 $HASP165 PREPARE   ENDED AT N1   MAXCC=0 CN(INTERNAL)
***
```

Abbildung 7.35: Bestätigung der Jobverarbeitung.

angezeigt und vom C-Compiler richtig erkannt; doch der "Improper EBCDIC"-Code als "[" korrekt auf dem Bildschirm angezeigt, doch vom C-Compiler nicht als eckige Klammer erkannt.

Es gibt mehrere Möglichkeiten mit diesem Problem umzugehen. Die einfachste ist die folgende:

Bei der Programmeingabe normal die Symbole "[" und "]" verwenden. Diese werden dann fälschlicherweise als x'BA' und x'BB' abgespeichert (Abbildung 7.36).

Nach Fertigstellung der Programmeingabe werden zwei globale ISPF "Change"-Kommandos eingegeben. Dies erfolgt durch Eingabe in der Kommandozeile:

C [x'ad" all C] x'bd" all

Statt "C" kann auch "change" verwendet werden.

```c
union
{
struct {
        char       dfhms1Ỳ12";
        short int  vnam1l;
        char       vnam1f;

        char       vnam1iỲ20";
        short int  nnam1l;
        char       nnam1f;

        char       nnam1iỲ20";
        short int  vnam2l; |
        char       vnam2f;

        char       vnam2iỲ20";
        short int  nnam2l;
        char       nnam2f;

        char       nnam2iỲ20";
        short int  vnam3l;
        char       vnam3f;

        char       vnam3iỲ20";
        short int  nnam3l;
        char       nnam3f;

        char       nnam3iỲ20";
        short int  vnam4l;
        char       vnam4f;

        char       vnam4iỲ20";
        short int  nnam4l;
        char       nnam4f;

        char       nnam4iỲ20";
    } map5020i;

struct {
        char       dfhms2Ỳ12";
        short int  dfhms3;
        char       vnam1a;
        char       vnam1oỲ20";
        short int  dfhms4;
        char       nnam1a;
        char       nnam1oỲ20";
        short int  dfhms5;
        char       vnam2a;
        char       vnam2oỲ20";
        short int  dfhms6;
        char       nnam2a;
        char       nnam2oỲ20";
        short int  dfhms7;
        char       vnam3a;
        char       vnam3oỲ20";
        short int  dfhms8;
        char       nnam3a;
        char       nnam3oỲ20";
        short int  dfhms9;
        char       vnam4a;
        char       vnam4oỲ20";
        short int  dfhms10;
        char       nnam4a;
        char       nnam4oỲ20";
    } map5020o;
} map5020;
```

Abbildung 7.36: Member Template.

```
Menu  RefList  RefMode  Utilities  LMF  Workstation  Help
------------------------------------------------------------------------
                            Edit Entry Panel

ISPF Library:
   Project . . . PRAKT20
   Group . . . . CICSDB2    . . .        . . .          . . .
   Type  . . . . TEST01
   Member  . . . CPROG020      (Blank or pattern for member selection list)

Other Partitioned or Sequential Data Set: Data
   Set Name . . .
   Volume Serial . . .           (If not cataloged)


Workstation File:
   File Name . . . . .
                                          Options
   Initial Macro  . . . .         /  Confirm Cancel/Move/Replace
   Profile Name . . . . .            Mixed Mode

   Format Name  . . . . .            Edit on Workstation

   Data Set Password  . .            Preserve VB record length


Command ===>
  F1=Help       F3=Exit     F10=Actions  F12=Cancel
```

Abbildung 7.37: Anlegen des Members "CPROG020".

Während der Übersetzung des Mapsets PRAKT20.CICSDB2.TEST01(BMSJCL) wurde ein Member "SET5020" im Dataset "PRAKT20.LIB" erstellt, der ein Template für unser C- Programm enthält. Im Tutorial 3 (C-Version) hatten wir das Template manuell in unser C- Programm kopiert. Im vorliegenden Fall gehen wir anders vor.

Zeile 3 unseres C-Programms enthält das Statement:

   #include <//'PRAKT20.LIB(SET5020)'>

Es tritt an Stelle des manuellen Kopiervorgangs.

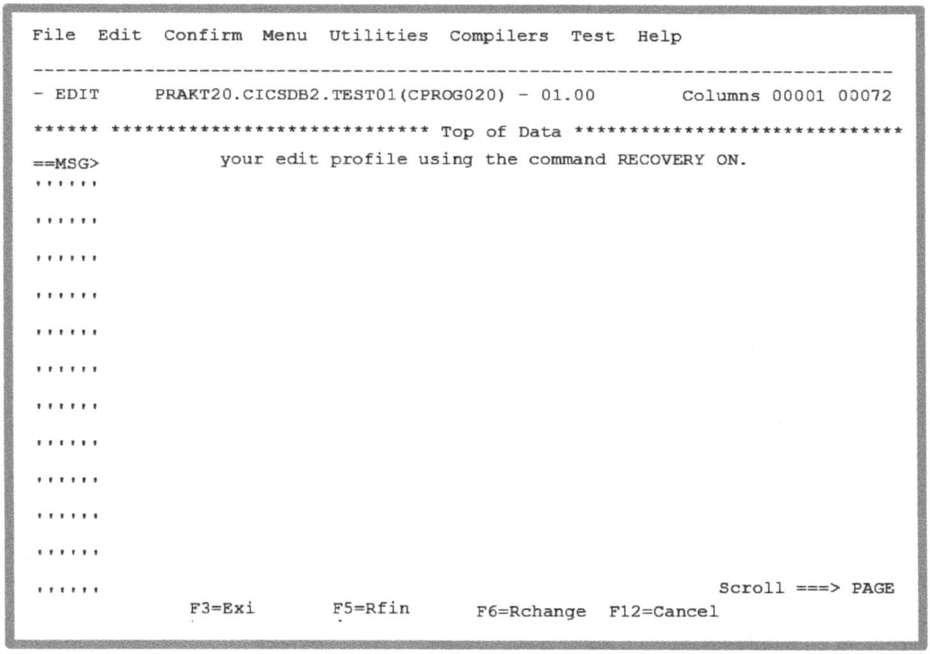

```
File   Edit   Confirm  Menu   Utilities  Compilers  Test   Help
-------------------------------------------------------------------------------
- EDIT       PRAKT20.CICSDB2.TEST01(CPROG020) - 01.00        Columns 00001 00072
****** *************************** Top of Data ******************************
==MSG>            your edit profile using the command RECOVERY ON.
''''''
''''''
''''''
''''''
''''''
''''''
''''''
''''''
''''''
''''''
''''''                                                      Scroll ===> PAGE
            F3=Exi       F5=Rfin      F6=Rchange  F12=Cancel
```

Abbildung 7.38: Der leere Edit-Entry-Panel.

Nach Fertigstellung des Programms kehren wir zum Edit-Entry-Panel zurück (Abbildung 7.37, 7.38).

Anwendung 22
Aufgabe: Erstellen Sie den Member und schreiben Sie das C-Programm hinein. Benutzen Sie als Membernamen CPROG<Ihre Prakt-ID>.

Ehe dieses Programm mit Hilfe des C-Compilers übersetzt werden kann, sind 2 Precompiler- Läufe erforderlich. Der erste Precompiler-Lauf (Abbildung 7.39, 7.40) übersetzt alle EXEC SQL-Statements in native DB2 API-Aufrufe.

Wir erstellen ein neues Member "PCOMPJCL" (siehe Abbildung 7.41) zur Aufnahme eines JCL- Scripts, das den SQL-Precompiler aufruft.

```
File   Edit   Confirm   Menu   Utilities   Compilers   Test   Help
-------------------------------------------------------------------------------
EDIT        PRAKT20.CICSDB2.TEST01(CPROG020) - 01.01        Columns 00001 00072
****** **************************** Top of Data ******************************
==MSG> -CAUTION- Profile changed to CAPS OFF (from CAPS ON) because data
==MSG>           contains lower case characters.
==MSG> -Warning- The UNDO command is not available until you change
==MSG>           your edit profile using the command RECOVERY ON.
000001 #include <memory.h>
000002 #include <stdlib.h>
000003 #include <//'PRAKT20.LIB(SET5020)'>
000004
000005 EXEC SQL INCLUDE SQLCA;
000006 EXEC SQL BEGIN DECLARE SECTION;
000007 char vnameÝ20¨;
000008 char nnameÝ20¨;
000009 EXEC SQL END DECLARE SECTION;
000010
000011 main()
000012 {
000013    EXEC SQL DECLARE C1 CURSOR FOR
000014         SELECT VNAME,NNAME FROM PRAKT20.TAB020;
Command ===>                                            Scroll ===> PAGE
 F1=Help      F3=Exit      F5=Rfind      F6=Rchange   F12=Cancel
```

Abbildung 7.39: Der erste Teil des Business Logic-Programms.

```
File   Edit   Confirm   Menu   Utilities   Compilers   Test   Help
--------------------------------------------------------------------------------
EDIT        PRAKT20.CICSDB2.TEST01(CPROG020) - 01.01        Columns 00001 00072
000015     EXEC SQL OPEN C1;
000016     EXEC SQL FETCH C1 INTO :vname, :nname;
000017     memcpy(map5020.map5020i.vnam1i,vname,20);
000018     memcpy(map5020.map5020i.nnam1i,nname,20);
000019     EXEC SQL FETCH C1 INTO :vname, :nname;
000020     memcpy(map5020.map5020i.vnam2i,vname,20);
000021     memcpy(map5020.map5020i.nnam2i,nname,20);
000022     EXEC SQL FETCH C1 INTO :vname, :nname;
000023     memcpy(map5020.map5020i.vnam3i,vname,20);
000024     memcpy(map5020.map5020i.nnam3i,nname,20);
000025     EXEC SQL FETCH C1 INTO :vname, :nname;
000026     memcpy(map5020.map5020i.vnam4i,vname,20);
000027     memcpy(map5020.map5020i.nnam4i,nname,20);
000028     EXEC SQL CLOSE C1;
000029
000030     EXEC CICS SEND MAP("map5020") MAPSET("set5020") ERASE;
000031
000032
000033   }




Command ===>                                                Scroll ===> PAGE
   F1=Help      F3=Exit      F5=Rfind     F6=Rchange   F12=Cancel
```

Abbildung 7.40: Der zweite Teil des Business Logic-Programms.

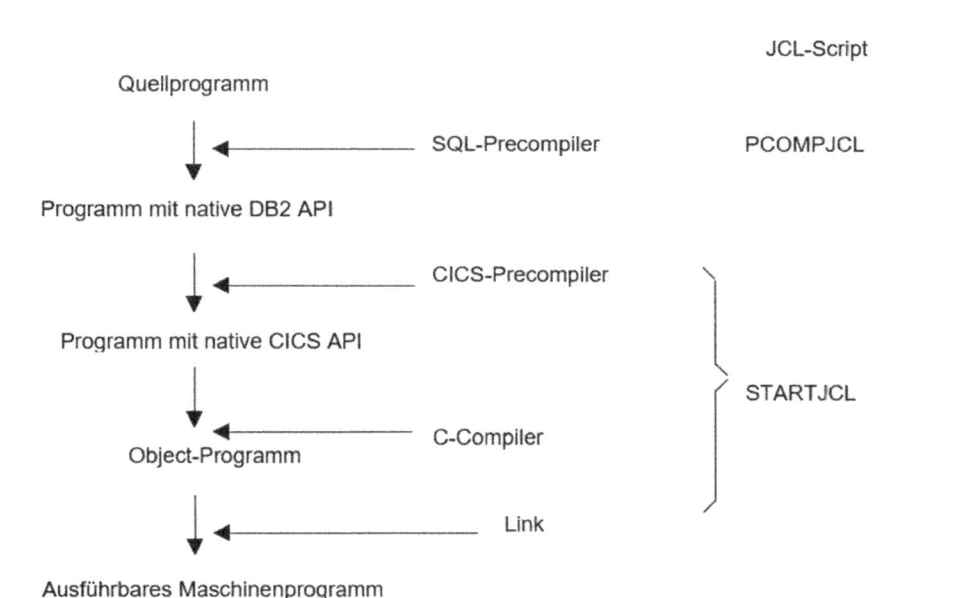

Quellprogramm
↓ ← SQL-Precompiler   JCL-Script
Programm mit native DB2 API   PCOMPJCL
↓ ← CICS-Precompiler
Programm mit native CICS API
↓   STARTJCL
← C-Compiler
Object-Programm
↓ ← Link
Ausführbares Maschinenprogramm

```
Menu   RefList   RefMode   Utilities   LMF   Workstation   Help
-----------------------------------------------------------------------

ISPF Library:
   Project . . . PRAKT20
   Group . . . . CICSDB2   . . .
   Type  . . . . TEST01
                           (Blank or pattern for member selection list)

Other Partitioned or Sequential Data Set:
   Data Set Name . . .
   Volume Serial . . .          (If not cataloged)


Workstation File:
   File Name . . . . .
                                Options
   Initial Macro . . . .       / Confirm Cancel/Move/Replace
   Profile Name  . . . . .       Mixed Mode

Command ===>
 F1=Help       F3=Exit      F10=Actions  F12=Cancel
```

Abbildung 7.41: Anlegen des Members PCOMPJCL.

Wir drücken anschließend die Eingabetaste.

Wir erstellen das in Abbildung 7.42 dargestellte JCL-Script zum Aufruf des EXEC SQL- Precompilers.

"PRAKT20.DBRMLIB.DATA" ist bis jetzt noch leer. Nach der Ausführung des JCL-Scriptes hat der Precompiler einen Member "PRAKT20.DBRMLIB.DATA(CPROG020)" angelegt.

Auf der Kommandozeile geben wir wieder den SUBMIT-Befehl "SUB" ein. Wir warten die Ausführung des JES-Jobs ab (siehe Abbildung 7.42) und bestätigen diese dann mit der Eingabetaste.

"MAXCC = 0" zeigt an, dass der Befehl erfolgreich ausgeführt wurde. Wir bestätigen mit der Eingabetaste.

Anwendung 23

Aufgabe: Erstellen Sie einen neuen Member und schreiben Sie das JCL-Script, das den Precompiler-Aufruf enthält, hinein. Führen Sie es anschließend aus. Denken Sie daran, den Jobnamen ' PRAKT20P ' wieder an Ihren Mainframe-Accountnamen anzupassen.

```
File   Edit   Confirm   Menu   Utilities   Compilers   Test   Help
--------------------------------------------------------------------------
EDIT         PRAKT20.CICSDB2.TEST01(PCOMPJCL) - 01.02      Columns 00001 00C72
****** **************************** Top of Data ****************************
==MSG> -Warning- The UNDO command is not available until you change
==MSG>           your edit profile using the command RECOVERY ON.
000001 //PRAKT20P JOB (),CLASS=A,MSGCLASS=H,MSGLEVEL=(1,1),NOTIFY=&SYSUID,
000002 //              TIME=1440
000003 //PCOMP    EXEC PROC=DSNZEY
000004 //DBRMLIB  DD DSN=PRAKT20.DBRMLIB.DATA(CPROG020),DISP=OLD
000005 //SYSCIN   DD DSN=PRAKT20.CICSDB2.TEST01(OUT),DISP=SHR
000006 //SYSLIB   DD DSN=PRAKT20.CICSDB2.TEST01,DISP=SHR
000007 //SYSIN    DD DISP=SHR,DSN=PRAKT20.CICSDB2.TEST01(CPROG020)
****** **************************** Bottom of Data *************************



Command ===> SUB                                       Scroll ===> PAGE
 F1=Help      F3=Exit      F5=Rfind    F6=Rchange   F12=Cancel
```

Abbildung 7.42: Das JCL-Script.

```
17.12.04 JOB02051 $HASP165 DB2PCOMP ENDED AT N1   MAXCC=0 CN(INTERNAL)
***
```

Abbildung 7.43: Bestätigung der Jobverarbeitung.

Als nächstes erstellen wir einen neuen Member "STARTJCL" zur Aufnahme eines JCL- Scripts, das folgende Funktionen aufruft:
– den CICS-Precompiler
– den C-Compiler
– den Linker

Anschließend betätigen wir die Eingabetaste.
 "STARTJCL" (Abbildung 7.44) erstreckt sich über 3 Panels.
 Panel #1: Name unseres C-Programms (Zeile 10). Mit der F8-Taste „scrollen" wir weiter.
 Panel #2: Der SQL-Precompiler-Lauf hat im Dataset "PRAKT20.DBRMLIB.DATA" ein Member "CPROG020" angelegt (Zeile 17).

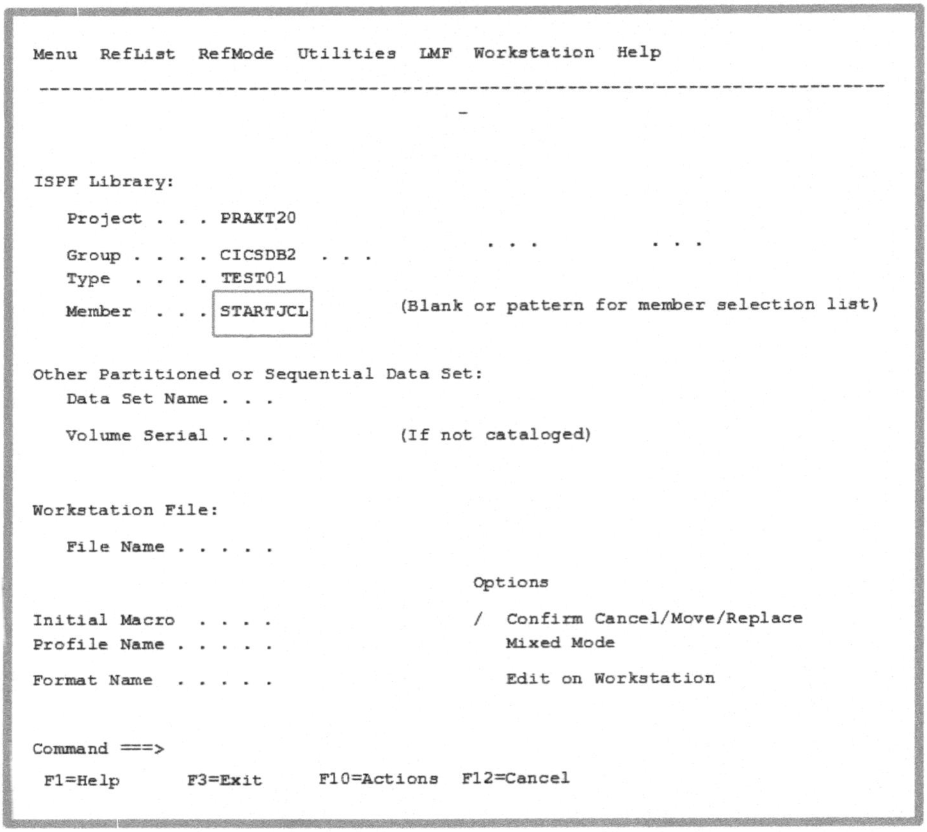

```
Menu    RefList   RefMode   Utilities   LMF   Workstation   Help
------------------------------------------------------------------------
                                          -

ISPF Library:
    Project  . . . PRAKT20
    Group  . . . . CICSDB2   . . .         . . .           . . .
    Type   . . . . TEST01
    Member . . . |STARTJCL|    (Blank or pattern for member selection list)

Other Partitioned or Sequential Data Set:
    Data Set Name . . .
    Volume Serial . . .          (If not cataloged)


Workstation File:
    File Name . . . . .
                                   Options
    Initial Macro . . . .       /  Confirm Cancel/Move/Replace
    Profile Name  . . . . .        Mixed Mode
    Format Name   . . . . .        Edit on Workstation


Command ===>
    F1=Help      F3=Exit     F10=Actions   F12=Cancel
```

Abbildung 7.44: Anlegen des Members "STARTJCL".

Die Ausführung unseres Programms "CPROG020" unter CICS benötigt einen Zeiger auf die anzusprechende Datenbank-Tabelle (als im JCL-Script als "PLAN" bezeichnet). Wir geben diesem Zeiger den Namen "ZGR020" (Zeile 23).

Mit der F8-Taste können wir uns das restliche Script ansehen.

Panel #3: Die Referenz auf Tabelle (Plan) "ZGR020" taucht nochmals auf (Zeile 39).

Wir geben "SUB" auf der Kommandozeile ein, warten, bis JES den Job ausgegeben hat und bestätigen anschließend mit der Eingabetaste.

"MAXCC = 4" bedeutet, dass der Compile- und Link-Lauf erfolgreich durchgeführt wurde.

Anwendung 24

Aufgabe: Erstellen Sie einen neuen Member, legen Sie das JCL-Script STARTJCL an (mit an Ihren Accountnamen angepaßtem Jobnamen) und führen Sie es aus. Benutzen Sie als Zeiger (Plan) den Bezeichner ZGR<Ihre Prakt-Nr>.

```
File  Edit  Confirm  Menu  Utilities  Compilers  Test  Help
-------------------------------------------------------------------------
- EDIT     PRAKT20.CICSDB2.TEST01(STARTJCL) - 01.04      Columns 00001 00072
****** **************************** Top of Data ******************************
==MSG> -Warning- The UNDO command is not available until you change
==MSG>          your edit profile using the command RECOVERY ON.
000001 //PRAKT20S JOB (),CLASS=A,MSGCLASS=H,MSGLEVEL=(1,1),NOTIFY=&SYSUID,
000002 //              TIME=1440
000003 //***************************
000004 //* TRANSL/COMP/LINKEDIT
000005 //***************************
000006 //COMP     EXEC PROC=CTOCICS,REG=0M
000007 //TRN.SYSIN DD DISP=SHR,DSN=PRAKT20.CICSDB2.TEST01(OUT)
000008 //LKED.SYSIN DD *
000009        INCLUDE DB2LOAD(DSNCLI)
000010        NAME CPROG020(R)
000011 //*********************
000012 //* BIND
000013 //*********************
000014 //BIND     EXEC PGM=IKJEFT01
000015 //STEPLIB  DD DISP=SHR,DSN=SYS1.DSN.V910.SDSNEXIT
000016 //         DD DISP=SHR,DSN=SYS1.DSN.V910.SDSNLOAD
Command ===>                                              Scroll ===> PAGE
 F1=Help      F3=Exit      F5=Rfind    F6=Rchange  F12=Cancel
```

Abbildung 7.45: Das JCL-Script (Panel #1).

Wir haben nun alle Programme (Abbildung 7.45, 7.46, 7.47, 7.48) für unsere CICS – DB2-Transaktion erstellt. Als nächsten Schritt müssen sie in dem CICS-Subsystem installiert werden. Hierzu öffnen wir eine weitere z/OS-Session.

Wir loggen uns anstatt "l tso" mit "L CICS" ein (siehe Abbildung 7.49) und bestätigen mit der Eingabetaste.

Wir müssen uns unter CICS mit der gleichen Userid wie unter TSO einloggen (siehe Abbildung 7.50). Auch unser TSO-Paßwort ist in dieses Panel einzugeben. Durch das Betätigen der Eingabetaste kommen wir in den nächsten Screen.

```
File   Edit   Confirm   Menu   Utilities   Compilers   Test   Help
--------------------------------------------------------------------------------
EDIT         PRAKT20.CICSDB2.TEST01(STARTJCL) - 01.04      Columns  00001  00072
000017 //DBRMLIB   DD DISP=OLD,DSN=PRAKT20.DBRMLIB.DATA(CPROG020)
000018 //SYSPRINT  DD SYSOUT=*
000019 //SYSTSPRT  DD SYSOUT=*
000020 //SYSUDUMP  DD SYSOUT=*
000021 //SYSTSIN   DD *
000022    DSN S(D931)
000023    BIND PLAN(ZGR020) MEMBER(CPROG020) ACTION(REP) RETAIN ISOLATION(CS)
000024 END
000025 //*********************
000026 //* GRANT
000027 //*********************
000028 //GRANT     EXEC PGM=IKJEFT01
000029 //STEPLIB   DD DISP=SHR,DSN=SYS1.DSN.V910.SDSNLOAD
000030 //SYSPRINT  DD SYSOUT=*
000031 //SYSTSPRT  DD SYSOUT=*
000032 //SYSUDUMP  DD SYSOUT=*
000033 //SYSTSIN   DD *
000034    DSN SYSTEM(D931)
000035    RUN PROGRAM(DSNTIAD) PLAN(DSNTIA91) -
Command ===>                                            Scroll ===> PAGE
   F1=Help       F3=Exit      F5=Rfind     F6=Rchange   F12=Cancel
```

Abbildung 7.46: Das JCL-Script (Panel#2).

Wir betätigen die Tab-Taste, so dass der Cursor auf die letzte Zeile springt (Abbildung 7.51). Hier geben wir den "CEDA DISPLAY GROUP(*)"-Befehl ein und bestätigen anschließend mit der Eingabetaste.

An dieser Stelle ist es jetzt notwendig, eine neue Gruppe anzulegen.

Der "CEDA DISPLAY GROUP(*)"-Befehl zeigt alle bisher vorhandenen Gruppen an (siehe Abbildung 7.52).

An dieser Stelle ist es jetzt notwendig, eine neue Gruppe anzulegen. Wir definieren zunächst unser BMS-Programm mit dem Namen "SET5020" für die neue Group "PRAKT20" und betätigen anschließend dreimal die Eingabetaste.

```
    File  Edit  Confirm  Menu  Utilities  Compilers  Test  Help
   ---------------------------------------------------------------------
   EDIT       PRAKT20.CICSDB2.TEST01(STARTJCL)  -   01.04    Columns 00001 00072
   000036         LIBRARY('SYS1.DSN.V910.RUNLIB.LOAD')
   000037     END
   000038     //SYSIN    DD *
   000039     GRANT EXECUTE ON PLAN ZGR020 TO PUBLIC
   000040     /*
   ****** *************************** Bottom of Data ***************************




           Command ===>                                       Scroll ===> PAGE
            F1=Help      F3=Exit      F5=Rfind    F6=Rchange   F12=Cancel
```

Abbildung 7.47: Das JCL-Script (Panel #3).

```
18.53.21 JOB02053 $HASP165 CICSPRE  ENDED AT N1  MAXCC=4  CN(INTERNAL)
***
```

Abbildung 7.48: Ausgabe der Jobverarbeitung.

Der Group-Name kann beliebig gewählt, aber immer nur einmal vergeben werden. Der Übersichtlichkeit wegen ist es sinnvoll, den Login-Namen zu verwenden. Wir haben aber bereits die Gruppe PRAKT20 in Tutorial 3 verwendet. Wir löschen deshalb die Gruppe PRAKT20 mit dem Befehl

CEDA DELETE ALL GROUP(PRAKT20)
CEDA DELETE ALL GROUP(PRAK129)
ENTER COMMANDS
GROUP

Und verifizieren danach mit CEDA DISPLAY GROUP(*) dass dies auch tatsächlich geschehen ist.

Die Definition war erfolgreich und die neue Gruppe wurde erstellt.

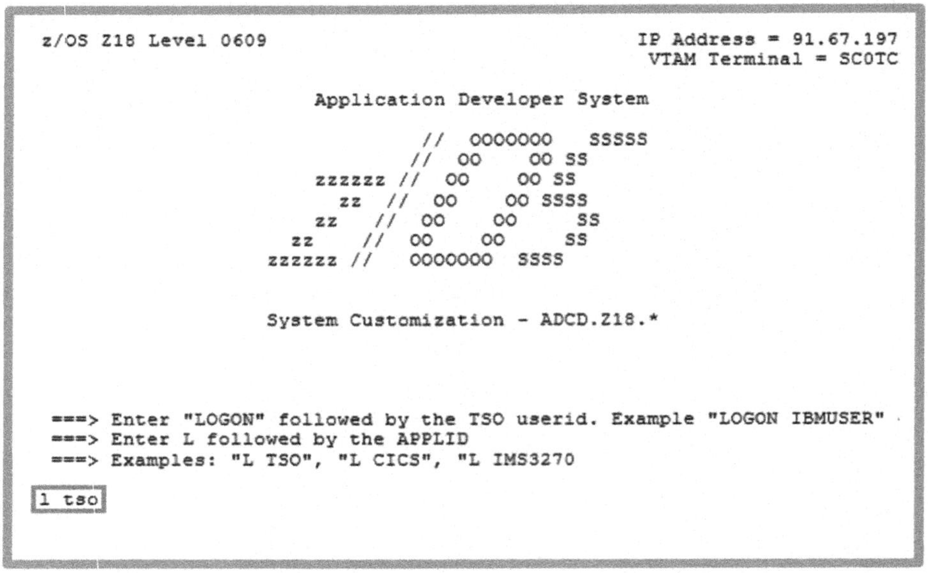

```
z/OS Z18 Level 0609                        IP Address = 91.67.197
                                           VTAM Terminal = SC0TC
                    Application Developer System
                           //   0000000    SSSSS
                          //    00    00   SS
                    zzzzzz //   00    00   SS
                       zz //    00    00   SSSS
                      zz //     00    00       SS
                     zz //      00    00       SS
                    zzzzzz //   0000000    SSSS


                    System Customization - ADCD.Z18.*




===> Enter "LOGON" followed by the TSO userid. Example "LOGON IBMUSER"
===> Enter L followed by the APPLID
===> Examples: "L TSO", "L CICS", "L IMS3270"

 l tso
```

Abbildung 7.49: Der Logon-Screen.

Als nächstes wird das C-Programm definiert. Dazu drücken wir die Eingabetaste.

Le370 wird bei Language eingegeben; Le370 ist aber eigentlich eine Entwicklungsumgebung (siehe Abbildung 7.55)

Auch hier bestätigen wir mit der Eingabetaste.

Die Nachricht "DEFINE SUCCESSFUL" erscheint; wir beenden diese Aktion mit Betätigung der F3-Taste.

Als letztes müssen wir die Bezeichnung der neuen Transaktion definieren. Wir wählen auch hierfür den Namen "X020". Es könnte natürlich auch ein beliebiger anderer Name sein, solange er aus 4 Zeichen besteht. Wir geben das Kommando "CEDA DEFINE TRANS(X020) GROUP(PRAKT20)" ein (siehe Abbildung 7.56) und bestätigen mit der Eingabetaste.

In die Zeile "PROGram" geben wir nun "CPROG020" ein (siehe Abbildung 7.57) und bestätigen mit der Eingabetaste.

"DEFINE SUCCESSFUL" erscheint (Abbildung 7.58); also war die Definition erfolgreich, wir beenden sie mit der F3-Taste.

Nachdem die BMS-MAP, das C-Programm und die Transaktionsbezeichnung definiert worden sind, wird nun alles in unserer Gruppe "PRAKT20" installiert. Dazu geben wir den Befehl "CEDA INSTALL GROUP(PRAKT20)" ein (siehe Abbildung 7.59) und bestätigen mit der Eingabetaste.

Die erfolgreiche Installation der Gruppe "PRAKT20" zeigt die Ausgabe "INSTALL SUCCESSFUL" (s. Abbildung 7.60) an. Wir beenden diese Installation, indem wir die F3-Taste drücken.

```
                    Signon to CICS                    APPLID A06C001

--------------- WELCOME AT UNIVERSITY OF LEIPZIG ---------------    -JEDI-
BITTE TRANSAKTION <CESF LOGOFF> ZUM AUSLOGGEN BENUTZEN!              -CICS-



Type your userid and password, then press ENTER:

          Userid  . . . . PRAKT20    Groupid . . .
          Password . . .  ******
          Language  . . .

   New Password . . .







DFHCE3520 Please type your userid.
F3=Exit
```

Abbildung 7.50: Signon to CICS-Screen.

```
DFHCE3549 Sign-on is complete (Language ENU).
CEDA DISPLAY GROUP(*)

                          10:41:29 IBM-3278-2
```

Abbildung 7.51: Einloggvorgang ist abgeschlossen.

Es kann sein, dass an dieser Stelle die Meldung „Install unsuccessful" erscheint. Eine Erläuterung dieses Fehlers finden Sie im Anhang dieses Tutorials.

Im Tutorial 3 waren wir mit der Definition und Installation unserer Transaktion fertig. Wir versuchen es einmal, indem wir unsere Transaktion mit der Bezeichnung "X020" aufrufen. Dazu tragen wir den Namen in die CICS-Kommandozeile ein (siehe Abbildung 7.61) und bestätigen mit der Eingabetaste.

Wir erhalten eine Fehlermeldung (siehe Abbildung 7.62).

```
┌─────────────────────────────────────────────────────────────────────────┐
│  CEDA DEFINE MAPSET(SET5020) GROUP(PRAKT20)                             │
│  ENTER COMMANDS                                                         │
│    GROUP                                                                │
│    AOR2TOR                                                              │
│    ARTT                                                                 │
│    ATC                                                                  │
│    CBPS                                                                 │
│    CEE                                                                  │
│    CICREXX                                                              │
│    CSQ                                                                  │
│    CSQCKB                                                               │
│    CSQSAMP                                                              │
│    CTA1TCP                                                              │
│    C001EZA                                                              │
│    C001TCP                                                              │
│    DAVIN4                                                               │
│    DAVIN8                                                               │
│    DAVIN85                                                              │
│    DAVIN9                                                               │
│  + DAVIN94                                                              │
│                                                                         │
│                                          SYSID=C001 APPLID=A06C001      │
│        RESULTS: 1 TO 17                  TIME:  00.00.00  DATE: 01.060  │
│   PF 1 HELP       3 END 4 TOP 5 BOT 6 CRSR 7 SBH 8 SFH 9 MSG 10 SB 11 SF 12 CNCl │
└─────────────────────────────────────────────────────────────────────────┘
```

Abbildung 7.52: Die bestehenden Gruppen.

Manchmal erscheint auch eine andere Fehlermeldung als die in Abbildung 7.62 dargestellte. Die Beschreibung zur Fehlermeldung ASP3 findet sich in einem Online-Handbuch:

http://www.s390.ibm.com/bookmgr-cgi/bookmgr.cmd/BOOKS/DFHWG400/ 2%2e3% 2e606?ACTION=MATCHES&REQUEST=asp3&TYPE=FUZZY&SHELF=&searchTopic=TOPIC& searchText=TEXT&searchIndex= INDEX&rank=RANK&ScrollTOP=FIRSTHIT#FIRSTHIT

Wir suchen nach dem Fehlercode ASP3 und finden den folgenden Eintrag:

> Explanation: The abnormal termination occurs because a remote system on which the unit of work depends fails to take a syncpoint. The transaction cannot commit its changes until all coupled systems to which function has been transmitted also commit. This may be because the syncpoint protocol for transaction to transaction has been violated by failing to be in send mode for all sessions for which syncpoint has not been received.

User Response:

> Check why the remote system failed to respond to the request.

TSO, CICS und DB2 sind separate z/OS-Subsysteme, die in getrennten virtuellen Adressräumen laufen. Die CICS-Gruppe "PRAKT20" benötigt eine Definition unserer Datenbank und Datenbanktabelle (Abbildung 7.53, 7.54).

```
CEDA DEFINE MAPSET(SET5020) GROUP(PRAKT20)
   OVERTYPE TO MODIFY                                    CICS RELEASE = 0530
    CEDA  DEFine Mapset( SET5020   )

     Mapset           : SET5020
     Group            : PRAKT20
     Description     ==>
     REsident        ==> No                 No | Yes
     USAge           ==> Normal             Normal | Transient
     USElpacopy      ==> No                 No | Yes
     Status          ==> Enabled            Enabled | Disabled
     RS1              : 00                  0-24 | Public




   I New group PRAKT20 created.
                                            SYSID=C001 APPLID=A06C001
   DEFINE SUCCESSFUL                        TIME:  00.00.00  DATE: 01.060
   PF 1 HELP 2 COM 3 END        6 CRSR 7 SBH 8 SFH 9 MSG 10 SB 11 SF 12 CNCL
```

Abbildung 7.53: Definition des Mapsets "SET5020".

Die Definition erfolgt mit dem Kommando "CEDA DEFINE DB2ENTRY" (siehe Abbildung 7.63).

Es kann auch sein, dass das System sich an dieser Stelle aufhängt. Resultat: Keine Tastatureingabe ist möglich, und links unten erscheint ein Strich-Männchen. Drücken der F2- Taste behebt dieses Problem.

Nachdem wir die Eingabetaste gedrückt haben, erscheint der "DEFINE DB2ENTRY-Panel" (siehe Abbildung 7.64). Wir müssen die fehlenden Angaben eintragen und betätigen abschließend die Eingabetaste (siehe Abbildung 7.65).

Wir bezeichnen den DB2-Zugriff (DB2Entry) mit dem Namen "X020". Das Ganze wird Teil der Gruppe "PRAKT20". Unsere TRansaction-ID (TRansID) ist "X020". Wir hatten ein JCL- Script "STARTJCL" erstellt, dass unser C-Programm übersetzte. In diesem Script definierten wir an zwei Stellen einen Zeiger auf unsere Datenbanktabelle (Plan) mit dem Namen "ZGR020". Hier wird jetzt für CICS die Verknüpfung zu der Datenbanktabelle hergestellt.

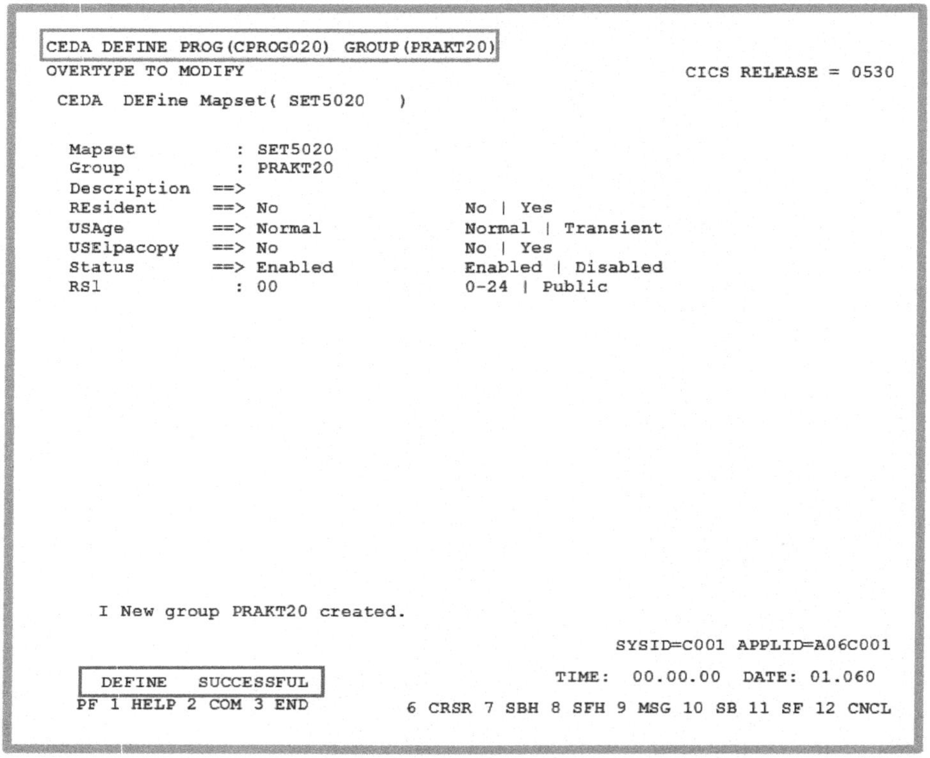

```
  CEDA DEFINE PROG(CPROG020) GROUP(PRAKT20)
  OVERTYPE TO MODIFY                                    CICS RELEASE = 0530
    CEDA   DEFine Mapset( SET5020    )

     Mapset            : SET5020
     Group             : PRAKT20
     Description    ==>
     REsident       ==> No                 No | Yes
     USAge          ==> Normal             Normal | Transient
     USElpacopy     ==> No                 No | Yes
     Status         ==> Enabled            Enabled | Disabled
     RSl               : 00                0-24 | Public




     I New group PRAKT20 created.
                                              SYSID=C001 APPLID=A06C001
     DEFINE    SUCCESSFUL                   TIME:  00.00.00  DATE: 01.060
    PF 1 HELP 2 COM 3 END              6 CRSR 7 SBH 8 SFH 9 MSG 10 SB 11 SF 12 CNCL
```

Abbildung 7.54: Bestätigung der Definition.

Die Definition war erfolgreich und wird bestätigt durch die Ausschrift: "DEFINE SUCCESSFUL" (s. Abbildung 7.66).

Wir verlassen die Definition mit der F3-Taste.

Diese Änderung muss wieder installiert werden. Dazu geben wir wieder den Befehl "CEDA INSTALL GROUP(PRAKT20)" (siehe Abbildung 7.67) ein und bestätigen mit der Eingabetaste.

Die Ausgabe „INSTALL SUCCESSFUL" in der Abbildung 7.68 sagt aus, dass die Installation erfolgreich war. Wir verlassen diesen Screen wieder mit F3.

Es wird anschließend der Name der Transaktion "X020" eingegeben, um diese aufzurufen (siehe Abbildung 7.67) und bestätigen mit der Eingabetaste.

Die korrekte Ausgabe der Datenbank erscheint auf dem Bildschirm (siehe Abbildung 7.70).

```
CEDA  DEFINE  PROG(CPROG020)  GROUP(PRAKT20)
   OVERTYPE TO MODIFY                                    CICS RELEASE = 0530
    CEDA  DEFine  PROGram( CPROG020    )
   PROGram          : CPROG020
   Group            : PRAKT20
   DEscription
   Language       ==> Le370            CObol | Assembler | Le370 | C | Pli No
   RELoad         ==> No                | Yes
   RESident           No               No | Yes
   USAge          ==>
                      Normal           Normal  |  Transient
   USElpacopy     ==> No               No | Yes
   Status
                  ==> Enabled          Enabled  |  Disabled
   RSl                00               0-24 | Public
                  ==>
   DAtalocation       Yes
   EXECKey        ==> Below            Yes   |   No
                                       Below |  Any
                      User
   REMOTE ATTRIBUTES

   DYnamic        ==> No               No | Yes
                                                  SYSID=C001    APPLID=A06C001
                                            TIME:  00.00.00  DATE: 01.060
    DEFINE SUCCESSFUL PF
 1 HELP 2 COM 3 END                6 CRSR 7 SBH 8 SFH 9 MSG 10 SB 11 SF 12 CNCL
```

Abbildung 7.55: Auswahl der Parameter.

```
CEDA DEFINE TRANS(X020) GROUP(PRAKT20)
  STATUS:  SESSION ENDED
```

Abbildung 7.56: Sitzung beendet.

Anwendung 25

Aufgabe: Bereiten Sie unter CICS die Transaktion vor, die auf die DB2-Datenbank zugreifen soll und führen Sie diese anschließend aus. Benutzen Sie dabei als CICS-Gruppen-Namen Ihren Accountnamen, also z.B. PRAKT45 oder PRAK162. Die DB2-Datenbank soll Ihren Namen / Ihre Namen enthalten. Benutzen Sie als Transaktions-ID "X<Ihre Prakt-ID>". Bezeichnen Sie den DB2ENTRY identisch zu Ihrer Transaktions-ID.

Erzeugen Sie einen Screenshot (unter Windows durch den Shortcut ALT-Druck) Ihrer Version der Abbildung 41 und schicken Sie diesen Ihrem Betreuer per Mail zu. Der Screenshot darf eine Größe von 250 Kbyte nicht überschreiten, benutzen Sie möglichst das JPG-Format, dass mit Dateigrößen unter 90 Kbyte auskommt. Löschen Sie nichts von Ihrer Lösung, so dass Ihr Betreuer Ihre Transaktion aufrufen kann.

Aufgabe: Gehen Sie vom CUSTOMPAC MASTER APPLICATION MENU aus in die System Display and Search Facility. Im erscheinenden SDSF PRIMARY OPTION MENU wählen Sie die Option ST. Löschen Sie alle angezeigten Jobs, die sich in der PRINT-Queue befinden, indem Sie links neben einen jeden Jobnamen "p" (purge) eintragen und anschließend die Eingabetaste (mehrfach) drücken. Einen Job dürfen Sie natürlich nicht löschen: Den einen, der sich in der EXECUTION-Queue befindet. Denn das ist der Job, mit dem Sie zur Zeit eingeloggt sind.

```
DEFINE    TRANS(X020)       GROUP(PRAKT20)
OVERTYPE TO MODIFY                                         CICS RELEASE = 0530

  CEDA  DEFine    TRANSaction( X020    )
    TRANSaction    ==>  X020
    Group
    DEscription    ==>  PRAKT20
    PROGram        ==>  CPROG020
    TWasize        ==>  00000
    PROFile        ==>  DFHCICST          0-32767
                   ==>
    PArtitionset   ==>
    STAtus         ==>  Enabled           Enabled | Disabled 0-
    PRIMedsize          00000             65520
    TASKDATALoc    :
    TASKDATAKey         Below             Below | Any
    STOrageclear   ==>  User No           User | Cics No
    RUnaway        ==>  System            | Yes
    SHutdown
    ISolate        ==>  Disabled          System | 0 | 500-2700000
    Brexit              Yes               Disabled | Enabled
                   ==>                    Yes | No
                   ==>
                   ==>
+ REMOTE ATTRIBUTES
  S PROGRAM OR REMOTESYSTEM MUST BE SPECIFIED.
                                              SYSID=C001 APPLID=A06C001

 PF 1 HELP 2 COM 3 END           6 CRSR 7 SBH 8 SFH 9 MSG 10 SB 11 SF 12 CNCL
```

Abbildung 7.57: Auswahl des Programms.

Die Ausführung unserer Transaktion (unseres C-Programms) ist damit abgeschlossen – CICS erwartet jetzt die Eingabe einer neuen Transaktion. Dies könnte z. B. CEDA DISPLAY GROUP(*) sein.

Wenn wir mit unserer CICS Sitzung fertig sind und keine weitere Transaktion durch Eingabe einer TRID starten wollen, geben wir die Logoff-Transaktion "CESF LOGOFF" ein, gefolgt von der Eingabetaste, ein (siehe Abbildung 7.71).

7.8.2.1 Anhang

"CEDA INSTALL GROUP ..." erzeugt den Fehler "install unsuccessful"

Dieses Problem könnte auftreten, wenn jemand mehrmals den Befehl "CEDA INSTALL GROUP ..." eingibt. Als Fehlermeldung wird INSTALL UNSUCCESSFUL zurückgegeben.

Das Problem ist, dass sich die schon einmal per "CEDA INSTALL GROUP ..." installierte DB2ENTRY-Komponente nicht so ohne weiteres überschreiben läßt.

```
OVERTYPE TO MODIFY                              CICS RELEASE = 0530
  CEDA  DEFine  TRANSaction( X020  )
    TRANSaction      : X020
    Group            : PRAKT20
    DEscription      :
    PROGram          ==>  CPROG020
    TWasize          ==>  00000             0-32767
    PROFile          ==>  DFHCICST
    PArtitionset     ==>
    STAtus           ==>  Enabled           Enabled  |  Disabled
    PRIMedsize       ==>  00000             0-65520
    TASKDATALoc      ==>  Below             Below  |  Any
    TASKDATAKey      ==>  User              User  |  Cics
    STOrageclear     :    No                No | Yes
    RUnaway          :    System
    SHutdown         ==>  Disabled          System | 0 | 500-2700000
    ISolate          ==>                    Yes | No
+ REMOTE ATTRIBUTES

                                            SYSID=C001 APPLID=A06C001
 DEFINE SUCCESSFUL                   TIME:  00.00.00  DATE: 01.060
PF 1 HELP 2 COM 3 END          6 CRSR 7 SBH 8 SFH 9 MSG 10 SB 11 SF 12 CNCL
```

Abbildung 7.58: Definition der Transaktion.

```
CEDA INSTALL GROUP(PRAKT20)
  STATUS:    SESSION ENDED
```

Abbildung 7.59: Installation der Gruppe.

Man muß das Überschreiben erlauben. Dies erfordert aber Administrator Rechte über die Ihre User ID nicht verfügt! Deshalb versuchen Sie bitte, ein mehrfaches Abarbeiten der Tutorials 5 zu vermeiden.

Zu Ihrer Information:
Das Problem kann mit Administrator Rechten behoben werden durch die Eingabe:

CEMT I DB2E(<DB2E-Name>)

Dies gibt den DB2Entry mit dem Namen < DB2E-Name > auf dem Bildschirm aus. Im konkreten Beispiel liefert
  CEMT I DB2E(A020) die folgende Bildschirmausgabe:

```
I DB2E(A020)
STATUS:  RESULTS - OVERTYPE TO MODIFY
  Db2e(A020   ) Txi Sig Ena Poo Hig Pro( 0000 ) Pth(0000)
     Threadl( 0003 ) Threads(0000) Twa Plan( AS5    )
```

```
INSTALL GROUP(PRAKT20)
  OVERTYPE TO MODIFY

  CEDA   Install
  All

  Connection    ==>
  DB2Conn       ==>

  DB2Entry      ==>

  DB2Tran       ==>
  DOctemplate   ==>
  Enqmodel      ==>

  File          ==>

  Journalmodel  ==>
  LSrpool       ==>

  Mapset        ==>
  PARTItionset  ==>
  PARTNer       ==>

  PROCesstype   ==>
  PROFile       ==>

  PROGram       ==>

+ Requestmodel  ==>


                                            SYSID=C001 APPLID=A06C001
  ┌─────────────────────┐                TIME:  00.00.00   DATE: 01.060
  │ INSTALL SUCCESSFUL  │
  └─────────────────────┘
  PF 1 HELP       3 END        6 CRSR 7 SBH 8 SFH 9 MSG 10 SB 11 SF 12 CNCL
```

Abbildung 7.60: Installation war erfolgreich.

```
X020

STATUS:  SESSION ENDED
```

Abbildung 7.61: Aufruf der Transaktion.

```
DFHAC2220 20:49:29 A06C001 The coordinator system has indicated that the
current unit of work is to be backed out. Transaction X020 has been
abnormally terminated with abend ASP3.
```

Abbildung 7.62: Fehlermeldung.

```
DFHAC2220 20:56:06 A06C001 The coordinator system has
indicated that the DFHAC2001 03/02/01 20:56:29 A06C001
Transaction '' is not recognized. Check
   that the transaction name is correct. CEDA DEFINE DB2ENTRY
```

Abbildung 7.63: Aufruf der Definition der Datenbank.

```
 DEFINE       DB2ENTRY
    OVERTYPE TO MODIFY                                    CICS RELEASE = 0530
      CEDA  DEFine DB2Entry(           )

       DB2Entry     ==>

       Group        ==>
       DEscription  ==>

      THREAD SELECTION ATTRIBUTES

       TRansid      ==>

      THREAD OPERATION ATTRIBUTES

       ACcountre    ==> None             None | TXid | TAsk | Uow
       c AUTHId     ==>

       AUTHType     ==>                  Userid | Opid | Group | Sign | TErm
                                         | TX

       DRollbac     ==> Yes              Yes | No
       k PLAN       ==>

       PLANExitname ==>

       PRIority     ==> High             High | Equal | Low

       PROtectnum   ==> 0000             0-2000

       THREADLimit  ==>                  0-2000

       THREADWait   ==> Pool             Pool | Yes | No
      MESSAGES: 2 SEVERE

                                                  SYSID=C001 APPLID=A06C001

  PF 1 HELP 2 COM 3 END          6 CRSR 7 SBH 8 SFH 9 MSG 10 SB 11 SF 12 CNCL
```

Abbildung 7.64: DEFINE DB2ENTRY-Panel.

Der Wert "Ena" (ENAble) ist auf "Dis" (DISable) zu setzen, um ein Überschreiben zu erlauben. Dazu reicht es, wenn man den Buchstaben "E" von "Ena" mit einem "D" überschreibt sowie die Eingabetaste betätigt. Das Ergebnis dieser Aktion ist im konkreten Beispiel

```
define      DB2ENTRY
   OVERTYPE TO MODIFY                                      CICS RELEASE = 0530
    CEDA  DEFine DB2Entry(            )

    DB2Entry     ==> X020

    Group        ==> PRAKT20

    DEscription  ==>
   THREAD SELECTION ATTRIBUTES
    TRansid      ==>         X020
   THREAD OPERATION ATTRIBUTES

    ACcountre    ==> TXid              None | TXid | TAsk | Uow
  c AUTHId       ==>
    AUTHType
                 ==> Sign              Userid | Opid | Group | Sign | TErm
                                       | TX

    DRollbac     ==> Yes               Yes | No
  k              ==> ZGR020
    PLAN
    PLANExitname ==>

    PRIority     ==> High              High | Equal | Low

    PROtectnum   ==> 0000              0-2000

    THREADLimit  ==> 0003              0-2000

    THREADWait   ==> Yes               Pool | Yes | No
   MESSAGES: 2 SEVERE
                                              SYSID=C001 APPLID=A06C001



 PF 1 HELP 2 COM 3 END       6 CRSR 7 SBH 8 SFH 9 MSG 10 SB 11 SF 12 CNCL
```

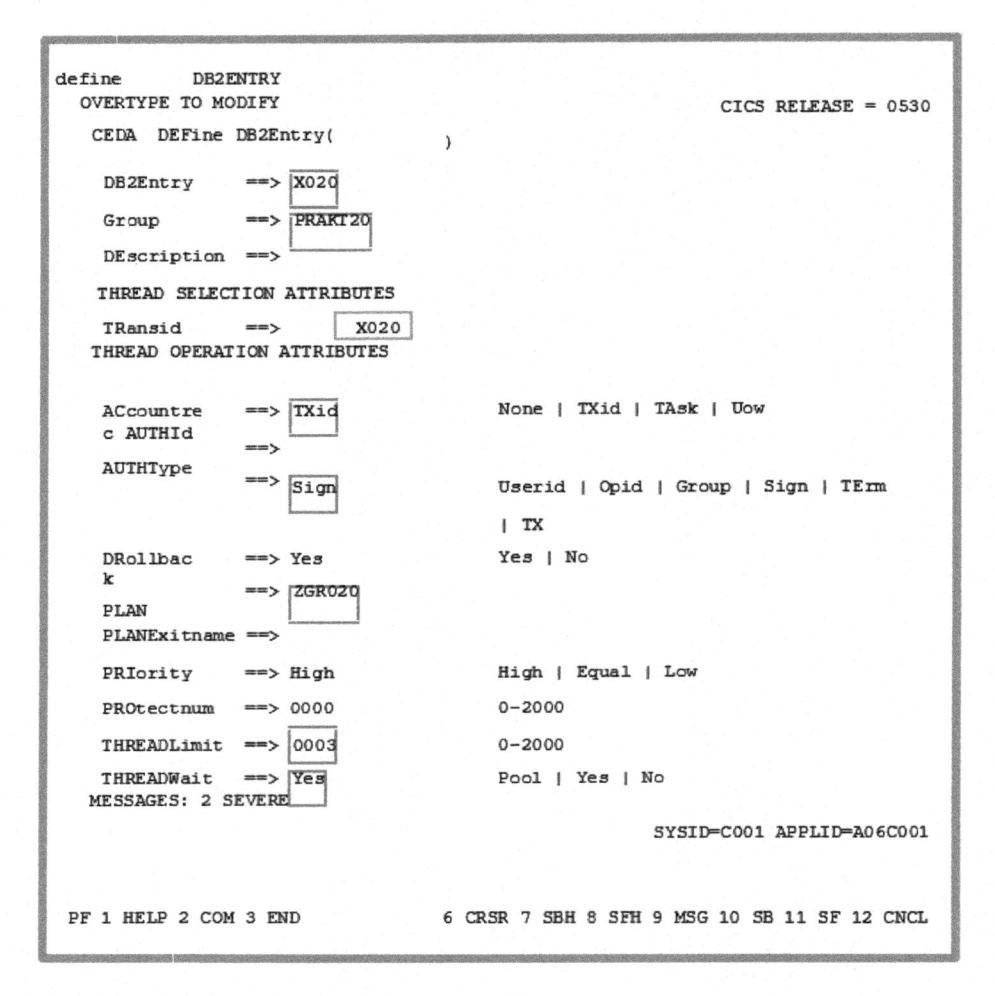

Abbildung 7.65: Eingabe der Parameter.

```
I DB2E(A020)
STATUS: RESULTS - OVERTYPE TO MODIFY
  Db2e(A020  ) Txi Sig Dis Poo Hig Pro( 0000 ) Pth(0000)   NORMAL
      Threadl( 0003) Threads(0000) Twa Plan( AS5   )
```

Nun ist ein Überschreiben des DB2Entry-Eintrages "A020" und damit auch eine Neuinstallation der Gruppe PRAKT20 (Abbildung 7.67, 7.68) wieder möglich:
   CEDA INSTALL GROUP(PRAKT20)

funktioniert fehlerfrei und gibt wieder INSTALL

   SUCCESSFUL   zurück.

```
OVERTYPE TO MODIFY                                    CICS RELEASE = 0530
  CEDA  DEFine DB2Entry( X020       )
  DB2Entry        : X020

  Group           : PRAKT20
  DEscription   ==>
 THREAD SELECTION ATTRIBUTES

  TRansid       ==>      X020
 THREAD OPERATION ATTRIBUTES

  ACcountre     ==> TXid              None | TXid | TAsk | Uow
  c AUTHId      ==>
  AUTHType      ==> Userid            Userid | Opid | Group | Sign | TErm
                                      | TX

  DRollbac      ==> Yes               Yes | No
  k PLAN        ==> ZGR020

  PLANExitname  ==>
  PRIority      ==> High              High | Equal | Low
  PROtectnum    ==> 0000              0-2000
  THREADLimit   ==> 0003              0-2000
  THREADWait    ==> Yes               Pool | Yes | No

                                           SYSID=C001 APPLID=A06C001
                                       TIME:   00.00.00  DATE: 01.061
 DEFINE SUCCESSFUL
 PF 1 HELP 2 COM 3 END              6 CRSR 7 SBH 8 SFH 9 MSG 10 SB 11 SF 12 CNCL
```

Abbildung 7.66: Bestätigung der gelungenen Definition.

```
CEDA   INSTALL   GROUP(PRAKT20)
 STATUS:    SESSION ENDED
```

Abbildung 7.67: Installation der Gruppe.

```
INSTALL GROUP(PRAKT20)
  OVERTYPE TO MODIFY

   CEDA   Install
   All

   Connection    ==>
   DB2Conn       ==>

   DB2Entry      ==>

   DB2Tran       ==>
   DOctemplate   ==>
   Enqmodel      ==>

   File          ==>

   Journalmodel  ==>
   LSrpool       ==>

   Mapset        ==>
   PARTItionset  ==>
   PARTNer       ==>

   PROCesstype   ==>
   PROFile       ==>

   PROGram       ==>
 + Requestmodel  ==>


                                        SYSID=C001 APPLID=A06C001
                                   TIME:   00.00.00  DATE: 01.061
   INSTALL SUCCESSFUL
 PF 1 HELP       3 END       6 CRSR 7 SBH 8 SFH 9 MSG 10 SB 11 SF 12 CNCL
```

Abbildung 7.68: Installation der Gruppe.

```
 X020

 STATUS:   SESSION ENDED
```

Abbildung 7.69: Starten der Transaktion (Ende der Sitzung).

```
       VORNAME             NACHNAME

       HEINO               BAUER
       BORIS               FAERBER
       SEBASTIAN           RICHTER
       FRITZ               SCHULTE
```

Abbildung 7.70: Ausgabe der Datenbanktabelle.

```
CESF LOGOFF
 STATUS:   SESSION ENDED
```

Abbildung 7.71: Ausloggen aus CICS.

8 WebSphere MQ

8.1 Einführung

WebSphere MQ (vormals MQ Series) ist ein sehr erfolgreiches Middleware-Produkt der Firma IBM für kommerzielles Messaging und Queuing [28]. Es wird weltweit von vielen Nutzern vorwiegend aus der Industrie in Hochgeschwindigkeits-Implementierungen von verteilten Anwendungen benutzt. WebSphere MQ-Applikationen können mit minimalem Aufwand entwickelt und getestet werden.

Da WebSphere MQ auf einer Vielzahl von Plattformen lauffähig ist, können Programme infolgedessen miteinander über ein Netzwerk von unterschiedlichen Komponenten, wie zum Beispiel Prozessoren, Subsystemen, Betriebssystemen und Kommunikations-Protokollen kommunizieren. WebSphere MQ-Programme verwenden ein konsistentes *Application Program Interface* (API) auf allen Plattformen. In der Abbildung 8.1 sind die Haupt-Komponenten einer WebSphere MQ-Anwendung dargestellt.

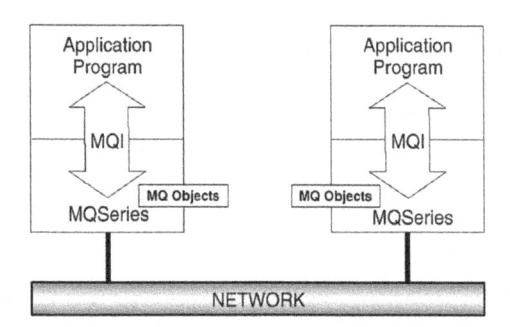

Abbildung 8.1: WebSphere MQ-Hauptkomponenten.

Mittels WebSphere MQ-Produkten sind Programme in der Lage, sich mit anderen über ein Netzwerk mit unterschiedlichen Komponenten zu unterhalten: Prozessoren, Operationssysteme, Subsysteme, Kommunikations-Protokolle. Die Kommunikation verwendet ein einfaches und konsistent gemeinsames API, das *Message Queue Interface* (MQI).

Nachrichten (Messages) und *Warteschlangen (Queues)* bilden die Grundlage von WebSphere MQ. Die Programme kommunizieren miteinander, indem sie sich Nachrichten senden, die spezifische Daten enthalten.

Nachrichten werden in Queues im Speicher abgelegt, so dass Programme unabhängig voneinander laufen können, mit unterschiedlichen Geschwindigkeiten, an unterschiedlichen Orten, ohne dass eine logische Verbindung zwischen ihnen besteht.

Die Programme verwenden *WebSphere MQ-API-Calls*, die das Message Queue Interface implementieren, um mit einem *Queue-Manager* zu kommunizieren. Letzterer realisiert das *Run-Time-Programm* von WebSphere MQ. Die Arbeit des Queue-Managers bezieht sich auf Objekte wie zum Beispiel Queues und Kanäle. Der Queue-Manager selbst ist auch ein Objekt.

Message Queuing ist eine Methode der *Programm-zu-Programm-Kommunikation*. Programme sind in der Lage, Informationen zu senden und zu empfangen, ohne dass eine direkte Verbindung zwischen ihnen besteht. Die Programme kommunizieren miteinander durch Ablegen von Nachrichten in *Message-Queues* und durch Herunternehmen der Nachrichten von den Message-Queues.

Die wichtigsten Charakteristika von Message-Queuing sind:

- *Zeit-unabhängige (asynchrone) Kommunikation*: Der Austausch von Nachrichten zwischen dem sendenden und dem empfangenden Programm ist zeitunabhängig. Das sendende Programm kann die Verarbeitung fortsetzen, ohne auf die Rückmeldung des Empfängers der Nachricht zu warten. WebSphere MQ hält die Nachrichten solange in der Queue, bis sie verarbeitet werden.
- *Verbindungslose Kommunikation*: Sendende und empfangende Programme benutzen nur Queues für die Kommunikation. WebSphere MQ ist für alle Aktivitäten, die mit einer solchen Kommunikation verbunden sind, verantwortlich: Erhalten der Queues und der Beziehungen zwischen Programmen und Queues, Behandlung der Netzwerk-Restarts, Bewegung der Nachrichten durch das Netzwerk.
- *Parallelverarbeitung*: WebSphere MQ erlaubt eine one-to-one-Beziehung zwischen den kommunizierenden Programmen. Es kann aber auch Anwendungsstrukturen und Nachrichten-Übertragungsformen unterstützen, die viel komplexer sind: many-to-one, one-to-many oder irgendeine Kombination dieser Beziehungen.

WebSphere MQ ist eine Familie von Produkten für *Cross-Network-Kommunikation*. Sie ist auf einer Vielzahl von Plattformen verfügbar.

8.2 Messaging und Queueing

Messaging bedeutet, dass Programme durch Senden von Daten in Nachrichten *(Messages)* kommunizieren und nicht durch wechselseitiges, direktes Aufrufen.

Queuing heißt, dass Programme über *Queues (Warteschlangen)* miteinander kommunizieren. Dadurch ist es nicht notwendig, dass diese Programme zeitlich parallel ausgeführt werden.

Eine *Queue* bezeichnet eine Datenstruktur, die Nachrichten speichert. Jede Queue gehört zu einem *Queue-Manager*. Letzterer ist verantwortlich für die Verwaltung der Queues, er legt die empfangenen Messages auf der entsprechenden Queue ab. Auf einer Queue können Anwendungen oder ein Queue-Manager Nachrichten ablegen. Queues existieren unabhängig von den Anwendungen, die Queues benutzen. Als Speichermedien für eine Queue kommen Hauptspeicher (wenn sie temporär ist), Platte bzw. ähnliche Zusatzspeicher oder beides in Frage. Queues heißen *lokal*, d. h. sie existieren in ihrem lokalen System, oder *remote*. Eine *remote Queue* ist einem anderen Queue-Manager, der nicht zu dem lokalen System gehört, zugeordnet.

Von den Anwendungen werden Nachrichten gesendet und empfangen. Dabei benutzen die Anwendungen sogenannte *MQI-Calls*. Zum Beispiel kann eine Applikation eine Nachricht auf einer Queue ablegen und eine andere Applikation diese Nachricht von derselben Queue zurückerhalten.

Beim *asynchronen Messaging* führt das sendende Programm seine eigene Verarbeitung weiter aus, ohne auf eine Antwort seiner Message zu warten. Im Gegensatz dazu wartet beim *synchronen Messaging* der sendende Prozeß auf eine Antwort, bevor er seine Verarbeitung fortsetzt. Für den Nutzer ist das zugrunde liegende Protokoll transparent.

WebSphere MQ wird in Client/Server- oder in verteilten Umgebungen eingesetzt. Die zu einer Anwendung gehörenden Programme können in unterschiedlichen Rechnerarchitekturen auf verschiedenen Plattformen ausgeführt werden. Die Anwendungen sind von einem System zu einem anderen übertragbar. Programme werden in verschiedenen Programmiersprachen einschließlich Java geschrieben. Für alle Plattformen ist derselbe Queuing-Mechanismus gültig.

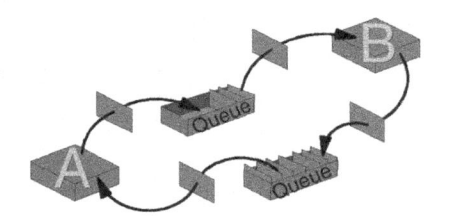

Abbildung 8.2: Messages und Queues.

WebSphere MQ kann aufgrund der Kommunikation mittels Queues als indirekte *Programm-zu-Programm-Kommunikation* betrachtet werden. Der Programmierer ist nicht in der Lage, den Namen der Ziel-Anwendung, zu der eine Message gesendet wird, zu spezifizieren. Er kann dagegen einen Ziel-Queue-Namen angeben; jede Queue ist mit einem Programm verknüpft. Es können ein oder mehrere Eingangs-Queues und verschiedene Ausgangs-Queues für eine Applikation existieren. Die Ausgangs-Queues enthalten Informationen, die auf anderen Servern verarbeitet werden sollen, oder Antworten für Klienten, die die Transaktion initiiert haben.

Bei einer Anwendung ist es nicht erforderlich, dass sich der Programmierer um das Ziel-Programm kümmert. Es ist belanglos, ob der Server momentan nicht im Betrieb ist oder keine Verbindung zu ihm besteht. Der Nutzer schickt eine Message an die Queue, die mit der Applikation verbunden ist. Letztere kann zur Zeit des Requests verfügbar sein oder nicht. WebSphere MQ beobachtet den Transport zur Ziel-Applikation und startet diese, wenn es notwendig ist.

Wenn das Ziel-Programm nicht verfügbar ist, steht die Message in der Queue und wird später verarbeitet. Abhängig davon, ob die Verbindung zwischen zwei Systemen hergestellt ist oder nicht, befindet sich die Queue entweder in der Ziel-Maschine oder in dem sendenden Rechner. Eine Anwendung kann prinzipiell über mehrere Tage laufen oder sie wird getriggert, d. h. sie wird automatisch gestartet, wenn eine oder eine spezifische Anzahl von Nachrichten ankommt.

In der Abbildung 8.2 ist die Kommunikation von zwei Programmen A und B dargestellt. Es existieren zwei Queues, wobei die eine die Ausgangs-Queue von A und gleichzeitig die Eingangs-Queue von B bildet, während die zweite Queue für die Antwort von B nach A benutzt wird. Die Rechtecke zwischen den Queues und den Programmen repräsentieren das Message-Queuing-Interface (MQI), das von dem Programm verwendet wird, um mit dem Run-Time-Programm von WebSphere MQ (Queue Manager) zu kommunizieren. Das API stellt ein einfaches Multi-Plattform-API mit 13 Calls dar.

8.2.1 Messages

Eine *Message* besteht aus zwei Teilen:
- *Daten*, die vom einem Programm zu einem anderen gesendet werden
- Message-Deskriptor oder Message-Header

Der *Message-Deskriptor* identifiziert die Message (Message-ID) und enthält Steuerinformationen (Attribute), wie zum Beispiel Message-Type, Zeit-Ablauf, Korrelations-ID, Priorität und Namen der Antwort-Queue.

Eine Message kann bis zu 4 MByte oder 100 MByte lang sein. Die Länge ist von der benutzten WebSphere MQ-Version abhängig. WebSphere MQ-Version 5 (für verteilte Plattformen) unterstützt eine maximale Message-Länge von 100 MByte.

8.2.2 Message-Segmentierung und -Gruppierung

In WebSphere MQ können die Messages *segmentiert* oder *gruppiert* werden. Die *Message-Segmentierung* erfolgt transparent für den Anwendungs-Programmierer. Der Queue-Manager segmentiert unter bestimmten Bedingungen eine umfangreiche Nachricht, wenn er diese in einer Queue findet. Auf der Empfängerseite hat die Anwendung die Option, entweder die gesamte Message in einzelnen Teilen oder jedes Segment separat zu empfangen. Die Auswahl hängt davon ab, wie groß der verfügbare Puffer für die Applikation ist. Eine zweite Segmentierungs-Methode überlässt es dem Programmierer, eine Message entsprechend der verfügbaren Puffer-Größe zu teilen. Der Programmierer betrachtet jedes Segment als eine separate physikalische Message. Folglich bilden verschiedene physikalische Messages eine logische Message. Der Queue-Manager stellt sicher, dass die Reihenfolge der Segmente erhalten bleibt.

Um den Verkehr über das Netzwerk zu reduzieren, können auch verschiedene kleine Nachrichten zu einer großen physikalischen Message zusammengefasst werden. Diese wird dann an das Ziel gesendet und dort disassembliert. Das *Message-Grouping* garantiert ebenfalls die Reihenfolge der gesendeten Nachrichten.

8.2.3 Distribution List

In WebSphere MQ ist es möglich, eine Message an mehr als eine Ziel-Queue zu senden. Dafür steht der *MQPUT-Call* zur Verfügung und erfolgt mit Hilfe der *dynamischen Distribution List*. Eine Distribution List stellt z. B. eine Datei dar, die zum Zeitpunkt des Applikations-Starts gelesen wird. Die Datei kann auch modifiziert werden. Sie enthält eine Liste der Queue-Namen und der zugehörigen Queue-Manager. Wird eine Message an mehrere Queues gesendet, die zu demselben Queue-Manager gehören, dann erfolgt das Senden nur einmal und reduziert somit den Netzwerk-Verkehr. Der empfangende Queue-Manager kopiert die Nachrichten und stellt sie in die Ziel-Queues. Diese Funktion heißt *Late Fan-Out*.

8.2.4 Message-Typen

WebSphere MQ unterscheidet vier verschiedene Message-Typen:
Datagram: Eine Message enthält Informationen, auf die keine Antwort erwartet wird.
Request: Eine Message, für die eine Antwort angefordert wird.
Reply: Eine Antwort auf eine Request-Message.
Report: Eine Message, die einen Event beschreibt (zum Beispiel Fehlermeldung oder Bestätigung beim Eintreffen der Nachricht).

8.2.5 Persistente und nicht-persistente Messages

Das Applikations-Design bestimmt, ob eine Message ihr Ziel unbedingt erreichen muss oder diese gelöscht werden, wenn das Ziel nicht innerhalb einer vorgegebenen Zeit erreicht wird. WebSphere MQ unterscheidet zwischen *persistenten* und *nicht-persistenten* Messages. Die Übertragung von *persistenten* Nachrichten wird sichergestellt, d. h. sie werden protokolliert, um bei Systemausfällen erhalten zu bleiben. In einem AS/400-System heißen diese Protokolle *Journal Receivers*. Nicht-persistente Messages können nach einem System-Restart nicht wieder hergestellt werden.

8.2.6 Message Descriptor

In der Abbildung 8.3 sind einige interessante Attribute des *Message-Descriptors* dargestellt. Die Attribute erklären einige Funktionen des verwendeten Queue-Managers.

Version	Return adress
Message ID / Corellation ID	Format
Persistent / non-persistent	Sender application and type
Priority	Report options / Feedback (COA, COD)
Date and time	Backout counter
Lifetime of a message	Segmenting / grouping information

Abbildung 8.3: Einige Attribute des Message-Descriptors.

Die Version des Message-Descriptors hängt von der WebSphere MQ-Version und der verwendeten Plattform ab. Für die Funktionen, die mit Version 5 eingeführt wurden, sind Informationen über Segmente und ihre Reihenfolge notwendig.

Message-IDs und/oder Korrelations-IDs werden zur Identifikation einer spezifischen Anforderung oder einer *Response-Message* verwendet. Bevor der Programmierer die *Request-Message* auf die Queue legt, kann er die IDs speichern und benutzt diese in einer anschließenden Get-Operation für die Response-Message. Das Programm, das die Request-Message empfängt, kopiert diese Information in die Response-Message. Das erzeugende Programm (das die Antwort erhält) kann dadurch WebSphere MQ beauftragen, nach einer spezifischen Nachricht zu suchen. Standardmäßig erhält es die erste Message in der Queue.

Man kann einer Message eine Priorität zuordnen und somit die Reihenfolge, in der sie verarbeitet wird, steuern.

Der Queue-Manager speichert Zeit und Datum, wenn im Message-Header MQPUT erscheint. Die Zeit ist GMT-kompatibel, das Jahr hat 4 Stellen und somit gab es bei WebSphere MQ keine Jahr 2000-Probleme.

Ein Verfallsdatum kann auch spezifiziert werden. Wenn dieses Datum erreicht und ein MQGET ausgegeben wird, dann wird die Nachricht gelöscht. Es existiert kein Dämon, der die Queues auf gelöschte Messages hin überprüft. Letztere können in einer Queue solange stehen, bis ein Programm versucht, sie zu lesen.

Die *Response-Adresse* ist sehr wichtig für die Request/Response-Messages. Es muss dem Server-Programm mitgeteilt werden, wohin die Response-Message gesendet werden soll. Klienten und Server verfügen über eine one-to-many-Beziehung, und das Server-Programm kann normalerweise nicht aus den Nutzerdaten schließen, woher die Request-Message kommt. Deshalb stellt der Klient das *Reply-to-Queue* und den *Reply-to-Queue-Manager* in dem Message-Header zur Verfügung. Der Server benutzt diese Information beim Ausführen des MQPUT-API-Calls.

Der Sender kann in dem Format-Feld einen Wert spezifizieren, den der Empfänger benutzt, um eine Daten-Konvertierung vorzunehmen oder nicht. Er wird auch benutzt, um zu zeigen, dass ein zusätzlicher Header vorhanden ist.

Die Message kann auch Informationen über die sendende Anwendung (Programm-Name und Pfad) und die Plattform, auf der diese läuft, enthalten.

Report-Optionen und *Rückkehr-Code* werden verwendet, um Informationen wie Bestätigung vom Eintreffen oder Lieferung vom empfangenden Queue-Manager anzufordern. Beispielsweise kann der Queue-Manager eine *Report-Message* an die sendende Applikation schicken, wenn er die Message auf die Ziel-Queue legt oder die Applikation sie von der Queue bekommt.

Jedesmal, wenn eine Message zurückkommt, wird der *Backout-Zähler* erhöht. Eine Anwendung kann diesen Zähler überprüfen und zum Beispiel die Message zu einer anderen Queue schicken, wo die Fehlerursache durch einen Administrator analysiert wird.

Der Queue-Manager benutzt den *Message-Header*, um Informationen über die physikalische Message zu speichern, zum Beispiel wenn es sich um eine Message-Group handelt, dann könnte es das erste, letzte oder ein dazwischen liegendes Segment betreffen.

8.3 Queue-Manager

Den Kern von WebSphere MQ bildet der *Message-Queue-Manager (MQM)*. Der MQM wird durch das *WebSphere MQ-Run-Time-Programm* implementiert. Seine Aufgabe besteht darin, die Queues und die Messages zu verwalten. Er stellt das Message-Queuing-Interface für die Kommunikation mit den Anwendungen zur Verfügung. Die Applikations-Programme rufen Funktionen des Queue-Managers durch Ausgabe von API-Calls auf. Der *MQPUT-API-Call* zum Beispiel legt eine Message auf eine Queue, die von einem anderen Programm mit Hilfe eines *MQGET-API-Call's* gelesen werden soll. Dieser Mechanismus ist in der Abbildung 8.4 dargestellt.

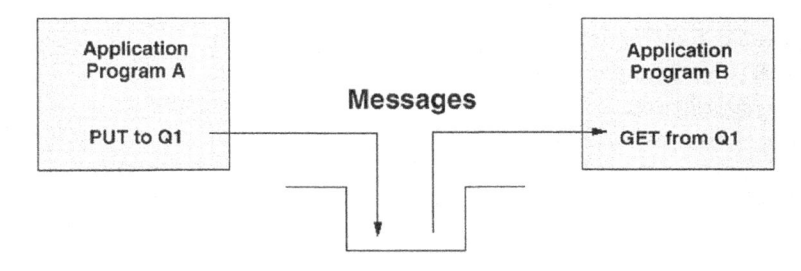

Abbildung 8.4: Programm-zu-Programm-Kommunikation – ein System.

Ein Programm kann Nachrichten an ein anderes Programm (-Ziel) schicken. Das Ziel-Programm läuft dabei entweder auf derselben Maschine wie der Queue-Manager oder auf einem Remote-System (Server oder Host). Das Remote-System verfügt über seinen eigenen Queue-Manager bzw. seine eigenen Queues. Abbildung 8.5 zeigt diesen Fall.

Das Networking Blueprint unterscheidet 3 Kommunikations-Stile:
- *Common Programming Interface-Communications* (CPI-C) (siehe Abbildung (Abbildung 8.5)),
- *Remote Procedure Call* (RPC),
- *Message Queue Interface* (MQI).

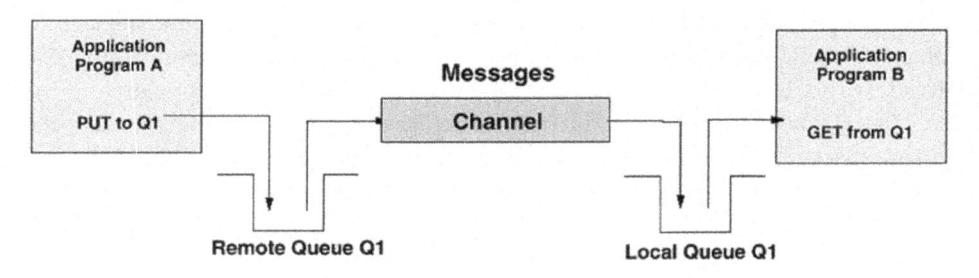

Abbildung 8.5: Programm-zu-Programm-Kommunikation – zwei Systeme.

Der Queue-Manager überträgt Nachrichten zu einem anderen Queue-Manager über *Channels*, wobei bestehende Netzwerk-Facilities wie TCP/IP, SNA oder SPX verwendet werden. Auf derselben Maschine können mehrere Queue-Manager residieren. Letztere benötigen aber Channels für die Kommunikation. Der Anwendungs-Programmierer braucht sich nicht darum zu kümmern, wo das Programm, an das er Messages schickt, abläuft. Er legt seine Nachrichten auf eine Queue und überlässt es dem Queue-Manager, die Ziel-Maschine zu suchen und die Nachrichten auf diese zu übertragen. WebSphere MQ weiß, was zu tun ist, wenn das Remote-System nicht verfügbar oder das Ziel-Programm beschäftigt ist bzw. nicht läuft.

Die Arbeit des Queue-Managers bezieht sich auf Objekte, die durch einen Administrator im Allgemeinen beim Generieren des Queue-Managers oder mit einer neuen Applikation definiert werden. Der Queue-Manager
- verwaltet die Message-Queues der Applikations-Programme.
- liefert ein Applikations-Programm-Interface: *Message Queue Interface (MQI)*.
- benutzt vorhandene Netzwerk-Facilities, um Messages zu anderen Queue-Managern zu übertragen, wenn es notwendig ist.
- ordnet Updates von Datenbanken und Queues durch Verwendung einer Zwei-Phasen-Übergabe an. GETs und PUTs von/auf Queues werden zusammen mit SQL-Updates übergeben oder wenn nötig zurückgeschickt.

- segmentiert, wenn es erforderlich ist, die Nachrichten und übersetzt sie. Er kann auch Messages gruppieren und diese als physikalische Message zu ihrem Ziel senden, wo diese automatisch disassembliert wird.
- kann eine Message zu mehr als einem Ziel mit Hilfe eines API-Calls schicken. Dabei wird eine Beutzer-definierte dynamische *Distribution List* verwendet, wodurch sich der Netzwerk-Verkehr reduziert.
- liefert zusätzliche Funktionen, die es dem Administrator erlauben, Queues zu erzeugen und zu löschen, die Eigenschaften existierender Queues zu verändern und die Operationen des Queue-Managers zu steuern. WebSphere MQ für Windows stellt graphische User Interfaces zur Verfügung. Andere Plattformen benutzen das Command-Line-Interface oder Panels.

WebSphere MQ-Clients besitzen in ihren Maschinen keinen Queue-Manager. Client-Rechner verbinden sich mit einem Queue-Manager in einem Server. Dieser Queue-Manager verwaltet die Queues für alle Klienten, die mit dem Server verbunden sind.

Im Gegensatz zu WebSphere MQ-Clients hat jeder Rechner, auf der WebSphere MQ für Windows läuft, ihren eigenen Queue-Manager und Queues. WebSphere MQ für Windows ist ein *Single-User-Queue-Manager* und ist nicht für die Funktion des Queue-Managers anderer WebSphere MQ-Clients vorgesehen. Das Produkt ist für mobile Umgebungen entwickelt worden.

8.3.1 Queue-Manager-Cluster

WebSphere MQ für z/OS und aktuelle Versionen für verteilte Plattformen erlauben es, Queue-Manager in Clustern miteinander zu verbinden. Queue-Manager in einem Cluster können auf einem oder auf unterschiedlichen Rechnern verschiedener Plattformen laufen. Normalerweise unterhalten zwei dieser *Cluster Queue Manager* ein *Repository*. Letzteres beinhaltet Informationen über alle Queue-Manager und Queues im betreffenden Cluster. Dieses Repository wird als *Full-Repository* bezeichnet. Die anderen Queue-Manager unterhalten nur ein Repository von interessierenden Objekten. Dieses heißt dagegen *Partial-Repository*. Es gestattet, dass irgendein Queue-Manager in dem Cluster eine beliebige *Cluster-Queue* und deren Besitzer findet. Die Queue-Manager benutzen für den Austausch spezielle *Cluster-Channels*.

Das *Clustering* gestattet auch mehrfache Queue-Instanzen mit demselben Namen in verschiedenen Queue-Managern. Das bedeutet für das *Workload*, dass der Queue-Manager Nachrichten an unterschiedliche Instanzen einer Anwendung schicken kann. In einer normal verteilten Verarbeitung wird eine Message an eine spezifische Queue eines bestimmten Queue-Managers geschickt. Alle Nachrichten, die für diesen speziellen Queue-Manager bestimmt sind, werden in einer *Transmission-Queue* auf der Sender-

Seite abgelegt. Diese Transmission-Queue hat denselben Namen wie der Ziel-Queue-Manager. *Die Message-Channel-Agenten* bewegen die Nachrichten durch das Netzwerk und platzieren sie in den Ziel-Queues. Die Abbildung 8.6 zeigt die Beziehung zwischen einer *Transmission (Xmit)-Queue* und dem Ziel-Queue-Manager.

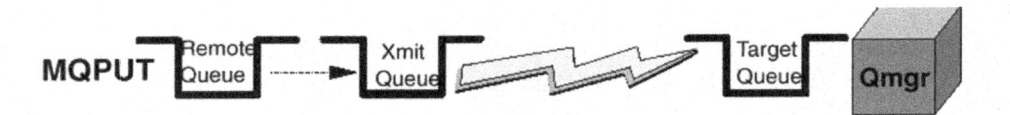

Abbildung 8.6: MQPUT zu einer Remote Queue.

Beim Clustern wird eine Message an eine Queue mit einem speziellen Namen irgendwo in dem Cluster geschickt (dargestellt durch die Wolke in Abbildung 8.7). Man spezifiziert den Ziel-Queue-Namen, nicht den Namen der Remote-Queue-Definition. Das Clustern erfordert keine Remote-Queue-Definitionen. Letztere sind nur dann erforderlich, wenn eine Message an einen Queue-Manager gesendet wird, der nicht zum Cluster gehört. Es ist auch möglich, einen Queue-Manager zu bestimmen und die Nachricht an eine spezielle Queue zu richten, oft wird es aber dem Queue-Manager überlassen, darüber zu entscheiden, wo sich eine Queue befindet und wohin die Nachricht gesendet werden soll.

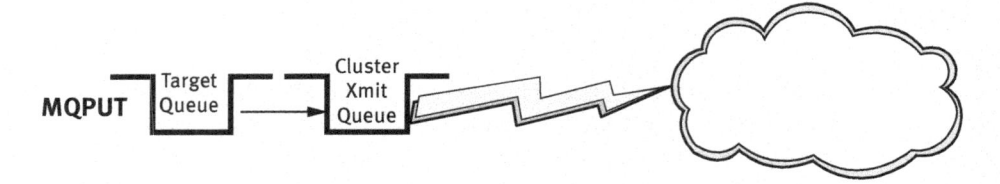

Abbildung 8.7: MQPUT zu einer Cluster-Queue.

Die Vorstellung eines *WebSphere MQ-Clusters* besteht in einer bestimmten Lokalität, in der mehrfache Queue-Instanzen existieren können. Letztere verändern sich ähnlich einem Administrator, der die Erfüllung von wechselnder Verfügbarkeit und Durchsatz verlangt. Dieses muss rein dynamisch erfolgen und ohne großen Aufwand bei der Konfiguration und Steuerung seitens des Administrators. Zusätzlich muss sich der Programmierer keine Gedanken über mehrfache Queues machen, d. h. er behandelt diese so wie beim Schreiben auf eine einzelne Queue. Letzteres bedeutet aber nicht, dass dem Programmierer oder Administrator sämtliche Arbeit abgenommen wird, zum Beispiel erfordern entsprechende Stufen der Verfügbarkeit und Ausnutzung von inhärenter Parallelität umfangreiche Überlegungen. Der Administrator bzw. System-Designer muss sicherstellen, dass in der festgelegten Konfiguration genügend

Redundanz vorhanden ist. Der Anwender ist dafür verantwortlich, dass die Nachrichten an mehreren Stellen verarbeitet werden können.

Man erzeugt mehrfache Instanzen einer Queue durch eine Queue-Definition mit demselben Namen in mehrfachen Queue-Managern, die zu dem Cluster gehören. Es muss auch das Cluster benannt werden, wenn man die Queue definiert. Ohne dieses Attribut wäre die Queue nur lokal bekannt. Wenn die Applikation nur den Queue-Namen spezifiziert, wohin wird dann die Message eigentlich geschickt?

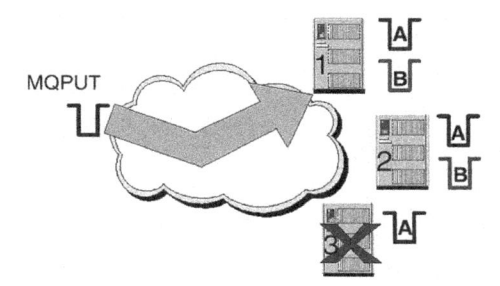

Abbildung 8.8: Zugriff auf Cluster-Queues.

Die Abbildung 8.8 gibt eine Antwort auf diese Frage. WebSphere MQ verteilt die Nachrichten nach dem *Round-Robin-Algorithmus*. Es ist natürlich auch möglich, diese Standard-Aktion durch Schreiben einer eigenen *Workload-Ausgabe-Routine* zu verändern. In der Abbildung 8.8 sind Nachrichten dargestellt, die in einer von drei Cluster-Queues mit dem Namen A abgelegt werden. Jeder der drei Queue-Manager besitzt eine Queue mit diesem Namen. Standardmäßig wird die erste Message in der Queue A des Queue-Managers 1 platziert, die nächste in der Queue A des Queue-Managers 2, die dritte geht in Queue A vom Queue-Manager 3 und die vierte wieder zur Queue des Queue-Managers 1 usw. Ein anderes Szenario enthält die Queue B, wobei der dritte Queue-Manager nicht aktiv und die dritte Instanz der Queue B nicht verfügbar ist. Der sendende Queue-Manager erfährt von diesem Problem, weil er Informationen über alle Queue-Manager und Queues, die für ihn interessant sind, erhält, d. h. auch über die, wohin er die Nachrichten sendet. Sobald er herausfindet, dass es ein Problem mit der dritten Instanz von B gibt, verteilt der sendende Queue-Manager die Messages nur an die ersten beiden Instanzen. Spezielle Nachrichten über Zustandsänderungen der Cluster-Objekte werden sofort allen an dem Objekt beteiligten Queue-Managern bekannt gemacht.

8.3.2 Queue-Manager-Objekte

Zu den *Queue-Manager-Objekten* zählen zum Beispiel *Queues* und *Channels*. Der Queue-Manager selbst ist auch ein Objekt. Normalerweise erzeugt ein Administrator ein oder mehrere Queue-Manager und seine Objekte. Ein Queue-Manager kann Objekte der folgenden Typen benutzen:
1. *Queues*,
2. *Prozess-Definitionen*,
3. *Channels*.

Diese Objekte gelten für alle unterschiedlichen WebSphere MQ-Plattformen. Es gibt noch andere Objekte, die nur für z/OS gültig sind, zum Beispiel *Buffer Pool, PSID* und *Storage Class*.

8.3.2.1 Queues
Message Queues werden verwendet, um die von Programmen gesendeten Nachrichten zu speichern. Es gibt *lokale Queues*, die der lokale Queue-Manager besitzt, und *remote Queues*, die zu einem dazu verschiedenen Queue-Manager gehören.

8.3.2.2 Channels
Ein *WebSphere MQ Channel* (nicht zu verwechseln mit dem System z-Kanal aus Kapitel 3) stellt einen *Kommunikationspfad* dar. Dabei wird zwischen zwei Channel-Typen unterschieden:
– *Message-Channel*,
– *Message Queue Interface (MQI)-Channel*.

Der *Message-Channel* verbindet zwei Queue-Manager über *Message-Channel Agenten (MCAs)*. Ein Channel ist *unidirektional*; er integriert zwei Message-Channel-Agenten, einen Sender und einen Empfänger, und ein Kommunikations-Protokoll. Ein MCA stellt ein Programm dar, das Nachrichten von einer Transmission-Queue zu einem Kommunikations-Link und von dem Kommunikations-Link in die Ziel-Queue überträgt. Für die *bidirektionale* Kommunikation müssen zwei Channels mit jeweils einem Sender und einem Empfänger definiert werden. *Message-Channel-Agenten* werden auch als *Treiber (mover)* bezeichnet.

Ein *Message Queue Interface-Channel* verbindet einen WebSphere MQ-Client mit einem Queue-Manager in seiner Server-Maschine. Klienten besitzen keinen eigenen Queue-Manager. Ein MQI-Channel ist immer *bidirektional* (MQI-Call und Antwort).

Die Abbildung 8.9 zeigt beide Channel-Typen. Es sind insgesamt vier Maschinen dargestellt, zwei Klienten sind mit ihrer Server-Maschine über MQI-Channels, und der Server ist mit einem anderen Server oder Host mittels zweier unidirektionaler Message-Channels verbunden. Einige Channels können von WebSphere MQ automatisch

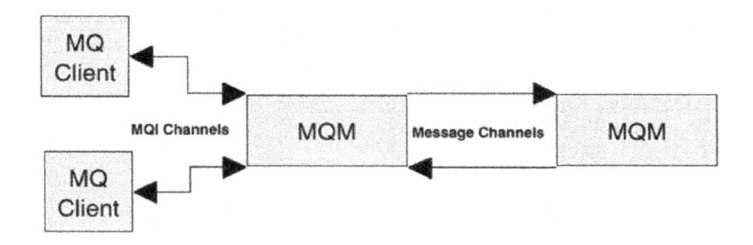

Abbildung 8.9: WebSphere MQ-Channels.

definiert werden. Abhängig davon, wie die Sitzung zwischen den Queue-Managern initiiert wird und welchem Zweck sie dient, existieren unterschiedliche Typen von Message-Channels. Für die Übertragung nicht-persistenter Nachrichten kann ein Message-Channel mit zwei verschiedenen Geschwindigkeiten arbeiten: *fast* und *normal*.

Fast-Channels verbessern die Performance, aber nicht-persistente Messages können im Fall eines Kanal-Fehlers verloren gehen.

Ein Kanal ist in der Lage, folgende Transport-Typen zu benutzen: SNA LU 6.2, TCP/IP, NetBIOS, SPX, DEC Net. Der Support ist außerdem noch von der Art der Plattform abhängig. WebSphere MQ für Windows benutzt für die Verbindung mit anderen Maschinen Message-Channels. Da dieses Produkt als Single-User-System entwickelt wurde, unterstützt es keine MQI-Channels (nur TCP/IP).

8.3.2.3 Prozess-Definitionen

Ein *Prozess-Definitions-Objekt* definiert eine Applikation für einen Queue-Manager. Es enthält z. B. den Namen des Programms (und seinen Pfad), das getriggert werden soll, sobald eine Message dafür eintrifft.

8.4 Message-Queues

8.4.1 Queue-Arten

Queues werden als Objekte, die zu einem Queue-Manager gehören, definiert. WebSphere MQ kennt eine bestimmte Anzahl von unterschiedlichen Queue-Typen, jeder für einen spezifischen Zweck. Die benutzten Queues sind entweder auf der lokalen Maschine platziert und gehören zu dem Queue-Manager, mit dem die lokale Maschine verbunden ist, oder sie liegen auf dem Server (wenn die lokale Maschine den Klient darstellt). Die Abbildung 8.10 zeigt verschiedene Queue-Typen und ihren Zweck.

Local queue	is a real queue
Remote queue	structure describing a queue
Transmission queue	local queue with spezial purpose
Initiation queue	local queue with spezial purpose
Dynamic queue	local queue created „on the fly"
Alias queue	if you don't like the name
Dead-letter queue	one for each queue manager
Reply-to-queue	specified in request message
Model queue	model for local queues
Respository queue	holds cluster information

Abbildung 8.10: Queue-Typen.

8.4.1.1 Lokale Queue

Eine Queue heißt *lokal*, wenn sie sich im Besitz des Queue-Managers befindet, mit dem das Applikations-Programm verbunden ist. Sie wird zur Speicherung von Nachrichten für Programme benutzt, die denselben Queue-Manager verwenden. Zum Beispiel haben die Programme A und B je eine Queue für eingehende und ausgehende Messages. Da der Queue-Manager beide Programme bedient, sind alle vier Queues lokal.

Beide Programme müssen nicht auf demselben Rechner laufen. Die Client-Maschine benutzt im Normalfall einen Queue-Manager auf dem Server.

8.4.1.2 Cluster-Queue

Eine *Cluster-Queue* ist eine lokale Queue, die überall in einem Cluster von Queue-Managern bekannt ist, d. h. irgendein Queue-Manager, der zu dem Cluster gehört, kann Nachrichten an sie schicken, ohne eine Remote-Definition zu dem Queue-Manager, dem sie gehört, zu definieren.

8.4.1.3 Remote-Queue

Eine Queue heißt *remote*, wenn sie zu einem anderen Queue-Manager gehört. Die Remote-Queue stellt keine reale Queue dar. Sie implementiert eine Struktur, die etwas von den Charakteristiken der Queue eines anderen Queue-Managers enthält.

Der Name einer Remote-Queue kann genauso wie der einer lokalen Queue benutzt werden. Der WebSphere MQ-Administrator definiert, wo die Queue aktuell ist. Remote-Queues werden mit einer Transmission-Queue verknüpft. Ein Programm ist nicht in der Lage, Nachrichten von einer Remote-Queue zu lesen. Für eine Cluster-Queue ist keine Remote-Queue-Definition erforderlich.

8.4.1.4 Transmission-Queue

Die *Transmission-Queue* ist eine spezielle lokale Queue. Eine Remote-Queue ist verbunden mit einer Transmission-Queue. Transmission-Queues werden als Zwischenschritt benutzt, wenn Nachrichten an Queues gesendet werden, die unterschiedlichen

Queue-Managern angehören. Typischerweise existiert nur eine Transmission-Queue für jeden Remote-Queue-Manager (oder Rechner). Für alle Messages, die auf Queues mit einem Remote-Queue-Manager als Besitzer abgelegt werden, erfolgt die Abspeicherung zunächst in einer Transmission-Queue dieses Remote-Queue-Managers. Die Messages werden dann von der Transmission-Queue gelesen und an den Remote-Queue-Manager geschickt.

Bei der Benutzung von WebSphere MQ-Clustern gibt es nur eine Transmission-Queue für alle Messages, die an alle anderen Queue-Manager in dem Cluster gesendet werden.

Die Transmission-Queues sind für die Applikation transparent. Sie werden intern von dem Queue-Manager benutzt. Wenn ein Programm eine Remote-Queue öffnet, erhält es die Queue-Attribute von der Transmission-Queue, d. h. das Schreiben von Messages zu einer Queue durch ein Programm wird durch die Transmission-Queue-Charakteristiken ermöglicht.

8.4.1.5 Dynamic Queue

Eine *Dynamic-Queue* wird on the fly definiert, d. h. sie wird erst erzeugt, wenn sie von einer Applikation benötigt wird. Dynamic-Queues können vom Queue-Manager belegt oder automatisch gelöscht werden, sobald das Anwendungsprogramm endet. Sie stellen lokale Queues dar und werden oft in der Sprachverarbeitung zur Speicherung von Zwischenergebnissen benutzt. Dynamic-Queues können sein:
– *Temporäre Queues*, deren Lebensdauer mit einem Queue-Manager-Restart endet
– *Permanente Queues*, die Queue-Manager-Restarts überleben

8.4.1.6 Alias-Queue

Alias-Queues sind keine realen Queues sondern Definitionen. Sie werden verwendet, um derselben physikalischen Queue unterschiedliche Namen zuzuweisen. Dadurch können mehrere Programme mit derselben Queue arbeiten, indem auf diese mit unterschiedlichen Namen und verschiedenen Attributen zugegriffen wird.

8.4.1.7 Generieren eines Queue-Managers

Das Erzeugen eines Queue-Managers erfolgt mit dem Kommando crtmqm. Standardmäßig wird noch der Parameter /q spezifiziert. Das folgende Kommando generiert den Default-Queue-Manager MYQMGR (in einer Windows-Umgebung):

```
crtmqm /q MYQMGR     (Queue-Manager-Namen sind Case-sensitive)
```

Es gibt Standard-Definitionen für die von jedem Queue-Manager benötigten Objekte, zum Beispiel *Modell-Queues*. Letztere Objekte werden automatisch erzeugt. Andere

Objekte, die sich auf die Applikationen beziehen, müssen vom Anwender generiert werden. Gewöhnlich befinden sich Anwendungs-spezifische Objekte in einem Script-File (mydefs.in). Es wird einem neu-generierten Queue-Manager mit dem Kommando

```
runmqsc < mydefs.in
```

übergeben. WebSphere MQ für Window liefert ein graphisches Nutzer-Interface, mit dem Queue-Manager und ihre Objekte erzeugt und manipuliert werden. Eine *Dead-Letter-Queue* wird nicht automatisch erzeugt; sie wird mit dem Queue-Manager wie in dem folgenden Beispiel generiert:

```
crtmqm /q /u system.dead.letter.queue MYQMGR
```

Zum Start des Queue-Managers ist das Kommando strmqm notwendig.

8.4.2 Events

Um die Operationen des Queue-Managers zu verfolgen, können die *WebSphere MQ-Instrumentations-Events* benutzt werden. Diese Events generieren spezielle Nachrichten (*Event Messages*), d. h. immer dann, wenn der Queue-Manager eine vordefinierte Menge von Bedingungen anzeigt. Zum Beispiel verursachen folgende Bedingungen einen *Queue-Voll-Event*:
- Queue-Voll-Events werden aktiviert für eine spezifizierte Queue.
- Eine Anwendung gibt einen MQPUT-Call aus, um eine Nachricht auf dieser Queue abzulegen; der Call ist aber fehlerhaft, weil die Queue voll ist.

Andere Bedingungen können *Instrumentation-Events* verursachen:
- Wenn eine vordefinierte Begrenzung für die Anzahl der Nachrichten erreicht wird.
- Wenn eine Queue innerhalb einer festgelegten Zeit bedient wird.
- Wenn eine Kanal-Instanz gestartet oder gestoppt wird.

Wenn Event-Queues als Remote-Queues definiert werden, dann können alle Event-Queues von einem einzelnen Queue-Manager (für die Knoten, die Instrumentation-Events unterstützen) bearbeitet werden.

WebSphere MQ-Events können in folgende Kategorien eingeteilt werden:
- *Queue-Manager-Events*:
  Diese Events beziehen sich auf die Ressource-Definitionen innerhalb des Queue-Managers. Wenn zum Beispiel eine Anwendung versucht, eine Queue zu öffnen, aber das zugehörige UserID ist nicht für diese Operation authorisiert, dann wird ein Queue-Manager-Event generiert.

- *Performance-Events*:
  Diese Events werden erzeugt beim Erreichen eines Ressource-Schwellenwertes. Als Beispiel dient eine Queue, deren Tiefe erreicht wird und noch ein MQGET-Request erhält.
- *Channel-Events*:
  Diese Events werden von Kanälen als Ergebnis von Bedingungen, die während ihrer Operation erscheinen, angezeigt. Beispiel: Ein Channel-Event wird generiert, wenn eine Channel-Instanz gestoppt wird.

8.5 Manipulation von Queue-Manager-Objekten

WebSphere MQ für verteilte Plattformen stellt die Utility *RUNMQSC* zur Verfügung. Letztere generiert und löscht Queue-Manager-Objekte und manipuliert sie. Um dieses Werkzeug zu benutzen, muss der Queue-Manager laufen. RUNMQSC kann unterschiedlich aktiviert werden:
- Durch Eingeben des Kommandos
- Durch Erzeugen einer Datei, die eine Liste von Kommandos enthält, und Benutzung dieser Datei als Eingang.

In der Abbildung 8.11 starten die Kommandos den Default-Queue-Manager (der schon läuft, wie die Antwort zeigt) und generieren die lokale Queue QUEUE1 für ihn. Ein anderes Kommando ändert die Queue-Manager-Eigenschaften, um die Dead-Letter-Queue zu definieren.

```
C:\strmqm
MQSeries queue manager running.

runmqec
84H20D1, 6539-B42 (C) Copyright IBM Corp. 1994, 1997. ALL RIGHTS RESERVED
Starting MQSeries Comands.

define qlocal('QUEUE1') replace descr ('test queue')
  1 : define qlocal('QUEUE1') replace descr ('test queue')
AMQ80D6 : MQSeries queue created.
alter qmgr deadg {system.dead.letter.queue}
  2 : alter qmgr deadg {system.dead.letter.queue}
AMQ80D5 : MQSeries queue manager changed.
end
  3 : end
2 MQSC commands read.
0 commands have a syntax error.
0 commands cannot be processed.
C:\
```

Abbildung 8.11: Manipulation von Objekten durch Kontroll-Kommandos.

Um die Utility in einem interaktiven Modus zu starten, wird runmqsc eingegeben. Zum Beenden wird das Kommando end verwendet. Die andere Methode, WebSphere MQ-Objekte zu erzeugen, besteht darin, ein Input-File zu verwenden, zum Beispiel kann das mit Hilfe des folgenden Kommandos erreicht werden:

```
runmqsc < mydefs.in > a.a
```

mydefs.in gibt das Script-File mit den Kommandos an; a.a stellt das File dar, das die Antworten der RUNMQSC-Utility aufnehmen soll. Damit kann überprüft werden, ob irgendein Fehler aufgetreten ist. Der Ausgang erscheint entweder in dem Fenster oder wird in das File umgeleitet.

8.6 Klienten und Server

WebSphere MQ [30] unterscheidet Klienten und Server. Vor der Installation von WebSphere MQ auf einer verteilten Plattform muss der Anwender entscheiden, ob die Maschine die Funktion eines WebSphere MQ-Klienten, eines WebSphere MQ-Servers oder die beider übernehmen soll.

Mit WebSphere MQ für Windows wurde ein neuer Term eingeführt: *Leaf Node (Blatt-Knoten)*.

Man unterscheidet zwei Arten von Klienten:
- *Slim-Client* oder *WebSphere MQ-Client*
- *Fat-Client*

Fat-Clients verfügen über einen lokalen Queue-Manager, *Slim-Clients* besitzen diesen nicht. Wenn ein Slim-Client nicht mit seinem Server verbunden werden kann, ist ersterer nicht arbeitsfähig, weil der Queue-Manager und die Queues des Slim-Clients auf dem Server liegen. Im Normalfall ist ein *WebSphere MQ-Client* identisch mit einem Slim-Client. Mehrere dieser Klienten teilen sich die WebSphere MQ-Objekte, wobei der Queue-Manager auf dem Server eines dieser Objekte darstellt. Der *WebSphere MQ-Client für Java* ist ein Slim-Client. In manchen Fällen kann es vorteilhaft sein, dass die End-Nutzer-Maschine (speziell in einer mobilen Umgebung) Queues besitzt. Dieser Umstand erlaubt es dem Nutzer, seine Anwendung auch dann laufen zu lassen, wenn keine Verbindung (temporär) zwischen Klient und Server besteht.

Klienten- und Server-Software kann auf demselben System installiert werden. Der Unterschied zwischen einem Rechner eines End-Nutzers, der als Klient arbeitet, und einem mit einem Queue-Manager besteht in dem Nachrichten-Weg. Die Queues liegen entweder auf der Maschine des End-Nutzers oder auf dem Server.

Die Abbildung 8.12 zeigt wieder die Nutzung von MQI und der Message-Channels.

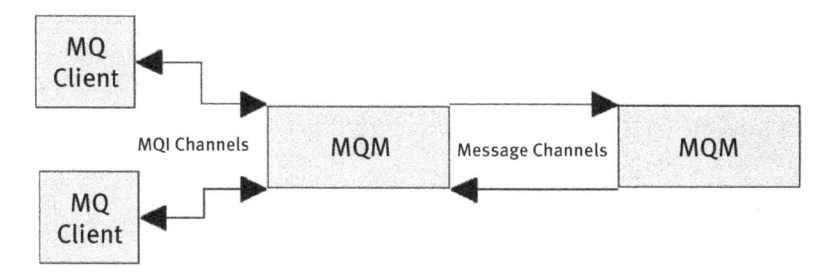

Abbildung 8.12: MQI und Message-Channels.

- *MQI-Channels* verbinden Klienten mit einem Queue-Manager in einer Server-Maschine. Alle WebSphere MQ-Objekte für den Klient befinden sich auf dem Server. MQI-Channels sind schneller als Message-Channels.
- Ein *Message-Channel* verbindet einen Queue-Manager mit einem anderen Queue-Manager. Letzterer kann auf derselben oder auf einer andern Maschine residieren.

Die drei verschiedenen Rechner-Typen sind:
- *WebSphere MQ-Client*
  Ein Client-Rechner besitzt keinen eigenen Queue-Manager. Er teilt einen Queue-Manager in einem Server mit anderen Klienten. Alle WebSphere MQ-Objekte befinden sich auf dem Server. Da die Verbindung zwischen Klient und Server synchron ist, kann die Applikation nicht laufen, wenn die Kommunikation unterbrochen ist. Solche Maschinen werden als Slim-Clients bezeichnet.
- *WebSphere MQ-Server*
  Ein Rechner kann als Klient und als Server arbeiten. Ein Server implementiert einen Zwischen-Knoten innerhalb anderer Knoten. Er bedient Klienten, die keinen Queue-Manager haben und verwaltet den Nachrichtenfluss zwischen seinen Klienten, seinen eigenen und den zwischen ihm und anderen Servern. Zusätzlich zu der Server-Software kann auch die des Klienten installiert werden. Diese Konfiguration wird in einer Applikations-Entwicklungsumgebung verwendet.
- *Leaf-Node*
  WebSphere MQ für Windows wurde für die Nutzung durch einen Single-User entworfen. Dieses System hat seinen eigenen Small Footprint-Queue-Manager mit eigenen Objekten. Es ist aber kein *Intermediate Node* und heißt *Leaf Node*. Man kann es auch als *Fat-Client* bezeichnen. Dieses Produkt ist in der Lage, ausgehende Nachrichten in eine Warteschlange einzureihen, wenn die Verbindung zu einem Server oder Host nicht verfügbar und eingehende Messages, wenn die entsprechende Applikation nicht aktiv ist.

8.7 WebSphere MQ-Architektur

Die Bausteine und die Gesamtarchitektur von WebSphere MQ ist in der Abbildung 8.13 wiedergegeben. Das Applikations-Programm benutzt das *Message Queue Interface (MQI)*, um mit dem Queue-Manager zu kommunizieren. Das MQI wird in Kapitel 8.11 detaillierter beschrieben. Das Queuing-System besteht aus folgenden Teilen:
- *Queue-Manager (MQM),*
- *Listener,*
- *Trigger-Monitor,*
- *Channel-Initiator,*
- *Message Channel Agent (MCA oder Mover).*

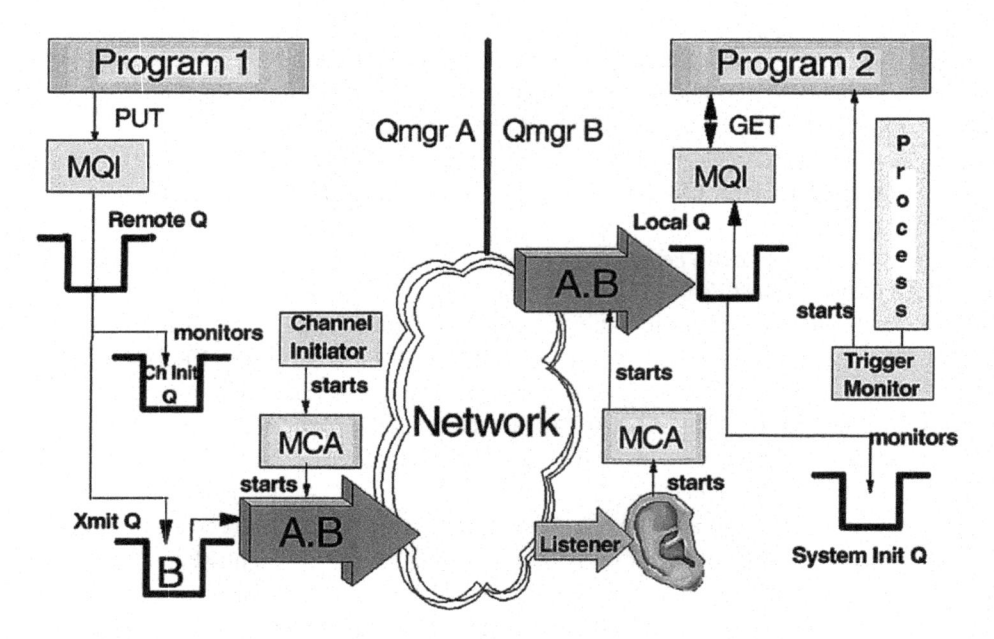

Abbildung 8.13: Bausteine und die Gesamtarchitektur von WebSphere MQ.

Wenn das Anwendungsprogramm eine Message auf eine Queue legen möchte, gibt es einen *MQPUT-API-Call* aus. Letzterer ruft das MQI auf. Der Queue-Manager überprüft, ob die im Ruf referenzierte Queue *local* oder *remote* ist. Wenn es sich um eine Remote-Queue handelt, wird die Message in der *Transmission-Queue (Xmit)* abgelegt. Der Queue-Manager addiert einen Header hinzu, der Informationen der Remote-Queue-Definition sowie den Namen des Ziel-Queue-Managers und der Ziel-Queue enthält. Dabei muss jede Remote-Queue mit einer Xmit-Queue verbunden werden. Normalerweise benutzen alle Messages, die für eine Remote-Maschine bestimmt sind, dieselbe Xmit-Queue.

Die Übertragung erfolgt über *Channels*, die manuell oder automatisch gestartet werden können. Für den automatischen Start eines Channels muss die Xmit-Queue mit einer *Channel-Initiation-Queue* verbunden werden. Aus der Abbildung 8.13 ist erkennbar, dass der Queue-Manager eine Nachricht auf die Xmit-Queue und eine andere Nachricht auf die Channel-Initiation-Queue legt. Letztere Queue wird überwacht durch den *Channel-Initiator*. Dieser stellt ein WebSphere MQ-Programm dar, das für die Überwachung der Initiation-Queues laufen muss. Wenn der Channel-Initiator eine Message in der Initiation-Queue erkennt, startet er den *Message Channel Agent* für den bestimmten Channel. Dieses Programm bewegt die Nachricht über das Netzwerk zu einer anderen Maschine, indem es den Senderteil des *unidirektionalen Message-Channel-Paares* benutzt.

Auf der Empfangsseite muss ein Listener-Programm gestartet werden. Der Listener, der auch mit WebSphere MQ geliefert wird, überwacht einen speziellen Port, der für WebSphere MQ standardmäßig mit 1414 festgelegt ist. In dem Fall, dass eine Message eintrifft, startet er den Message-Channel-Agent. Letzterer bewegt die Message in die spezielle lokale Queue, wobei er den Empfängerteil des Message-Channel-Paares verwendet. Beide Channel-Definitionen, Sender und Empfänger, müssen denselben Namen tragen. Für die Antwort wird ein anderes Message-Channel-Paar gebraucht.

Das Programm, das die eintreffende Message verarbeitet, kann manuell oder automatisch gestartet werden. Um das Programm automatisch zu starten, ist es notwendig, eine Initiation-Queue und einen Prozess mit der lokalen Queue zu verbinden. Zusätzlich muss sich der *Trigger-Monitor* im Zustand *Run* befinden. Wenn das Programm automatisch startet, legt der MCA die eintreffende Message in die lokale Queue und eine *Trigger-Message* in die Initiation-Queue. Letztere Queue wird von dem Trigger-Monitor überwacht. Dieses Programm ruft das Applikations-Programm auf, das in der Prozess-Definition spezifiziert ist. Die Applikation gibt einen MQGET-API-Call aus, um die Message von der lokalen Queue zu finden.

8.8 Kommunikation zwischen Queue-Managern

Ausgangspunkt bilden die *Message-Channels* für die Kommunikation zwischen Queue-Managern in der Abbildung 8.12. Der Mechanismus ist in der Abbildung 8.14 dargestellt, und die notwendigen WebSphere MQ-Definitionen können der Abbildung 8.15 entnommen werden. Jede Maschine verfügt über einen installierten Queue-Manager und jeder Queue-Manager verwaltet verschiedene lokale Queues. Die für einen Remote-Queue-Manager bestimmten Nachrichten werden in einer Remote-Queue abgelegt. Letztere stellt keine reale Queue dar, sie ist die Definition einer lokalen Queue in der Remote-Maschine. Die Remote-Queue wird mit einer Transmission (Xmit)-Queue, die eine lokale Queue implementiert, verbunden. Gewöhnlich existiert eine Xmit-Queue für jeden Remote-Queue-Manager.

Eine Transmission-Queue wird mit einem Message-Channel verknüpft. Diese Channels sind unidirektional, d. h. es müssen zwei Channels für eine Konversations-Kommunikation definiert werden. Jeder Channel muss zweimal definiert werden, einmal in dem System, das die Nachricht sendet (*Sender-Channel*) und einmal in dem System, das die Nachricht empfängt (*Receiver-Channel*). Jedes Channel-Paar (Sender und Receiver) besitzen denselben Namen. Dieses Scenario ist in der Abbildung 8.14 dargestellt.

8.8.1 Definition der Verbindung zwischen zwei Systemen

Für die Verbindung von zwei Queue-Managern sind in jedem System notwendig. Eine *Remote-Queue-Definition,* die die lokale Queue in der Empfänger-Maschine spiegelt und sie mit einer Transmission-Queue (Q1 im System A und Q2 im System B) verbindet.
- Eine *Transmission-Queue,* die alle für das Remote-System bestimmten Messages solange enthält, bis der Kanal sie überträgt (QMB im System A und QMA im System B).
- Ein *Send Channel,* der Nachrichten von der Xmit-Queue bekommt und diese zum anderen System durch das existierende Netzwerk überträgt (QMA.QMB im System A und QMB.QMA im System B).
- Ein *Receiver Channel,* der die Nachrichten empfängt und sie in einer lokalen Queue (QMB.QMA im System A und QMA.QMB im System B) ablegt; Receiver Channels

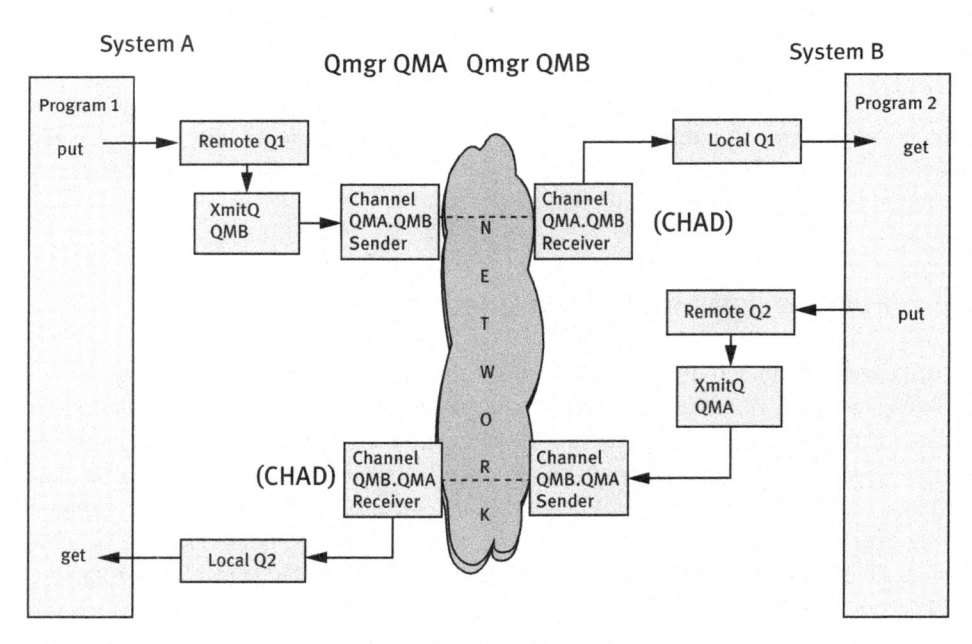

Abbildung 8.14: Kommunikation zwischen zwei Queue-Managern.

können durch den Queue-Manager automatisch gestartet werden, wenn die Channel-Auto-Definition (CHAD) aktiviert ist.
- Eine lokale Queue, von der das Programm seine Messages erhält (Q2 im System A und Q1 im System B).

In jedem System müssen geeignete *Queue-Manager-Objekte* definiert werden. Das erfolgt mit Hilfe zweier Script-Files (siehe Abbildung 8.15).

Beim *Clustering* müssen die Transmission-Queues nicht definiert werden. Es existiert nur eine Transmission-Queue pro Queue-Manager und diese wird automatisch erzeugt, wenn der Queue-Manager generiert wird. Es müssen auch keine Kanäle definiert werden, weder Sender- noch Receiver-Channels; sie werden bei Bedarf automatisch erzeugt.

System A (QMA)	System B (QMB)
DEFINE QREMOTE(Q1) + RNAME(Q1) RQMNAME(QMB) + XMITQ(QMB)	DEFINE QLOCAL(Q1)
DEFINE QLOCAL(QMB) + USAGE(xmitq)	
DEFINE CHANNEL(QMA.QMB) + CHLTYPE(sdr) + XMITQ(QMB) + TRPTYPE(tcp) + CONNAME(9.24.104.123)	DEFINE CHANNEL(QMA.QMB) + CHLTYPE(rcvr) + TRPTYPE(tcp)
DEFINE QLOCAL(Q2)	DEFINE QREMOTE(Q2) + RNAME(Q2) RQMNAME(QMA) + XMITQ(QMA)
	DEFINE QLOCAL(QMA) + USAGE(xmitq)
DEFINE CHANNEL(QMB.QMA) + CHLTYPE(rcvr) + TRPTYPE(tcp)	DEFINE CHANNEL(QMB.QMA) + CHLTYPE(sdr) + XMITQ(QMA) + TRPTYPE(tcp) CONNAME(ABC1)

Abbildung 8.15: WebSphere MQ Objekt-Definition zwischen zwei Queue-Managern.

8.8.2 Manueller Kommunikations-Start

Primär müssen die Objekte dem Queue-Manager bekannt gegeben werden. Es wird RUNMQSC benutzt, um die Objekte zu generieren. Dabei muss sicher gestellt sein, dass sich der Queue-Manager im Zustand *Run* befindet. Im nächsten Schritt starten die Listener und die Kanäle. Der Anwender muss nur den Sender-Channel in jedem

System starten. WebSphere MQ startet den Receiver-Channel. Die Kommandos zum Start von Listener und Kanal für den Queue-Manager QMA sind:

```
strmqm QMA
start runmqlsr -t tcp -m QMA -p 1414
runmqsc
start channel (QMA.QMB)
end
```

Mit dem ersten Kommando erfolgt der Start des Queue-Managers QMA. Das nächste Kommando startet den Listener. Es hört im Interesse von QMA den Port 1414 ab. Als Übertragungsprotokoll dient TCP/IP. Das dritte Kommando startet runmqsc im interaktiven Modus. Der Channel QMA.QMB wird durch runmqsc gestartet. Für den anderen Queue-Manager gelten äquivalente Kommandos. Die Applikationen müssen in beiden Systemen gestartet werden.

8.8.3 Automatischer Kommunikations-Start

Mit Hilfe des Channel-Initiators können die Kanäle gestartet werden. Anstatt der obigen Kommandos im Fall des manuellen Kommunikations-Starts gibt man folgende Anweisungen ein (Windows, Unix, OS/2):

```
start runmqlsr -t tcp -m QMA -p 1414
start runmqchi
```

Das erste Kommando startet den Listener und mit dem zweiten Kommando erfolgt der Start des Channel-Initiator-Programms. Der Channel-Initiator überwacht eine Channel-Initiation-Queue und startet den geeigneten Kanal, um die Message einzulesen. Die Default-Initiation-Queue bildet SYSTEM.CHANNEL.INITQ.

Eine andere Möglichkeit, den Channel-Initiator zu starten, bietet das Kommando RUNMQSC (Windows, Unix, OS/2). Folgende Kommandos sind anzuwenden:

```
start chinit
```
oder
```
start chinit initq (SYSTEM.CHANNEL.INITQ)
```

Um die Transmission-Queue zu triggern, werden drei Parameter hinzugefügt (unten fett-geduckt):

```
DEFINE QLOCAL ( A.TO.B ) REPLACE +
      USAGE ( xmitq ) +
      TRIGGER
      TRIGTYPE ( every ) +
      INITQ ( SYSTEM.CHANNEL.INITQ ) +
      DESCR ( ‚Xmit QUEUE' )
```

Der Queue-Manager kann den Prozess, der das Channel-Programm startet, unterschiedlich triggern, d. h. dafür gibt es drei Möglichkeiten:
- Wenn die erste Message auf die Transmission-Queue gelegt wird.
- Jedesmal, wenn eine Message auf die Xmit-Queue gelegt wird.
- Wenn die Queue eine spezifische Anzahl von Messages enthält.

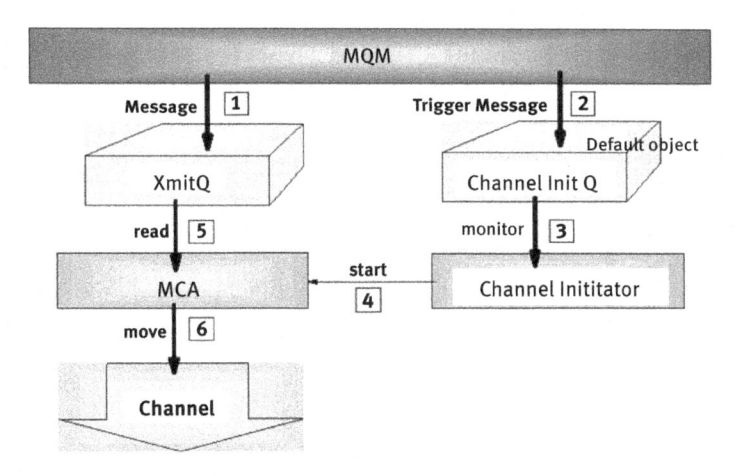

Abbildung 8.16: Trigger-Ablauf.

Die Abbildung 8.16 zeigt den Trigger-Ablauf:

Das Programm gibt ein MQPUT an eine Remote-Queue aus und stellt eine Message in die Transmission-Queue.

4. Wenn der Queue-Manager eine Message auf die Transmission-Queue legt, überprüft er den Trigger-Typ, der in der Queue-Definition spezifiziert ist. Abhängig von dieser Definition und davon, wieviele Messages in der Queue sind, kann er eine zusätzliche Message in der Channel-Initiation-Queue ablegen. Diese *Trigger-Message* ist für den Nutzer transparent.

5. Da der Channel-Initiator früher gestartet wurde, z. B. zur Boot-Zeit, überwacht er die Channel-Initiation-Queue und entfernt die Trigger-Message.
6. Der Channel-Initiator startet den Message-Channel-Agent (Mover).
7. Das Channel-Programm erhält die Message aus der Transmission-Queue und ruft eine *Channel-Exit-Routine* auf, wenn diese spezifiziert ist.
8. Die Message wird dann über das Netzwerk zu ihrem Ziel transportiert.

8.9 Triggern von Applikationen

Beim Eintreffen auf einer Queue können die Nachrichten (Messages) automatisch eine Anwendung starten. Dabei wird ein Mechanismus benutzt, der als *Triggering* bezeichnet wird. Die Anwendungen können wenn notwendig auch in Abhängigkeit von dem Verarbeitungszustand der Nachrichten gestoppt werden.

Der Trigger-Mechanismus, d. h. wie ein Applikations-Programm, das auf der Server-Maschine läuft, getriggert werden soll, ist in der Abbildung 8.17 skizziert. Dabei können das Triggering und die getriggerten Anwendungen unter demselben oder unterschiedlichen Queue-Managern laufen.

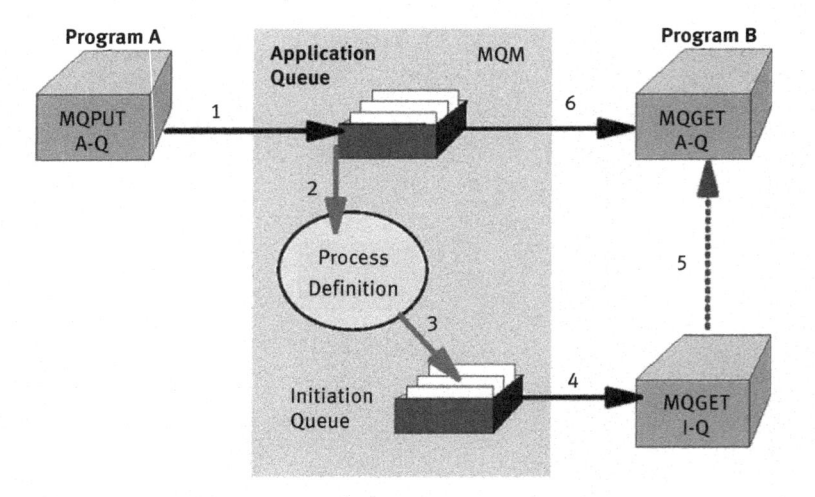

Abbildung 8.17: Triggern einer Applikation.

In der Abbildung 8.17 sendet das Programm A eine Nachricht an A-Q und soll vom Programm B verarbeitet werden. Der *WebSphere MQ-Trigger-Mechanismus* funktioniert wie folgt:
9. Programm A gibt ein MQPUT aus und legt eine Message in A-Q für Programm B.
10. Der Queue-Manager verarbeitet diesen API-Call und legt die Message in die Application-Queue.

11. Er findet auch heraus, dass die Queue getriggert wird. Er erzeugt eine Trigger-Message und sieht in der Process-Definition nach, um den Namen der Applikation zu finden und ihn in die Trigger-Message zu schreiben. Die Trigger-Message wird in die Initiation-Queue gestellt.
12. Der Trigger-Monitor bekommt die Trigger-Message von der Initiation-Queue und startet das spezifizierte Programm.
13. Das Applikation-Programm startet und gibt ein MQGET aus, um die Message von der Application-Queue zu finden.

Zum *Triggern einer Applikation* sind folgende Definitionen notwendig:
- Die Ziel-Queue muss Trigger-Eigenschaften (fettgedruckt) besitzen:

```
DEFINE QLOCAL ( A-Q ) REPLACE +
   TRIGGER
   TRIGTYPE ( first ) +
   INITQ ( SYSTEM . DEFAULT . INITIATION . QUEUE ) +
   PROCESS ( proc1 )
   DESCR ( ‚This is a triggered queue' )
```

- Die Prozess-Definition (Abbildung 8.18–8.22), die mit der Ziel-Queue verbunden ist, kann wie folgt aussehen:

```
DEFINE PROCESS ( proc1 ) REPLACE +
   DESCR ( ‚Process to start server program') +
   APPLTYPE ( WINDOWSNT ) +
   APPLICID ( ‚ c: \ test \ myprog . exe ' )
```

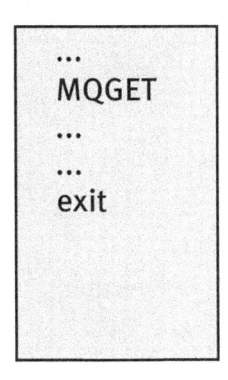

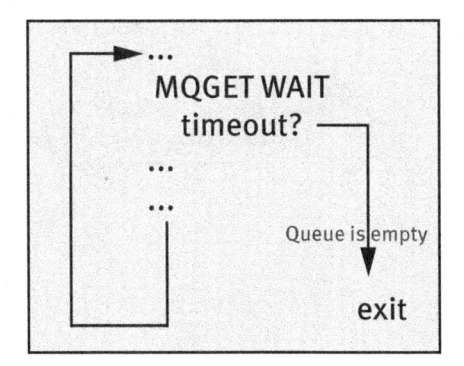

Abbildung 8.18: MQGET.

Die Wahl des Trigger-Types hängt davon ab, wie die Applikation geschrieben ist. Es gibt drei verschiedene Typen:
- *every*: Jedesmal, wenn eine Message in die Ziel-Queue geschrieben wird, wird auch eine Trigger-Message in der Initiation-Queue abgelegt. Dieser Typ ist zu verwenden, wenn das Programm nach der Verarbeitung einer Message oder Transaktion endet, wie oben links gezeigt ist.
- *first*: Eine Trigger-Message wird in die Initiation-Queue nur geschrieben, wenn die Ziel-Queue leer geworden ist. Das wird benutzt, wenn das Programm nur dann endet, wenn es keine weiteren Nachrichten in der Queue gibt, wie oben rechts gezeigt ist.
- *n messages*: Eine Trigger-Message wird in der Initiation-Queue abgelegt, wenn sich n Messages in der Target-Queue befinden. Beispiel: Ein Batch-Programm kann gestartet werden, wenn die Queue 1.000 Messages beinhaltet.

8.10 Kommunikation zwischen Klient und Server

Die Client/Server-Verbindung ist in der Abbildung 8.19 dargestellt. Diese zeigt, dass der WebSphere MQ-Client auf der Client-Maschine installiert ist. Klienten und Server werden über *MQI-Channels* miteinander verbunden. Ein *MQI-Channel* besteht aus einem Sender/Receiver-Paar, dem *sogenannten Client-Connection (CLNTCONN)-* und *Server-Connection (SVCONN)-Channel*.

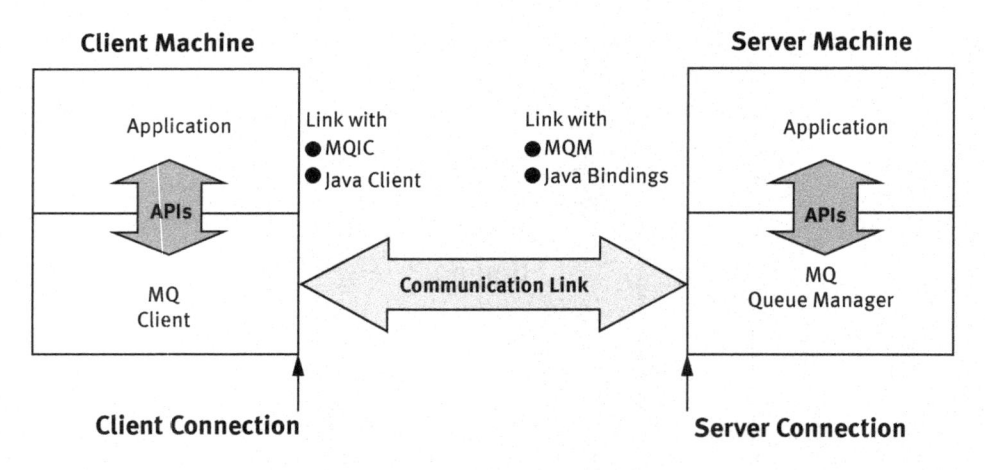

Abbildung 8.19: Client/Server Connection.

Für die Kommunikation ist es notwendig zu wissen, welches Übertragungs-Protokoll (zum Beispiel TCP/IP) benutzt und welcher Port vom Listener abgehört wird (1414 ist der Default-Port), zusätzlich ist die Adresse des Systems, mit dem die Verbindung hergestellt werden soll, notwendig. Als Adresse kann ein LU-Name, ein Host- bzw. Rechner-Name oder eine TCP/IP-Adresse spezifiziert werden.

Der *Client-Connection-Channel* wird als Umgebungs-Variable definiert, zum Beispiel:

```
set MQSERVER = CHAN1/TCP/9.24.104.206(1414)
```

- MQSERVER ist der Name der Umgebungs-Variable.
- CHAN1 ist der Name des Kanals, der für die Kommunikation zwischen Klient und Server verwendet wird. Dieser Kanal wird im Server definiert. WebSphere MQ erstellt ihn automatisch, sollte er nicht existieren.
- TCP bedeutet, dass TCP/IP für die Verbindung zu dem Rechner mit der folgenden Adresse benutzt werden soll.
- 1414 ist die Default-Port-Nummer für WebSphere MQ. Dieser Parameter kann weggelassen werden, wenn der Listener auf der Server-Seite diesen Default-Wert auch verwendet.

Die Definition auf dem Server sieht aus wie folgt:

```
DEFINE CHANNEL ( , CHAN1 ' ) CHLTYPE ( SVRCONN )
REPLACE +
    TRPTYPE ( TCP ) MCAUSER ( , ' )
```

Im WebSphere MQ-Client für Java werden die Umgebungs-Variablen im Applet-Code gesetzt. Ein Applet kann auf irgendeiner Maschine laufen (zum Beispiel auf einem Netzwerk-Rechner), es hat aber keinen Zugriff auf die Umgebungs-Variablen. Das Beispiel unten zeigt, welche Statements im Java-Programm enthalten sein müssen:

```
import com.ibm.mq.*;

MQEnvironment.hostname = „9.24.104.456";
MQEnvironment.channel = „CHAN1";
MQEnvironment.port = 1414;
```

8.10.1 Arbeit einer Client/Server-Verbindung

In Abbildung 8.20 werden zwei Klienten mit einem Server verbunden. Da MQI-Channels vom Typ Server Connection zwischen Klienten und Server existieren, benutzen alle Klienten den Queue-Manager auf der Server-Maschine. Wenn ein Klient eine Message auf eine Queue legt, muss diese von einem Programm gelesen und verarbeitet werden. Das Programm kann gestartet werden, wenn der Server startet oder der Queue-Manager kann es mit Hilfe des *WebSphere MQ-Triggering-Mechanismus* starten.

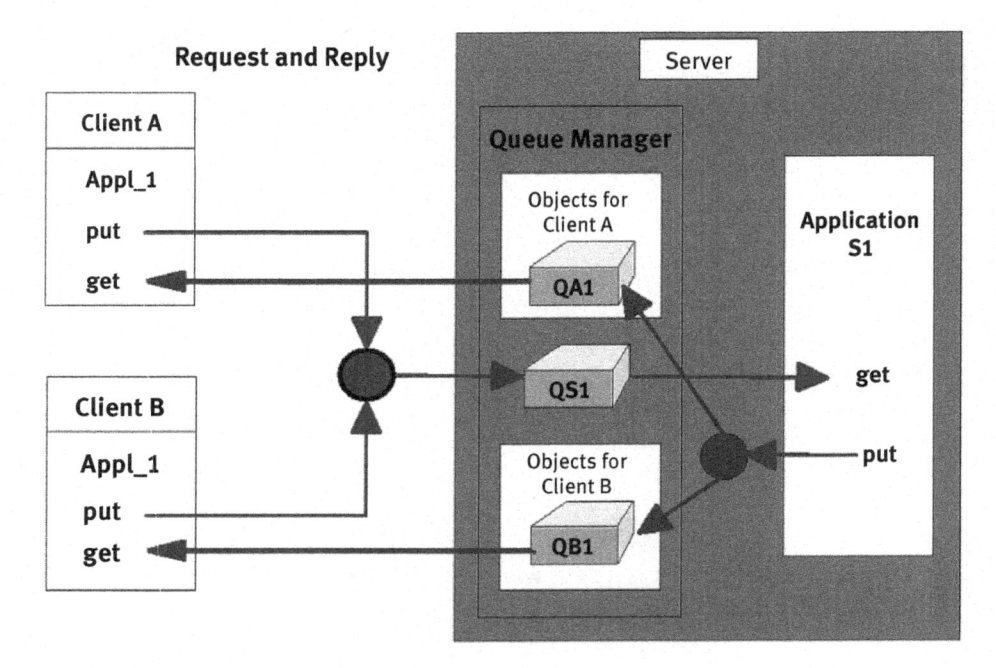

Abbildung 8.20: Client/Server-Kommunikation.

Beide Klienten in der Abbildung 8.20 fordern von demselben Programm (Applikation S1) Dienste an. Da die Anwendung auf demselben System wie der Queue-Manager läuft, sind nur lokale Queues vorhanden. Einige Queues sind speziell für einen Klient vorgesehen, zum Beispiel ist QA1 die Antwort-Queue für Klient A und QA2 die Antwort-Queue für Klient B. Andere Queues werden von beiden Klienten und dem Server verwendet. QS1 dient zum Beispiel als Output-Queue der Klienten A und B und als Input-Queue für das Server-Programm.

8.10.2 Senden eines Client-Requests

Der Klient startet ein Programm, das eine Nachricht auf eine Queue legt. Um diesen Vorgang auszuführen, werden fünf WebSphere MQ-API-Calls benötigt bzw. zur Ausführung gebracht:
- MQCONN, um die Verbindung zum Queue-Manager im Server herzustellen.
- MQOPEN, um die Message-Queue QS1 für den Ausgang zu öffnen.
- MQPUT, um eine Message in die Queue zu schreiben.
- MQCLOSE, um die QS1 zu schließen.
- MQDISC, um die Verbindung vom Queue-Manager zu trennen.

Das Programm kann natürlich viele Messages in der Queue ablegen, bevor sie geschlossen und abgetrennt wird. Das Schließen der Queue und die Trennung vom Queue-Manager kann erfolgen, wenn die Applikation beendet ist, weil es keine weiteren Messages zu verarbeiten gibt.

Der *WebSphere MQ-Client-Code*, der auf der Client-Maschine läuft, verarbeitet die API-Calls und routet sie zu der in der Umgebungs-Variablen definierten Maschine.

8.10.3 Empfang des Requests durch den Server

In der Server-Maschine werden folgende Queue-Manager-Objekte gebraucht:
– *Channel* vom Typ *Server Connection*.
– Eine *lokale Queue*, hier QS1, in die Klienten ihre Messages stellen können.
– Eine *Initiation-Queue*, in die der Queue-Manager eine Trigger-Message ablegen kann, wenn ein Request die Queue QS1 erreicht. Dabei kann die Default-Initiation-Queue benutzt werden.
– Eine *Process-Definition*, die den Namen des Programms enthält, wird gestartet, wenn der Trigger-Event (S1) erscheint.
– Eine oder mehrere Queues, in denen das Programm die Response-Messages (QA1und QB1) abspeichert.

In der Server-Maschine müssen zwei Programme gestartet werden: *Listener und Trigger-Monitor*. Der Listener hört Nachrichten auf dem Channel ab und legt diese auf die Queue QS1. Da QS1 getriggert wird, legt der MQM jedesmal eine *Trigger-Message* auf der *Trigger-Queue* ab, wenn eine Message in QS1 abgespeichert wird. In dem Fall, dass eine Nachricht auf der Trigger-Queue platziert wird, startet der Trigger-Monitor das im Prozess definierte Programm.

Das Server-Programm S1 stellt die Verbindung zum Queue-Manager her, öffnet die Queue S1 und gibt ein MQGET aus, um die Message zu lesen.

8.10.4 Sender einer Server-Antwort

Nach der Verarbeitung eines Requests legt der Server die Antwort in die *Antwort-Queue* des Klienten. Dafür muss er die *Output-Queue* (QA1 oder QB1) öffnen und ein MQPUT ausgeben.

Da verschiedene Klienten dieselbe Server-Applikation benutzen, ist es ratsam, dem Server eine *Rückkehr-Adresse* zu geben, d. h. die Namen der Queue und des Queue-Managers, der die Response-Message empfängt. Diese Felder befinden sich im Header der Request-Message, die der Reply-to-Queue-Manager und die Reply-to-Queue (d. h. QA1 oder QB1) enthalten. Das Client-Programm ist dafür verantwortlich, diese Werte zu spezifizieren.

Im Normalfall bleibt das Server-Programm aktiv und wartet zumindest eine bestimmte Zeit auf mehr Nachrichten. Diese Wartezeit kann in der Wait-Option des MQGET API festgelegt werden.

8.10.5 Empfang der Antwort durch den Klienten

Das Client-Programm kennt den Namen seiner *Input-Queue*, in diesem Fall QA1 oder QB1. Die Applikation kann zwei *Kommunikations-Modi* verwenden:
- *synchron (konversational):*
  Wenn die Applikation diesen Kommunikations-Modus mit dem Server-Programm benutzt, wartet sie auf die eintreffende Message, bevor sie die Verarbeitung fortsetzt. Das bedeutet, dass die Antwort-Queue geöffnet und ein MQGET mit Wait-Option ausgegeben wird.
  Die Client-Applikation muss in der Lage sein, mit zwei verschiedenen Möglichkeiten umzugehen:
    - Die Messages kommen in der Zeit an.
    - Der Timer läuft ab, es erscheint aber keine Message.
- *rein asynchron:*
  Wenn dieser Modus verwendet wird, interessiert es den Klienten nicht, wann die Request-Message ankommt. Normalerweise betätigt der Anwender einen Knopf im Window-Menü zur Aktivierung eines Programms, das die Antwort-Queue auf Nachrichten überprüft. Wenn eine solche vorhanden ist, kann dieses oder ein anderes Programm die Antwort verarbeiten.

8.11 Das Message Queuing Interface (MQI)

Ein Programm redet direkt mit seinem Queue-Manager. Er residiert auf demselben Prozessor oder Domäne (für Klienten) wie das Programm selbst. Letzteres benutzt das *Message Queuing Interface* (MQI), das aus einer Menge von API-Calls besteht, die wieder Dienste vom Queue-Manager anfordern.

Wenn die Verbindung zwischen einem Klient und seinem Server unterbrochen ist, können keine API-Calls ausgeführt werden, da sich alle Objekte auf dem Server befinden.

Insgesamt existieren 13 APIs; diese sind in der Abbildung 8.21 aufgelistet. Die wichtigsten davon sind MQPUT und MQGET. Alle anderen werden weniger häufig verwendet.

8.11 Das Message Queuing Interface (MQI) — 439

MQCONN	Connect to a queue manager
MQDISC	Disconnect from a queue manager
MQOPEN	Open a specific queue
MQCLOSE	Close a queue
MQPUT	Put a message on a queue
MQGET	Get a message from a queue
MQPUT1	MQOPEN + MQPUT + MQCLOSE
MQINQ	Inquire properties of an object
MQSET	Set properties of an object
MQCONNX	Standard or fastpath bindings
MQBEGIN	Begin a unit work (database coordination)
MQCMIT	Commit a unit of work
MQBACK	Back out

Abbildung 8.21: WebSphere MQ APIs.

Es folgen Kommentare zu den verschiedenen APIs:
- **MQCONN** stellt eine Verbindung mit einem Queue-Manager mit Hilfe von Standard-Links her.
- **MQCONNX** realisiert eine Verbindung mit einem Queue-Manager über *schnelle Verbindungswege (Fastpath)*. Fastpath-PUTs und -GETs sind schneller, die Anwendung muss aber gut ausgetestet werden. Die Applikation und der Queue-Manager laufen in demselben Prozess. Wenn die Anwendung zusammenbricht, fällt auch der Queue-Manager aus.
- **MQBEGIN** startet eine Arbeitseinheit, die durch den Queue-Manager koordiniert wird und externe *XA-kompatible* Ressource-Manager enthalten kann. Dieses API ist mit WebSphere MQ Version 5 eingeführt worden. Es wird für die Koordinierung der Transaktionen, die Queues (MQPUT und MQGET unter Syncpoint-Bedingung) und Datenbank-Updates (SQL-Kommandos) verwenden.
- **MQPUT1** öffnet eine Queue, legt eine Message darauf ab und schließt die Queue wieder. Dieser API-Call stellt eine Kombination von MQOPEN, MQPUT und MQCLOSE dar.
- **MQINQ** fordert Informationen über den Queue-Manager oder über eines seiner Objekte an, wie z. B. die Anzahl der Nachrichten in einer Queue.
- **MQSET** verändert einige Attribute eines Objekts.
- **MQCMIT** gibt an, dass ein Syncpoint erreicht worden ist. Die als Teil einer Arbeitseinheit abgelegten Messages werden für andere Applikationen verfügbar gemacht. Zurück gekommene Messages werden gelöscht.
- **MQBACK** teilt dem Queue-Manager alle zurück gekommenen PUT- und GET-Nachrichten seit dem letzten Syncpoint mit. Die abgelegten Messages als Teil einer Arbeitseinheit werden gelöscht. Zurück gekommene Messages werden wieder auf der Queue abgelegt.
- **MQDISC** schließt die Übergabe einer Arbeitseinheit ein. Das Beenden eines Programms ohne Unterbrechung der Verbindung zum Queue-Manager verursacht ein *rollback* (MQBACK).

8.12 WebSphere Code-Fragment

Das Code-Fragment zeigt die APIs, die eine Message auf eine Queue legen und die Antwort von einer anderen Queue erhalten. Die Felder CompCode und Reason enthalten fertig-erstellten Code für die APIs. Dieser ist der *Application Programming Reference* zu entnehmen.

Kommentare zu diesem Code-Fragment:
1. Diese Statements verbinden die Applikation mit dem Queue-Manager MYQMGR (Name). Wenn der Parameter QMName keinen Namen enthält, dann wird der Default-Queue-Manager benutzt. MQ speichert den Queue-Manager-Zugriff in der Variablen HCon ab. Dieser Zugriff muss in allen anschließenden APIs verwendet werden.
2. Um eine Queue zu öffnen, muss der Queue-Name in den für diese Queue geltenden *Objekt-Descriptor* bewegt werden. Dieses Statement öffnet QUEUE1 nur zum Ausgang (*Open-Option MQOO_OUTPUT*). Der Zugriff zu der Queue und Werten in dem Objekt-Descriptor wird zurückgegeben. Der Zugriff Hobj1 muss in MQPUT spezifiziert werden.
3. MQPUT platziert die übersetzte Message in einem Puffer auf der Queue. Die Parameter für MQPUT sind:
   - Der Zugriff des Queue-Managers (von MQCONN),
   - der Zugriff der Queue (von MQOPEN),
   - der Message-Descriptor,
   - eine Struktur, die Optionen für PUT enthält (s. Application Programming Reference),
   - die Message-Länge,
   - der die Daten enthaltende Puffer.
4. Dieses Statement schließt die Ausgangs-Queue. Da die Queue vordefiniert wird, erfolgt kein Schließen (MQOC_NONE).
5. Dieses Statement öffnet QUEUE2 zur Eingabe nur, wenn die Queue-definierten Standards benutzt werden. Man kann eine Queue auch zum Browsen öffnen, d.h dass die Message nicht entfernt wird.
6. Für das Get wird die *Nowait*-Option verwendet. Das MQGET benötigt die Puffer-Länge als Eingangs-Parameter. Da keine *Message-ID* oder spezifizierte *Correlation-ID* existiert, wird die erste Message von der Queue gelesen. Dabei kann ein *Wait-Intervall* (in Millisekunden) angegeben werden. Man kann den Rückkehr-Code prüfen, um herauszufinden, ob die Zeit abgelaufen und keine Nachricht eingetroffen ist.
7. Dieses Statement schließt die Eingangs-Queue.
8. Die Applikation wird vom Queue-Manager getrennt.

8.12 WebSphere Code-Fragment

```
MQCONN    HCON;                        // Connection handle
MQHOBJ    HObj1;                       // Object Handle for queue 1
MQHOBJ    HObj2;                       // Object Handle for queue 2
MQLONG    CompCode, Reason;            // Return Codes
MQOD      od1 = {MQOD_DEFAULT};        // Object Descriptor for queue 1
MQOD      od2 = {MQOD_DEFAULT};        // Object Descriptor for queue 2
MQMD      md = {MQMD_DEFAULT};         // Message Descriptor
MQPMO     pmo = {MQPMO_DEFAULT};       // Put message options
MQGMO     gmo = {MQGMO_DEFAULT};       // Get message options
:
// 1  Connect application to a queue maneger
strcpy    (QMName, „MYQMGR");
MQCONN    (QMName, &HCon, &CompCode, &Reason);

// 2  Open a queue for output
strcpy    (od1.ObjectName, „QUEUE1");
MQOPEN    (HCon, &od1, MQOO_OUTPUT, &Hobj1, &CompCode, &Reason);

// 3  Put a message on the queue
MQPUT     (HCon, Hobj1, &md, &pmo, 100, &buffer, &CompCode, &Reason);

// 4  Close the output queue
MQCLOSE   (HCon, &Hobj1, MQCO_NONE, &CompCode, &Reason);

// 5  Open input queue
options = MQCO_INPUT_AS_Q_DEF;
strcpy    (od2.ObjectName, „QUEUE2");
MQOPEN    (HCon, &od2, options, &Hobj2, &CompCode, &Reason);

// 6  Get Message
gmo.Options = MQGMO_NO_WAIT;
buflen = sizeof(buffer-1);
memcpy    (md.MsgId, MQMI_NONE, sizeof(md.MsgId);
memset    (md.CorrelId, 0x00, sizeof(MQBYTE24));
MQGET     (HCon, &Hobj2, &md, &gmo, buflen, buffer, 100, MQOPEN,
&CompCode, &Reason);

// 7  Close the input queue
options = 0;
MQCLOSE   (HCon, &Hobj2, options, &CompCode, &Reason);

// 8  Disconnect from queue manager
MQDISC    (HCon, &CompCode, &Reason);
```

Abbildung 8.22: Code-Fragment.

8.13 WebSphere MQ WWW-Interface-Nutzung

8.13.1 WebSphere MQ Internet Gateway

Das *WebSphere MQ Internet Gateway* implementiert eine Brücke zwischen dem *synchronen World Wide Web* und den *asynchronen WebSphere MQ-Anwendungen*. Zusammen mit dem Gateway liefern Web Server-Software und WebSphere MQ einen Web-Browser mit Zugriff auf WebSphere MQ-Applikationen. Das bedeutet, dass Industrie-Unternehmen die Vorteile des kostengünstigen Zugriffs zum globalen Markt, der vom Internet bereitgestellt wird, begünstigt durch die robuste Infrastruktur und den zuverlässigen Nachrichtendienst von WebSphere MQ in Anspruch nehmen können.

Die Nutzer-Wechselwirkung mit dem Gateway erfolgt durch die *HTML-POST-Requests*. WebSphere MQ-Anwendungen antworten, indem sie HTML-Seiten zu dem Gateway über eine WebSphere MQ-Queue zurückgeben. Das WebSphere MQ Internet Gateway kann auf den Systemen z/OS, AIX, OS/2, Solaris, HP-UX oder Windows installiert werden. Das Gateway unterstützt die Interfaces CGI, ICAPI, ISAPI und NSAPI auf diesen Plattformen mit den Ausnahmen: HP-UX unterstützt NSAPI nicht, sondern nur CGI.

Die Web-Seite der WebSphere MQ-Produkt-Familie liegt unter

http://www.ibm.com/software/integration/wmq

8.14 Übungsbeispiel Message Queues

In dieser Aufgabe legen wir uns eine Message Queue an, schicken an diese Nachrichten und lesen diese danach wieder aus.

Anwendung 26

Hinweis: Dieses Tutorial wurde unter Verwendung der Benutzer-ID „PRAKT20" erstellt. In allen Dateinamen müssen Sie „PRAKT20" durch ihre eigene Benutzer-ID ersetzen. Außerdem wird oft in den Erklärungen PRAKTxx verwendet, wobei die xx ihre Praktikumsnummer sein soll. Wenn Sie eine dreistellige Praktikumsnummer haben, verwenden Sie bitte PRAKxxx.

Aufgabe: Arbeiten Sie nachfolgendes Tutorial durch.

WebSphere MQ

Für kommerzielles Messaging und Queuing stellt WebSphere MQ (früher MQSeries) ein nahezu Plattform-unabhängiges Middleware-Produkt dar. Es wird besonders in Hochgeschwindigkeits-Implementierungen von verteilten Anwendungen benutzt. WebSphere MQ-Applikationen können mit minimalem Aufwand entwickelt und getestet werden.

Da WebSphere MQ auf einer Vielzahl von Plattformen lauffähig ist, können Programme infolgedessen miteinander über ein Netzwerk von unterschiedlichen Komponenten, wie z. B. Prozessoren, Subsystemen, Betriebssystemen und Kommunikations-Protokollen kommunizieren (Abbildung 8.23). WebSphere MQ-Programme verwenden ein konsistentes Application Program Interface (API) auf allen Plattformen. In der Abbildung 8.25 sind die Haupt- Komponenten einer WebSphere MQ-Anwendung dargestellt.

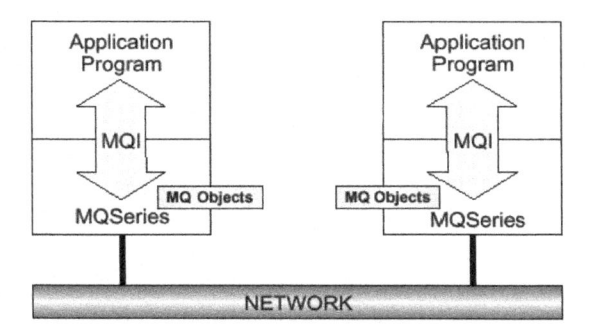

Abbildung 8.23: WebSphere MQ während der Laufzeit.

WebSphere MQ ermöglicht die Kommunikation zwischen verschiedenen Anwender-Programmen. Ein Programm A stellt eine Nachricht zur Verfügung und schreibt diese in eine Queue. Das Programm B liest diese Nachricht aus der Queue und verarbeitet sie.

Die Programme A und B verwenden jeweils eine besondere Anwendungsprogrammier- Schnittstelle (API, Application Programming Interface), um Nachrichten in die Queue zu schreiben bzw. aus der Queue zu lesen. Das WebSphere MQ-API wird Message Queue Interface (MQI) genannt.

Möglicherweise läuft Programm B gerade nicht, wenn Programm A eine Nachricht in die Queue stellt. In diesem Fall speichert die Queue die Nachricht, bis das Programm B gestartet wird und diese abrufen kann. Andererseits kann Programm A nicht mehr aktiv sein, wenn Programm B die Nachricht aus der Queue abruft. Für WebSphere MQ besteht keine Notwendigkeit, dass beide kommunizierende Programme gleichzeitig aktiv sein müssen, d. h. WebSphere MQ ermöglicht eine asynchrone Verarbeitung.

Bevor wir uns der eigentlichen Aufgabe zuwenden, müssen einige Objekte bzw. Definitionen getroffen werden, mit denen WebSphere MQ arbeitet.

8.14.1 Message
Eine Message besteht aus zwei Teilen:
- Daten, die vom einem Programm zu einem anderen gesendet werden
- Message-Deskriptor oder Message-Header

Der Message-Deskriptor identifiziert die Message (Message-ID) und enthält Steuerinformationen (Attribute), wie z. B. Message-Type, Zeit-Ablauf, Korrelations-ID, Priorität und Namen der Antwort-Queue.

Eine Message kann bis zu 4 MByte oder 100 MByte lang sein. Die Länge ist von der benutzten WebSphere MQ-Version abhängig. MQSeries-Version 5 (für verteilte Plattformen) unterstützt eine maximale Message-Länge von 100 MByte. Auf unserer z/OS 1.8 LPAR an der Universität Leipzig ist WebSphere MQ Vers.6.0 installiert.

8.14.2 Queue Manager

Die WebSphere MQ-Software, der die Queues zugeordnet sind und die diese verwaltet, wird als Queue Manager bezeichnet. Der Queue Manager (QMGR) verwaltet die zu WebSphere MQ gehörenden Objekte, z. B. Queues, Channels, Prozesse usw.

Ein Queue Manager stellt zusätzlich das Message Queue Interface (MQI) zur Verfügung. Über das MQI greift eine Anwendung auf ihre Queues und die dort enthaltenen Nachrichten zu. Das MQI implementiert eine einfache Anwendungsprogrammier-Schnittstelle, die für alle unterstützten Plattformen einheitlich ist. Durch das MQI werden Anwendungen vom Queue Manager getrennt.

Eine Anwendung muss zunächst eine Verbindung zu einem Queue Manager herstellen, bevor sie auf seine Ressourcen zugreifen kann. Dafür gibt es den Aufruf MQCONN oder MQCONNX. Wenn die Anwendung keine Verbindung zum Queue Manager mehr benötigt, wird diese mit MQDISC abgebaut.

Um auf eine Queue zuzugreifen, muss eine Anwendung zunächst diese Queue öffnen. Letzteres erfolgt mit Hilfe des Aufrufs MQOPEN. Mit MQCLOSE wird dieser Zugriff beendet und die Queue wieder geschlossen.

Bei geöffneter Queue benutzt die Anwendung den Aufruf MQPUT, um eine Nachricht in eine Queue zu schreiben. Mit dem Aufruf MQGET kann eine Nachricht aus der Queue gelesen werden. Mit Hilfe des Aufrufs MQPUT1 kann eine Anwendung in einem Schritt eine Queue öffnen, eine Nachricht in die Queue schreiben und die Queue wieder schließen.

Queue, Queue Manager und Prozesse sind Beispiele für WebSphere MQ-Objekte.

Bei der Installation von WebSphere MQ auf einem Server muss der Queue Manager vom Systemprogrammierer implementiert werden.

Der Name des Queue Managers in unserer WebSphere MQ-Installation ist CSQ6

8.14.2.1 Queue

Wenn eine Anwendung eine Nachricht in eine Queue schreibt, sorgt der Queue Manager dafür, dass die Nachricht sicher gespeichert wird, wiederherstellbar (recoverable) ist und nur einmal an die empfangende Anwendung zugestellt wird. Das gilt auch, wenn eine Nachricht an eine Queue eines anderen Queue Managers gesendet werden muss. Dieser Mechanismus im Rahmen von WebSphere MQ wird als „gesichertes Zustellen" bezeichnet.

Es wird zwischen persistenten und nichtpersistenten Messages unterschieden. Persistente Messages werden im WebSphere MQ Log mitgeschrieben und sind nach einem Neustart des QMGRs wieder verfügbar. Nichtpersistente Messages sind nach einem Neustart des QMGRs nicht mehr vorhanden.

Beim Öffnen einer Queue durch eine Anwendung bestimmt der Queue Manager, ob es sich um eine „lokale Queue" oder um eine „remote Queue" handelt. Im Fall der lokalen Queue gehört diese zu dem Queue Manager, mit dem die Anwendung verbunden ist. Eine Queue heißt dagegen „remote", wenn sie zu einem anderen Queue Manager gehört. Eine „remote" Queue ist ein Verweis auf eine Queue eines entfernten Queue Managers.

Wenn eine Anwendung den Aufruf MQPUT ausführt, schreibt der Queue Manager die Nachricht in die lokale Queue. Handelt es sich um eine „remote" Queue, erhält der Queue Manager aus deren Definition die Informationen, die nötig sind, um die Nachricht richtig zuzustellen (Name des entfernten QMGRs, Name der entfernten Queue, Name der zugehörigen Transmission Queue). Die Nachricht wird in eine Zwischen-Queue (Transmission Queue) gestellt, die dem entfernten QMGR zugeordnet ist.

Anschließend ist es die Aufgabe des Message Channel Agent (MCA), die Nachricht von der Transmission Queue zu lesen und über das Netz an einen empfangenden MCA zu senden. Letzterer schreibt die Nachricht in die Ziel-Queue. Danach wird die Nachricht in der Transmission Queue gelöscht.

In unserer Übung muss zunächst eine lokale Queue angelegt werden.

8.14.3 Anwender-Programme

Bei der Kommunikation zweier Anwender-Programme erfolgt der Datenaustausch über das MQI. Letzteres stellt eine einfach strukturierte CALL-Schnittstelle mit einer begrenzten Anzahl möglicher Aufrufe und umfangreichen Optionen für jeden Aufruf dar. Gesetzte Standard- und Anfangswerte garantieren aber einen einfachen und schnellen Start von Anwendungen.

Das MQI (Abbildung 8.24) verwendet eine Reihe von Strukturen und Konstanten. Mit WebSphere MQ werden Dateien und Copy Books mitgeliefert, die die Definitionen dieser Strukturen und ihrer Felder sowie die Definitionen der aussagekräftigen symbolischen Namen enthalten, die innerhalb der Programmlogik für Konstanten verwendet werden.

Ein Programm redet direkt mit seinem Queue Manager. Er residiert auf demselben Prozessor oder Domäne (für Clients) wie das Programm selbst.

Wenn die Verbindung zwischen einem Client und seinem Server unterbrochen ist, können keine API-Calls ausgeführt werden, da sich alle Objekte auf dem Server befinden.

Insgesamt existieren 13 APIs; diese sind in der Abbildung 8.45 aufgelistet. Die wichtigsten davon sind:

MQCONN, MQOPEN, MQPUT, MQGET, MQCLOSE und MQDISC.

MQCONN	Connect to a queue manager
MQDISC	Disconnect from a queue manager
MQOPEN	Open a specific queue
MQCLOSE	Close a queue
MQPUT	Put a message on a queue
MQGET	Get a message from a queue
MQPUT1	MQOPEN + MQPUT + MQCLOSE
MQINQ	Inquire properties of an object
MQSET	Set properties of an object
MQCONNX	Standard or fastpath bindings
MQBEGIN	Begin a unit work (database coordination)
MQCMIT	Commit a unit of work
MQBACK	Back out

Abbildung 8.24: WebSphere MQ APIs.

Es folgen Kommentare zu den verschiedenen APIs:

– **MQCONN** stellt eine Verbindung mit einem Queue-Manager mit Hilfe von Standard-Links her.
– **MQCONNX** realisiert eine Verbindung mit einem Queue-Manager über schnelle Verbindungswege (Fastpath). Fastpath-PUTs und -GETs sind schneller, die Anwendung muss aber gut ausgetestet werden. Die Applikation und der Queue-Manager laufen in demselben Prozess. Wenn die Anwendung zusammenbricht, fällt auch der Queue-Manager aus. Dieser API-Call ist neu in MQSeries Version 5.
– **MQBEGIN** startet eine Arbeitseinheit, die durch den Queue-Manager koordiniert wird und externe XA-kompatible Ressource-Manager enthalten kann. Dieses API ist mit MQSeries Version 5 eingeführt worden. Es wird für die Koordinierung der Transaktionen, die Queues (MQPUT und MQGET unter Syncpoint-Bedingung) und Datenbank-Updates (SQL- Kommandos) verwendet.
– **MQPUT1** öffnet eine Queue, legt eine Message darauf ab und schließt die Queue wieder. Dieser API-Call stellt eine Kombination von MQOPEN, MQPUT und MQCLOSE dar.
– **MQINQ** fordert Informationen über den Queue-Manager oder über eines seiner Objekte an, wie z. B. die Anzahl der Nachrichten in einer Queue.
– **MQSET** verändert einige Attribute eines Objekts.
– **MQCMIT** gibt an, dass ein Syncpoint erreicht worden ist. Die als Teil einer Arbeitseinheit abgelegten Messages werden für andere Applikationen verfügbar gemacht. Zurück gekommene Messages werden gelöscht.
– **MQBACK** teilt dem Queue-Manager alle zurück gekommenen PUT's- und GET's-Nachrichten seit dem letzten Syncpoint mit. Die abgelegten Messages als Teil einer Arbeitseinheit werden gelöscht. Zurück gekommene Messages werden wieder auf der Queue abgelegt.

- **MQDISC** schließt die Übergabe einer Arbeitseinheit ein. Das Beenden eines Programms ohne Unterbrechung der Verbindung zum Queue-Manager verursacht ein „Rollback" (MQBACK). WebSphere MQ für AS/400 verwendet nicht MQBEGIN, MQCMIT, MQBACK. Die Commit-Operation-Codes der AS/400 werden dagegen eingesetzt.

Für die Lösung dieser Übung ist es notwendig, dass der Queue Manager gestartet wurde. Sollte das nicht der Fall sein, dann muss der Queue Manager von einem autorisierten Nutzer im SDSF SYSLOG mit

```
Command Input ===> / !
CSQ6 START QMGR
```

gestartet werden.

Für unsere Übung sind folgende Teilaufgaben notwendig:
- Local Queue anlegen
- Module A (PUT) und B (GET) suchen
- Bibliotheken PRAKTxx.CSQ6.USERJCL anlegen, die die Member MQPUT und MQGET beinhaltet.
- Die Member MQPUT und MQGET bearbeiten.
- MQPUT und MQGET ausführen
- Ergebnis-Ausgabe überprüfen

Für die Kommunikation der beiden Anwender-Programme ist eine „local Queue" erforderlich. Um letztere zu generieren, wählen wir aus dem Custompac Master Application Menu (CMAM) (Abbildung 8.25) das „WebSphere MQ for z/OS-Main Menu" aus, d. h. wir geben „m" als Option ein und betätigen die Enter-Taste.

Als Ergebnis unserer Aktion erscheint das Main Menu von WebSphere MQ.

In dem Main Menu tragen wir in der Zeile „Action" eine 2 (Define) ein. Als „Object type" und „Name" werden QLOCAL bzw. PRAKTxx eingegeben. Alle restlichen Einträge werden ungeändert übernommen. Damit wird eine lokale Queue definiert mit dem Namen „PRAKTxx". Letztere gehört zu dem Queue Manager CSQ6.

Hinweis: Falls die Fehlermeldung „CSQO040I Object named PRAKT20 of type QUEUE already exists." erscheint, existiert schon eine lokale Queue mit dem Namen PRAKTxx. Löschen Sie bitte die alte Queue, indem Sie im Panel „IBM WebSphere MQ for z/OS – Main Menu" in der Zeile „Action" eine 4 eingeben. Als „Object type" und „Name" werden QLOCAL bzw. PRAKTxx eingegeben. Achten Sie darauf, dass in die beiden Zeilen „queue manager" jeweils „CSQ6" eingetragen ist. Dreimaliges Betätigen der Eingabetaste löscht die Queue. Die Meldung: „CSQ9022I !CSQ6 CSQMUQLC 'DELETE QLOCAL' NORMAL COMPLETION" bestätigt, dass der Löschvorgang erfolgreich abgeschlossen wurde.

```
CUSTOMPAC MASTER APPLICATION MENU
   OPTION ===> m                                      SCROLL ===> PAGE

     IS   ISMF      - Interactive Storage Management Facility

     P    PDF       - ISPF/Program Development Facility
     ATC  ATC       - Application Testing Collection ART
     ARTT- Automated Regression Testing Tool

     DB2  DB2       - Perform DATABASE 2 interactive functions
     QMF  QMF       - QMF Query Management Facility

     C    CPSM      - CICSPlex/SM

     M    WMQ       - WebSphere MQ

     IP   IPCS      - Interactive Problem Control Facility
     OS   SUPPORT   - z/OS ISPF System Support Options

     OU   USER      - z/OS ISPF User Options
     SM   SMP/E     - SMP/E Dialogs

     SD   SDSF      - System Display and Search Facility
     R    RACF      - Resource Access Control Facility

     F1=HELP      F2=SPLIT      F3=END      F4=RETURN    F5=RFIND    F6=RCHANGE
     F7=UP        F8=DOWN       F9=SWAP     F10=LEFT     F11=RIGHT   F12=RETRIEVE
```

Abbildung 8.25: Screen von CMAM mit Eingabe „m".

Durch Enter werden diese Werte übernommen und wir befinden uns bei Abbildung 8.27.

Anschließend wird die Enter-Taste betätigt. Es erscheint als Ergebnis ein weiterer Screen für die Definition der lokalen Queue.

In diesem Screen muss Name der Queue unserer Queue (PRAKTxx) entsprechen. Der Hinweis zeigt, dass dies angenommen wird. Für die Freigabe von Put und Get wählen wir jeweils Y (Yes) aus. Die weiteren Parameter werden entsprechend der Abbildung 8.28 eingegeben.

Anschließend betätigen wir zweimal die Steuertaste F8. Das Ergebnis ist ein 3. Define Screen, in dem in der Zeile „Default persistence" „N" (No) eingetragen wird. Eine Nachricht heißt „persistent", wenn sie auch nach einem Neustart des Queue Managers noch vorhanden ist. Dabei ist es gleichgültig, ob der Queue Manager durch einen Bedienerbefehl oder aufgrund eines Systemfehlers gestoppt wurde. Das bedeutet, dass persistente Nachrichten in ein Protokoll geschrieben werden. Wird ein Queue Manager nach einem Fehler erneut gestartet, stellt er diese persistenten Nachrichten aus den protokollierten Daten wieder her.

Eine Nachricht gilt als „nicht-persistent", wenn sie nach einem Neustart des Queue Managers nicht mehr vorhanden ist. Wir entscheiden uns bezüglich unserer lokalen Queue „PRAKTxx" für eine nicht-persistente Nachricht. Die restlichen Parameter im 3. Define Screen werden entsprechend Abbildung 8.29 übernommen.

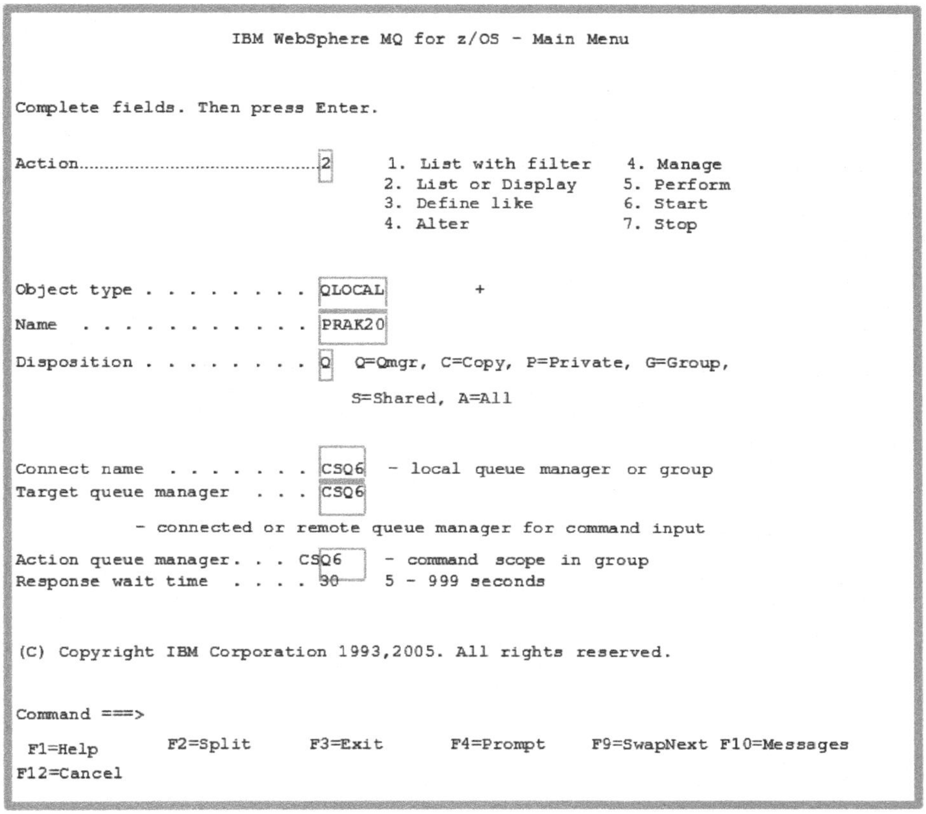

```
                    IBM WebSphere MQ for z/OS - Main Menu


Complete fields. Then press Enter.

Action............................2     1. List with filter    4. Manage
                                        2. List or Display     5. Perform
                                        3. Define like         6. Start
                                        4. Alter               7. Stop


Object type . . . . . . . .  QLOCAL         +
Name  . . . . . . . . . . .  PRAK20
Disposition . . . . . . . .  Q    Q=Qmgr, C=Copy, P=Private, G=Group,
                                  S=Shared, A=All


Connect name  . . . . . . .  CSQ6   - local queue manager or group
Target queue manager  . . .  CSQ6
            - connected or remote queue manager for command input
Action queue manager. . .  CSQ6     - command scope in group
Response wait time  . . . .  30     5 - 999 seconds


(C) Copyright IBM Corporation 1993,2005. All rights reserved.


Command ===>
 F1=Help       F2=Split      F3=Exit     F4=Prompt    F9=SwapNext F10=Messages
F12=Cancel
```

Abbildung 8.26: WebSphere MQ for z/OS – Main Menu.

Mittels F8 können weitere drei Define Screens aufgerufen werden. Wir verzichten darauf, indem wir die Eingaben im 3. Define Screen mit dem Betätigen der Enter-Taste abschließen. Als Resultat dieser Aktion erscheint der Screen „Display messages", der ausgibt, ob die getroffenen Definitionen für unsere lokale Queue „PRAKTxx" erfolgreich waren (siehe Abbildung 8.30)

Mit der Steuertaste F3 kehren wir zurück in das WebSphere MQ Main Menu (Abbildung 8.26). In der Zeile „Action" wird eine 1 und in der Zeile „Name" P* eingetragen. Wir betätigen anschließend die Enter-Taste. Damit gelangen wir in den Screen „List Local Queues".

Letzterer listet alle lokalen Queues mit ihren Definitionen aus, die mit „P" beginnen. Mit der Steuertaste F11 können wichtige Parameter der lokalen Queues auf der rechten Seite des Screens sichtbar gemacht werden. Das Ergebnis ähnelt der Abbildung 8.33.

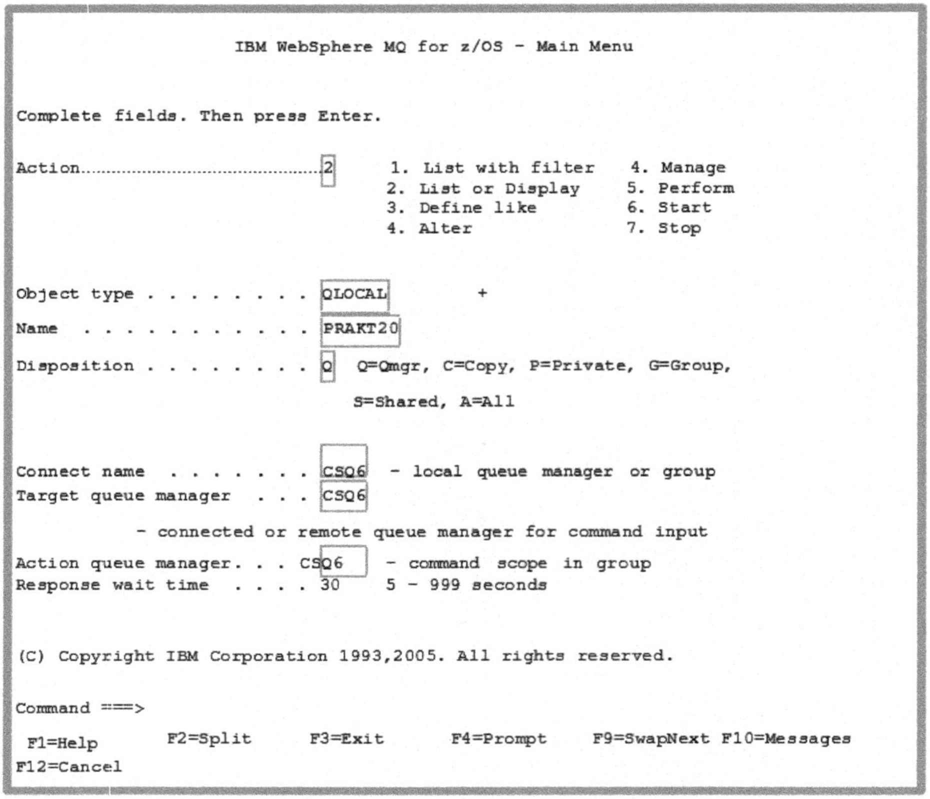

```
                IBM WebSphere MQ for z/OS - Main Menu

Complete fields. Then press Enter.

Action............................2      1. List with filter    4. Manage
                                         2. List or Display     5. Perform
                                         3. Define like         6. Start
                                         4. Alter               7. Stop


Object type . . . . . . . . QLOCAL          +
Name  . . . . . . . . . . . PRAKT20
Disposition . . . . . . . . Q    Q=Qmgr, C=Copy, P=Private, G=Group,
                                 S=Shared, A=All


Connect name  . . . . . . . CSQ6    - local queue manager or group
Target queue manager  . . . CSQ6
          - connected or remote queue manager for command input
Action queue manager. . . CSQ6      - command scope in group
Response wait time  . . . . 30      5 - 999 seconds


(C) Copyright IBM Corporation 1993,2005. All rights reserved.

Command ===>
  F1=Help       F2=Split      F3=Exit      F4=Prompt     F9=SwapNext  F10=Messages
F12=Cancel
```

Abbildung 8.27: WebSphere MQ Main Menu.

Anwendung 27

Aufgabe: Legen Sie die Local Queue mit dem Namen PRAKTxx (xx für ihre Nummer) an und überprüfen Sie, ob die Queue angelegt wurde.

Der nächste Schritt beinhaltet die Generierung des Quellcodes für die Anwender-Programme A und B in der Programmiersprache COBOL II.

Da wir nicht voraussetzen, dass der Übungsteilnehmer über COBOL-Kenntnisse verfügt, kopieren wir uns einfach die erforderlichen Quellcodes für die Programme A (PUT) und B (GET) aus der IBM-Bibliothek von WebSphere MQ. Letztere hat den Namen CSQ600.SCSQCOBS.

Die Bibliotheken liegen schon auf dem Server vorkompiliert vor.

Um eine Übersicht über die beiden COBOL-Programm-Module zu erhalten, gehen wir folgendermaßen vor:

In dem Custompac Master Application Menu wird als Option „3.4" eingegeben und die Enter- Taste betätigt. Als Ergebnis dieser Aktion erscheint die Data Set List Utility.

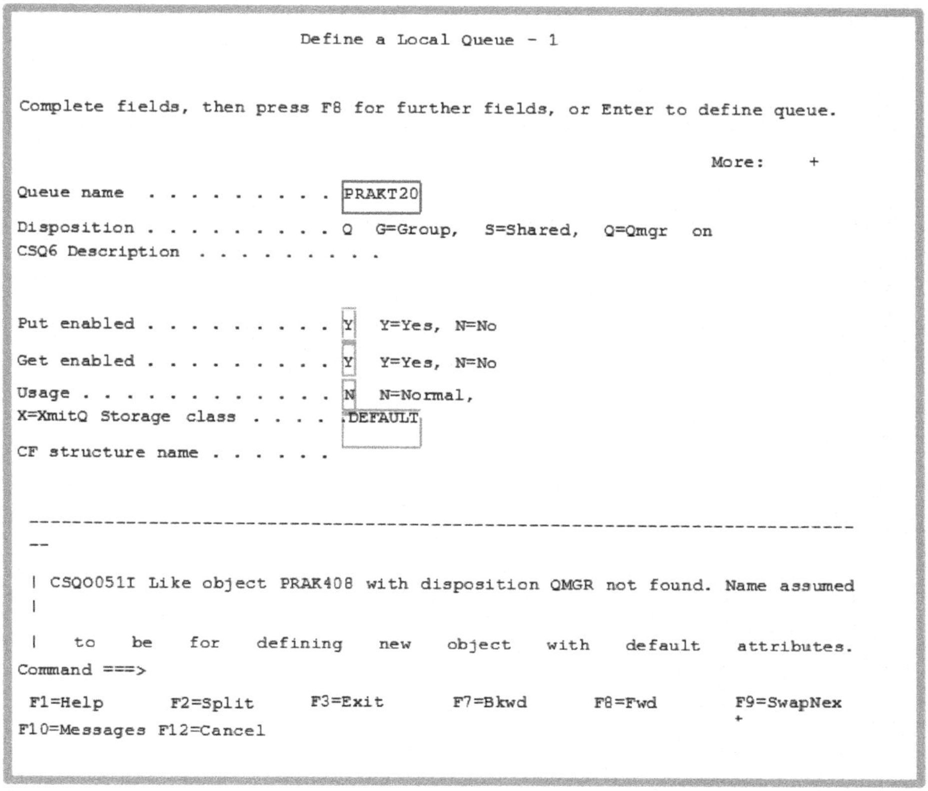

```
                       Define a Local Queue - 1

Complete fields, then press F8 for further fields, or Enter to define queue.

                                                         More:     +
Queue name . . . . . . . . . PRAKT20
Disposition . . . . . . . . Q   G=Group,   S=Shared,   Q=Qmgr   on
CSQ6 Description . . . . . . . .

Put enabled . . . . . . . . Y   Y=Yes, N=No
Get enabled . . . . . . . . Y   Y=Yes, N=No
Usage . . . . . . . . . . . N   N=Normal,
X=XmitQ Storage class . . . .DEFAULT
CF structure name . . . . . .

------------------------------------------------------------------------
--
| CSQO051I Like object PRAK408 with disposition QMGR not found. Name assumed
|
|  to    be   for    defining   new    object   with   default   attributes.
Command ===>
  F1=Help      F2=Split    F3=Exit    F7=Bkwd    F8=Fwd      F9=SwapNex
 F10=Messages F12=Cancel                                              +
```

Abbildung 8.28: 2. Define Screen.

In diesem Screen wird in der Zeile „Dsname Level" der PDS-Name „CSQ600.SCSQCOBS" eingetragen. Diese Bibliothek zusammen mit CSQ600.SCSQCOB**C** bilden integrale Bestandteile von WebSphere MQ.

Die erste Bibliothek enthält u. a. die COBOL II-Quellprogramm-Module für PUT und GET (... **S** → **S**ource, während die zweite die Copy Books beinhaltet (... **C** → **C**opy).

In der Zeile Initial View wird eine „2" eingetragen (Space). Anschließend betätigen wir die Enter-Taste.

Der folgende Screen „DSLIST-Data Sets Matching CSQ600.SCSQCOBS" listet uns den belegten Speicherplatz auf einem 3390-Device aus. (siehe Abbildung 8.35)

Wir setzen vor den Dateinamen CSQ600.SCSQCOBS ein „b" (browse) und betätigen die Enter-Taste. Der Ergebnis-Screen listet uns sämtliche Member dieses PDS aus, diese sind in der Abbildung 8.34 dargestellt.

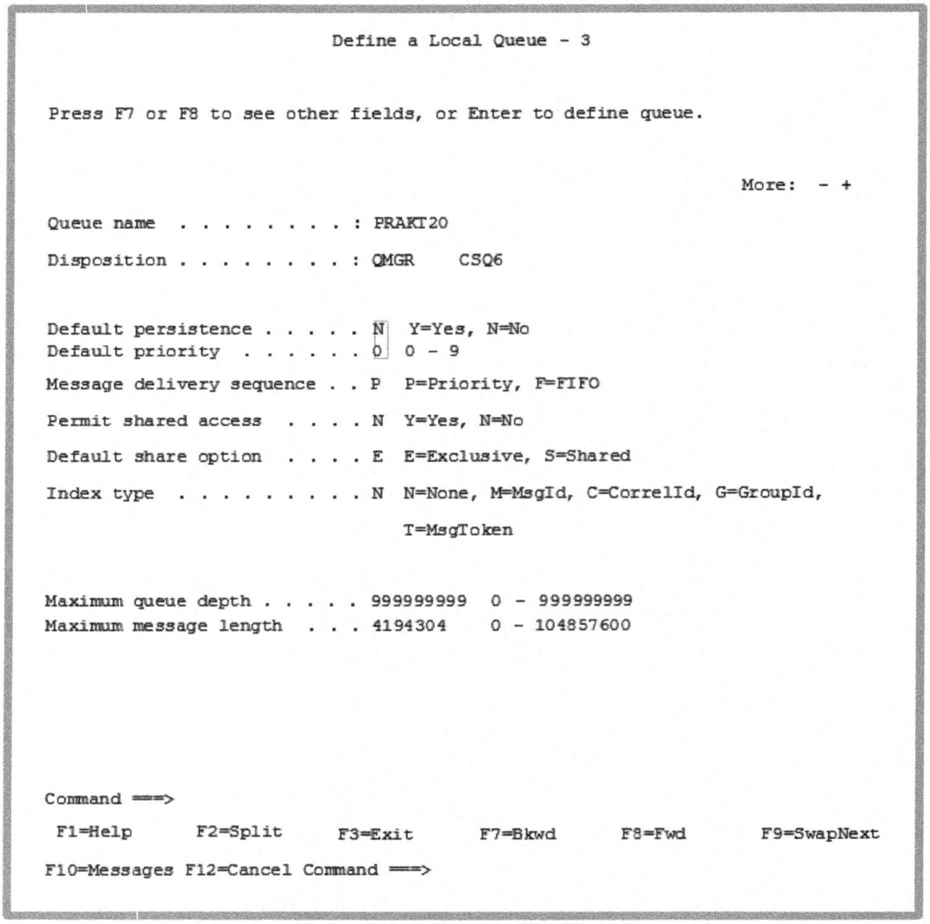

```
                        Define a Local Queue - 3


     Press F7 or F8 to see other fields, or Enter to define queue.


                                                              More:   - +

     Queue name  . . . . . . . . : PRAKT20
     Disposition . . . . . . . . : QMGR     CSQ6


     Default persistence . . . . . N   Y=Yes, N=No
     Default priority  . . . . . . 0   0 - 9
     Message delivery sequence . . P   P=Priority, F=FIFO
     Permit shared access  . . . . N   Y=Yes, N=No
     Default share option  . . . . E   E=Exclusive, S=Shared
     Index type  . . . . . . . . . N   N=None, M=MsgId, C=CorrelId, G=GroupId,
                                       T=MsgToken

     Maximum queue depth . . . . . 999999999   0 - 999999999
     Maximum message length  . . . 4194304     0 - 104857600




     Command ===>
      F1=Help      F2=Split     F3=Exit      F7=Bkwd      F8=Fwd      F9=SwapNext
     F10=Messages F12=Cancel Command ===>
```

Abbildung 8.29: Eingabe-Parameter im 2. Define Screen.

Mit dem Kommando „S" (Select) auf der Zeile vor dem Member CSQ4BVK1 kann der Quellcode dieses Modules sichtbar gemacht werden (siehe Abbildung 8.35). Mit den Steuertasten F8 und F7 kann vor- bzw. rückwärts geblättert werden.

Mit der Steuertaste F3 gelangt man zurück in die Liste der Member von CSQ600. SCSQCOBS und kann mittels des Select-Kommandos den Quellcode des Members CSQ4BVJ1 auf dem Bildschirm sichtbar machen.

Wir brauchen also nur noch die 2 JCL- Skripte, um eine Nachricht zur Message-Queue CSQ6 zu senden und um eine Nachricht zu empfangen.

Bevor wir die beiden Module kopieren, legen wir uns eine private Bibliothek mit dem Namen PRAKTxx.CSQ6.USERJCL an. Dazu legen wir wie im 1. Tutorial dieses Dataset an. Bitte dazu die Werte wie im Screen unten dargestellt, eingeben.

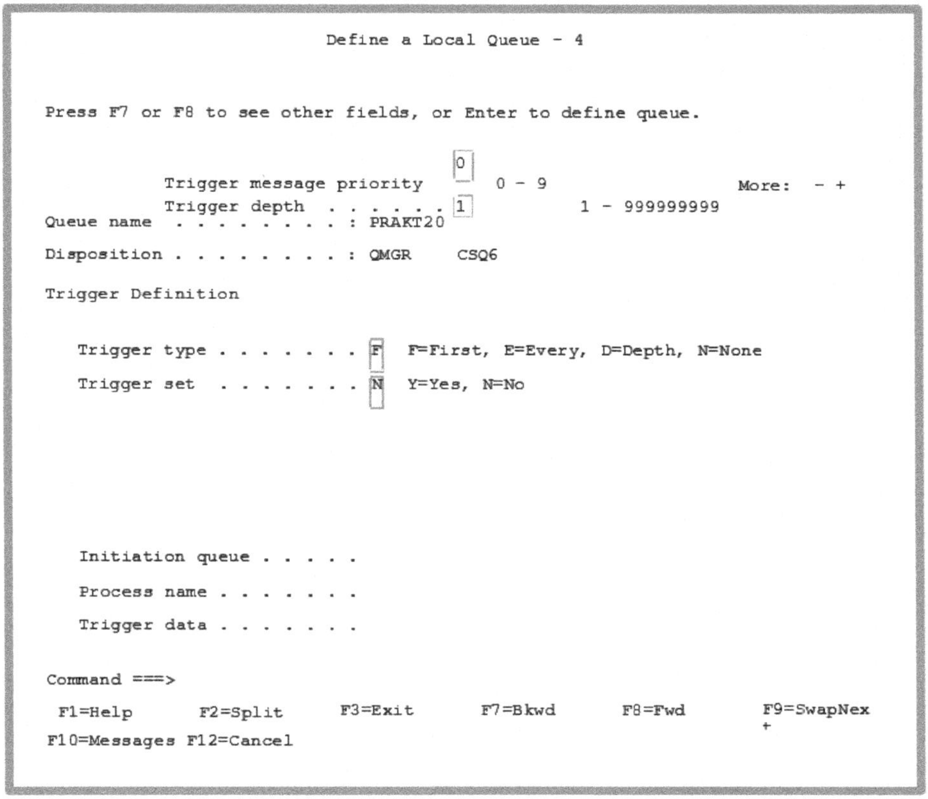

```
                    Define a Local Queue - 4

  Press F7 or F8 to see other fields, or Enter to define queue.

                                          0
              Trigger message priority    0 - 9              More:  - +
              Trigger depth . . . . . .  1      1 - 999999999
  Queue name . . . . . . . . : PRAKT20
  Disposition . . . . . . . . : QMGR     CSQ6

  Trigger Definition

      Trigger type  . . . . . . F   F=First, E=Every, D=Depth, N=None
      Trigger set   . . . . . . N   Y=Yes, N=No




      Initiation queue . . . . .
      Process name  . . . . . .
      Trigger data  . . . . . .

  Command ===>
  F1=Help       F2=Split      F3=Exit      F7=Bkwd      F8=Fwd      F9=SwapNex
  F10=Messages  F12=Cancel                                          +
```

Abbildung 8.30: 3. Define Screen.

Dieser PDS soll das entsprechende JCL-Script je für den PUT- und GET-Job aufnehmen. Wir kopieren uns aus dem PDS CSQ600.SCSQPROC das Member CSQ4BVJR. Dieses Member sollte zweimal kopiert werden und unter dem Namen MQPUT und MQGET abgelegt werden. Damit verfügen wir über ein JCL-Script mit den Membern MQPUT und MQGET. MQPUT enthält den Job, der durch Aufruf des Moduls CSQ4BVK1 mit den entsprechenden Parametern (QMGR, QUEUE, MSGS, PAD, LEN, PERS) eine Nachricht in eine lokale Queue schreibt und das Ergebnis auf den Bildschirm ausgibt.

MQGET implementiert den Job, der diese Nachricht durch Aufruf des Moduls CSQ4BVJ1 mit identischen Parametern aus der lokalen Queue liest und das Ergebnis ebenfalls auf den Bildschirm legt.

Das Kopieren kann mittels dem Move/Copy Utility erfolgen (Option 3.3).

Wir geben die Werte wie oben dargestellt ein, betätigen die Enter-Taste und gelangen zu folgendem Screen:

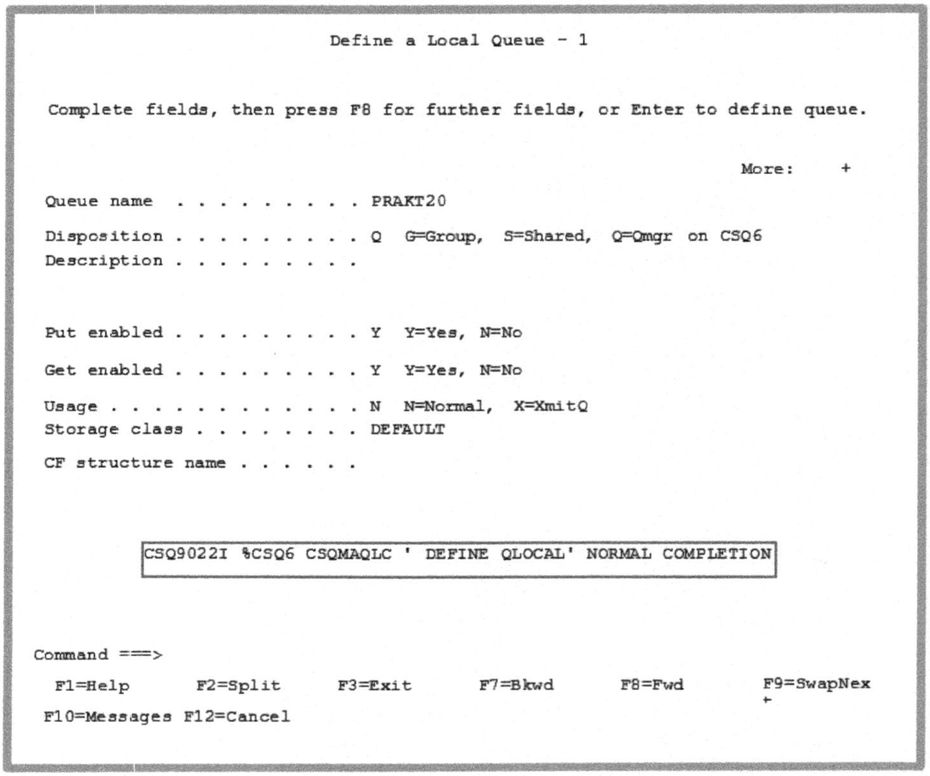

```
                       Define a Local Queue - 1

Complete fields, then press F8 for further fields, or Enter to define queue.

                                                              More:      +
Queue name . . . . . . . . . PRAKT20
Disposition . . . . . . . . Q   G=Group, S=Shared, Q=Qmgr on CSQ6
Description . . . . . . . . .

Put enabled . . . . . . . . Y   Y=Yes, N=No

Get enabled . . . . . . . . Y   Y=Yes, N=No

Usage . . . . . . . . . . . N   N=Normal, X=XmitQ
Storage class . . . . . . . DEFAULT
CF structure name . . . . . .


         CSQ9022I %CSQ6 CSQMAQLC ' DEFINE QLOCAL' NORMAL COMPLETION


Command ===>
   F1=Help       F2=Split    F3=Exit      F7=Bkwd      F8=Fwd      F9=SwapNex
   F10=Messages F12=Cancel
```

Abbildung 8.31: Display messages.

Wir kopieren denselben Member noch einmal, aber legen ihn nun unter PRAKTxx.CSQ6.USERJCL.MQPUT ab.

Anwendung 28
Aufgabe: Erstellen Sie den neuen Dataset und kopieren Sie das JCL Skript 2 mal (als MQGET und MQPUT).

Nun Editieren wir MQPUT und MQGET. Beide Dateien sind JCL-Skripte, die wir für unsere Zwecke anpassen müssen (Abbildung 8.31, 8.32):

Wir öffnen MQPUT mittels des TSO- Editors:

Durch Scrollen mittels F7 bzw. F8 kann der ganz Quelltext sichtbar gemacht werden. Man erkennt leicht, dass das Skript sehr gut kommentiert ist. (Das eigentliche Skript kann man auf 8 Zeilen kürzen).

Um das Skript so wie beschrieben starten zu können, muss jeweils in MQPUT und MQGET die Zeile 00001 in einen Kommentar umgewandelt werden.

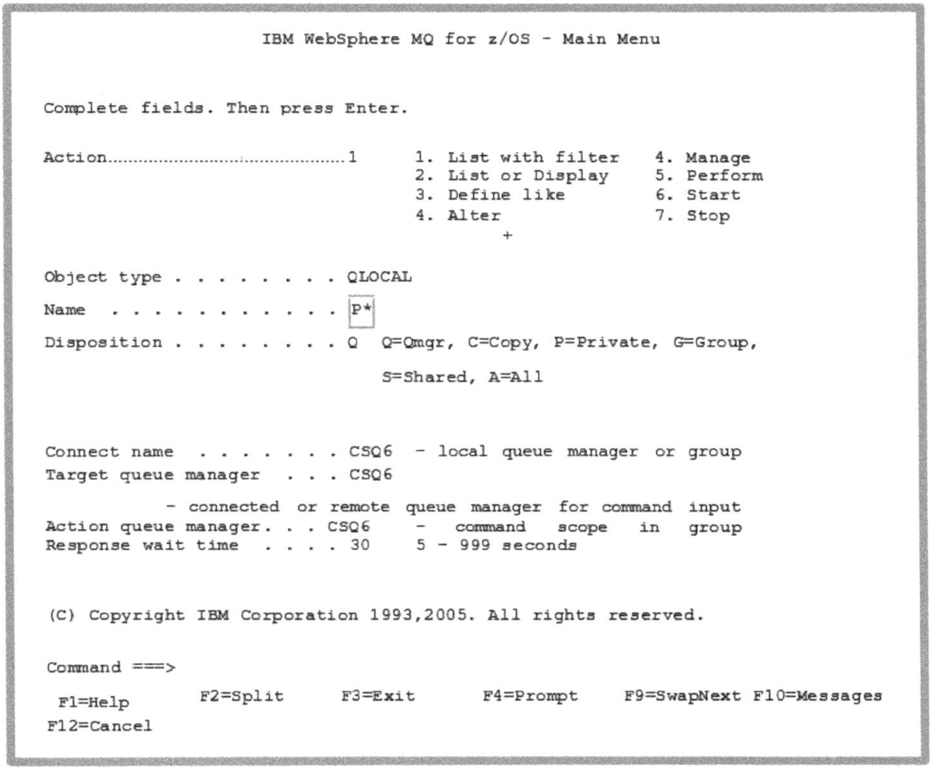

```
                    IBM WebSphere MQ for z/OS - Main Menu


Complete fields. Then press Enter.

Action..............................1    1. List with filter     4. Manage
                                         2. List or Display      5. Perform
                                         3. Define like          6. Start
                                         4. Alter                7. Stop
                                                     +

Object type  . . . . . . . . QLOCAL
Name         . . . . . . . . . . . P*
Disposition  . . . . . . . Q   Q=Qmgr, C=Copy, P=Private, G=Group,
                               S=Shared, A=All


Connect name     . . . . . . CSQ6   - local queue manager or group
Target queue manager . . . CSQ6
              - connected or remote queue manager for command input
Action queue manager. . . CSQ6    - command   scope   in   group
Response wait time  . . . . 30    5 - 999 seconds


(C) Copyright IBM Corporation 1993,2005. All rights reserved.


Command ===>
 F1=Help        F2=Split       F3=Exit       F4=Prompt     F9=SwapNext F10=Messages
 F12=Cancel
```

Abbildung 8.32: WebSphere MQ Main Menu.

Wir schreiben dort also statt „//CSQ4BVJR JOB" „//* CSQ4BVJR JOB".

Wir Bewegen uns zu Zeile 59:

Die Parameter ab Zeile 59 sind dabei im Skript sehr gut dokumentiert. Wir ersetzen diese Zeile durch:

Das bedeutet: Es werden 3 Messages in die lokale Queue geschrieben, wobei jede Message aus einer Sequenz „ZZZZZ" besteht. Nach dem Editieren der Parameter erfolgt die Eingabe von „SUB" auf der Command-Zeile (siehe Abbildung 8.43).

Wird das Kommando sub mittels Enter bestätigt, erscheint folgender Screen:

Hier geben wir einfach ein P (für Put) ein.

Hintergrund: Der Job bekommt einen Namen, der sich aus dem Login (PRAKTxx) und den oben eingegebenen Zeichen zusammensetzt. (mit maximal 8 Zeichen). Damit heißt unser Job PRAKTxxP

Wir bekommen nun folgende Meldung:

Wir drücken Enter, bis wir eine Meldung auf dem Bildschirm erhalten:

Damit haben wir unsere Nachrichten in die lokale Queue geschrieben.

```
                      List Local Queues - CSQ6                    Row 1 of 2
Type action codes, then press Enter.   Press F11 to display queue status.
  1=Display    2=Define like    3=Alter    4=Manage

                                                              Get Usage
          Name                                Disposition    Put  Trig
     <>   p*                                  QMGR    CSQ6
          PRAKT20                             QMGR    CSQ6   YY   N  NF
                     ******** End of list ********




Command ===>
 F1=Help      F2=Split      F3=Exit      F4=Filter    F5=Refresh   F6=Clusinfo
 F7=Bkwd      F8=Fwd        F9=SwapNext F10=Messages F11=Status    F12=Cancel
```

Abbildung 8.33: List Local Queues.

Nun müssen diese aber noch ausgelesen werden. Dazu editieren wir das Member MQGET aus PRAKTxx.CSQ6.USERJCL.

Es ist das gleiche Skript wie MQPUT, wir Scrollen mit F8 gleich wieder zu Zeile 59 und ersetzen wieder die Zeilen ab 59:

Durch Eingabe von „sub" wir das Skript wieder ausgeführt, der Jobname soll nun PRAKTxxG sein, also G eingeben.

Anwendung 29

Aufgabe: Führen Sie die Skripte MQPUT und danach MQGET je einmal aus.

Nach erfolgreichem Durchlauf kann man sich fragen, was denn nun eigentlich passiert ist:

Wir kommen mit wiederholtem Betätigen der Steuertaste F3 in das Custompac Master Application Menu. Anschließend geben wir auf der Zeile „Option" SD ein und gelangen damit in das SDSF.

Dort erfolgt auf der Command-Zeile die Eingabe „ST" (Status). Enter

Auf der Zeile der Job-Nummer geben wir ein S (Select) ein und bestätigen mit Enter. Nun erfolgt die Ausgabe unseres Skriptes, wir scrollen bis ans Ende:

```
   Menu  RefList  RefMode  Utilities  Help
 ------------------------------------------------------------------------
                                   -

    blank Display data set list            P  Print data set list
       V Display VTOC information          PV Print VTOC information

 Enter one or both of the parameters below:
   Dsname Level . . . CSQ600.SCSQCOBS
   Volume serial  . .

 Data set list options
   Initial View . . . 2  1. Volume         Enter "/" to select option
                         2. Space          /  Confirm Data Set Delete
                         3. Attrib         /  Confirm Member Delete
                         4. Total

 When the data set list is displayed, enter either:
  "/" on the data set list command field for the command prompt pop-up, an
  ISPF line command, the name of a TSO command, CLIST, or REXX exec, or "="
  to execute the previous command.


 Option ===>
   F1=Help     F3=Exit     F10=Actions   F12=Cancel
```

Abbildung 8.34: Data Set List Utility.

Hier sehen wir, was das Skript geleistet hat, ein MQCONN, MQOPEN, 3 Nachriten abgelegt, MQCLOSE und MQDISC.

Wir gehen zurück mit F3 und betrachten uns die Ausgabe von PRAKTxxG.

Hier wurden unsere 3 Nachrichten wieder ausgelesen.

Anwendung 30

Aufgabe: Bearbeiten Sie die vorher gegebenen Aufgaben und schicken Sie die Print-Screens 27 und 28 im Bitmap- oder JPEG-Format (pro Bild maximal 250 KByte) an die Mailadresse Ihres Betreuers.

8.15 z/OS Connect EE

z/OS Connect Enterprise Connection implementiert ein Framework, das es z/OS-basierten Programmen und Daten ermöglicht, die neue API-Ökonomie für mobile und Cloud-

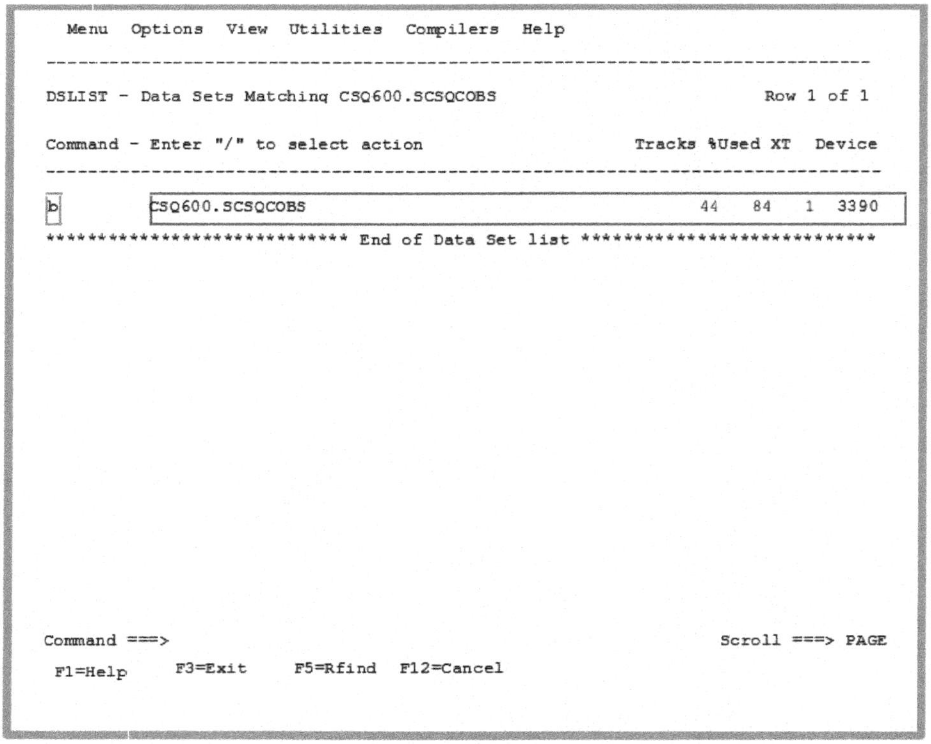

```
   Menu   Options   View   Utilities   Compilers   Help
 ------------------------------------------------------------------------
   DSLIST - Data Sets Matching CSQ600.SCSQCOBS                Row 1 of 1
   Command - Enter "/" to select action         Tracks %Used XT   Device
 ------------------------------------------------------------------------
   b        CSQ600.SCSQCOBS                          44    84   1   3390
   **************************** End of Data Set list ****************************




   Command ===>                                          Scroll ===> PAGE
     F1=Help     F3=Exit     F5=Rfind    F12=Cancel
```

Abbildung 8.35: DSLIST.

Anwendungen in vollem Umfang zu benutzen. z/OS Connect EE V2.0 ist in der Lage, den Zugriff auf z/OS- Subsysteme wie z. B. CICS, DB2 und IMS zu ermöglichen. Dafür müssen REST (REpresentational State Transfer)-konforme APIs mit formatierten Nachrichten verwendet werden.

Die Art und Weise, mit der APIs entworfen werden, kann sich spezifisch auf deren Akzeptanz auswirken. APIs sind nicht isoliert verfügbar. Das Leistungsspektrum von Services kann mittels moderner APIs gemeinsam mit anderen genutzt werden. Bei richtiger Implementierung können APIs innerhalb des Anwendungsbereiches Konsistenz gewährleisten und die effiziente Wiederverwendung anbieten. Mit öffentlichen APIs ausserhalb einer Institution kann die Wahrnehmung eines Unternehmens wesentlich erhöht werden. Die Benutzerfreundlichkeit wird für die Akzeptanz einer API zur wichtigsten Notwendigkeit.

Die Entwickler, die sich aus einer Gruppe von internen und externen zusammensetzen können, erwarten APIs, die folgende Voraussetzungen erfüllen: Schnell erlernbar, einfach zu benutzen und auf zahlreiche Anwendungsfälle ausgerichtet.

```
Menu    Functions  Confirm  Utilities  Help
------------------------------------------------------------------------
BROWSE             CSQ600.SCSQCOBS                      Row 00001 of 00023
           Name      Prompt      VV MM   Changed    Size  Init   Mod   ID
_____CSQ4BVA1
_____CSQ4BVJ1
s_____CSQ4BVK1
_____CSQ4CVB1
_____CSQ4CVB2
_____CSQ4CVB3
_____CSQ4CVB4
_____CSQ4CVB5
_____CSQ4CVC1
_____CSQ4CVD1
_____CSQ4CVD2
_____CSQ4CVD3
_____CSQ4CVD4
_____CSQ4CVD5
_____CSQ4CVJ1
_____CSQ4CVK1
_____CSQ4TVD1
_____CSQ4TVD2
Command ===>                                       Scroll ===> PAGE
   F1=Help       F3=Exit      F10=Actions  F12=Cancel
```

Abbildung 8.36: Member des PDS CSQ600.SCSQCOBS.

Für einen API-Designer sind bestimmte Aspekte zu berücksichtigen:
- Entscheidung, welche Funktionen bereitgestellt werden müssen und die Art der Anwendung (Abbildung 836, Member der PDS Datei)
- Modellierung der Funktion einer API, die die Anforderungen des Anwenders erfüllt und den Richtlinien für REST-konforme APIs entspricht

Eine API wird von konventionellen Anwendungs-Programmierschnittstellen unterschieden. Letztere implementiert eine Softwarekomponente, die der Nutzer entwickelt und angewendet hat. Die moderne API stellt ein Paket von Funktionen dar, das für einen Bentzer attraktiv und unabhängig von betsimmten Back-End-Softwarekomponenten ist. Diese wird aus der Perspektive des Zielbenutzers entworfen.

```
  Menu   Utilities   Compilers   Help
 ------------------------------------------------------------------------
 BROWSE       CSQ600.SCSQCOBS(CSQ4BVK1)            Line 00000000 Col 001 080
 ********************************* Top of Data *********************************
 CBL NODYNAM,LIB,OBJECT,RENT,RES,APOST
         *                                                              *
         *   -----------------------------------------------------------  *
              IDENTIFICATION DIVISION.
         *   -----------------------------------------------------------  *
              PROGRAM-ID. CSQ4BVK1.

             *REMARKS
              ******************************************************
              * @START_COPYRIGHT@                                   *
              * Statement:    Licensed Materials - Property of IBM  *
              *                                                    *
              *               5655-F10                              *
              *                                                    *
              *               (C) Copyright IBM Corporation. 1993, 2002 *
              *                                                    *
              * Status:       Version 5 Release 3                   *
              * @END_COPYRIGHT@                                     *
              ******************************************************
 Command ===>                                             Scroll ===> PAGE
    F1=Help     F2=Split    F3=Exit      F5=Rfind    F7=Up     F8=Down    F9=Swap
    F10=Left    F11=Right   F12=Cancel
```

Abbildung 8.37: 1. Screen des Quellcodes von CSQ4BVK1.

Die Anwendungsfälle sollten möglichst einfach gestaltet werden, dabei gelten folgende Aspekte (Abbildung 8.37, 8.38, 8.39, 8.40, 8.41, 8.42):
- Stabilität: Es müssen Ausfälle für den Nutzer minimal sein
- Flexibilität: Es kann nicht jede Anwendungsmöglichkeit eingeschliossen werden, der Entwickler sollte aber die Nutzer-Flexibilität ermöglichen
- Konsistenz: Es ist nützlich, Standards für die API festzulegen
- Dokumentation: Diese werden oft gebraucht und sollten unkompliziert dargestellt werden

Eine Firma kann auf zwei unterschiedliche Arten von z/OS Connect EE profitieren:
- z/OS Connect EE stellt intuitive Workstation-basierte Tools zur Verfügung, mit deren Hilfe der Benutzer mit oder ohne z/OS-Kenntnissen aus traditonellen z/OS-basierten Assets REST-konforme APIs erstellen kann. Die Kerngeschäft-Assets unter z/OS können ohne großen Aufwand an die neusten mobilen und Cloud-Kommunikationsverfahren und Nachrichten-Protokollformate angepasst werden.

– Entwickler von mobilen und Cloud-Anwendungen, die innerhalb und außerhalb einer Firma arbeiten, können z/OS-Daten und Transaktionen in ihre Anwendungen integrieren. z/OS-Ressourcen erscheinen als weitere REST-konforme API.

```
   Menu    RefList   Utilities   Help
 -------------------------------------------------------------------------
                        Allocate New Data Set
                                                           More:      +
 Data Set Name   . . . : PRAKT20.CSQ6.USERJCL


  Management class . . . DEFAULT     (Blank for default management class)
  Storage class  . . . . PRIM90      (Blank for default storage class)
    Volume serial . . . . SMS003     (Blank for system default volume) **
    Device type . . . . .             (Generic unit or device address) **
  Data class . . . . . .              (Blank for default data class)
                          TRACK
    Space units . . . . .             (BLKS, TRKS, CYLS, KB, MB, BYTES
                                      or RECORDS)
    Average record unit               (M, K, or U)
    Primary quantity  . .  3          (In above units)
    Secondary quantity     1          (In above units)
    Directory blocks  . .  5          (Zero for sequential data set) *
    Record format . . . . FB
    Record length . . . . 80
    Block size  . . . . . 6160
                          PDS
  Data set name type  :               (LIBRARY, HFS, PDS, or blank)  *
                                      (YY/MM/DD, YYYY/MM/DD)


 Command ===>

   F1=Help      F3=Exit      F10=Actions   F12=Cancel
```

Abbildung 8.38: Anlegen eines neuen Data Set.

z/OS Connect kann als Started-Task laufen und dadurch in das z/OS Standard System Management integriert werden. Durch die Discovery Funktion können sich Entwickler alle Services auflisten lassen und die Details der Services ansehen. Das Produkt z/OS Connect akzeptiert das JSON Format und ist damit kompatibel mit einer breiten Auswahl an Endnutzergeräten und es kann die JSON Daten verarbeiten und zu Formaten umkonvertieren, welche von dem Backend-Service verstanden werden können. Durch SAF kann der Zugriff auf z/OS Connect restriktiert und in SMF Data Sets kann die Aktivität protokoliert werden. Mit all diesen Features kann z/OS Connect die REST-API Schnitt-

```
Menu   RefList   Utilities   Help
------------------------------------------------------------------------
                                                                       -
                        Move/Copy Utility
                                                           More:    +

    C  Copy data set or member(s)       CP  Copy and print
    M  Move data set or member(s)       MP  Move and print

    L  Copy and LMF lock member(s)      LP  Copy, LMF lock, and print
    P  LMF Promote data set or member(s) PP  LMF Promote and print


From ISPF Library:
   Project . . .             (--- Options C, CP, L, and LP only ----)
   Group . . . .       . . .         . . .              . . .

   Type  . . . .
                             (Blank or pattern for member list,
   Member                     "*" for all members)

From Other Partitioned or Sequential Data Set:
   Data Set Name . . .  'CSQ600.SCSQPROC(CSQ4BVJR)'
   Volume Serial . . .         (If not cataloged)


Option ===> C
   F1=Help      F3=Exit      F10=Actions  F12=Cancel
```

Abbildung 8.39: Kopieren von CSQ4BVJR.

stelle bereitstellen. Vorteile von z/OS Connect sind die einfache Konfigurierbarkeit und die Auswahlmöglichkeiten unter den z/OS Assets (CICS, Db2, IMS), außerdem werden die Daten auf dem Mainframe sehr viel einfacher erreichbar für Programmierer ohne Mainframe Erfahrung.

Entworfen wurde z/OS Connect um REST (HTTP basiertes Protokoll) Anfragen mit HTTP Verben wie GET, PUT, POST und DELTE sowie einen Uniform Resource Identifier (URI) zu verarbeiten.

Wenn der Server die URI erkennt, werden die entsprechenden Aktionen eingeleitet. Die verschiedenen URI's sind über die Discovery Funktion zugänglich.

z/OS Connect nutzt das Javascript Object Notation (JSON) Format, um Daten zu empfangen oder auszugeben. Das Format besteht aus Name/Value Paaren und wird zwischen der HTTP Source und der Target Ressource ausgetauscht. Zum Beispiel kann nun ein mobiler Nutzer einen REST Call absetzen und das damit verbundene JSON wird serialisiert und an die URI hinzugefügt. Dabei wird von z/OS Connect über die System Autorisation Facility sichergestellt, dass nur berechtigte Nutzer oder Systeme

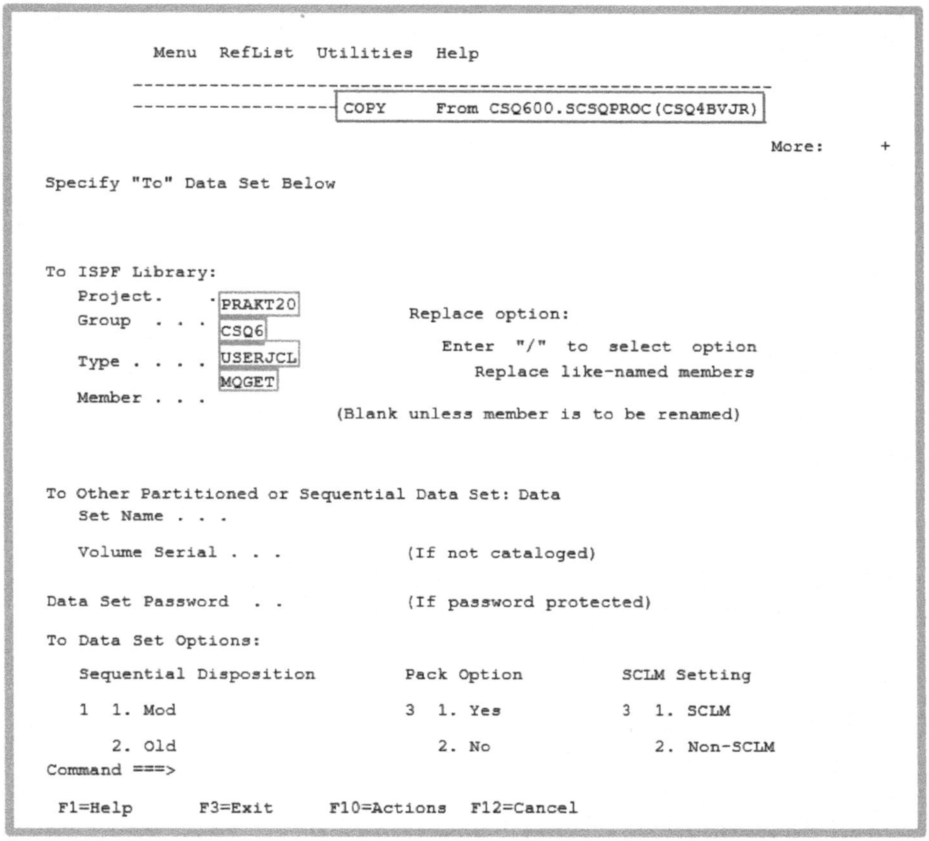

```
              Menu  RefList  Utilities  Help
       ----------------------------------------------------------
       ------------------| COPY      From CSQ600.SCSQPROC(CSQ4BVJR) |
                                                        More:    +
Specify "To" Data Set Below


To ISPF Library:
    Project. . .  PRAKT20
    Group  . . .  CSQ6          Replace option:
    Type . . . .  USERJCL          Enter  "/"  to  select  option
    Member . . .  MQGET            Replace like-named members
                         (Blank unless member is to be renamed)


To Other Partitioned or Sequential Data Set: Data
    Set Name . . .

    Volume Serial . . .          (If not cataloged)

Data Set Password  . .           (If password protected)
To Data Set Options:
    Sequential Disposition       Pack Option          SCLM Setting
    1  1. Mod                    3  1. Yes            3  1. SCLM
       2. Old                       2. No                2. Non-SCLM
Command ===>
   F1=Help       F3=Exit     F10=Actions    F12=Cancel
```

Abbildung 8.40: Kopieren von CSQ4BVJR nach MQGE.

auf die Back-End Ressourcen Zugriff haben. Mit SAF kann die Securtiy-Kontrolle an Produkte wie RACF oder ACF2 übergeben werden. Neben der Zugriffskontrolle kann auch die Aktivität im WAS überwacht werden. Dies geschieht über SMF Type 120 Records. Dadurch kann festgestellt werden, wer den Service ausgeführt hat, welche URI genutzt wurde, wann der Service lief, warum er lief und welche Ressourcen dabei verbraucht wurden (CPU).

Innerhalb von z/OS Connect existiert eine XML Datei namens server.xml. Diese Datei enthält Details über die Services, die konfiguriert wurden. Das heißt, dass nur die Services geöffnet werden, die man verfügbar machen möchte und auch nur für User mit entsprechenden Berechtigungen.

Discovery:
https://myservice.de:9443/zosConnect/services

```
File  Edit  Confirm  Menu  Utilities  Compilers  Test
                     Help
   -------------------------------------------------------------
   --------------------                            EDIT
            PRAKT20.CSQ6.USERJCL(MQPUT)     -     01.00
            Columns 00001 00072
   ******    **************************   Top    of    Data
   **********************************
   ==MSG> -Warning- The UNDO command is not available until you change
   ==MSG>         your edit profile using the command RECOVERY ON.
   ==MSG> -CAUTION- Profile is set to STATS ON. Statistics did not exist for
   ==MSG>         this member, but will be generated if
   data       is      saved.              000001
   //***********************************************************
   ************
   000002                                                    //*
     *
   000003                    //*           @START_COPYRIGHT@
     *
   000004 //*  Statement:    Licensed    Materials    -
   Property of IBM
              * 000005 //*
                              *
   000006 //*                5655-A95

   000007 //*                (C) Copyright IBM Corporation. 1993,
   1998                        *
   000008                                                    //*
     *
   000009 //*  Status:       Version    2      Release    1
                              *
   000010                    //*           @END_COPYRIGHT@
     *
   000011                                                    //*
     *
   000012
   //***********************************************************
   *****
   000013 //* CUSTOMIZE THIS JCL HERE FOR YOUR INSTALLATION
   000014 //* YOU MUST DO GLOBAL CHANGES ON THESE PARAMETERS USING
   YOUR EDITOR
   Command                                                 ===>
                                                             S
   croll ===> PAGE
   F1=Help        F3=Exit      F5=Rfind     F6=Rchange
                              F12=Cancel
```

Abbildung 8.41: Quelltext MQPUT.

```
   File   Edit   Confirm   Menu   Utilities   Compilers   Test   Help
 ------------------------------------------------------------------------
 EDIT          PRAKT20.CSQ6.USERJCL(MQPUT) - 01.00        Columns 00001 00072
 000055 //*  LINK LIST. IF IT IS NOT, THEN ADD IT TO THE JOBLIB CONCATENATION
 000056 //*  IN THIS JOB.
 000057 //*
 000058 //*******************************************************************
 000059 //JOBLIB     DD    DSN=++THLQUAL++.SCSQLOAD,DISP=SHR
 000060 //           DD    DSN=++THLQUAL++.SCSQANL++LANGLETTER++,DISP=SHR
 000061 //           DD    DSN=++THLQUAL++.SCSQAUTH,DISP=SHR
 000062 //*
 000063 //PUTMSGS   EXEC PGM=CSQ4BVK1,REGION=1024K,
 000064 //   PARM=('CSQ6,PRAK408,3,Z,5,N')
 000065 //*
 000066 //*GETMSGS  EXEC PGM=CSQ4BVJ1,REGION=1024K,
 000067 //*  PARM=('++QMGR++,++QUEUE++,++MSGS++,++GET++,++SYNC++')|
 000068 //*
 000069 //SYSDBOUT  DD    SYSOUT=*


 Command ===>                                          Scroll ===> PAGE
   F1=Help       F3=Exit      F5=Rfind    F6=Rchange  F12=Cancel
```

Abbildung 8.42: 2. Screen Quelltext MQPUT.

Wenn man die URL aus Ausschnitt XX aufruft, wird per Default eine GET-Anfrage gestellt und eine Liste mit den Services zurückgegeben. Der Status und Details zum Service kann mit einer weiteren simplen GET-Anfrage angezeigt werden. Man kann sich ebenfalls das Schema des Services anschauen.

Die Verbindungsinformationen zur den Backend Ressourcen müssen z/OS Connect bekannt sein. Dafür sorgt ein Service Provider, der in der server.xml definiert wird. Die server.xml Datei kann ebenfalls Informationen zur Transformierung enthalten. Dafür können z/OS Connect Utilities verwendet werden, die Instruktionen enthalten, wie die Daten zu einer entsprechenden Ressource gemapped werden müssen.

In z/OS Connect werden zwei Interzeptoren bereitgestellt. Diese Interzeptoren sind in der Lage, den Payload, welcher an die Backendressource gerichtet ist, zu betrachten und darauf zu reagieren. Ein der Interzeptoren ist der Security Interceptor, er wird genutzt, um Autorisierungen zu verwalten und er stellt Administrator, Operations und Invoke Access Level zur Verfügung. Der zweite Interceptor ist der Audit Interceptor, er

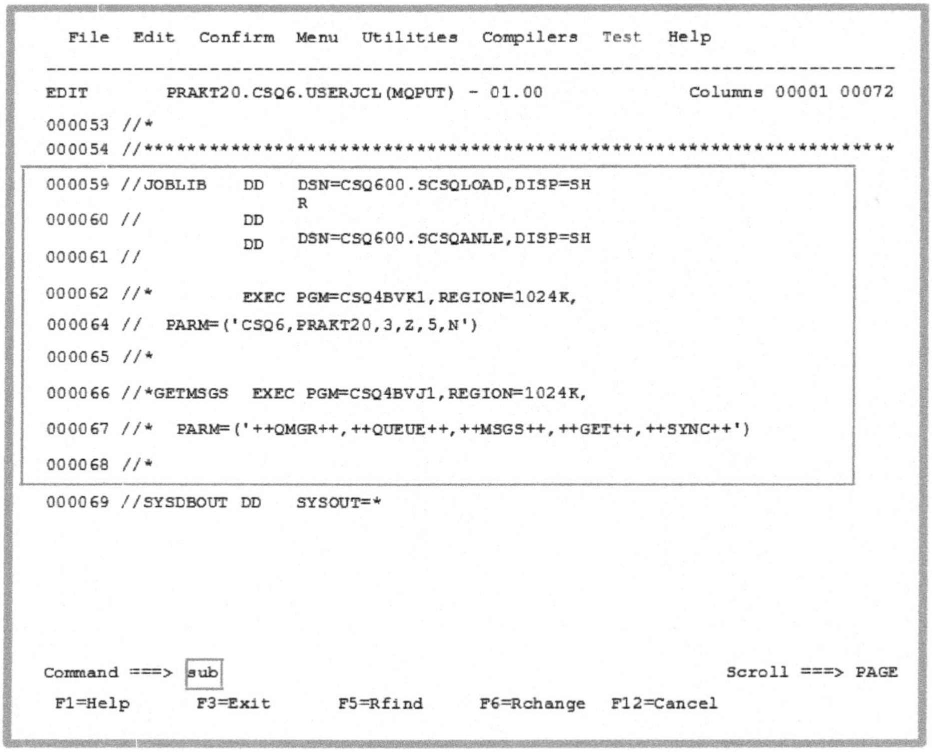

```
   File    Edit    Confirm    Menu    Utilities    Compilers    Test    Help
   ------------------------------------------------------------------------
   EDIT        PRAKT20.CSQ6.USERJCL(MQPUT) - 01.00         Columns 00001 00072
   000053 //*
   000054 //****************************************************************
   000059 //JOBLIB    DD    DSN=CSQ600.SCSQLOAD,DISP=SH
                                R
   000060 //          DD
                      DD    DSN=CSQ600.SCSQANLE,DISP=SH
   000061 //
   000062 //*        EXEC PGM=CSQ4BVK1,REGION=1024K,
   000064 //  PARM=('CSQ6,PRAKT20,3,Z,5,N')
   000065 //*
   000066 //*GETMSGS  EXEC PGM=CSQ4BVJ1,REGION=1024K,
   000067 //*  PARM=('++QMGR++,++QUEUE++,++MSGS++,++GET++,++SYNC++')
   000068 //*
   000069 //SYSDBOUT  DD   SYSOUT=*




   Command ===> sub                                    Scroll ===> PAGE
    F1=Help      F3=Exit      F5=Rfind     F6=Rchange   F12=Cancel
```

Abbildung 8.43: Neuer Quelltext MQPUT.

wird genutzt für die SMF Records. Außerdem gibt es auch die Möglichkeit, eigene Interzeptoren zu erstellen.

Nachdem z/OS Connect installiert wurde und der Service Provider (Backend Programm, Source of Copy Book) eingerichtet ist, kann man mit z/OS Connect eine API in nur wenigen Schritten einrichten:
1. Erstellen des Service Archives
2. Erstellen des API Projekts mit Mapping
3. Deploy der API
4. Entdecken der API
5. Aufruf der API

Der Zugriff auf Db2 erfolgt mit z/OS Connect auf eine andere Art und Weise als bei den anderen Subsystemen. Die anderen Subsysteme werden über Standard Subsystem Schnittstellen angesprochen (WOLA, OTMA, IPIC, JMS, etc.).

Ein z/OS Connect EE Server greift auf Db2 nicht wie ein Client mit JDBC zu sondern nutzt den Db2 Rest Service. Während der native Rest Service von Db2 allerdings

```
File    Edit    Confirm    Menu    Utilities    Compilers    Test    Help
------------------------------------------------------------------------
EDIT          PRAKT20.CSQ6.USERJCL(MQPUT) - 01.00          Columns 00001 00072
000057 //*
000058 //************************************************************
000059 //JOBLIB    DD    DSN=CSQ600.SCSQLOAD,DISP=SHR
000060 //          DD    DSN=CSQ600.SCSQANLE,DISP=SHR
                   DD    DSN=CSQ600.SCSQAUTH,DISP=SHR
000061 //
000062 //*        EXEC PGM=CSQ4BVK1,REGION=1024K,
000064 //   PARM=('CSQ6,PRAKT20,3,Z,5,N')
000065 //*
000066 //*GETMSGS  EXEC PGM=CSQ4BVJ1,REGION=1024K,
000067 //*   PARM=('++QMGR++,++QUEUE++,++MSGS++,++GET++,++SYNC++')
000068 //*
000069 //SYSDBOUT DD    SYSOUT=*
000070 //SYSABOUT DD    SYSOUT=*


IKJ56700A ENTER JOBNAME CHARACTER(S) -
P
```

Abbildung 8.44: „sub MQPUT".

nur POST Methoden unterstützt und einige wenige GET-Anfragen für Administrative Services, liefert z/OS Connect auch Support für PUT (Siehe Abbildung 8.44) und DELETE Methoden. Ein weiterer Vorteil ist, dass API Funktionen, welche JSON Requests und Response Nachrichten transformieren oder Felder löschen und hinzufügen können, unterstützt werden. Außerdem bietet z/OS Connect die Möglichkeit, die API's durch ein Swagger-Dokument besser zu verwalten.

8.16 Sicherheitsansprüche an API's

Bevor man ein Sicherheitskonzept entwirft, müssen zunächst alle Sicherheitsansprüche geklärt werden. Eine komplette Sicherheitslösung sollte folgende Mechanismen unterstützen:

```
   File   Edit  Confirm  Menu  Utilities  Compilers  Test   Help
 ------------------------------------------------------------------------
 EDIT       PRAKT20.CSQ6.USERJCL(MQPUT) - 01.00         Columns 00001 00072
 000057 //*
 000058 //**********************************************************************
 000059 //JOBLIB   DD    DSN=CSQ600.SCSQLOAD,DISP=SHR
 000060 //         DD    DSN=CSQ600.SCSQANLE,DISP=SHR
 000061 //         DD    DSN=CSQ600.SCSQAUTH,DISP=SHR
 000062 //*
 000063 //PUTMSGS  EXEC PGM=CSQ4BVK1,REGION=1024K,
 000064 //   PARM=('CSQ6,PRAKT20,3,Z,5,N')
 000065 //*
 000066 //*GETMSGS EXEC PGM=CSQ4BVJ1,REGION=1024K,
 000067 //*   PARM=('++QMGR++,++QUEUE++,++MSGS++,++GET++,++SYNC++')
 000068 //*
 000069 //SYSDBOUT DD    SYSOUT=*
 000070 //SYSABOUT DD    SYSOUT=*
 000071 //SYSPRINT DD    SYSOUT=*
 ****** ************************** Bottom of Data **************************


  IKJ56700A ENTER JOBNAME CHARACTER(S) -
 P
  IKJ56250I JOB PRAKT20P(JOB00829) SUBMITTED
  ***
```

Abbildung 8.45: 2. Screen „sub MQPUT".

8.16.1 Security Tokens

Im Zusammenhang mit REST-API werden oftmals Tokens genutzt. Durch sie können Ressourcen gespart oder verschiedene Quellen miteinander verbunden werden. Es ist wichtig für die Anwendung, die man designed, das richtige Token auszuwählen. Deshalb erfolgt an dieser Stelle eine Gegenüberstellung der wichtigsten Tokens.

Für die geplante Anwendung für diese Arbeit eignet sich das JWT-Token sehr gut. Durch den Einsatz des JWT-Token kann ein Nutzer autorisiert werden, ohne bei jeder Abfrage erneut seine Login-Informationen durchzureichen. Dies spart Ressourcen und erfüllt seinen Zweck. Das JWT-Token läuft nach einer definierten Zeit von alleine aus und wird ungültig. Der Nutzer muss dann erneut ein JWT-Token erlangen durch Authentifizierung.

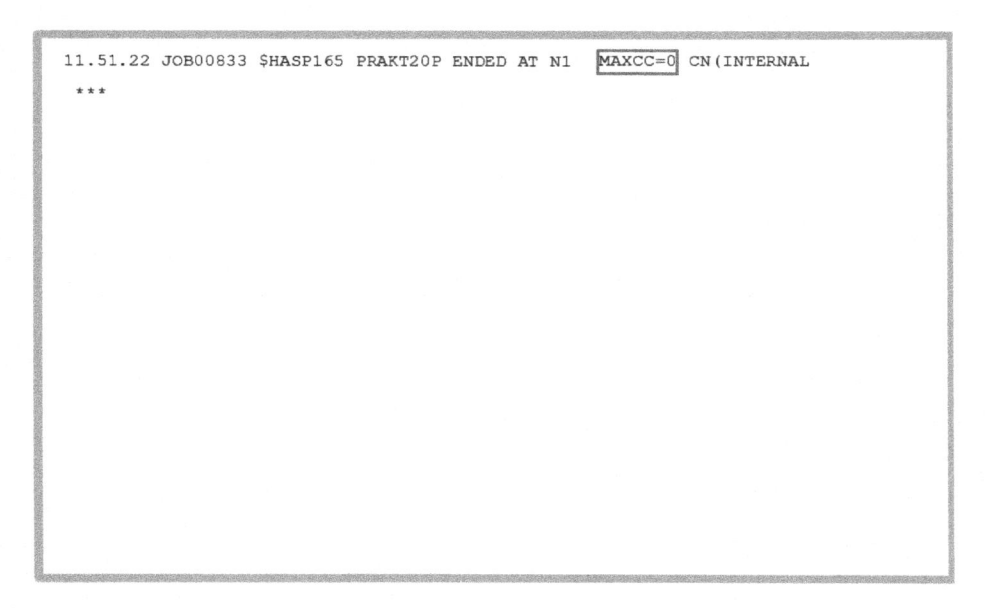

```
11.51.22 JOB00833 $HASP165 PRAKT20P ENDED AT N1  MAXCC=0  CN(INTERNAL
   ***
```

Abbildung 8.46: Ausgabe von „sub MQPUT".

8.16.1.1 z/OS Connect Security

Der z/OS Connect Server profitiert bei der Security stark von Liberty z/OS (Authentifizierung, Verschlüsselung), aber es erweitert die Funktionen um Zugriffskontrolle auf APIs und Services (Abbildung 8.46, 8.47). Die Authentifizierung kann über einen Trusted Server erfolgen oder direkt bei z/OS Connect. TLS Verschlüsselung schützt die Kommunikation zwischen REST Clients und z/OS Connect. Die Autorisierung von Usern kann mittels der server.xml Datei oder im RACF vorgenommen werden. Alternativ kann auch ein Autorisations-Interceptor eingesetzt und konfiguriert werden. Er kann auf globaler, API und Service Level Ebene eingesetzt werden. Mit RACF kann man auch Gruppenrechte für z/OS Connect vergeben. Ein wichtiger Bestandteil von Security ist der Audit-Interceptor. Er schreibt SMF Typ 123 Records mit Informationen über Datum, Zeit, Ziel URI, Name der API und Username. Per Default ist für z/OS Connect EE SSL/TLS aktiviert. Diese Einstellungen finden sich in der server.xml unter requireSecure, außerdem gibt es eine Option für die Nutzung von Basic Authentifizierung statt Client Authentifizierung. Die SSL/TLS Unterstützung kommt von Liberty z/OS und nutzt Java Secure Sockets Extension (JSSE). Die Standardeinstellung ist ein One-way TLS Handshake. Hier werden Keys genutzt, die von Liberty generiert wurden. One-Way bedeutet, dass sich jeder Client verbinden kann und keine Client-Zertifikate gemanagt werden müssen. Praxisnäher ist ein Two-way Handshake. Damit können sich nur bekannte Clients verbinden. Sie können authentifiziert werden mittels eines Zertifikats, welches User gebunden ist. Client Zertifikate erfordern allerdings ein Management dieser. Diese Form der Verschlüsselung erfordert allerdings auch mehr Leistung, was sich

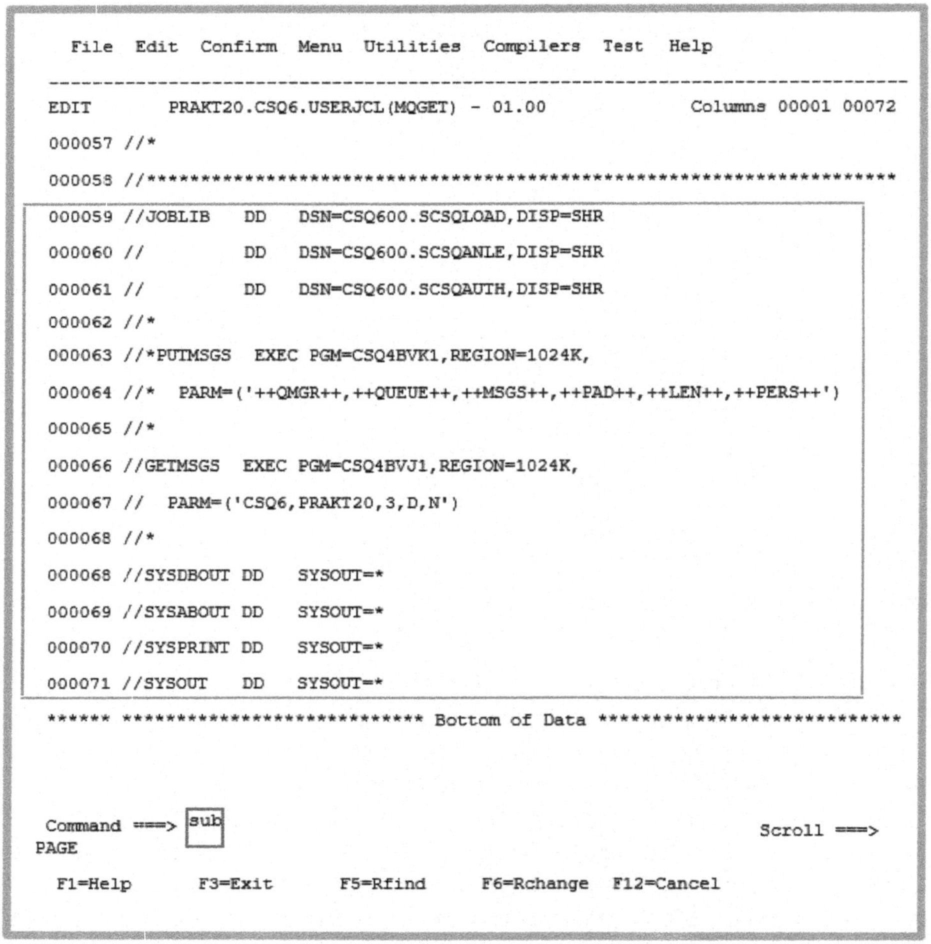

```
File    Edit   Confirm   Menu   Utilities   Compilers   Test   Help
------------------------------------------------------------------------
EDIT        PRAKT20.CSQ6.USERJCL(MQGET) - 01.00           Columns 00001 00072
000057 //*
000058 //*****************************************************************
000059 //JOBLIB    DD   DSN=CSQ600.SCSQLOAD,DISP=SHR
000060 //          DD   DSN=CSQ600.SCSQANLE,DISP=SHR
000061 //          DD   DSN=CSQ600.SCSQAUTH,DISP=SHR
000062 //*
000063 //*PUTMSGS  EXEC PGM=CSQ4BVK1,REGION=1024K,
000064 //*   PARM=('++QMGR++,++QUEUE++,++MSGS++,++PAD++,++LEN++,++PERS++')
000065 //*
000066 //GETMSGS   EXEC PGM=CSQ4BVJ1,REGION=1024K,
000067 //    PARM=('CSQ6,PRAKT20,3,D,N')
000068 //*
000068 //SYSDBOUT  DD   SYSOUT=*
000069 //SYSABOUT  DD   SYSOUT=*
000070 //SYSPRINT  DD   SYSOUT=*
000071 //SYSOUT    DD   SYSOUT=*
****** *************************** Bottom of Data ***************************

Command ===> sub                                          Scroll ===>
PAGE
      F1=Help      F3=Exit      F5=Rfind    F6=Rchange   F12=Cancel
```

Abbildung 8.47: Neuer Quelltext von MQGET.

auf die Antwortzeiten auswirken könnte. Dem kann man mit Persistent Connections entgegenwirken. Ein Trusted-Server kann den Overhead durch die meist vielen End User Verbindungen abfangen und hält währenddessen eine „persistente" TLS Session zu z/OS Connect EE.

Für z/OS Connect sind die remote Clients die Systems of Engagement oder andere Server im Unternehmen. Das heißt nicht, dass z/OS Connect nie wüsste, wer der tatsächliche Enduser ist. Allerdings kommuniziert z/OS Connect auch nicht direkt mit ihm. Der remote Client muss sich authentifizieren und vertrauenswürdig sein damit die Anfrage angenommen wird (Abbildung 8.48, 8.49, 8.50, 851). Auch z/OS Connect selbst muss sich gegenüber den Backend Systemen authentifizieren. Die Abbildung 8.56

8.16 Sicherheitsansprüche an API's — 471

```
   Display  Filter  View  Print  Options  Help
 ------------------------------------------------------------------
 HQX1900----------------    SDSF PRIMARY OPTION MENU  -------------------------
                                                                   550
      DA         - Display active users in the sysplex
      I O        - Display jobs in the JES2 input queue
      H          _ Display jobs in the JES2 output queue held
      ST           Display jobs in the JES2 output queue
      SE         - Display status of jobs in the JES2 queues
      END          Display
                 -         scheduling environments in the MAS or sysplex
                   Exit SDSF

      Licensed Materials - Property of IBM


      5647-A01 (C) Copyright IBM Corp. 1981, 1997. All rights reserved. US
      Government Users Restricted Rights - Use, duplication or disclosure
      restricted by GSA ADP Schedule Contract with IBM Corp.




 COMMAND INPUT ===> |st|                         SCROLL ===> PAGE
  F1=HELP       F2=SPLIT      F3=END      F4=RETURN    F5=IFIND    F6=BOOK
  F7=UP         F8=DOWN       F9=SWAP     F10=LEFT     F11=RIGHT   F12=RETRIEVE
```

Abbildung 8.48: SDSF Primary Option Menu.

```
         Display  Filter  View  Print  Options  Help
      ------------------------------------------------------------
      ------------------ SDSF STATUS DISPLAY ALL CLASSES    LINE
      1-9 (9)

         NP   JOBNAME   JOBID     OWNER    PRTY
              QUEUE     C         POS      SAFF            ASYS
              STATUS    PRAKT20   TSU00826 PRAKT20         15
              EXECUTION                    SYS1            SYS1
         |S|  PRAKT20P  JOB00837  PRAKT20  1
              PRINT                        A               1106      PRAKT20G
              JOB00838  PRAKT20            1
              PRINT                        A               1107


 COMMAND INPUT ===>                              SCROLL ===> PAGE
  F1=HELP       F2=SPLIT      F3=END      F4=RETURN    F5=IFIND    F6=BOOK
  F7=UP         F8=DOWN       F9=SWAP     F10=LEFT     F11=RIGHT   F12=RETRIEVE
```

Abbildung 8.49: SDSF Status Display All Classes.

```
      Display  Filter  View  Print  Options  Help
 ------------------------------------------------------------
     SDSF OUTPUT DISPLAY PRAKT20P JOB00839   DSID     4 LINE 20        COLUMNS 02- 81
    COMMAND INPUT ===>                                              SCROLL ===> PAGE
                                                       0MIN 00.15SEC SRB     0MIN 00.01S
    IEF374I STEP/PUTMSGS /STOP  2002093.1214  CPU
    IEF375I JOB/PRAKT20P/START            2002093.1214
    IEF376I JOB/PRAKT20P/STOP   2002093.1214  CPU    0MIN 00.15SEC SRB     0MIN 00.01S

    ==========================================
    PARAMETERS PASSED :

      QMGR        - CSQ6

      QNAME       - PRAKT20

      NUMMSGS     - 000000003

      PADCHAR     -        Z
      MSGLENGTH   - 000000005
      PERSISTENCE - N

    ==========================================
    MQCONN SUCCESSFUL

    MQOPEN SUCCESSFUL

    000000003 MESSAGES PUT TO QUEUE
    MQCLOSE SUCCESSFUL

    MQDISC SUCCESSFUL

    ******************************** BOTTOM OF DATA ********************************
       F1=HELP       F2=SPLIT      F3=END      F4=RETURN     F5=IFIND     F6=BOOK
       F7=UP         F8=DOWN       F9=SWAP     F10=LEFT      F11=RIGHT    F12=RETRIEVE
```

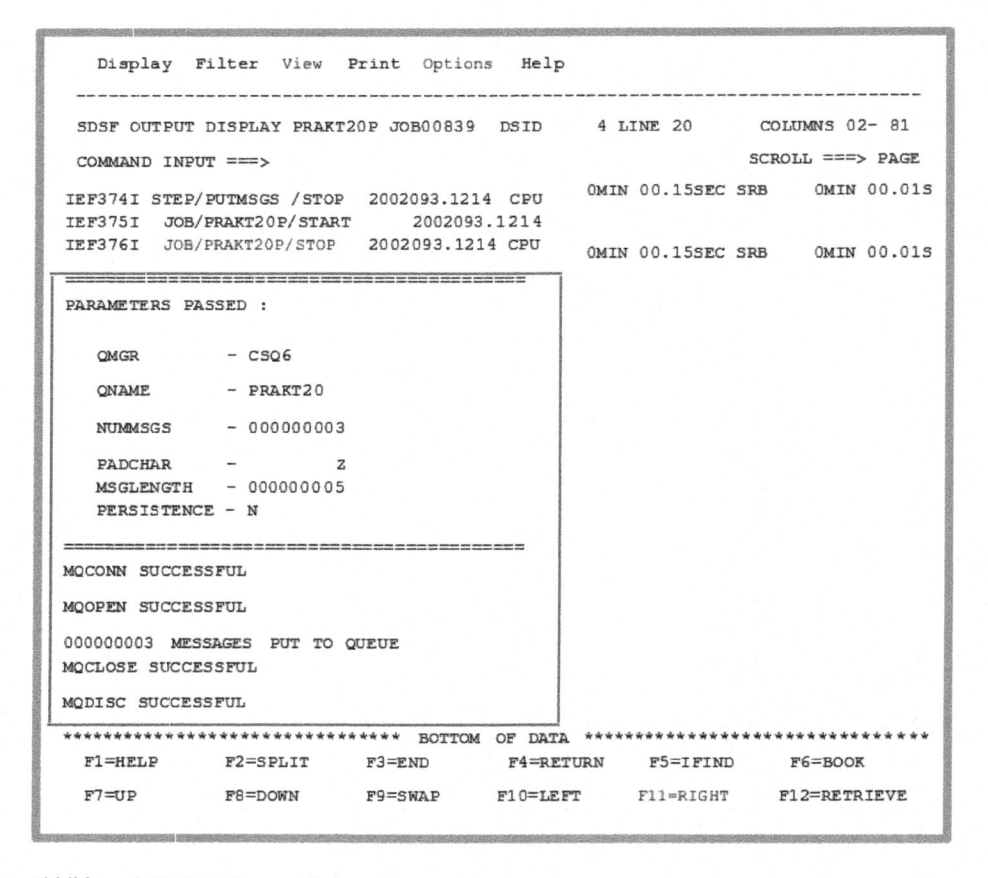

Abbildung 8.50: SDSF Output Display Job von MQPUT.

zeigt die Sicherheitsaspekte einer Anwendungsarchitektur mittels z/OS Connect und deren Wirkungsbereiche.

8.16.2 Authentifizierung

Durch die Authentifizierung gibt der Client seine Identität preis. Ein Client für z/OS Connect ist allerdings meistens ein anderer Server und keine Person mit einer Userid und Passwort. Für Testumgebungen ist die Methode mit Userid und Passwort ausreichend, jedoch würde man für eine Produktionsumgebung auf Client Zertifikate, ein LTPA Token oder einen Trust Association Interceptor (TAI) setzen. Die Client Authentifizierung funktioniert über Zertifikate, welche auf die lokale SAF Userid gemapped werden und den Client dadurch so behandeln als ob er eine Userid und Password benutzt hätte. Ist der Client einmal authentifiziert, erstellt der Liberty-Server ein LTPA

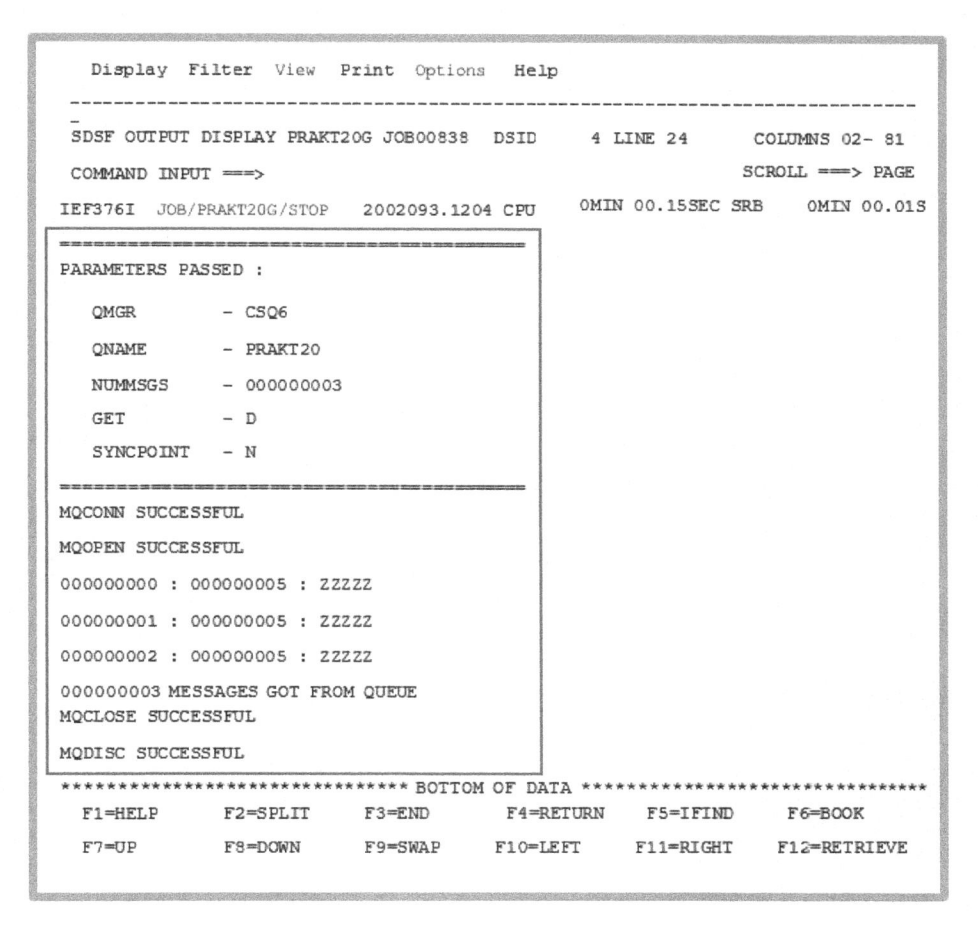

```
    Display  Filter  View  Print  Options  Help
-----------------------------------------------------------------------
  SDSF OUTPUT DISPLAY PRAKT20G JOB00838  DSID    4 LINE 24      COLUMNS 02- 81
  COMMAND INPUT ===>                                            SCROLL ===> PAGE
  IEF376I  JOB/PRAKT20G/STOP    2002093.1204 CPU    0MIN 00.15SEC SRB   0MIN 00.01S
  ======================================
  PARAMETERS PASSED :

    QMGR       - CSQ6
    QNAME      - PRAKT20
    NUMMSGS    - 000000003
    GET        - D
    SYNCPOINT  - N
  ======================================
  MQCONN SUCCESSFUL
  MQOPEN SUCCESSFUL
  000000000 : 000000005 : ZZZZZ
  000000001 : 000000005 : ZZZZZ
  000000002 : 000000005 : ZZZZZ
  000000003 MESSAGES GOT FROM QUEUE
  MQCLOSE SUCCESSFUL
  MQDISC SUCCESSFUL
 ******************************* BOTTOM OF DATA ********************************
   F1=HELP       F2=SPLIT      F3=END       F4=RETURN    F5=IFIND     F6=BOOK
   F7=UP         F8=DOWN       F9=SWAP      F10=LEFT     F11=RIGHT    F12=RETRIEVE
```

Abbildung 8.51: SDSF Output Display Job von MQGET.

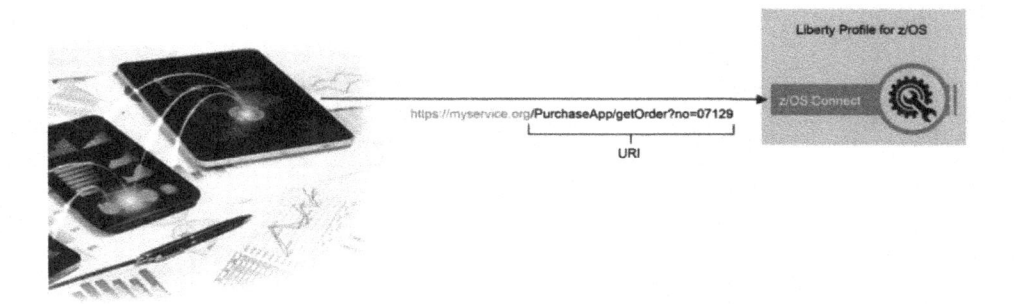

Abbildung 8.52: z/OS Connect Zugriff.

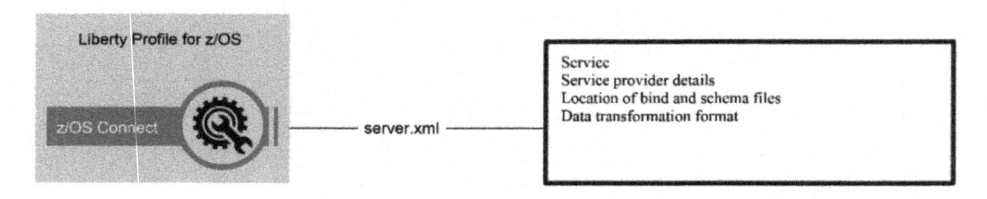

Abbildung 8.53: z/OS Connect Konfigurationsdatei „server.xml".

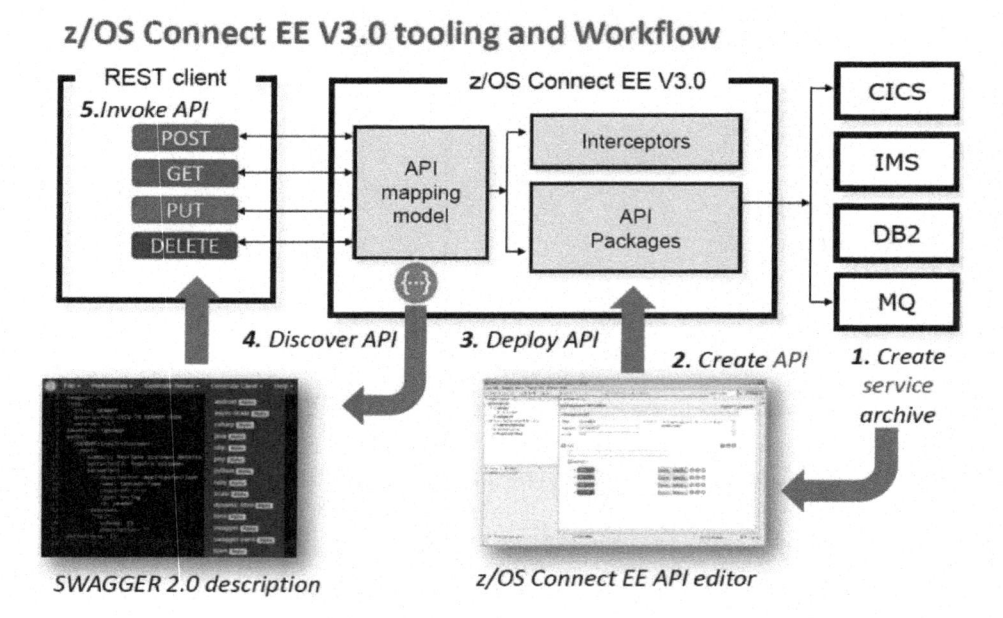

Abbildung 8.54: z/OS Connect Workflow.

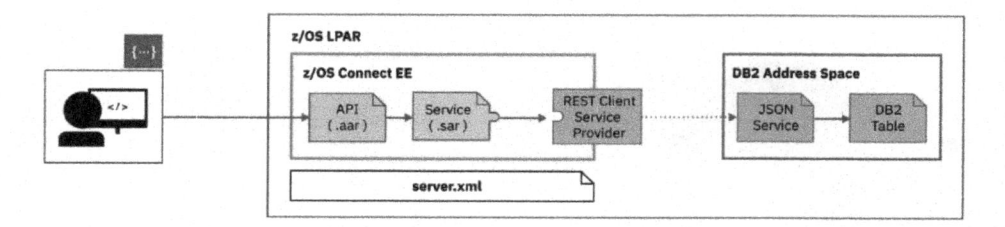

Abbildung 8.55: z/OS Connect DB2 Verbindung.

Token für den Client. Das LTPA Token ist ein verschlüsselter Cookie und beinhaltet die Client Credentials. Bei nachfolgenden Anfragen kann der Client das Token vorweisen und wird als authentifiziert betrachtet (Tabelle 8.1, 8.2).

Tabelle 8.1: API Sicherheitsansprüche.

Kriterien	Möglichkeiten
1. Nutzer	– Angestellte (Employee, B2E) – Partner (B2B) – Kunden (Customer, B2C)
2. Geräte	– Firmengeräte – Kundengeräte von unterschiedlichen Herstellern – IoT-Geräte
3. Anwendungen	– On-Premise-Anwendungen – Cloud-Anwendungen – Anwendungen von Businesspartnern – Mobile-Anwendungen
4. Services	– Mainframe-Services – CICS, IMS, DB2, WebSphere und andere
5. Zugangsart	– Intranet oder Internet – VPN notwendig?
6. Anzahl der Nutzer	– Gering (10 bis 100), mittel (um 1000) oder eine hohe Anzahl (mehrere tausend) – Bekannte oder Unbekannte Anzahl – Muss man sich gegen zu viele Anfragen schützen können? – Muss man DDOS Angriffe abwehren können? – Ist es sinnvoll Kontingente für Nutze reinzuführen?
7. Authentifizierung	– **Nutzer Authentifizierung** – Hat jeder Nutzer eine ID? – Wie wird der Nutzer Authentifiziert? (zum Beispiel Basic) – Welche Identität wird überprüft? (Email, IBAN, Username, Telefonnummer) – Welche Authentifizierungstokens werden genutzt? (JWT, OpenAuthentication) – Hat jeder Nutzer eine RACF-ID? – Wie wird der Nutzer auf eine RACF-ID gemapped? – Ist ein Single-Sign-On (SSID) notwendig? – Wird eine Zwei-Faktor-Authentifizierung benötigt? – Wird the Authentifizierung durch z/OS Connect oder zum Beispiel durch einen API-Gateway vorgenommen? – Server-Authentifizierung – Muss Server-Authentifizierung genutzt werden? – Authentifizierung zwischen API-Anfrage und Gateway – Authentifizierung zwischen API-Gateway und z/OS Connect – Authentifizierung zwischen z/OS Connect und Backend

Tabelle 8.1 (fortgesetzt)

Kriterien	Möglichkeiten
8. Autorisierung	– **Nutzer-Autorisierung** – Soll der Nutzer vom Zugriffsmanagament autorisiert werden (API-Gateway) – Wie genau muss die Autorisierung aufgelöst werden ? (Gibt es Autorisierungsgruppen ?) – Muss der Nutzer Zugriff auf die System APIs von z/OS Connect haben ? – Welche Autorisierungsgruppen werden für die System-APIs benötigt ? – Muss der Nutzer auch im Backend / Transaktionsservice Autorisiert sein ? – Soll die Autorisierung über Tokens geschehen? – **Anwendungsautorisierung** – Muss die Anwendung für das Management der API autorisiert sein ? – Wie wird die Anwendung autorisiert ? (API-Key, API-Secret)
9. Audit	– Soll der Zugriff auf die API geloggt werden? – Soll jeder Zugriff oder nur spezielle Zugriffe geloggt werden – Welche Informationen sollen geloggt warden ? (RACF-ID, Username, Uhrzeit)

10. Vertraulichkeit	– Welche Daten werden verarbeitet? (Finanzdaten, personenbezogene Daten?)
	– Muss der Datenverkehr verschlüsselt werden?
	  – Zwischen API-Requester und API-Gateway
	  – Zwiscchen API-Gateway and z/OS Connect
	  – Zwischen z/OS Connect und dem Backend
	– Wie kann man die benötigte Leistung für die Verschlüsselung von der Plattform abwenden ?

11. Integrität	– Muss die Integrität auf den Verarbeitungswegen geschützt werden?

12. Security-Infrastruktur	– Welche Teile der existierenden Sicherheitsinfrastruktur können genutzt werden?
	– Welche Komponenten werden in der existierenden Sicherheitsinfrastruktur benutzt?
	  – Security-Gateway
	  – User-Registries
	  – Identity-Management und Mapping
	  – Netzwerksicherheit
	  – Digitale Zertifikate
	  – Intelligente Security-Installationen

13. Sicherheitsstandards	– Welchen Firmenstandards existieren im Bereich von Verschlüsselung und Datenweitergabe – Ist die Nutzung von offenen Sicherheitsstandards eine Option (Open-Connect) – Welche Industriestandards müssen respektiert werden? (PCI-DSS, HIPAA

Tabelle 8.2: Token–Vergleich.

Token typ	Anwendung	Vorteile	Nachteile
LTPA	Authentifizierungstechnologie welche in IBM WebSphere genutzt wird	– Einfach zu nutzen für WebSphere und DataPower	– Proprietäres IBM-Token
SAML	XML-basiertes Security-Token	– Token beeinhaltet User-ID und Claims – Weite Verbreitung in SoR Anwendungen	– Tokens can be heavy to process – No refresh token
OAuth 2.0	Ermöglicht die Autorisierung und Nutzung von Informationen aus einer Quelle, um einen entfernten Service zu nutzen.	– Weitverbreitet bei Google, Facebook, Microsoft, Twitter ...	– Benötigt einen Endpunkt für die Erstellung der Tokens
JWT	JSON Security-Token-Format	– Kompakter als SAML – Einfache client-seitige Verarbeitung	
OpenID Connect	Stellt einen Weg bereit um Login-Informationen für verschiedene Anbieter zu nutzen	– Verbindet die Vorteile von Identity-Authentication und Oauth – SoE freundlich	– Nicht sehr weitverbreitet für SoE

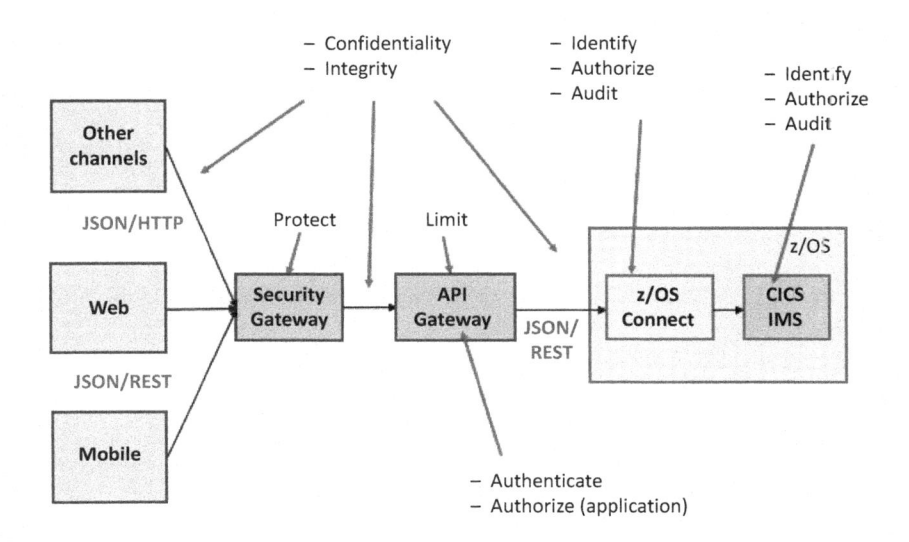

Abbildung 8.56: Security Features von z/OS Connect.

Immer wenn sich der Client authentifiziert mit einem Zertifikat, LPTA Token (siehe Tabelle 8.2) oder mit der Userid und Password, muss der Client in einer User-Datenbank existieren (Registry). Die basicRegistry ist in der server.xml implementiert und einfach und schnell einzurichten. Für sehr wichtige Anwendungen ist es möglich, die User in SAF zu definieren. In den meisten Anwendungsfällen wird z/OS Connect [38] jedoch nur die Identität des Servers überprüfen, der die Anfrage stellt. Eine andere Möglichkeit besteht darin, eine LDAP Registry zu nutzen.

8.16.3 Security Betrachtung und Überblick

Das Produkt z/OS Connect ermöglicht es, den Zugriff auf API's und Services zu kontrollieren. Dieser Abschnitt soll einen Überblick über die Security Funktionen bieten. In den meisten Fällen wird z/OS Connect genutzt in Verbindung mit anderen Servern oder einem API Gateway. Dafür wird der Begriff „Trusted Server" genutzt. Die Security Funktionen sind in Abbildung 8.57 zu sehen. Der Trusted Server übernimmt Authentifikation und die Verschlüsselung der Client-Verbindungen, während z/OS Connect die API Layer Security und Service Layer Security beherrscht.

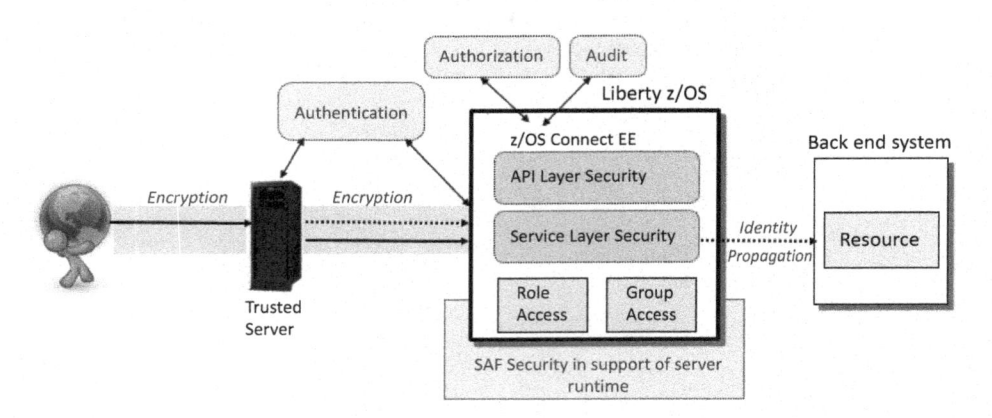

Abbildung 8.57: Security Features von z/OS Connect.

Für z/OS Connect gibt es folgende Punkte, welche für die Sicherheit der API betrachtet werden sollten:
- Authentifizierung: Hierbei geht es um die Frage nach der Identität des Clients. Dabei kann sich der Client entweder bei dem Trusted Server oder bei z/OS Connect authentifizieren.
- Verschlüsselung: Bei REST-API's ist es absolut notwendig, die Kommunikation zwischen REST Clients und z/OS Connect zu verschlüsseln. Dabei geht es um „SSL" bzw. „TLS" (Transport Layer Security).
- API Layer Security: Ermöglicht es, Sicherheitsrichtlinien für API's zu implementieren.

- Service Layer Security: Es ist ebenfalls möglich, Sicherheitsrichtlinien für die darunterliegenden Services zu erstellen.
- Role Access: Wenn der User authentifiziert wurde, stellt sich die Frage, ob der Nutzer die Applikation aufrufen darf. Das wird umgesetzt, indem die Applikation eine Rolle bekommt und der User auf der Zugriffsliste der Rolle stehen muss.
- Group Authorization: Durch die Gruppen Autorisierung, wird festgelegt, wer Rechte über die API hat.
- SAF Security: Die System Autorisation Facility (SAF) kann genutzt werden, um die z/OS Connect Server Runtime abzusichern und ebenfalls für die Authentifizierung und Autorisierung. In dieser Arbeit wird RACF genutzt.
- SMF Audit: Die z/OS System Management Facility (SMF) kann genutzt werden für einen Audit Log.

Die Standard-Einstellung von z/OS Connect verlangt eine Authentifizierung des Nutzers. Die Einstellung werden in der server.xml Datei vorgenommen. Die Authentifizierungsmechanismen stammen von Liberty z/OS und beinhalten Basic Authentication, Client Zertifikate und Third Party Authentifizierung.

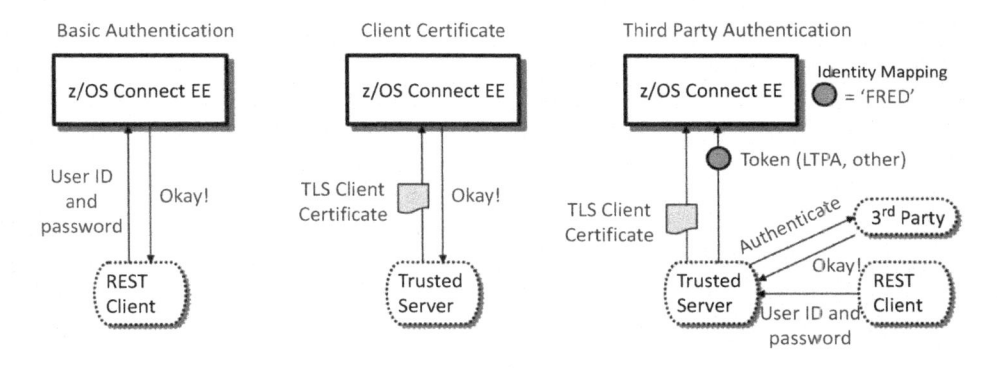

Abbildung 8.58: Authentifizierung von Clients.

- Basic Authentifizierung (Siehe Abbildung 8.58) verlangt vom REST Nutzer Userid und Passwort. Die Informationen werden mit einer Registry verglichen und dann wird der User authentifiziert oder abgelehnt. Die Registry kann zum Beispiel die server.xml Datei sein, LDAP oder SAF.
- Client Zertifikate können ebenfalls eingesetzt werden für die Authentifizierung. Hierbei wird das Zertifikat vorgezeigt und auf die passende Userid gemapped. Dieses Verfahren ist vor allem sinnvoll im Zusammenhang mit einem Trusted Server.

- Third Party Authentifizierung funktioniert durch eine Authentifizierung bei einer vertrauenswürdig „3rd Party". Der User authentifiziert sich dort und erhält ein Token. Dadurch kann er einer Userid auf dem Host zugeordnet werden und erhält Zugriff. Das Token enthält jedoch kein Passwort.

8.16.4 TLS Verschlüsselung mit z/OS Connect EE

Mit z/OS Connect kann das Transport Layer Security Protokoll genutzt werden. Das Protokoll besteht aus zwei Schichten, dem TLS Record Protokoll und dem TLS Handshake Protokoll. Es kann auf verschiedenen Wegen implementiert werden, zum Beispiel durch Nutzung des z/OS Communication Servers oder mit den Liberty Funktionen. Das TLS Record Protokoll stellt die Sicherheit der Verbindung sicher. Die Verbindung ist privat und es wird Secret Key Verschlüsselung genutzt. Die Schlüssel werden für jede Verbindung einzeln beim Handshake erstellt. Die Verbindung muss außerdem zuverlässig funktionieren, deshalb wird bei jeder Message ein Integritätscheck durchgeführt mittels einer Keyed-Hash Mac (HMAC). Für die MAC Berechnungen werden sichere Hashfunktionen wie SHA-1 oder MD5 verwendet). Das TLS Handshake Protokoll arbeitet über dem TLS Record Protokoll und erlaubt es, Server und Client eine Authentifizierung miteinander vorzunehmen und sich auf einen Verschlüsselungsalgorithmus zu einigen. Der Public Key erlaubt es, die Identität des Verbindungspartners zu authentifizieren. Das Shared Secret ist sicher, und kein Angreifer kann es aus einer Verbindung beziehen. In der Standard-Konfiguration ist HTTPS Voraussetzung, es kann aber in der server.xml Datei deaktiviert werden. Für den TLS Handshake gibt es zwei Möglichkeiten: Zum einen den One-way Handshake, bei dem nur das Server Zertifikat verschickt und validiert wird, und es gibt den Two-way Handshake, bei dem das Server und das Client Zertifikat ausgetauscht und validiert werden. Der Two-way Handshake bietet mehr Sicherheit, aber es werden Client Zertifikate benötigt, und der Handshake ist rechenintensiver. Der One-way TLS Handshake ist geeignet für simple Anwendungsszenarien. Jeder Client kann damit eine SSL Verbindung aufbauen.

One-way	Two-way
Häufiger Anwendungsfall, weil jeder Client zum Server eine sichere Verbindung aufbauen kann. Deshalb ist der One-way Handshake gut geeignet für Endnutzer-Clients.	Es dürfen sich nur Clients mit einem Zertifikat verbinden. Deshalb gibt es nur „trusted" Clients.
Einfach zu implementieren.	Das Client Zertifikat kann als Authentifizierung genutzt werden, indem es mit einer Userid verknüpft wird.

8.16 Sicherheitsansprüche an API's — 481

(fortgesetzt)

One-way	Two-way
Die Client Zertifikate müssen nicht verwaltet werden.	Es muss eine Verwaltung von Client Zertifikaten eingerichtet werden.
	Die Rechenlast ist höher als bei dem One-way Handshake.

In der Abbildung 8.59 wird deutlich, dass genauestens geklärt sein muss, von welchem Ort die Abfrage kommt. Nach diesen Informationen kann nun die geeignete Technik zur Verschlüsselung gewählt werden. Für Abfragen von Trusted Servern eignet sich beispielsweise eine persistente verschlüsselte Verbindung. Während man bei direkten Zugriff des Client's eher eine klassische Methode wählen würde.

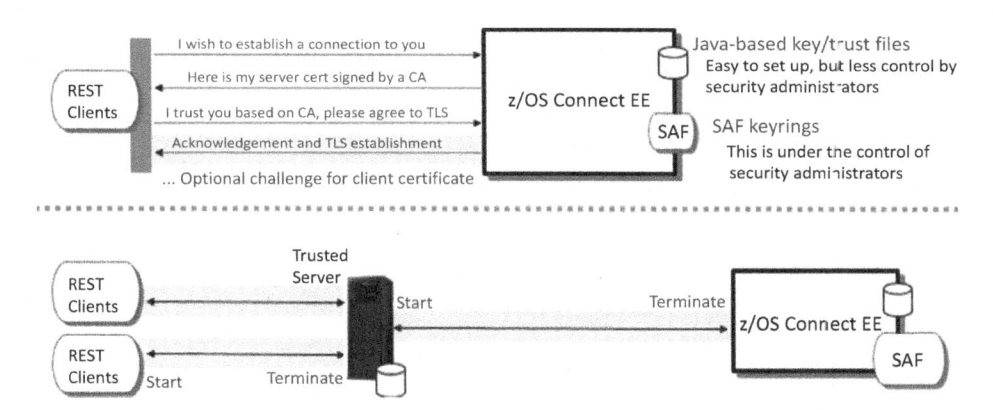

Abbildung 8.59: Feature Manager und Keystore in server.xml.

Um TLS mit z/OS Connect EE zu konfigurieren, muss man das „ssl-1.0" Feature in der server.xml Datei aktivieren. In Abbildung 8.59 wird eine Konfiguration genutzt für den One-way Handshake, welche Clients ermöglicht, ohne Zertifikat mit dem z/OS Connect Server eine Verbindung aufzubauen.

Um nun einen Two-way TLS Handshake zu aktivieren, muss in dem SSL-Abschnitt aus Abbildung 8.60 noch „clientAuthentication = ‚true'" ergänzt werden. Dadurch fordert z/OS Connect ein Zertifikat von dem Client und validiert es gegebenenfalls. Es kann auch ein SAF Keyring genutzt werden, dafür spezifiziert man den Keystore Typ JCER-ACFKS und den Namen des Keyring im „keyStore" Segment (Abbildung 8.60, 8.61). Ausführliche Informationen zu den SAF-basierten Zertifikaten findet man in dem Liberty Profile z/OS Connect Quick Start Guide.

```
<featureManager>
    <feature>ssl-1.0</feature>
</featureManager>
<keyStore id="defaultKeyStore" password="Liberty" />
<ssl id="DefaultSSLSettings" keyStoreRef="defaultKeyStore"/>
```

Abbildung 8.60: Feature Manager und Keystore in server.xml.

```
<keyStore id="defaultKeyStore" location="safkeyring:///Keyring.LIBERTY" password="password" type="JCERACFKS" fileBased="false" readOnly="true"/>
```

Abbildung 8.61: Keystore in „server.xml".

https://www.ibm.com/support/knowledgecenter/en/SS4SVW_beta/configuring/mobile_id_propagate.html

8.16.5 z/OS Connect Hochverfügbarkeit

Hochverfügbarkeit von z/OS Connect kann gewährleistet werden durch mehrere z/OS Connect Server. Es ist möglich einen höheren Durchsatz zu erzielen, und es existiert dadurch ein Backup (im Falle eines Serverausfalls). Hochverfügbarkeit kann mit zwei z/OS Connect Servern innerhalb einer LPAR erreicht werden, oder man konturiert eine komplexere Parallel Sysplex Lösung. Die Abbildung 8.62 zeigt den Aufbau einer z/OS Connect Architektur mit Hochverfügbarkeit.

Durch die Verteilung von HTTP und HTTPS API- und Service-Anfragen von Nutzern auf die verschiedenen z/OS Connect Server, können im Falle eines Ausfalls die Anfragen von den verbleibenden Servern übernommen werden. Damit diese Funktionalität problemlos arbeitet, müssen die z/OS Connect Server Klone voneinander sein. Sie müssen die gleiche Konfiguration haben und mit denselben API und Service Definitionen. Eine komplette Anleitung über die Implementierung von z/OS Connect HA findet sich in der Quelle:

https://www.ibm.com/support/knowledgecenter/SS4SVW_beta/scenarios/ha_zCEE.html#ha_zCEE

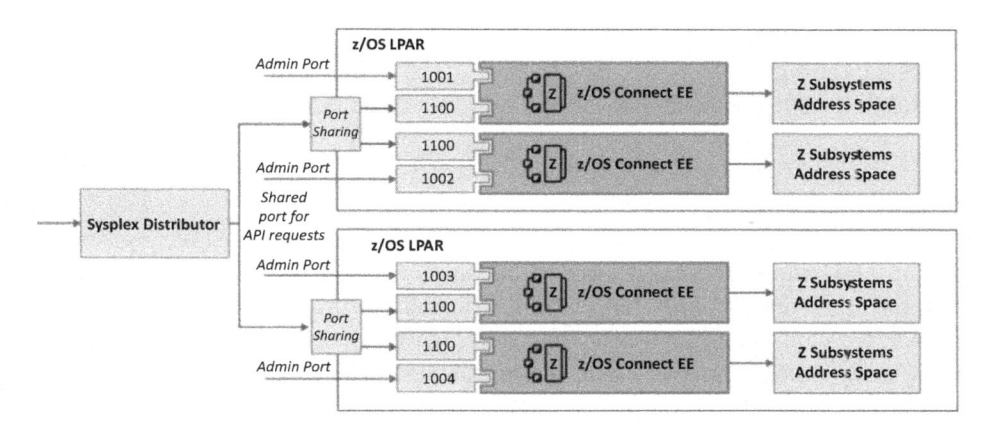

Abbildung 8.62: Feature Manager und Keystore in server.xml.

8.17 Übung z/OS Connect EE

Anforderungen
In diesem Tutorial erstellen wir einen REST Service mit Db2 und z/OS Connect Enterprise Edition. Für dieses Tutorial wird eine Userid mit Unix Berechtigungen benötigt und es wird das Db2 Tutorial vorausgesetzt. Wir werden eine Datenbanktabelle abfragen und über einen REST Service anbieten. Dafür entwickeln wir zunächst ein SQL-Statement und erstellen den Db2 Native REST Service. Aus dem Request- und Responseschema des Services wird dann mit dem Tool „zconbt" ein .SAR File erstellt. Im nächsten Schritt legen wir ein API Projekt im z/OS Connect Explorer an und fügen die .SAR Datei in z/OS Connect ein. Zuletzt muss die Zuordnung des Request- und Responseschema bearbeitet werden. Danach ist der Service verfügbar.

Software
Für die Durchführung des Tutorials wird folgende Software benötigt:
- z/OS Connect Explorer
- z/OS Connect Toolkit
- 3270 Emulation
- FTP Client
- CURL

Eine Installationsanleitung für die z/OS Connect spezifische Software finden Sie unter folgendem Link:

https://www.ibm.com/support/knowledgecenter/en/SS4SVW_beta/installing/install_explorer.html

CURL für Windows finden Sie unter: https://curl.haxx.se/windows/

Erstellen eines Db2 Native REST-Services

Mit der Version 11 und 12 von Db2 wurde ein REST-Feature eingeführt. Wir werden in diesem Abschnitt einen Service erstellen für unsere Datenbank. Dafür ist es wichtig, dass das Db2 Tutorial unter der Userid durchgeführt wurde. Die REST-Schnittstelle werden wir dann mit CURL testen. Zunächst entwickeln wir mit SPUFI ein SQL Statement (siehe (Abbildung 8.63, 8.64)). Dieses SQL-Statement nutzen wir dann für den Service. Der Service wird mit einem Bind-Job erstellt. Es besteht allerdings auch die Möglichkeit den ServiceManager zu nutzen. Auf den Manager kommen wir zurück, wenn wir den Service löschen.

```
                              SPUFI                           SSID:
D931
 ===>

 Enter the input data set name:     (Can be sequential or partitioned)
  1  DATA SET NAME ... ===> SPUFI.IN(SELECT)
  2  VOLUME SERIAL ... ===>           (Enter if not cataloged)
  3  DATA SET PASSWORD ===>           (Enter if password protected)

 Enter the output data set name:    (Must be a sequential data set)
  4  DATA SET NAME ... ===> SPUFI.OUT

 Specify processing options:
  5  CHANGE DEFAULTS   ===> YES       (Y/N - Display SPUFI defaults panel?)
  6  EDIT INPUT ...... ===> YES       (Y/N - Enter SQL statements?)
  7  EXECUTE ......... ===> YES       (Y/N - Execute SQL statements?)
  8  AUTOCOMMIT ...... ===> YES       (Y/N - Commit after successful run?)
  9  BROWSE OUTPUT ... ===> YES       (Y/N - Browse output data set?)

 For remote SQL processing:
 10  CONNECT LOCATION  ===>


 PRESS:   ENTER to process    END to exit          HELP for more information
```

Abbildung 8.63: SPUFI.

```
EDIT            PRAKXXX.SPUFI.IN(INSERT) - 01.09           Columns
00001 00072
 *****       *****************************       Top      of     Data
 *****************************
==MSG> -Warning- The UNDO command is not available until you change
==MSG>           your edit profile using the command RECOVERY ON.
000100 SELECT * FROM PRAKXXX.TABXXX;
 *****       *****************************       Bottom   of     Data
 *****************************
```

Abbildung 8.64: SQL-Statement.

Als Beispiel nutzen wir ein einfaches SELECT * Statement auf eine Tabelle.

Anwendung 31

Aufgabe 1: Entwickeln Sie ein SQL-Statement auf Ihre Datenbanktabelle.
Hinweis: SELECT *FROM PRAKXXX. TABXXX gibt alle Daten in TABXXX aus. Sie
             verfügen über diese Tabelle, wenn Sie das Db2 Tutorial bearbeitet haben-

Das gewünschte Ergebnis des SELECTS im SPUFI (Abbildung 8.65, 8.66, 8.67) sollte folgendermaßen aussehen:

```
   Menu    Utilities   Compilers    Help
_____

  BROWSE       PRAKXXX.SPUFI.OUT                      Line 00000000
 Col 001 080
 ********************************       Top       of       Data
 ---------+---------+---------+---------+---------+---------+---------
+---------+
SELECT * FROM PRAKXXX.TABXXX                                00010008
 ---------+---------+---------+---------+---------+---------+---------
+---------+
VNAME                   NNAME                    BIC           IBAN
ST
 ---------+---------+---------+---------+---------+---------+---------
+---------+
DEINNAME          DEINNACHNAME          ZEPBDELE  DE81360390080000205113
70
DSNT400I SQLCODE = 000,   SUCCESSFUL EXECUTION
...
```

Abbildung 8.65: SELECT.

Binden des Services

Um das Statement als Service anzubieten muss es gebunden werde. Es gibt mehrere Möglichkeiten, einen Service zu erstellen. Eine sehr direkte Möglichkeit ist die Erstellung über den Db2 REST Management Service. Hierbei wird ein POST an den Db2 Service Manager abgesendet. Dafür können Skriptsprachen wie zum Beispiel: Curl, Python, PHP oder NodeJS verwendet werden. Eine weitere Möglichkeit ist die Erstellung eines Services mittels TSO/Batch. Diese Methode ist vor allem bei den erfahrenen Mitarbeitern im Mainframe Umfeld beliebt, weshalb hier diese Methode vorgestellt wird

```
//BINDSRV  EXEC  PGM=IKJEFT01,REGION=4M,COND=(4,LT)
  //STEPLIB   DD   DISP=SHR, DSN=SYS1.DSN.V120.SDSNLOAD
  //SYSTSPRT  DD   SYSOUT=*
  //SYSPRINT  DD   SYSOUT=*
  //SYSTSIN   DD   *
    DSN S(DBX0)
       BIND SERVICE(DB2TUTS) -
            NAME("PRAKXXX") -
            SQLDDNAME(SQL) -
            SQLENCODING(EBCDIC) -
            DESCRIPTION('SERVICE CREATED FOR TUTORIAL') -
            QUALIFIER(USERID) -
            ISOLATION(UR) -
            OWNER(PRAKXXX)

       RUN PROGRAM(DSNTIAD) PLAN(DSNTIAD)    -
           LIBRARY('DSN1210.RUNLIB.LOAD')
/*
//SQL       DD *
  SELECT * FROM PRAKXXX.TABXXX
/*
//SYSIN     DD *
  GRANT EXECUTE ON PACKAGE DB2TUTS."DB2TUTS" TO USER06
 ;
```

Abbildung 8.66: Bind Service.

Legt man einen neuen Service an, so wird ein Eintrag in die SYSIBM.DSNSERVICE Tabelle geschrieben und enthält COLLID DB2NSRV CONTOKEN HTTPREST Kommentar und andere. Das Package findet sich in SYSIBM.PACKAGE wieder. Die Verbindung mit der Tabelle entsteht über SYSIBM.SYSPACKDEP.

```
NAME     COLLID   CONTOKEN                DESCRIPTION
-------  -------  --------  ----  ------------------------------------
------------
PRAKXXX  DB2TUTS  HTTPREST  Y           SERVICE CREATED WITH BATCH
```

Abbildung 8.67: Package.

Um den Service aufzurufen, kann beispielsweise CURL genutzt werden. Die Syntax hierfür ist sehr verständlich und in der Quelle 5.24 angegeben.

```
curl    -u USER:PASSWORD -X POST -H "Content-Type: application/JSON"
        http://139.18.4.34:4012/services/DB2TUTS/PRAKXXX
```

Abbildung 8.68: Curl.

Durch diese Anfrage mit einer berechtigten UserID erhält man das Ergebnis der SQL Anfrage des Service (Abbildung 8.68) zurück. Als Rückgabe erhält man nun für das obere Beispiel den die Ausgabe des definierten SQL Statements.

Falls man den Service ändern oder löschen will, muss man ihn „droppen". Es gibt zur Zeit noch keine Update-Service Funktion, und man kann den Service nur über den Service Manager löschen (Abbildung 8.69). Dafür eignet sich folgender Curl-Befehl:

```
curl    -s
        -X POST
        -u USERID:PASSWORD
        -H "Accept: application/json"
        -H "Content-Type: application/json"
        --data "{\"requestType\": \"dropService\",
                \"collectionID\":\"DB2TUTS\",
                \"serviceName\": \"PRAKXXX\"}"
        http://139.18.4.34:4012/services/DB2ServiceManager
```

Abbildung 8.69: Service löschen.

8.17.1 Erstellung einer API mit z/OS Connect

z/OS Connect greift auf die Db2 Rest Schnittstelle zu. Es ist also zunächst notwendig, einen Db2 Rest Service zu erstellen. Mithilfe des z/OS Explorer (oder auch Data Center, IMS Explorer) kann der Service für den z/OS Connect Server eingerichtet werden. Dazu stellt man zunächst eine Verbindung zu dem z/OS Connect Server her. Die Verbindung kann man mit der IP und dem Port des Servers aufbauen.

Danach kann ein z/OS Connect EE API Projekt erstellt werden. Um dem Projekt einen Service hinzuzufügen, benötigt es eine .SAR Datei. Diese Datei kann man mit dem z/OS Connect Toolkit generieren. Dafür wird das Request und Response Schema als JSON Datei benötigt und eine Properties Datei. Das Request Schema (Abbildung 8.70) und Response Schema erhält man durch den Service Manager beim Aufrufen der URL der Db2 Rest Schnittstelle:

http://IP:PORT/services/DB2TUTS/PRAKXXX

Das Request Schema wird in eine JSON Datei kopiert und in den z/OS Connect Build Toolkit Ordner „Bin", zu der Datei zconbt.bat geschoben. Mit dem Response Schema (Abbildung 8.71) aus Quelle 5.28 geschieht dasselbe. Durch die Eingabeaufforderung kann

```
"RequestSchema": {
    "$schema":            "http://json-schema.org/draft-04/schema#",
    "type": "object",
    "properties": {
        "IBAN": {
            "type": [
                "null",
                "string"
            ],
            "maxLength": 22,
            "description": "Nullable CHAR(22)"
        }
    },
    "required": [
        "IBAN"
    ],
    "description": "Service GETKTOS invocation HTTP request body"
},
```

Abbildung 8.70: Requestschema.

die ausführbare Datei zconbt.bat gestartet werden. Sie verlangt nach den beiden Schemas im JSON Format und nach einer Properties Datei. Diese gibt an, wo sich die Schema's befinden, welche Verbindung genutzt wird und welche Version.

Notwendig ist hierbei, die rot gefärbten Stellen in dem Response und Request Schema zu entfernen. Die Properties-Datei enthält Informationen zur Erstellung der .SAR Datei. Sie muss mit den JSON-Dateien von Request und Respone Schema in einem Verzeichnis liegen. Die „connectionREF" ist der wichtigste Parameter der Properties-Datei.

Sind alle notwendigen Dateien vorhanden, so kann ein Service Archive File (.SAR) generiert werden. Das geschieht mit Hilfe des z/OS Connect Build Toolkit. Benötigt wird dafür nur eine aktuelle Java Installation auf Linux, Mac oder Windows. In der Eingabeaufforderung kann das Programm zconbt aufgerufen werden. In diesem Fall ist der Toolkit/Bin Ordner in die Systemvariablen von Windows übernommen worden, und dadurch lässt sich zconbt von überall aufrufen. Mit dem Programm wird das .SAR File generiert.

Es ist außerdem möglich, zconbt in den Unix System Services aufzurufen und die Service Archive File im z/OS zu generieren. Die API kann mit Hilfe des z/OS Explorers erstellt werden. Der z/OS Explorer ist ein Eclipse basiertes Programmierwerkzeug für die Systemprogrammierung von z/OS. Für z/OS muss außerdem das Addon z/OS Connect hinzugefügt werden. Die Programme sind freiverfügbar und Hinweise zur Installation befinden sich auf der Herstellerseite. Damit die API erstellt werden kann, muss die Ansicht zu z/OS Connect gewechselt werden und die Host-Verbindung zum z/OS

```
"ResponseSchema": {
    "$schema": "http://json-schema.org/draft-04/schema#",
    "type": "object",
    "properties": {
        "ResultSet Output": {
            "type": "array",
            "items": {
                "type": "object",
                "properties": {
                    "KTOSTA": {
                        "type": "number",
                        "multipleOf": 0.01,
                        "minimum": -9999999999999999.99,
                        "maximum": 9999999999999999.99,
                        "description": "DECIMAL(20,2)"
                    }
                },
                "required": [
                    "KTOSTA"
                ],
                "description": "ResultSet Row"
            }
        },
        "StatusDescription": {
            "type": "string",
            "description": "Service invocation status description"
        },
        "StatusCode": {
            "type": "integer",
            "multipleOf": 1,
            "minimum": 100,
            "maximum": 600,
            "description": "Service invocation HTTP status code"
        }
    },
    "required": [
        "StatusDescription",
        "StatusCode",
        "ResultSet Output"
    ],
    "description": "Service GETKTOS invocation HTTP response body"
}
```

Abbildung 8.71: Response Schema.

Connect Server eingerichtet sein. Hierbei sind (im Gegensatz zu z/OS) die Login-Informationen „case-sensitiv" anzugeben.

Die Ansicht „z/OS Connect EE Servers" erleichtert es enorm, API's zu entwickeln. Durch diese Hilfestellung ist es möglich, ohne Mainframe-Kenntnisse Arbeiten vorzu-

```
provider=rest
name=getclient
version=1.0
description=Get Clientinformation for a Clientname starting with XX
requestSchemaFile=selectRequest.json
responseSchemaFile=selectResponse.json
verb=POST
uri=/services/DB2TUTS/PRAKXXX
connectionREF=db2rest
```

Abbildung 8.72: Properties Datei.

```
C:\Desktop> zozconbt -p=Client.properties -f=selectClient.sar
BAQB0000I: z/OS Connect Enterprise Edition Build Toolkit Version 1.0
BAQB0001I: Das Servicearchiv wird aus der Konfigurationsdatei Client.properties
erstellt
BAQB0002I: Die Servicearchivdatei selectClient.sar wurde erfolgreich erstellt
```

Abbildung 8.73: zconbt .SAR Datei.

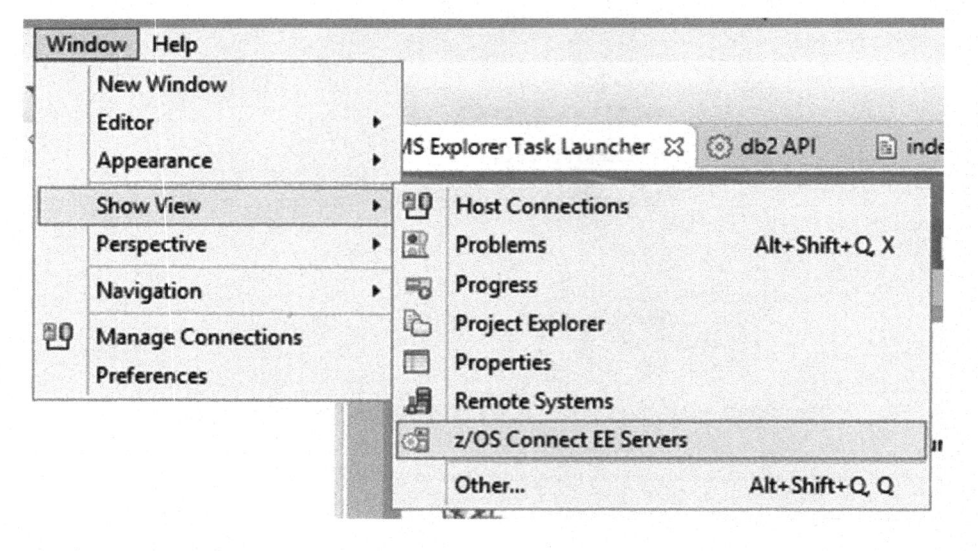

Abbildung 8.74: z/OS Connect Explorer.

nehmen. Unter der Ansicht „Host Connections" können die Verbindungen gemanagt werden, insbesondere die z/OS Connect Verbindung (Abbildung 8.72, 8.73, 8.74, 8.75).

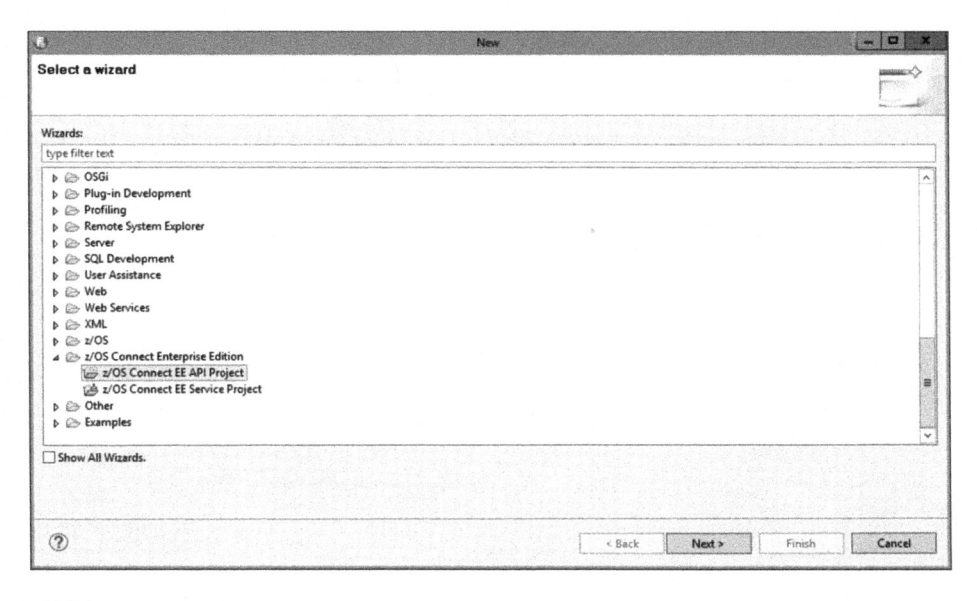

Abbildung 8.75: z/OS Connect API.

Im nächsten Schritt wird ein API-Projekt (siehe Abbildung 8.76) erstellt. Das API-Projekt enthält später die „Services" und verwaltet diese. Als Name wurde in diesem Fall „db2api gewählt und der Pfad mit /Db2 konfiguriert. Der Pfad wird später genutzt, um auf die API's zuzugreifen.

Abbildung 8.76: z/OS Connect API Projekt.

Wenn das API-Projekt existiert, können die Services hinzugefügt werden. Dabei kommt die .sar Datei, welche mit zconbt erstellt wurde,zum Einsatz. Sie enthält fast alle notwendigen Informationen für den Service. Diese Datei muss ebenfalls auf den z/OS Connect Server unter folgendem Pfad hinzugefügt werden: „/var/zosconnect/servers/ZCONSRV1/resources/zosconnect/services/". Nach dem Hinzufügen muss die API aktualisiert werden. Im z/OS Connect Explorer gibt es eine Menü geführte Möglichkeit für die Importierung (Abbildung 8.77).

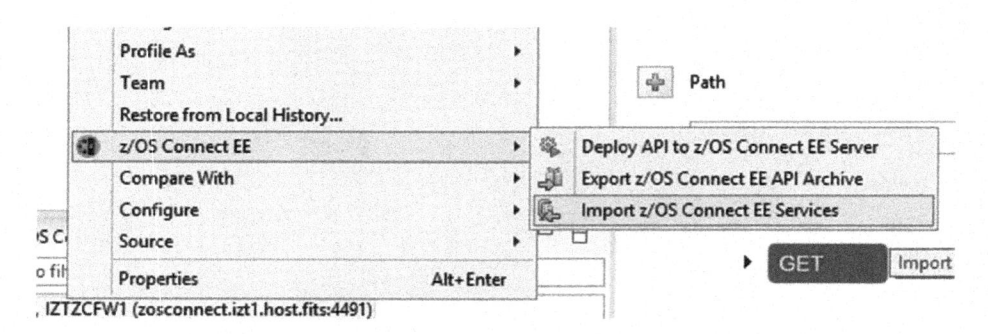

Abbildung 8.77: z/OS Connect Import Services.

Nach dem Import kann der Service genauer definiert werden. In dem beispielhaften Fall handelt es sich um einen Transaktionsservice. Für den Transaktionsservice muss nun zunächst das geeignete HTTP-Verb ausgewählt werden. In diesem Beispiel wird ein POST Service erstellt, er Änderungen an den Tabellen vornimmt. Diese Änderungen finden in einer Kontotabelle und einer Transaktionstabelle statt, wenn die Transaktion Erfolg haben sollte. Dem Service muss mindestens die Summe, der Zweck, sowie Absender- und Empfänger-Iban bekannt sein. Damit die Requests funktionieren, müssen Query Parameters hinzugefügt werden. In dem Beispiel aus Abbildung 8.78 wurden „iban", „summe" und „zweck" hinzugefügt. Nachdem diese im Request-Schema zugeordnet wurden, werden noch die Output-Variablen festgelegt und die Änderungen gespeichert.

Das Response-Schema ist pflegeleichter, weil die Outputparameter in unserem Fall das gesamte „ResultSet" enthalten. Trotzdem können bei Bedarf unnötige Informationen entfernt werden.

Nach der Bearbeitung der Service-Schemas speichert man die Änderungen ab und aktualisiert die API auf dem z/OS Connect Server. Wenn die Aktualisierung erfolgreich war, kann durch Links-Klick auf die API das Swagger-Document aufgerufen werden. Das Swagger-Document ist ein Dokument, welches generiert wird und das Testen der API und ihrer Services erlaubt. Es generiert automatisch Code, um die Services aufzurufen und stellt Request- und Response-Schemas (Abbildung 8.79) vereinfacht dar. Das Swagger-Document erleichtert die Nutzung der API durch verschiedene Programmiersprachen enorm.

8.17 Übung z/OS Connect EE

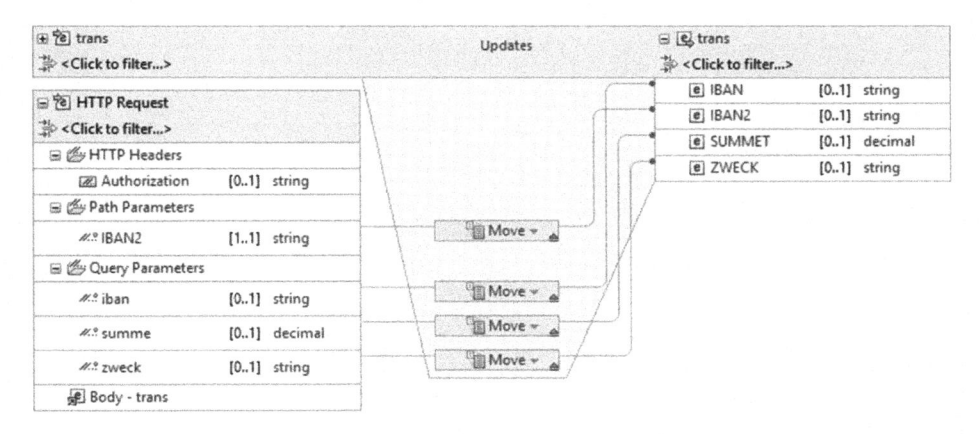

trans				Updates		trans		
<Click to filter...>						<Click to filter...>		
						IBAN	[0..1]	string
HTTP Request						IBAN2	[0..1]	string
<Click to filter...>						SUMMET	[0..1]	decimal
HTTP Headers						ZWECK	[0..1]	string
Authorization	[0..1]	string						
Path Parameters				Move				
IBAN2	[1..1]	string						
Query Parameters				Move				
iban	[0..1]	string						
summe	[0..1]	decimal		Move				
zweck	[0..1]	string		Move				
Body - trans								

Abbildung 8.78: Beispiel für einen Service Request.

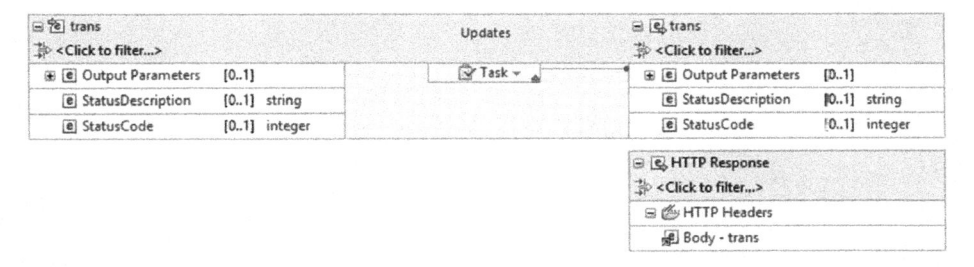

trans			Updates	trans		
<Click to filter...>				<Click to filter...>		
Output Parameters	[0..1]		Task	Output Parameters	[0..1]	
StatusDescription	[0..1]	string		StatusDescription	[0..1]	string
StatusCode	[0..1]	integer		StatusCode	[0..1]	integer
				HTTP Response		
				<Click to filter...>		
				HTTP Headers		
				Body - trans		

Abbildung 8.79: Beispiel für einen Service Respone.

Anwendung 32

Aufgabe 2: Erstellen Sie eine API mit z/OS Connect und binden Sie den Db2 Service ein.
Hinweis: Kontaktieren Sie ihren Betreuer bei unerwarteten Fehlermeldungen.

9 Cloud-Computing

9.1 Erklärung

Cloud-Computing bedeutet nach Definition die Bereitstellung von IT-Ressourcen über ein Rechnernetzwerk. Es existieren unterschiedkliche Service- und Liefermodelle des Cloud-Computing an interessierte Nutzer. Es geht prinzipiell um die dynamische Bereitstellung von Anwendungen auf Abruf und den spezifischen IT-Ressourcen über das Internet.

Zum Cloud-Computing werden unterschiedliche Definitionen verwendet:
- „Cloud computing is a model for enabling convenient, on- demand network access to a shared pool of configurable computing resources (e.g., networks, servers, storage, applications, and services) that can be rapidly provisioned and released with minimal management effort or service provider interaction." [NIST Definition of Cloud Computing]
- „Cloud computing is using the internet to access someone else's software running on someoneelse's hardware in someone else's data center" (Lewis Cunningham)
- Externe Bereitstellung von IT-Infrastrukturen sowie Applikations-Hosting über das Internet (bzw. Intranet)

Es ergeben sich für Interessierte folgende Fragen:
- Was ist Cloud Computing nun ganz konkret?
- Warum wird der Ausdruck „Cloud Computing" benutzt?

Die deutsche Übersetzung des Wortes Cloud Computing ist „Datenverarbeitung in der Wolke" [Cloud Magazin]. Das beschreibt sehr anschaulich das Prinzip von Cloud Solutions und Ressourcen, die nicht von einem konkreten Rechner aus bereitgestellt werden. Vielmehr besteht die virtuelle Rechenwolke aus vielen verschiedenen, miteinander vernetzten und verbundenen Rechnern. Bei der Auswahl eines Cloud Computing Anbieters ist es besonders wichtig, anspruchsvoll zu sein und sich genau darüber zu informieren, welche Sicherheitsstandards gelten und welche Datenschutzmaßnahmen ergriffen werden. Das gilt auch für einen Cloud-Service, bei dem eine Anwendungssoftware Gegenstand der Nutzung ist. Der Zugriff auf den entsprechenden Cloud-Service erfolgt direkt über das Internet. Der Nutzer loggt sich dabei in das System ein und kann den Dienst dann sofort nutzen, ohne zusätzliches Kapital für Rechnerinfrastruktur oder Software aufwenden zu müssen.

Die Provider rechnen die Benutzung im Abo-Modell zu nutzungsabhängigen Preisen (pay per use) ab. Microsoft, Comparex, Amazon Web Services und Google sowie IBM gehören zu den führenden Anbietern im Cloud-Computing. Durch die Verlagerung in eine Cloud (Outsourcing) kann die Ausführung von Programmen generell über das Internet erfolgen. Das bedeutet, dass die Installationen auf dem lokalen

Rechner nicht mehr notwendig sind. Angebot und Nutzung der Dienstleistung erfolgen über technische Schnittstellen, Protokolle oder Web-Browser.

9.2 Die Servicemodelle des Cloud Computing

Nach einer Definition des National Institute of Standards and Technology (NIST) aus dem Jahr 2009 lässt sich Cloud Computing prinzipiell in drei unterschiedliche Servicemodelle unterteilen: Infrastructure-as-a-Service (IaaS), Platform-as-a-Service (PaaS) und Software-as-a-Service (SaaS).

Zusätzlich nennt das NIST noch folgende vier Liefermodelle:
- **Public Cloud**
- **Private Cloud**
- **Hybrid Cloud**
- **Community Cloud**

Im Unterschied zu einer **Private Cloud** stellt die Public Cloud ihre Services nicht nur einzelnen Organisationen, sondern einer Vielzahl von Anwendern über das öffentliche Internet zur Verfügung. Kunden können bei einem Public Cloud Dienstleister Services wie Rechenleistung, Infrastruktur, Speicherplatz oder Anwendungen mieten. Für die Abrechnung der Leistungen gibt es verschiedene Modelle. Die Modelle haben gemeinsam, dass der Anwender in der Regel nutzungsabhängig für die tatsächlich erbrachte Leistung zahlt. Es existieren aber auch Abomodelle oder **kostenlose** beziehungsweise werbefinanzierte Public Cloud Services. Für die Nutzer der Public Cloud ergibt sich der Vorteil, dass keine eigene IT-Infrastruktur und Software zu installieren und zu betreiben ist. Hohe Investitionskosten lassen sich vermeiden. Bei Bedarf ist es möglich, die in Anspruch genommenen Leistungen flexibel zu erweitern. IT-Ressourcen lassen sich variabel nach Anforderung zusammenstellen und passen sich dem aktuellen Bedarf an Rechenleistung oder Speicherplatz an. Beispiele für Public Cloud Angebote sind **Microsoft Azure** oder Amazons Elastic Compute Cloud (EC2).

Mittlerweile haben sich außerdem diverse Mischformen der oben genannten Cloud-Typen etabliert. Hierzu gehören etwa die **Virtual Private Cloud** als eine private Rechnerwolke auf öffentlich-zugänglichen IT-Infrastrukturen; oder auch die **Multi Cloud**, also die Bündelung verschiedener Cloud Computing Dienste.

9.2.1 Mögliche Services einer Public Cloud

Cloud-Dienstleistungen, wie sie in einer Public **Cloud** zur Verfügung gestellt werden, können auch unterschiedliche Arten von Services beinhalten. Mögliche **Cloud-Services** sind:

9.2.1.1 Infrastructure-as-a-Service (IaaS): Individuelle Gestaltung virtueller Computer-Cluster

Cloud Computing beinhaltet drei unterschiedliche Servicemodelle. Wenn sich Nutzer zum Beispiel individuelle virtuelle Computer-Cluster gestalten möchten, stellt das Modell Infrastructure-as-a-Service (IaaS) die beste Lösung dar. Hierbei sind die Nutzer für die Auswahl, für die Einrichtung, für den Betrieb sowie auch für das Funktionieren der Software zu jeder Zeit selbst verantwortlich. Die Rechnerwolken bieten in diesem Fall Nutzungszugang zu Rechnern, Speichern und sonstigen virtualisierten Computer-Hardware-Ressourcen.

9.2.1.2 Platform-as-a-Service (PaaS)

Dieses Cloud-Modell bezeichnet eine Cloud-Umgebung, die eine Plattform für die Entwicklung von Anwendungen im Internet bereitstellt. PaaS ist eng verwandt mit anderen Services (SaaS, IaaS). In diesem Fall entwickeln Nutzer mit dem Modell PaaS ihre eigenen Software-Anwendungen. Die andere Version besteht darin, dass diese Anwendungen vom Provider bereit gestellt und in der spezifischen Softwareumgebung ausgeführt werden. Die Cloud stellt dabei den Zugang zu Laufzeit- und Programmier-Umgebungen zur Verfügung.

9.2.1.3 Software-as-a-Service (SaaS)

In dem Modell Software-as-a-Service wird in der Rechner-Cloud der Zugang zu Anwendungsprogrammen und Softwaresammlungen angeboten, die kompatibel zur speziellen Infrastruktur ausgewählt werden können (Software-on-Demand).

10 Bare Metal-Server

Eine wichtige Strategie für das Cloud-Computing stellen die sogenannten Bare-Metal-Server dar. Letztere wurden speziell für eine hohe Leistungsfähigkeit entwickelt. Sie werden als dedizierte Server oder Bare-Metal-Server bezeichnet. Die auf Unternehmen abgestimmten IBM Rechner-Ressourcen werden selbst anspruchsvollsten Leistungsanforderungen gerecht mit allen gewünschten Spezifikationen.

10.1 Was ist ein Bare-Metal-Server?

Die Bezeichnung „Bare Metal" („blankes Metall") legt nahe, dass es sich bei diesem Produkt um ein Konzept handelt, bei dem die physische Seite des Webhostings – die Hardware – im Fokus steht. Im Grunde ist ein Bare-Metal-Server nichts anderes als das, was früher „Dedicated Server" genannt wurde: Ein Rechner im Rechenzentrum eines Hosting-Providers, dessen Ressourcen einzig und allein einem Kunden zur Verfügung stehen. Man spricht daher auch von einem „Single-Tenant-Server". Damit grenzt sich der Bare Metal von klassischen Shared-Hosting-Produkten wie dem Virtual Server ab, bei denen Webprojekte diverser Kunden innerhalb separierter virtueller Maschinen auf ein und derselben Hardware-Grundlage gehostet werden.

IT-Infrastrukturen wandern in die Cloud. Immer mehr Unternehmen entscheiden sich dafür, Hardware-Ressourcen auszulagern und über ein flexibles Mietmodell in Anspruch zu nehmen. Spezialisierte Webhoster bieten diverse Nutzungsmodelle für Privatpersonen und Geschäftskunden. Etabliert werden diese nicht selten unter neuen Begriffen. Doch nicht immer verbirgt sich dahinter ein innovatives Konzept. Die kreativen Ideen der Hosting-Branche hören sich gut an, lassen Nutzer jedoch oft ratlos zurück. Einer dieser Marketing-Begriffe, die im Zuge der „Cloudification" größere Bekanntheit erlangten, ist der Bare-Metal-Server. Wir erklären Ihnen, was es damit auf sich hat und unter welchen Umständen Sie sich dieses Webhosting-Produkt genauer anschauen sollten.

Die kreativen Ideen der Hosting-Branche hören sich gut an, lassen Nutzer jedoch oft ratlos zurück. Einer dieser Marketing-Begriffe, die im Zuge der „Cloudification" größere Bekanntheit erlangten, ist der Bare-Metal-Server. Wir erklären Ihnen, was es damit auf sich hat und unter welchen Umständen Sie sich dieses Webhosting-Produkt genauer anschauen sollten.

Ein Bare-Metal-Server mit Hypervisor ermöglicht den Betrieb mehrerer Gastsysteme. Stehen dem Nutzer im Rahmen eines Bare-Metal-Hostings die Hardware-Ressourcen mehrerer dedizierter Server zur Verfügung, spricht man von einer **Bare-Metal-Cloud**.

Das Hosting-Produkt „Bare Metal" räumt Nutzern weitgehende Zugriffsrechte auf den Server ein: Während sich die Kontrolle eines Shared-Hosting-Kunden auf eine einzelne virtuelle Maschine beschränkt, setzt die vom Nutzer verwaltete Software-

Komponente (OS oder Hypervisor) beim Bare-Metal-Server direkt auf der Hardware auf. Zwischen den Hardware-Ressourcen des Servers und dem Nutzer befindet sich somit keine vom Hoster verwaltete Abstraktionsebene.

Auf dem Markt für Bare-Metal-Produkte steht vor allem das hypervisorgestützte Nutzungsszenario im Vordergrund. Durch die vom Nutzer gesteuerte Virtualisierungs-Software erlaubt dieses Hosting-Konzept die schnelle, unkomplizierte Bereitstellung virtueller Maschinen. Ein Bare-Metal-Server (Abbildung 10.1) mit Hypervisor bietet somit eine flexible Alternative zum klassischen Dedicated Server, der von Nutzern oft mit einer zeitaufwendigen manuellen Konfiguration assoziiert wird.

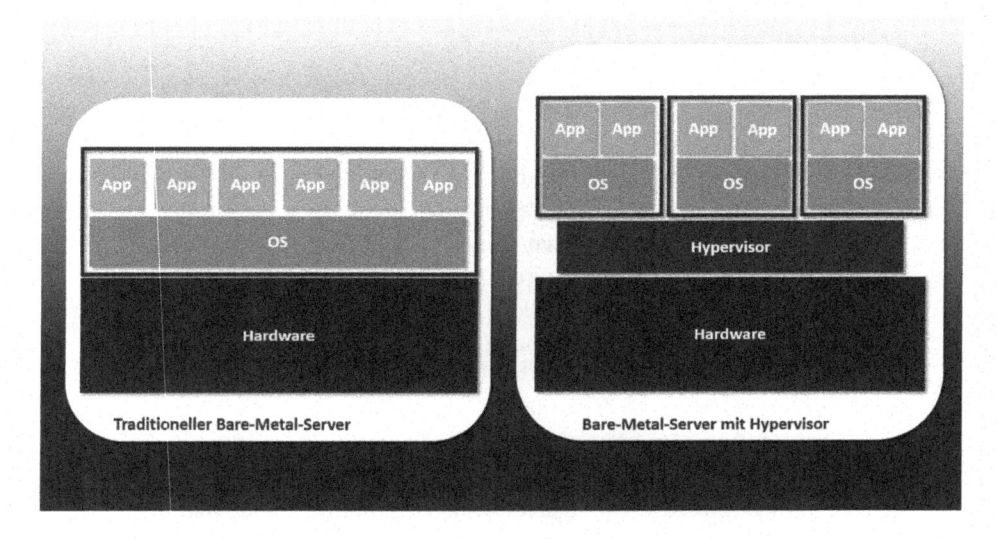

Abbildung 10.1: Bare-Metal-Server unterschiedlicher Architektur.

10.2 Merkmale von Bare-Metal-Servern

Entscheidet sich eine Firma für ein IBM Cloud-Rechenzentrum, so stellt diese den vorkonfigurierten Server innerhalb von wenigen Minuten bereit. Der Nutzer kann den Server entsprechend den Spezifikationen einrichten und innerhalb von Stunden online stellen. Der Bare-Metal-Server kann mit spezifischen Prozessoren, RAM, Festplatten, GPUs und mehr an die Anforderungen des Nutzers angepasst werden. Bare-Metal-Server (Abbildung 10.1) werden auch mit stündlichen und monatlichen Optionen angeboten. Dedizierte Single-Tenant-Server mit einer enormen, auf Großunternehmen zugeschnittenen Leistung: Diese Server eignen sich für alle E/A-intensiven Workloads bei Prozessoren und Festplatten. Hohe Leistung bei hoher Intensität ist das wichtigste Merkmal. IBM Bare-Metal-Server und bereits vorhandene virtuelle Server können problemlos zusammen konfiguriert und eingesetzt werden.

Bare-Metal-Server bieten dem Nutzer dedizierte Hardware für spezifische Webprojekte. IT-Infrastrukturen werden in die Cloud gestellt. Immer mehr Unternehmen entscheiden sich dafür, Hardware-Ressourcen auszulagern und über ein flexibles Mietmodell in Anspruch zu nehmen. Spezialisierte Webhoster stellen diverse Nutzungsmodelle für Privatpersonen und Geschäftskunden zur Verfügung. Etabliert werden diese nicht selten unter neuen Begriffen. Doch nicht immer verbirgt sich dahinter ein innovatives Konzept. Die kreativen Ideen der Hosting-Branche klingen interessant, sie sind für den Nutzer oft nicht einsehbar. Einer dieser Marketing-Begriffe, die im Zuge der „Cloudification" größere Bekanntheit erlangten, ist der Bare-Metal-Server. In diesem Kapitel wird erklärt, was es damit auf sich hat und unter welchen Umständen sich dieses Webhosting-Produkt genauer durchdacht werden sollte.

In diesem Zusammenhang ergibt sich die Frage: Für welche Nutzer ist ein Bare-Metal-Hosting die gesuchte Lösung?

Das Produkt Bare-Metal-Server richtet sich in erster Linie an Nutzer, die anspruchsvolle Webprojekte auf einer maßgeschneiderten Hosting-Plattform umsetzen möchten. Ein Server mit dedizierter Hardware empfiehlt sich für Onlineshops und Webseiten mit konstant hohem Traffic. Aber auch Datenbank- oder Anwendungsserver im geschäftlichen Umfeld, die speziellen Sicherheitsanforderungen gerecht werden müssen, werden bevorzugt auf Bare-Metal-Servern gehostet. Der Root-Zugriff ermöglicht eine individuelle Konfiguration ohne Kompromisse. Nutzer entscheiden je nach Projekt, ob die Hardware-Ressourcen des Servers einem einzelnen Betriebssystem zur Verfügung gestellt oder mit Hilfe einer selbstverwalteten Virtualisierungs-Software unter mehreren Systemen aufgeteilt werden. Wie Shared-Hosting-Pakete werden auch Bare-Metal-Server in verschiedenen Leistungsstufen angeboten. Doch während der klassische Virtual Server in erster Linie das mittlere Preissegment bedient, schlägt sich der Aufwand für die Bereitstellung dedizierter Hardware in der Regel in höheren Kosten nieder. Bare-Metal richtet sich somit an Businesskunden und professionelle Webprojekte. Privatpersonen hingegen, die Hobby-Websites oder semiprofessionelle Webshops betreiben, sind mit einem Shared Hosting in der Regel besser bedient. Ein Root-Server bietet erfahrenen Administrationen umfangreiche Möglichkeiten, Software-Komponenten auf individuelle Bedürfnisse anzupassen. Voraussetzung dafür ist ein fundiertes Fachwissen. Webseitenbetreiber, denen die technische Seite des Webhostings fremd ist, sollten statt eines Bare-Metal-Server lieber ein Managed Hosting in Betracht (siehe Abbildung 10.2) ziehen, bei dem der Anbieter die Administration der Hosting-Plattform übernimmt.

10.2.1 Vor und Nachteile des Bare-Metal-Servers

Die Vor- und Nachteile des Bare-Metal-Servers sollten in Betracht gezogen werden. Sollte der Entwickler sich nicht sicher sein, ob das Hosting-Modell (Siehe Abbildung 10.2) „Bare-Metal" für das Webprojekt die richtige Entscheidung darstellt, müssen die Vorteile

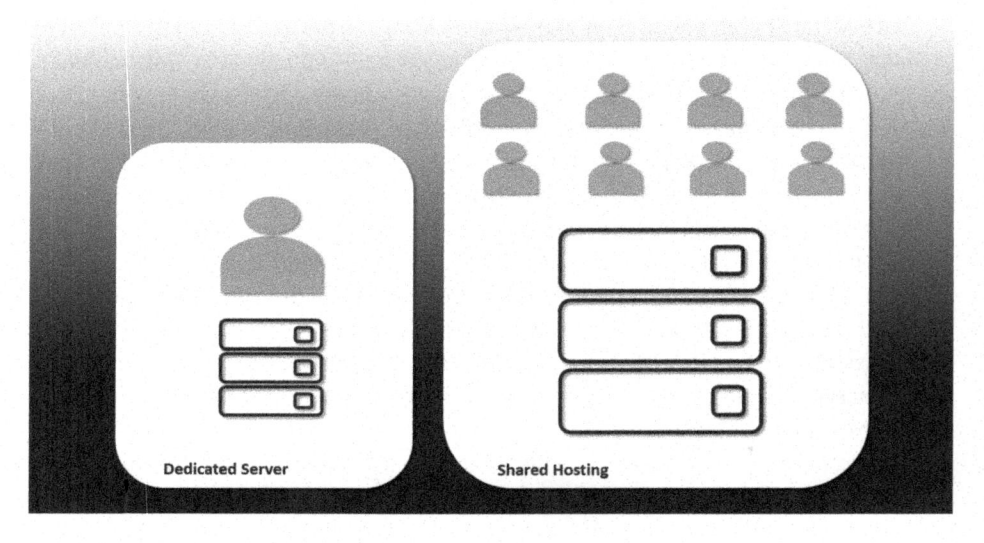

Abbildung 10.2: Server mit unterschiedlichem Hosting.

gegenüber den Nachteilen genauer abgewogen werden. Um diese Entscheidung zu erleichtern, sind die Vor- und Nachteile von Bare-Metal-Servern gegenübergestellt:
- Die Vorteile betreffen die dedizierte Hardware des Servers. Diese steht einem Nutzer exklusiv zur Verfügung
- Der Root-Zugriff ermöglicht individuelle Implementierung und der Betrieb mehrerer Gastsysteme mithilfe eines vom Nutzer verwalteten nativen Hypervisors
- Die Nachteile sind das geforderte fundiertes Wissen im Bereich der Serveradministration und höhere Kosten als bei anderen Hosting-Produkten

10.3 Cloud-Markt Entwicklungs-Tendenz

Der Cloud-Markt wird in diesem Jahr starke Fortschritte machen. Nach langem Zögern setzen deutsche Unternehmen mittlerweile in großem Umfang auf die Public Cloud. Trendthemen sind Multi-Cloud, Cloud-Hosting, Blockchain, Edge Computing, Robotic Process Automation (RPA), Managed Services und Künstliche Intelligenz (KI).

Cloud-Computing wird in Deutschland immer populärer. Zwei von drei deutschen Unternehmen nutzen Cloud Computing und die Datensicherheit in der Public Cloud wird zunehmend positiv bewertet, so das Ergebnis der Studie „Cloud Monitor 2018" von Bitkom und KPMG. Drei von zehn Unternehmen (29 Prozent) nutzen eine Cloud-Lösung, die in ein zertifiziertes Rechenzentrum ausgelagert ist. Weitere zehn Prozent planen dies, 28 Prozent diskutieren darüber, so der Digital Office Index 2018 Digitalverbands Bitkom.

Demnach ist das sogenannte Cloud-Hosting lediglich in weniger als drei von zehn deutschen Unternehmen (28 Prozent) überhaupt kein Thema. „Der Trend, IT-Infrastruktur wie Cloud-Lösungen in die Hand professioneller Dienstleister zu legen, hält an. Das zeugt vom zunehmenden Vertrauen der Unternehmen in Cloud Provider", sagt Jürgen Biffar, Vorstandsvorsitzender des Kompetenzbereichs ECM im Bitkom. „Die Vorteile liegen für die Unternehmen oft auf der Hand: Sie können IT-Kosten senken und zugleich die Sicherheit erhöhen, da die Cloud – öffentlich wie privat – bei professionellen Dienstleistern meist wesentlich besser geschützt ist als bei internen IT-Lösungen."

Bei der Hybrid Cloud handelt es sich um eine Mischform der beiden Cloud-Konzepte Private Cloud und Public Cloud. (Bildquelle: iStock/ Jirsak)

10.3.1 Hybride und Multi-Cloud im Kommen

„2019 wird das Jahr der Multi- und Hybriden Cloud", ist sich Arun C. Murthy, Co-Founder und Chief Product Officer bei Hortonworks sicher. Die Hybride Cloud erlaubt es, Daten und Anwendungen von lokalem Speicher in eine oder mehrere Public Clouds zu kopieren oder transferieren, zum Beispiel Amazon Web Services (AWS), Microsoft Azure oder Google Cloud Platform (GCP). Eine hybride Cloud heißt, dass Daten flexibel vom eigenen Rechenzentrum in die Public Cloud und zurück verschoben werden können.

Die hybride Cloud ist das Standardmodell, mit dem die meisten Unternehmen in nächster Zeit operieren werden, denn es reduziert die Abhängigkeit von einem großen Public Cloud-Anbieter und verhindert, dass Anwender in Kostenfallen laufen, wenn sich ein vermeintlich günstiges Angebot nach einiger Zeit als sehr teuer erweist.

Multi-Cloud geht noch einen Schritt weiter und führt Anwendungen als Teil des Designs über mehrere Clouds hinweg, was auch bedeuten kann, dass der Anwender nichts am lokalen Standort betreibt. Der größte Vorteil von Multi-Cloud liegt in der Kosteneffizienz. Das gilt vor allem dann, wenn die Ansprüche von Anwendungen wachsen, sodass Daten in mehreren Public-Cloud-Umgebungen schnell verfügbar sein müssen.

Die Clouds mehrerer Anbieter von großen Public Clouds gleichzeitig zu nutzen, erlaubt es den Nutzern, sich die günstigste Version auszuwählen bzw. das jeweilig beste Angebot zu nutzen. Auch die Ausfallsicherheit wird erhöht, denn es ist schon öfter vorgekommen, dass ein Public Cloud-Anbieter in bestimmten Regionen Probleme hatte, aber es ist unwahrscheinlich, dass es alle Anbieter gleichzeitig betrifft.

Der Hauptnachteil liegt darin, dass die Giganten der Public Cloud keinerlei Interesse daran haben, dass ihre Kunden zur Konkurrenz wechseln und deshalb Hürden aufbauen. Außerdem haben Daten Gewicht und der Transfer von großen Datenmengen kann erhebliche Zeit in Anspruch nehmen.

Um die Herausforderungen der Hybriden und Multi-Cloud in den Griff zu bekommen, sollten Unternehmen sich an einen kompetenten Managed Services Provider (MSP) wenden, der ihnen mit Rat und Tat zur Seite steht.

10.3.2 Edge Computing nimmt Fahrt auf

Die Analysten von Gartner gehen davon aus, dass Edge Computing bestimmender werden wird. Prozesse rücken näher an den Erzeugungspunkt. Sensoren, Storage, Compute und Künstliche Intelligenz werden in Edge Devices integriert. Der Netz-Traffic wird lokal gehalten, um Latenzen zu reduzieren. Mike Hansen, Sales Development Lead Telco bei Red Hat, urteilt: „Hybrid Edge Computing – das neue Paradigma in 2019. Heute sprechen wir von Hybrid Computing, einer Kombination aus Privat- und Hybrid-Cloud-Infrastruktur über ein Wide Area Network (WAN), das oft von einem Cloud Service Provider (CSP) bereitgestellt wird. 2019 wird mit Hybrid Edge Computing ein neues Paradigma entstehen. Hybrid Edge Computing wird dem hybriden Cloud-Modell eine dritte Art von Cloud hinzufügen – die Cloud-Infrastruktur am Edge des CSP-Netzwerks. Das hybride Edge-Computing-Modell wird notwendig, um „intelligente" Anwendungen zu unterstützen, die Daten nutzen, die über ein 5G-Netzwerk gesammelt werden."

10.3.3 Roboter im Anmarsch

Mit dem Einsatz von Software-Robotern können Unternehmen ihre Prozesse entscheidend vereinfachen. „Robotic Process Automation (RPA) Software bietet enorme Chancen. Sie ermöglicht Kunden die Integration aller Daten aus alten Legacy- und neuen Systemen und damit die Prozessautomation, ohne auf der grünen Wiese starten zu müssen," prophezeit Steve Brazier, CEO des Marktforschungsunternehmens Canalys.

RPA automatisiert wiederholende Tätigkeiten und eignet sich beispielsweise zum Abgleich von Finanzkonten oder Änderungen von Rechnungen. Generell ist RPA kostengünstig und schnell zu implementieren. Über eine zentrale, durchgängige Plattform kann die Technologie im gesamten Unternehmen implementiert werden. So lassen sich Aufgaben effizienter automatisieren, Prozesse straffen und die Mitarbeiterproduktivität erhöhen. Im Moment wird der RPA-Markt noch von kleinen Nischenanbietern dominiert, die wohl bald von den Großen aufgekauft oder Allianzen mit diesen schließen werden.

10.3.4 Blockchain sichert Transaktionen

Die Blockchain ist über den ursprünglichen Einsatzbereich bei Kryptowährungen wie Bitcoin hinausgewachsen und hat sich als Paradigma für die ganze IT etabliert.

Blockchain bietet einen neuen, dezentralen Ansatz zur Verwaltung und Speicherung von Daten aus einem Rechenzentrum oder über die Cloud. Anstatt Daten in ihren eigenen Rechenzentren zu speichern, wie es bei zentralen Cloud-Speicherplattformen der Fall ist, arbeiten dezentrale Cloud-Speicherplattformen mit so genannten Farmern zusammen, die ihre überschüssige Festplattenkapazität im Austausch für eine Art Kryptowährung oder Token mieten.

Transparenz, Zugänglichkeit und die Ausfallsicherheit von Daten gehören zu den Hauptvorteilen der Blockchain-Speicherung. Einer der größten Nachteile der Blockchain-Datenspeicherung besteht darin, dass die Daten dezentral gespeichert werden. Da Daten konsolidiert werden müssen, um die Zugriffe zu gewährleisten, müssen die Chunks der Blockchain von verschiedenen Knotenpunkten abgerufen werden, ein Prozess, der das Netzwerk und seine Betreiber operativ belastet

„Es gibt eine Vielzahl von oft revolutionären Anwendungsmöglichkeiten der Blockchain. Weltweit arbeiten Unternehmen an Blockchain-Projekten, alltagstaugliche Lösungen sind aber noch Mangelware", sagt Bitkom-Präsident Achim Berg. „Jedes Unternehmen ist gut beraten, bereits heute die Möglichkeiten für das eigene Geschäft auszuloten und auf dieser Basis neue Geschäftsmodelle zu entwickeln. Die Blockchain ermöglicht Anwendungen, die bislang nicht denkbar oder sehr teuer und fehleranfällig waren. Jedes Unternehmen sollte jetzt prüfen, wo es selbst neue Geschäftsmodelle entwickeln kann – oder wo bestehende eigene künftig obsolet werden könnten."

In der Praxis deutscher Unternehmen spielt Blockchain bisher nur eine geringe Rolle. Laut Bitkom sind Startups bisher die Schrittmacher auf diesem Weg. Dennoch sagt jedes zweite Unternehmen (53 Prozent) in der Umfrage des Bitkom, dass die Blockchain große Bedeutung für die Wettbewerbsfähigkeit deutscher Unternehmen hat. Unter den Startups teilen sogar fast zwei Drittel (63 Prozent) diese Einschätzung.

10.3.5 Künstliche Intelligenz

Sicher wird Künstliche Intelligenz auch eines der Trendthemen im Jahr 2019. Die Urteile über die Leistungsfähigkeit gehen aber weit auseinander. „AIOps, der Einsatz von Künstlicher Intelligenz (KI) im IT-Betrieb, wird im nächsten Jahr weiter an Fahrt aufnehmen – und nachweisbar mehr IT-Operations-Teams dazu bewegen, Analytics at scale einzusetzen. Die Technologie wird in signifikantem Maße reifen. Bestehende, aber auch neue Akteure werden den Markt aufmischen", meint Lee James, CTO EMEA beim Cloud Service Provider Rackspace (Abbildung 10.3).

Dagegen glaubt Arun C. Murthy, Co-Founder und Chief Product Officer bei Hortonworks, Künstliche Intelligenz (Abbildung 10.3) stecke noch in den Kinderschuhen:

Abbildung 10.3: Blockchain, Künstliche Intelligenz, Erfolg (Bildquelle: marketoonist.com).

„Wenn auf einer Skala von 1 bis 10 eine 10 für eine bereits ausgereifte Künstliche Intelligenz beziehungsweise ausgereiftes Machine Learning (ML) in Unternehmen steht, werden wir 2019 erst am Anfang dieser Skala angelangt sein. Insbesondere die Fähigkeiten der Mitarbeiter und die Prozesse im Unternehmen müssen weiterentwickelt werden. Im gleichen Atemzug muss der Nutzwert von KI greifbarer werden, damit sich die Benutzer auf die Geschäftsergebnisse und nicht auf komplexe technische Details konzentrieren können. Und da Datenintegrität die Grundlage für erfolgreiche ML-/KI-Anwendungen ist, müssen Unternehmen ein höheres Maß an Governance und Kontrolle hinsichtlich ihrer Daten implementieren. Auch die Anbieter werden sich dem anpassen, indem sie zunehmend auf Produkte setzen, die KI/ML beinhalten, um eine schnelle Steigerung der Wertschöpfung zu erzielen."

Laut Gartner wird der weltweite Markt für Public Cloud Services 2019 um 17,5 Prozent auf insgesamt 214,3 Milliarden Dollar wachsen, gegenüber 182,4 Milliarden Dollar im Jahr 2018. Das am schnellsten wachsende Marktsegment wird Infrastructure as a Service (IaaS) sein, das 2019 voraussichtlich um 27,5 Prozent auf 38,9 Milliarden Dollar wachsen wird, gegenüber 30,5 Milliarden Dollar im Jahr 2018. Die zweithöchste Wachstumsrate von 21,8 Prozent wird durch Cloud Application Infrastructure Services oder Platform as a Service (PaaS) erreicht. „Cloud Services erschüttern die Branche definitiv", sagt Sid Nag, Research Vice President bei Gartner. „Wir kennen heute keinen Anbieter oder Dienstleister, dessen Geschäftsmodellangebote und Umsatzwachstum nicht durch die zunehmende Anwendung von Cloud-First-Strategien in Unternehmen beeinflusst werden. Was wir jetzt sehen, ist jedoch nur der Anfang. Bis 2022 prognostiziert Gartner die Marktgröße und das Wachstum der Cloud-Services-Branche (siehe Abbildung 10.4) auf fast das Dreifache des Wachstums der gesamten IT-Services."

	2018	2019	2020	2021	2022
Cloud Business Process Services (BPaaS)	45.8	49.3	53.1	57.0	61.1
Cloud Application Infrastructure Services (PaaS)	15.6	19.0	23.0	27.5	31.8
Cloud Application Services (SaaS)	80.0	94.8	110.5	126.7	143.7
Cloud Management and Security Services	10.5	12.2	14.1	16.0	17.9
Cloud System Infrastructure Services (IaaS)	30.5	38.9	49.1	61.9	76.6
Total Market	182.4	214.3	249.8	289.1	331.2

Abbildung 10.4: Cloud-Wachstum 2018–2022.

Nach aktuellen Gartner-Umfragen sehen mehr als ein Drittel der Unternehmen Cloud-Investitionen als eine der drei wichtigsten Investitionsprioritäten, was sich auf die Marktangebote auswirkt. Gartner geht davon aus, dass bis Ende 2019 mehr als 30 Prozent der neuen Softwareinvestitionen von Technologieanbietern von Cloud First auf Cloud Only umgestellt werden. Das bedeutet, dass der lizenzbasierte Softwarekonsum weiter sinken wird, während SaaS und subskriptionsbasierte Cloud-Verbrauchsmodelle weiter steigen.

„Unternehmen benötigen Cloud-basierte Dienste, um in die Public Clouds einzusteigen und ihren Betrieb zu transformieren, wenn sie Public Cloud-Dienste einführen", sagte Herr Nag. Derzeit werden fast 19 Prozent der Cloud-Budgets für Cloud-Services wie Cloud Consulting, Implementierung, Migration und Managed Services ausgegeben, und Gartner erwartet, dass diese Quote bis 2022 auf 28 Prozent steigen wird. „Da sich die Cloud in den meisten Unternehmen immer mehr durchsetzt, müssen sich Technologie-Produktmanager für Cloud-basierte Serviceangebote auf die Bereitstellung von Lösungen konzentrieren, die Erfahrung und Ausführung mit den Angeboten von Hyper-Scale-Anbietern kombinieren", sagte Herr Nag. „Dieser ergänzende Ansatz wird sowohl die Transformation als auch die Optimierung der Infrastruktur und des Betriebs einer Organisation vorantreiben." Im Rahmen der von techconsult im Auftrag von ownCloud und IBM durchgeführten Studie wurde das Filesharing in deutschen Unternehmen ab 500 Mitarbeitern im Kontext organisatorischer, technischer und sicherheitsrelevanter Aspekte untersucht, um gegenwärtige Zustände, Bedürfnisse und Optimierungspotentiale aufzuzeigen. Jetzt herunterladen!

Anwendung 1

IBM Cloud, früher auch bekannt unter dem Namen Bluemix oder Softlayerist ist eine leistungsfähige Suite mit innovativen Daten- und KI-Tools. Die IBM Cloud steht für hohe Skalierbarkeit, Agilität und Kontinuität sowie marktführende Sicherheit. Zudem wird in eine Vielzahl von Open-Source-Projekten investiert, um künftige Innovationen weiterhin zu fördern. IBM Cloud bietet in vielen Hinsichten eine breite Nutzung für den Anwender. Dies beinhaltet ein umfassendes Portfolio an SQL- und NoSQL-Datenbanken. Weiterhin unterstützt IBM Cloud rechenintensive Nutzung für künstliche Intelligenz und hat eben dafür die benötigten Schnittstellen für maschinelles Lernen integriert. Weltweit sorgen um die 60 Rechenzentren durch lokale Implementierungen für hohe Ausfallsicherheit und Redundanz.

10.4 IBM MQ on Cloud

IBM MQ on Cloud fungiert als zentrales Nachrichtenzentrum zwischen Anwendungen auf unterschiedlichen Plattformen. Der Service Nachrichten auszutauschen wird dafür in der Cloud bereitgestellt. Daten können so unabhängig von Standort und Format ausgetauscht werden. Der Nutzer muss sich dabei nicht um die Infrastruktur kümmern da IBM MQ on Cloud für den Anwender die Cloud verwaltet. Systeme, auf denen IBM MQ ausgeführt wird müssen weder überwacht noch selbstständig aktualisiert werden was den Verwaltungsaufwand für den Nutzer erheblich senkt.

Bei vielen anderen Message-Queuing-Anwendungen besteht die Problematik, dass Nachricht nicht übermittelt oder doppelt ausgegeben werden. IBM MQ hingegen gibt Nachrichten immer nur einmal aus. IBM hat neben der zuverlässigen Nachrichtenübermittlung außerdem großen Wert auf Sicherheit gelegt. Unterschiedliche Authentifizierungsmechanismen und End-to-End Verschlüsselung sorgen dafür, dass unbefugter Zugriff auf sensible Daten nicht möglich ist. Weiterhin wird die Ausfallsicherheit durch Hochverfügbarkeits- und Disaster-Recovery-Funktionen sichergestellt.

Über IBM MQ on Cloud lassen sich also Anwendungen problemlos verbinden, die an unterschiedlichen Standorten gehostet werden. Ein Unternehmen hostet so beispielsweise seine IT-Kernsysteme in Leipzig. Die Pakete hingegen werden in einem Depot in Warschau gelagert. Über MQ on Cloud lassen sich Nachrichten zuverlässig zwischen diesen beiden Standorten austauschen. Das Warschauer Büro kann die Daten von allen Paketen verschlüsseln. Der Standort in Leipzig kann dann die gesendeten Informationen sicher und verlustfrei empfangen und anschließend verarbeiten (siehe Abbildung 10.5).

IBM migriert außerdem den Message-Queue-Manager innerhalb kürzester Zeit auf die aktuellste Version des IBM MQ Continuous Deliver Stream. Continuous Delivery (CD) bezeichnet dabei eine Sammlung von Prozessen und Techniken, die den Softwareauslieferungsprozess verbessern. So wird durch kontinuierliche Installation

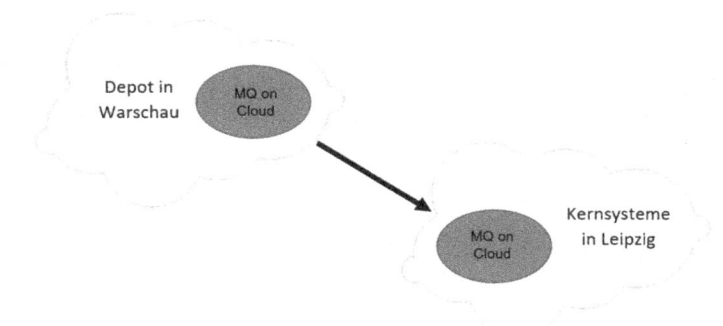

Abbildung 10.5: Verbinden von Anwendungen an verschiedenen Standorten über IBM MQ on Cloud.

und Integration sowie Testautomatisierungen ein Kreislauf geschaffen und die Entwicklung hochwertiger Software gefördert (siehe Abbildung 10.6).

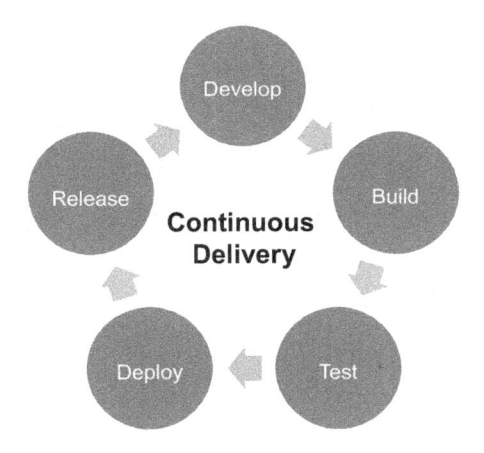

Abbildung 10.6: Continuous Delivery Kreislauf.

Traditionell wurden neue Funktionen erst mit ihrer Veröffentlichung bereitgestellt. Wenn der Nutzer also beispielsweise neue DB2 Funktionen implementieren wollte, musste immer auf die Veröffentlichung dieser gewartet. DB2 Veröffentlichung lagen in der Vergangenheit meist mehrere Jahre auseinander, sodass der Nutzer oft einen großen Wartezeitraum einkalkulieren musste. CD stellt hingegen neue Funktionen direkt über einen Stream Service bereit.

So ergeben sich neben zeit- und ortsunabhängigen Zugriff auf geografisch verteilte IT-Ressourcen weitere Vorteile wie eine zeitnahe Skalierbarkeit der IT-Leistungen und eine gesteigerte organisatorische Flexibilität.

10.4.1 Nutzeranwendung 1

Nachdem in den vorherigen Kapiteln alle Grundlagen dargelegt worden, sollen nun zwei konkrete Anwendungsfälle auf der Grundlage, der von IBM dafür bereitgestellten Mittel folgen.

IBM MQ on Cloud Services in der IBM Cloud
Im folgenden Abschnitt wird eine Anleitung [48] für einen interessierten Nutzer erstellt. Ziel dieser Anwendung ist es einen Queue-Manager sowie eine Testqueue zu erstellen. Mithilfe der MQ-Konsole wird anschließend eine Verbindung zu dem zuvor generierten Queue-Manager hergestellt. In die Testqueue soll zudem eine Nachricht eingereiht und diese anschließend mitsamt ihren Eigenschaften angezeigt werden.

Zuerst muss sich der Nutzer dafür an der IBM Cloud-Konsole anmelden. Diese ist zu finden unter https://cloud.ibm.com/login.

Nach erfolgreicher Anmeldung wird in der oberen Taskleiste die Option *Katalog* ausgewählt (siehe Abbildung 10.7).

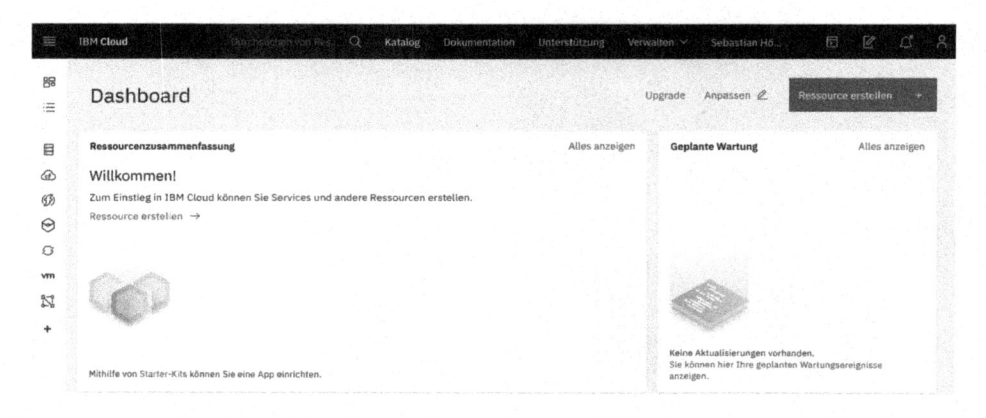

Abbildung 10.7: IBM Cloud Dashboard.

Darauf folgend wird in der linken Menüleiste die Option *Services* ausgewählt (siehe Abbildung 10.8).

Im sich öffnenden Untermenü muss der Nutzer einen Haken bei *Integration* setzen und anschließend im Hauptfeld die Option *MQ* auswählen (siehe Abbildung 10.9).

Der Lite Service ist mit bis zu 10.000 Nachrichten pro Monat kostenfrei. Lite-Plan-Services werden nach 30 Tagen ohne Nutzung gelöscht.

Unter *Ressourcen konfigurieren* muss nun der *Servicename* eingegeben werden. Zusätzlich können Ressourcen vom Nutzer durch Tags organisiert werden. Dabei kann es sinnvoll sein, Tags in Form von Wertpaaren zu verwenden, um verwandte Tags

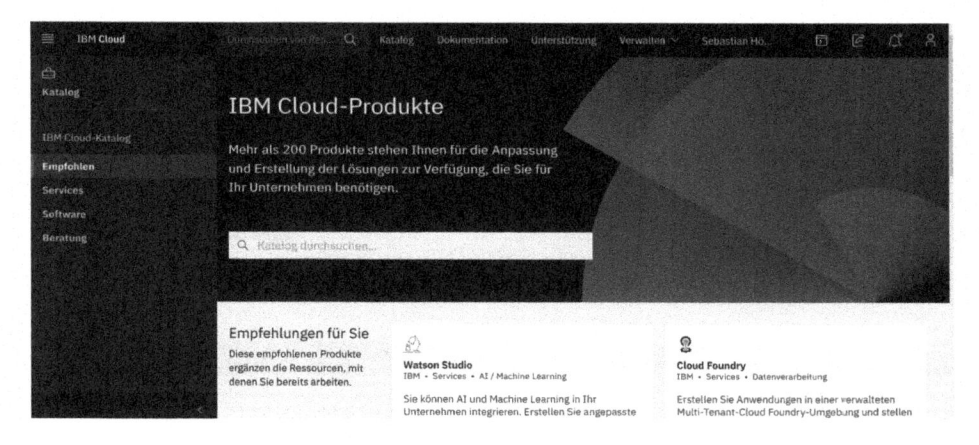

Abbildung 10.8: Services für die IBM Cloud.

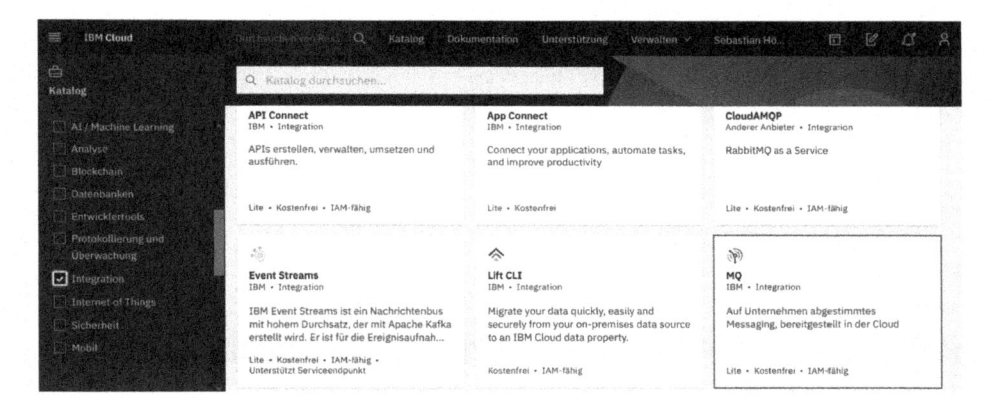

Abbildung 10.9: Auswählen der Schaltfläche MQ.

leichter gruppieren zu können. Im letzten Schritt wird auf *Erstellen* geklickt und damit bestätigt. (siehe Abbildung 10.10)

Anschließend wird eine Ansicht der Serviceinstanz dargestellt, von der aus der Nutzer die Warteschlangenmanager nach deren Erstellung anzeigen und verwalten kann (siehe Abbildung 10.11).

Im folgenden Schritt muss nun der Warteschlangenmanager generiert werden. Dies wird über den Button *Erstellen* eingeleitet. Im Menü muss der Nutzer einen eindeutigen Namen für seinen Queue-Manager auswählen. Hierbei sollte man sicherstellen, dass der Name nur Zeichen aus der folgenden Gruppe enthält: a-z, A-Z, 0–9, Unterstreichungszeichen und Punkt. Zudem kann der Anwender einen beliebigen Anzeigenamen auswählen, mit dem der Warteschlangenmanager schnell identifiziert werden kann. Weiterhin besteht die Option eine Region (*IBM Cloud Großbritannien*) und einen Plan/Größe (*Lite*) zu wählen (siehe Abbildung 10.12).

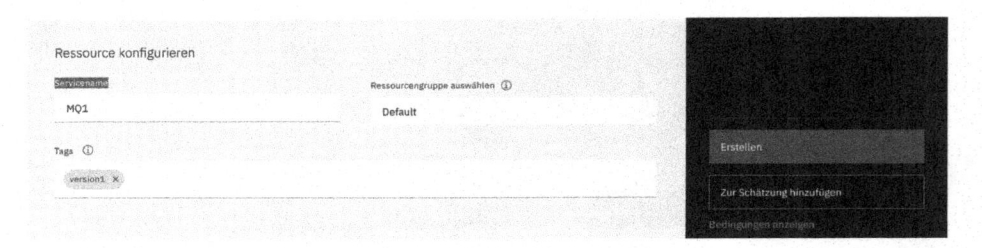

Abbildung 10.10: Ressourcen konfigurieren.

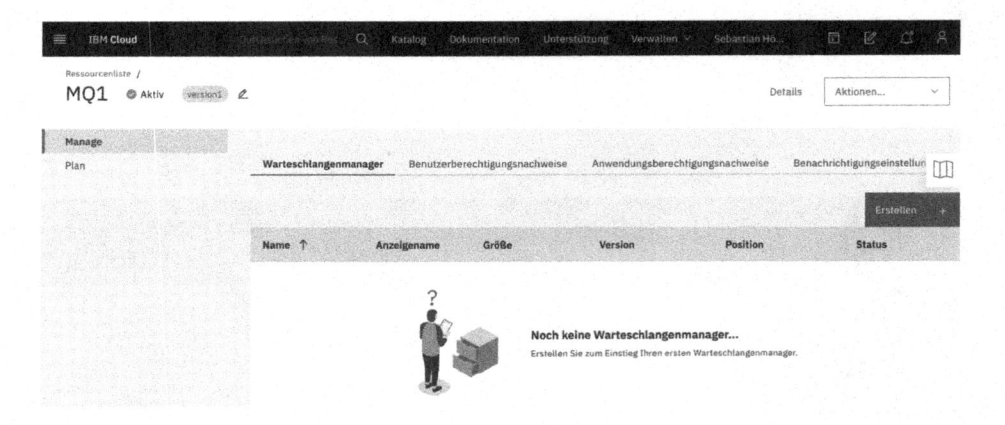

Abbildung 10.11: Serviceinstanz für Warteschlangenmanager.

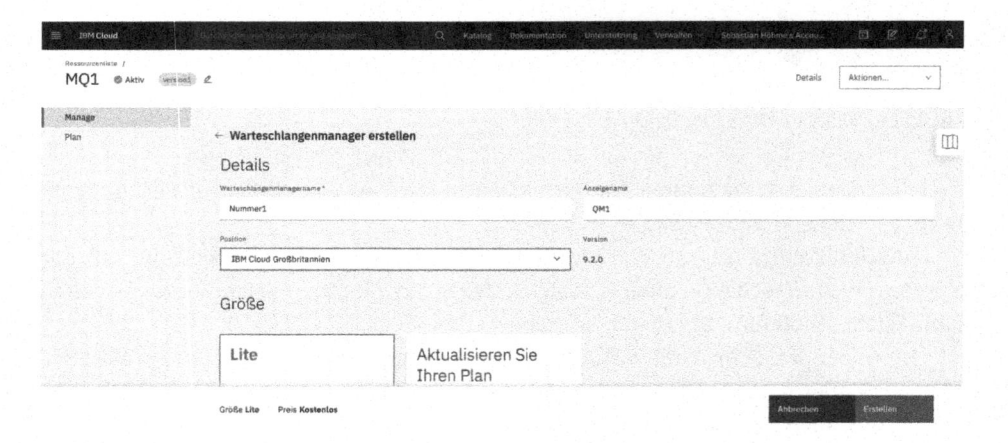

Abbildung 10.12: Warteschlangenmanager erstellen.

Nachdem auch hier wieder über den Button Erstellen bestätigt wurde, erscheint eine Zwischenmeldung die ebenfalls mit Weiter bestätigt wird.

Im Datensatz mit dem neuen Warteschlangenmanager kann unter Status der Bereitstellungsstatus überprüft werden. Der Status des neuen Warteschlangenmanagers wird aller 30 Sekunden aktualisiert. Sobald der Status ‚Aktiv' aufweist, kann der Manager für die Verwendung konfiguriert werden. (siehe Abbildung 10.13).

Abbildung 10.13: Status des Warteschlangenmanagers.

Um den zuvor angelegten Warteschlangenmanager zu konfigurieren bietet IBM mehrere Optionen. In der folgenden Anleitung wird die MQ-Konsole verwendet. Die Webkonsole dient als Verwaltungsprogramm für IBM MQ, auf welches über einen Web-Browser, der auf der Maschine des Nutzers ausgeführt wird, zugegriffen werden kann. Über die MQ-Webkonsole kann der Nutzer neue Warteschlangen erstellen, eine Nachricht in die Warteschlange legen, die Warteschlange durchsuchen, um bestimmte Nachrichten anzeigen zu lassen oder die Warteschlange löschen. Die Webkonsole wird mit dem Queue-Manager bereitgestellt und kann, ohne weitere Anpassungen vorzunehmen, eingesetzt werden. Der Nutzer muss anschließend den Warteschlangenmanager auswählen, der verwaltet werden soll. Weiterhin ist die Registrierkarte *Verwaltung* auszuwählen und die MQ-Konsole über den gegebenen Button zu starten (siehe Abbildung 10.14).

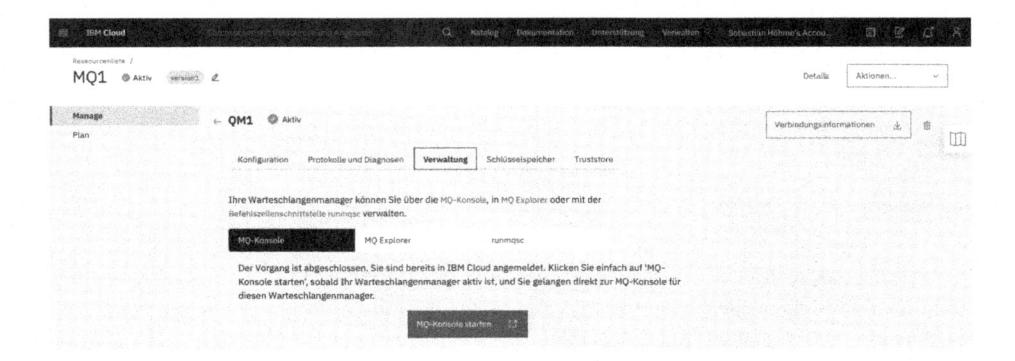

Abbildung 10.14: MQ-Konsole starten.

Nachdem die Konsole erfolgreich gestartet wurde, kann der Anwender unter dem Menüpunkt *Erstellen* eine neue Testwarteschlange erzeugen (siehe Abbildung 10.15).

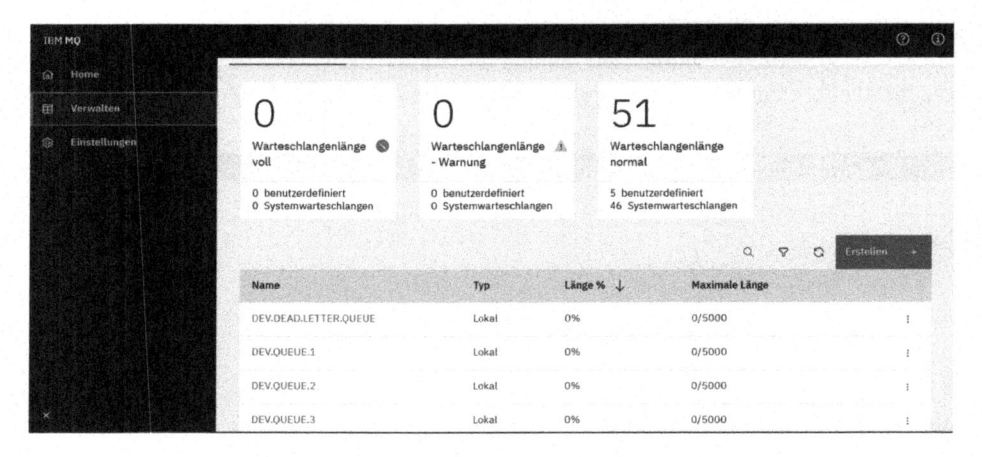

Abbildung 10.15: Anlegen einer neuen Warteschlange.

Als Warteschlangentyp muss *Lokal* ausgewählt werden. Eine lokale Warteschlange speichert dabei Nachrichten in einem Warteschlangenmanager (siehe Abbildung 10.16).

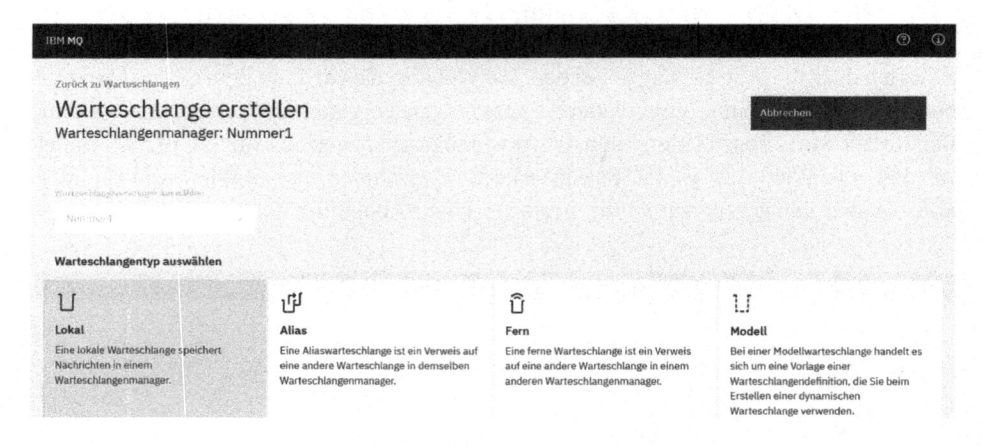

Abbildung 10.16: Festlegen des Warteschlangentyps.

Im fortlaufenden Prozess muss der Nutzer den Warteschlangenamen festlegen. Dabei ist zu beachten, dass der Warteschlangenname innerhalb des Warteschlangenmanagers eindeutig zu vergeben ist. Der Name kann bis zu 48 Zeichen lang sein und darf an gültigen Zeichen nur Buchstaben, Zahlen, Punkt, Schrägstrich, Unterstreichungszeichen und das Prozentzeichen enthalten. Im hier beschrieben Fall wird der Name *DEV.TEST.1* gewählt und mit einer zusätzlichen Beschreibung versehen. Alle weiteren Werte können übernommen werden. Abschließend kann die Warteschlange erneut über den Button *Erstellen* erzeugt werden (siehe Abbildung 10.17).

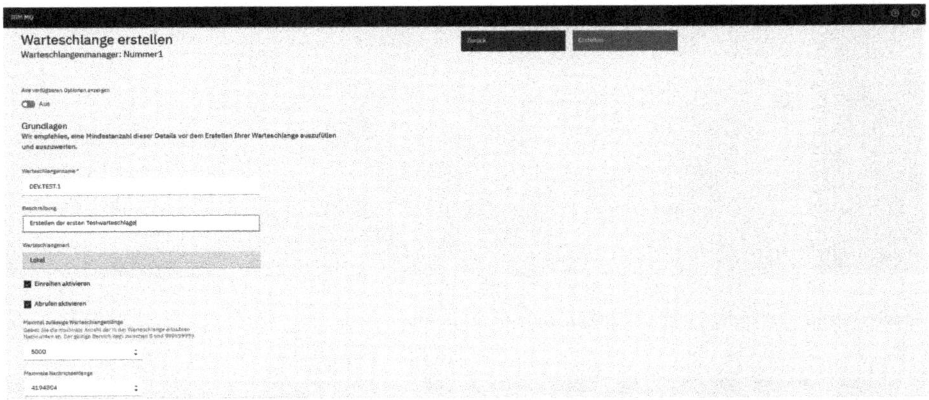

Abbildung 10.17: Warteschlange erstellen.

Der Name der neue Warteschlange erscheint nun in der Liste (siehe Abbildung 10.18). Der Nutzer kann die Warteschlange auswählen und erneut über den Button *Erstellen* eine Nachricht in die Warteschlange einreihen. Die Nachricht kann dabei bis zu 1024 Zeichen enthalten (siehe Abbildung 10.18).

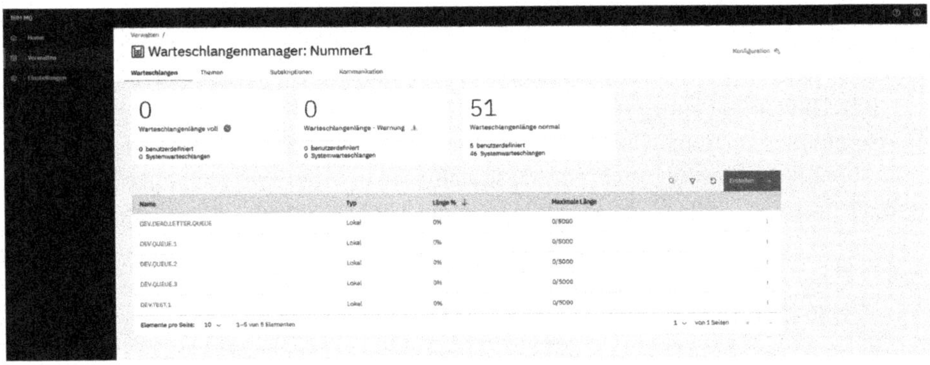

Abbildung 10.18: Der Name der Warteschlange wird in der Liste aufgeführt.

Nach dem erfolgreichen Einreihen der Nachricht wird angezeigt, dass die Warteschlangenlänge für *DEV.TEST.1* jetzt „1" beträgt (siehe Abbildung 10.20).

Zusätzlich kann der Nutzer die Nachricht auswählen und sich alle Eigenschaften anzeigen lassen. Die gelisteten Eigenschaften enthalten neben der Nachrichten-ID

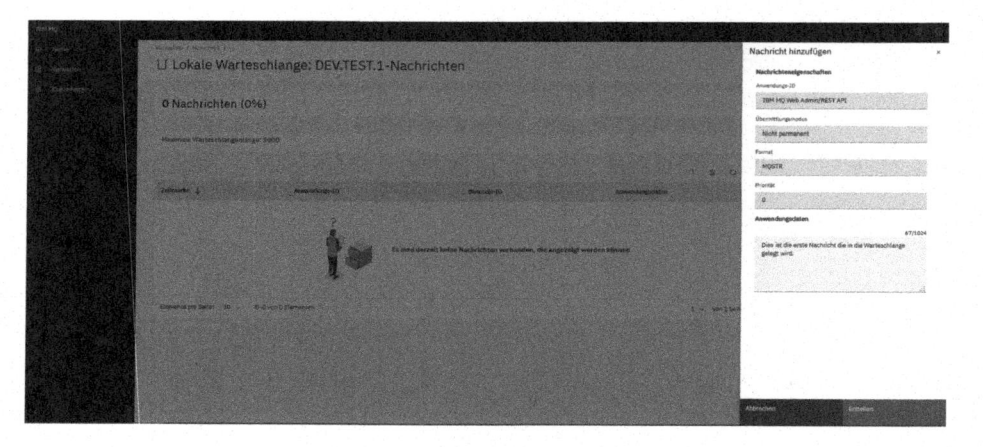

Abbildung 10.19: Nachricht zur Warteschlange hinzufügen.

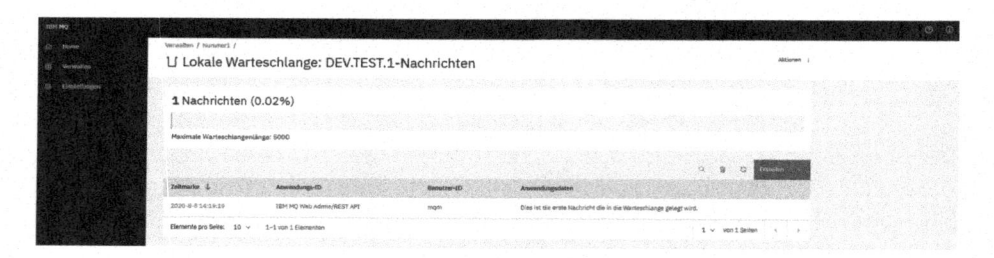

Abbildung 10.20: Anzahl der Nachrichten in der Warteschlange.

noch andere wichtige Identifikationsmerkmale wie Anwendungs- und Benutzer-ID, Zeitmarke, Zeichensatz, Übermittlungsmodus, Format und Priorität. (siehe Abbildung 10.21).

Der Nutzer hat nun mit der IBM MQ-Webkonsole eine Verbindung zu einem Warteschlangenmanager hergestellt und eine neue Testwarteschlange erstellt. Anschließend wurde erfolgreich eine Testnachricht in eine Warteschlange eingereiht und die Testwarteschlange mitsamt der Testnachricht und deren Details angezeigt.

10.4.2 Nutzeranwendung 2

Beispielanwendung an der zEC12 unter Nutzung der Programme amqsputc und amqgetc

In der folgenden Anwendung stellt der Nutzer mit dem Beispielprogramm *amqsputc* eine Nachricht in eine Warteschlange auf der Server-Workstation. Anschließend holt der Nutzer die Nachricht mit dem Programm *amqgetc* aus der Warteschlange zurück auf den Client.

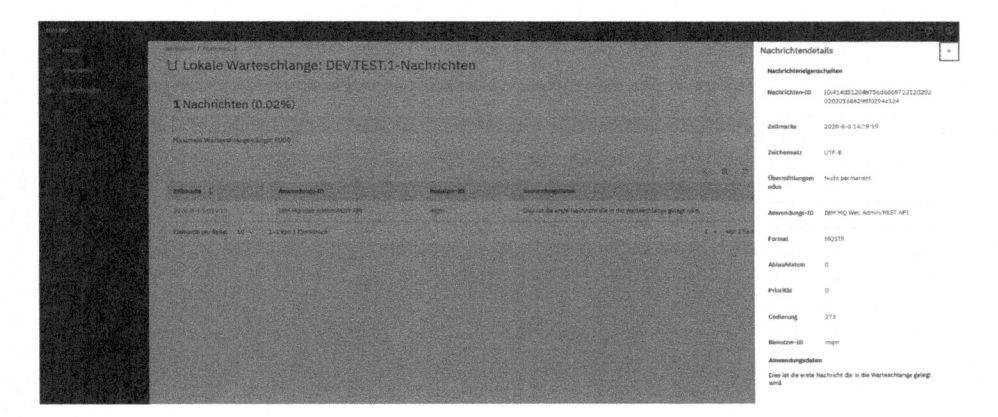

Abbildung 10.21: Eigenschaften der erstellten Nachricht.

Für die erfolgreiche Durchführung der folgenden Anwendung müssen unterschiedliche Voraussetzungen erfüllt sein. Essenziell ist dabei vorab einen Warteschlangenmanager wie im vorangegangenen Beispiel zu generieren. Zusätzlich muss der Anwender die Berechtigung für den Zugriff auf den Queue-Manager in der IBM MQ-Serviceinstanz erteilen. MQ-Benutzername und API-Schlüssel müssen ebenfalls generiert und abrufbereit sein.

Weiterhin muss eine installierte Version von einem IBM MQ Client auf der eigenen Maschine existieren. Den entsprechenden Client kann sich der Nutzer unter https://www.ibm.com/support/pages/node/586851#1 herunterladen.

Nach dem Öffnen des Links kann die neuste Version der CD-Clients über den weiterführenden HTTP-Link geöffnet werden. Anschließend muss der Nutzer das für sein Betriebssystem geeignete Bundle herunterladen. Im folgenden Anwendungsfall liegt Windows als Betriebssystem vor. Nach dem Download soll das Bundle in einem beliebigen Verzeichnis entpackt werden. Wichtig ist hier den vollständigen Pfad zum Verzeichnis zu notieren da dieser zu einem späteren Zeitpunkt gebraucht wird. Bei Windows handelt es sich um das Verzeichnis *bin*, dessen Position von dem Verzeichnis abhängt, in dem das Bundle entpackt wurde.

Sind alle Voraussetzungen erfüllt muss der Nutzer zu Beginn unter *Ressourcenzusammenfassung* die Instanz *Services* aufrufen (siehe Abbildung 10.22) und sich vom zuvor angelegten Warteschlangenmanager (Abbildung 10.23) Hostnamen und Portnummer notieren (siehe Abbildung 10.19).

Wichtig ist, unter der Registrierkarte Anwendungsberechtigungsnachweise zu überprüfen, ob MQ-Benutzername und der API-Schlüssel entsprechend hinterlegt sind. Der API-Schlüssel wird später erneut abgefragt und ist sowohl für das einreihen als auch für das auslesen von Nachrichten unabdingbar.

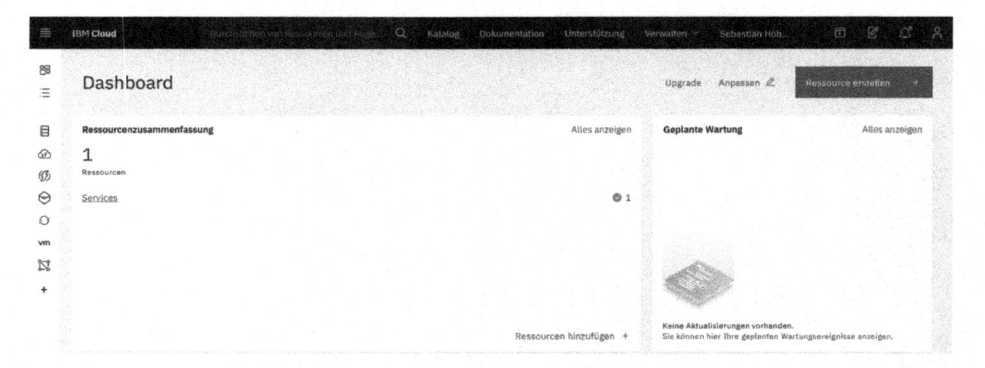

Abbildung 10.22: Ressourcenzusammenfassung.

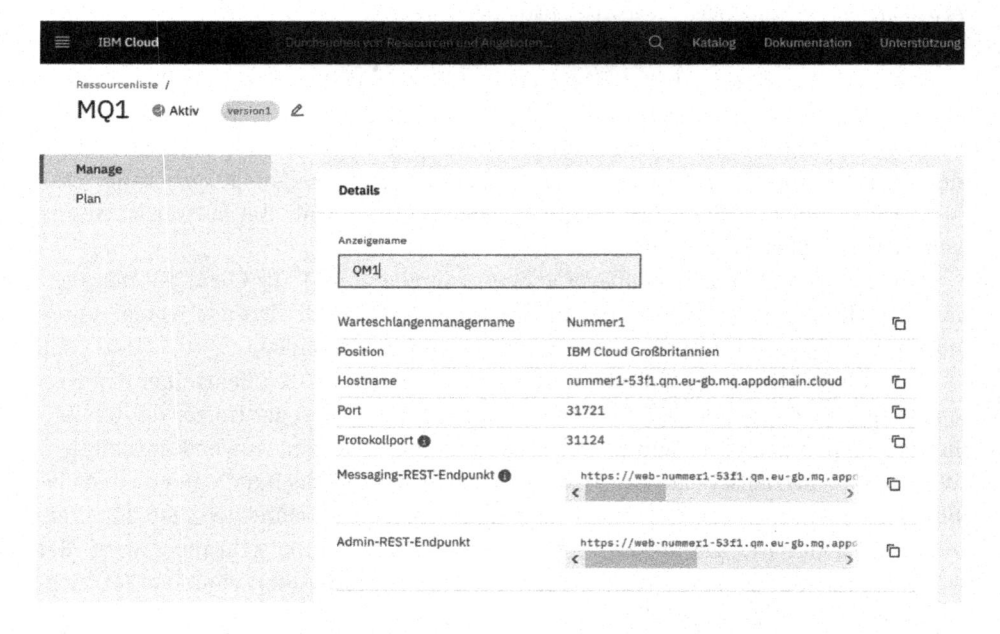

Abbildung 10.23: Details des Warteschlangenmanagers.

Nun muss der Nutzer eine Befehlsshell an der eigenen Maschine öffnen. Im folgenden Beispiel wird dabei die Windows Eingabeaufforderung verwendet. Im ersten Schritt muss nun die Variable für ‚MQSERVER' festgelegt werden. Dies erfolgt über den nachfolgenden Befehl.

set MQSERVER=CLOUD.APP.SVRCONN/TCP/<Hostname>(<Port>)

Für <Hostname> und <Port> müssen die entsprechenden Variablen ergänzt werden (siehe Abbildung 10.24).

10.4 IBM MQ on Cloud — 519

```
Microsoft Windows [Version 10.0.18362.959]
(c) 2019 Microsoft Corporation. Alle Rechte vorbehalten.

C:\Users\Bust>cd\

C:\>set MQSERVER=CLOUD.APP.SVRCONN/TCP/nummer1-53f1.qm.eu-gb.mq.appdomain.cloud(31721)

C:\>_
```

Abbildung 10.24: Festlegen der Variable für ‚MQSERVER'.

Im nächsten Schritt muss die Variable für ‚MQSAMP_USER_ID' festgelegt werden. Dies erfolgt über folgenden Befehl:

set MQSAMP_USER_ID=<application MQ username>

Für < application MQ username > muss vom Anwender der vorab definierte Username eingetragen werden. Dieser kann vorab vom Nutzer beliebig gewählt werden. Im geschilderten Fall wurde der Username ‚lastname' vergeben (siehe Abbildung 10.25).

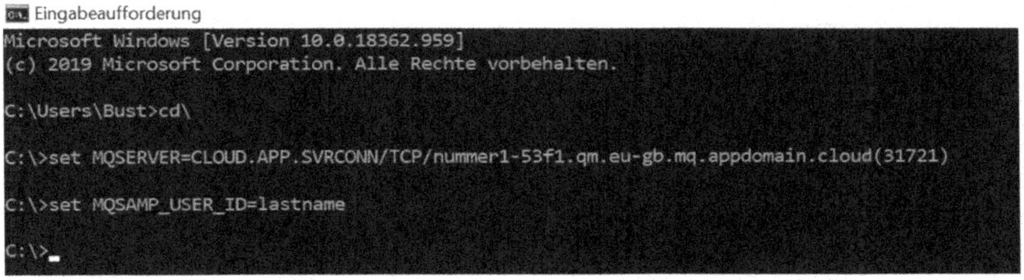

```
Microsoft Windows [Version 10.0.18362.959]
(c) 2019 Microsoft Corporation. Alle Rechte vorbehalten.

C:\Users\Bust>cd\

C:\>set MQSERVER=CLOUD.APP.SVRCONN/TCP/nummer1-53f1.qm.eu-gb.mq.appdomain.cloud(31721)

C:\>set MQSAMP_USER_ID=lastname

C:\>_
```

Abbildung 10.25: Festlegen der Variable für ‚MQSAMP_USER_ID'.

Alle nachfolgenden Schritte werden in derselben Betriebsshell ausgeführt. Es folgt nun der Befehl:

<PATH_TO_SAMPLE_BIN_DIR >/amqsputc DEV.TEST.1

Hierbei steht <PATH_TO_SAMPLE_BIN_DIR> für den Pfad zum Verzeichnis ‚bin'. Anschließend wird der Nutzer aufgefordert den API-Schlüssel der Anwendung einzutragen. Falls dies erfolgreich getätigt wurde kann der Nutzer eine Testnachricht generieren. Die Nachricht lautet im hier geschilderten Fall: ‚Dies ist die erste Nachricht, die in die Queue gelegt wird.' Nach zweimaligem bestätigen über die Eingabetaste wird das Programm ‚amqsputc' automatisch beendet was durch die Ausgabe von Sample AMQSPUT0 bestätigt wird (siehe Abbildung 10.26).

```
Eingabeaufforderung
Microsoft Windows [Version 10.0.18362.959]
(c) 2019 Microsoft Corporation. Alle Rechte vorbehalten.

C:\Users\Bust>cd\

C:\>set MQSERVER=CLOUD.APP.SVRCONN/TCP/nummer1-53f1.qm.eu-gb.mq.appdomain.cloud(31721)

C:\>set MQSAMP_USER_ID=lastname

C:\>cd C:\Program Files\IBM\MQ\bin

C:\Program Files\IBM\MQ\bin>amqsputc DEV.TEST.1
Sample AMQSPUT0 start
Enter password: 1zA20b6wigCaI8-H0REfG8CXtA2fgO1r6OhgGj7bZDZv
target queue is DEV.TEST.1
Dies ist die erste Nachricht, die in die Queue gelegt wird.

Sample AMQSPUT0 end

C:\Program Files\IBM\MQ\bin>
```

Abbildung 10.26: Nachricht mit dem Beispielprogramm amqsputc in die Queue einreihen.

Um die Nachricht aus der Queue mit dem Beispielprogramm amqsgetc abzurufen muss der Nutzer folgenden Befehl in die Konsole eingeben:

<PATH_TO_SAMPLE_BIN_DIR>/amqsgetc DEV.QUEUE.1

Nach erneuter Eingabe des API-Schlüssel wird die zuvor in die Queue gelegt Nachricht abgerufen und angezeigt. Da keine weiteren Nachrichten vorliegen, wird das Beispielprogramm ‚amqsgetc' nach kurzer Zeit beendet (siehe Abbildung 10.27).

Der Nutzer hat erfolgreich eine Verbindung zu einem Warteschlangen-Manager mit Hilfe einer Beispielanwendung auf der z12 hergestellt.

```
Eingabeaufforderung
Microsoft Windows [Version 10.0.18362.959]
(c) 2019 Microsoft Corporation. Alle Rechte vorbehalten.

C:\Users\Bust>cd\

C:\Program Files\IBM\MQ\bin>amqsputc DEV.TEST.1
Sample AMQSPUT0 start
Enter password:

message <Dies ist die erste Nachricht, die in die Queue gelegt wird. >
no more messages
Sample AMQSGET0 end

C:\Program Files\IBM\MQ\bin>
```

Abbildung 10.27: Nachricht mit dem Beispielprogramm amqsgetc aus der Queue auslesen.

Der Nutzer hat nun erfolgreich eine Verbindung zu einem Warteschlangenmanager mithilfe einer Beispielanwendung von der eigenen Maschine aus hergestellt. Ebenso wurde wie in Abbildung 10.28 verdeutlicht, eine Testnachricht in die Warteschlange mit Hilfe von „ mqsputc" eingereiht.

```
C:\Program Files\IBM\MQ\bin>amqsgetc DEV.TEST.1
Sample AMQSGET0 start
Enter password: 1zA20b6wigCaI8-H0REfG8CXtA2fgO1r6OhgGj7bZDZv

message <Dies ist die erste Nachricht, die in die Queue gelegt wird. >
no more messages
Sample AMQSGET0 end

C:\Program Files\IBM\MQ\bin>
```

Abbildung 10.28: Einreihen einer Nachricht in die Queue.

Aus der Warteschlange kann anschließend mit dem Beispiel-Programm „amqsgetc" die Testnachricht erfolgreich ausgelesen werden. Das Prinzip wird dargestellt in der Abbildung 10.29.

```
Eingabeaufforderung
Microsoft Windows [Version 10.0.18362.959]
(c) 2019 Microsoft Corporation. Alle Rechte vorbehalten.

C:\Users\Bust>cd\

C:\Program Files\IBM\MQ\bin>amqsgetc DEV.TEST.1
Sample AMQSGET0 start
Enter password:

message <Dies ist die erste Nachricht, die in die Queue gelegt wird. >
no more messages
Sample AMQSGET0 end

C:\Program Files\IBM\MQ\bin>
```

Abbildung 10.29: Auslesen der Nachricht aus der Queue.

Das Einreihen und Auslesen der Nachricht erfolgt fehlerfrei und ohne Verluste.

11 Abschließende Bemerkungen

Das vorliegende Lehrbuch dient Studenten und Mitarbeitern im Bereich Informatik, sich mit neuen Technologien technischer und Programm-technischer Art im Mainframe-Sektor auseinander zu setzen. Der IBM Mainframe zEC12 als fester Bestandteil der Server-Ausstattung des Instituts für Informatik der Universität Leipzig steht allen Interessenten im Deutsch-sprachigen Raum und darüber hinaus auch weltweit zur Nutzung offen. Auch für Einsteiger im Großrechenbetrieb bietet der IBM Server erste Schritte, sich mit den Problemen in dieser Branche anzufreunden.

Die zahlreichen Anwendungen in unterschiedlichen Subsystemen des Betriebssystems z/OS sollen die ersten Schritte hilfreich unterstützen. Um eine Anwendung zu bearbeiten, ist es notwendig, die Zugangsdaten zum Server z12 zu erhalten. Weiterhin muss vom Nutzer ein Mainframe-Emulator eingesetzt werden, der den Login-Prozess bei gültigem Account und Password realisiert. Im Internet werden Emulatoren mehrfach kostenlos angeboten. Um einen Zugang zu erhalten, kann sich der Interessent an den Verwalter des z12 Servers, Herrn Prof. M.Bogdan wenden:

Mail-Adresse: **bogdan@informatik.uni-leipzig.de**

Bei der Bewerbung um einen z12 Server-Zugang ist es erforderlich, dass der Interessent seine persönlichen Daten, den Zustand seiner Ausbildung sowie sein Beschäftigungs-Verhältnis angibt. Das Account mit Password wir ihm nach Prüfung per e-mail zugeschickt.

Ein großer Teil der Anwendungen ist unter der Webseite

http://padme.informatik.uni-leipzig.de

eingehend beschrieben. Einige Anwendungen sind mit Login und Password geschützt.

Es sei hier vermerkt, dass die Anzahl der praktischen Anwendungen mit der entsprechenden Beschreibung weiter erhöht und alle Varianten einer akademischen Aus- und Weiterbildung an einem Mainframe-Server erfasst und an die Nutzer weitergegeben werden.

Literatur

Kopien einiger der hier angegebenen Referenzen können von der Website
http://padme.informatik.uni-leipzig/buch/buch.html.de heruntergeladen werden.

Verweise aus dem Text

[1] Longpela Expertise, Mainframe Quarterly, November 2010: http://www.longpelaexpertise.com.au/ezine/OtherMainframes.php
[2] I. Archbell: *In Cobol's Defense*. IEEE Software, Vol. 17, No.2, March/April 2000, p.70.
[3] E. C. Arranga, W. Price: *What's next for Cobol*. IEEE Software, Vol. 17, No.2, March/April 2000, p.16.
[4] L. Kappelmann: *Some Strategic Y2K Blessings*. IEEE Software, Vol. 17, No.2, March/April 2000, p.42.
[5] A.Z. Spector: *The IBM WebSphere Platform*.http://www-3.ibm.com/developer/solutionsevent/pdfs/spector_lunchtime_keynote
[6] http://www-1.ibm.com/servers/eserver/zseries/library/whitepapers/pdf/gf225176.pdf
[7] R. Sites: *Alpha Architecture Reference Manual*. Digital Press 1992, ISBN 1-55558-098-X.
[8] *z/Architecture Principles of Operation*. IBM Form No. SA22-7832-00
[9] P. Herrmann, W.G. Spruth: *Einführung in z/ OS und OS/390*, 2012, 3. Auflage, ISBN 978-3-486-70428-0
[10] *COSbatch Overview*. http://www.cosbatch.com/technical/job_control_goo.htm
[11] R.Cypser: *Communications for cooperating systems, OSI, SNA and TCP/IP*. Addison-Wesley, 1991.
[12] IBM International Technical Support Organization: *RACF Starter System for MVS*. IBM Form Nr. GG24-3120-01, September 1992
[13] http://www-1.ibm.com/servers/eserver/zseries/news/pressreleases/2001/banco_linux_mainframe_050301.html
[14] http://www-1.ibm.com/servers/eserver/zseries/os/linux/css/boyes.html, oder http://www.linuxplanet.com/linuxplanet/reports/1532/1/
[15] http://www.hoise.com/primeur/01/articles/monthly/AE-PR-01-01-20.html
[16] R. Steiner, *Grundkurs Relationale Datenbanken*. Vieweg + Teubner, 7. Auflage, 2009, ISBN 978-3-8348-0710-6
[17] A.S. Tanenbaum: *Computer Networks*. Prentice Hall, 1989.
[18] J. Gray: *How High is High Performance Transaction Processing*. HPTS 99 Asilomar, CA 1 Oct 1999, http://research.Microsoft.com/~Gray/Talks/.
[19] R. Fox: *Net Population Newest Numbers*. Comm. ACM, Vol. 44, No.7, July 2001, p.9.
[20] Sonderheft zum Thema Cobol der Zeitschrift IEEE Software. Vol. 17, No.2, March/April 2000.
[21] B. Hardgrave, E. Doke: *Cobol in an Object oriented World*. IEEE Software, Vol. 17, No.2, March/April 2000, p.26.
[22] D. Carr, R. Kizior: *The Case for continued Cobol Education*. IEEE Software, Vol. 17, No.2, March/April 2000, p.34.
[23] H. Balzert: *Lehrbuch der Software-Technik*. Spektrum Akad. Verl., 1996, S. 74, 85.
[24] CICS Application Programming Primer, IBM SC33-0674
[25] CICS Applcation Programmer's Reference, IBM SC33-0676
[26] CICS Messages and Codes, IBM SC33-0672
[27] T. Kregeloh, S. Schönleber: CICS, Verlag Vieweg, 1993
[28] D. Wackerow: *MQ Series Primer*. MQ-EAI Center, Oktober 1999
[29] G. Amdahl, G. Blaauw, F. Brooks: *Architecture of the IBM System/360*. IBM J. Res. Devel. 8 (2), 87–101 (1964).
[30] A. Spector: *The IBM WebSphere Platform –Architecture and Technologies*.http://www-3.ibm.com/developer/solutionsevent/pdfs/spector_lunchtime_keynote.pdf

[31] G.D. Brown: *JCL Job Control Language im Betriebssystem OS/390 MVS*. 3. Auflage, Oldenbourg, 2000, ISBN 3-486-25073-6
[32] R. Sharma: *J2EETM Connector Architecture*. http://java.sun.com/j2ee/connector/
[33] J. Couch: *Java 2 Networking*. McGraw-Hill, 1999, ISBN 0-07-134813-1
[34] Steve Eckols: *IMS for the Cobol Programmer: Part 1 Data Base Processing With IMS/Vs and DI/I Dos/Vs*. Murach, Mike & Associates, Inc. March 1988, ISBN 0911 625 – 29.1.
[35] Object Technology International: *Eclipse Platform Technical Overview*. http://www.eclipse.org/, July 2001
[36] Uno Bengtsson: *System z Trends And Directions*. http://www-05.ibm.com/no/news/events/lsu2009/pdf/2_1_LSU_System_z_TD_Final.pdf.
[37] P. Herrmann: *Rechnerarchitektur*. Vieweg, 2011, 4. Aufl. ISBN 978-3-8348-1512-5
[38] J. Horswill: *Designing & Programming CICS Applications*. O'Reilly, 2000. ISBN 1-56592-676-5
[39] Sebastian Höhme: *Kommunikation mit IBM MQ*, 2020, Bachelor-Arbeit, Universität Leipzig, Institut für Informatik
[40] IBM International Technical Support Organization: *Java Application Development for CICS*. IBM Form No. SG24-5275-01, November 1999, p.3
[41] IBM International Technical Support Organization: *IMS Primer*. IBM Form No. SG24-5352-00, January 2000. Download unter http://www.redbooks.ibm.com/pubs/pdfs/redbooks/sg245352.pdf.
[42] G. A. Katopis et al. : *MCM technology and design for the S/390 G5 system*. IBM Journal of R & D, Vol. 43, Nos. 5/6, 1999, p. 621.
[43] Bill Qualls, William Qualls: *Mainframe Assembler Programming*. John Wiley & Sons; February 1998, ISBN: 0471249939
[44] Wilhelm G. Spruth: *System z and z/OS unique Characteristics*. Wilhelm Schickard Instiute for Informatik, Tuebingen University, Technical Report WSI-2010-03, ISSN 0946–3852, April 2010. http://tobias-lib.uni-tuebingen.de/frontdoor.php?source_opus=4710
[45] M. Teuffel: *TSO Time Sharing Option im Betriebssystem OS/390*. Oldenbourg, 6. Auflage, 2002, ISBN 3-486-205560-6

Weitere Literaturempfehlungen

TCP/IP SNA
Hugo Schröer, Thomas Stalke: *Die Netzwerkarchitektur SNA: eine praxisorientierte Einführung in die Systems Network Architecture der IBM*. Vieweg, 1993.
Craig Hunt: *TCP/IP: Netzwerk Administration* . O'Reilly International Thomson Verl., 1996
Douglas E. Comer, David L. Stevens: *Internetworking with TCP/IP, 1. Principles, protocols, and architecture*. Prentice Hall, 1991.
Douglas E. Comer: *Internetworking with TCP/IP, 2. Design, implementation, and internals*. Prentice Hall, 1991.
Douglas E. Comer, David L. Stevens: *Internetworking with TCP/IP, 3. Clien/Server programming and applications*. Prentice Hall, 1991.

Netze
Andrew S. Tanenbaum: *Computernetzwerke*. Pearson Studium, 2003.

Java / CORBA
Robert Orfali, Dan Harkey: *Client/Server programming with Java and CORBA*. Wiley, 1997.

Acronyme

ACB	Application Control Block
ADS	Application Data Structure
AFQ	Available Frame Queue
AIX	Advanced Interactive Executive (IBM Unix Betriebssystem)
	Alternate Index (im Zusammenhang mit VSAM)
ALU	Arithmetic Logic Unit
AMS	Access Method Services
AOR	Application Owning Region
API	Application Programming Interface
APPC	Advanced Program to Program Communication
APPN	Application to Application Node
ARM	Automatic Restart Manager
ASCII	American Standard Code for Information Interchange
ATM	Asynchronous Transfer Mode
AVS	APPC/VM VTAM Support
BC	Business Class
BFS	Byte File System
BLI	Business Logic Interface
BM	Buffer Manager
BMS	Basic Mapping Support (CICS zeichenorientierte Präsentationslogik)
BNN	Boundary Network Node
BOIM	Business Object Instance Manager Framework
BP	Buffer Pool
BSDS	Bootstrap Dataset
CA	Control Area
CB	Component Broker
CCHHR	Cylinder/Channel/Head/Record Adress
CCI	Common Client Interface
CCF	Common Connector Framework
CCU	Cluster Control Unit
CCW	Channel Command Word
CPC	Central Processing Complex
CDM	Common Data Model
CDS	Cell Directory Service
CEC	Central Electronic Complex
CF	Sysplex Coupling Facility
CFCC	Coupling Facility Control Code
CI	Control Interval
CICS	Customer Information Control System
CICSPlex	Zusammenhängende CICS Regions
CICS TS	CICS Transaction Server
CIDF	Control Interval Definition Field
CKD	Count Key Data
CMS	Conversational Monitor System
CO	Cast Out
COBOL	Common Business Oriented Language
COM	Component Object Model

https://doi.org/10.1515/9783111015521-013

CORBA	Common Object Request Broker Architecture
COS	CORBA Common Object Services
CP	Central Processor (oder auch CPU)
	Control Program (im Zusammenhang mit z/VM)
CPC	Central Processor Complex (in der Regel ist damit ein SMP gemeint)
CPU	Central Processing Unit
CRM	Customer Relationship Management
CS	Communication Services
CSD	CICS System Definition
CSE	Cross-System Extension
CTG	CICS Transaction Gateway
CTM	Component Transaction Monitor (oder auch OTM)
CUA	Common User Access
CWI	CICS Web Interface
DD&C	Data Description and Conversion
DAM	Direct Access Method
DASD	Direct Access Storage Device (bezeichnet vor allem Festplatten)
DB	Data Base
DBCTL	Data Base Control Subsystem
DBD	Data Base Definition
DBMS	Data Base Management System
DBMS	Data Base Management System
DBRC	Data Base Recovery Control
DBRM	Data Base Request Module
DCE	Distributed Computing Environment
DCL	Data Control Language
DCM	Dynamic Channel Path Management
DCOM	Distributed Component Object Model
DDL	Data Definition Language
DFSMS	Data Facility Storage Management System
DHTML	Dynamic HTML
DIMM	Dual Inline Memory Modul
DIV	Data In Virtual
DLI	Data Language 1 (oder auch Data Language Interface)
DM	Dialog Manager
DCL	Data Manipulation Language
DOM	Document Object Model
DPA	Dynamic Paging Area
DPL	Distributed Program Link
DR	Dynamic Reconfiguration
DSECT	Dummy Control Section
DTB	Dynamic Transaction Backout
DTD	Document Type Definition
DTP	Distributed Transaction Processing
E/A	Ein-/Ausgabe
EAB	Enterprise Access Builder
EBCDIC	Extended Binary Coded Decimal Interchange Code
EC	Enterprise Class
ECI	External Call Interface

EHL	Explicit Hierarchical Locking
EIB	Execute Interface Block
EIS	Enterprise Information System
EJB	Enterprise Java Bean
EMIF	ESCON Multiple Image Facility
ENCP	End-Node Control Point
EPI	External Programming Interface
ERP	Enterprise Resource Planning
ES	Expanded Storage
ESA	Enterprise System Architecture
ESCON	Enterprise Systems Connection
ESDS	Entry Sequence Dataset
ESJ	Enterprise Server for Java
ETR	External Time Reference (Sysplex Timer)
EXCI	External CICS Interface
FC	Fibre Channel
FCP	Fibre Channel Protocol
FCS	Fibre Channel Standard
FCT	File Control Table
FICON	Fibre Connection
FIFO	First In First Out
FSP	Fiber Service Platform
GBP	Group Buffer Pool
GCS	Group Control System
GDPS	Geographically Dispersed Parallel Sysplex
GLM	Global Lock Manager
GUI	Graphical User Interface
HA	High Availability
HACL	Host Access Class Library
HACMP	High Availability Cluster Multiprocessing
HALDB	High Availability Large Data Base
HARBA	High Allocated Relative Byte Address
HCA	Host Channel Adapter
HDAM	Hierarchical Direct Access Method
HDFU	Hardware Decimal Floating Point Unit
HFS	Hierarchical File System
HIDAM	Hierarchical Indexed Direct Access Method
HPJ	High-Performance Java compiler
HPO	High Performance Option
HP-UX	HP-Unix Betriebssystem
HSA	Hardware Storage Area
HSM	Hierarchical Storage Management
HTTP	HyperText Transfer Protocol
HURBA	High Used Relative Byte Address
ICAPI	Internet Connection Application Programming Interface
ICB	Integrated Cluster Bus
ICF	Internal Coupling Facility (im Zusammenhang mit Spezialprozessoren)
	Integrated Catalog Facility (im Zusammenhang mit VSAM)
ICSS	Internet Connection Secure Server

IDE	Integrated Development Environment
IDL	Interface Definition Language
IFL	Integrated Facility for Linux
IFSM	In-Frame State Machine
IIOP	Internet Inter-ORB Protocol
IM	Instance Manager Framework
IMAP	Internet Message Access Protocol
IMS	Information Management System
IMS/DB	Information Management System Data Base
IMS/TM	Information Management System Transaction Manager
INN	Intermediate Network Node
IND	Interactive Network Dispatcher
I/O	Input / Output
IOM	Inter Operability Manager
IOP	Integrated Off-Load Processor
IPX/SPX	Internetwork Packet Exchange / Sequenced Packet Exchange
IRC	Interregion Communication
IRD	Intelligent Resource Director
IRLM	Internal Resource Lock Manager
ISAM	Indexed Sequential Access Method
ISC	Intersystem Communication
ISF	Inter System Facility
ISPF	Interactive System Productivity Facility
ISPF/PDF	Interactive System Productivity Facility / Program Development Facility
ITOC	IMS to TCP/IP OTMA Connection
ITS	Integrated Transaction Service
IU	Information Unit
IUCV	Inter User Communication Vehicle
JCA	Java Connector Architecture
JCL	Job Control Language
JDBC	Java Database Connectivity
JDK	Java Development Kit
JEE	Java Enterprise Edition
JES	Job Entry System
JIDL	Java Interface Definition Language
JMAPI	Java Management API
JMS	JMAPI Message Service
JNDI	Java Naming and Directory Interface
JSP	Java Server Pages
JTS	Java Transaction Service
JVM	Java Virtual Machine
KSDS	Key Sequence Dataset
LAN	Local Area Network
LCSS	Logical Channel Subsystems
LDAP	Lightweight Directory Access Protocol
LDS	Linear Dataset
LEN	Low-Entry Networking
LIC	Licensed Internal Code
LIFO	Last In First Out

LLM	Local Lock Manager
LPAR	Logical Partition
LU	Logical Unit
LUW	Logical Unit of Work
MAS	Multi-Access Spool
MBA	Memory Bus Adapter
MBQ	Message Based Queuing (oder auch MOM)
MCM	Multi-Chip Module
MGDPC	Multisystem Goal-Driven Performance Controller
MIME	Multipurpose Internet Mail Extension
MMU	Memory Management Unit
MOM	Message Oriented Middleware (oder auch MBQ)
MOFW	Managed Object FrameWork
MQI	Message Queue Interface
MRO	Multiregion Operation
MSC	IMS Multiple Systems Coupling
MVS	Multiple Virtual Storage
MVC	Model-View Controller Triade
NAU	Network Addressable Unit
NCF	Network Computing Framework
NetBIOS	Network Basic Input / Output System
NGMF	Netview Graphic Monitoring Facility
NIC	Network Interface Card
NNCP	Network-Node Control Point
NSM	Network- und System Management
OFSM	Out-Frame State Machine
OLTP	Online Transaction Processing
OMG	Object Management Group
ONC	Open Network Comuting
OO COBOL	Object Oriented COBOL
ORB	Object Request Broker
OS	Operating System
OSA	Open System Adapter
OSAE	OSA Express
OSF	Open System Foundation
OSI	Open Systems Interconnection
OTM	Object Transaction Monitor
OTMA	Outside Transaction Managed Access
OTS	Object Transaction Service
PAA	Procedural Application Adaptor
PAO	Procedural Adaptor Object
PCB	Program Control Block
PDS	Partitioned Dataset
PDS/E	Partitioned Dataset Extended
PQ	Prompted Query
PR/SM	Processor Resource / System Manager
PS	Physical Sequential Dataset
PSB	Program Specification Block
PU	Physical Unit

QBE	Query By Example
QDIO	Queued Direct Input / Output
QMF	Query Management Facility
RACF	Resource Access Control Facility
RAD	Rapid Application Development
RAIM	Redundant Array of Independent Memory
RAR	Read And Register
RBA	Relative Byte Address
RDB	Relational Data Base
RDBMS	Relational Data Base Management System
RDF	Record Definition Field
RDO	Resource Definition Online
RDz	Rational Developer for System z
RECON	Recovery Control
REXX	Restructured Extended Executor language
RISC	Reduced Instruction Set Computer
RMI	Remote Method Invocation
RODM	Resource Object Data Model
ROR	Ressource owning Region
RP	Remote Procedure
RRMS	Recoverable Resource Management Services
RPC	Remote Procedure Call
RRDS	Relative Record Dataset
RRN	Relative Record Number
RRS	Resource Recovery Services
RRSAF	RRS Attachment Facility
RU	Request Unit
SAF	System Administration Facility
SAM	Serial Access Method
SAP	System Assist Processor
SCA	Shared Communication Area
SCLM	Software Configuration Library Manager
SCM	Supply Chain Management
SCSI	Small Computer System Interface (oft „Scuzzy" gesprochen)
SDA	Shared Data Architecture
SET	Secure Electronic Transaction Protocol
SFS	Shared File System
SHTML	Server-side Hyper Text Markup Language
SIMIO	Simulated Input / Output
SM	Systems Management
SMAPPL	SM Application
SMF	System Management Facility
SMIT	System Management Interface Tool
SMS	System Managed Storage
SMP	Symmetric Multi-Processor
SMQ	IMS Shared Message Queue
SNA	System Network Architecture
SOA	Service Oriented Architecture
SOAP	Simple Object Access Protocol

SONET	Synchronous Optical Network
SP	Stored Procedure
SPAS	Stored Procedure Address Space
SPUFI	SQL Processing Using File Input
SQL	Structured Query Language
SQLJ	Structured Query Language for Java
SRB	Service Request Block
SRM	System Resource Manager
SNCP	Single-Node Control Point
SSCP	System Services Control Point
SSI	Server-Side Include
STI	Self Timed Interface
TP Monitor	Transaction Processing Monitor
TCB	Task Control Block
TCP/IP	Transmission Control Protocol / Internet Protocol
TOR	Terminal owning Region
TPF	Transaction Processing Facility
TRID	Transaction Identification
TSAF	Transparent Services Access Facility
TSM	Tivoli Storage Manager
TSO	Time Sharing Option
UDB	Universal Data Base
UDDI	Universal Discovery, Description and Integration
UI Record	User Interface Record
ULP	Upper Level Protocol
UPA	UltraSPARC Port Architecture
URL	Uniform Resource Locator
USS	z/OS Unix System Services (auch bekannt als Open Edition)
VIF	Virtual Image Facility
VIPA	Virtual IP Addressing
VM	Virtual Machine
VMSES/E	Virtual Machine Serviceability Enhancements Staged Extended
VRRDS	Variable Relative Record Dataset
VS	Virtual System
VSAM	Virtual Storage Access Method
VSE	Virtual Storage Extended
VTAM	Virtual Telecommunications Access Method
VTOC	Volume Table Of Content
W3C	World Wide Web Consortium
WAN	Wide Area Network
WAS	WebSphere Application Server
WCS	Writable Control Store
WLM	Work Load Manager
WSDL	Web Services Definition Language
WWN	World-Wide Names
WWNN	World-Wide Node Name
WWPN	World-Wide Port Name
XA	Extended Architecture
XCF	Cross-System Coupling Facility

XDR	External Data Representation
XES	Cross-System Extension Services
XI	Cross Invalidate
XML	Extensible Markup Language
XRF	Extended Recovery Facility
zAAP	System z Application Assist Processor
zBX	zEnterprise Blade-Center Extension
zIIP	System z Integrated Information Process

Stichwortindex

2 Phasen-Commit 329
3270-Protokoll 345

ACID 273 *Siehe* Transaktionseigenschaften

Backward Recovery 324
Basic Mapping Support 348
Batch 58
Business Logic 354

CICS 331
CICS Nucleus 340
CICS Transaktion Gateway (CTG) 371
CMS 50, 74
COBOL 333
COMMAREA 370
Communications Server 61
CUI 322, 344

DB2 159
Drei-Tier-Konfiguration 270

Emulator 347
Enterprise Java Bean 368

Flat Transaction 325
Fremdschlüssel 160

Gast-Betriebssystem 73
GUI 323, 344

Hypervisor 73

ISPF 55

Java 368
Job Entry Subsystem (JES) 59

LPAR 84

Mapset 337
Message Queue Interface (MQI) 407
Message Queueing Interface (MQI) 438
Messaging 408
Minidisk 50

OSA 61

Presentation Logic 354
Primärschlüssel 160

Queueing 408
Queue-Manager 413

RACF 62
Relationale Datenbank 159
REXX 55

S/390-Architektur 7
Schlüssel 160
Screen Scraping 354
Security Server 62
SQL 162
Stapelverarbeitung 57
Stored Procedures 275

Terminal 347
Transaction Processing
    Facility 332
Transaktion 272, 336
Transaktionseigenschaften 273
Transaktionsmonitor 320, 331
TSO 53

Unix System Services (USS) 94

VAX-Architektur 7
Virtuelle Maschine 78

WebSphere MQ 407

XML-Datenbank 192

z/OS 48, 50
z/TPF 48, 332
z/VM 49, 73
z/VM Control Program 85
z/VSE 48
Zwei-Tier-Konfiguration 269